Zwischen Verweigerung und Opposition

C(

Detlef Pollack, Dieter Rink (Hg.)

Zwischen Verweigerung und Opposition

Politischer Protest in der DDR 1970–1989

Campus Verlag
Frankfurt/New York

Die Deutsche Bibliothek – CIP-Einheitsaufnahme

Zwischen Verweigerung und Opposition: politischer Protest in der
DDR 1970–1989 / Detlef Pollack; Dieter Rink. – Frankfurt/Main;
New York: Campus Verlag, 1997
    ISBN 3-593-35729-1
NE: GT

Copyright © 1997 Campus Verlag GmbH, Frankfurt/Main
Umschlaggestaltung: Atelier Warminski, Büdingen
Druck und Bindung: Druckhaus Beltz, Hemsbach
Gedruckt auf säurefreiem und chlorfrei gebleichtem Papier.
Printed in Germany

Inhalt

Regional- und Fallstudien

Versuche der theoretischen Verarbeitung empirischer Forschungsergebnisse

Einleitung

Detlef Pollack/Dieter Rink

1. Opposition, Widerstand, Protest und Verweigerung in den 70er und 80er Jahren - zur Abgrenzung des Phänomens

Welche Bedeutung Opposition, Protest und Verweigerung in der DDR zugewiesen wird, ist unter anderem abhängig davon, wie man diese Begriffe definiert. Handelt es sich schon um eine Form der Verweigerung oder gar des Protestes, wenn man unter den Bedingungen der DDR darauf verzichtete, in eine Partei oder Massenorganisation einzutreten, wenn man den Deutschland-Funk hörte oder mit einem Plastikbeutel, auf dem westliche Werbung zu sehen war, durch die Straßen ging? Oder kann man von Verweigerung oder Protest erst sprechen, wenn man den Wahlen fernblieb, Eingaben schrieb oder öffentlich Kritik an Mißständen des Systems übte? Wann geht der punktuelle Protest über in politisch widerständiges Verhalten und wann wird aus ihm Oppositions- und Widerstandsarbeit? Ist es nötig, daß das abweichende Verhalten politisch motiviert ist, um es als widerständig auszuzeichnen, oder stellt die erzielte Wirkung des Handelns, die wirksame Abwehr, Begrenzung und Eindämmung des Totalitätsanspruches des Regimes, unabhängig von den zugrunde liegenden Motiven oder Interessen, das entscheidende Kriterium für Resistenz dar?[1] Bei der Definition der Begriffe Widerstand, Opposition, Resistenz, Dissidenz, Verweigerung kann die DDR-Forschung vieles von den Forschungen zum Nationalsozialismus lernen (vgl. den Beitrag von Bernd Stöver in diesem Band). Dabei ist klar: Je weiter der Widerstands- und Protestbegriff gefaßt ist, desto mehr an Widerstand und Protest wird die Forschung in der Geschichte der DDR auffinden.

Was Opposition, Widerstand, Protest, Resistenz oder Verweigerung ist, kann nicht kontextfrei entschieden werden, sondern hängt unter anderem ab von den gesellschaftlichen Verhältnissen, unter denen sich das abweichende Verhalten formiert. Vor einem Kino Luftballons mit der Aufschrift 'Sputnik' aufsteigen zu las-

---

1   Vgl. die definitorischen Bemühungen von Broszat (1981: 697) zum Resistenzbegriff aus dem Kontext der Widerstandsforschungen zum Dritten Reich.

sen, ein open air-Frühstück auf dem Marktplatz zu veranstalten oder mit einer polnischen Fahne am Fahrrad durch die Straßen der Stadt zu fahren, vermag unter den Bedingungen einer freiheitlichen Demokratie kaum öffentliche Aufmerksamkeit hervorzurufen und dürfte wohl allenfalls komisch gefunden werden. In der DDR waren dies Gründe für die polizeiliche Zuführung oder gar die Ausweisung aus dem Lande. In gewisser Weise hat das repressive System der DDR seine Gegner selbst produziert. Wenn die Grenzen des Zulässigen eng definiert sind, dann geraten schon geringste Abweichungen auf die Seite protestativen Verhaltens, und völlig harmlose Handlungen, die überhaupt keine politische Intention verfolgen, werden zu staatsfeindlichen Akten.

Die Definition von Widerstand, Protest oder Verweigerung ist natürlich auch abhängig von der Sicht auf die gesellschaftlichen Verhältnisse. Wo das DDR-System in der Forschung als totalitär behandelt wird, besteht die Neigung, abweichende Verhaltensweisen entweder als grundsätzliche Opposition gegen das Herrschaftssystem oder als Anpassung an das System einzustufen, ambivalente Formen des Verhaltens dagegen weitgehend auszublenden. Das Verhalten der Mehrheit der Bevölkerung, das durch eine weitgehende äußere Systemförmigkeit bei gleichzeitiger innerer Distanzierung gekennzeichnet war, bleibt so weitgehend unberücksichtigt. Was dem Ansatz der Totalitarismus-Forschung fehlt, ist die Fähigkeit, die DDR-Verhältnisse in ihrer Differenziertheit und Widersprüchlichkeit und damit auch den Protest in seiner Ambivalenz wahrzunehmen. Indem er oppositionelles Handeln als die durch den totalitären Charakter des Systems gebotene moralische Norm behandelt, verstrickt er sich in ein dichotomisches Denken: entweder Anpassung oder Opposition. Zugleich wird er auf diese Weise sich selbst untreu, denn wenn die DDR-Gesellschaft tatsächlich total gleichgeschaltet und jeder Freiraum in ihr vernichtet gewesen sein sollte, dann ist nicht mehr einsichtig zu machen, wie sich in ihr so etwas wie widerständiges Verhalten oder gar Opposition überhaupt hätte entwickeln können. Dies zeigt noch einmal mehr, in welchem Maße ein klarer Begriff von der DDR-Gesellschaft eine Voraussetzung für die Analyse von Opposition und Protest in der DDR darstellt.

Konsequenter ist hier eine Position, die die DDR als gleichgeschaltete, homogenisierte und entdifferenzierte Gesellschaft behandelt und eben deshalb in ihr auch kaum Formen des Protests, der Resistenz oder der Dissidenz zu erkennen vermag. Der Widerspruch gegen das System habe sich erst mit seinem Untergang herausgebildet. Der Opposition habe das demokratische Feuer gefehlt. Sie habe trotz der leidvollen Erfahrungen der letzten 40 Jahre an den Idealen des Sozialismus festgehalten und zur demokratischen Staatsform ein gestörtes Verhältnis besessen. Die Intellektuellen in dieser Gesellschaft seien so angepaßt gewesen wie in keinem anderen Land des Ostblocks. So lauten die Urteile der Autoren aus dieser Forschungsrichtung (Meuschel 1992; Offe 1994; Wiesenthal 1996). Was mit einem solchen Ansatz jedoch nicht erklärt werden kann, das ist das Zustandekommen der Umbruchsereignisse von 1989. Woher kamen die Protestgruppen, die Revolutionäre der ersten Stunde, die Massen der Demonstranten im Frühherbst 1989? War die DDR-Gesellschaft tatsächlich derart gleichgeschaltet, wie dieser Ansatz behauptet?

Inzwischen hat die Forschung viel Material zutage gefördert, das in der Lage ist, das Bild von der homogenisierten Einheitsgesellschaft zu korrigieren. Je mehr Material der Forschung zugänglich wird, desto mehr wird klar, daß es in allen Phasen der Geschichte der DDR unterschiedlichste Formen des politischen Protestes gab. Die Resistenz gegenüber den Zumutungen des Systems und das Spektrum der Formen des Protestes und der Verweigerung waren breiter als bisher angenommen. Insbesondere der historischen Forschung kommt das Verdienst zu, unbekannte Quellen erschlossen und uns neue Einsichten in die Konflikthaftigkeit der DDR-Gesellschaft verschafft zu haben (Diedrich 1991; Mitter/Wolle 1993; Kleßmann 1994; von zur Mühlen 1995; Poppe/Eckert/Kowalczuk 1995). Aber auch die sozialwissenschaftliche Forschung konnte einen Beitrag dazu leisten, das Bild von der homogenisierten DDR-Gesellschaft zu differenzieren (Huinink/Mayer 1995).

Zugleich läßt sich in Wissenschaft und Öffentlichkeit die Tendenz beobachten, die Bedeutung des Protestes in der DDR überzubetonen und die Geschichte der DDR gleichsam von ihrem Ende her zu schreiben. Insbesondere fällt auf, daß der Protest nicht selten als unmittelbarer Vorläufer des Untergangs der DDR behandelt und, der Zusammenbruch der DDR dann häufig als die zwangsläufige Folge jahrelanger Oppositionsarbeit und daraus resultierender sich stetig verschärfender Widersprüche dargestellt wird. Auch wenn der Widerstand gegen das System, so kann man hören, jahrelang nur einem dünnen Rinnsal glich, so wurde aus diesem dünnen Rinnsal doch innerhalb kürzester Zeit ein reißender Strom, der mit einem Schlag das gesamte System der DDR hinwegspülte (Brand 1990: 10). Ob zwischen dem jahrelangen Widerspruch gegen das System und seinem Zusammenbruch ein kausaler Zusammenhang besteht oder ob dieser Zusammenbruch nicht auch zufällige und systemexterne Gründe hatte, wird hier nicht einmal gefragt. Gewiß wird man bei der Beantwortung der Frage nach der Bedeutung des internen Protestes für das Zustandekommen des Umbruchs in der DDR nicht so weit gehen müssen wie Claus Offe (1994: 34), der diesen Umbruch als eine bloße exit-Revolution bezeichnet, zustande gebracht nicht durch das dünne Rinnsal einiger heldenmütiger Widerständler, sondern durch den reißenden Strom der Abwanderer. Auch wenn kleine Rinnsale und Bäche der Kritik hie und da immer wieder entstanden, muß man doch aber erkennen, daß die Herrschaftsverhältnisse in der DDR jahrzehntelang nahezu unwandelbar waren. Die SED hatte einen mächtigen Repressionsapparat aufgebaut, der das Staatsgebilde tragen sollte, und sie unternahm enorme Anstrengungen, um jede hervorquellende kritische Bewegung sofort stillzulegen und auszutrocknen. Wer den Zusammenbruch der DDR erklären will, muß auch erklären, warum die

DDR über Jahrzehnte hinweg so stabil war. Wer über die Wirkungen von Kritik und Protest sprechen will, muß auch die Grenzen der Wirksamkeit des Protestes und der Kritik angeben und über ihre gesellschaftlichen Voraussetzungen sprechen. Es ist notwendig, eine Analyse der Gesellschaftsstruktur des DDR-Systems vorzunehmen, aus der sich die bleierne Ruhe und Erstarrtheit der Verhältnisse in der DDR ebenso erklären läßt wie das Aufkommen von Protestbewegungen, Unruhe und Dissidenz. Es ist unmittelbar einleuchtend, daß die Analyse der Konstruktionsmerkmale des DDR-Systems und die Untersuchung der sozialen Ursachen, der Funktionen und der Wirkungen politischen Protestes eng miteinander zusammenhängen.

Dieser Zusammenhang tritt deutlich hervor, wenn man versucht, die Spezifik des politischen Protests der 70er und 80er Jahren in der DDR zu bestimmen. Nicht zufällig unterscheiden sich die Formen des Protestes, der Dissidenz und Opposition in den 70er und 80er Jahren deutlich von denen der 50er Jahren. Die Opposition in den 50er Jahren war charakterisiert durch die Grundsätzlichkeit ihres Widerspruchs gegen das DDR-Regime. Ihre Ziele bestanden in der Durchführung von freien und geheimen Wahlen, der Herstellung von Demokratie und Rechtsstaatlichkeit und damit in der Ablösung der SED als herrschender Partei. Da ihre Arbeit letztendlich auf den Sturz der SED-Herrschaft gerichtet war, mußte sie konspirativ erfolgen. An einem Fortbestand der DDR bestand kein Interesse. Vielmehr war selbstverständlich vorausgesetzt, daß mit der Durchführung freier Wahlen der DDR-Staat hinweggefegt und sich die damals weit verbreiteten Hoffnungen auf die Wiedervereinigung Deutschlands erfüllen würden. Der Widerstand, der sich teilweise in den Betrieben, teilweise an akademischen Einrichtungen und Universitäten, teilweise innerhalb noch nicht völlig gleichgeschalteter Organisationen und Institutionen, aber auch bei selbständigen Handwerkern und auf dem Lande formierte, stützte sich nicht selten auf traditionelle Milieus, auf Arbeitermilieus, bäuerliche und bildungsbürgerliche Schichten, die, obschon bereits geschwächt, in der damaligen Zeit noch eine gewisse Resistenzkraft besaßen. Auch die Kirchen vermochten, wie der Kampf um die kirchliche Jugendarbeit zeigt, damals noch ein beachtliches Widerstandspotential zu mobilisieren.

In 70er und 80er Jahren war der Protest gegen das DDR-System, sofern er denn überhaupt zustande kam, längst nicht mehr so grundsätzlich angelegt wie 20 oder 30 Jahre zuvor. Den neuen Oppositionsgruppierungen, deren wichtigste sich unter dem Dach der Kirche oder in ihrer Nähe sammelten, ging es um die Herstellung von Öffentlichkeit angesichts des massenhaften inneren Rückzugs der Bevölkerung aus der Gesellschaft, um die Schaffung einer Gegenkultur gegen den umfassenden Machtanspruch der SED, um Kritik an den Zuständen der DDR. Die Herstellung von Demokratie und Rechtsstaatlichkeit standen deutlich in der zweiten Reihe. Den obersten Rang im Katalog der zu verfolgenden Ziele nahm die Schaffung von Formen einer staatsunabhängigen Kommunikation und Kultur ein. Die Verfolgung dieses Zieles war - jedenfalls von den Friedens-, Umwelt-, Menschenrechts- und Dritte-Welt-Gruppen, weniger allerdings von den Künstler- und Literatenkreisen - durchaus politisch gemeint. Sie richtete sich gegen die weltanschauliche und politische Bevormundung durch das SED-Regime. Aber der Sozialismus sollte nicht prinzipiell in Frage gestellt und die DDR nicht abgeschafft werden. Die Wiedervereinigung Deutschlands war für die meisten aus den Oppositionszirkeln kein Thema.[2] Die neuen politisch alternativen Gruppierungen besaßen inhaltlich und organisatorisch auch kaum irgendeinen Bezug zu den alten widerständigen Milieus. Selbst personell gab es kaum Kontakte zur Opposition in den Jahren des Aufbaus der DDR. Am ehesten sorgten hier noch die Kirchen für eine gewisse Kontinuität. In ihnen war das Wissen um den früheren kirchlichen Widerstand aufbewahrt und auch noch manch bürgerliche, nationalkonservative Haltung präsent. Aber auch die Kirchen hatten offiziell ihren politischen Standort inzwischen gewechselt und fanden sich in den 70er Jahren mehr und mehr bereit, die DDR als den Ort kirchlichen Handelns zu akzeptieren. Die neuen politisch alternativen Gruppierungen standen der DDR durchaus kritisch gegenüber, aber sie rechneten mit ihr, ließen sich auf sie ein, und teilweise identifizierten sie sich sogar mit ihren politischen Idealen.

Der Wandel des politischen Charakters von Opposition und Protest in der DDR hängt vor allem mit dem Wandel der politischen Rahmenbedingungen, der in der Zeit von den Aufbaujahren der DDR bis zur Honecker-Ära stattfand, zusammen. Die Jahre des Aufbaus der DDR waren geprägt vom Stalinismus, von Willkürakten gegen ausgewählte Gruppen der Bevölkerung und gegen einzelne, von harten Eingriffen in das Berufsleben und die private Existenz, von Kampagnepolitik und grobschlächtiger Propaganda. Die Wirtschaftspolitik war ruinös, und jedes Jahr wanderten Zehntausende von DDR-Bürgern in den Westen ab. Nach dem Bau der Berliner Mauer kam es zu einer deutlichen Konsolidierung des Systems. Die wirtschaftliche Lage verbesserte sich, die Unzufriedenheit in der Bevölkerung ging zurück. Mit der internationalen Anerkennung der DDR Anfang der 70er Jahre, mit ihrer Integration in den internationalen Prozeß der Entspannung weiteten sich auch die Handlungsspielräume im Innern des Systems. Das Projekt des Sozialismus veralltäglichte sich. Auf einigen Gebieten, etwa in der Literatur, in der Malerei, im Film, im Theater, bildeten sich sogar Ansätze einer eigenständigen DDR-Kultur heraus. Das DDR-System war nicht mehr wie in den 50er Jahren durch ein breites Akzeptanzdefizit in Frage gestellt, und der Machtapparat übte seine Herrschaft auch nicht mehr mit derart repressiven Mitteln aus wie damals. Unter den gewandelten Bedingungen konnte die Opposition nicht mehr jenen grundsätzlichen Charakter haben wie in den

---

2   Als Ausnahmen können zum Beispiel Robert Havemann und Rainer Eppelmann, aber auch Edelbert Richter gelten.

50er Jahren. Eine oppositionelle Haltung, die auf die Überwindung der DDR und die Wiedervereinigung gedrängt hätte, wäre gesellschaftlich kaum vermittelbar gewesen. Die mehr gemäßigten Formen oppositionellen Handelns in den 70er und 80er Jahren trugen insofern den erweiterten Spielräumen und der erhöhten Akzeptanz des Systems Rechnung.

Gleichwohl - und dies darf bei allen Differenzen zwischen 1950 und 1980 nicht übersehen werden - stießen freiheitliche Bestrebungen unter Erich Honecker ebenso an Grenzen wie zuvor. Abgesehen davon, daß auch diese Tatsache zum moderaten Charakter der DDR-Opposition beitrug, beförderte die Erfahrung von staatlicher Bevormundung und Repression natürlich auch immer wieder die *Entstehung* oppositioneller Haltungen. Der Bedarf an politischer Opposition und Dissidenz war in den 70er oder 80er Jahren kaum geringer als in den Jahren zuvor. Gleichzeitig waren es jedoch gerade die anhaltende staatliche Repression und Kontrolle, die die Ausbildung einer systemkritischen Öffentlichkeit, die für die Schaffung einer starken Opposition von entscheidender Bedeutung gewesen wäre, verhinderten. So sehr die Einschnürung der Gesellschaft durch die politische Administration zu einer Verstärkung der in der Gesellschaft gärenden Unruhe führte, so wenig vermochte sich diese Unruhe aufgrund der administrativen Bevormundung der Gesellschaft einen institutionell sichtbaren Ausdruck zu verschaffen. Immer wieder entstanden in den unterschiedlichsten Bereichen der Gesellschaft - in der Kirche, in der Literatur- und Kunstszene, in den Friedens-, Menschenrechts- und Umweltgruppen, in den Betrieben, ja sogar innerhalb der SED - kritische Kreise und Gruppierungen. Aber sie waren trotz einiger seit etwa Mitte der 80er Jahre einsetzender Vernetzungsbemühungen insbesondere zwischen den kirchennahen Gruppen voneinander weitgehend isoliert. Der Protest war breit gestreut, aber er hatte gewissermaßen keinen Zugang zu sich selbst und damit auch nur ein schwach ausgeprägtes Selbstbewußtsein.

Es ist ein wichtiges Anliegen dieses Sammelbandes, die thematische, bereichsspezifische und regionale Vielfalt der Formen gesellschaftskritischer Bestrebungen, wie sie sich in den 70er und 80er Jahren in der DDR herausbildeten, deutlich zu machen. Aufgenommen sind Arbeiten zum DDR-Protestantismus und den von ihm ausgehenden gesellschaftskritischen Impulsen (vgl. den Beitrag von Michael Haspel), zur Gegenkultur der alternativen künstlerischen Szenen der DDR (Klaus Michael), zu den Reformbewegungen in der SED (Rainer Land), zum Zusammenspiel von Kirchengruppen, Kulturopposition, Reformern und Ausreisern in der Strukturierung von Protest in den 70er und 80er Jahren (Dieter Rink), zu den sozialethisch engagierten Kirchengruppen in Dresden (Josef Schmid), zur Formierung von Opposition und Protest in Mecklenburg-Vorpommern (Lothar Probst) sowie ein Beitrag über die internen Strukturen und die daraus resultierende Bewegungsdynamik in der Umweltbibliothek Berlin (Torsten Moritz). Während in vielen Forschungsprojekten eine Konzentration auf die Oppositionsszene in Berlin und Leipzig festzustellen ist, werden hier zwei weitere Regionen, die ansonsten nicht so im Blickpunkt der Forschung stehen, in die Analyse einbezogen. Während sich die Forschung, wenn es um Widerstand und Protest geht, vor allem mit den Friedens-, Umwelt- und Menschenrechtsgruppen und den sich aus ihnen herausbildenden Bürgerbewegungen beschäftigt, werden in diesem Sammelband auch Ausreiser, SED-Reformer, Künstler, Literaten und Theologen als Gesellschaftskritiker vorgestellt. Was auf diese Weise entstehen soll, ist ein Bild von der Vielfalt der Formen von Protest, Dissidenz und Verweigerung in der DDR. Damit reiht sich der Band ein in die bereits von historischer Seite aus laufenden Bemühungen um eine möglichst differenzierte Aufarbeitung der Formen von Widerstand, Protest und Resistenz in der DDR (vgl. Poppe/Eckert/Kowalczuk 1995). Der vorliegende Sammelband fügt diesen Bemühungen aber insofern eine neue Perspektive hinzu, als es sich hier um Beiträge aus dem Bereich von Soziologie und Politikwissenschaft handelt, die nach einem anfänglich beachtenswerten Engagement für die Analyse von Staat und Gesellschaft der DDR dieses Geschäft inzwischen weitgehend an die Historiker abgegeben haben.[3]

2. Zum Forschungsstand

Betrachten wir die Forschungen, die vor 1989 zum Thema Protest und Dissidenz in den 70er und 80er Jahren der DDR angestellt wurden, so müssen wir feststellen, daß nur wenige beachtenswerte Arbeiten vorliegen. In der DDR setzte die wissenschaftliche Diskussion über die politisch alternativen Gruppierungen Mitte der 80er Jahre im Raum von Theologie und Kirche ein. Wichtig sind hier vor allem die Beiträge von Ehrhart Neubert (1986), aber auch von Friedrich Schorlemmer (1985) und Heino Falcke (1985; 1989). Im Hintergrund dieser Arbeiten stand von Anfang an die Frage, wie sich die Kirche zu den Gruppen, die sich unter ihrem Dach gesammelt hatten, zu verhalten habe, ob sie sie eher integrieren oder eher ausgrenzen sollte. In der Regel waren die Autoren also weniger an einer analytischen Aufarbeitung des Phänomens als an der Gewinnung von theologisch begründbaren Hand-

---

[3] Dies ist einerseits leicht verständlich, da heute eine Fülle unaufgearbeiteter Quellen zugänglich ist, die der geschichtswissenschaftlichen Erschließung harren. Andererseits ist die Kapitulation der Sozialwissenschaften vor einer Analyse der DDR-Gesellschaft auch wieder nicht leicht nachvollziehbar, da viele der Akteure aus der DDR-Zeit noch leben und mit den Mitteln der Befragung wertvolle Informationen gewonnen und dadurch die teilweise prekären Perspektiven der Akten korrigiert werden könnten.

lungskriterien im Umgang mit den politisch alternativen Gruppen interessiert (vgl. Pollack 1993: 454ff.). In diesem Zusammenhang kam die Frage nach dem religiösen Gehalt der Gruppen auf. Von ihrer - positiven oder negativen - Beantwortung sollten Orientierungen für die Haltung der Kirche gegenüber den Gruppen abgeleitet werden. Erst auf dem Hintergrund dieser übergreifenden Intention wurden soziologisch und politikwissenschaftlich relevante Fragen thematisiert, insbesondere die nach den gesellschaftlichen Funktionen der Gruppen (vgl. Falcke 1985; 1989; Schorlemmer 1985) sowie nach ihren gesellschaftlichen Entstehungsbedingungen (Neubert 1986). Um eine Verwissenschaftlichung des Zugangs zu dem Phänomen der politisch alternativen Gruppierungen bemühte sich die Studie von Pollack (1989), die sowohl mikrosoziologischen Fragen nach den Motiven und Zielen der Gruppenmitglieder und der Struktur der Gruppen als auch makrosoziologischen Fragen wie etwa der nach ihren gesellschaftlichen Entstehungsbedingungen nachging. Interessant ist, daß es in der DDR nicht nur Bemühungen der Gruppenmitglieder gab, ihre eigenen Aktivitäten reflexiv zu begleiten (Templin 1988; Poppe 1988), sondern auch einige Versuche unternommen wurden, das Phänomen von Dissidenz und politischer Kritik aus marxistischer Perspektive zu erfassen (Funk 1989; Schelske 1988; Land/Will/Segert 1990).

Die Texte von westlicher Seite trugen zunächst eher dokumentarischen Charakter oder waren journalistischer Natur (Wensierski/Büscher 1981; Büscher/Wensierski/Wolschner 1982; Ehring/Dallwitz 1982; Wensierski 1983; 1986; Kroh 1988). Die erste größere sozialwissenschaftliche Arbeit legte Hubertus Knabe vor, der 1988 einen viel beachteten Aufsatz zu den politisch alternativen Gruppen der DDR in der Kölner Zeitschrift für Soziologie und Sozialpsychologie publizierte. Mit diesem Aufsatz wurde erstmals versucht, den Ansatz der Neuen Sozialen Bewegungen, der zur Beschreibung der sozialen Bewegungen in den westlichen Staaten ab den 60er Jahren entwickelt wurde, auf Phänomene von Opposition und Widerstand in der DDR anzuwenden. Knabe bemerkte, daß die ostdeutschen Gruppen in der Vergangenheit nur sehr widerstrebend als „Bewegungen" charakterisiert worden seien (Knabe 1988: 553), und vertrat die Auffassung, daß die „monopolisierte Struktur des politischen Systems ... die Bewegungen ... dazu (zwingt), unter sozialistischen Bedingungen spezifische Formen anzunehmen, die durch eine niedrige Stufe der Bewegungsdynamik und eine starke Tendenz zur Institutionalisierung gekennzeichnet sind" (565). Das Ergebnis sei der Typus der „halb-autonomen Bewegung", der „zur Selbstbegrenzung gezwungen (ist) und stark geprägt (ist) vom Eigengewicht der 'Mutter-Institution'" Kirche (566). Ob die sozialethischen Gruppierungen sich unter dem Begriff der sozialen Bewegung zusammenfassen lassen oder ob - wie Knabe selbst nachträglich einräumte - „die eigentliche Entfaltung sozialer Bewegungen" erst im Herbst 1989 einsetzte (Knabe 1990: 74), kann zwar zu

Recht gefragt werden. Dennoch bedeutete die Studie von Knabe einen wesentlichen Fortschritt in der Analyse des Gruppenphänomens.

Es ist daher kein Zufall, daß dieser Aufsatz in der Folgezeit sehr einflußreich wurde. Mit der Rezeption dieses Aufsatzes wurde ein gewisser Fragekanon gängig, der die Thematisierung von Opposition und Widerstand in der DDR in den 70er und 80er Jahren auch in der Zeit nach 1989 maßgeblich bestimmte. Solche forschungsleitenden Fragen lauteten zum Beispiel: Wer waren die sozialen Träger der Gruppen, wie sah ihre sozialstrukturelle Verankerung aus, worin bestanden die sozialen Ursachen ihres Aufkommens. Eine zentrale Bedeutung erlangte dabei die Frage nach den für die DDR konstitutiven Konfliktlinien. Mit der Anwendung des NSB-Ansatzes auf die DDR-Opposition wurde die Hypothese aufgestellt, daß die Gruppen unter dem Dach der Kirche einen Wandel der DDR von der industriellen zur nachindustriellen Gesellschaft anzeigen würden und insofern als Indikatoren für die sich auch in der DDR herausbildende Konfliktlinie zwischen Materialismus und Postmaterialismus anzusprechen seien. Je nachdem, inwieweit man dieser These zuzustimmen vermochte, wurden dann die Gruppierungen entweder dem aus Westeuropa bekannten Phänomen der Neuen Sozialen Bewegungen zugeordnet oder unter den Typus osteuropäischer Dissidentenbewegungen subsumiert. Wiederum wird deutlich, daß die Klassifikation des Oppositionsphänomens in starkem Maße abhängt von der Beurteilung des politischen und sozialen Charakters der DDR-Gesellschaft insgesamt.

Das entscheidende Problem der Arbeiten sowohl von östlicher als auch von westlicher Seite bestand darin, daß es ihnen an einer soliden empirischen Basis fehlte. Während die DDR-Autoren ihre mehr oder weniger umfangreichen individuellen Erfahrungen, zumeist ohne auf den erreichten Forschungsstand Bezug zu nehmen, zu verallgemeinern suchten, bemühten sich die bundesdeutschen Autoren umgekehrt, das vorhandene wissenschaftliche Instrumentarium auf einen Gegenstand anzuwenden, dessen Umrisse sie aus Indizien, Quellen und Informationen aus zweiter Hand zusammensetzen mußten. Dabei erwiesen sich die wenigen Arbeiten von westlicher Seite gegenüber den östlichen insofern als erklärungskräftiger, als sie theoretisch entworfene Fragestellungen systematisch zu behandeln vermochten.

In der im Herbst 1989 noch während der laufenden Ereignisse einsetzenden Diskussion rückte dann die Frage nach der Rolle der Gruppen beim Zustandekommen der friedlichen Revolution in den Mittelpunkt der Debatten. Andere Formen von Verweigerung, Opposition und Protest wie die subkulturelle Dissidenz oder die innerparteilichen Reformbemühungen wurden in der ersten Zeit weitgehend ausgeblendet. Neben wissenschaftlichen Arbeiten erschien eine mittlerweile kaum noch überschaubare Zahl von autobiographischen Selbstzeugnissen, Dokumentationen und Fallgeschichten, die wichtige Voraussetzungen für wissenschaftliche Analysen darstellen, aber größtenteils nicht selbst als wissenschaftliche Studien anzusprechen sind (u. a. Rein 1989; Hirsch/Kopelew 1989; Mitter/Wolle 1989; Knabe 1990; Rein 1990; Kukutz/Havemann 1990; Israel 1991; Beleites 1991; Herzberg 1991; Ullmann 1991; Krone/Schult 1992; Wollenberger 1992; Rüddenklau 1992; Eppelmann 1993; Stasi-Akten "Verräter" 1993; Dietrich/Schwabe 1994; Gutzeit/Meckel 1994; Jordan/Kloth 1995).

Aus der Fülle dieser Erinnerungs- und Dokumentationsliteratur ragt ein Werk heraus, das für unser Thema einschlägig ist: die Dokumentation und Darstellung von Wolfgang Rüddenklau 'Störenfried" (1992). In diesem Buch beschreibt ein Insider die Entwicklung der DDR-Opposition von 1986 bis 1989 und ordnet die Spätzeit der Oppositionsgeschichte in Entwicklungslinien seit den 70er Jahren ein. Unter Benutzung von Quellen und gestützt auf persönliche Erinnerungen, wird hier auf eindringliche Weise ein Bild von den Arbeitsbedingungen der Opposition gezeichnet, das nicht nur ein Licht auf das Selbstverständnis der Akteure, ihre Motive und Ziele, die Struktur der Gruppen und ihre internen Konflikte wirft, sondern auch die gesellschaftlichen Bedingungen, unter denen sie ihre Arbeit taten, deutlich werden läßt. Herausgestellt soll in diesem Zusammenhang auch die Dokumentation von Christian Dietrich und Uwe Schwabe sein, die sich dadurch auszeichnet, daß in ihr nicht ein einheitlicher Quellenkorpus aufgearbeitet wurde, sondern Quellen unterschiedlicher Herkunft (SED, MfS, Staat, Kirche, Gruppen) in bezug auf ein Thema - die Friedensgebete in der Nikolaikirche in Leipzig - zusammengetragen wurden. Durch diesen Band wird ein Stück Geschichte der Opposition in ihren institutionellen und informellen Verflechtungszusammenhängen anschaulich nachvollziehbar.

Neben der Geschichte der Gruppen unter dem Dach der Kirche wurde auch die Entwicklung alternativer und kulturoppositioneller Strömungen bzw. autonomer Kunst aufgearbeitet und teilweise in den Kontext von Opposition und Widerstand hineingestellt (Muschter/Thomas 1992; Wicke 1993; Böthig/Michael 1993; Michael 1993; Faktor 1994; Rauhut 1994; Grundmann/Michael/Seufert 1996). Die Beschäftigung mit dem Phänomen der SED-Reformer erfolgte inzwischen ebenfalls (Land/Possekel 1994, Klein 1995). Am besten aufgearbeitet scheint das Verhältnis von Kirche und SED-Staat zu sein (Besier/Wolf 1992; Rendtorff 1993; Besier 1993-95; Demke/Falkenau/Zeddies 1994; Mau 1994; Pollack 1994; Goeckel 1995; Hartweg 1995; Vollnhals 1996).

Was die sozialwissenschaftliche Forschung zum Thema Opposition, Protest, Verweigerung angeht, so stand aufgrund der Konzentration der Aufmerksamkeit auf den Übergang von den Protestszenen zu den Bürgerbewegungen im Jahr 1989 die Frage nach der Anwendbarkeit des NSB-Ansatzes auf die Bürgerbewegungen und die oppositionellen Gruppierungen im Mittelpunkt der Diskussion. Die Beantwortung dieser Frage war in hohem Maße abhängig davon, ob man die DDR als Industriegesellschaft oder als postindustrielle Gesellschaft definierte. Drei Positionen sind in der Literatur anzutreffen: 1. Die Gruppen unter dem Dach der Kirche vor 1989 sowie die Bürgerbewegungen sind (mit einigen Besonderheiten) Neue Soziale Bewegungen, denn in der DDR lassen sich dieselben Konfliktlinien ausfindig machen wie in den fortgeschrittenen modernen Gesellschaften des Westens. Diese Konfliktlinien sind vor allem bestimmt durch den Gegensatz zwischen der wachstumsorientierten industriegesellschaftlichen Produktionsweise und der Kritik an den prekären (umweltschädlichen, friedensgefährdenden, ungerechten, frauenfeindlichen) Folgen dieses Gesellschaftsmodells. Vertreter dieser Position sind neben Hubertus Knabe (1988; 1990) zum Beispiel Karl-Werner Brand (1990), Burghard Brinksmeier (1991), Lothar Probst (1993) und Jan Wielgohs und Marianne Schulz (1992). 2. Andere Autoren wie Carola Becker (1990: 242) sowie Gerda Haufe und Karl Bruckmeier (1993: 12f.) warnten vor voreiligen Schlüssen in der Frage der Vergleichbarkeit der DDR-Opposition mit den westlichen Neuen Sozialen Bewegungen. In prononcierter Weise wandten sich Hagen Findeis und Wolfgang Elvers (1990: 98, 109f.) gegen eine Übertragung des Ansatzes der Neuen Sozialen Bewegungen auf die ostdeutschen oppositionellen Gruppierungen. Die Gesellschaftskonstruktion der DDR unterscheide sich deutlich von der westlicher Gesellschaften. Sie sei vor allem durch die monopolisierten Strukturen politischer Herrschaft gekennzeichnet gewesen. Dementsprechend hätten sich die Emanzipationsbestrebungen der oppositionellen Gruppierungen in erster Linie gegen die Dominanz staatlicher Machtstrukturen gerichtet, während die inhumanen Folgen der Modernisierung der Gesellschaft nur eine nachgeordnete Rolle gespielt hätten. 3. Schließlich lassen sich Mittelpositionen ausmachen, deren Vertreter sich um Differenzierungen bemühen oder die Beantwortung der Frage offen lassen (Zander 1989: 368ff; Rink 1991: 69; Pollack 1993: 527). Einen weiterführenden Vorschlag unterbreiten in diesem Zusammenhang Wielgohs und Schulz (1995: 1966). Sie schlagen vor, beide Konfliktlinien - Postmaterialismus versus Materialismus und Autoritarismus versus Partizipation - nicht gegeneinander zu stellen, sondern davon auszugehen, daß es in der DDR zu einer Überlagerung dieser Konfliktlinien gekommen sei. Die Frage lautet dann freilich noch immer, welche der beiden Konfliktlinien dominierte.

Ähnlichkeiten zwischen west- und ostdeutschen Bewegungen werden vor allem in ihrer modernisierungskritischen Wertorientierung, in den von ihnen verhandelten Themen (Frieden, Umwelt, Gerechtigkeit, Frauen), in ihrer lockeren, netzwerkartigen, basisdemokratischen Organisationsstruktur und in der sozialen Herkunft ihrer Träger (junge, höher gebildete Angehörige der Mittelschicht) gesehen, während Unterschiede in den gesellschaftlichen Rahmenbedingungen des Bewegungshandelns, dem Grad der Vernetzung und Organisationsförmigkeit, den Zielen des Handelns und in der Rolle der evangelischen Kirche ausgemacht werden.

Obwohl die Frage nach der Anwendbarkeit des NSB-Ansatzes in vielen Arbeiten behandelt wird, liegen bislang jedoch nur wenigen Studien vor, die dieser Frage systematisch nachgehen und seine Anwendbarkeit empirisch testen. Außer in den frühen Arbeiten von Brand (1990) und Tarrow (1991) werden kaum unterschiedliche Ansätze der Bewegungsforschung in die Diskussion einbezogen. Vielmehr erfolgt die Auseinandersetzung vor allem auf dem Hintergrund des makrosoziologischen Ansatzes, den Hubertus Knabe angewandt hatte, ohne auf eher mikrosoziologische Ansätze wie etwa den Ressourcenmobilisierungsansatz oder Framing-Konzepte oder andere makrosoziologische Ansätze wie etwa den der political opportunity structure einzugehen. Eine Ausnahme bilden hier die Arbeiten von Oberschall, die 1994 und 1996 erschienen sind. Die in ihnen behandelte Frage nach der Anwendbarkeit der Ansätze der NSB-Forschung auf die ostdeutschen Oppositionsgruppierungen und Bürgerbewegungen greifen einige der in diesen Sammelband aufgenommenen Beiträge auf (Karl-Werner Brand, Detlef Pollack, Jan Wielgohs/ Carsten Johnson). Sie versuchen auf diese Weise, an die westliche Bewegungsforschung wieder anzuknüpfen und die ausgearbeiteten theoretischen Instrumente für die Analyse der östlichen Gruppierungen und Bewegungen fruchtbar zu machen.

Weitere interessante Fragen wurden in seit Anfang der 90er Jahre durchgeführten größeren Forschungsprojekten bearbeitet. Im folgenden soll auf die wichtigsten von ihnen eingegangen werden

Das Buch von Gerda Haufe und Karl Bruckmeier ist das Ergebnis eines Forschungsprojekts an der TU Berlin, das in Zusammenarbeit mit Bürgerrechtlern (Carlo Jordan, Reinhard Weißhuhn und Gislinde Schwarz) entstand. Das Ziel bestand darin, eine „zeitgeschichtliche Rekonstruktion der Entwicklung der Bürgerbewegungen zwischen Herbst 1989 und Herbst 1991" (Haufe/Bruckmeier 1993: 28), speziell der Rolle der Bürgerbewegungen im Umbruch der DDR und im Vereinigungsprozeß vorzunehmen. Zentral ist die Frage nach dem Zusammenhang zwischen Opposition und Systemkrise. Zum Forschungsansatz „Neue Soziale Bewegungen" nehmen die Autoren eine kritische Haltung ein, der Ansatz wird jedoch nicht systematisch reflektiert. Analytisch wird zwischen „Oppositionsgruppen", „Bürgerbewegung(sgrupp)en" und „Massenbewegung" unterschieden, was aber kein leitender Gesichtspunkt der Untersuchung ist. Was das Verhältnis der Oppositionsgruppen zu den Bürgerbewegungen betrifft, so ist die Sachlage relativ klar: Letztere stehen vor allem in personeller, aber auch in programmatischer und organisatorischer Kontinuität zu den Oppositionsgruppen. Das Verhältnis zwischen Bürgerbewegungen und Massenbewegung wird anhand der Frage diskutiert, ob die Bürgerbewegungen nur der Impulsgeber einer sich dann verselbständigenden Massenbewegung oder deren Avantgarde war. Das Buch gibt einen informativen Überblick. Der Bogen in der Entwicklung der Bürgerbewegungen von der Gründung bis zu ihrem Aufgehen in parteiförmigen Verbindungen wird geschlossen.

Am Wissenschaftszentrum Berlin wurde im Rahmen von zwei größeren Forschungsprojekten („Alternativer Sektor Berlin" 1990-92 und „Zur Institutionalisierung neuer politischer Konfliktlinien im deutsch-deutschen Vergleich" 1992-94) (Mitarbeiter waren Barbara Blattert, Dieter Rink, Dieter Rucht und Marianne Schulz) eine umfangreiche Strukturuntersuchung in vergleichender Perspektive zur Entwicklung und Struktur der Gruppen durchgeführt, in der Fragen nach der Zusammensetzung, den Aktionsformen, den Kooperationsstrukturen, Finanzierungsformen u.a. im Vordergrund standen. Die empirische Basis bilden zwei Befragungswellen mit weitgehend standardisiertem Fragebogen, einmal 1990/91 rückwirkend für den Zeitpunkt unmittelbar vor dem Fall der Mauer (mit 79 Interviews) und 1992/93 (mit 193 Interviews). Dadurch konnte die Entwicklung der Ostgruppen über den gesellschaftlichen Umbruch in der DDR hinaus verfolgt werden, d. h., die Veränderungen infolge des Umbruchs war zentraler Gegenstand der Untersuchung (siehe: Blattert/Rink/Rucht 1995 sowie: Rucht/Blattert/Rink 1997).[4]

Im Ergebnis wurde analytisch zwischen Oppositionsgruppen, Bürgerbewegungsgruppen und Projektgruppen unterschieden und eine phasenspezifische Differenzierung vorgenommen. Es kann nicht davon ausgegangen werden, „daß ein fester Stamm von Gruppen in Entsprechung auf den Wandel externer Bedingungen verschiedene Transformationen durchlief. Vielmehr handelt es sich um qualitativ zu unterscheidende Gruppentypen mit unterschiedlicher Zielsetzung, teilweise auch unterschiedlicher Struktur, die nicht strikt aufeinanderfolgen" (Blattert/Rink/Rucht 1995: 420). Die Oppositionsgruppen des Vorherbstes weisen zwar eine Reihe von Ähnlichkeiten mit Gruppen der Neuen Sozialen Bewegungen in der Bundesrepublik auf - z. B. was die soziale Zusammensetzung (nach Alter, Geschlecht, Qualifikation und Stellung im Erwerbssystem) betrifft oder grobe inhaltliche Orientierungen (Ökologie, Rüstung, Feminismus) -, die Unterschiede - z. B. in den Aktionsformen, Kooperationsstrukturen und dem Grad der Autonomie und der Professionalität - sind jedoch so gravierend, daß eine Charakterisierung als Neue Soziale Bewegungen nicht gerechtfertigt erscheint. Aufgrund der fehlenden Zugänge zum politischen System und der nicht vorhandenen Öffentlichkeit handelte es sich „um eine 'blockierte' Opposition, die zunächst keinen manifesten Bewegungscharakter im Sinne flächendeckender, in die Öffentlichkeit drängender mobilisierter Netzwerke annehmen konnte." (Blattert/Rink/Rucht 1995: 416). Die Bürgerbewegungen der Revolutionszeit stellen einen eigenen Bewegungstypus dar (offene Sammlungsbewegungen), und selbst das in der Folgezeit entstandene Gruppenspektrum ist nur mit Abstrichen als Neue Soziale Bewegungen zu bezeichnen (420).

Die Berliner „Projektgruppe Bürgerbewegungen" (Anne Hampele, Helmut Müller-Enbergs, Marianne Schulz und Jan Wielgohs von der Freien und der Humboldt-

---

4 Neben der Befragung in Berlin und Leipzig wurden zusätzlich Recherchen in weiteren ostdeutschen Städten (Dresden, Halle) durchgeführt, um einen Überblick über die Verteilung des Gruppenspektrums und eine erwaige Sondersituation Berlins zu erhalten.

Universität Berlin) strebte eine systematische Darstellung der „verschiedenen Organisationen der Bürgerbewegungen, ihrer Ursprünge, Konzepte und bisherigen Entwicklungen" an (Müller-Enbergs/Schulz/Wielgohs 1991: 8). Die empirische Basis wurde dabei, inspiriert von Alain Touraines Methode der „mehr oder weniger intensiven Beteiligung an den Aktivitäten und Diskussionen der Bewegungen" (9), vorrangig durch Beobachtungen gewonnen. In der Analyse der einzelnen Bewegungen werden zwar ihre Wurzeln in der Oppositionsszene der 80er Jahre nachgezeichnet, das Schwergewicht liegt aber auf dem Übergang von den Oppositionsgruppen zu den Bürgerbewegungen im Sommer/Herbst 1989. Im Extrakt konstruieren Jan Wielgohs und Marianne Schulz ein Phasenmodell, bei dem in der Entwicklung der ostdeutschen Bürgerbewegung drei Phasen unterschieden werden: 1. die Entstehungs- bzw. Latenzphase bis Mitte 1989, 2. die Formierung und Entfaltung im Herbst 1989 und 3. die mit dem Mobilisierungshöhepunkt begonnene Phase der Institutionalisierung, die zugleich durch eine relative Marginalisierung gekennzeichnet ist (Wielgohs/Schulz 1993: 224). Die Gruppen des Vorherbstes hatten dabei eine spezifische Funktion. Sie sorgten für die „Herausbildung des personellen und strukturellen Potentials zur Formierung und Entfaltung einer handlungs- und mobilisierungsfähigen Oppositionsbewegung im Herbst 1989" (242).

Anknüpfend an Neubert versteht Wielgohs die Gruppen im Umfeld der evangelischen Kirche als im eigentlichen Sinne sozialisierende Gruppen, da sich ein Selbstverständnis als politische Opposition erst in den letzten beiden Jahren vor der Revolution durchgesetzt hatte (Wielgohs 1994: 250). Knabes Unterscheidung zwischen Kultur- und Machtorientierung und die Charakterisierung der DDR-Opposition als eher kulturorientiert führen Wielgohs zu der Aussage: „Insofern ist das Milieu der politisch-alternativen Gruppen vor dem Umbruch in der Tat am ehesten als eine latente kulturelle Gegen*bewegung* zu interpretieren" (250f.). Damit hat sich Wielgohs einem kultursoziologischen Verständnis der Gruppen genähert.

Das Projekt von Lothar Probst von der Universität Bremen und Bernhard Schmidtbauer von der Universität Rostock ist eine politikwissenschaftliche Analyse zur Entstehungsgeschichte und Bedeutung der Bürgerbewegungen. Es sollten ihre emphatischen Demokratievorstellungen auf ihre Brauchbarkeit für eine Reform der parlamentarischen Demokratie überprüft werden (Probst 1993: 14)[5]. Das Konzept „civil society" bildet dabei den theoretische Bezugsrahmen für die zentrale Frage, „welche Bedeutung der Politikansatz der Bürgerbewegungen für eine Weiterentwicklung der Politischen Kultur in der Bundesrepublik im Sinne der Stärkung der zivilen Gesellschaft haben könnte" (15). Am Beispiel einer Regionalstudie über das Neue Forum Rostock sollten Einblicke in die Vorgeschichte der Bürgerbewegungen

---

5 Die Arbeit von Schmidtbauer in diesem Kontext ist die Dokumentation der Wende in Rostock. Siehe auch den Beitrag von Lothar Probst im vorliegenden Band.

gegeben werden. Die Konzentration auf eine Stadt resultiert aus der Einsicht, daß lokale und regionale Faktoren eine viel größere Rolle spielen als bisher angenommen und das „Spektrum und politische Profil der Bürgerbewegungen vor Ort zum Teil sehr viel heterogener war, als es eine auf den Berliner Raum konzentrierte Wahrnehmung nahelegt" (82). Die empirische Basis bildet eine umfangreiche Auswertung von Dokumenten sowie Interviews mit einigen führenden Vertretern (15). Im Ergebnis kommt Probst zu dem Befund, daß sich Elemente einer 'second society" herausgebildet haben, die von einer sozialen und politischen Gegenkultur geprägt war. Diese lag nicht zur politischen Offizial-, sondern auch zur Mehrheitskultur quer und erreichte nur marginale Bedeutung (28). Probst bezeichnet die Elemente der 'second society" sowohl als „oppositionelles Protestmilieu" als auch als Neue Soziale Bewegung. Sie hätten das Potential für die qualitativ neue Formation der Bürgerbewegungen gebildet (81).

In einer über fünf Jahre laufenden Panelstudie, die von Wolfgang Elvers, Hagen Findeis, Detlef Pollack und Manuel Schilling an der Theologischen Fakultät der Universität Leipzig durchgeführt wurde, stand die Frage im Mittelpunkt, was aus den politisch alternativen Gruppierungen der DDR, also den Friedens-, Umwelt- und Menschenrechtsgruppen, nach 1989 geworden ist (Pollack 1995). In drei Befragungswellen (1990, 1992, 1995) wurden stets dieselben 30 einstmals führenden Gruppenvertreter mit Hilfe von Leitfadeninterviews befragt. Dabei wurden nicht nur die strukturellen und kognitiven Veränderungen nach 1989 untersucht, sondern auch Einstellungen und Aktionsformen vor 1989 erfaßt. Gefragt wurde u.a. nach Motiven des politischen Engagements in der DDR-Zeit, nach Zielen und Mitteln der damaligen politischen Arbeit, nach dem Selbstverständnis als politische Opposition, nach dem Verhältnis zu Marktwirtschaft, Sozialismus und zur 'deutschen Frage" sowie nach den gruppeninternen Strukturen und Kommunikationsprozessen und dem Verhältnis zur Kirche.

Als Ergebnis läßt sich festhalten, daß die politisch alternativen Gruppierungen weniger als ein Phänomen der Neuen Sozialen Bewegungen westlichen Typs und mehr als eine spezifisch ostdeutsche Erscheinungsform zu kennzeichnen sind. Vorrangig waren die Mitglieder dieser Gruppierungen nicht 'die Vorreiter eines allgemeinen gesellschaftlichen Unbehagens gegenüber den Folgeproblemen der modernen Gesellschaft', sondern 'auf die Herstellung von Demokratie drängende Normverletzer ..., die sich gegen die Verstaatlichung der Gesellschaft zur Wehr setzten ... und dem Totalitätsanspruch des Systems und dem Schweigen der Mehrheit" nicht selten 'ihre ganze Existenz entgegenstellten" (Findeis/Pollack/Schilling 1994: 12). Das Ziel ihres Handelns bestand in der Pluralisierung und Demokratisierung der Gesellschaft, in der Herstellung von Öffentlichkeit, also in der Schaffung von gesellschaftlichen Verhältnissen, die im Westen längst erreicht waren. Wenn globale Themen wie Frieden, Gerechtigkeit oder Umwelt und damit Folgeprobleme der

Modernisierung der Gesellschaft angesprochen wurden, wurden diese doch stets DDR-bezogen reflektiert (Elvers/Findeis 1990: 99, 110). Verglichen mit den westlichen Bewegungen waren die Gruppen in der DDR unterstrukturiert. Der Aufbau einer durch Kommunikation und Interaktion konstituierten Gegenkultur stand im Zentrum des Interesses, nicht die Organisation des Widerstands. Auch wenn ihre Vertreter Mittelschichten entstammten und höhere Bildungsabschlüsse anstrebten, waren nicht wenige von ihnen gesellschaftlich ausgegrenzt und arbeiteten in ausbildungsfremden, außerakademischen Berufen. Viele von ihnen waren Mitarbeiter in den evangelischen Kirchen und kirchlichen Einrichtungen. Trotz mancher Übereinstimmung mit dem Erscheinungsbild der Neuen Sozialen Bewegungen (Thematik, postmaterialistische Werthaltung, lose Organisation usw.) scheinen die Unterschiede insgesamt doch zu überwiegen.

Der von Bernd Lindner (1994) herausgegebene Sammelband 'Zum Herbst '89'. Demokratische Bewegung in der DDR", der als Begleitbuch zu einer vom Haus der Geschichte der Bundesrepublik Deutschland in Leipzig durchgeführten Ausstellung entstand, unterscheidet sich von den meisten der hier besprochenen Projekte insofern, als er nicht nur die Zentren des Protestes ins Auge faßt, sondern Formen des Protestes und der Dissidenz auch in kleineren Orten der DDR untersucht. Während in den meisten Arbeiten zur DDR-Opposition Leipzig und Berlin im Mittelpunkt stehen, sind in diesem Band Berichte über Entstehung der Proteste und ihre Vorgeschichte in Städten wie Plauen, Arnstadt, Magdeburg, Forst und Rostock enthalten. Das Schwergewicht der Betrachtung ist dabei auf den Übergang vom vereinzelten Protest in und außerhalb der Kirchen zum Massenprotest gelegt. Die Ortschroniken verzichten auf den Versuch einer theoriegeleiteten Erklärung der Ereignisse. Sie konzentrieren sich auf die Darstellung der Aktionen und der Handlungsmotive der Protestierenden, die lebensnah geschildert werden. Neben den Ortschroniken enthält der Band Studien zur Geschichte von Opposition und Widerstand von 1945 bis 1989, die inhaltlich allerdings weitgehend identisch sind mit für die Enquete-Kommission des Deutschen Bundestages angefertigten Expertisen.

Die Arbeit der Enquete-Kommission des Bundestages zur Aufarbeitung der Folgen der SED-Diktatur stellt eine spezifische Form der Analyse von Opposition und Widerstand in der DDR dar. Es war eine politische Aufarbeitung, die mit Blick auf eine breite Öffentlichkeit erfolgte und einen sehr weit gefaßten und systematischen Zugang auch zum Phänomen Widerstand und Opposition aufweist. In dieser Hinsicht sind vor allem die Bände VII/1 und VII/2 „Möglichkeiten und Formen abweichenden und widerständigen Verhaltens und oppositionellen Handelns, die friedliche Revolution im Herbst 1989, die Wiedervereinigung Deutschlands und Fortwirken von Strukturen und Mechanismen der Diktatur" interessant. Es sind hier im wesentlichen die oben schon genannten zwei Stränge präsent: wissenschaftliche Analysen in Form von Expertisen von Sachverständigen und persönliche Erinnerungen und Darstellungen. Das, was die Veröffentlichung der Enquete-Kommission für die sozialwissenschaftliche Forschung besonders interessant macht, sind die Diskussionen auf den Sitzungen, da hier Diskussionsstränge zusammengeführt werden, die innerhalb der akademischen Fachöffentlichkeit wie zwischen dieser und der publizistischen Öffentlichkeit weitgehend getrennt voneinander verlaufen.

Wollen wir, in der gebotenen Vorsicht, ein Fazit wagen, so könnte man sagen, daß durch die Forschung in den vergangenen Jahren zwar ein erheblicher Zuwachs an empirischem Wissen erzielt worden ist, insbesondere was die Differenziertheit des Phänomens, den groben Entwicklungsverlauf (Phasen), die Struktur und soziale Zusammensetzung der Gruppen, die Kooperationsformen und Vernetzungsstrukturen und die übergreifenden inhaltlichen Orientierungen betrifft. Die theoretische Reflexion des Gegenstandes blieb demgegenüber allerdings unterbelichtet. Auffällig ist, daß sich das Schwergewicht sehr stark auf die Struktur- und auf die Makroebene verlagert hat, während die Mikroebene kaum noch thematisiert wird (vgl. aber die Arbeiten von Pollack 1995; Knabe 1996 sowie den Beitrag von Moritz in diesem Band). Damit sind eine Reihe von Fragen nicht mehr präsent sind (etwa die nach den Zielen, Motiven und Mitteln des Handelns der Gruppen, nach ihrem religiösen Charakter, nach interne Differenzierungen und Hierarchien, nach der Sozialstruktur, nach der Geschlechtsspezifik u. a.).

Offene Fragen und Forschungsaufgaben sehen wir vor allem in folgendem: Unseres Erachtens ist es erforderlich,
- das Übergangsfeld zwischen der alltäglichen Verweigerung und dem bewußten politischen Protest zu erhellen und damit zur Analyse des Verhältnisses von Protestgruppen und Bevölkerung beizutragen,
- der Frage nachzugehen, wie unter den Bedingungen einer weitgehenden geschlossenen Repressionsgesellschaft Formen der Opposition und der Dissidenz überhaupt entstehen konnten,
- wie sie angesichts der restriktiven gesellschaftlichen Umstände Dauer zu gewinnen vermochten,
- inwieweit man die politisch alternativen Gruppierungen vor 1989 als ein einheitliches Phänomen ansprechen kann,
- ob sie eine Bewegung darstellten (bzw. was eine Bewegung konstituiert),
- wie die Sinnwelt der Gruppenvertreter, ihre geistige Welt und ihr Selbstverständnis konstruiert waren,
- welche Rolle die Gruppen im Umbruchsprozeß spielten (hier gehen die Meinungen der Forscher weit auseinander, vgl. etwa Neubert 1991; Joppke 1995).
Am wichtigsten scheint im gegenwärtigen Stadium der Beschäftigung mit den unterschiedlichen Formen von Protest und Dissidenz in der DDR die Anhebung des theoretischen Reflexionsniveaus zu sein. Unterschiedliche Ansätze aus dem Spektrum der Bewegungsforschung müßten auf die empirischen Phänomene angewandt

werden, um auf ihre Erklärungskraft am ostdeutschen Fall überprüft zu werden. Dabei ließe sich an eher makrosoziologische Ansätze wie Theorien der relativen Deprivation, mesosoziologische Ansätze wie die Theorien der political opportunity structure oder mikrosoziologische Ansätze wie den Ressourcenmobilisierungsansatz oder framing-Konzepte denken. Ebenso vielversprechend dürfte aber auch die Anwendung qualitativ orientierter kultursoziologische Ansätze etwa des Deutungsmusteransatzes sein. Es ist denkbar, daß in den nächsten Jahren die Auseinandersetzung um die Interpretation der Protestphänomene in der DDR entlang der Spannungen zwischen eher makrosoziologisch und strukturell ausgerichteten Theorien und kultursoziologisch qualitativen Ansätzen verläuft. Während sich die ersteren stärker mit den Rahmenbedingungen, unter denen sich der Protest herausbildet, beschäftigen, thematisieren die letzteren mehr das Selbstverständnis, die Überzeugungen, Werthaltungen und Deutungsmuster der Mitglieder der Gruppierungen und fragen nach dem Einfluß dieser auf die Konstitution der Protestformen. Die in diesen Band aufgenommenen Beiträge von Helena Flam und Laurence McFalls auf der einen sowie von Kai-Uwe Hellmann, Detlef Pollack, Jan Wielgohs und Carsten Johnson auf der anderen Seite eröffnen in gewisser Weise bereits die zu erwartende Kontroverse.[6] Erst wenn die sozialwissenschaftliche Forschung theoretisch generierten Fragestellungen nachgeht, ist bekanntlich eine kontroverse Diskussion unterschiedlicher Forschungsbeiträge möglich. Der vorliegende Sammelband versucht, einen Schritt in diese Richtung zu gehen. Ihm kommt es darauf an, zur Sichtung des Forschungsstandes und zur theoretischen Verdichtung der Forschung beizutragen und damit einen Ausgangspunkt für eine stärker theorieorientierte Auseinandersetzung mit den unterschiedlichen Formen von Protest, Verweigerung und Opposition in der DDR zu schaffen.

Die Herausgeber haben der Sächsischen Landeszentrale für politische Bildung, insbesondere Herrn Werner Rellecke, für die Übernahme des Bandes in ihr Programm zu danken. Formatierungs-, Schreib- und Korrekturarbeiten lagen in der Hand von Frau Petra Sonnenberg, Wissenschaftskolleg zu Berlin, und Elke Lange, Europa-Universität Frankfurt (Oder). Auch Ihnen sei herzlich gedankt.

Literatur

Becker, Carola: Umweltgruppen in der DDR, in: Hille, Barbara/Jaide, Walter (Hg.): *DDR-Jugend*, Opladen 1990, 216-247

Beleites, Michael: *Untergrund. Ein Konflikt mit der Stasi in der Uran-Provinz*, Berlin 1991

---

6 Vgl. in diesem Zusammenhang auch die Dissertation von Le Grand (1996).

Besier, Gerhard/Wolf, Stephan: *"Pfarrer, Christen und Katholiken".* Das Ministerium für Staatssicherheit der ehemaligen DDR und die Kirchen, Neukirchen-Vluyn ²1992

Besier, Gerhard: *Der SED-Staat und die Kirche,* 3 Bde. München/Berlin 1993-1995

Blattert, Barbara/Rink, Dieter/Rucht, Dieter: Von den Oppositionsgruppen der DDR zu den neuen sozialen Bewegungen in Ostdeutschland?, in: *Politische Vierteljahresschrift* 36 (1995), 397-422

Böthig, Peter/Michael, Klaus (Hg.): *MachtSpiele. Literatur und Staatssicherheit im Fokus Prenzlauer Berg,* Leipzig 1993

Brand, Karl-Werner: Massendemokratischer Aufbruch im Osten. Eine Herausforderung für die NSB-Forschung, in: *Forschungsjournal Neue Soziale Bewegungen* 3 (1990), Heft 2, 9-16

Brinksmeier, Burghard: Die Gruppen und die Kirche, in: Israel, Jürgen (Hg.): *Zur Freiheit berufen. Die Kirche in der DDR als Schutzraum der Opposition 1981-1989,* Berlin 1991, 46-60

Broszat, Martin: Resistenz und Widerstand. Eine Zwischenbilanz des Forschungsprojektes, in: Broszat, Martin u.a. (Hg.): *Bayern in der NS-Zeit,* Bd. IV. Herrschaft und Gesellschaft im Konflikt, München 1981, 691-709

Büscher, Wolfgang/Wensierski, Peter/Wolschner, Klaus (Hg.): *Friedensbewegung in der DDR. Texte 1978-1982,* Hattingen 1982

Demke, Christoph/Falkenau, Manfred/Zeddies, Helmut (Hg.): *Zwischen Anpassung und Verweigerung. Dokumente aus der Arbeit des Bundes der Evangelischen Kirchen in der DDR,* Leipzig 1994

Dietrich, Christian/Schwabe, Uwe (Hg.): *Freunde und Feinde. Friedensgebete in Leipzig zwischen 1981 und dem 9. Oktober 1989,* Leipzig 1994

Diedrich, Torsten: *Der 17. Juni 1953 in der DDR,* Berlin 1991

Ehring, Klaus/Dallwitz, Martin (d.i. Knabe, Hubertus): *Schwerter zu Pflugscharen. Friedensbewegung in der DDR,* Reinbek 1982

Elvers, Wolfgang/Findeis, Hagen: Die politisch alternativen Gruppen im gesellschaftlichen Wandel. Eine empirische Studie zu ihrem Selbstverständnis, in: Grabner, Wolf-Jürgen u. a. (Hg.): *Leipzig im Oktober. Kirchen und alternative Gruppen im Umbruch der DDR,* Berlin 1990, 97-111

Eppelmann, Rainer: *Fremd im eigenen Haus. Mein Leben im anderen Deutschland,* Köln 1993

Faktor, Jan: Intellektuelle Opposition und alternative Kultur in der DDR, in: *Aus Politik und Zeitgeschichte* B 42 (1994), 30-37

Falcke, Heino: Kirche und christliche Gruppen. Ein nötiges oder unnötiges Spannungsfeld?, in: Pollack, Detlef (Hg.): *Die Legitimität der Freiheit. Politisch alternative Gruppen in der DDR unter dem Dach der Kirche,* Frankfurt/M. 1990, 103-113

Falcke, Heino: Unsere Kirche und ihre Gruppen. Lebendiges Bekennen heute?, in: Pollack, Detlef (Hg.): *Die Legitimität der Freiheit. Politisch alternative Gruppen in der DDR unter dem Dach der Kirche,* Frankfurt/M. 1990, 41-56

Findeis, Hagen/Pollack, Detlef/Schilling, Manuel: *Die Entzauberung des Politischen. Was ist aus den politisch alternativen Gruppen der DDR geworden?,* Leipzig 1994

Funk, Uwe: Die Existenz sozialethischer Gruppen in der evangelischen Kirche der DDR als gesellschaftswissenschaftliches Problem, in: Pollack, Detlef (Hg.): *Die Legitimität der Freiheit. Politisch alternative Gruppen in der DDR unter dem Dach der Kirche,* Frankfurt/M. 1990, 81-102

Goeckel, Robert F.: *Die evangelische Kirche und die DDR. Konflikte, Gespräche, Vereinbarungen unter Ulbricht und Honecker*, Leipzig 1995

Grundmann, Uta/Michael, Klaus/Seufert, Susanna: *Die Einübung der Außenspur. Die 'andere' Kunst und Kultur in Leipzig*, Leipzig 1996

Gutzeit, Martin/Meckel, Markus: *Opposition in der DDR. Zehn Jahre kirchliche Friedensarbeit. Kommentierte Quellentexte*, Köln 1994

Hartweg, Frédéric (Hg.): *SED und Kirche. Eine Dokumentation ihrer Beziehungen. Bd. 1: 1946-1967*, bearbeitet von Joachim Heise, *Bd. 2: 1968-1989*, bearbeitet von Horst Dohle, Neukirchen-Vluyn 1995

Haufe, Gerda/Bruckmeier, Karl (Hg.): *Die Bürgerbewegungen in der DDR und in den ostdeutschen Bundesländern*, Opladen 1993

Herzberg, Guntolf: *Einen eigenen Weg gehen... Texte aus Ost und West 1981-1990*, Berlin 1991

Hirsch, Ralf/Kopelew, Lew (Hg.): *Initiative Frieden und Menschenrechte. Grenzfall*, Berlin 1989

Huinink, Johannes/Mayer, Ulrich u. a.: *Kollektiv und Eigensinn. Lebensverläufe in der DDR und danach*, Berlin 1995

Israel, Jürgen (Hg.): *Zur Freiheit berufen. Die Kirche in der DDR als Schutzraum der Opposition*, Berlin 1991

Joppke, Christian: *East German Dissidents and the Revolution of 1989. Social Movement in a Leninist Regime*, New York 1995

Jordan, Carlo: Grüner Rückblick. Von der antistalinistischen Opposition zum ökologisch-basisdemokratischen Aufbruch, in: Albrecht, Jannette u. a. (Hg.): *Stattbuch Ost. adieu ddr. Oder die Liebe zur Autonomie*, Berlin 1991, 137-144

Jordan, Carlo/Kloth, Hans Michael (Hg.): *Arche Nova. Opposition in der DDR. Das „Grün-ökologische Netzwerk Arche" 1988-1990*, Berlin 1995

Kleßmann, Christoph: Relikte des Bildungsbürgertums in der DDR, in: Kaelble, Hartmut/Kocka, Jürgen/Zwahr, Hartmut (Hg.): *Sozialgeschichte der DDR*, Stuttgart 1994, 254-270

Knabe, Hubertus: Neue soziale Bewegungen im Sozialismus. Zur Genesis alternativer politischer Orientierungen in der DDR, in: *KZSS* 40 (1988), 551-572

Knabe, Hubertus: Opposition in der DDR. Ursprünge, Programmatik, Perspektiven, in: *Aus Politik und Zeitgeschichte* B 1-2 (1990), 21-32

Knabe, Hubertus: Was war die DDR-Opposition? Zur Typologisierung des politischen Widerspruchs in Ostdeutschland, in: *Deutschland Archiv* 29 (1996), 184-198

Knabe, Hubertus: Sprachrohr oder Außenseiter, in: *Aus Politik und Zeitgeschichte* B 20 (1996), vom 10.5.1996, 23-36

Kroh, Ferdinand: *"Freiheit ist immer Freiheit...". Die Andersdenkenden in der DDR*. Frankfurt/M. 1988

Krone, Tina/Schult, Reinhard (Hg.): *"Seid untertan der Obrigkeit". Originaldokumente der Stasi-Kirchenabteilung XX/4*, Berlin 1992

Kukutz, Irena/Havemann, Katja: *Geschützte Quelle. Gespräche mit Monika H. alias Karin Lenz*, Berlin 1990

Land, Rainer/Will, Rosemarie/Segert, Dieter: Wie wollen wir mit den entstandenen informellen politischen Gruppen und Bewegungen umgehen und wie könnte mit dem Umbau des politischen Systems sowie des Staates und des Rechts begonnen werden?, in: dies.: *Texte zu Politik, Staat, Recht*, Berlin 1990, 62-71

Le Grand, Syvie: *Les Eglises évangéliques et les groupes de base en RDA dans les années 1980*, thèse an der Université des Sciences Humaines de Strasbourg 1996

Lindner, Bernd/Grüneberger, Ralph (Hg.): *DEMONTEURE. Biographien des Leipziger Herbst*, Bielefeld 1992

Lindner, Bernd (Hg.): *Zum Herbst '89. Demokratische Bewegung in der DDR*, Leipzig 1994

Mau, Rudolf: *Eingebunden in den Realsozialismus? Die Evangelische Kirche als Problem der SED*, Göttingen 1994

Meuschel, Sigrid: *Legitimation und Parteiherrschaft in der DDR*, Frankfurt/M. 1992

Michael, Klaus: Feindbild Literatur. Die Biermann-Affäre, Staatssicherheit und die Herausbildung einer literarischen Alternativkultur in der DDR, in: *Aus Politik und Zeitgeschichte* B 22-23 (1993), 23-29

Mitter, Armin/Wolle, Stefan (Hg.): *"Ich liebe euch doch doch alle...". Befehle und Lageberichte des MfS. Januar - November 1989*, Berlin 1989

Mitter, Armin/Wolle, Stefan: *Untergang auf Raten. Unbekannte Kapitel der DDR-Geschichte*, München 1993

Müller-Enbergs, Helmut/Schulz, Marianne/Wielgohs, Jan (Hg.): *Von der Illegalität ins Parlament. Werdegang und Konzept der neuen Bürgerbewegungen*, Berlin 1991

Muschter, Gabriele/Thomas, Rüdiger (Hg.): *Jenseits der Staatskultur. Traditionen autonomer Kunst in der DDR*, München 1992

Neubert, Ehrhart: *Eine protestantische Revolution*, Berlin 1991

Neubert, Ehrhart: Reproduktion von Religion in der DDR-Gesellschaft. Ein Beitrag zum Problem der sozialisierenden Gruppen und ihrer Zuordnung zu den Kirchen, in: Beiträge A 6 (Gemeinde)/hg. von der Theologischen Studienabteilung beim Bund der Evangelischen Kirchen in der DDR, in: *epd Dokumentation* (1986), Heft 35 und 36

Oberschall, Anthony: Protest Demonstrations and the End of Communist Regimes in 1989, in: *Research in Social Movements* 17 (1994), 1-24

Oberschall, Anthony: Opportunities and Framing in the Eastern European Revolts of 1989, in: McAdam, Doug/McCarthy, John D./Zald, Mayer N. (Hg.): *Comparative Perspectives on Social Movements. Political Opportunities, Mobilizing Structures, and Cultural Framings*, Cambridge, Mass. 1996, 93-121

Offe, Claus: *Der Tunnel am Ende des Lichts. Erkundungen der politischen Transformation im Neuen Osten*, Frankfurt/M. 1994

Pollack, Detlef (Hg.): *Die Legitimität der Freiheit. Politisch alternative Gruppen in der DDR unter dem Dach der Kirche*, Frankfurt/M. 1990, 115-154

Pollack, Detlef: Sozialethisch engagierte Gruppen in der DDR. Eine religionssoziologische Untersuchung (1989), In: Pollack, Detlef (Hg.): *Die Legitimität der Freiheit. Politisch alternative Gruppen in der DDR unter dem Dach der Kirche*, Frankfurt/M. 1990, 115-154

Pollack, Detlef: *Zum Wandel der gesellschaftlichen Lage der evangelischen Kirchen und der politisch alternativen Gruppen in der DDR*, Habilitationsschrift, Bielefeld, Fakultät für Soziologie 1993

Pollack, Detlef: *Kirche in der Organisationsgesellschaft. Zum Wandel der gesellschaftlichen Lage der evangelischen Kirchen in der DDR*, Stuttgart 1994

Pollack, Detlef: Was ist aus den Bürgerbewegungen und Oppositionsgruppen der DDR geworden?, in: *Aus Politik und Zeitgeschichte* B 40-41 (1995), 34-45

Poppe, Ulrike: Das kritische Potential der Gruppen in Kirche und Gesellschaft (1988), in: Pollack, Detlef (Hg.): *Die Legitimität der Freiheit. Politisch alternative Gruppen in der DDR unter dem Dach der Kirche*, Frankfurt/M. 1990, 63-79

27

Poppe, Ulrike: „Der Weg ist das Ziel". Zum Selbstverständnis und der politischen Rolle oppositioneller Gruppen der achtziger Jahre, in: Poppe, Ulrike/Eckert, Rainer/Kowalczuk,
Ilko-Sascha (Hg.): *Zwischen Selbstbehauptung und Anpassung. Formen des Widerstandes
und der Opposition in der DDR*, Berlin 1995, 244-272

Poppe, Ulrike/Eckert, Rainer/Kowalczuk, Ilko-Sascha (Hg.): *Zwischen Selbstbehauptung und
Anpassung. Formen des Widerstandes und der Opposition in der DDR*, Berlin 1995

Probst, Lothar: *Ostdeutsche Bürgerbewegungen und Perspektiven der Demokratie. Entstehung, Bedeutung und Zukunft*, Köln 1993

Rauhut, Michael: *Beat in der Grauzone. DDR-Rock 1964 bis 1972. Politik und Alltag*, Berlin
1993

Rauhut, Michael: *Schalmei und Lederjacke. Udo Lindenberg, BAP, Underground. Rock und
Politik in den 80er Jahren*, Berlin 1996

Rein, Gerhard (Hg.): *Opposition in der DDR. Entwürfe für einen anderen Sozialismus*, Berlin
1989

Rein, Gerhard (Hg.): *Die protestantische Revolution 1987-1990. Ein deutsches Lesebuch*,
Berlin 1990

Rendtorff, Trutz (Hg.): *Protestantische Revolution? Kirche und Theologie in der DDR*, Göttingen 1993

Rink, Dieter: Soziale Bewegungen in der DDR. Die Entwicklungen bis Mai 1990, in: Roth,
Roland/Rucht, Dieter (Hg.): *Neue soziale Bewegungen in der Bundesrepublik Deutschland*, Bonn 1991, 54-70

Rink, Dieter: Das Leipziger Alternativmilieu. Zwischen alten und neuen Eliten, in: Vester,
Michael/Hofmann, Michael/Zierke, Irene (Hg.): *Soziale Milieus in Ostdeutschland*, Köln
1995, 193-229

Rucht, Dieter/Blattert, Barbara/Rink, Dieter: *Soziale Bewegungen auf dem Weg zur Institutionalisierung? Zum Strukturwandel „alternativer" Gruppen in beiden Teilen Deutschlands*,
Frankfurt/M. 1997 (im Erscheinen)

Rüddenklau, Wolfgang: *Störenfried. ddr-opposition 1986-1989. Mit Texten aus den
„Umweltblättern"*, Berlin 1992

Schelske, Walter: Zum Verhältnis von evangelischen Kirchen und Randgruppen, in: *For-
schungsberichte und Beiträge des Forschungskollektivs "Wissenschaftlicher Atheismus"
der Pädagogischen Hochschule "Liselotte Herrmann" Güstrow* (1988), Heft 58, 484-485

Schorlemmer, Friedrich: Macht und Ohnmacht kleiner Gruppen vor den Herausforderungen
der Zukunft (1985), in: Pollack, Detlef (Hg.): *Die Legitimität der Freiheit. Politisch alternative Gruppen in der DDR unter dem Dach der Kirche*, Frankfurt/M. 1990, 17-23

Stasi-Akten „Verräter". Bürgerrechtler Templin. Dokumente einer Verfolgung, in: *Spiegel-
Spezial* (1993), Heft 1

Tarrow, Sidney: "Aiming at a Moving Target". Social Science and the Recent Rebellions in
Eastern Europe, in: *Political Science and Politics* 24 (1991), 12-20

Templin, Wolfgang: Bemerkungen zur politischen Orientierung in der Friedensbewegung, in:
Bickhardt, Stephan u. a. (Hg.): *Spuren. Zur Geschichte der Friedensbewegung in der
DDR*, Berlin 1988 (Samisdatdruck)

Ullmann, Wolfgang: *"Ich werde nicht schweigen". Gespräche mit Wolfgang Ullmann*, Berlin
1991

Vollnhals, Clemens (Hg.): *Die Kirchenpolitik von SED und Staatssicherheit. Eine Zwischenbilanz*, Berlin 1996

von zur Mühlen, Patrik: *Der "Eisenberger Kreis". Jugendwiderstand und Verfolgung in der
DDR 1953-1958*, Bonn 1995

Wensierski, Peter/Büscher, Wolfgang (Hg.): *Beton ist Beton. Zivilisationskritik aus der DDR,* Hattingen 1981

Wensierski, Peter: Friedensbewegung in der DDR, in: *Aus Politik und Zeitgeschichte* B 17 (1983), 3-11

Wensierski, Peter: *Von oben nach unten wächst gar nichts. Umweltzerstörung und Protest in der DDR,* Frankfurt/M. 1986

Wicke, Peter: Pop-Musik, in: Deutscher Bundestag, Referat Öffentlichkeitsarbeit (Hg.): *Kunst und Kultur in der DDR. 36. Sitzung der Enquete-Kommission „Aufarbeitung von Geschichte und Folgen der SED-Diktatur in Deutschland" am 5. Mai 1993,* Bonn 1993, 40-54

Wielgohs, Jan/Schulz, Marianne: Von der illegalen Opposition in die legale Marginalität. Zur Entwicklung der Binnenstruktur der ostdeutschen Bürgerbewegung, in: Berliner *Journal für Soziologie* 2 (1991), 383-392 (erster Teil), 3 (1992), 119-128 (zweiter Teil)

Wielgohs, Jan/Schulz, Marianne: Von der „friedlichen Revolution"in die politische Normalität. Entwicklungsetappen der ostdeutschen Bürgerbewegung, in: Joas, Hans/Kohli, Martin (Hg.): *Der Zusammenbruch der DDR. Soziologische Analysen,* Frankfurt 1993, 222-245

Wielgohs, Jan: Die politischen Träger der Revolution. Aufstieg und Fall einer kulturellen Gegenelite, in: *Die real-existierende postsozialistische Gesellschaft. Chancen und Hindernisse für eine demokratische politische Kultur. Wissenschaftliche Konferenz der Brandenburgischen Landeszentrale für politische Bildung, Potsdam, 14.-16. Dezember 1993,* Berlin 1994, 249-253

Wielgohs, Jan/Schulz, Marianne: Die revolutionäre Krise am Ende der achtziger Jahre und die Formierung der Opposition, in: *Materialien der Enquete-Kommission "Aufarbeitung von Geschichte und Folgen der SED-Diktatur in Deutschland".* Bd. VII/2: Widerstand, Opposition, Revolution, Baden-Baden 1995, 1950-1994

Wiesenthal, Helmut: Die Transition Ostdeutschlands. Dimensionen und Paradoxien eines Sonderfalls, in: ders. (Hg.): *Einheit als Privileg. Vergleichende Perspektiven auf die Transformation Ostdeutschlands,* Frankfurt/M. 1996, 10-38

Wollenberger, Vera: *Virus der Heuchler. Innenansicht aus Stasi-Akten,* Berlin 1992

Leben in Deutschen Diktaturen
Historiographische und methodologische Aspekte der Erforschung von Widerstand und Opposition im Dritten Reich und in der DDR

Bernd Stöver

1. Historiographie des Widerstands

Das Unterfangen, Verhaltensweisen wie Opposition oder Anpassung durch klassifizierende Begriffe zu ordnen und zu erklären, kann immer nur der Versuch sein, sich einer historischen Wirklichkeit zu nähern, die sich in der Realität mehr oder minder erfolgreich einer klaren Kategorisierung entzieht. Dies hat vor allem die Widerstandsforschung zum Dritten Reich gezeigt, und auch die bisherigen Versuche, das Bevölkerungsverhalten in der ehemaligen DDR zu untersuchen, stehen vor den gleichen Problemen. Allein die Vielfalt der bisher in die Diskussion eingeführten Begriffe macht deutlich, welchen Schwierigkeiten der Historiker ausgesetzt ist, wenn er im Rückblick versucht, die aus den Quellen ersichtliche Fülle von Verhaltensweisen zu ordnen und zu differenzieren.

Die in den 70er Jahren in der westdeutschen Historiographie einsetzende neue sozialgeschichtliche Perspektive der „Geschichte von unten" hat in dieser Hinsicht vor allem zweierlei bewirkt: Zum einen gelang es dadurch, allgemein das öffentliche Interesse am Thema „Widerstand" überhaupt zu verstärken, zum anderen, den bis dahin engen Gebrauch des Begriffs aufzubrechen und auf praktisch alle gesellschaftlichen Bereiche auszudehnen. Wegweisend erwiesen sich vor allem die Arbeiten zum Forschungsprojekt „Bayern in der NS-Zeit" des Münchner Instituts für Zeitgeschichte (Broszat 1977-83). Die dort zunächst verwandte und später modifizierte Arbeitsdefinition von Widerstand als „jedes aktive oder passive Verhalten [...], das die Ablehnung des NS-Regimes oder eines Teilbereiches der NS-Ideologie erkennen läßt und mit gewissen Risiken verbunden [ist]" (Jaeger 1977: 214), macht deutlich, worauf es ankam: auf die Überwindung einer eindimensionalen Sicht des Widerstands gegen das Dritte Reich, die bis dahin nur äußerst bruchstückhaft jene Verhaltensweisen untersucht hatte, die unterhalb der Schwelle zum aktiven und politisch bewußten Widerstand lagen.

Historiographischer Hintergrund dieser Entwicklung war gewesen, daß in der westlichen Geschichtsschreibung der 50er und weitgehend auch der 60er Jahre im wesentlichen nur jenes Verhalten untersucht worden war, das aktiv auf den Sturz des NS-Regimes hinarbeitete.[1] So stand in der Bundesrepublik der 50er Jahre fast ausschließlich der „Widerstand von oben" im Mittelpunkt; der Widerstand vorwiegend konservativer und militärischer Eliten, der schließlich im Attentat auf Hitler am 20. Juli 1944 kulminierte. Die ersten bedeutenden wissenschaftlichen Arbeiten zum Thema, Gerhard Ritters Goerdeler-Biographie von 1954 und Hans Rothfels' Untersuchung zur „deutschen Opposition gegen Hitler" von 1949 hatten diesen Schwerpunkt (Ritter 1954; Rothfels 1949). Mit dem 20. Juli 1944, schrieb der Historiker Paul Kluke wenige Jahre nach Kriegsende geradezu programmatisch für die zu diesem Zeitpunkt vorherrschende Meinung zum „Deutschen Widerstand", „hatte das einzige Mal der Kampf gegen das Nazi-Regime weithin sichtbare aktive Formen angenommen [...]" (Kluke 1949: 137).

Nur sehr wenige Arbeiten beschäftigten sich in der Bundesrepublik während dieser ersten Phase mit dem Anteil des Widerstandes der organisierten Arbeiterbewegung. Dies war nicht zuletzt eine Abgrenzungstendenz gegen die DDR, die speziell den kommunistischen Widerstand in den Mittelpunkt stellte. Zu den ersten dieser frühen bundesrepublikanischen Untersuchungen, die ausschließlich über den Arbeiterwiderstand arbeiteten, gehörte Kurt Kliems 1957 fertiggestellte Untersuchung über die sozialistische Splittergruppe „Neu Beginnen" (Kliem 1957). Erst in den 60er Jahren gelang es der westdeutschen Geschichtsschreibung dann in größerem Umfang den Anteil der organisierten Arbeiterbewegung am aktiven Widerstand stärker zu thematisieren. In dieser zweiten Phase der Widerstandshistoriographie geriet deshalb folgerichtig der Anteil des militärischen Widerstands in die Kritik. Man hinterfragte die politische Legitimation der Verschwörer und ihrer autoritärrestaurativen Pläne für ein „Deutschland nach Hitler", die vielfach im augenfälligen Gegensatz zu progressiveren Plänen aus dem linken Spektrum standen.[2] Aber nicht nur bisher sorgsam gepflegte Anschauungen und politisch liebgewonnene Vorstellungen vom Verhalten in der Diktatur wurden aufgebrochen. Ende der 60er Jahre versuchte man darüber hinaus systematisch von der bisherigen Makroanalyse widerständischen Verhaltens fortzukommen, die nicht zuletzt ein wesentlicher Grund für die mancherorts in Hagiographie erstarrte Forschung gewesen war. Lokal- und Regionalstudien waren wesentlich besser geeignet, spezifischere Aussagen zu Abstufungen, Motivationen, Ursprüngen, Unterschieden usw. im Verhalten Einzelner

---

1 Die folgenden Ausführungen beziehen sich auf die westliche, d. h. bundesrepublikanische Historiographie des Widerstandes. Für die DDR-Geschichtsschreibung trifft die Periodisierung in dieser Form nicht zu, da von Anfang an der (vorwiegend kommunistische) Arbeiterwiderstand in den Mittelpunkt rückte. Die Auseinandersetzung mit dem konservativmilitärischen Widerstand um den 20. Juli 1944 fand in den 50ern und 60ern als Mittel zur politischen Auseinandersetzung mit dem Westen statt. Vgl. Reich 1994: 562ff.

2 Vgl. dazu die Arbeiten von Hans Mommsen und Hermann Graml zu Verfassungsplänen und außenpolitischen Vorstellungen der Verschwörer, in: Schmitthenner 1966.

oder von Gruppen herauszuarbeiten. Zu den ersten Untersuchungen dieser Art gehörten Lokalstudien über die Ruhrgebietsstädte Dortmund, Essen und Duisburg (Klotzbach 1969; Steinberg 1969; Bludau 1973). Von diesem Ansatz her war es nur noch ein kleiner Schritt zu jenen Forschungen, die die „Alltagsgeschichte", eben die „Geschichte von unten", thematisierten. Damit gelang der endgültige Durchbruch zur Analyse jener Verhaltensweisen, die zum Teil weit unterhalb der Schwelle zum intentionalen und aktiven Handeln gegen den Nationalsozialismus standen, aber nichtsdestoweniger eine Begrenzung des umfassenden Herrschaftsanspruches des NS-Staates bedeuteten, selbst wenn dies von den Handelnden nicht beabsichtigt worden war.

2. Was ist Widerstand?

Die Revision der elitären Widerstandsinterpretation der 50er Jahre, stellte der angelsächsische Historiker Ian Kershaw anläßlich einer internationalen Konferenz zum 40. Jahrestag des Attentats auf Hitler 1984 kritisch fest, habe dazu geführt, daß aus der ursprünglichen unrichtigen Annahme, Widerstand habe weitgehend ohne Volk stattgefunden, sich mittlerweile die ebenso falsche Auffassung entwickle, es sei von einer Art „Volkswiderstand" auszugehen (Kershaw 1986: 779f.). Der kurz zuvor eingeführte Begriff „Resistenz" hatte zu dieser plakativen Verkehrung der bisherigen Auffassung und auch der tatsächlichen Verhältnisse im Dritten Reich zweifellos beigetragen, aber er war nicht die alleinige Ursache der Verwirrung. „Resistenz", so hatte Martin Broszat als der wissenschaftliche Leiter des „Bayern-Projektes" 1981 in einer „Zwischenbilanz" geschrieben, bedeute „ganz allgemein: Wirksame Abwehr, Begrenzung, Eindämmung der NS-Herrschaft oder ihres Anspruches, gleichgültig von welchen Motiven, Gründen und Kräften her. [...] Der so gefaßte - wertneutrale - Resistenzbegriff ist einerseits weiter, andererseits enger als der werthafte Begriff des 'Widerstandes' oder der 'Opposition', wie er sich unter verhaltensgeschichtlichem Aspekt ergibt. Er umfaßt einerseits Erscheinungen der - wirksamen - Herrschaftsbegrenzung des NS, die kaum oder gar nicht als bewußte Anti-Haltungen politisch motiviert waren [...], umgreift andererseits aber nicht die nur in individuellem Bewußtsein latent vorhandene, nicht in Handlungen oder kommunikative Wirkungen umgesetzte gegnerische Einstellung [...]" (Broszat 1981: 697). Die von Broszat vorgeschlagene Begrifflichkeit orientierte sich zu Recht an der in den Akten zur NS-Zeit deutlich erkennbaren Tatsache, daß viele Verhaltensweisen tendenziell den unbegrenzten Konsensanspruch des NS-Staates beeinträchtigten, aber eben weit davon entfernt waren, das Dritte Reich schädigen zu wollen oder gar zu zerstören. Es ging um die vielen Formen zivilen Ungehorsams und persönlichen Mutes, die zwischen politischem Widerstand und unpolitischer Opposition auf der einen Seite und Loyalität auf der anderen Seite standen. Das von Broszat selbst als Erklärung herangezogene Beispiel der Verweigerung des Hitler-Grußes macht das deutlich. Vielfach war das Nichtbenutzen der Formel nicht gegen den NS-Staat, geschweige denn gegen Hitler als Person oder Institution gerichtet, sondern die Motivation zur Verweigerung des offiziell angeordneten „Deutschen Grußes" erschöpfte sich nicht selten lediglich in einem passiven Verharren in traditionellen Verhaltensweisen, das heißt, es wurde einfach weiter die ortsübliche Grußformel verwendet. Nichtsdestoweniger schränkte auch dieses Verhalten jedoch den absoluten Loyalitätsanspruch des NS-Staates ein.

Der Resistenz-Begriff hat nicht nur, aber vor allem aufgrund dieser unscharfen Definition von Anfang an erhebliche und zum Teil berechtigte Kritik erfahren, die sich aber wiederum fruchtbar für die Diskussion um Verhaltensweisen unter den Bedingungen autoritärer Regime allgemein erwies. Die wichtigsten Gegenpositionen lassen sich auf drei zentrale Punkte zuspitzen[3]:

A. So ist von Richard Löwenthal (vgl. Löwenthal 1984: 14) sofort vehement eingewandt worden, daß die Intentionen Broszats zwar legitim seien, die Begriffswahl aber unglücklich, „nicht nur, weil sie den üblichen Begriff des Widerstandes in einer Weise einengt, die den nicht bewußt politischen Formen Unrecht tut"; sondern vor allem, weil Resistenz als Terminus für den von ihm gemeinten Gegensatz zu Widerstand nicht übersetzbar in der internationalen Debatte sei. Löwenthal schlug statt Resistenz den Begriff der „gesellschaftlichen Verweigerung" als eine der drei „Grundformen des antiautoritären Widerstandes" vor.

B. Detlev Peukert wies bereits 1982 darauf hin, daß während des Dritten Reiches partielle Ablehnung und partielle Zustimmung nahezu problemlos nebeneinander stehen konnten. Der Resistenz-Begriff, so sein Vorwurf, planiere diese Unterscheidung (Peukert 1982: 74f.). Wie er argumentierten zum Beispiel auch Inge Marßolek, René Ott und Hans-Josef Steinberg, die die Kritik mit dem Einwand erweiterten, mit dem Resistenzbegriff würden ebenfalls die typischen wirtschaftlichen Nutznießer des NS-Staates aufgewertet, die zwar vom Regime profitierten, aber Abstand etwa zum plebejischen Charakter der SA oder NSDAP hielten (Marßolek 1984: 34f.; 1986: 131ff.). In ähnlicher Form hat auch Ian Kershaw Kritik geübt, wobei er zudem einwandte, daß der Begriff „Resistenz" dann in die Gefahr gerate, mißverstanden zu werden, wenn er von resistentem Verhalten eingefleischter Nazis spreche (Kershaw 1986: 783). Hier könne der Begriff in seiner praktischen Anwendung Intention und Motivation nicht mehr sauber trennen. In diese Richtung ging im übrigen auch die polemische Kritik von Ernst Köhler, der Broszat eine „Verspie-

---

3   Vgl. als Zusammenfassung der kritischen Positionen Mallmann 1993: 102ff.

ßerung der Zeitgeschichte" vorwarf, wenn das bayerische katholische Milieu zum Hort widerständischen Verhaltens erklärt werde (Köhler 1988: 53).

C. Am gewichtigsten erscheint aber der Vorwurf, der Resistenz-Begriff verschiebe das Gesamtbild der Wirklichkeit im „real existierenden Nationalsozialismus", da resistentes Verhalten niemals die Effektivität des NS-Herrschaftssystems eingeschränkt habe und dies auch nicht intentional beabsichtigte. Diese Kritik haben in Anlehnung an Kershaw vor allem Michael Mallmann und Gerhard Paul 1993 vertreten. Massiv haben sie sich dabei gegen die vielfach akzeptierten Thesen zur Arbeiteropposition von Tim Mason (vgl. Mason 1981: 293-313) und vor allem von Michael Voges (vgl. Voges 1981: 329-383) gewandt. Voges' „Gerede vom 'Klassenkampf' in der Betriebsgemeinschaft" gehe deshalb an der Realität vorbei, weil dieser sowohl von seinen Zielen (der Gefährdung des NS-Rüstungsprogramms) als auch von den Formen niemals den Bestand der NS-Herrschaft bedroht habe (Mallmann 1993: 107). Mallmann und Paul favorisierten deshalb den Begriff der „loyalen Widerwilligkeit", ein Terminus, der die Mischung von partieller Konsensbereitschaft und partieller Ablehnung aufnehmen soll.[4]

Eindeutig ist anhand der bisherigen Forschungsergebnisse zu erkennen, daß der Resistenzbegriff einerseits zu Recht jene Teile des Bevölkerungsverhaltens anspricht, die lange Zeit aus dem Blickfeld gerieten, weil sie insgesamt nicht bewußt und aktiv an der Vernichtung des Nationalsozialismus arbeiteten und zudem niemals wirklich systemgefährdend waren, aber zweifellos den Herrschaftsanspruch des Staates einschränkten. Andererseits produzierte er jedoch gerade aufgrund seiner unscharfen Definition ein Bild des Dritten Reiches in der Öffentlichkeit, das zumindest tendenziell in der Gefahr ist, völlig falsch verstanden zu werden. Das aktive und bewußte Handeln gegen das Dritte Reich war die Ausnahme, partielle und vollständige Anpassung war die Regel. Insbesondere die sich als Avantgarde empfindende Widerstandsbewegung aus der ehemaligen organisierten Arbeiterbewegung war, wie sich aus vielen Quellen rekonstruieren läßt, gerade deshalb zutiefst enttäuscht über das Verhalten der Mehrheit der Deutschen (vgl. Stöver 1993: 391ff.). Aus den Forschungsergebnissen ist deshalb vor allem der Schluß zu ziehen, daß es für die Einschätzung des Bevölkerungsverhaltens in Diktaturen notwendig ist, nicht nur alle Formen widerständischen Verhaltens auf der einen und Loyalität auf der anderen Seite zu benennen, sondern insbesondere auch die typische Gemengelage von partiellem Dissens und partiellem Konsens.

Diese auf den ersten Blick banal erscheinende Feststellung ist deshalb relevant, weil sie deutlich macht, daß das entscheidende Problem ist, diese vielfach unübersichtliche Konstellation terminologisch in den Griff zu bekommen. Hierzu sind eine

---

4 Der Begriff „widerwillige Loyalität" wurde bereits in den 60er Jahren zur Kennzeichnung des Bevölkerungsverhaltens verwandt. Vgl. Krausnick 1965: 482.

Reihe von Vorschlägen gemacht worden. Am unproblematischsten erscheint zunächst die von Tim Mason getroffene einfache Unterscheidung zwischen nachweisbar politisch bewußten Handlungen, die mit dem Ziel vorgetragen wurden, die NS-Herrschaft zu stürzen oder zu schwächen, und jenen Aktivitäten, die keine erkennbare bewußte politische Intention besaßen (Mason 1981: 293ff.). Die politisch bewußt vorgetragenen Aktionen sind als „Widerstand" zu bezeichnen, jene ohne politischen Hintergrund als „Opposition". Handlungen, die unterhalb dieser Schwelle lagen, wurden in diesem Modell nicht berücksichtigt.

Richard Löwenthal (vgl. Löwenthal 1984: 14) hat ähnlich argumentiert, dem gegenüber aber, wie oben angedeutet, den Widerstandsbegriff in den drei „Grundformen des antitotalitären Widerstandes" umfassender verwandt. Der Terminus „politische Opposition" ist demnach auf Aktivitäten zu beschränken, die bewußt gegen den NS-Staat gerichtet waren und seinen Sturz beabsichtigten, „gesellschaftliche Verweigerung" auf jene Formen, die „ohne politische Flagge konkret, praktisch und relativ offen gegen die Eingriffe des Nationalsozialismus in das gesellschaftliche Leben und seine Organisationen richtete [...]". Beides entspricht letztendlich der genannten Unterscheidung von Widerstand und Opposition. Als dritte Grundform führte Löwenthal den Begriff der „gesellschaftlichen Dissidenz" ein, als die er Verhaltensweisen verstanden wissen wollte, die ebenfalls ohne politische Intention „in Teilen von Literatur, Kunst und Wissenschaft eine bewußte Ablehnung der nationalsozialistischen Weltanschauung gezeigt" haben.

Am weitesten geht das von Detlev Peukert 1982 vorgeschlagene Modell. Peukert schlug als Begriffe zur Kennzeichnung der „Formen abweichenden Verhaltens" im Dritten Reich „Nonkonformität" - „Verweigerung" - „Protest" - „Widerstand" vor (Peukert 1982: 97). Alle genannten Verhaltensweisen können ineinander übergehen und steigern sich sowohl von partiellen zum generellen Handeln als auch von der privaten zur staatsbezogenen, das heißt politischen Aktion. Der Begriff „Widerstand" ist in dieser Skala allein jenen Verhaltensweisen vorbehalten, die den NS-Staat politisch als Ganzes nicht akzeptierten. Alle anderen Verhaltensweisen sind zunächst nur Normverletzungen, die nicht den Nationalsozialismus, die NSDAP oder das Dritte Reich insgesamt ablehnen. „Protest", „Verweigerung" und „Nonkonformität" sind daher vor allem partieller Dissens, deren Reichweite der Systemkritik immer geringer wird und immer mehr in den privaten Bereich gelangt. Als Beispiel für „Protest" führte Peukert die Anti-Euthanasie-Kampagnen der Kirchen an, deren besonderes Merkmal bekanntlich darin lag, daß der Klerus nicht prinzipiell den NS-Staat ablehnte, sondern sich vehement, aber eben nur partiell gegen den Krankenmord wandte. Als eine typische „Verweigerungs"-Haltung war zu verstehen, wenn Eltern ihre Kinder nicht in die vorgesehenen NS-Jugendinstitutionen schickten. „Nonkonformität" konnte nach dieser Definition schon die Nichtbeteiligung am häuslichen „Eintopfsonntag" sein. Es läßt sich darüber streiten, inwieweit solche Beispiele zutreffend sind, eindeutig ist, daß letztendlich immer nur der Einzelfall Aufschluß darüber geben kann, welche Motivation und damit welche Form von Devianz vorliegt.

Gelungen scheint in diesem Modell, daß die Prozeßhaftigkeit von Devianz deutlich gemacht wird und damit die biographische Dimension indirekt mit aufgenommen ist. Abweichendes Verhalten war niemals statisch, sondern entwickelte sich zum Teil aus auf den ersten Blick völlig unspektakulären Dingen, zum Beispiel aus einer subjektiv als ungerecht empfundenen privaten Situation, um sich dann möglicherweise bis hin zu einer bewußt vorgebrachten generellen Kritik am NS-Staat zu steigern. Dies war im übrigen auch den staatlichen Verfolgungsinstanzen geläufig, die deshalb nachhaltig versuchten, auch die Privatsphäre unter Kontrolle zu halten und nicht zuletzt aus diesem Grund die privaten Denunziationen förderten (vgl. Diewald/Kerkmann 1995: 21). Die Einsicht in die Prozeßhaftigkeit widerständischen Verhaltens ist auch deswegen von Bedeutung, weil gerade die Verfolgung von tatsächlichen oder angeblichen Regimegegnern häufig Maßnahmen waren, die den Übergang zum politischen Widerstand erst auslösten (vgl. Kleßmann 1985: 17).

Vergleicht man diese Versuche, abweichendes Verhalten im Nationalsozialismus zu kategorisieren, so fällt auf, daß Peukerts Modell eine Art Synthese darstellt. Der „Protest" ist ungefähr gleichbedeutend mit dem „Oppositions"-Begriff von Mason, „Verweigerung" ist sehr nahe an Löwenthals Interpretation der „weltanschaulichen Dissidenz" und im „Nonkonformismus" findet sich der „Resistenz"-Begriff Broszats wieder. Es ist fraglich, ob eine weitere begriffliche Unterteilung sinnvoll ist, weil in der Regel die aus der NS-Zeit hinübergeretteten Quellen nicht immer die notwendige Unterscheidung zulassen. Eine noch detailliertere Differenzierung ist schwierig und wirkt angesichts des tatsächlich zugrunde liegenden Materials häufig aufgesetzt. Präzisere Aussagen zu Intentionen, Motiven und vor allem zum Zeitpunkt des Übergangs zum Widerstand lassen sich zumeist nur dann ernsthaft belegen, wenn genaue biographische Daten vorliegen. Das Bayern-Projekt hat dies in seinem sechsten Band versucht, in dem Einzelschicksale im Widerstand gegen den Nationalsozialismus detailliert nachverfolgt wurden (vgl. Broszat 1983). Allerdings gewinnt das, was angesichts der rudimentären Quellen zur NS-Zeit häufig an der Unzulänglichkeit des Materials scheitert, vor dem Hintergrund der aus der DDR hinterlassenen Materialflut eine andere Dimension, weil eine viel größere Überlieferungsdichte vorliegt.

3. Konflikt und Konsens im Dritten Reich

In seinem Anspruch an klassische Utopien des idealtypischen „Konsensstaates" anknüpfend, strebte das Dritte Reich die absolute Übereinstimmung zwischen Volk und Führung an, zielte jedoch, anders als die philosophischen Konstrukte auf die praktische Verwirklichung dieses Ideals (vgl. Stöver 1993: 35ff.). Im nationalsozialistischen Verständnis beruhte die zu schaffende „Volksgemeinschaft" vor allem auf rassischen Merkmalen, womit implizit die Auffassung verbunden war, daß gemeinsame Rasse identisch mit gemeinsamer Anschauung sei. Devianz wurde damit zum rassischen Defekt, der durch eugenische Maßnahme langfristig „ausgemerzt" werden sollte. Entscheidend war, daß der Konsensanspruch des Nationalsozialismus an den einzelnen „Volksgenossen", trotz aller Diskussionen über die Zulassung von Kritik, von Anfang an umfassend war und sich im Laufe der Zeit eher noch radikalisierte. Das Dritte Reich handelte im Zweifelsfall nach der Maxime, daß diejenigen, die nicht dafür waren, dagegen waren. Erst durch diesen „totalen" Anspruch rückten viele Verhaltensweisen in Richtung einer staatsfeindlichen Aktion. Analytisch ist dieser Sachverhalt von erheblicher Bedeutung, weil er zeigt, daß Intention und Wirkung weit auseinanderliegen konnten.

Kommunisten, Sozialdemokraten und Sozialisten waren bei aller Zerstrittenheit untereinander die wichtigsten prinzipiellen Gegner der NSDAP in der Weimarer Republik gewesen, obwohl es auch hier in Einzelfällen zu einer Annäherung kommen konnte, wie etwa im gemeinsam von der kommunistischen Revolutionären Gewerkschafts-Opposition (RGO) und der Nationalsozialistischen Betriebsorganisation (NSBO) veranstalteten Streik Berliner Verkehrsarbeiter 1932 (vgl. Oltmann 1982: 1374ff.). Unter den Bedingungen der NS-Diktatur waren es aber unzweifelhaft kommunistische und linkssozialistische Gruppen, die unmittelbar nach der NS-Machtübernahme kompromißlos und von Anfang an politisch gegen das Dritte Reich Widerstand leisteten. Nicht zuletzt deswegen war etwa der KPD-Widerstand 1935 in seiner ursprünglichen, risikoreichen Form zerschlagen.

Völlig anders gestaltete sich der sozialdemokratische Widerstand. Er macht deutlich, daß Widerstand einerseits häufig erst nach langwierigen Diskussionen um eine mögliche Anpassung an die gegebene Situation zustandekam, andererseits nicht grundsätzlich spektakulär verlaufen mußte. Seine wichtigste Form entstand aus der 1933 von Teilen der SPD und zunächst gegen den Willen des Parteivorstandes eingerichteten Auslandsstelle, die mit wechselnden Standorten über die gesamte Dauer des Dritten Reiches Berichte über das Bevölkerungsverhalten, NS-Verbrechen usw. sammelte.[5] Sie sollten das Ausland informieren, aber auch die eigene

---

5 Die Meldungen des Parteivorstands werden im folgenden zitiert aus: Deutschland-Berichte 1980.

Basis im Inland mit Nachrichten versorgen. Ein ähnliches Modell wurde von der aus Kommunisten und Sozialisten zusammengesetzten linkssozialistischen Gruppe „Neu Beginnen" aufgebaut.[6] Die Forschung verdankt dieser unspektakulären Widerstandskonzeption einen großen Bestand an Meldungen über die Bevölkerungsmeinung zwischen 1933 und 1945, die, weil sie auch Einzelfälle beschrieben, Rückschlüsse auf Motivationen und Intentionen zulassen. Diese von den Verantwortlichen selbst als „stille Arbeit" (Deutschland-Berichte 1935: 363) bezeichnete Tätigkeit war unzweifelhaft Widerstand, weil sie auf die Beseitigung des Regimes ausgerichtet war (vgl. Stöver 1993: 55ff.). Zum Widerstand gehörten auch die Treffen lokaler sozialdemokratischer „Gesinnungsgemeinschaften". Sie gehörten dazu, weil sie in das Gesamtmodell der publizistischen Tätigkeit eingeordnet waren und darüber hinaus den Zusammenhalt von Genossen über das Dritte Reich sichern sollten, auch wenn sie damit auf den ersten Blick niemals den Bestand des NS-Staates akut gefährdeten. „Man kommt regelmäßig zusammen", heißt es in einem „Deutschland-Bericht" der Exil-SPD vom September 1936 dazu, „bespricht Vorfälle in den Betrieben oder in den Wohngegenden, man unterhält sich über den Inhalt der Schriften und Funktionärsblätter, in denen Erfahrungen aus der praktischen Arbeit mitgeteilt werden, man hört Rundfunk und liest auswärtige Zeitungen" (Deutschland-Berichte 1936: 1093).[7]

Außer aus den Arbeiterparteien kam Widerstand natürlich auch aus Teilen der Kirchen, den Gewerkschaften, aus dem Militär, aus Gruppen der gleichgeschalteten Weimarer Jugendverbände und vielen anderen Teilen der Gesellschaft.[8] Gemeinsam war ihnen die Ablehnung des Nationalsozialismus, auch wenn die Motive und Formen ihres Verhaltens höchst unterschiedlich und sehr individuell sein konnten. Widerstand wurde aber auch ohne den Rückhalt von Institutionen oder Gruppen geleistet. Ein Beispiel dafür ist der Fall des 36jährigen Schreiners Georg Elser, der versuchte, Hitler mittels einer selbstgebauten Bombe am 9. November 1939 im Bürgerbräukeller in München zu töten (vgl. Ortner 1993). Elser handelte, wie man heute weiß, selbständig und hatte, anders als die Gestapo und das Exil damals vermuteten, keine Hintermänner. Seine Motivation lag, soweit sich das rekonstruieren läßt, in seiner konsequenten Ablehnung des Nationalsozialismus, den er persönlich für ein nationales Unglück hielt, obwohl er politisch vor 1933 nicht festgelegt war. Maßgeblich war offensichtlich seine persönliche Befürchtung, das NS-Regime werde Deutschland in einen Krieg stürzen.

---

6 Die "Neu Beginnen"-Meldungen bis 1936 sind abgedruckt bei Stöver 1996.
7 Über die Treffen der Gesinnungsgruppen gibt es auch eine Reihe von Gestapo-Berichten. Abgedruckt z. B. bei Kleßmann 1985.
8 Vgl. dazu als neuere Überblicksdarstellungen Steinbach 1994; Benz 1994.

Insgesamt gesehen, ist die eindeutige und von politischen Erwägungen getragene Entscheidung gegen den Nationalsozialismus, verbunden mit dem Willen, den NS-Staat zu stürzen, immer die Ausnahme gewesen. Die kompromißlose Antihaltung etwa des sozialistischen und kommunistischen Exils und ihrer illegalen Inlandsgruppen, die durch Distribution von Materialien oder Informationsbeschaffung ihr Leben aufs Spiel setzten, blieb beispiellos. Dies ist auch daran erkennbar, daß gerade jene Verschwörergruppe, die sozusagen die ultima ratio des Widerstandes vorbereitete, den am 20. Juli 1944 durchgeführten Bombenanschlag auf Hitler, zunächst nicht zu den klassichen Gegnern des Nationalsozialismus gehörte. Gerade der militärische Widerstand ist ein Beispiel dafür, wie gebrochen das Verhältnis gegenüber dem Nationalsozialismus war und welche lange Entwicklungszeit manche Widerstandsgruppen durchliefen.[9] Das Militär hatte die Aufrüstung bejaht, die Wiedererreichung nationaler Selbstbestimmung begrüßt und selbst die Ermordung von Generälen im sogenannten „Röhm-Putsch" 1934 schweigend hingenommen. Eine gewisse Empörung gab es zwar 1938 als sowohl Kriegsminister Blomberg als auch der Oberbefehlshaber des Heeres, Fritsch, mit durchsichtigen Anschuldigungen entlassen wurden. Zur Bildung eines Verschwörerkreises kam es aber erst dann, als man in der Sudetenkrise den Ausbruch eines nicht gewinnbaren Krieges befürchtete. Bezeichnend für diese zwiespältige Einstellung ist, daß der militärische Erfolg in der ersten Kriegsphase auch den militärischen Widerstand so gut wie zum Erliegen brachte und er erst dann wieder wirklich aktiv wurde, als die Niederlagen einsetzten.

Das Verhalten der Gesamtbevölkerung war davon nicht sehr unterschieden, wie sich deutlich aus den Stimmungsberichten des Regimes und aus den Meldungen der Emigration ersehen läßt. Der Blick zurück auf die ersten Jahre des Dritten Reiches macht deutlich, daß klar benennbare Gründe die Zustimmungsbereitschaft der Deutschen zum NS-Staat erhöhte und den Willen zum Widerstand oder auch nur zum Protest gegen einzelne negative Erscheinungen erheblich herabschraubte. Insgesamt kann man festhalten, daß den Nationalsozialisten 1933 nichts so sehr entgegenkam, wie die politischen, ökonomischen und psychosozialen Folgen der Weltwirtschaftskrise. Diese Wechselwirkung von Krise und Radikalisierung war auch den Zeitgenossen bekannt (vgl. Geiger 1930: 11ff.; Geiger 1932). Da aus Bevölkerungssicht der Arbeitsplatzbeschaffung Priorität zukam, hatte die öffentlichkeitswirksame Beseitigung der Arbeitslosigkeit bis etwa 1935/36 dem Nationalsozialismus gerade auch bei Gegnern erhebliche Zustimmung gebracht. Auch das Erreichen der Vollbeschäftigung, das von den NS-Gegnern mit der Hoffnung verbunden worden war, dies werde größeren Spielraum für Devianz bieten, hatte insgesamt gesehen, nur dazu geführt, daß jetzt selbst ehemalige Angehörige der Arbei-

---

9 Vgl. als Überblick Benz 1994: 83ff.

terbewegung begannen, „mit den Nazis ihren Frieden [zu] machen" (Deutschland-Berichte 1936: 157). Man müsse sich darüber im klaren sein, hatte der Berichterstatter dazu vermerkt, „daß der Mensch einfach in erster Linie Familienvater und Berufsmensch ist, und daß die Politik erst in zweiter Linie bei ihm kommt und zwar auch nur dann, wenn er sich etwas davon verspricht".

Tatsächlich entwickelte sich ab der Mitte der 30er Jahre bei vielen statt des Wunsches, das Regime zu beseitigen, vielmehr die Hoffnung auf weitere Sicherung des Lebensstandards, auf eine Teilnahme am rüstungskonjunkturellen „Wirtschaftswunder" (Deutschland-Berichte 1936: 547). Die Erinnerung an die Krise begann zu verblassen, der Arbeitskräftemangel in der Aufrüstungsphase bot bisher ungeahnte berufliche und neue private Möglichkeiten. Bezeichnend ist, daß man in dieser Mentalität begann, selbst die Erhöhung von Normen und Arbeitszeiten nicht mehr in jedem Fall als Zwang, sondern immer öfter auch als Chance begriff. Nach einer Meldung der „Deutschen Inlandsberichte" jedenfalls, einer Publikation der Gruppe „Neu Beginnen", sah 1940 derjenige, der „keine Überstunden machen darf, das beinahe als Strafe an, weil er weniger verdient" (Deutsche Inlandsberichte 61: 13).[10]

Besonders sichtbar wird diese Einstellung, die in aller Vielzahl von Quellen zu belegen ist, in dem, was als individueller und kollektiver Lohn- und Arbeitskampf während des Dritten Reiches stattgefunden hat. Die Auseinandersetzung um bessere Löhne und Arbeitsbedingungen war mit Sicherheit nicht in dem Umfang politisch intentionalisiert, wie dies Michael Voges mit Blick auf die Industrieberichte des Exils behauptet hat (vgl. Voges 1981: 232ff.). Politische Motivationen von Arbeitnehmern waren die klare Ausnahme, und zwar nicht nur in den individuellen, sondern auch in den gemeinsam vorgetragenen Aktionen. Ein relativ erfolgversprechendes Mittel zur Erreichung einer besseren Lohnsituation war zum Beispiel das Einreichen der Kündigung von mehreren Arbeitnehmern zum gleichen Zeitpunkt, etwa bei hohen Auftragsbeständen, eine Methode, die auch in amtlichen Darstellungen Erwähnung findet (vgl. Mason 1975: 658; Broszat 1977: 286). Bis 1939 war diese Art von Lohnkampf sehr erfolgreich, nach einem Bericht der Deutschen Arbeitsfront aus diesem Jahr hatte sich „Kündigung" in diesem Zusammenhang sogar zu einem „geflügelten Wort" entwickelt (Broszat 1977: 285).

Neben kollektiven Kündigungen konnten gemeinsame Proteste von Gruppen oder ganzen Belegschaften eine ähnliche Wirkung ausüben. Sie richteten sich beispielsweise gegen Akkordverkürzungen aufgrund der Verarbeitung minderwertiger Rohstoffe, die notwendigerweise Lohneinbußen nach sich zogen, gegen Abzüge von Kleidergeld, gegen Verringerung von Überstundenzuschlägen oder gegen zu hohe Beiträge für NS-Organisationen (Deutschland-Berichte 1937: 779f., 786f.; 1938:

---

10 Archiv der sozialen Demokratie, Bonn, Bestand Emigration Sopade/Mappe 20.

988f.). Bemerkenswert und höchst aufschlußreich ist in diesem Zusammenhang, daß selbst „Alte Kämpfer" sich daran beteiligten (Deutschland-Berichte 1937: 1299) und offensichtlich nicht in jenen Loyalitätskonflikt gerieten, den Mason in diesem Fall heraushebt (Mason 1981: 301).

Zu den wohl am schwierigsten zu interpretierenden Phänomenen des Arbeiterverhaltens im NS-Staat mit seinem unbedingten Treueanspruch an das Individuum gehört der Streik, der in der Literatur ebenfalls häufig als „Widerstand" interpretiert worden ist (Mason 1984: 518). Immerhin summierte die Deutsche Arbeitsfront in einer internen Untersuchung 192 Streiks zwischen Februar 1936 und Juli 1937 (vgl. Mason 1981: 300). Schaut man sich die Motive für die Beteiligung an den Aufständen im einzelnen an, so wiederholt sich die bereits festgestellte Tatsache, daß das Hauptinteresse nicht auf politischem, sondern auf ökonomischem Gebiet lag und daß es deswegen höchst zweifelhaft ist, ob man Streiks grundsätzlich als Widerstand bewerten darf. Es liegt auf der Hand, daß es gerade wegen der unpolitischen Intention Nationalsozialisten leicht fiel, sich daran zu beteiligen, ohne in Loyalitätskonflikte zu geraten, zumal die NSDAP vor 1933 den wirtschaftlich motivierten Streik akzeptiert hatte (vgl. Mai 1981: 585). Die Konsequenz daraus zogen die Berichterstatter der Exilgruppe „Neu Beginnen", die sich 1935 weigerten, von „politischer Opposition" zu sprechen, nur weil „irgendwo Arbeiter in den Ausstand treten" (Stöver 1996: 533).

Streiks und sonstige Formen kollektiver Interessenwahrnehmung blieben die Ausnahme. Entscheidend wurde das individuelle Engagement. Insgesamt bestätigen die zeitgenössischen Berichte zum Lohn- und Arbeitskampf im Dritten Reich die in den 70er Jahren von Detlev Peukert vertretene Auffassung, in den Augen der Betroffenen habe sich in den 30er Jahren die bereits während der Weltwirtschaftskrise gemachte Auffassung verstärkt, individueller Einsatz lohne mehr als kollektive Interessensvertretung (Peukert 1979: 33). „Vor allem bei jungen Arbeitern kann man oft den Eindruck haben", bemerkten die Exilberichte Mitte der 30er Jahre, „daß sie überhaupt nicht mehr auf den Gedanken kommen, sie könnten durch gemeinschaftliches Handeln [...] ihren Forderungen mehr Nachdruck verleihen". (Deutschland-Berichte 1935: 1376) Im Gegenteil: Gerade qualifizierte Arbeiter würden sich immer häufiger im Bewußtsein ihrer Unentbehrlichkeit, kleine Freiheiten herausnehmen (Stöver 1996: 349).

Aus dem Verhalten von Industriearbeitern läßt sich die These formulieren, daß das NS-Regime, solange es individuelle ökonomische Verbesserungen auch bei möglichen Auswirkungen auf die Aufrüstung zuließ, immer auf eine erhebliche Zustimmungsbereitschaft bauen und damit deviantes Verhalten bereits im Vorfeld verhindern konnte. 1937/38 erreichten sowohl Arbeiter als auch Angestellte wieder den Einkommensstand vor der Weltwirtschaftskrise, eine Tatsache, die allerdings den immensen psychologischen Erfolg eher unterbelichtete. Entscheidend wurde ab

Mitte der 30er Jahre das Gefühl der Normalisierung der Lebensumstände, auch wenn dies dem Betrachter im Rückblick auf die NS-Diktatur befremdlich anmutet (vgl. Schäfer 1984: 146ff.). Dies bestätigen neben zeitgenössischen Lagemeldungen auch Interviews im Rahmen von Oral History-Projekten. Widerstand gegen einen Staat, dem es gelungen war aus tiefer Wirtschaftsdepression wieder zu Prosperität zu kommen, war in diesem Bewußtsein eher abseitig und wirkte sich störend, wenn nicht gar gefährlich auf die eigene Zukunft aus. Man müsse sich darüber im klaren sein, so hatte ein Mitarbeiter der Exil-SPD bereits 1936, also nach knapp drei Jahren Diktatur angesichts der zeitweilig im Exil verbreiteten Illusionen über die Chancen des Widerstandes in Deutschland betont, daß viele Deutsche die Beteiligung an der illegalen Arbeit ablehnen, weil „sie glauben, daß sie keinen Zweck hat und daß man deswegen nur ins Zuchthaus kommen kann". (Deutschland-Berichte 1936: 157)

Der fortschreitende Verlust politischen Denkens, der sich hier abzeichnete, verbunden mit einer immer weitgehenderen Betonung des Privaten war im Rückblick das entscheidende Merkmal nicht nur des Arbeiterverhaltens im Dritten Reich, so daß z. B. die Exilberichte immer wieder die vollkommene Interesselosigkeit der Arbeiter an politischen Vorgängen hervorhoben, selbst wenn Streiks, Arbeitsverweigerung und ähnliches stattfanden. „Die große Masse", schrieb resigniert ein Mitarbeiter der Deutschland-Berichte im Herbst 1937, „ist teilnahmslos, nimmt alles hin und beschäftigt sich nur mit persönlichen Dingen. Sie beteiligt sich oft aus Neugierde oder 'weil es eben so ist' an Betriebsveranstaltungen, stiftet bei Sammlungen Beiträge und macht auch sonst alles mit. [...] Heute sind sie wieder das, was sie immer waren: urteilslos, politisch im Grunde uninteressiert, zufrieden, wenn sie verdienen und wenn sie abends und Sonntags in ihren Schrebergarten gehen können. Man kann nicht sagen, daß sie Nazis sind, ebenso wenig aber, daß sie das Dritte Reich stürzen werden. Wenn`s nicht mehr kosten wird, dann werden sie eben auch mitmachen." (Deutschland-Berichte 1937: 1239)

Es blieb trotzdem eine Fülle diffuser Antihaltungen und unspezifischer Formen des Sich-Entziehens erhalten. Es ist in diesem Zusammenhang vom traditionellem „Eigen-Sinn" der Arbeiter gesprochen worden (Lüdtke 1993). Dies trifft in gewissem Umfang zu: Eigensinn, Resistenz und Nonkonformismus waren jene individuellen Formen der Devianz, die am wenigsten einer politischen Reflektion bedurften. Typischerweise war gerade diese Haltung mit einem „Rückzug ins Private" verbunden, in der sich häufig weitere Formen des Sich-Entziehens fanden. Sie gefährdeten niemals den Weiterbestand der Diktatur, konnten aber trotzdem heftige Reaktionen seitens des Staates hervorrufen, der angesichts der Erfahrungen im November 1918 nichts so sehr fürchtete wie die schleichende Zunahme diffuser Antihaltungen. Und gerade weil das „November-Syndrom" der NS-Machthaber (Mason 1978: 15ff.) so virulent war, konnte „Widerstand" eben je nach Grad der politischen Empfindsamkeit des berichterstattenden Gestapobeamten bereits in bürgerlicher

Hausmusikpflege oder im vielfach zitierten Nichtbenutzen des „Deutschen Grußes" verortet werden.

4. Verwendbarkeit der Begrifflichkeit für die Erforschung anderer autoritärer Regime

Das Dritte Reich war ein Staat, der rücksichtslos Gefolgschaft einforderte und totalen Anspruch auf alle Lebensbereiche erhob. In diesem Sinn war er „totalitär". Eine andere Frage ist, ob die Forschungsergebnisse, die für ihn erarbeitet worden sind, auf andere autoritäre Staatsformen Anwendung finden dürfen. Die Frage bezieht sich insbesondere auf die zweite deutsche Diktatur, kann aber auch für andere Staaten gelten, die die typischen Merkmale einer „modernen Diktatur" besaßen. Insofern geht es hier nicht um das Problem, ob DDR und NS-Staat „gleich" waren, quasi eine „rote" und eine „braune" Diktatur. Es geht vielmehr darum, ob beide moderne Diktaturen nach ähnlichen Regeln funktionierten und man deswegen das für das Bevölkerungsverhalten im Dritten Reich entwickelte begriffliche und methodische Instrumentarium auch für die DDR verwenden darf. Um diese Fragestellung hat sich seit geraumer Zeit eine Diskussion entwickelt, deren Ende noch nicht abzusehen ist.

Die offensichtlichen Gemeinsamkeiten beider Diktaturen in Deutschland waren erheblich[11] und gerade dies ist für die Bewertung des Bevölkerungsverhaltens entscheidend, weil davon auszugehen ist, daß ähnliche Anforderungen des Staates eben auch ähnliche Verhaltensweisen der Beherrschten hervorbrachte. Beide Systeme glichen sich weitgehend in der Anspruchshaltung und der Herrschaftstechnik: Erziehungsstaaten, die um das Ziel einer „neuen Gesellschaft" willen Gehorsam und Gefolgschaft radikal einforderten und den Dissens mit Sanktionen belegten. „In sozialistischen Staaten", heißt es programmatisch in dem 1967 in der DDR erschienenen „Kleinen politischen Wörterbuch" „existiert für eine Opposition gegen die herrschenden gesellschaftlichen und staatlichen Verhältnisse keine objektive politische und soziale Grundlage". Da der Staat die Interessen des Volkes verkörpere, richte sich jegliche Opposition gegen die Werktätigen selbst (Autorenkollektiv 1967: 471). Bezeichnenderweise behandelte die DDR ihre „Republikflüchtigen" wie Deserteure und war ebenso an einer Kriminalisierung oppositioneller Strömungen in-

---

11 Zur Diskussion um die Vergleichbarkeit und die Anwendung des Totalitarismusbegriffes ist mittlerweile eine Fülle von Literatur erschienen. Dazu insbesondere die Aufsätze von Kocka 1994: 20; Möller 1994; Sühl 1994; Glaeßner 1995; Kühnhardt 1994; Kleßmann 1992; Friedrich 1994.

teressiert (vgl. Fricke 1984: 15ff.). Beide waren Einparteienstaaten mit einer institutionalisierten Ideologie, die Massenbeeinflussung und Massenüberwachung gezielt und hemmungslos einsetzten. Beide Systeme propagierten die Abkehr von bürgerlichen und liberalen Prinzipien und unterstellten generell alle Lebensbereiche dem staatlichen Zugriff. Jede der Diktaturen verband Repressions- mit Konzessionspolitik und versuchte, gerade durch diese Mischung einer breiten Oppositionsbewegung die Basis zu entziehen. Auch in der DDR korrespondierte das Ziel, eine Utopie zu verwirklichen, mit der Furcht, bestimmte Gegenentwicklungen aus den Augen zu verlieren oder nicht kontrollieren zu können. Hat man die Furcht der NS-Machthaber vor allem vor dem Hintergrund des „Novembersyndroms" 1918 gesehen, der Befürchtung, es könne zu einer schleichenden Auflösung der „Heimatfront" kommen, so gab es vergleichbar ein „17. Juni-Syndrom" in der DDR, wie sich 1989 zeigte.[12] Die Mächtigen der DDR und des Dritten Reiches standen prinzipiell vor den gleichen Schwierigkeiten: Die Transformation einer Gesellschaft in eine „neue Ordnung" gebot alle jenen Gegenströmungen zu überwachen, die diesem Endziel entgegenstehen konnten. Die zeigen auch die Richtlinien des Ministerium für Staatssicherheit. Es war beauftragt, wie es in einer Richtlinie 1958 hieß, „alle Versuche, den Sieg des Sozialismus aufzuhalten oder zu verhindern - mit welchen Mitteln und Methoden es auch sein -, vorbeugend und im Keim zu ersticken"(Bundesbeauftragter 1993: 93; vgl. dazu Auerbach 1994). Daß dem MfS bei allen ökonomischen Problemen der DDR riesige Budgets im Haushalt bereitgestellt wurden und der Überwachungsapparat immer weiter wuchs bis er schließlich einen im Verhältnis zur Bevölkerungszahl geradezu lächerlich großen Mitarbeiterkreis hatte, weist auf diesen Verfolgungswahn hin.[13]

Es gab natürlich ebenso gravierende Unterschiede beider Systeme. Neben der Tatsache, daß beide von ideologisch entgegengesetzten Seiten kamen und gerade in der Auseinandersetzung damit einen Großteil ihrer Identität gewannen, ist am of-

---

12 Mielke äußerte im August 1989: „Ist es so, daß morgen der 17. Juni ausbricht?" Zitiert nach Mitter/Wolle 1993: 500.

13 Die Mitarbeiterzahlen liegen bis heute noch nicht abschließend vor. Zum bisherigen Kenntnisstand: Vollnhals 1994: 507ff. Offen bleibt dabei allerdings die Frage, ob man allein aus der Zahl des Mitarbeiterstammes Schlüsse für den Akzeptanzgrad der beiden Systeme ziehen kann. Dabei ist zu bedenken, daß das Ministerium für Staatssicherheit ein Apparat war, der sich über fast vierzig Jahre entwickeln konnte, die Staatspolizei der NS-Zeit dagegen hatte nur zwölf Jahre Zeit, wobei sich spätestens ab 1941 abzeichnete, daß sie unterbesetzt und überlastet war. Die Fakten sprechen dafür, daß das Reichssicherheitshauptamt, in das die Geheime Staatspolizei institutionell eingeordnet war, sich bei einer längeren Dauer des Regimes oder gar bei einem siegreichen Abschluß des Krieges rasant vergrößert und ähnlich wie die Staatssicherheit der DDR Orwellsche Dimensionen erreicht hätte.

fensichtlichsten, daß es eine Rassenpolitik oder einen Antisemitismus in dem Umfang, wie er für den NS-Staat konstituierend war, in der DDR nicht gegeben hat. Der in der DDR vor allem in den 50er Jahren vorhandene Antisemitismus war in keiner Weise mit dem des NS-Staates vergleichbar (vgl. Kessler 1996). Das Dritte Reich erwies sich vor allem in seiner Destruktivität als beispiellos. Dies betrifft nicht nur den organisierten Mord an den europäischen Juden, sondern auch die nach innen wirkende Verfolgung Andersdenkender. Dafür erwies sich die DDR auf anderen Gebieten als wesentlich radikaler: Der Zugriff der Partei auf den Staat war um vieles intensiver, ein „Doppelstaat", als den Ernst Fraenkel das Dritte Reich beschrieben hat, war die SED-Diktatur nie - die Partei setzte sich weitgehend an die Stelle des Staates (Kocka 1994: 26). Radikaler erwies sich die SED auch in dem Willen, die Bevölkerung und damit auch die Gegner zu halten. Einen Mauerbau als totale Abgrenzung zur Sicherung der eigenen Fortexistenz brauchte es um das Deutsche Reich nicht zu geben, weil der Akzeptanzgrad der „nationalen" Diktatur um ein wesentliches größer war als der eines Staates, der offensichtlich nur aufgrund der Unterstützung der Sowjetunion existierte. Zu bedenken ist dabei auch, daß die die NS-Herrschaft zu einem wesentlichen Teil zusammenhaltende charismatische Führungspersönlichkeit in der SED-Diktatur völlig fehlte.

Es ließen sich mit Leichtigkeit weitere Gemeinsamkeiten und Unterschiede herausarbeiten. Entscheidend für die Vergleichbarkeit der Herrschaftsformen, also auch des Bevölkerungsverhaltens ist, daß beide, NS-Staat und DDR, die Kriterien einer „asymmetrischen Herrschaft" erfüllten. Diesen Begriff hat Peter Hüttenberger in Anlehnung an eine Definition Max Webers für das „Bayern-Projekt" erarbeitet (vgl. Hüttenberger 1977: 126). Solche Herrschaftsformen zeichnen sich vor allem dadurch aus, daß der gesellschaftliche Ausgleich, wie er in demokratischen Gesellschaften erfolgt, nicht möglich ist und deshalb nach anderen Formen der Interessensdurchsetzung oder -artikulation gesucht wird. Mit anderen Worten: „Widerstand" ist per se nur in asymmetrischen Herrschaftsformen möglich. Entscheidend ist weiterhin, daß umfassender Herrschaftsanspruch und das Verhalten der Beherrschten dabei in dialektischem Verhältnis stehen, d. h. Devianz wie auch Konsens sind Produkte und Spiegel des umfassenden Herrschaftsanspruches. Umgekehrt reagiert das Herrschaftssystem aber auch auf das Verhalten der Beherrschten indem es sich je nach Lage vorbehält, etwa stärkeren Zwang auszuüben oder Belohnungen zu verteilen. Aus dieser Dialektik von Herrschaft und gesellschaftlicher Reaktion folgt gleichzeitig, daß nicht alle Formen und Ausprägungen des Verhaltens in jeder Diktatur gleich sein müssen, ebensowenig wie die durch das Verhalten ausgelösten Wirkungen. Verhaltensformen und Reaktion des Herrschaftssystems können sich darüber hinaus mit dem Wandel der Herrschaft auch verändern. In dieser Hinsicht macht es einen ganz erheblichen Unterschied, daß die DDR vierzig Jahre bestand, der NS-Staat nur zwölf und davon sechs unter den verschärften Bedingungen des Krieges. Eine „Liberalisierungs-Phase" wie nach dem Amtsantritt von Honecker in der DDR hat es zum Beispiel im Dritten Reich nicht gegeben, natürlich auch, weil im NS-Staat niemals eine „zweite Führungsgeneration" angetreten ist, die sich in der Bevölkerung profilieren mußte.

Bemerkenswert ist trotzdem, wie ähnlich Verhaltensweisen unter den Bedingungen der Diktatur tatsächlich sein konnten. Dies ist etwa in der Arbeiterschaft zu beobachten, einem Bevölkerungsteil, dessen Verhalten in beiden Diktaturen erhebliche Aufmerksamkeit geschenkt wurde. Diese Anteilnahme beruhte nicht nur darauf, daß beide Systeme versuchten, sich als „Arbeiterstaaten" zu legitimieren, sondern auch darauf, daß man durch Unruhe in dieser Gruppe am ehesten eine ernsthafte Gefährdung der politischen Ordnung erwartete. Eine der wichtigsten Parallelen im Arbeiterverhalten kann man zum Beispiel darin sehen, daß eindeutig ökonomische vor politischen Interessen standen und dementsprechend „Widerstand" auch hier die absolute Ausnahme war. Wenn etwa die auf Opposition hoffenden Exilgruppen während des Dritten Reiches sich beschwerten, daß für das Arbeiterverhalten in der Regel das „Heine-Wort von der Suppenlogik mit den Knödelgründen" (Deutschland-Berichte 1936: 156) am besten paßte, so ist eine ähnliche Einschätzung auch für die DDR zutreffend. Interessensschwerpunkt scheint auch hier primär die Hoffnung auf Verbesserung des eigenen Lebensstandards gewesen zu sein. Ideologische Prinzipien, Klassenkampfparolen und ähnliches standen im Bevölkerungsinteresse in beiden Diktaturen deutlich an zweiter Stelle. Dieses kann man zum Beispiel im Vorfeld und während des 17. Juni 1953 feststellen. Der Aufstand, aber auch die vorangehenden Proteste, Streiks usw. hatten einen deutlichen wirtschaftlichen Schwerpunkt, politische Forderungen standen in der Regel an zweiter Stelle (vgl. Fricke 1984: 82ff.). Bezeichnenderweise hat auch Honecker im Rückblick nicht mehr von einem „konterrevolutionären Aufstand" gesprochen, sondern eingeräumt, die Ursachen des Aufstandes hätten vornehmlich in einer verfehlten Wirtschaftspolitik gelegen (vgl. Andert 1991: 251).

Wie läßt sich diese Parallelität im Arbeiterverhalten erklären? Alf Lüdtke hat mit Recht darauf verwiesen, daß die „Generationszusammenhänge" im Verhalten von Bevölkerungsgruppen eine erhebliche Rolle spielen (Lüdtke 1994: 188f.). Bis in die 70er Jahre hinein waren Personen im Arbeitsleben, deren Erfahrung nicht nur die Jahre der DDR umfaßten, sondern die bereits im NS-Staat gearbeitet und teilweise gesellschaftlich und politisch aktiv gewesen waren. Jenseits der politischen Systeme hatten sich „übergreifende" Werte gebildet, die mit der Zeit offensichtlich auch hierarchisch abgestuft werden konnten. Zu diesen gehörte zum Beispiel der Stolz auf die eigene „Qualitätsarbeit" oder auch bestimmte „Muster" zum Umgang mit Herrschaft, die ein „Durchkommen" bzw. ein „gutes Leben" ermöglichten (ebd.). In diesem Zusammenhang scheint der „Wille zur Normalität", zu dem auch die Betonung des Privatlebens - in der DDR dann der Rückzug auf die „Datsche" - gehörte, einen wichtigen Stellenwert eingenommen zu haben. Er reduzierte in vielen Fällen deviantes Verhalten und verhinderte speziell den Übergang zum politischen Widerstand. Eine der wichtigsten Erklärungen für diesen „Willen zur Normalität" findet sich darin, daß NS-Staat wie SED-Diktatur jeweils einer Ausnahmeperiode folgten, die tiefe Traumata hinterlassen hatte. Verlorener Krieg, Inflation und Weltwirtschaftskrise hatten bis 1933 tiefe Spuren im kollektiven Bewußtsein hinterlassen; die Katastrophe 1945 war noch einschneidender. Nach solchen Erfahrungen wollte man vor allem „leben". Bezeichnenderweise trug auch die DDR-Führung diesem Rechnung: Die Bereitstellung von Konsumprodukten ist vor allem als Versuch zu interpretieren, der Ablehnung Herr zu werden, die Bevölkerung in diesem Staat heimisch werden zu lassen. Daß dies nur höchst unvollständig gelang, zeigte sich spätestens mit dem Mauerbau 1961, der auch die Bedingungen für deviantes Verhalten veränderte, indem er nämlich die Bevölkerung dazu zwang, sich noch mehr als vorher mit den bestehenden Verhältnissen abzufinden. Anders als von der Politik angenommen, war die Folge daraus allerdings nicht nur die Anpassung, die „mißmutige Loyalität" oder der Rückzug aus einer politisierten Umwelt in private Nischen, sondern immer deutlicher auch die Wahrnehmung politischer Interessen außerhalb der staatlich vorgegebenen Institutionen. Daß gerade die Kirchen in der DDR als Raum politischer Betätigung immer größere Bedeutung erlangten, zeigt die Dialektik von Herrschaft und Bevölkerungsverhalten. Von der SED als Relikte bürgerlichen Daseins mehr oder minder geduldet, wenn auch in ihrer Arbeit behindert, sammelte sich hier ein wesentlicher Teil des Widerstandspotentials, das 1989 am Ende der DDR sichtbar wurde (vgl. Richter 1991).

Insgesamt kann man auch in bezug auf die DDR von einer „Gemengelage" zwischen partiellem Konsens und partiellem Dissens sprechen, obwohl wie gesagt das Ausmaß der Zustimmungsbereitschaft erheblich geringer ausfiel. Zum Übergang in den politischen Widerstand, aber auch in den Protest oder in eine Verweigerungshaltung bedurfte es, sofern nicht das Elternhaus oder die vorherige politische Sozialisation den Weg dazu bereits vorgezeichnet hatte, aber auch hier in der Regel eines Initialerlebnisses. Ein Beispiel dafür ist der Fall eines angehenden Maschinenschlossers, der 1954 zu einem Jahr Haft verurteilt wurde, weil er sich auf Flugblättern gegen den Aufbau der Kasernierten Volkspolizei ausgesprochen hatte (vgl. Furian 1991: 30ff.). Der damals 18jährige war überzeugtes Mitglied der FDJ und war nach eigener Aussage dazu gedrängt worden, in die KVP einzutreten. Aus Protest gegen den Zwang der Betriebsleitung hatte er zusammen mit anderen Lehrlingen ein Flugblatt erstellt, das sich ausdrücklich gegen die Werbung für die KVP aussprach, „solange nicht die Einheit Deutschlands hergestellt ist und ein Friedensvertrag abgeschlossen wurde"(ebd.: 31). Eindeutig handelt es sich hierbei nicht um Widerstand, weder der Kommunismus noch die DDR wurden als Ganzes abgelehnt. Soweit sich das nachvollziehen läßt, wehrte sich der überzeugte FDJler hier lediglich gegen eine

Einzelerscheinung, nämlich gegen die zwangsweise Eingliederung in die KVP - und dies wohl mehr aus persönlichen als aus politischen Motiven. Für diese Einschätzung spricht auch, daß er nach der Haft nicht in den Westen ging, sondern versuchte, sich in der DDR einzurichten. Selbst die Einordnung als Protest bleibt zweifelhaft, am ehesten kann man hier noch von einer persönlichen Verweigerungshaltung sprechen, die allerdings mit politischen Begründungen unterfüttert wurde.

Mittlerweile werden eine Vielzahl von devianten Verhaltensweisen in der DDR einer wissenschaftlichen Überprüfung unterzogen (vgl. Herms 1996: 120ff.). Manche Zusammenschlüsse, so etwa der „Eisenberger Kreis" waren wirkliche Widerstandsgruppen, deren Ziel ausdrücklich die Bekämpfung der SED und ihres Staates war (von zur Mühlen 1995). Bei einer ganzen Reihe anderer fällt jedoch sofort ins Auge, daß sie eben ähnlich wie Gruppen in der NS-Zeit erst durch den Konsensanspruch des Staates in Richtung eines politischen Widerstandes geschoben wurden. So etwa die innerhalb der Evangelischen Kirche entstandene „Junge Gemeinde", die zwar ab 1952 staatlicherseits als Spionageorganisation eingestuft wurde, aber im Grunde nur einen unpolitischen Rückzugsraum in einer politisierten und militarisierten Umwelt suchte (Herms 1996: 121; Fricke 1984: 75ff.). Sucht man nach Parallelen im Dritten Reich, so wäre zum Beispiel an die christlichen Jugendkreise zu erinnern, die nach der Auflösung der offiziellen Verbände weiterexistierten (vgl. Klönne 1984: 163ff.). Solche Gruppen waren in der Regel aber zwischen Verweigerung und Nonkonformismus angesiedelt.

Soweit sich das bisher überblicken läßt, war ein spezieller Aspekt von Devianz in der DDR und den osteuropäischen Satellitenstaaten mehr als im NS-Staat verbreitet, so daß man hier tatsächlich von einer Art Sonderform sprechen kann: die Dissidenz. Aus dem erwähnten Schema Widerstand - Protest - Verweigerung - Nonkonformismus fällt sie heraus. Dissidenz ist hier gemeint als politisch bewußte Antihaltung, allerdings nicht mit dem Ziel, den Staat oder seine ihm zugrunde liegende Ideologie grundsätzlich abzuschaffen, sondern ihn von innen zu reformieren (vgl. Kleßmann 1996: 16ff.). Auch im Dritten Reich hat es zwar Gruppen gegeben, die überzeugte Nationalsozialisten waren, „Alte Kämpfer" in der Regel, und einen „anderen", einen „besseren" Nationalsozialismus wollten oder dies zumindest propagierten, etwa aus dem Straßer-Kreis oder dem „gewerkschaftlich" orientierten NSBO-Flügel, der 1934 im Zusammenhang mit dem „Röhm-Putsch" ausgeschaltet wurde (vgl. Broszat 1987: 198ff.). Es war jedoch im Gegensatz zur DDR kein häufiges Phänomen, was natürlich auch eine Folge der brutalen Verfolgung solcher Gruppen war. Die SED hingegen hatte zwar ein tiefes Mißtrauen gegenüber diesen Personen, wie sich zum Beispiel in der permanenten Überwachung des Physikers und Philosophen Robert Havemann zeigte. Sie war jedoch aus Gründen ihrer internationalen Reputation jedenfalls zeitweilig durchaus gewillt, diesen gegenüber eine gewisse Liberaliät zu demonstrieren. So wurden Wolf Biermann 1964 und 1976 immerhin Auftritte im Westen genehmigt. Die Ausbürgerung Biermanns war dann allerdings wiederum der Beleg dafür, daß auch diese Form der Devianz im Grunde genommen mit dem „totalen" Konsensanspruch der Diktatur unvereinbar war.

Der Begriff der Dissidenz beschreibt ein breites Spektrum von Verhaltensformen. Zu den Dissidenten ist auch Rudolf Bahro zu zählen, ein überzeugter Kommunist, der die gesamte politische Sozialisation der DDR durchlaufen hatte. Bezeichnenderweise erfolgte auch bei ihm der Bruch mit dem System durch ein Initialerlebnis: Die Intervention des Warschauer Pakts in der ČSSR 1968. Zu den Dissidenten gehörten zu einem erheblichen Teil aber auch die Alternativgruppen, die sich vorwiegend unter dem Dach der Kirchen als Umwelt-, Friedens- und Menschenrechtsgruppen sammelten. Bezeichnend ist, daß gerade hier die Hoffnung auf einen reformierten Sozialismus vertreten war und über „die Wende" 1989 hinaus erhalten blieb.[14]

Es ist abzusehen, daß sich in Zukunft wie in der NS-Forschung die Arbeiten zum Verhalten der DDR-Bevölkerung weniger mit dem direkten politischen Widerstand beschäftigen werden, sondern vielmehr sich verstärkt der Ermittlung der verschiedenen Formen des „Eigen-Sinns" in der Grauzone zwischen Loyalität und Ablehnung zuwenden, nicht zuletzt um die „aufgesetzte" Politisierung von Verhalten durch staatliche Stellen zu hinterfragen. Notwendig ist auch hier eine noch deutlichere „Historisierung" der DDR-Geschichte insgesamt, wie sie Martin Broszat 1985 mit Erfolg für die Historiographie über den Nationalsozialismus verlangt hat (vgl. Broszat 1988: 266ff.). Dies bedeutet auch viele der ausschließlich moralisierende Kategorien in der Analyse von Bevölkerungsverhalten zu überwinden und deutlicher die Erfahrungen der bisherigen Widerstandsforschung anzuwenden. Schon jetzt ist allerdings sichtbar, daß direkte Übernahmen nicht in jedem Fall hilfreich sind, weil trotz aller Ähnlichkeiten moderner Diktaturen Formen des Verhaltens sich entlang der tatsächlich vorgegebenen Bedingungen entwickeln, wie sich zum Beispiel in der unterschiedlichen Ausprägung des Dissidententums zeigt. Zugespitzt gesagt, hat die Radikalität des NS-Regimes, vor allem im Krieg auch mindere Formen der Devianz (z. B. Witze) mit der Todesstrafe zu ahnden, dazu geführt, den Umfang des abweichenden Verhaltens einzudämmen und manche Formen, zum Beispiel die Dissidenz, völlig verdrängt. Die im Vergleich wesentlich liberalere SED-Diktatur bot in diesem Sinne viel mehr „ungefährliche" Möglichkeiten, die Gegnerschaft auch zu leben, wie nicht zuletzt die unter dem Dach der Kirchen entstehenden Alternativkulturen zeigen. Es ist deshalb abzusehen, daß je weiter die Forschungen in die mikrohistorische, regionale und lokale Dimension eindringen, etwa in die Frage, inwieweit sich traditionelle Milieus „resistent" zeigten,

---

14 Vgl. das Zitat von Bärbel Bohley in: Kunze 1993: 138f.

das Begriffsinstrumentarium verfeinert werden muß. Die NS-Forschung kann allerdings „Eckwerte" anbieten, etwa Begrifflichkeiten oder empirisch abgesicherte Daten zum Bevölkerungsverhalten in der ersten deutschen Diktatur, die dann für die Bedürfnisse der DDR-Forschung „zurechtgeschnitten" werden müssen. Sicher ist, daß man nicht an diesen Ergebnissen vorbeigehen kann. Weiteren Arbeiten - zu denken ist hier zum Beispiel an ein ähnliches Unternehmen wie das Bayern-Projekt, das in einem begrenzten regionalen Raum alle Verhaltensformen untersucht - wird es vorbehalten bleiben müssen, die Tragfähigkeit von Begriffen und Methoden weiter zu überprüfen wie auch eine gültige Periodisierung zu erarbeiten.

Literatur

Andert, Reinhold u. a.: *Der Sturz. Erich Honecker im Kreuzverhör*, Berlin u. a. 1991

Auerbach, Thomas: *Vorbereitung auf den Tag X. Die geplanten Isolierungslager des MfS*, Berlin 1994

Benz, Wolfgang u. a. (Hg.): *Lexikon des deutschen Widerstandes*, Frankfurt/M. 1994

Bludau, Kuno: *Gestapo! Geheim! Widerstand und Verfolgung in Duisburg*, Duisburg 1973

Broszat, Martin u. a. (Hg.): Bayern in der NS-Zeit, Bd. I. *Soziale Lage und politisches Verhalten der Bevölkerung im Spiegel vertraulicher Berichte*, München u. a. 1977

Broszat, Martin u. a. (Hg.): *Bayern in der NS-Zeit*, 6 Bde., München u. a. 1977-1983

Broszat, Martin: Resistenz und Widerstand. Eine Zwischenbilanz des Forschungsprojektes, in: Broszat, Martin u. a. (Hg.): Bayern in der NS-Zeit, Bd. IV. *Herrschaft und Gesellschaft im Konflikt*, München u. a. 1981, 691-709

Broszat, Martin u. a. (Hg.), Bayern in der NS-Zeit, Bd. VI. *Die Herausforderung des Einzelnen. Geschichten über Widerstand und Verfolgung*, München u. a. 1983

Broszat, Martin: Die Ausbootung der NSBO-Führung im Sommer 1934. Ein Beitrag zum ordnungspolitischen Machtkampf im Dritten Reich, in: Funke, Manfred u. a. (Hg.): *Demokratie und Diktatur. Geist und Gestalt politischer Herrschaft in Deutschland und Europa*, Bonn 1987, 198-215

Broszat, Martin: Plädoyer für eine Historisierung des Nationalsozialismus, in: Ders.: *Nach Hitler. Der schwierige Umgang mit unserer Geschichte*, München 1988, 266-281

Bundesbeauftragter für die Unterlagen des Staatssicherheitsdienstes der ehemaligen DDR (Hg.): Die Inoffiziellen Mitarbeiter. Richtlinien, Befehle, Direktiven, Bd. 1, Berlin 1993, 93-128

Deutschland-Berichte der Sopade 1934-1940/hg. von Klaus Behnken, 7 Bde., Salzhausen u. a. 1980

Diewald-Kerkmann, Gisela: *Politische Denunziationen im NS-Regime oder Die kleine Macht der „Volksgenossen"*, Bonn 1995

Fricke, Karl Wilhelm: *Opposition und Widerstand in der DDR. Ein politischer Report*, Köln 1984

Friedrich, Wolfgang-Uwe (Hg.): Totalitäre Herrschaft - totalitäres Erbe, *German Studies Review*, Sonderheft 1994

Furian, Gilbert: *Mehl aus Mielkes Mühlen. Berichte, Briefe, Dokumente*, Berlin 1991

Geiger, Theodor: Panik im Mittelstand, in: *Die Arbeit* 7 (1930), 637-654

Geiger, Theodor: Die soziale Schichtung des deutschen Volkes. Soziographischer Versuch auf statistischer Grundlage, in: *Soziologische Gegenwartsfragen* 1, Stuttgart 1932

Glaeßner, Gert-Joachim: *Kommunismus - Totalitarismus - Demokratie. Studien zu seiner säkularen Auseinandersetzung*, Frankfurt/M. 1995

Herms, Michael u. a.: Was war Verweigerung, was Widerstand? 5. Tagung des Arbeitskreises Historische Jugendforschung, in: *Deutschland-Archiv* 29 (1996), 120-122

Hüttenberger, Peter: Vorüberlegungen zum Widerstandsbegriff, in: Kocka, Jürgen (Hg.): *Theorien in der Praxis des Historikers*, Göttingen 1977, 117-139

Jaeger, Harald u. a.: Das Forschungsprojekt „Widerstand und Verfolgung in Bayern 1933-1945". Ein Modell für die Zusammenarbeit von Archivaren und Historikern, in: *Archivalische Zeitschrift* 73 (1977), 209-220

Kershaw, Ian: Widerstand ohne Volk? Dissens und Widerstand im Dritten Reich, in: Schmädeke, Jürgen u. a. (Hg.): *Der Widerstand gegen den Nationalsozialismus. Die deutsche Gesellschaft und der Widerstand gegen Hitler*, München u. a. 1986, 779-798

Kessler, Mario: *Die SED und die Juden - zwischen Repression und Toleranz. Politische Entwicklungen bis 1967*, Berlin 1996

Kleßmann, Christoph: Widerstand gegen den Nationalsozialismus in Deutschland, in: *Widerstand und Exil 1933-1945*, Bonn 1985, 11-38

Kleßmann, Christoph: Zwei Diktaturen in Deutschland. Was kann die künftige DDR-Forschung aus der Geschichtsschreibung zum Nationalsozialismus lernen? In: *Deutschland-Archiv* 25 (1992), 601-606

Kliem, Kurt: *Der sozialistische Widerstand gegen das Dritte Reich, dargestellt an der Gruppe „Neu Beginnen"*, Dissertation (maschinenschriftlich) Marburg 1957

Klönne, Arno: *Jugend im Dritten Reich. Die Hitler-Jugend und ihre Gegner. Dokumente und Analysen*, Düsseldorf u. a. 1984

Klotzbach, Kurt: *Gegen den Nationalsozialismus. Widerstand und Verfolgung in Dortmund 1933-1945*, Hannover 1969

Kluke, Paul: Der Deutsche Widerstand, in: *Historische Zeitschrift* 169 (1949), 136-161

Kocka, Jürgen: Nationalsozialismus und SED-Diktatur in vergleichender Perspektive, in: *Potsdamer Bulletin für Zeithistorische Studien* 2, Dez. 1994, 20-27

Köhler, Ernst: Die langsame Verspießerung der Zeitgeschichte. Martin Broszat und der Widerstand, in: *Freibeuter* 36 (1988), 53-72

Krausnick, Helmut u. a.: Der deutsche Widerstand und die Alliierten, in: *Vollmacht des Gewissens*/hg. von der Europäischen Publikation e.V., Bd. II, Frankfurt/M. 1965, 475-522

Kühnhardt, Ludger (Hg.): *Die doppelte deutsche Diktaturerfahrung. Drittes Reich und DDR - ein historisch-politikwissenschaftlicher Vergleich*, Frankfurt/M. u. a. 1994

Kunze, Rainer: *Am Sonnenhang. Tagebuch eines Jahres*, Frankfurt/M. 1993

Löwenthal, Richard u. a. (Hg.): *Widerstand und Verweigerung in Deutschland 1933 bis 1945*, Berlin u. a. 1984

Lüdke, Alf: Eigen-Sinn. Fabrikalltag. Arbeitserfahrungen und Politik vom Kaiserreich bis in den Faschismus, Hamburg 1993

Lüdtke, Alf: „Helden der Arbeit" - Mühen beim Arbeiten. Zur mißmutigen Loyalität von Industriearbeitern in der DDR, in: Kaelble, Hartmut u. a. (Hg.): *Sozialgeschichte der DDR*, Stuttgart 1994, 188-213

Mai, Gunther: Die Nationalsozialistische Betriebszellen-Organisation, in: *Vierteljahrshefte für Zeitgeschichte* 31 (1981), 573-613

Mallmann, Klaus u. a.: Resistenz oder loyale Widerwilligkeit? Anmerkung zu einem umstrittenen Begriff, in: *Zeitschrift für Geschichtswissenschaft* 41 (1993), 99-116

Marßolek, Inge u. a.: Auch eine historische Verspätung. Zum Problem der Erforschung des Widerstandes gegen den Nationalsozialismus heute, in: *Soziale Bewegungen* I, 1984

Marßolek, Inge u. a.: Bremen im Dritten Reich. Anpassung - Widerstand - Verfolgung, Bremen 1986

Mason, Timothy W.: Arbeiterklasse uns Volksgemeinschaft. Dokumente und Materialien zur deutschen Arbeiterpolitik 1936-1939, Opladen 1975

Mason, Timothy W.: Sozialpolitik im Dritten Reich. Arbeiterklasse und Volksgemeinschaft, Opladen 1978

Mason, Timothy W.: Arbeiteropposition im nationalsozialistischen Deutschland, in: Peukert, Detlev u. a. (Hg.): *Die Reihen fast geschlossen. Beiträge zur Geschichte des Alltags unterm Nationalsozialismus*, Wuppertal 1981, 293-313

Mason, Timothy W.: Massenwiderstand ohne Organisation, in: *Gewerkschaftliche Monatshefte* 35 (1984), 518-532

Mitter, Armin/Wolle, Stefan: Untergang auf Raten. Unbekannte Kapitel aus der DDR-Geschichte, München 1993

Möller, Horst: Sind nationalsozialistische und kommunistische Diktaturen vergleichbar? In: *Potsdamer Bulletin für Zeithistorische Studien* 2, Dez. 1994, 9-19

Oltmann, Joachim: Das Paradepferd der Totalitarismustheorie. Der Streik der Berliner Verkehrsarbeiter im November 1932, in: *Blätter für deutsche und internationale Politik* 27 (1982), 1374-1390

Ortner, Helmut: Der einsame Attentäter. Der Mann, der Hitler töten wollte, Göttingen 1993

Peukert, Detlev: Der deutsche Arbeiterwiderstand 1933-1945, in: *Aus Politik und Zeitgeschichte* 28 (1979), 22-36

Peukert, Detlev: Volksgenossen und Gemeinschaftsfremde. Anpassung, Ausmerze und Aufbegehren unter dem Nationalsozialismus, Köln 1982

Reich, Ines: Das Bild vom deutschen Widerstand in der Öffentlichkeit und Wissenschaft der DDR, in: Steinbach, Peter u. a. (Hg.): *Widerstand gegen den Nationalsozialismus*, Bonn 1994, 557-571

Richter, Manfred u. a. (Hg.): *Mit Pflugscharen gegen Schwerter. Erfahrungen in der Evangelischen Kirche in der DDR 1949-1980*, Bremen 1991

Ritter, Gerhard: Carl Goerdeler und die deutsche Widerstandsbewegung, Stuttgart 1954

Rothfels, Hans: Die deutsche Opposition gegen Hitler. Eine Würdigung, Krefeld 1949

Schäfer, Hans-Dieter: Das gespaltene Bewußtsein. Deutsche Kultur und Lebenswirklichkeit 1933-1945, München u. a. 1984

Schmitthenner, Walter u. a. (Hg.): *Der deutsche Widerstand gegen Hitler*, Köln 1966

Spittmann, Ilse u. a. (Hg.): *17. Juni 1953. Arbeiteraufstand in der DDR*, Köln 1982

Steinbach, Peter u. a. (Hg.): *Widerstand gegen den Nationalsozialismus*, Bonn 1994

Steinberg, Hans-Josef: Widerstand und Verfolgung in Essen 1933-1945, Hannover 1969

Stöver, Bernd: Volksgemeinschaft im Dritten Reich. Die Konsensbereitschaft der Deutschen aus der Sicht sozialistischer Exilberichte, Düsseldorf 1993

Stöver, Bernd: Berichte über die Lage in Deutschland, Die Lagemeldungen der Gruppe „Neu Beginnen" aus dem Dritten Reich 1933-1936, Bonn 1996

Sühl, Klaus (Hg.): *Vergangenheitsbwältigung 1945 und 1989. Ein unmöglicher Vergleich? Eine Diskussion*, Berlin 1994

Voges, Michael: Klassenkampf in der „Betriebsgemeinschaft". Die „Deutschland-Berichte" der Sopade (1934-1940) als Quelle zum Widerstand der Industriearbeiter im Dritten Reich, in: *Achiv für Sozialgeschichte* 21 (1981), 329-383

Vollnhals, Clemens: Das Ministerium für Staatssicherheit. Ein Instrument totalitärer Herrschaftsausübung, in: Kaelble, Hartmut u. a. (Hg.): *Sozialgeschichte der DDR*, Stuttgart 1994, 498-518

von zur Mühlen, Patrik: Der „Eisenberger Kreis". Jugendwiderstand und Verfolgung in der DDR 1953-1958, Bonn 1995

Ausreiser, Kirchengruppen, Kulturopposition und Reformer
Zu Differenzen und Gemeinsamkeiten in Opposition und Widerstand in der DDR in den 70er und 80er Jahren

Dieter Rink

Im Vergleich mit anderen ehemaligen sozialistischen Ländern, etwa Polen oder auch der Tschechoslowakei, haben sich in der DDR Opposition und Widerstand erst spät entwickelt und zu öffentlicher Wirkung gefunden. Dies betrifft namentlich die zögerliche Formierung einer starken Menschen- und Bürgerrechtsbewegung wie einer reformsozialistischen Alternative innerhalb der herrschenden Partei, schließlich die Abstinenz dissidenter Künstler gegenüber politischer Arbeit. Auch die Hoffnungen, daß ein Zusammengehen dieser unterschiedlichen Kräfte den Weg zu mehr Demokratie und zu umfassenden Reformen ebnen würde, erfüllten sich nicht auf diese Weise.[1]

Als Ursache dafür werden in der Regel die politischen Rahmenbedingungen in der DDR zur Erklärung herangezogen, etwa die Unmöglichkeit, innerhalb der herrschenden Partei eine oppositionelle Strömung zu etablieren, die starke Abhängigkeit und Fixierung auf die Sowjetunion oder die Option einer Ausreise in die Bundesrepublik, die - sowohl individuell genutzt wie auch politisch instrumentalisiert - dissidenten und oppositionellen Kräften immer wieder Aktivisten entzog. Diese Erklärungsansätze lassen freilich einige Fragen offen: Warum haben die aus der DDR Ausgereisten die oppositionellen Kräfte eigentlich nicht so unterstützt wie etwa die polnischen Emigranten die Solidarnosc? Wieso war die Forderung nach freier Ausreise nicht die zentrale der Menschenrechtsgruppen? Weshalb haben sich die Reformer nicht im Zuge von Perestroika und Glasnost zu einer eigenständigen Strömung formiert? Wieso kam ein übergreifendes Reformbündnis nicht zustande, als die politischen Rahmenbedingungen dafür günstig waren, also im Herbst 1989?

Antworten auf diese Fragen sollen im folgenden in zwei Richtungen gesucht werden: 1. Waren die politischen Konzepte und Ziele wie auch die kulturellen Orientierungen so disparat, daß sie ein Zusammengehen der unterschiedlichen Kräfte

---

1 So erwartete etwa Wolfgang Templin kurz vor dem Herbst 89: „wenn der wachsende Druck aus der Bevölkerung, die Initiativen der unabhängigen Bewegung und die verborgenen Reformkräfte der Partei endlich zueinander finden, wird die DDR ihren eigenen Weg zur Demokratie gehen" (Templin 1989: 65).

und Strömungen unmöglich machten? 2. Lagen die Gründe dafür weniger in den Programmen und Zielen - die möglicherweise sogar Ähnlichkeiten aufwiesen - als in der Konkurrenz um die Führung im (künftigen) Reformprozeß, die sich in wechselseitigen Abgrenzungen und Distinktionen, Hegemonieansprüchen und Missionierungsversuchen niederschlugen? 3. Folgten die Entwicklungen in den genannten Bereichen Eigenlogiken, die inkompatibel waren?

Zur Beantwortung dieser Fragen sollen die Entwicklungen der wichtigsten Strömungen von Opposition und Widerstand in der DDR[2] skizzenhaft dargestellt und die gegenseitige Wahrnehmung bzw. die Beziehungen untereinander untersucht werden. War die gegenseitige Wahrnehmung von Vorsicht und Skepsis oder von Offenheit und Neugier geprägt? Gab es gemeinsam geteilte Überzeugungen und Orientierungen, die Rezeption der anderen Diskurse? Waren die Übergänge zwischen den unterschiedlichen Strömungen fließend oder bildeten sich scharfe Grenzlinien?

1. Zur Entstehung und Struktur wichtiger Strömungen von Opposition und Widerstand in der DDR

1.1 Die Kirchengruppen

Innerhalb der evangelischen Kirche leitete die Einrichtung einer „offenen Arbeit" für Jugendliche Anfang der 70er Jahre die Hinwendung und Öffnung der Kirche für die junge Generation ein. Hier konnten Probleme und Themen artikuliert und diskutiert werden, die in den Institutionen und der Öffentlichkeit der DDR keinen Platz hatten. Dabei kam es relativ rasch zur Verdichtung jener Themenkreise, die für die spätere Arbeit von thematischen Gruppen innerhalb der Kirche typisch sein sollten. Ähnliche Wirkungen hatte die Aktivierung der evangelischen Studentengemeinde in den 70er Jahren, vor allem die Hinwendung zum Thema Wehrdienst, Gewalt und Rüstung nach der Einführung des Faches Wehrkunde an den allgemeinbildenden Schulen 1978. Daneben waren marxistische Zirkel und Gruppen, die sich als oppositionell verstanden, ein Hintergrund. „Für die 60er und 70er Jahre waren die

---

2 Das sind: die sozialethisch engagierten Gruppen unter dem Dach der evangelischen Kirche (im folgenden kurz: Kirchengruppen), dissidente Künstler und Kulturschaffende (im folgenden kurz: Kulturopposition), reformerisch eingestellte Kräfte innerhalb der SED (im folgenden kurz: Reformer) und schließlich die Ausreiser bzw. Antragsteller auf ständige Ausreise, die hier auch in den Kontext widerständigen Verhaltens in der DDR eingeordnet werden (im folgenden kurz: Ausreiser).

kleinen, linken Gruppen typisch, sogenannte Zirkel, die in strenger Konspiration in Wohnungen Gesellschaftskonzepte diskutierten und Parteiprogramme entwarfen. ...Die sozialethischen Gruppen ... stehen in einer Kontinuität mit den 'Zirkeln' der sechziger/siebziger ... Jahre" (Poppe 1990: 63). Als sich gegen Ende der 70er einige dieser Zirkel auflösten, wandten sich einzelne Aktivisten den neuen kirchlichen Gruppen zu.

Der Übergang zu den thematisch noch relativ breit gefaßten Friedenskreisen stellte einen wichtigen Einschnitt dar, wurde doch die thematische Arbeit einerseits auf eine feste personelle Basis gestellt, andererseits eine Kontinuität in der Bearbeitung bestimmter Themen erreicht. Für letzteres kann durchaus die Arbeit in den konspirativen Zirkeln als Vorbild angesehen werden, wenngleich sich die thematische Arbeit in den Kirchengruppen insofern davon abhob, als sie ihren Bezugspunkt in der Verständigung und politischen Arbeit in den Gruppen selbst und nicht in der Erstellung neuer Konzepte und Theorien hatte. In dieser Form wurden die ersten Friedenskreise die Keimzelle und Basis bzw. das Vorbild für die sich ab Anfang der 80er Jahre bildenden thematischen Umwelt-, Menschenrechts- und Frauengruppen.

Die Niederlage der Friedensbewegung in der Frage der Stationierung von Mittelstreckenraketen 1983 bewirkte auch in der DDR einen Bedeutungsverlust der Friedensgruppen. Dadurch wurde die Dominanz des Friedensthemas selbst wie auch der führenden Friedenskreise geschwächt und konnten andere Gruppen und Themen ihren randständigen Status überwinden. Neben der erreichten Eigendynamik der Gruppenentwicklung und der Signalwirkung, die von der sowjetischen Perestroika-Politik ausging, war dies eine entscheidende Voraussetzung für das Wachstum und die Differenzierung der sozialethischen Gruppen in der Kirche in ein Spektrum von Friedens-, Ökologie-, Frauen- und Menschenrechtsgruppen ab Mitte der 80er Jahre. Damit ging freilich die orientierende Wirkung, die die ersten Friedenskreise für die Gruppen hatten, verloren. Von den seit 1982 alljährlich stattfindenden Treffen „Konkret für den Frieden" wurden lediglich Aufgaben der Koordinierung und Vernetzung aller Gruppen und Initiativen wahrgenommen. Neben diesem entstanden im Laufe der 80er Jahre spezielle, thematisch ausgerichtete Netzwerke wie das „Netzwerk Arche" oder die Umweltbibliothek, die einerseits die Bildung einer netzwerkartigen Struktur thematischer Gruppen bewirkten, andererseits zu Spannungen und Konkurrenzkämpfen um Einfluß in den Kirchengruppen selbst führten.

Den führenden Kern in den Gruppen dominierten Theologen, Theologiestudenten und kirchliche Mitarbeiter, die den christlichen Hintergrund der Gruppen prägten, was die Ausbildung eines Selbstverständnisses als politische Opposition eher behinderte. Das Selbstverständnis dieser Gruppen waren bis unmittelbar vor dem Herbst 89 vielmehr das einer politischen Gegenkultur. Es ging um die Formulierung umfassender Reformen, die aber „nicht mit einem eigenen Herrschaftsanspruch verbunden (wurden), nicht nach politischen Spielregeln strategisch und taktisch geplant waren" (Poppe 1990: 65). Aus dieser Perspektive sahen sich die Kirchengruppen nicht als eine monolithische Kraft, die der DDR-Gesellschaft schließlich ihre Ziele aufzwingt, sondern als Graswurzelwerk, die diese stetig von unten aufweicht. Die Kraft für diesen „langen Marsch" hin zu einer demokratisierten Gesellschaft bezogen die Kirchengruppen aus ihrem gelebten Ethos der Übereinstimmung von Wort und Tat, der Praktizierung partizipativer und ökologischer Vorstellungen sowie der Respektierung individueller Ansprüche. Die Folie dessen war die Kluft zwischen dem von der SED propagierten Ideal und der erlebten Wirklichkeit, der Verweigerung demokratischer Mitsprache und -entscheidung, aber auch das hemmungslose Konsumstreben der „Masse". Diese Abgrenzung war allerdings zugleich eine Quelle der Distinktion und elitärer Ansprüche auf moralische Führung. Sie wurde zur Elle, an der man die Wahrhaftigkeit anderer oppositioneller Strömungen maß. Die Heterogenität in der Struktur und die thematische Vielfalt, die Pluralität von Vorstellungen und Zielen der Kirchengruppen machen es freilich schwer, eine klare Haltung zu den anderen Strömungen auszumachen.

Auffällig ist für die 70er Jahre zunächst eine große Überlappung in dem Spektrum, aus dem dann später einige der Kirchengruppen wie Teile der Kulturopposition entstanden. So gingen aus kulturoppositionellen Aktivitäten eine Reihe von Aktivisten und Netzwerken hervor, die maßgeblich für die Bildung von Kirchengruppen werden sollten. Paradigmatisch für diese Entwicklung mögen Bärbel Bohley und Carlo Jordan stehen, die ihr politisches Leben im kulturellen Bereich begannen. Auf der anderen Seite wurde in den oppositionellen Gruppen politisches Engagement häufig mit dem Anspruch einer alternativen Kultur verknüpft. Die meisten Aktivisten waren durch die in den 60er und 70er Jahren in die DDR geschwappte Jugendkultur geprägt. Zudem gab es längere Zeit informelle Netze, die sich überschnitten und eine trennscharfe Unterscheidung in kulturelle bzw. politische Gruppen kaum möglich machen. Dies war für die Zeit von Mitte der 70er bis Anfang der 80er Jahre charakteristisch. Die sich dann bildenden Kirchengruppen hatten zur Kulturopposition nur noch lose Kontakte, die sich eher über Freundes- und Bekanntenkreise herstellten, aber kaum als regelmäßig oder feste Kontakte zwischen den Gruppen definiert werden können. Ursächlich war m. E. die Ausdifferenzierung dieser beiden Strömungen, die stärkere Selbstbezüglichkeit, die sich in der Gründung eigener Netzwerke manifestierte und die zunehmende Spezialisierung auf politische bzw. künstlerische Themen und Felder.

Die Kulturopposition verabschiedete sich in den 80er Jahren mehr und mehr von einem explizit politischen Ansatz wie die Kirchengruppen immer weniger als Träger einer alternativen Kultur auftraten. Dies äußerte sich in wechselseitigem Unverständnis und in gegenseitigen Verkennungen. Die Arbeiten der Kulturopposition wurden in den Kirchengruppen zwar weiterhin rezipiert, es überwog aber das Unverständnis gegenüber der Formensprache moderner Kunst, namentlich gegenüber den experimentellen Arbeiten, wie sie in der Literatur und bildenden Kunst in der zweiten Hälfte der 80er Jahre typisch waren. Der künstlerische Anspruch auf individuellen Ausdruck wurde zwar geteilt, aber auch sehr stark mit moralischen Werten gemessen. Die Kulturopposition wurde dennoch als potentieller Bündnispartner, z. T. aber auch als Resonanzboden bzw. Missionierungsobjekt gesehen. Von den Kirchengruppen gingen immer wieder Versuche aus, Künstler in die politische Arbeit einzubeziehen bzw. zu politisieren, was auf vielfältige Schwierigkeiten und Widerstände stieß. Im Ergebnis machten sich auf beiden Seiten Frustrationen breit. Spätestens Mitte der 80er Jahre zeichnete sich ab, daß es bestenfalls zu partikularen (Aktions-)Bündnissen kommen würde, ein breites Zusammengehen dagegen (im Sinne des künstlerischen Transports der politischen und moralischen Gehalte der Kirchengruppen) unwahrscheinlich sein würde.

Die linke Opposition (bzw. einige ihrer früheren Protagonisten) war seit Ende der 70er Jahre zum Teil in den Kirchengruppen vertreten. Zum Teil gab es Kontakte zu bestehenden linken Kreisen. Dies betraf vor allem den politischen Kern der Kirchengruppen, insbesondere die IFM und ihr Umfeld. Nicht zuletzt wurde trotz aller Differenzen von beiden Seiten an die Vision eines demokratischen Sozialismus mit menschlichem Antlitz geglaubt bzw. diverse andere linke Vorstellungen diskutiert. Die Grundlage dieser Gemeinsamkeit war das moralische und politische Selbstverständnis der Kirchengruppen, in das die (ehemalige) linke Opposition ihre Vorstellungen zunehmend transformierte.

Das Verhältnis zur SED war zum einen von genereller Ablehnung geprägt und selbst den Reformern wurde vorgeworfen, daß sie „nur mit dem Umsturz kokettieren, in Wirklichkeit aber ihre Privilegien und ihre sichere Stellung in der Partei allzusehr schätzen" (Rüddenklau 1992: 282f.). Von ihnen wurde daher nichts Substantielles im Hinblick auf Reformen in der DDR erwartet. Daneben gab es aber auch differenzierte Sichtweisen, was sich in einer häufig anzutreffenden Unterscheidung in eine harte oder stalinistische Fraktion und einen reformorientierten Teil äußerte. Die SED-Reformer bildeten trotz aller Vorbehalte auch ein Hoffnungspotential: Reformen wurden zwar nicht von oben gedacht, aber ohne Unterstützung des Reformflügels, der die monolithische SED-Herrschaft aufbrechen sollte, für unmöglich gehalten (siehe die eingangs zitierte Äußerung von Templin).[3] Aus die-

---

3 Dietrich (1995: 629) erkennt in einigen Gruppen eine explizit verfolgte „Strategie der Partizipation", wobei sich die Hoffnungen auf reformwillige Personen innerhalb der SED- bzw. der Herrschaftsstrukturen stützten. Durch mehr oder weniger konspirative Kontakte sollte ein Diskurs zu politisch wichtigen Fragen organisiert werden, einerseits, um Meinungs- und Willensänderungen zu erreichen, andererseits um das Informationsmonopol zu brechen.

ser Intention heraus wurden von einer Reihe von Kirchengruppen auch Kontakte zu den SED-Reformern sondiert. Am ehesten kamen solche Kontakte durch sogenannte Dialogveranstaltungen zustande, an denen Reformer als Marxisten bzw. Vertreter der SED teilnahmen. In dieser Rolle wurden sie allerdings auch für die SED-Politik verantwortlich gemacht und zu Adressaten der Kritik. Daneben gab es Kontakte zwischen Gruppenvertretern einerseits und Reformern andererseits, die aber im wesentlichen in gegenseitigem Austausch bzw. der Diskussion von Zielen und Vorstellungen bestanden. Feste Kooperationen kamen dabei nicht zustande, wie auch Bündnismöglichkeiten nicht systematisch ausgelotet wurden.[4]

Zu den Ausreisern bzw. Antragstellern gab es nicht nur ein differenziertes, sondern ein z. T. sehr schwieriges Verhältnis. Die Diskussion dazu entwickelte sich im Anschluß an die Massenausreise von 1984, wo innerhalb kurzer Zeit ca. 35.000 DDR-Bürger ausreisten - davon auch eine ganze Reihe vormals in den Gruppen Engagierter. Eine weitgehend geteilte Meinung in den Kirchengruppen war der Appell an die Ausreiser, zu bleiben und sich widerständig zu verhalten. In dieser Hinsicht folgten die Gruppen weitgehend der Meinungsbildung innerhalb der evangelischen Kirche. Ein besonderer Akzent lag darin, daß Antragsteller bzw. Personen mit Ausreiseabsichten auch als potentielles Reservoir der Gruppen gesehen wurden. Diese Sichtweise stand im Kontext einer Reihe von Übereinstimmungen in der Ablehnung und Kritik des DDR-Systems, insbesondere in der Einforderung des Rechts auf Reisefreiheit. In Anbetracht dieser gemeinsamen Überzeugungen und Orientierungen wurde Antragstellern vereinzelt die Möglichkeit zur Mitarbeit in den Gruppen eingeräumt, wenngleich dies nicht ohne Vorbehalte erfolgte. Allerdings machten sich die Kirchengruppen das Anliegen der Antragsteller nicht zu eigen, obwohl Reisefreiheit ein zentraler Punkt ihrer Forderungen war.[5] Konzeptionelle Überlegungen, die das Fundament gemeinsamen Wirkens hätten bilden können, waren selten.[6]

Die Ablehnung der Zusammenarbeit mit Antragstellern scheint gegenüber Akzeptanz und Aufnahme überwogen zu haben. Kontakte zu Antragstellern oder gar ihre Mitarbeit in den Gruppen wurden überwiegend als Gefährdung der eigenen Arbeit angesehen, man wollte sich nicht als „Staatsfeind" abstempeln lassen. Hinter

---

4 Das einzige mir bekannte Beispiel sind die Kontakte zwischen einer Gruppe von Reformern um den Leipziger Philosophen Bernd Okun und einigen Theologen um Detlef Pollack.

5 Dies ist freilich u. a. auch dem erfolgreichen Wirken der Stasi geschuldet, die mit allen Mitteln eine Trennung zwischen Basis- und Übersiedlungsgruppen erreichen wollte (Dietrich 1995: 608).

6 Wie etwa die des Psychologen Drews, der forderte, das Verhältnis zu den Ausreiseantragstellern zu entkrampfen: „Wir müssen uns für ihre volle Gleichberechtigung einsetzen. Wenn Ausreise nicht erlaubt oder diskriminiert wird, ist doch die Freiheit und Würde der Hierbleibenden angetastet." (zitiert in: Enquete-Kommission, Band VII, 1, 1995: 405)

dieser Argumentation verbarg sich freilich eine tieferliegende Differenz in der Sichtweise der Reformierbarkeit des DDR-Systems. Während die Ausreiser diese überwiegend negierten bzw. ihnen der Zeitraum zu lang war, speiste sich die Motivation der Hierbleiber häufig aus dieser Hoffnung und war sie für die Kirchengruppen z. T. identitätsstiftend. Dies wurde zum Differenzpunkt gegenüber den Ausreisern, was sich mitunter in scharfen Abgrenzungen äußerte. Die Antragsteller wurden als Parasiten gesehen, „die die Gruppen für die Beförderung ihres Ausreiseantrages mißbrauchen, sich für deren gesellschaftsverändernde Intentionen nicht interessieren und nur die Verwirklichung ihrer privaten Interessen im Auge haben" (Pollack 1990: 141). Diese Ansicht speiste sich auch aus Ängsten (bzw. wurde durch solche begründet), daß spektakuläre Aktionen der Ausreiser die politische Arbeit der Gruppen gefährden und der Stasi bzw. staatlichen Stellen Vorwände für repressive Maßnahmen liefern könnten. Hier wird die Differenz im taktischen Vorgehen deutlich: Während die große Zahl der Gruppen auf langfristige thematische Arbeit und kleine (Reform)Schritte setzte, favorisierten ein Teil der Antragsteller und einige Gruppen konfrontative Aktionen. Nicht zufällig kam es zwischen letzteren zur Zusammenarbeit.

Außerdem wurden die Motive der Antragsteller differenziert betrachtet: Für die vom System Enttäuschten, die ihre Ausreise mit dem Scheitern ihrer Ideale begründeten, gab es wohl Verständnis, es wurde sogar versucht, sie zum Bleiben zu bewegen. Gegenüber Antragstellern mit „niederen" Beweggründen wie etwa Konsum, Wohlstand und Karriere überwogen Distinktionen. Nicht zuletzt fußte die Abgrenzung gegenüber den Antragstellern in der Distinktion von den „niederen" Motiven ihrer Ausreise. Unter dem Titel „Die Schlaraffenland-Bewegung" erschien in den „Umweltblättern" eine solcherart inspirierte Abgrenzung.[7]

1.2 Die Kulturopposition

Die alternative Kultur- bzw. Kunstszene hat ihre Ursprünge in den Freundes- und Bekanntenkreisen, die sich häufig um einzelne Künstler scharen. Diese hatte es auch schon in den 60er Jahren ansatzweise gegeben, in den 70er Jahren fanden sie jedoch erst Möglichkeiten zu öffentlicher Wirksamkeit. Mit der zunächst eher mo-

---

7 „... auf eine kuriose Weise scheinen unsere Landsleute, unsere lieben Deutschen, immerhin ihren Mut wiederentdeckt zu haben. Nicht für ein paar selbstverwaltete Projekte in der DDR. Die stehen nach wie vor vereinzelt da: beargwöhnt, gehaßt und verfolgt und bewundert von den einen, überschätzt und überlastet von den anderen ... Aber für einen Umzug von Deutschland nach Deutschland ist der Mut nicht zu klein. Da steigen 'unsere Bürger' zu Tausenden aus und stellen Karriere, Besitz und Familie beiseite, riskieren sogar Gefängnisstrafen ... da ist jedes Mittel recht" (in: Rüddenklau 1992: 235).

deraten Kulturpolitik unter Honecker (seit 1971) vollzog sich eine Umprofilierung in einer Reihe von Kultureinrichtungen, die sich gegenüber den neuen Ansprüchen und Bedürfnissen der Rezipienten toleranter zeigten, z. B. von Klubs und Kulturhäusern für die Bedürfnisse Jugendlicher auf Rockmusik, unreglementierte Kommunikation und neue Umgangsformen. Vor allem hier fanden die Künstler der Kulturopposition ihr Publikum und bildeten sich spezifische Szenen aus.

Die kleine Kulturopposition transformierte sich Ende der 70er/Anfang der 80er Jahre zunehmend in eine alternative Kulturszene.[8] Konstitutiv dafür waren vor allem Rockgruppen und ihr Umfeld, Schriftsteller, Künstler (Maler und bildende Künstler) sowie Liedermacher und Schauspieler. In den 80er Jahren hatte sich die alternative Kulturszene zu einem zunehmend autonom agierenden Bereich verselbständigt. Es entstanden fortwährend neue Szenen wie die Spielwagenbewegung, die Folk- und Liedermacherszene, später die Independent-Gruppen. Es gab Versuche zur Schaffung einer eigenen Öffentlichkeit durch Zeitschriften, Blätter etc., die im Laufe der 80er Jahre eine differenzierte künstlerische Untergrundpresse hervorbrachten. Die ersten unabhängigen Galerien wurden gegründet, eigenständige Ausstellungen, Lesungen und Theateraufführungen veranstaltet usw.[9] Auch in bezug auf das Publikum kam es zur Ausbildung einer szeneförmigen Struktur, wobei sich Musik-, Literatur- und Kunstszenen hochgradig überlappten und das Ganze wie eine einzige große, aber in sich vielschichtige Szene wirkte. Dies war auch Ergebnis der praktizierten Grenzüberschreitungen zwischen den Kunstgattungen und der engen Korrespondenz und Zusammenarbeit zwischen Schriftstellern, Malern, Graphikern, Musikern, Fotographen u. a. (siehe auch: Grundmann, Michael, Seufert 1996: 47ff.).[10]

Intern differenzierte sich die entstandene „autonome" Kulturlandschaft in eine „weitgehend apolitisch eingestellte 'Szene' am Prenzlauer Berg auf der einen Seite und den engagierten oppositionellen oder kulturellen Gruppierungen oder einzelnen Künstlern auf der anderen Seite"(Faktor 1994: 34). Diese Differenzierung hing eng mit der neu auftretenden Generation von Schriftstellern vor allem der Prenzlauer Berg-Szene zusammen und war nicht zuletzt auf den Erfolg von Entpolitisierungsstrategien der Stasi über ihre wichtigsten IM's in der Szene wie Sascha Anderson oder Rainer Schedlinski zurückzuführen. Den Versuch, einen unabhängigen Künst-

---

8 Unter Szene wird hier im Anschluß an Schulze ein „Netzwerk lokaler Publika mit partieller Identität von Personen, Orten und Inhalten" verstanden (Schulze 1992: 747).

9 Ein prägnantes Beispiel für diese Entwicklung ist die alternative Kulturszene am Prenzlauer Berg in Berlin.

10 Es handelt sich hier um die unmittelbaren Vorläufer der freien Szene und Kultur der Nachwendezeit.

lerverband zu gründen (1984), kann man aus dieser Perspektive vielleicht als letzten Anlauf einer Politisierung der Kulturopposition werten.

Die Vielschichtigkeit der kulturoppositionellen Szenen und ihr nicht explizit politischer Charakter machen es noch schwieriger als bei den Kirchengruppen, feste Konturen im Verhältnis zu den anderen Strömungen von Opposition und Widerstand zu erkennen.

Im Verhältnis zu den Kirchengruppen gab es eine Art Grundsolidarität, punktuell auch Zusammenarbeit und Hilfe (z. B. bei der Erstellung von Schriften). (Vordergründige) Politisierungsversuche wurden aber zurückgewiesen. Außerdem wirkten die Kirchengruppen den Künstlern zu theoretisch und zu verbissen. Im Gegensatz zu einer Reihe früherer dissidenter SED-Mitglieder waren Autoren wie auch Musiker oder bildende Künstler in den Kirchengruppen wenig vertreten. Das trifft insbesondere auf die jüngere Generation zu. Christoph Tannert spricht in diesem Zusammenhang von einer „deutliche(n) Trennung der 'Szene' von den politischen Aktivisten aus Kirche und Bürgerbewegung" (Tannert 1993: 28). Ab Mitte der 80er Jahre kam es zu einer Art Arbeits- und Funktionsteilung zwischen den Kirchengruppen und der Kulturopposition, die sich am stärksten in den Publikationen zeigte: während die künstlerische Literatur unpolitischer und experimenteller wurde[11], fand politische Auseinandersetzung im wesentlichen nur noch im Samisdat der Kirchengruppen statt. Eine Folge dieser Funktionsteilung mag gewesen sein, daß ab 1985/86 die Sanktionen und Übergriffe des Staates auf die Kulturopposition insgesamt schwächer wurden und sich zunehmend auf die Kirchengruppen konzentrierten.

Das Verhältnis der Kulturopposition zu den Ausreisern war weniger ambivalent als das in den Kirchengruppen und speiste sich aus anderen Motiven. Die Reisefreiheit wurde zwar ebenfalls als grundlegendes Recht angesehen, die Ausreise aber weniger aus ethischer Sicht oder aus der Perspektive einer gemeinsamen Aufgabe thematisiert, sondern als individuelle Angelegenheit betrachtet und toleranter gehandhabt. Aus der Kulturopposition selbst kamen eine Reihe von Ausreisern. Die Ausreise war hier häufig der letzte Ausweg, wenn in der DDR keine öffentlichen Wirkungsmöglichkeiten mehr vorhanden waren bzw. die Enge und Begrenztheit der künstlerischen Entwicklung dem individuellen Schaffen keine Perspektiven mehr bot (siehe Grundmann/Michael/Seufert 1996: 36). Hier konnten also Motive geltend gemacht werden, die sich vom „vordergründigen Streben nach Wohlstand" deutlich

---

11 Die Frage ist allerdings, ob dies tatsächlich als so unpolitisch zu bewerten ist, wie dies z. T. getan wird. Das Herstellen einer unabhängigen, autonomen Öffentlichkeit war in der DDR in den 80er Jahren schon ein Politikum, freilich in der zweiten Hälfte der 80er zunehmend nur noch dann, wenn auch explizit politische Forderungen gestellt wurden, weniger wenn es um ästhetische Experimente ging.

abhoben. Aus dieser Perspektive gab es dann auch Distinktionen gegenüber den „gewöhnlichen" Ausreisern bzw. ihren Motiven. Für Spannungen zwischen diesen beiden Ausreisergruppen sorgte nicht zuletzt, daß sich in den 80er Jahren die Reisemöglichkeiten für Künstler, auch nichtangepaßte, deutlich verbesserten und eine Reihe von ihnen Dauervisa erhielten. Dies war aber kein Ansatzpunkt für eine Politisierung der Kulturopposition mit dem Anliegen, solche Formen etwa für alle Künstler oder gar die gesamte Bevölkerung zu fordern.

Die SED-Reformer waren für ältere dissidente Künstler häufig noch notwendige Ansprechpartner für die Durchsetzung eigener Interessen (z. B. Reise-, Auftritts- und Veröffentlichungsmöglichkeiten) gewesen. Zu diesen gab es außerdem eine tiefere Affinität, fanden sich doch in ihren Werken nicht selten auch Anklänge an Vorstellungen vom Sozialismus als der besseren Gesellschaftsordnung. Die Jüngeren brauchten diese Hilfestellungen nicht mehr und schufen sich ihre Infrastruktur selbst. Sie hatten auch keine Affinität zum Marxismus mehr, verzichteten auf Utopie und Politik, DDR-Reformen waren ihnen egal bzw. lehnten sie ab. Infolgedessen finden sich in der jüngeren Kulturopposition der 80er Jahre kaum derartige Kontakte und sind die Reformer und ihre Vorstellungen weder Bezugspunkt noch Hoffnungsträger. Die Umsetzung neuer künstlerischer Vorstellungen wurde kaum noch auf die gesellschaftliche Wirklichkeit in der DDR bezogen und richtete sich in der Regel auch nicht mehr an eine übergreifende, sondern die selbstgeschaffene Öffentlichkeit.

1.3 Die SED-Reformer und die Linksintellektuellen

Innerparteilichen Widerspruch hat es in der SED von Beginn an gegeben, er war aber in den seltensten Fällen mit einem oppositionellen Grundverständnis verbunden. Grob lassen sich in den 70er und 80er Jahren zwei Strömungen verorten: linke Kritik und reformerische Vorstellungen, wobei die Übergänge z. T. fließend sind, bzw. Vertreter der unterschiedlichen Orientierungen gemeinsam in einer Gruppe wirkten.

In den 70er Jahren waren an den Universitäten und Hochschulen (insbesondere in Berlin und Halle) einige Gruppen entstanden, die sich mit dem jugoslawischen Reformkommunismus, Bahros Buch „Die Alternative", trotzkistischen Ansätzen sowie den Ideen von Robert Havemann beschäftigten, sie blieben aber quasi-konspirativ, konnten keine Wirkung entfalten und lösten sich gegen Ende der 70er und Anfang der 80er Jahre auf.[12] Das trifft auch auf weniger genau verortbare intellek-

---

12 Klein (1995: 135f.) spricht von mindestens drei konspirativen Zirkeln von SED-Mitgliedern Ende der 70er in Berlin und Leipzig, in denen der jugoslawische Reformkommunismus, der Trotzkismus u. ä. Ansätze diskutiert wurden.

tuelle Zirkel wie z. B. den „Philosophiezirkel“, die „Fliegende Uni“ oder die „philosophisch-theoretische Diskussionsgruppe“ zu, die in der Zeit zwischen Anfang der 70er und Anfang der 80er Jahre gegründet worden waren. Die Aktivisten aus diesen Gruppen gründeten oft Folgegruppen oder wechselten in andere, häufig in Kirchengruppen über. Dies zeigt die abnehmende Anziehungskraft marxistischer und linker Utopien und Konzepte einerseits und den Einflußgewinn der in den Kirchengruppen entwickelten Vorstellungen andererseits. Aus diesen Zirkeln kamen eine Reihe wichtiger Personen der Kirchengruppen (z. B. Vera Wollenberger, Wolfgang Templin). Die Weiterarbeit in den 80er Jahren erfolgte teilweise individuell, teilweise gab es informelle Netzwerke. Eine SED-Mitgliedschaft, gar akademische Karrieren waren in diesem Spektrum in den 80er Jahren Ausnahmen.

Ab Ende der 70er bildeten sich mehr oder weniger lockere Kreise und Diskussionsrunden von Reformern an Universitäten, Hochschulen und Instituten. Die Reformkonzepte von Bahro u. a. waren hier allerdings weit weniger sinnstiftend, Ansatzpunkte waren häufig erstrebte Effizienzsteigerungen oder Verbesserungen des Systems. Etwa ab 1984/85, bestärkt durch die Perestroika-Politik in der Sowjetunion, gab es einen Aufschwung der „intellektuellen Debattierzirkel“ an den Universitäten und zaghafte Versuche, politisch wirksam zu werden. Es bildeten sich einzelne Forscher- oder Studentengruppen an Universitäten und an der Akademie der Wissenschaften, in denen Ansätze und Konzepte zur Reform in der DDR entwickelt wurden. 1987/88 konstituierten sich einige solcher locker organisierten Gruppen z. B. in Jena, Halle, Leipzig und vor allem in Berlin an der Humboldt-Universität und mehreren Akademie-Instituten (siehe auch: Land 1994: 234). Häufig verdankten diese Gruppen ihre Entstehung undogmatisch-kritischen Hochschullehrern, die Schutz und Hilfe gegenüber übergeordneten (Partei-)Leitungen boten. Allerdings überschritten ihre Aktivitäten kaum den Rahmen theoretischer Diskussionen über mögliche gesellschaftspolitische Alternativen. Gangbare Konzepte zur Umsetzung, insbesondere zur Ablösung der reformunwilligen SED-Führung wurden nicht erarbeitet.[13]

Die Reformer-Gruppen erlangten auch kaum Resonanz innerhalb der Partei. Sie hatten keine Kontakte zu anderen Parteigruppen, z. B. in Verwaltungen oder Betrieben. Und abgesehen von der Schwierigkeit eines solchen Unterfangens, wurde dieser Weg von einer der entwickeltsten Gruppe der Reformer in Berlin auch von vornherein ausgeschlossen und statt dessen auf einen Pakt mit den Mächtigen gesetzt. Aus dieser Perspektive wurden Kontakte mit führenden Funktionären aus dem Partei- und Staatssicherheitsapparat gegenüber dem Aufbau einer eigenen Basis favorisiert. In dem schwer einzuschätzenden Spektrum reformorientierter Kräfte

---

13 Eckert (1995: 721) meint, daß SED-interne Reformen auch deshalb scheiterten, „weil keiner der Reformer in entscheidenden staatlichen oder Parteipositionen war“.

innerhalb der SED gab es aber auch basisdemokratische Orientierungen, die eine Nähe zu Vorstellungen der Kirchengruppen erkennen lassen. Zudem arbeiteten reformerisch orientierte SED-Mitglieder in Kulturbundgruppen mit, z. B. in den Stadtökologie-Gruppen der Gesellschaft für Natur und Umwelt oder in den Arbeitskreisen Denkmalschutz. Sie erstrebten Reformen in konkreten gesellschaftlichen Bereichen und waren darin selbst konzeptionell und praktisch tätig.

Mitte der 80er Jahre nahm innerhalb der SED-Mitgliedschaft die Unzufriedenheit, die Kritik und schließlich sogar die Ablehnung der herrschenden SED-Politik in ernst zu nehmenden Größenordnungen zu. Klein spricht von einem „beeindruckenden Umfang innerparteilichen Widerspruchs in den letzten Jahren der SED" (Klein 1994: 214), insbesondere seit dem Auftreten Gorbatschows. 1988 gab es fast 23.000 Parteiverfahren und eine erste Austrittswelle, die eine Anweisung der SED-Zentrale zum Umgang mit „Nörglern und Meckerern"- meist Parteiintellektuellen - zur Folge hatte.

In der Öffentlichkeit waren die erstgenannten Reformerkreise im Prinzip unbekannt, Differenzierungen innerhalb der SED waren von außen so gut wie nicht sichtbar, allenfalls zu vermuten. Diese Vermutungen erhielten durch bestimmte Entscheidungen bzw. das Wirken einzelner Personen (wie z. B. Hans Modrow) von Zeit zu Zeit jedoch immer wieder Nahrung. Der größte Erfolg im Wirken der Reformer aber lag darin, daß die SED im Herbst 89 handlungsunfähig gemacht wurde.[14] Allerdings waren die Reformer zu schwach, um eine Auflösung der Partei in der bestehenden Struktur zu erreichen. Auf dem außerordentlichen Parteitag der SED Anfang Dezember 1989 stimmte nur eine Minderheit für den Vorschlag der Reformer, die SED aufzulösen, deren Eigentum in Volkseigentum zu überführen und eine neue sozialistische Partei zu gründen. Statt dessen trat der größte Teil der Reformer in den Austrittswellen zwischen Herbst 1989 und Frühjahr 1990 aus. Ein Teil von ihnen versuchte die Gründung von parteipolitischen Reformprojekten (Die Sozialisten, Unabhängige Sozialistische Partei), die aber scheiterten, während die in der PDS verbliebenen Reformer dort die programmatische Führung übernahmen.

Die linke Opposition wurde zum Vorläufer der kleinsten Bürgerbewegung, der „Vereinigten Linken", die aber im Herbst 89 lediglich im Bündnis mit den anderen Bürgerbewegungen zur Geltung kam, aber kaum eigene Initiativen entfalten konnte. Die linke Opposition sah sich als Teil des widerständigen und oppositionellen Spektrums. Sie versuchte, wirksam zu werden und linke Politikansätze zu transportieren. Mit ihren rätedemokratisch beeinflußten Vorstellungen und Konzeptionen von einer Demokratisierung des Sozialismus in der DDR konnten sie zunächst Einfluß auf die

---

14 Land (1994: 234) ist der Meinung, daß die Reformer innerhalb der SED die Kraft waren, „die die Stabilisierung der Krenz-Führung nach dem Sturz von Honecker verhindert und den Rücktritt des gesamten Zentralkomitees erzwungen hatte".

Orientierungen einiger Kirchengruppen (z. B. die Gruppe „Gegenstimmen" und die „Kirche von unten" in Berlin) gewinnen.

Dies gelang den Reformern nicht. Der konzeptionell führende Teil erstrebte auch keine wirkliche Demokratisierung der DDR, sondern nur eine partielle Öffnung. Teilen der Reformer ging es lediglich darum, das DDR-System effizienter zu machen. Mit ihrer Fixierung auf den Machterhalt der SED und die theoretische Ableitung ihrer Reformvorstellungen erhoben diese Reformer faktisch einen politischen Hegemonialanspruch gegenüber der restlichen Opposition, insbesondere gegenüber den Kirchengruppen, ohne dies explizit zu formulieren. Die Kritik, die aus den Kirchengruppen heraus am System geübt wurde, wurde zwar z. T. akzeptiert bzw. stimmte mit eigenen Kritiken überein, wurde aber nicht zum Ausgangspunkt eines Bündnisses, da die Reformer auf die Übernahme der Macht fixiert waren. Aus dieser Perspektive wurde bei den Kirchengruppen keine tragfähige Alternative gesehen. Deren Weg wurde sogar für gefährlich gehalten, „weil die 'Machtfrage' als Invariante für Reformen galt" (Land 1994: 237). Außerdem wurden teils wegen der erzwungenen Isolierung und der daraus resultierenden Angst, durch Kontakte die eigene Position zu gefährden, teils wegen eigener Vorbehalte gegenüber dem christlichen Hintergrund die Kirchengruppen auch nicht als potentieller Bündnispartner angesehen. Kontakte und der Austausch mit ihnen kamen in der Regel sporadisch, aber nicht im Ergebnis intensiver Bemühungen zustande.

Bei der älteren Generation gab es eine gewisse Überschneidung von Reformern und Kulturopposition insofern, als reformerisch orientierte SED-Mitglieder teilweise als Künstler in den Szenen und Zusammenhängen der Kulturopposition wirkten. Ansonsten handelte es sich hierbei um so gut wie völlig gegeneinander abgeschottete Diskurse. Die Verbindung zu außerhalb der SED agierenden oppositionellen Strömungen fehlte nahezu vollständig. Vielleicht kann man von einer gewissen Indifferenz der Reformer gegenüber der Kulturopposition sprechen: Sie wurden zwar nicht als Gefährdung einer Reform angesehen, aber eben auch nicht als wichtige Bündnispartner.

Die Ausreiser wurden zwar nicht als Feinde des Systems beurteilt wie im offiziellen Sprachgebrauch, aber als besorgniserregende Entwicklung der 80er Jahre und schließlich als Gefährdung des Reformkurses. Im Gegensatz zu den Kritikpunkten und Forderungen der Kirchengruppen, die sich z. T. mit denen der Reformer überschnitten, wurden bei den Ausreisern keine Gemeinsamkeiten entdeckt.

Übergreifend kann man vielleicht sagen, daß die Forderungen und die Existenz der kirchlichen und der Kulturopposition Bezugspunkte für die Reformer waren, um auf Probleme aufmerksam machen und eigene Ziele gegenüber der Führung artikulieren zu können. Deren berechtigte Forderungen sollten aber nur aufgegriffen werden, um der Opposition den Wind aus den Segeln zu nehmen, nicht, um diese zu unterstützen.

1.4 Die Ausreiser

Ausreiser hat es in der DDR immer gegeben, natürlich besonders bis zum Bau der Mauer 1961. Für den hier betrachteten Zusammenhang ist die Zunahme der Ausreisen nach der Helsinki-Konferenz von Belang. Seit diesem Zeitpunkt ist wieder ein allmähliches Anschwellen der Ausreisen zu beobachten und erfolgten diese häufig mit Berufung auf die auch von der DDR in Helsinki unterzeichnete Menschenrechtskonvention.

Lange Zeit war die Ausreise - obwohl gerade in den 50er Jahren massenhaft praktiziert - ein individueller Akt. Seit Anfang der 80er Jahre nahmen Ausreisen in ihrem Vorfeld auch kollektive Formen des Widerstands an und bekamen z. T. einen öffentlichen Charakter. Bekannt sind z. B. Schweigemärsche, Mahnwachen, weiße Bändchen an Autoantennen u. ä. Ab Mitte der 80er Jahre, im Gegenzug zu den nach der Massenausreise von 1984 wieder zunehmenden Restriktionen, gab es Versuche von Antragstellern, sich zu formieren, um durch organisierte Aktionen den individuellen Anträgen Nachdruck zu verleihen, Resignation zu verhindern, sich auf das Leben im Westen vorzubereiten u. ä. (siehe auch Jeschonnek 1995). Nach dem Vorbild der Kirchengruppen wurden thematische Arbeitsgruppen gegründet, die sich vor allem mit rechtlichen und politischen Fragen im Zusammenhang mit der Ausreise beschäftigten. So bildete sich 1987 in Berlin eine „AG Staatsbürgerschaftsrecht der DDR", die sich in den Räumen der Umweltbibliothek traf und an der Luxemburg-/Liebknecht-Demonstration im Januar 1988 mit eigenen Losungen teilnahm (siehe auch: Eisenfeld 1995: 209). Auch in Leipzig gab es eine ähnliche Gruppe.[15] Zu den Kirchengruppen wurde in den 80er Jahren der Kontakt zunehmend systematisch gesucht, sei es individuell oder als Gruppe. Mit wenigen Ausnahmen gestaltete sich der Kontakt aber schwierig (s. o.). So waren die Kirchengruppen zwar häufig Hoffnungsträger für Antragsteller, die erwartete Hilfsbereitschaft fanden sie aber häufig nicht. Den Ausreisergruppen gelang es auch nicht, ihre randständige Position im Feld der Kirchengruppen zu überwinden, in die Netzwerke oder (informellen) Gremien und Kreise der Gruppen waren sie nicht integriert. Die Forderung nach Reisefreiheit gehörte zwar zu den zentralen Forderungen der Kirchengruppen, spiegelte sich in der praktischen Arbeit aber nicht in einem entsprechenden Engagement für die Antragsteller und Ausreiser wider. Die Ausreise kollidierte mit dem Ethos der Kirchengruppen und konnte nicht als Form widerständigen oder oppositionellen Verhaltens akzeptiert werde. Die Unterstützung der

---

15 Beispiele solcher Zusammenarbeit zwischen Antragstellern und Kirchengruppen sind selten (z. B. die AGs „Staatsbürgerschaftsrecht" in Berlin und Leipzig oder der Gesprächskreis beim Netzwerk Arche), wobei für die Berliner Gruppen eine stärker ausgrenzende Haltung behauptet wird (siehe: Enquete-Kommission, Band VII, 1: 314ff.).

Antragsteller als zentralem oppositionellen Handlungsfeld wurde so verkannt. Die größte Unterstützung fanden sie in Seelsorge- und Gesprächskreisen an einzelnen Kirchen oder etwa bei den Friedensgebeten in der Leipziger Nicolaikirche. Diese Umstände führte auf Seiten der Antragsteller zunächst zu Enttäuschungen und Frustrationen, später zunehmend zu Formen der Selbsthilfe. Öffentlicher Protest nahm darin schließlich den entscheidenden Stellenwert ein und wurde mit dem Ruf „Wir wollen raus!" zum Impuls der Massendemonstrationen im Herbst 1989. „So waren die beiden Bewegungen, obwohl sie gegen ein verhaßtes System waren, doch ein bißchen wie Feuer und Wasser, und zu einem taktischen Bündnis kam es nicht" (Hilse 1995: 394).

Die Wirkungen der Antragsteller wie auch der Ausgereisten auf die Dableiber bzw. Zurückgebliebenen waren vielfältig und ambivalent. Die gängige Auffassung, wonach die Ausreiser einen andauernden Aderlaß bei den Kräften von Opposition und Widerstand innerhalb der DDR bewirkten (so Knabe 1992: 14), läßt sich in dieser Pauschalität nicht mehr aufrecht erhalten. Eisenfeld spricht von zunehmenden Rückwirkungen und einer Sogwirkung in dem Sinne, daß die Ausgereisten durch den Fakt ihrer Ausreise wie über ihre Kontakte zu Angehörigen, Freunden etc. den Ausreisestrom beförderten (Eisenfeld 1995: 203f.).[16] In dieser Lesart wird Ausreise selbst als oppositionelles Verhalten interpretiert, zudem als exponierteste Form davon. Der individuelle Akt von Ausreise war zugleich ein politischer, selbst wenn er nicht so motiviert war. Die Ausreiser haben insofern den zurückbleibenden oppositionellen Kräften nicht Potential entzogen, sondern stellten selbst den quantitativ bedeutsamsten Teil davon mit weitreichenden Wirkungen auf das System. Zudem stärkten sie auch die Zurückbleibenden, indem sie erfolgreiche Beispiele vorführten. Namentlich spektakuläre Fälle von Ausreise und Ausbürgerung wurden zu Symbolen der Kirchengruppen wie der Kulturopposition (wie etwa Wolf Biermann). So gesehen ist es konsequent, sie zur Opposition zu rechnen und von einer Ausreisebewegung zu sprechen, die in den 80er Jahren unkontrolliert anschwoll.[17]

---

16 Er zieht daraus den Schluß: „Die häufig vertretene Auffassung, daß das SED-Regime durch die Ausbürgerungen das oppositionelle Potential in der DDR systematisch ausdünnte und schwächte und die Antragsteller in diesem Sinne für Veränderungen in der DDR verloren waren, läßt sich ... so nicht mehr halten" (Eisenberg 1995: 222).

17 Dafür spricht nicht zuletzt, daß es die Antragsteller und Ausreiser waren, die im wesentlichen das Repertoire und die Form der Proteste im Herbst 1989 schufen (insbesondere die Leipziger Montagsdemonstrationen). Sie können als Vorläufer der Vereinigungsbewegung angesehen werden. Es setzt sich erst langsam durch, auch die Antragsteller und Ausreiser in das Spektrum widerständigen und oppositionellen Verhaltens einzubeziehen. Einen prominenten Beitrag hat dazu Hirschman mit seiner Erklärung der Revolution in der DDR aus dem Zusammenspiel von exit und voice geliefert (Hirschman 1992). Eisenfeld hat die Geschichte der Ausreiser und Antragsteller unter dem Aspekt von Widerstand in der DDR

Hinsichtlich der psychologischen Wirkungen der Ausreiser ist Differenzierung nötig: Auf der einen Seite hinterließ der Weggang von Aktivisten zwar Leerstellen und schwächte die Motivation der in den Gruppen verbleibenden Aktiven. Auf der anderen Seite förderte die Aussicht, die DDR verlassen zu können, den Mut zu oppositionellem Engagement. Schließlich setzten sich einige der Ausgereisten dann vom Westen aus für die Anliegen und Belange der Gruppen ein, wie etwa der Anfang der 80er Jahre ausgebürgerte Roland Jahn. Auch wenn dies Ausnahmen waren, wurde doch in den 80er Jahren im Westen, namentlich in Westberlin, ein Netzwerk geschaffen, das den Gruppen Öffentlichkeit verschaffte und konkrete Hilfe leistete. Die Frage von Gerd Poppe, „wie groß der Anteil oder wie bedeutend der Verlust der Weggegangenen über viele Jahre hinweg für Opposition und widerständiges Verhalten" in der DDR war (Poppe in: Enquete-Kommission, Band VII, 1, 371), gehört zu den Desiderata der Forschung.

Zu den anderen beiden Strömungen, der Kulturopposition und den SED-Reformern gab es keine Kontakte. Letztere wurden meist undifferenziert als Teil des Systems gesehen und schon gar nicht als Interessenvertreter von Antragstellern. Im Gegensatz zu den Kirchengruppen, die schon kleine Zugeständnisse als Schritte auf dem Weg zur Reform der DDR deuteten, maßen die Antragsteller SED-Funktionäre an klaren Worten und Taten, insbesondere hinsichtlich der Rücknahme von Repressionen gegenüber Ausreisern und der Erleichterung der Ausreise gipfelnd in der Forderung nach Reisefreiheit.

Auch die Kulturopposition stellte immer wieder prominente Ausreiser bzw. gewaltsam Ausgebürgerte. Hier wurde die Frage aber bei weitem nicht so kontrovers diskutiert bzw. führte dies kaum zu Konflikten innerhalb der Szene. Das heißt aber nicht, daß die Ausreise bedeutender Künstler nicht ebenso als Verlust empfunden wurde. Auch hier ist erkennbar, daß der Exodus älterer Künstler Mitte der 80er Jahre Freiräume für die nachrückende junge Szene schuf. Die Ungleichbehandlung prominenter und „gewöhnlicher" Ausreiser gehörte in den 80er Jahren zudem zu den vom System gezielt eingesetzten Mitteln, um Solidarisierungen zwischen Kulturoppositionellen, Angehörigen von Kirchengruppen und Ausreisern zu verhindern. Während letztere keine Chance hatten, die Aufmerksamkeit der (West-) Öffentlichkeit auf sich zu lenken und damit den Repressalien zu entgehen, konnten prominente Oppositionelle, namentlich Künstler, auf Vorzugsbehandlung rechnen. Dies löste sowohl Frust aus wie es auch Antrieb für Aktivitäten war, insbesondere öffentlich wirksame politische Aktivitäten seitens der Antragsteller.

---

aufgearbeitet (Eisenfeld 1995). Auch Jesse vertritt eine solche Sichtweise (siehe: Jesse 1995: 999).

2. Zu Differenzen und Gemeinsamkeiten wichtiger Strömungen von Opposition und Widerstand in der DDR in den 70er und 80er Jahren

Was zunächst ins Auge fällt, sind der gemeinsame Entstehungshintergrund, die angesichts der staatlich induzierten Isolierung und gegenseitigen Abschottung der verschiedenen Strömungen von Opposition und Widerstand voneinander doch große Zahl von Bezügen und Verbindungslinien und schließlich die gegenseitige Bedingtheit.

Als Entstehungshintergrund wird bei allen - bei den Ausreisern vielleicht nicht so prononciert - der Generationenriß der 70er und 80er Jahre angegeben. Bei den Kirchengruppen sind es die Jugendlichen, die zunächst in die offene Arbeit kommen, die zunehmenden Aktivitäten in den evangelischen Studentengemeinden tragen und später die thematischen Gruppen vielleicht nicht unbedingt gründen, aber mehrheitlich tragen (siehe dazu Blattert/Rink/Rucht 1995). Ulrike Poppe charakterisiert dies so: „In den 80er Jahren meldete sich eine Generation zu Wort, die im Schatten der Mauer erwachsen geworden war" (Poppe 1995: 244). Bei der Kulturopposition ist es die Generation der um 1960 Geborenen, die die Szenen bildeten, die Untergrundpresse ins Leben riefen und sich künstlerisch am weitesten vom Formenkanon des sozialistischen Realismus entfernten. Diese bezeichnet Thomas als „Generation der Autonomen"(Thomas 1992: 11).[18] Bei den Reformern schließlich tritt Ende der 70er/Anfang der 80er Jahre eine Generation von Parteiintellektuellen an, die eine Reihe eherner Dogmen überwindet und theoretisch an einer neuen Sozialismus-Konzeption arbeitet. Auch sie ist in der Abfolge die dritte Generation, die der „Reformsozialisten", der „Modernisten" (Land 1994: 233).[19]

Dies legt es nahe, bei allen politischen, sozialen und auch kulturellen Unterschieden doch von einem Grundbestand an gemeinsam geteilten Erfahrungen, Erlebnissen und Orientierungen zu sprechen. Ganz grob könnte man diese umreißen mit der Abwesenheit materieller Not, dem Ausgeschlossensein von Entscheidungen und wirklichen Gestaltungsmöglichkeiten, dem Zustand des Eingesperrtseins als Normalität und schließlich einer gewissen Eintönigkeit und Monotonie in der Öffentlichkeit der DDR.

Diese gemeinsamen Erfahrungen stehen allerdings in unterschiedlichen Kontexten wie divergierender Sozialisationswege, die in dem Spannungsfeld zwischen christlichen Werten, Ausgrenzungs- und Marginalisierungserfahrungen versus so-

---

18 Thomas (1992: 11) unterscheidet mit Blick auf Künstler eine „Gründer- und Aufbaugeneration", eine „Generation der Desillusionierten" und eine „Generation der Autonomen".

19 Die beiden ersten sind die der Altkommunisten nach 1945 und die Aufbaugeneration der späten 50er und der 60er Jahre (Land 1994: 233).

zialistischen Orientierungen und Vorzeigekarrieren angesiedelt sind. Entscheidende Differenzpunkte markieren die Ferne bzw. Nähe zu staatlicher Macht sowie das Verhältnis zu Militär, Gewalt und staatlichen Apparaten, schließlich die unterschiedlichen Perspektiven, aus denen Macht gesehen wurde: vom Rand der Gesellschaft bzw. aus ihrem Zentrum.

In politischer Hinsicht wiesen zwar die Intentionen z. T. in die gleiche Richtung, es gab aber starke Differenzen in der Radikalität der Mittel (Ausreise, verschiedene Formen widerständigen Verhaltens bis hin zur offenen Opposition) und der Reichweite (vollständige Absage und Übersiedlung, Demokratie nach westlichem Vorbild, Reform und Demokratisierung des Sozialismus in unterschiedlichen Formen).

Die inneren Bezüge und Verbindungslinien sind personeller, organisatorischer und inhaltlicher Natur, die sich in fast allen hier thematisierten Strömungen, in einzelnen Gruppen und mitunter in einer einzigen Biographie finden lassen. So fungierte die ältere SED-Opposition als Quelle für die Kirchengruppen, in dem z. B. eine Reihe ehemaliger Genossen den Kirchengruppen beitraten, konzeptionelle Vorstellungen von dissidenten SED-Mitgliedern wie Robert Havemann oder Rudolf Bahro zeitweise Orientierung gaben und das Prinzip längerfristiger thematischer Arbeit übernommen wurde. Auch aus der Kulturopposition der 70er Jahre rekrutierten sich Aktivisten der Kirchengruppen, wurden Elemente alternativer Kultur aufgenommen und Formen alternativer Öffentlichkeit genutzt und weiterentwickelt. Schließlich wurde ein relativ hoher Anteil von Mitgliedern der Kirchengruppen wie auch von Angehörigen der Kulturopposition zu Antragstellern, Ausreisern und Ausgebürgerten. Mag ihr Anteil an der Gesamtzahl der Ausgereisten auch gering gewesen sein, so erregte der Weggang namhafter Personen häufig Aufsehen und löste Kontroversen aus. Die Ausreiser entzogen den Gruppen wie auch der Kulturopposition zwar immer wieder Aktivisten, dennoch wuchs die Zahl der Kirchengruppen als auch die der in ihnen Aktiven im Laufe der 80er Jahre kontinuierlich an (siehe Blattert/Rink/Rucht 1995: 406ff.) und waren auch in den Aktivitäten der Kulturopposition keine Anzeichen eines Niedergangs zu spüren. Eine gewisse Zäsur bewirkte der Exodus von 1984, als aus beiden Strömungen schlagartig einer großen Zahl die Ausreise gestattet wurde. In den Kirchengruppen wie auch in der Kulturopposition kam es dadurch zu einem starken Wandel in der personellen Zusammensetzung der Gruppen und in ihren inhaltlichen bzw. thematischen Orientierungen.

Die deskriptiven Befunde verweisen auf eine gegenseitige Bedingtheit von oppositionellem und widerständigem Verhalten einerseits und Ausreise andererseits. Die gängige und gerade von früheren Gruppenaktivisten immer wieder vorgebrachte Auffassung, wonach die Ausreise eine permanente Schwächung der oppositionellen Kräfte bedeutete, läßt sich in dieser Pauschalität nicht mehr aufrechterhalten. Die Antragsteller und Ausreiser haben die Handlungsspielräume für oppositionelles und widerständiges Verhalten in der DDR erweitert, für Innovationen in der Radikalität und den Formen des Protests gesorgt, Öffentlichkeit für die Anliegen und Themen der Gruppen hergestellt und nicht zuletzt die Frage nach der Reformierbarkeit der DDR virulent gehalten und damit Diskussionsprozesse in den Gruppen in Gang gebracht. Nicht zuletzt kann der Akt der Ausreise selbst als oppositionelle Handlung interpretiert werden. Die Ausreise von engagierten Gruppenvertretern bewirkte aber eine selektive Auslese: es blieben die, die noch irgendwie an eine Reform der DDR glaubten, sich Vorstellungen von einem „anderen" bzw. besseren Sozialismus machten oder Ideen aus dem Umfeld der bundesdeutschen 68er Bewegung anhingen. Der Konsumvorwurf gegenüber den Ausreisern fungierte als Abgrenzung und Versicherung der eigenen Identität („wir wollen keine westliche Konsumgesellschaft"). Dies erklärt möglicherweise, warum es in den 70er und 80er Jahren keine bürgerliche Opposition in der DDR gegeben hat und warum sich eine der polnischen oder tschechoslowakischen vergleichbare Menschenrechtsbewegung in der DDR erst unmittelbar im Vorherbst herausgebildet hat.[20]

Ab spätestens Mitte der 80er Jahre ist eine Auseinanderentwicklung zwischen der Kulturopposition und den Kirchengruppen zu beobachten, die durch den genannten Exodus möglicherweise befördert wurde. Die gegenseitige Beeinflussung wurde dann eigentlich bis unmittelbar vor den Ereignissen im Herbst 1989 schwächer. Diese Entwicklung wird namentlich von Gruppenvertretern, aber auch von Beobachtern negativ gewertet. Positiv kann man diese Entwicklungen als Differenzierungs- und Autonomisierungsprozesse sehen, z. B. für einen selbständigen Kunst- und Kulturbereich in der DDR, der sich weder staatlichen noch alternativen politischen Vorstellungen verpflichtet fühlte und sich vom stalinistischen Modell der Kunst als Mittel politischer und ideologischer Auseinandersetzung distanzierte.

Zwischen den SED-Reformern der 80er Jahre einerseits und den Kirchengruppen sowie der Kulturopposition andererseits gab es dagegen kaum Berührungspunkte. Die Reformer sind damit die Strömung, die am stärksten von den übrigen isoliert war. Neben den erwähnten ideologischen Orientierungen war der geringe Spielraum für Differenzierungen innerhalb der Institutionen der DDR der entscheidende Grund dafür. Die Reformer waren in keiner Weise autonom, ihre Strukturierung so schwach, daß sie selbst für Insider kaum erkennbar war.

Was hat ein Zusammengehen der unterschiedlichen Strömungen in den 80er Jahren verhindert? Sehen wir uns die Entwicklung vor dem Herbst 1989 an, so erschei-

---

20 Dies erklärt z. B. auch den für viele westliche Beobachter unverständlichen Vorgang, daß der Aufruf „Für unser Land" von führenden SED-Funktionären, -Reformern und ebenso von Sprechern der Bürgerbewegungen und bekannten dissidenten Künstlern unterzeichnet wurde. Bei aller Unterschiedlichkeit der grundsätzlichen Interessen wie aktuellen taktischen Erwägungen trafen sich die Meinungen in der vehementen Ablehnung der westlichen Konsumgesellschaft in Gestalt der Bundesrepublik.

nen die Gemeinsamkeiten sowie die Bezüge und Verbindungslinien zunächst als hinreichend genug, um wenigstens Aktionsbündnisse zu begründen. Fragt man genauer nach den Ursachen, warum daraus nicht mehr wurde, so scheinen zum einen die sowohl von den Reformern als auch von den Kirchengruppen erhobenen moralischen, theoretisch-konzeptionellen wie auch politischen Führungsansprüche weitergehende Bündnisse verhindert zu haben. Seitens der Reformer war es vor allem ihr theoretischer und ihr in Machtansprüchen gipfelnder politischer Führungsanspruch, der ihre Selbstisolierung bewirkte. Bei den Kirchengruppen scheinen die moralischen (Führungs-)Ansprüche insbesondere die Wahrnehmung der Ausreiser als Bündnispartner, ja als Spitze der Demokratisierung der DDR verhindert zu haben. Die unreflektierte Einordnung der Kulturopposition in die Logik von Opposition und politischem Protest stellte eine Verkennung der von der Kulturopposition erreichten Autonomie seitens der Kirchengruppen dar. Die Gründe für Distanz und Differenz der Strömungen sind also vielschichtig, sie liegen in wechselseitigen politischen Führungsansprüchen, kulturellen Distinktionen, unterschiedlichen Graden der Ausdifferenzierung von Interessen und organisatorischen Strukturen. Das Wirken der Staatssicherheit hat an diese Momente angeknüpft und sie verstärkt, aber nicht verursacht.

Im Herbst 89 fanden dann zwar „der wachsende Druck aus der Bevölkerung, die Initiativen der unabhängigen Bewegung und die verborgenen Reformkräfte der Partei endlich zueinander" (Templin). Es kam aber nicht zu dem erhofften gemeinsamen Zugehen aufeinander, vielmehr handelten die unterschiedlichen Akteure vor allem aufgrund des von den Ausreisern erzeugten Drucks, der zum Reagieren zwang, die oppositionellen Kräfte aber nicht zusammenführte. Das plötzliche Ansteigen des Ausreisestroms wie auch die Initiierung von Protesten, die dann in kurzer Zeit zu Massenprotesten anschwollen, war sowohl für die Kirchengruppen als auch die Reformer überraschend. Namentlich den Vertretern der kirchlichen Gruppen bzw. der Bürgerbewegungen wurde in dieser Situation eine politische und moralische Führungsrolle angetragen, die sie zwar annahmen, in bezug auf die von den Massen erhoffte Übernahme der Macht aber nicht ausfüllten. Allenfalls in der ersten Phase der Wende kam es partiell zu einem gemeinsamen Vorgehen zwischen den aus den Kirchengruppen hervorgegangenen Bürgerbewegungen und den Reformern. Danach trennten sich rasch die Wege.[21] Jetzt waren es die Bürgerbewegungen, die es allein schaffen wollten, vor allem ohne die „belasteten" Reformer. „Reformer aus der SED wurden allenfalls als Individuen akzeptiert" (Land/Possekel

---

21 György Dalos (1995: 550) sieht einen „kurzen historischen Moment des Gleichgewichts"- die Massendemo vom 4. November in Berlin - zwischen den beteiligten Gruppen in ihrem Einfluß auf die Dynamik des Prozesses. Danach „begann der Kampf zwischen diesen Gruppen um die Kontrolle des Demokratisierungsprozesses der Gesellschaft".

1994: 70). Umgekehrt verschwand mit der politischen Macht der SED, an dessen Demontage sich die Reformer anfangs noch beteiligt hatten, das von den Reformern favorisierte Instrument zur Umsetzung ihrer Reformideen und -konzepte. Dies leitete ihre Spaltung und Marginalisierung ein, noch bevor sie sich als Gruppierung organisatorisch hatten formieren können.

Die auf den Massendemonstrationen nach dem Fall der Mauer immer stärker erhobene Forderung nach Wiedervereinigung leitete neue politische Differenzierungsprozesse ein. Die Bürgerbewegungen vermochten nicht zum Sprecher bzw. Vertreter breiter Bevölkerungsinteressen zu werden, sie distanzierten sich von der Vereinigungsbewegung z. T. in ähnlicher Art, wie sie sich vorher von den Ausreisern abgegrenzt hatten (am meisten auf der Ebene kultureller Distinktion). Ein Teil der Reformer trat in der SED die Erbfolge der alten Kommunisten an, zwar mit neuen Inhalten und demokratischem Lifting, aber ohne Aufgabe des Führungsanspruchs. Die Versuche des ausgetretenen Reformerteils, (eine) neue Partei(en) zu gründen, scheiterten und bestärkten damit indirekt SED-PDS bzw. PDS, indem sie die Erfolglosigkeit derartiger Bemühungen demonstrierten. Die Kulturopposition hatte sich kaum als eigenständige Kraft am politischen Geschehen beteiligt und rasch zurückgezogen.[22] Der Wegfall staatlicher Reglementierung wurde dazu benutzt, die Verselbständigung dieses kulturellen Bereichs zu vollenden. Der Strom der Ausreiser behielt vorerst seine (indirekte) Wirkung und wurde politisch instrumentalisiert als zentrales Argument bei der Forcierung der Vereinigungsbestrebungen und -verhandlungen sowie der Art der Vereinigung.

Angesichts des Verlaufs der so weder von den Kirchengruppen noch von der Kulturopposition und schon gar nicht von den Reformern gewollten demokratischen Revolution in der DDR überrascht es nicht, daß sie die „Wende" heute als Geschichte einer Niederlage reflektieren. So stellt Klein für die SED die Frage nach den Gründen für das Scheitern innerparteilicher Opposition (Klein 1994: 214f.), werfen sich einige Bürgerrechtler rückwirkend vor, in der zentralen Frage der Übernahme der Macht versagt und damit die Bürgerbewegungen in die Bedeutungslosigkeit manövriert zu haben. Für die Kulturopposition wird zwar kein Scheitern politischer Ambitionen konstatiert, dafür aber beklagt, daß sie kaum einen Beitrag zur Reform der DDR leistete. Einzig die Ausreiser können für sich verbuchen, erfolgreich gewesen zu sein: am 9. November öffnete sich die Grenze. Das Verhalten der Ausreiser wird aber bisher selten in den Kontext widerständigen Ver-

---

22 Eine Reihe von Vertretern verschafften den Aufrufen der Bürgerbewegungen im September 1989 Öffentlichkeit, sie engagierten sich z. B. in Berlin im Zusammenhang mit den Poilzeiübergriffen vom Oktober 89, der Demo vom 4. November, dem Aufruf „Für unser Land" und an den Runden Tischen.

haltens in der DDR gestellt. Ihr Beitrag bei der Auslösung der Krise und beim Zustandekommen der Massenproteste im Herbst 89 wird zwar meist benannt, aber selten explizit herausgearbeitet (Ausnahmen sind Hirschman 1992 und Eisenfeld 1995).

Es zeigt sich, daß die Revolution im Herbst 1989 zum archimedischen Punkt bei der Bewertung des Umfangs und der Art des Beitrags der verschiedenen Strömungen von Opposition und Widerstand zur Demokratisierung in der DDR gemacht wird. Genau darum sind z. B. die Debatten zwischen ehemaligen Reformern, Ausgereisten und früheren Oppositionellen entbrannt. Während die Bürgerrechtler rückwärtsgewandt ihre moralischen Führungsansprüche aufrechterhalten und vor allem den Ex-Reformern innerhalb der PDS deren Verstrickung mit der Macht vorhalten und jegliche Teilhabe an der demokratischen Machtausübung absprechen, kommt umgekehrt der Vorwurf, die Interessen der demokratischen Bewegung vom Herbst 1989 verraten und sich am Ausverkauf der DDR beteiligt zu haben. Konsequent wird den ehemaligen Bürgerrechtlern von einigen PDS-Reformern die authentische Vertretung von Ostinteressen abgesprochen und für die PDS reklamiert.

Von früheren Ausreisern wird den ehemaligen Aktivisten der Kirchengruppen heute vorgehalten, im Kampf gegen das DDR-System inkonsequent gewesen zu sein, sich programmatisch nicht von den Gesellschaftsvorstellungen der SED bzw. denen der Reformer (Stichworte „dritter Weg", „demokratischer Sozialismus") gelöst zu haben und statt praktischer Opposition, der Vertretung der wirklichen Interessen weiter Teile der DDR-Bevölkerung sich viel zu viel mit theoretischen Konzepten und sich selbst beschäftigt zu haben.

Damit setzt sich unter grundsätzlich veränderten gesellschaftlichen Rahmenbedingungen die gegenseitige Blockade der oben beschriebenen politischen Kräfte fort, nun freilich nicht mehr unter den Prämissen programmatischer Führung, sondern politisch-moralischer Legitimation qua Geschichte, d. h. der jeweiligen Rolle während des Herbst 89 und der deutschen Vereinigung. Die Diskussionen über mögliche (Reform-)Bündnisse in diesem politischen Spektrum sind daher heute offenbar ebenso skeptisch zu bewerten wie Ende der 80er Jahre.

Literatur

Blattert, Barbara/Rink, Dieter/Rucht, Dieter: Von den Oppositionsgruppen der DDR zu den neuen sozialen Bewegungen in Ostdeutschland?, in: *Politische Vierteljahresschrift* 36 (1995), 397-422
Böhmig, Peter/Michael, Klaus (Hg.): *MachtSpiele. Literatur und Staatssicherheit im Fokus Prenzlauer Berg*, Leipzig 1993

Böthig, Peter: Alternative Literatur, in: Deutscher Bundestag, Referat Öffentlichkeitsarbeit (Hg.): *Kunst und Kultur in der DDR. 36. Sitzung der Enquete-Kommission „Aufarbeitung von Geschichte und Folgen der SED-Diktatur in Deutschland" am 5. Mai 1993*, Bonn 1993, 34-39

Dalos, György: Der politische Umbruch in Ost- und Mitteleuropa und seine Bedeutung für die Bürgerbewegung in der DDR, in: *Materialien der Enquete-Kommission*, Band VII, 1, Baden-Baden/Frankfurt/M. 1995, 540-557

Dietrich, Christian: Fallstudie Leipzig 1987-1989. Die politisch-alternativen Gruppen in Leipzig vor der Revolution, in: *Materialien der Enquete-Kommission*, Band VII, 1, Baden-Baden/Frankfurt/M. 1995, 558-666

Eckert, Rainer: Die Revolutionäre Krise am Ende der 80er Jahre und die Formierung der Opposition, in: *Materialien der Enquete-Kommission*, Band VII, 1, Baden-Baden/Frankfurt/M. 1995, 667-757

Eisenfeld, Bernd: Die Ausreisebewegung - eine Erscheinungsform widerständigen Verhaltens, in: Poppe, Ulrike/Eckert, Rainer/Kowalczuk, Ilko-Sascha (Hg.): *Zwischen Selbstbehauptung und Anpassung. Formen des Widerstandes und der Opposition in der DDR*, Berlin 1995, 192-223

Faktor, Jan: Intellektuelle Opposition und alternative Kultur in der DDR, in: *Aus Politik und Zeitgeschichte* 10 (1994), 30-37

Grundmann, Uta/Michael, Klaus/Seufert, Susanna: *Die Einübung der Außenspur. Die 'andere' Kunst und Kultur in Leipzig*, Leipzig 1996

Hilse, Werner: Die Flucht- und Ausreiseproblematik als innenpolitischer Konfliktstoff in der DDR und innerhalb der DDR-Opposition, in: *Materialien der Enquete-Kommission*, Band VII, 1, Baden-Baden/Frankfurt/M. 1995, 390-405

Hirschman, Albert O.: Abwanderung, Widerspruch und das Schicksal der Deutschen Demokratischen Republik, in: *Leviathan* 20 (1992), 330-358

Jeschonnek, Günter: Die Selbstorganisation von Ausreiseantragstellern in den 80er Jahren in der DDR, in: *Materialien der Enquete-Kommission*, Band VII, 1, Baden-Baden/Frankfurt/M. 1995, 397-405

Jesse, Eckhard: Artikulationsformen und Zielsetzungen von widerständigem Verhalten in der DDR, in: *Materialien der Enquete-Kommission*, Band VII, 1, Baden-Baden/Frankfurt/M. 1995, 987-1030

Klein, Thomas: Alternatives und oppositionelles Denken in der SED seit Mitte der 80er Jahre, in: PDS/Linke Liste im Bundestag (Hg.): *Ansichten zur Geschichte der DDR*, Bd. III, Bonn/Berlin 1994, 213-223

Klein, Thomas: Reform von oben? Opposition in der SED, in: Poppe, Ulrike/Eckert, Rainer/Kowalczuk, Ilko-Sascha (Hg.): *Zwischen Selbstbehauptung und Anpassung. Formen des Widerstandes und der Opposition in der DDR*, Berlin 1995, 125-141

Knabe, Hubertus: Opposition in einem halben Land, in: *Forschungsjournal Neue Soziale Bewegungen* 1 (1992), 9-15

Land, Rainer/Possekel, Ralf: *Namenlose Stimmen waren uns voraus. Politische Diskurse von Intellektuellen aus der DDR*, Bochum 1994

Land, Rainer: Waren die Reformsozialisten verhinderte Sozialdemokraten? in: *Die real-existierende postsozialistische Gesellschaft. Chancen und Hindernisse für eine demokratische politische Kultur. Wissenschaftliche Konferenz der Brandenburgischen Landeszentrale für politische Bildung*, Potsdam, 14.-16. Dezember 1993, Berlin 1994, 233-248

Materialien der Enquete-Kommission „Aufarbeitung von Geschichte und Folgen der SED-Diktatur in Deutschland"/hg. vom Deutschen Bundestag, Band VII, 1, 2: Widerstand, Opposition, Revolution, Baden-Baden/Frankfurt/M. 1995

Pollack, Detlef: Sozialethisch engagierte Gruppen in der DDR. Eine religionssoziologische Untersuchung, in: Pollack, Detlef (Hg.): *Die Legitimität der Freiheit. Politisch alternative Gruppen in der DDR unter dem Dach der Kirche*, Frankfurt/M. 1990, 115-154

Poppe, Ulrike: Das kritische Potential der Gruppen in Kirche und Gesellschaft (1988), in: Pollack, Detlef (Hg.): *Die Legitimität der Freiheit. Politisch alternative Gruppen in der DDR unter dem Dach der Kirche*, Frankfurt/M. 1990, 63-79

Poppe, Ulrike: „Der Weg ist das Ziel". Zum Selbstverständnis und der politischen Rolle oppositioneller Gruppen der achtziger Jahre, in: Poppe, Ulrike/Eckert, Rainer/Kowalczuk, Ilko-Sascha (Hg.): *Zwischen Selbstbehauptung und Anpassung. Formen des Widerstandes und der Opposition in der DDR*, Berlin 1995, 244-272

Rüddenklau, Wolfgang: *Störenfried. ddr-opposition 1986-1989. Mit Texten aus den „Umweltblättern"*, Berlin 1992

Schulze, Gerhard: *Die Erlebnisgesellschaft. Kultursoziologie der Gegenwart*, Frankfurt/M./New York 1992

Tannert, Christoph: Subkultur. Bildende Kunst, in: Deutscher Bundestag, Referat Öffentlichkeitsarbeit (Hg.): *Kunst und Kultur in der DDR. 36. Sitzung der Enquete-Kommission „Aufarbeitung von Geschichte und Folgen der SED-Diktatur in Deutschland" am 5. Mai 1993*, Bonn 1993, 26-33

Templin, Wolfgang: Zivile Gesellschaft - Osteuropäische Emanzipationsbewegung und unabhängiges Denken in der DDR seit Beginn der 80er Jahre, in: Spittmann, Ilse/Helwig, Gisela (Hg.): *Die DDR im Vierzigsten Jahr. Geschichte, Situation, Perspektiven. 22. Tagung zum Stand der DDR-Forschung in der Bundesrepublik Deutschland 16.-19. Mai 1989*, Köln 1989, 58-65

Thomas, Rüdiger: Selbst-Behauptung, in: Muschter, Gabriele/Thomas, Rüdiger (Hg.): *Jenseits der Staatskultur. Traditionen autonomer Kunst in der DDR*, München 1992, 11-42

Wicke, Peter: Pop-Musik, in: Deutscher Bundestag, Referat Öffentlichkeitsarbeit (Hg.): *Kunst und Kultur in der DDR. 36. Sitzung der Enquete-Kommission „Aufarbeitung von Geschichte und Folgen der SED-Diktatur in Deutschland" am 5. Mai 1993*, Bonn 1993, 40-54

DDR-Protestantismus und politischer Protest
Politische Diakonie der evangelischen Kirchen in der DDR in den 70er und 80er Jahren

Michael Haspel

Fragt man nach der Bedeutung der evangelischen Kirchen[1] für die Entwicklung von politischem Protest und politischer Opposition in der DDR in den 70er und 80er Jahre wird man unmittelbar mit dem Paradoxon konfrontiert, daß die acht ostdeutschen Landes- und Provinzialkirchen in ihrer institutionellen Gestalt weder politische Opposition waren noch sein wollten (Meckel 1994: 54), aber gleichwohl die einzigen gesellschaftlich relevanten Institutionen waren, die sich hinsichtlich des politischen Kurses der Verantwortlichen in Staat und Partei immer wieder zu Wort gemeldet und in gravierenden Angelegenheiten zu Resistenz aufgerufen haben. Darüber hinaus haben sich die politisch alternativen Gruppen, die sich ab Mitte der 80er Jahre dann teilweise als politische Opposition verstanden und nicht unwesentlich zum Verlauf der politischen Ereignisse im Herbst 1989 beigetragen haben, zunächst im Raum der Kirche konstituiert.[2] Auch die Gruppen, die sich - nach ihrem eigenen Selbstverständnis - nicht zur Kirche rechnen wollten, haben bis weit in den Herbst 1989 hinein von kirchlichen Ressourcen und dem relativen Schutz kirchlicher Institutionen in einer Weise profitiert, daß zumindest zu bezweifeln ist, ob sie ohne die kirchliche Unterstützung - wie konfliktträchtig und ambivalent diese Beziehung auch immer gewesen sein mag - überhaupt existenzfähig gewesen wären.[3]

---

1 Nach protestantischem Verständnis und empirischem Befund kann man die »evangelischen Kirchen« weder als Einheitssubjekt betrachten noch exklusiv mit den Kirchenleitungen identifizieren. Da besonders im Hinblick auf die Entwicklungen in der DDR auch die Gemeinden, Gruppen und Synoden gerade in ihrer Unterschiedlichkeit von großer Bedeutung sind, findet in diesem Aufsatz auch die Bezeichnung »DDR-Protestantismus« Verwendung.

2 An den Beispielen Rostock und Leipzig wird dieser Befund auch in den folgenden Lokaluntersuchungen bestätigt: Probst 1992; Rink 1992.

3 Markus Meckel vermerkt dazu retrospektiv: „1983 bildeten sich die ersten Gruppen 'Frauen für den Frieden' und 1985 die 'Initiative Frieden und Menschenrechte' - die bekanntesten Gruppierungen, die außerhalb der Kirche entstanden. Gleichzeitig muß jedoch gerade von diesen gesagt werden, daß die Intensität ihrer Kontakte zur Kirchenleitung von

Will man nun versuchen, diesen ambivalenten Befund zu erklären, ist zunächst nach den spezifischen Strukturen der DDR-Gesellschaft zu fragen, durch welche den evangelischen Kirchen ihre besondere Rolle im Gesellschaftsaufbau zugeschrieben wurde, sowie nach den materiellen und institutionellen Ressourcen, welche die evangelischen Kirchen im politischen Prozeß mobilisieren konnten (1). Sind diese sowohl historisch wie sozialwissenschaftlich zu bearbeitenden Problemstellungen in bezug auf die empirische Ausgangslage geklärt, schließt sich daran die Frage an, in welcher Weise die evangelischen Kirchen von den ihnen zukommenden Möglichkeiten zu gesellschaftlicher Wirksamkeit tatsächlich Gebrauch gemacht haben. Da in der deutschen Geschichte Beispiele für eine Affinität des konfessionellen Protestantismus zu emanzipativ-politischem Protest eher selten sind, wird besonders zu untersuchen sein, welche Prozesse im kirchlichen Selbstverständnis, also welche theologischen Orientierungen den DDR-Protestantismus zum gesellschaftlichen Ort der Genesis politisch alternativer Gruppen haben werden lassen können (2). Nachdem in den ersten beiden Kapiteln die Voraussetzungen für gesellschaftliches Handeln der evangelischen Kirchen besonders im Blickpunkt stehen, sollen daran anknüpfend die konkreten Ausprägungen von Systemkritik und politisch alternativem Handeln im Raum der evangelischen Kirchen zur Sprache kommen. Am Beispiel der Friedensbewegung soll gezeigt werden, wie sich die politisch alternativen Gruppen im Raum der Kirche entwickelt und wie sie allmählich gesellschaftliche Wirksamkeit entfaltet haben (3). Darüber hinaus soll in Form eines kurzen Überblicks das Verhältnis der Gruppen zu Gemeinden, Synoden und Kirchenleitungen analysiert werden (4). Abschließend wird am Beispiel der »Ökumenischen Versammlung für Gerechtigkeit, Frieden und Bewahrung der Schöpfung in der DDR« zu zeigen sein, wie die Kirchen ihre besondere gesellschaftliche Rolle auf Grund ihrer theologischen Orientierungen für Systemkritik und für die Ermöglichung politischen Handelns haben nutzen können (5).

Berlin-Brandenburg so groß war wie bei kaum einer kirchlichen Gruppe. Manche der letztgenannten hätte sich gewünscht, in so engem Gesprächskontakt zu ihrer Kirchenleitung zu stehen. So ist das Verhältnis von Kirchenleitungen und oppositionellen Gruppen, eben auch gerade zu den (relativ wenigen) nichtkirchlichen Gruppen, ein bei allen Spannungen recht enges gewesen." (Meckel 1994: 52f.)

1. Die evangelischen Kirchen im System des bürokratischen Sozialismus

„Zu keinem Zeitpunkt war im System der DDR irgendeine Opposition vorgesehen" (Weber 1994: 18). Diese lapidare Feststellung Hermann Webers klingt beinahe banal, und doch weist sie auf eine wesentliche Konstituente des SED-Regimes in der DDR hin, die allzu leicht und allzu schnell vergessen wird: „Unterdrückung und Verfolgung jeglicher Opposition waren dem System der DDR-Diktatur von Anfang bis zum Ende immanent" (19). Gerade dann aber ist es notwendig zu klären, warum durch die Kirchen systemkritische Positionen vertreten und im Raum der Kirchen politisch-oppositionelles Verhalten entwickelt werden konnten. Dies geht nicht ohne einen Blick auf die Konstitutionsbedingungen der DDR-Gesellschaft im ganzen.

Alle Bereiche der DDR-Gesellschaft waren orientiert am Machtmonopol der SED. Diese hat für alle Ebenen und alle Aspekte des gesellschaftlichen Lebens einen Führungsanspruch erhoben und mittels ihres exklusiven Zugriffs auf materielle und soziale Ressourcen die DDR als Einheitsgesellschaft konstruiert (Lepsius 1994: 17ff.; Glaeßner 1993: 71ff.; u. a.). Der Versuch der SED, ihren Machtanspruch in allen Bereichen der Gesellschaft zur Geltung zu bringen, führte zu einer politischen Überlagerung der gesellschaftlichen Teilbereiche, auch derer, die - um ihre Funktion hinreichend erfüllen zu können - eine hohe Systemautonomie voraussetzen, wie zum Beispiel die Wirtschaft. Der Anspruch auf eine einheitliche ideologische Ausrichtung der gesamten Gesellschaft hat die funktionale Differenzierung und damit den Prozeß der Modernisierung der Gesellschaft behindert. Dies wurde gleichsam zu einem Konstruktionsparadox der DDR: Die SED konnte ihre Macht nur durch die Kontrolle der gesellschaftlichen Ressourcen in allen Bereichen sichern, und gleichzeitig zerstörte sie damit die Reproduktionsmöglichkeiten dieser Ressourcen, da die Modernisierung der Gesellschaft, insbesondere die Differenzierung anhand funktionaler Kriterien auf diese Weise, unterlaufen wurde (Hanf 1991: 73ff.).[4]

---

4   Als wesentliches Legitimationsinstrument in der DDR und damit als einen der wichtigsten Faktoren für die lange Zeit hohe Stabilität der DDR sieht Detlef Pollack (1990a: 295; 1993: 48) den Austausch von Versorgung gegen Loyalität an). Erst als diesem gesellschaftlichen „Grundvertrag" auf Grund der schlechter werdenden Versorgungslage zumal im Vergleich mit der BRD seine „Geschäftsgrundlage" wegbricht, kommt es zu zunehmender Kritik, die mit gesteigertem Repressionsdruck kontrolliert werden muß, bis auch diese Systemregulation dysfunktional wird. Diese Analyse teilt auch Rolf Reißig (1993: 51-53), der von einem „Sozialvertrag" spricht, zu dessen Kündigung es schließlich komme.

Geht man mit den meisten modernisierungstheoretischen Ansätzen davon aus, daß die Entwicklung moderner Industriegesellschaften notwendig mit Differenzierungsprozessen in allen gesellschaftlichen Bereichen einhergeht, so muß für die DDR festgestellt werden, daß eine *funktionale* Differenzierung weitgehend eingeschränkt wurde. Dieses Dilemma von Differenzierungsdruck und strukturellen Differenzierungshemmnissen ist als „Gegenläufigkeit von Differenzierung und Entdifferenzierung" (Pollack 1990a: 295) oder hinsichtlich der Systemebene als ein „Entdifferenzierungsprozeß" (Meuschel 1993: 94) bzw. als eine „Entdifferenzierung von Institutionen" (Lepsius 1994: 18) charakterisiert worden. Darüber hinausgehend möchte ich hier die These vertreten, daß dieses Dilemma dadurch zu lösen versucht wurde, daß in der DDR zwar in vielen Bereichen eine funktionale Differenzierung nicht zugelassen wurde, sich dafür aber deviante Formen der Differenzierung entwickelt haben: Durch *segmentäre* und *stratifizierende* Differenzierung[5] konnte teilweise und vorübergehend eine Komplexitätssteigerung der gesellschaftlichen Teilsysteme erzielt und der Modernisierungsdruck zeitweilig aufgefangen werden.[6] Im Bereich des politischen Systems kann dies an der segmentären und meist nicht funktionalen Ausdifferenzierung im SED-Partei- und Staatsapparat deutlich gemacht werden.[7] Die beiden Institutionen taten nebeneinander im wesentlichen das gleiche. Dieser Befund läßt sich auch noch auf die Blockparteien und die Massenorganisationen der Nationalen Front ausdehnen. Hinsichtlich der Ökonomie wurde die Segmentarität vor allem durch die unter Honecker forcierte Bildung von Kombinaten evoziert. Insbesondere in Bereichen, die in spezifischer Weise unter dem Konkurrenz- und Modernisierungsdruck des Weltmarktes standen, hatte diese Struktur nachhaltige Auswirkungen: „Gerade in der Herstellung elektronischer Geräte und Anlagen verhinderte das starre Festhalten an den traditionellen Kombinatsstrukturen den Aufbau einer *ausdifferenzierten* industriellen Infrastruktur" (Voskamp/Wittke 1991: 24, Kursivierung M. H.).[8] Was am Beispiel der Mikroelek-

---

5 Unter segmentierender bzw. segmentärer Differenzierung soll verstanden werden, daß in gleichen oder ähnlichen gesellschaftlichen Einheiten nebeneinander und zugleich im wesentlichen das gleiche geschieht (Willke 1991: 170).

6 Was hier nur thesenartig dargestellt werden kann, habe ich ausführlich zu zeigen versucht in: Haspel 1995, hier besonders 14-41. Auch im folgenden beziehen sich Teile meiner Ausführungen auf die Ergebnisse dieser Arbeit, ohne daß das in allen Einzelpunkten angezeigt wird.

7 Artur Meier (1990) bezeichnet Partei und Staat als zwei von einander unterschiedene Säulen der Herrschaft. Helmut Bock (1993) spricht im Anschluß an Trotzki vom „bürokratischen Zentralismus".

8 Plastische Beispiele dazu finden sich auf den Seiten 22-24. Vgl. auch Adler 1991: 171. Diese Analyse wird in wesentlichen Punkten bestätigt von der Fallstudie Jörg Roeslers (1993) zur Entwicklung von numerisch gesteuerten Werkzeugmaschinen in der DDR.

tronik nachzuweisen ist, galt tendenziell für das gesamte Wirtschaftssystem: „Es entwickelte sich faktisch eine Zerlegung der Gesamtwirtschaft in einzelne, gegeneinander abgeschlossene Reproduktionskreisläufe" (22).[9]

Aber nicht nur die offizielle Industrie- und Wirtschaftspolitik beförderten segmentäre Strukturen. Durch den notorischen Mangel an Gütern und Dienstleistungen entwickelte sich eine ausgeprägte Schattenwirtschaft: An die offiziellen Wirtschaftsstrukturen lagerten sich inoffizielle Strukturen der Umverteilung und Versorgung an (Lepsius 1994: 21; Srubar 1991: 421f.).[10] Diese hatten kurzfristig durchaus auch positive Effekte für Organisation und Logistik der Betriebe, indem Steuerungsmängel der Planungsbürokratie unterlaufen und die Ressourcen-Allokation optimiert wurden.[11] Langfristig wurden dadurch aber auch Modernisierungschancen verspielt: „Die Partikularisierung der Gesellschaft in Kollektive der Umverteilungsnetze [sic!] verleiht dieser Struktur der sozialen Beziehungen einen quasi segmentären Aufbau, der die hierarchische und die arbeitsteilig-funktionale Ordnung unterläuft und sich sozusagen durch diese hindurch fortpflanzt" (Srubar 1991: 428). Hinsichtlich der Ökonomie der DDR können also zwei Ebenen der Segmentierung beschrieben werden: Zum einen die politisch induzierte und staatlich angeordnete segmentäre Organisation industrieller Produktion in Kombinaten, zum anderen die parasitäre Anlagerung informeller Netzwerke an die offiziellen Strukturen. Aber auch im Bereich der Öffentlichkeit kann eine solche Tendenz konstatiert werden. Neben der offiziell inszenierten Öffentlichkeit entwickelte sich ein separater Diskurs, in dem in Prozessen kommunikativer Verständigung politische Willensbildung wie auch rudimentäre Formen der Legitimation der Herrschaft bzw. auch die Infragestellung derselben entwickelt werden konnten.

Dieses Auseinanderfallen von offiziellen und informellen Strukturen wird in der Forschungsliteratur unter ganz unterschiedlichen oppositionellen Termini gefaßt. Die Gegensatzpaare offizielle „Öffentlichkeit" und „Privatheit" (Lepsius 1994: 29), sozialistische Ökonomie und Schattenwirtschaft (Srubar 1991: 421), inszenierte Öffentlichkeit und Gegenöffentlichkeit, „informelle Netze" und „offizielle Gesellschaft" sowie „öffentliche Kommunikation" und „Ersatzkommunikation" (Pollack 1993: 47) referieren jeweils auf diese duale Struktur. Ihr semantischer Gehalt repräsentiert die Gespaltenheit der DDR-Gesellschaft. Zum einen gab es den vorherr-

---

9 Voskamp/Wittke 1991: 22. Diese verheerenden industriepolitischen Fehlentscheidungen basieren jedoch nicht ausschließlich auf mangelnder Handlungskompetenz. Es fehlte auch das wissenschaftlich-analytische Instrumentarium, um die Fehlentwicklungen zu erfassen. (Meuschel: 1991: 21; Edeling 1992)

10 Siehe dazu ausführlich Kornai 1980.

11 Detlef Pollack (1993: 48) weist in anderem Zusammenhang auf die Bedeutung informeller Netzwerke hin: „Die Einrichtung informeller Netze war ein wichtiges Mittel, um die Funktions- und Kommunikationsdefizite der offiziellen Gesellschaft zu kompensieren."

schenden Bereich, der zentral von der Staatspartei gelenkt wurde. In ihm wurde versucht, die Gesellschaft vor allem mit dem Medium »Macht« zu lenken. Der Code „sozialistisch/nicht-sozialistisch" diente dazu, alle Bereiche der Gesellschaft, auch die des Privaten, zu erfassen und zu regulieren (Pollack 1993.: 45f.; 1994a: 64; 1990a: 296). Da die Regelung der Gesellschaft nach diesem zentralen Steuerungscode sehr ineffektiv war bzw. nur mit hohem Repressionsdruck aufrechterhalten werden konnte, entstanden immer weitere Bereiche, die nicht mehr mit Hilfe generalisierter Medien, sondern im Rahmen sozialer Netzwerke durch das kommunikative Handeln der betroffenen Individuen geregelt wurden. Diese inoffiziellen Netzwerke und Kommunikationszusammenhänge durchzogen weite Bereiche der Gesellschaft. Damit bestätigt sich eine theoretische Annahme Niklas Luhmanns, der für Gesellschaften mit geringem Modernisierungsgrad eine Korrelation von segmentärer Differenzierung und nicht-medialer, nämlich interaktiver, Kommunikation angibt: „Subsysteme können nur segmentär und nur in Form von Interaktionskonzentraten (Familie, Wohngemeinschaften, Siedlungen) gebildet werden" (Luhmann 1991: 576). Dieses Theorem bewährt sich an den „Netzwerken" in den sozialistischen Gesellschaften. Sie haben segmentäre Strukturelemente und sind interaktionsnah gebildet.

Der Riß bzw. Bruch, der auf diese Weise durch die Gesellschaft der DDR ging, kann also anhand der Differenz von medialer und interaktiver Kommunikation reformuliert werden. Zum einen stellt sich die Gesellschaft dar als ein zentral von der SED-Spitze gesteuertes System, das mit einem hochgeneralisierten Medium, dem der »Macht«, gesteuert wird. Zum anderen erscheint die Gesellschaft in anderer Perspektive zugleich als ein segmentiertes Gebilde, dessen einzelne Segmente in informellen Netzwerken überwiegend durch kommunikatives Handeln konstituiert werden. Ist diese Beobachtung richtig, empfiehlt es sich, die Gesellschaft der DDR im Anschluß an Habermas Theorie des kommunikativen Handelns als das Zugleich von »System« und »Lebenswelt« zu rekonstruieren.

Bezogen auf die DDR kann das Gesellschaftsgefüge des „bürokratischen Sozialismus" folgendermaßen beschrieben werden: Begründet durch den ideologischen Herrschaftsanspruch der Partei werden Wirtschaft und Administration - mit den Steuerungsmedien »Geld« und »Macht« - quasi kurzgeschlossen. Die eigentlich über das Medium »Geld« gesteuerte Wirtschaft wird somit dem politischen Imperativ unterworfen, der von der übermächtigen Bürokratie exekutiert wird: „[D]as administrative Handlungssystem [erlangt] auf der Grundlage weitgehend verstaatlichter Produktionsmittel und institutionalisierter Einparteienherrschaft [...] Autonomie gegenüber dem Wirtschaftssystem [...]" (Habermas 1988: 564).[12]

---

12 Im Original in Form eines Konditionalsatzes.

Bereiche der »Lebenswelt« werden in der Folge auf systemintegrative Mechanismen umgepolt, das heißt, die »Lebenswelt« soll als Bereich der Politik über das Universalmedium »Macht« gesteuert werden. Die kommunikativen Bereiche der »Lebenswelt« werden ersetzt durch „die *Vorspiegelung kommunikativer Beziehungen* in den bürokratisch ausgetrockneten, zwanghaft humanisierten Bereichen eines pseudo-politischen Verkehrs" (567).[13] Die Imperative des Systems drangen so in die »Lebenswelt« ein und ersetzten die Prozesse kommunikativer Verständigung. Habermas spricht von der „Kolonialisierung" der Lebenswelt (293). „Indem das System als Lebenswelt drapiert wird, wird diese vom System aufgesogen" (567). Innerhalb dieser Gesellschaftskonstruktion gab es kein Forum, auf dem in kommunikativen Verständigungsprozessen Probleme angezeigt, Spannungen ausgetragen und Konflikte gelöst hätten werden können: Kommunikation wurde in der Öffentlichkeit nur als inszenierte Kommunikation zugelassen (zum Verlust der Öffentlichkeit vgl. Kühnel u. a. 1991: 372ff.). Der einzige Raum, in dem wirkliche Kommunikation möglich war, war der Bereich der evangelischen Kirchen.[14] In ihnen konnte sich kommunikatives Handeln entfalten, sich zu Prozessen kommunikativer Verständigung entwickeln und zu Diskursen aggregieren. In dieser Hinsicht war die Kirche strukturell Teil der »Lebenswelt« und partizipierte an der gesellschaftlichen Dichotomie zwischen »System« und »Lebenswelt«. Da in dieser Funktion für die Kirche die strukturellen Bedingungen der Möglichkeit zur Opposition erfüllt waren, stand sie in einem strukturellen Gegensatz zu den Prozessen auf der Systemebene, die in Form von Kolonialisierungsprozessen mit den Imperativen offiziell inszenierter Kommunikation in die »Lebenswelt« eindrangen. Man könnte auch sagen, indem die Kirchen den Code »sozialistisch/nicht-sozialistisch« ablehnten, standen sie notwendigerweise im Widerspruch zu dem ideologisch motivierten Versuch, die gesamte Kommunikation der »Lebenswelt« auf diesen Code, der als generalisiertes Medium systemische Relevanz hatte, umzustellen.[15]

Der Protestantismus insgesamt hatte innerhalb der Gesellschaft jedoch auch den Charakter eines segmentär differenzierten Subsystem.[16] Dieses Segment verfügte

---

13 Kursivierung im Original.

14 Auf Grund ihrer insgesamt geringen Bedeutung in der DDR und bei der gesellschaftlichen Transformation werde ich die römisch-katholische Kirche völlig außer acht lassen. Das soll nicht heißen, daß nicht in Einzelfällen auch aus dem katholischen Bereich bemerkenswerte Initiativen und Beiträge zur Wende kamen. Siehe dazu Pilvousek 1993.

15 Die prinzipielle Unmöglichkeit des Sich-Einlassens auf diesen Code ist theologisch begründet. Siehe dazu Härle 1990.

16 Hier soll keine prinzipielle Identität von Religionssystem und Kirchenorganisation behauptet werden. Im Rahmen des konkreten Beispiels jedoch ist der Protestantismus so dominant und außerchristliche Religiosität tritt kaum auf, daß diese Vereinfachung aus Gründen der Anschaulichkeit in Kauf genommen wird.

weitgehend über eigene Mittel der materiellen Reproduktion, über ein eigenes Programm, nämlich die Verkündigung des Reiches Gottes, und über ein eigenes generalisiertes Kommunikationsmedium, den Glauben. Darüber hinaus aber, und das manifestiert die Segmentarität, wurden im Subsystem Religion Funktionen des politischen Systems übernommen: Interessen wurden artikuliert, Mißstände angemahnt und als Prozesse kommunikativer Verständigung in politische Diskurse überführt. Die alternativen Gruppen unter dem Dach der Kirche, die kirchlichen Veranstaltungen, insbesondere Kirchentage und Synoden, wurden so zu Foren politischer Willensbildung, auf denen über normative Kriterien der Gesellschaft und die Legitimität der Herrschaft kommuniziert wurde: „Die öffentliche Kommunikation war in der DDR tiefgreifend gestört. Kirchliche Räume wurden deshalb immer wieder zum Diskussionsort für Probleme, die normalerweise in Parlamenten, Bürgerversammlungen und Parteien zur Sprache kommen"(Alisch 1990: 142). Damit übernahm die Kirche aber nicht nur die Funktion einer Gegenöffentlichkeit, sondern wurde geradezu zu einem komplementären Gegenstück des politischen Subsystems. In der Kirche wurden Möglichkeiten zur Partizipation geboten, gegen die sich das offizielle politische System immunisiert hatte.[17] Damit hatte sie aber den lebensweltlichen Kontext überschritten und operierte auch unter den Aspekten systemischer Funktion und Kommunikation. Für die Kirche in ihrer institutionellen Form bedeutete dies, daß sie im Übergangsbereich zwischen »System« und »Lebenswelt« angesiedelt war: „Die Kirche stand, so könnte man das entwickelte Gesellschaftsmodell ergänzen, genau auf der Bruchlinie zwischen Führung und Bevölkerung, zwischen offiziellem System und informellen Strukturen" (Pollack 1993: 48).[18]

In doppelter Weise wurde also die Rolle der evangelischen Kirchen in der DDR von den durch die politischen Vorgaben der SED geschaffenen gesellschaftlichen Strukturen determiniert: Zum einen wurden sie, durch die segmentäre Differenzierung bedingt, als Orte des öffentlichen Diskurses im eigentlichen Sinne »Öffentlichkeit« und damit Teil des politischen Teilsystems des Gesellschaftssystems. Zum anderen wurden sie zur zentralen Institution kommunikativer Verständigung in der »Lebenswelt«, in der sich Diskurse aggregieren und teilweise gesellschaftlich relevant werden konnten. Zwei weitere Faktoren waren jedoch für die Ausfüllung dieser zugeschriebenen Rolle unerläßlich: Die evangelischen Kirchen mußten einerseits ihre inhaltliche Unabhängigkeit gegenüber dem SED-Regime wahren, andererseits waren sie auf externe Ressourcen angewiesen, die eine gewisse Independenz in

---

17 Vgl. zum Erfordernis der Partizipation Krisch 1988: 9f.

18 Pollack bezieht diese Differenz zwischen offiziellem System und informellen Strukturen allerdings nicht auf die Differenz von »System« und »Lebenswelt«, sondern erklärt dies durch die Unterscheidung verschiedener Ebenen gesellschaftlicher Kommunikation.

Hinsicht auf die alle gesellschaftlichen Ressourcen verwaltende SED trotz der massiven Mitgliederverluste im Laufe der 50er und 60er Jahre ermöglichten.

Durch die Erfahrungen der Bekennenden Kirche im Nationalsozialismus begründet und manifestiert in der Barmer Theologischen Erklärung, verfügten die acht Landes- und Provinzialkirchen in der DDR über ein theologisches Programm, das von vornherein staatliche Eingriffe in innerkirchliche Angelegenheiten nicht nur ablehnte, sondern gegebenenfalls auch eine aktive Abwehr begründete (Noack 1993: 100ff.).[19] War damit die programmatische Grundlage für die Wahrung der Unabhängigkeit gegeben, so war es neben dem kirchlichen Grundbesitz und den Kirchensteuern vor allem die Unterstützung aus den westlichen Landeskirchen der Evangelischen Kirche in Deutschland (EKiD), die auch nach der organisatorischen Verselbständigung der ostdeutschen Kirchen eine relative Unabhängigkeit der Kirchen in der DDR zumindest in materieller Hinsicht sicherstellten.[20] Neben den Strukturen des Gesellschaftsaufbaus waren es also vor allem auch die an die Erfahrungen der Bekennenden Kirche anknüpfenden theologischen Orientierungen und nicht zuletzt die materielle Unterstützung aus dem Westen, welche die besondere soziologische Rolle der evangelischen Kirchen in der DDR trotz des zunehmenden Minorisierungsprozesses begründeten. Inwiefern der DDR-Protestantismus aus dieser Sonderrolle Kapital schlug und willens war, sie für gesellschaftliche Aktivitäten zu nutzen, soll in dem folgenden Gedankengang bedacht werden.

2. »Kirche für andere« - Kontextuelle Theologie in der sozialistischen Gesellschaft der DDR

Anfang der 70er Jahre hatte sich für die evangelischen Kirchen in der DDR die Situation gegenüber der unmittelbaren Nachkriegszeit grundlegend geändert. Schon in den 50er Jahren setzte auf Grund der massiven antikirchlichen Propaganda und Maßnahmen des SED-Staates ein erheblicher Mitgliederverlust ein, der langfristig die volkskirchlichen Strukturen in Frage stellte. Der allgemeine Prozeß der Säkularisierung, der in allen Industrieländern zu beobachten war, führte in der DDR unter staatlichem Druck rasch zu einer Minorisierung des Protestantismus (Pollack 1994: 271ff.). Darüber hinaus war die Mitarbeit in den Gremien der EKiD nach dem Mauerbau 1961 faktisch unmöglich geworden, und nach der Gründung des Bundes der Evangelischen Kirchen in der DDR (BEK) stellten die acht ostdeutschen Lan-

---

19 An dem Befund der organisatorischen und inhaltlichen Unabhängigkeit vermögen auch einzelne, wenn auch spektakuläre, Stasi-Fälle nicht zu rütteln (vgl. dazu Vollnhals 1993).
20 Zu den Hilfeleistungen vgl. z. B. Witte 1993.

des- und Provinzialkirchen ihre Mitarbeit in der EKiD ein. Doch auch die Gesellschaft der DDR hatte sich verändert. Zwar hinkte die wirtschaftliche Entwicklung dem Westen stets hinterher, aber auch die DDR war auf dem Weg zu einer modernen Industriegesellschaft mit den entsprechenden sozialstrukturellen Veränderungen. Diese grundlegend neue Situation mußte auch von den evangelischen Kirchen verarbeitet werden. Angeregt durch die ökumenische Diskussion um das Konzept der »Missionarischen Gemeinde« begann der BEK Anfang der 70er Jahre den Prozeß einer theologisch-programmatischen Standortbestimmung in der sozialistischen Gesellschaft der DDR. *Formal* fand diese Ortsbestimmung ihren Niederschlag in der Formel »Kirche im Sozialismus«, *inhaltlich* wurde im Anschluß an Bonhoeffer das Konzept der »Kirche für andere« entwickelt: „Deshalb ist die Formel ‘Kirche im Sozialismus’ stets im Zusammenhang mit einer anderen Formel zu sehen: mit der theologischen Auftragsbestimmung, ‘Kirche für andere’ zu sein, für die Gesellschaft und den Menschen da zu sein“ (Pollack 1993: 53).

Neben der Bundessynode 1971 war es vor allem der Ausschuß „Kirche und Gesellschaft“ des BEK, der in dieser Hinsicht wertvolle Vorarbeiten leistete.[21] Schließlich aber war es die dritte Tagung der ersten Synode des BEK 1972 in Dresden, die nicht nur für die Ausformung der ekklesiologischen wie sozialethischen Formel der »Kirche für andere« weitere Impulse bringen sollte, sondern von der auch eine weitere Klärung des Verhältnisses von Staat und Kirche erwartet wurde.

Im theologischen Hauptreferat der Dresdener Synode „Christus befreit - darum Kirche für andere“ entfaltete Heino Falcke das paulinische Motiv der Befreiung der Menschen durch Christus. Die in Christus begründete Freiheit sei immer Freiheit in Gemeinschaft, die sich erst in einem „Dasein für andere“ realisiere. Falcke führt im weiteren aus, daß in der Botschaft von der Auferstehung des Gekreuzigten die Hoffnung auf eine *verbesserliche Welt* und eine *verbesserliche Kirche* begründet sei. Für die konkrete Situation in der DDR hält er fest, daß der Glauben zwar nur aus dem Evangelium kommen könne, aber er sei auch nur Glaube, wenn er in das „Dasein für andere“ mündet und so sozialethische Verantwortung im gesellschaftlichen Handeln übernimmt. Um diesem Auftrag nachkommen zu können, fordert Falcke eine Situationserkundung ein, zu der er den Auftrag im Evangelium für gegeben sieht: Die „geschichtliche Dynamik des Evangeliums will uns aufschließen für unsere Situation. Sie macht lernbereit und führt in die Aufgabe der Situationserkundung“ (Falcke 1972: 223). Den Zusammenhang von Wort und gesellschaftlicher Situation sieht er als konstitutiv für die Wirkung des Evangeliums als Befreiung an: „Nur wenn wir uns auf unsere gesellschaftliche Situation wirklich einlassen, werden wir die befreiende Kraft des Wortes erfahren“ (ebd.). Dieses Einlassen erfordert seines Erachtens eine Situationserkundung, die sich notwendigerweise auch empiri-

---

21 Zur Entwicklung im einzelnen vgl. Haspel 1995: 95-118; 1994.

scher Instrumentarien wie die der Soziologie und Psychologie, bedienen muß. Die so erfolgte Situationserkundung sei notwendige Voraussetzung für die Veränderung der Situation, die durch das Evangelium intendiert sei: „Das Wort Jesu Christi will aber die Situation nicht nur deuten, sondern verändern" (224).[22] Durch diesen theologischen Neuansatz Falckes wird das theologische Denken auf die gesellschaftliche Situation reflexiv und zielt notwendig auf gesellschaftliches Handeln der Kirche ab.

Begründet im theologischen Motiv der »Sendung« konkretisiert Falcke sein Konzept der mündigen Mitarbeit in der sozialistischen Gesellschaft als eine Befreiung aus verabsolutierten Alternativen: „Christus befreit aus der lähmenden Alternative zwischen prinzipieller Antistellung und unkritischem Sich-Vereinnahmenlassen zu konkret unterscheidender Mitarbeit" (226). Der Vorbehalt eines Rechtes zur Kritik ist aber eingebettet in ein prinzipielles Ja zur intendierten sozialistischen Gesellschaftsordnung: „So werden sich Christen überall engagieren, wo es gilt, die sozialistische Gesellschaft als gerechtere Form des Zusammenlebens aufzubauen und in ihren Wirtschafts- und Gesellschaftsstrukturen dem Menschen zu dienen" (227).[23] Denn auch hinsichtlich der sozialistischen Gesellschaftsordnung der DDR gilt die eschatologisch begründete Hoffnung: „Unter der Verheißung Christi werden wir unsere Gesellschaft nicht loslassen mit der engagierten Hoffnung eines *verbesserlichen Sozialismus*" (ebd.).[24] Im Anschluß an diese Analyse der Bedingungen der Möglichkeit für kirchliches Engagement in der sozialistischen Gesellschaft zeigt der Gnadauer Rektor konkrete Optionen für die Kirchen auf. An erster Stelle steht die Forderung, die Kirche müsse Partei nehmen für die Notleidenden und Unterdrückten. Des weiteren weist Falcke auf die Notwendigkeit der Informationsvermittlung hin. Darüber hinaus könne die Kirche als Institution exemplarisch ein Ort für personale Kommunikation werden, ja Kirche könne, so der Referent, ein Forum für kritische Öffentlichkeit sein (227ff.).

Die staatlichen Repräsentanten waren von dem Referat Falckes wenig angetan. Sie sahen in seiner Formulierung vom „verbesserlichen Sozialismus" einen Eingriff in ihr weltanschauliches Definitionsmonopol und verurteilten die Position Falckes als „Sozialdemokratismus" und „Revisionismus".[25] Obwohl das Referat auf Grund

---

22 Diese Formulierung ist natürlich eine bewußte Allusion auf Marx' elfte These über Feuerbach: „Die Philosophen haben die Welt nur verschieden *interpretiert*, es kommt drauf an, sie zu *verändern*." (MEW III, 7). Kursivierungen im Original.

23 Im „Brief aus Lehnin" (1968: 181), wird der Sozialismus „als eine Gestalt gerechteren Zusammenlebens" bezeichnet.

24 Kursivierung M. H.

25 In den Akten der Arbeitsgruppe Kirchenfragen beim ZK der SED finden sich dazu mehrere Dokumente: Zur Einschätzung der Führungskräfte in der evangelischen Kirche und den sich daraus ergebenden Schlußfolgerungen, 1972-1973, 1976-1977, 9/Bl. 35; Infor-

des staatlichen Drucks nicht veröffentlicht werden durfte, wurde es innerkirchlich verbreitet.[26] Indem die Konferenz der Evangelischen Kirchenleitungen in der DDR (KKL) dann im Januar 1973 das „Profilpapier"[27] des Ausschusses „Kirche und Gesellschaft", das starke Parallelen aufweist und an dem Falcke wesentlich beteiligt war, zur Diskussion freigab, wurde die Position Falckes gestärkt und nochmals deutlich gemacht, daß die Kirche zwar bereit war, sich auf die sozialistische Gesellschaft einzulassen, aber andererseits im konkreten Einzelfall ihre Kritik anmelden würde. Wurde auf der *formellen* Ebene noch Rücksicht auf die staatlichen Bedenken genommen, um eine Eskalation der Konfrontation zu vermeiden, so wurde das Referat Falckes *inhaltlich* wesentlicher Teil „des theologischen Grundbestand[s] des Kirchenbundes" (Schönherr 1986: 9).[28]

Mit diesem vielbeachteten Referat ist Heino Falcke nicht nur ein konzeptioneller Beitrag zur Ortsbestimmung einer »Kirche im Sozialismus« als »Kirche für andere« gelungen, sondern er hat damit ein Fundament für das gesellschaftliche Engagement der evangelischen Kirchen in der DDR in den 70er und 80er Jahren gelegt. Die Forderung nach einem Annehmen der gegebenen Situation und nach einer kritischen Auseinandersetzung mit ihr wurde in den folgenden Jahren von Gemeinden, Synoden und Kirchenleitungen zunehmend wahrgenommen und hat in vielen Synodenbeschlüssen zu Themen wie Frieden und Gerechtigkeit ihren Ausdruck gefunden. Ihren Charakter als kritische Öffentlichkeit haben die evangelischen Gemeinden und Kirchen nicht zuletzt dadurch gewonnen, daß sie die sozialethischen und politisch alternativen Gruppen als Teil der Kirche akzeptierten bzw. ihnen den Raum der Kirche öffneten. Dies läßt sich exemplarisch an der Entwicklung der

---

mation über den Verlauf und die Ergebnisse der 4. Tagung der Synode des Bundes der Evangelischen Kirchen in der DDR (vom 5.7.1972), 1972-1974, 2/Bl. 11. In einer Stellungnahme des Staatssekretariats für Kirchenfragen wird diese Einschätzung noch fünf Jahre nach der Synode für erwähnenswert gehalten. Vgl. Staatssekretär für Kirchenfragen, 1972, 1977, 8/Bl. 26. Siehe dazu auch Mau 1994.

26 Der Thüringer Oberkirchenrat Lotz versuchte, eine Verbreitung auch innerkirchlich zu verhindern (Lotz 1972). Lotz wurde inzwischen als Stasi-IM „Karl" entlarvt. Vgl. Vollnhals 1993; Besier/Wolf 1992: 922f.

27 Vgl. Zeugnis und Dienst der evangelischen Kirche und Christen in der sozialistischen Gesellschaft der DDR (Profilpapier). Die redaktionell überarbeitete und von der KKL innerkirchlich freigegebene Fassung ist jetzt erstmals veröffentlicht in: Demke 1994. Diese Textfassung weist gegenüber der Version des Ausschusses vor allem Umstellungen, sprachliche Glättungen, aber auch einige Abschwächungen hinsichtlich der kritischen Aussagen in bezug auf den SED-Staat auf. Im theologischen Teil wurden nicht nur Umstellungen, sondern auch inhaltliche Veränderungen vorgenommen.

28 Die Bedeutung von Falckes Vortrag stellt auch heraus: Friebel 1992: 338.

Friedensbewegung und friedensethischer Positionen der evangelischen Kirchen verfolgen.

3. Die Entwicklung der Friedensbewegung im Raum der Kirchen

Die *theologisch* begründete Entscheidung des BEK, die DDR prinzipiell als Staat mit einem sozialistischem Gesellschaftsmodell anzuerkennen und in dieser Gesellschaft als Kirche und Christen Verantwortung zu übernehmen, implizierte notwendigerweise eine kritische Begleitung der öffentlichen Angelegenheiten und ein kritisches Engagement der Kirchen im gesellschaftsdiakonischen Bereich. Die Rede vom *verbesserlichen* Sozialismus stellte die DDR-Gesellschaft, wie jede andere Gesellschaft, unter den Zuspruch aber auch den Anspruch Gottes. Dies implizierte für die Kirchen nicht nur die Notwendigkeit von sozialethischen Stellungnahmen, sondern auch die Notwendigkeit zu *kritischer* sozialethischer Reflexion, in der gesellschaftliche Wirklichkeit an dem aus dem Evangelium folgenden Kriterium der Lebensförderlichkeit gemessen wird.[29] Gerade im Hinblick auf die Friedensthematik wurde das von den evangelischen Kirchen früh und deutlich praktiziert.

Im Anschluß an das „Friedenswort" der Synode in Berlin-Weißensee aus dem Jahre 1950 hatte die EKiD im weiteren Verlauf der 50er Jahre schon den Versuch unternommen, auch bei der DDR-Regierung eine Verfassungsgarantie für das Recht auf Kriegsdienstverweigerung einzufordern. Diese Bemühungen blieben zunächst erfolglos, wurden aber Anfang der 60er Jahre nochmals verstärkt, als in der DDR die allgemeine Wehrpflicht eingeführt werden sollte. Schon im Jahre 1961 reagierte die Kirchenleitung von Berlin-Brandenburg auf die verschärfte Werbung für die NVA unter den Jugendlichen vor allem von Seiten der FDJ. Als 1962 dann die allgemeine Wehrpflicht eingeführt wurde, drängten die evangelischen Kirchen in der DDR in einem Spitzengespräch auf die Ermöglichung der Verweigerung des Wehrdienstes aus Gewissensgründen. Diese Forderung taucht auch unisono in den beiden theologischen Grundsatzpapieren des Jahres 1963 wieder auf: Sowohl die „Zehn Artikel" der KKL als auch die „Sieben Sätze" fordern den gesetzlichen Schutz der Kriegsdienstverweigerer.[30] Dem entsprach die Regierung der DDR jedoch nicht. Die Einführung des Dienstes in waffenlosen Baueinheiten 1964 war keine hinreichende Lösung des Problems, denn die „Bausoldaten" blieben unter militärischer Befehlsgewalt und wurden auch im Rahmen militärischer Projekte

---

29 Zum Kriterium der »Lebensförderlichkeit« vgl. Keil 1966a: 35, 182f., 207; 1966b.
30 Vgl. Zehn Artikel über Freiheit und Dienst der Kirche 1963; Von der Freiheit der Kirche zum Dienen 1963.

eingesetzt. Deshalb gab es neben den Wehrdienstverweigerern, die einen waffenlosen, aber gleichwohl militärischen Dienst in den Baueinheiten absolvierten, eine nicht unerhebliche Zahl von Totalverweigerern. Sowohl Bausoldaten als auch Totalverweigerer kamen zum großen Teil aus dem Bereich der evangelischen Kirche. Sie schlossen sich zu den ersten pazifistischen Gruppen im Raum der Kirche, insbesondere in den Studentengemeinden, zusammen. Hier kann eine der Wurzeln der späteren Friedensbewegung ausgemacht werden (Mechtenberg 1982: 356ff.; Franke 1994: 14ff.; Zander 1989: 247f.). Die evangelische Kirche nahm sich dieses Problems in Form einer Stellungnahme der KKL an. In der Verlautbarung „Zum Friedensdienst der Kirche - eine Handreichung für Seelsorge an Wehrpflichtigen" vom 11. November 1965 wurde nicht nur die Entscheidung der Kriegsdienstverweigerer als ein „deutlicheres Zeugnis des gegenwärtigen Friedensgebots unseres Herrn" angesehen (KJ 93 1966: 256), sondern die individualethische Dimension überschritten und der Friedensdienst als gesellschaftliche Aufgabe begriffen. Damit gerieten die Kirchen in einen gewissen Widerspruch zur offiziellen „Friedenspolitik" der DDR. Sie waren gezwungen, wollten sie eine offene Konfrontation vermeiden, in Form eines Nachtrags Konzessionen zu machen. Ihre eigenständige friedensethische Position wurde dadurch allerdings nicht beeinträchtigt, wie im Zusammenhang der Auseinandersetzungen um die Einführung des Wehrkundeunterrichts noch deutlich werden wird. Die evangelischen Kirchen in der DDR sind auch nie Glieder der staatsnahen Prager Christlichen Friedenskonferenz geworden (Mechtenberg 1982: 364f., 375ff.).

Die friedensethische Arbeit wurde nach seiner Gründung im BEK von Anfang an auch institutionell verankert. Eine 1969 im Rahmen der Evangelischen Kirche der Union (EKU) entstandene Arbeitsstelle für Friedensforschung wurde in das Sekretariat des Bundes übernommen und 1974 als Studienreferat Friedensfragen, das vom Facharbeitskreis Friedensfragen des Ausschusses „Kirche und Gesellschaft" getragen wurde, in die Theologische Studienabteilung integriert. Durch diese Maßnahme war die Kontinuität und Qualität der Arbeit der evangelischen Kirchen im Themenbereich Frieden gesichert.

Als 1978 deutlich wurde, daß die SED eine weitere Militarisierung der Gesellschaft intendierte und das Fach „Sozialistische Wehrerziehung" verbindlich in den neunten und zehnten Klassen der allgemeinbildenden polytechnischen Oberschulen einführte, entfaltete die Kirche eine breite friedensethische Initiative und setzte damit gegenüber der staatlichen Definition der Friedenspolitik deutliche eigene Akzente. Bereits am 14. Juni 1978 wandte sich die KKL nicht nur mit der Bitte an die Regierung, Gewissensschutz für die Nichtteilnahme am Wehrkundeunterricht zu garantieren, sondern sie wandte sich mit einer „Anrede" und „Orientierungshilfe" auch an die Gemeinden. In diesen Dokumenten wurde zunächst die christliche Verantwortung für den Friedens- und Versöhnungsdienst herausgestellt, um so das

Vorgehen der Kirchenleitung gegen die geplante Einführung der Wehrerziehung zu begründen. Schließlich wird für den Bereich der Kirchen eine konsequente Friedenserziehung gefordert, um so auch nach außen glaubwürdig zu sein. Dem folgte noch im selben Jahr ein Studien- und Aktionsprogramm „Erziehung zum Frieden" sowie eine weitere Handreichung im folgenden Jahr unter dem Titel „Was macht uns sicher?". Die Auseinandersetzung erfolgte nicht mehr nur mit dem Wehrkundeunterricht, sondern prinzipiell mit der Sicherheitspolitik der beiden politischen Blökke und vor allem mit der geplanten Stationierung atomarer Mittelstreckenraketen der Großmächte in beiden deutschen Staaten. Der sowjetische Einmarsch in Afghanistan sorgte zusätzlich für eine erhöhte Brisanz des Themas Friedenspolitik (Mechtenberg 1982: 366ff.; Franke 1994: 18f.; Zander 1989: 252ff.). Erstmals gemeinsam mit der EKiD wurde 1979 ein „Wort zum Frieden" anläßlich des 40. Jahrestages des Beginns des Zweiten Weltkrieges verfaßt (vgl. Wort zum Frieden 1989), dem ab 1980 in Ost und West abgehaltene Bittgottesdienste für den Frieden in der Welt folgten (Zander 1989: 265; In besonderer Gemeinschaft 1989 : 25ff.). Daran schlossen sich in den folgenden Jahren regelmäßig friedensethische Stellungnahmen der beiden Kirchenbünde an. Für die Friedensaktivitäten des BEK wurde schließlich ein Rahmenkonzept „Erziehung zum Frieden" erarbeitet, das 1980 auch von der KKL angenommen und der Synode zur Kenntnis gebracht wurde (Rahmenkonzept „Erziehung zum Frieden" 1981). Aus diesen vielfältigen Vorarbeiten entstanden die Friedensdekaden, die zuerst 1980 unter dem Motto „Frieden schaffen ohne Waffen" DDR-weit stattfanden und später gemeinsam mit der EKiD durchgeführt wurden. Damit hatten die evangelischen Kirchen ihre friedensethische Position deutlich gemacht. Dies wurde dann grundlegend auf der Hallenser Tagung der Bundessynode im Jahr 1982 manifestiert: Der Beschluß der Synode zu Friedensfragen machte sich explizit die „Absage an Geist und Logik der Abschreckung" zu eigen und befürwortete die Friedensdekaden (Mechtenberg 1982: 379ff.; Franke 1994: 255ff.; Israel 1991: 201ff.).

Daß die Kirchen dabei zunächst den offenen Konflikt mit dem Staat vermieden haben, indem sie den Dissens immer unterhalb der prinzipiellen ideologischen Auseinandersetzung hielten, tut der Prägnanz ihrer Position keinen Abbruch und eröffnete für sie selbst, aber auch für die wachsende Friedensbewegung erhebliche Spielräume. Entscheidend war jedoch, daß die Kirche diese Friedensethik nicht etwa in einem innerkirchlichen Ghetto einforderte, sondern in die Gesellschaft hineinwirkte und sich für die Friedensbewegung öffnete.

Schon im Laufe der 70er Jahre hatten sich aus den Verweigerergruppen in der Kirche zahlreiche Friedensgruppen gebildet. Hinzu kamen etliche Intellektuelle, die in der ideologisch verschärften Situation nach der Ausweisung Biermanns im Jahre 1976 in den Raum der Kirche einwanderten. Ende der 70er, im Übergang zu den 80er Jahren gab es also schon eine Friedensbewegung, die über den engen Bereich der evangelischen Kirche hinausreichte, zunächst aber noch im Raum der Kirche aktiv war. Bereits seit Mai 1981 wandte sich die Initiativgruppe „Sozialer Friedensdienst" mit ihrem Anliegen und einem entsprechenden Aufruf an die kirchliche Öffentlichkeit.[31] Über 5.000 Unterzeichner baten die Synoden um Unterstützung ihrer Initiative, durch die Einführung eines sozialen Friedensdienstes eine echte Alternative zum Wehrdienst zu schaffen. Ohne sich den Aufruf in Form eines Synodalbeschlusses selbst zu eigen zu machen, leitete ihn die Güstrower Bundessynode, nachdem sich auch alle acht Landessynoden positiv geäußert hatten, an die staatlichen Stellen weiter, die jedoch deutlich machten, daß ihrerseits an dieser Stelle keine Gesprächsbereitschaft zu erwarten sei. Im selben Jahr sorgte der im Rahmen der Friedensdekade als Arbeitsmaterial verteilte Aufnäher „Schwerter zu Pflugscharen" für weitere Konflikte mit dem Staat. Obwohl das Symbol des Badges eine von der Sowjetunion der UNO gestiftete Skulptur abbildete, in der die Vision von Micha 4,3 plastischen Ausdruck in Form der Darstellung eines Schmiedes, der ein Schwert in eine Pflugschar umschmiedet, gefunden hat, wurde das Tragen des Aufnähers 1982 staatlicherseits verboten, weil man dahinter die Gefahr der Verbreitung kritischer („feindlicher") Einstellungen befürchtete (Mechtenberg 1982: 387ff.; Franke 1994: 21; Zander 1989: 250ff.; Ramet 1987: 85ff.). 1982 spitzte sich der Konflikt mit dem Staat weiter zu, gleichzeitig wurde aber auch die zunehmende Eigenständigkeit der Friedensgruppen deutlich. Beim „Berliner Appell" einer Gruppe um Rainer Eppelmann, der nicht nur die Friedenspolitik der SED kritisierte, sondern darüber hinaus grundsätzliche gesellschaftliche Veränderungen forderte, wurde deutlich, daß die Kirchenleitungen nicht bereit waren, eine offen oppositionelle Haltung einzunehmen. Sie rieten von einer Unterzeichnung ab und versuchten, in Gesprächen Einfluß auf die Initiativgruppe zu nehmen. Zur gleichen Zeit war die Kirche aber bereit, den Friedensgruppen als Schutzraum zu dienen. Bei einer im selben Jahr in Dresden anberaumten Veranstaltung zum Jahrestag der Zerstörung Dresdens am 13. Februar stellte Landesbischof Hempel ca. 5.000 zumeist jugendlichen Bürgern die Kreuzkirche für ein „Friedensforum" zur Verfügung. Auf diese Weise konnte das Eingreifen der Sicherheitskräfte verhindert werden.

Die weitere Entwicklung der unabhängigen Friedensbewegung in der DDR kann hier nicht im einzelnen dargestellt werden. Es kann jedoch festgehalten werden, daß die evangelische Kirche in der DDR trotz eines gewissen Arrangements mit der SED-Regierung, das im Gespräch vom 6. März 1978 seinen Ausdruck gefunden hat (Kirche als Lerngemeinschaft: 211ff.), eine eigenständige friedensethische Position entwickelt und vertreten hat. Dabei hat sie versucht, unter der Schwelle der offenen ideologischen Konfrontation mit den Machthabern zu bleiben, aber gleichzeitig ihre Kritik an essentiellen Punkten deutlich zur Sprache gebracht. Dafür steht exempla-

---

31 Vgl. den Beitrag von Josef Schmid in diesem Band.

risch das entschiedene Vorgehen gegen den Wehrkundeunterricht nur wenige Monate nach dem Spitzengespräch im Jahr 1978. Insofern steckt der Rahmen des 6. März nicht nur einen modus vivendi, sondern viel mehr einen modus operandi ab. Die Kirche hat sich zwar nicht an die Spitze der oppositionellen Friedensgruppen gestellt, ihnen aber gleichwohl einen Schutzraum gewährt, da es inhaltlich immer eine Affinität gab, wohingegen die Strategie different blieb. Als die Friedensgruppen ihre Arbeit in den 80er Jahren zunehmend eigenständiger gestalteten, hat die Kirche sie trotzdem ekklesiologisch als Teil der Kirche verstanden. Auch die thematische Schwerpunktverschiebung hin zu den Fragen der Menschenrechte und der Umwelt wurde von den evangelischen Kirchen mitgetragen. Die »Kirche für andere« hat somit die sozialethischen Themen der Gesellschaft der DDR aufgegriffen und ihnen eigenständig *und* im Dialog mit den Friedensgruppen zur Sprache verholfen.

4. Die Kirchen und die Gruppen

Die in den 80er Jahren sich entwickelnden sozialethisch engagierten Gruppen[32] unterschieden sich grundlegend von den in den 60er Jahren im Rahmen des Konzepts der Missionarischen Gemeinde entstandenen Gruppen in den Kirchengemeinden. Die sozialethisch engagierten Gruppen der 80er Jahre waren eine Reaktion auf die Entwicklung der Industriegesellschaft, und sie traten mit einem programmatischen Anliegen auf den Plan. Es waren neben der politischen Situation in der DDR gerade die *Fehl*entwicklungen der Industriegesellschaft, die Anlaß zum kritischen Engagement der Gruppen gaben (Knabe 1988: 551ff.; 1989: 14ff.). Die Kirchen mußten sich also mit diesem neuen Phänomen auseinandersetzen. Dabei war nicht nur die Ausrichtung an einer bestimmten Thematik neu, sondern auch, daß in den

---

32 Die Bezeichnungen „politisch alternative" (Pollack) und „sozialethische" Gruppen (Findeis, Pollack) sowie der Begriff der „Neuen Sozialen Bewegungen" (Knabe) werden hier promisk verwendet. Das Konzept der „Neuen Sozialen Bewegungen" liefert die Erklärung für die gesellschaftlichen Ursachen der Entstehung der Gruppen. „Politisch alternativ" referiert auf ihre gesellschaftliche Funktion und „sozialethisch" verweist auf die Thematik. Es geht an dieser Stelle nicht um eine soziologisch-empirische Analyse, sondern um eine Darstellung der theologischen Verarbeitung des Auftretens der Gruppen in der Kirche. Pollack wirft den zugrunde liegenden Texten vor, sie würden Deskription und normative Deutung nicht hinreichend voneinander trennen. Die dezidiert theologisch argumentierenden Texte haben diesen analytischen Anspruch aber explizit nicht. Sie wollen theologisch orientieren, indem sie versuchen, die Gruppen ekklesiologisch zu verorten (Pollack 1989: 116-120).

Gruppen oft Nichtchristen mit Christen zusammenarbeiteten, was ein ekklesiologisches Novum konstituierte. Seit 1984 haben sich überörtliche Kirchengremien regelmäßig mit dem Gruppenphänomen auseinandergesetzt (Falcke 1985: 46; Krusche 1988: 58; Neubert 1986: 80).

Es war wiederum Heino Falcke, der die Gruppen emphatisch ekklesiologisch qualifizierte: „Die Sozialgestalt des Bekennens heute könnten die Gruppen sein" (Falcke 1985: 41).[33] Von dieser - explizit als solcher gekennzeichneten - Hypothese ausgehend, spürt er dem theologischen Ort der alternativen Gruppen nach. Die Form der Gruppen stellt für ihn eine mögliche Gestalt christlicher Gemeinde dar. Anknüpfend an seinen oben dargestellten theologischen Neuansatz der »Kirche für andere«, sieht er deren sozialethisches Engagement als konstitutives Element der Kirche an (Falcke 1985: 49ff.; Neubert 1985: 35, 39). Darüber hinaus deutet Falcke die Gruppen in einem weiteren theologischen Horizont: Die Gruppen könnten und sollten für die Gesellschaft und auch die Kirche die Funktion der Stellvertretung übernehmen, wo die Kirche als pluralistische Organisation nicht so entschieden bekennen kann wie die kleinen, homogeneren Gruppen. Auf diese Weise wird die Spannung, die zwischen Gruppen und der Institution Kirche besteht, ekklesiologisch produktiv verarbeitet.[34]

Diese Position zum Verhältnis von Kirche und Gruppen war durchaus optimistisch, oder zumindest von Hoffnung getragen, ohne die möglichen Spannungen zu ignorieren. Als die Spannungen zwischen Kirche und Gruppen in der zweiten Hälfte der 80er Jahre jedoch zunahmen, einzelne Gruppen zunehmend radikaler wurden und der Staat seinen Repressionsdruck auch gegenüber den Kirchen wieder erhöhte, wurden in diesen vermehrt Stimmen laut, die eine deutlichere Abgrenzung von evident nicht-kirchlichen Gruppen forderten (Neubert 1986: 94ff.). Diese zunehmenden Schwierigkeiten sind jedoch in den gesellschaftlichen Kontext einzuordnen: Es war nicht primär das Verhältnis zwischen Kirchen und Gruppen, das sich

---

33 Auch Ehrhart Neubert (1986: 90) sieht in den Gruppen eine Sozialgestalt der Kirche.

34 Die Affinität der Thematik der Gruppen und der christlichen Botschaft sowie die christliche Motivation etlicher Gruppenmitglieder wird bestätigt von Poppe (1988: 67) und Meckel (1994: 51); sowie exemplifiziert bei Neubert (1986: 73-76). Neubert geht in seiner Argumentation noch weiter, indem er nicht theologische Inhalte untersucht, sondern religionssoziologisch nach Phänomenen von Religion fragt. Er sieht in den Gruppen eine spezifische Form von Kontingenzbearbeitung gegeben, die er auf Grund der Verwendung von spezifischen Symbolen als religiös qualifiziert. Ferner sei diese reproduzierte Form von Religion zwar in ihrer Sozialgestalt von volkskirchlichen Ausformungen unterschieden, aber er konstatiert eine „funktionsbedingte[...] Kongruenz traditioneller und reproduzierter Religion" (73). Die Affinität der Gruppen mit der Kirche wird bei ihm also von den beiden gleichermaßen zugrunde liegenden gesellschaftlichen Ursachen ihrer spezifischen Sozialgestalt christlicher Religiosität hergeleitet (54-76).

verschlechterte. Diese Verschlechterung war nur ein Symptom für die sich immer mehr verstärkenden gesellschaftlichen Spannungen, welche nun nicht mehr länger verdeckt gehalten werden konnten. Diese Spannungen manifestierten sich in der Kirche, weil sie in der DDR-Gesellschaft der einzige Raum war, in dem Konflikte zugelassen wurden und ausgetragen werden konnten. Und dies führte dann immer wieder zu den besagten Konflikten zwischen Gemeinden und Gruppen. Die Forderung nach einer Abgrenzung der kirchenleitenden Gremien von den Gruppen, wie sie in verschiedenen Diskussionspapieren erhoben wurde, konnte sich gesamtkirchlich jedoch nicht durchsetzen:[35] In einer im Auftrag des Leitungsgremiums des BEK auf dem Höhepunkt der Spannungen des Jahres 1989 erarbeiteten Stellungnahme findet sich diese Position dann so nicht wieder. Gruppen werden auch in dem Papier „Gesichtspunkte für das Miteinander von Kirche und Gruppen" als legitime, ekklesiologisch begründete Gemeindeform anerkannt. Des weiteren wird gefordert, daß die Kirche sich dem kritischen Anliegen der alternativen Gruppen stellen soll: „In der Kirche muß Raum sein für unbequeme und anstößige Wahrheiten sowie für kritische Haltungen gegenüber [...] Kirche und Gesellschaft. Darum sollte kritischen Meinungen und Stimmen nicht vorschnell Raum verweigert werden" (Konferenz der Evangelischen Kirchenleitungen in der DDR 1989: 93).[36]

Die KKL stellt als inhaltliche Richtschnur den kritischen Anspruch des Evangeliums in das Zentrum ihrer Überlegungen. Diesem Anspruch des Evangeliums sollen sich auch die Gruppen nicht entziehen. Jedoch wird kein demonstratives Bekenntnis gefordert, sondern verlangt, daß „[d]ie von Gruppen verfolgten Ziele [...] der Freiheit des Evangeliums nicht widersprechen [dürfen]" (ebd). Zur Lösung der vor Ort in den Gemeinden auftretenden Probleme empfehlen die Kirchenleitungen, die Zusammenarbeit der Gruppen mit den Gemeindevertretungen einvernehmlich zu regeln und vor allem Verantwortlichkeiten verbindlich festzulegen, wie dies zum Beispiel in Leipzig schon seit dem Vorjahr praktiziert wurde.[37] Damit hat die KKL inmitten der Spannungen des Spätsommers 1989, auf dem Höhepunkt der Krise um die ausreisewilligen DDR-Bürger in der Botschaft der BRD in Budapest und Prag, als noch keinerlei Veränderung in der DDR selbst abzusehen war, klargemacht, daß die evangelische Kirche die Gruppen weiterhin als Teil der Kirche ansieht und ihr

---

35 Das Verhalten vor allem der Kirchenleitungen wird trotzdem von vielen damaligen Gruppenmitgliedern auch noch retrospektiv sehr kritisch beurteilt (Pahnke 1993; Lenski 1993; Findeis 1994).

36 Siehe dazu auch die früheren Stellungnahmen: Evangelische Kirchenleitung Berlin-Brandenburg 1984; Ausschuß Kirche und Gesellschaft des BEK 1989.

37 Vgl. Konferenz der Evangelischen Kirchenleitungen in der DDR 1989: 93f., Brief von Pfarrer Christian Führer an die Friedensgruppen in Leipzig vom 8.12.1988 (Grundsätze, Ablauf/Ordnung, Verfahren der Friedensgebete). Kopie im Archiv M. H.

Anliegen als ihr eigenes begreift und unterstützt, ohne sich allerdings selbst in die Rolle einer politischen Opposition drängen zu lassen.

5. Die Ökumenische Versammlung als alternative Öffentlichkeit

Ende der 80er Jahre nahmen die gesellschaftlichen Spannungen in der DDR stark zu. Der „Riß", der ideologische Vorgaben und gesellschaftliche Realität voneinander trennte, klaffte immer offensichtlicher auseinander. Mit der neuen sowjetischen Politik unter Gorbatschow entstanden Möglichkeiten und Hoffnungen, die sowohl den politisch alternativen Gruppen als auch den evangelischen Kirchen gesellschaftliche Veränderungen in der DDR immer notwendiger erscheinen ließen. Besonders im Rahmen der Ökumenischen Versammlung für Gerechtigkeit, Frieden und Bewahrung der Schöpfung wurden dann offen systemkritische Positionen bezogen.

Auf der 6. Vollversammlung des Ökumenischen Rates der Kirchen (ÖRK) 1983 in Vancouver waren es die Delegierten aus der DDR, welche die Idee eines allgemeinen christlichen Friedenskonzils, das Dietrich Bonhoeffer im Vorfeld des Zweiten Weltkriegs vorgeschlagen hatte, der Versammlung zur Prüfung vorlegten. Daraus entwickelte sich die Einladung des ÖRK zu einem „konziliaren Prozeß gegenseitiger Verpflichtung (Bund) für Gerechtigkeit, Frieden und Bewahrung der ganzen Schöpfung" (Tammer 1991: 113; Krusche 1993: 149ff.; Gemeinsam unterwegs 1989: 264). In der DDR selbst wurde der Prozeß von der Bundessynode begrüßt, und die Kirchenleitungen, Gemeinden und Gruppen wurden dazu aufgerufen, sich an den Vorbereitungen zu beteiligen (Erklärung der Synode des Bundes zur Vorbereitung eines „Konzils des Friedens". 268f.). Schließlich war es der Stadtökumenekreis Dresden, der im Rahmen eines ökumenischen Gedenkgottesdienstes anläßlich des 41. Jahrestages der Zerstörung Dresdens am 13. Februar 1986 die Leitungen der Kirchen in der DDR dazu aufrief, „im Vorfeld einer Weltversammlung eine Ökumenische Versammlung (ÖV) der Christen und Kirchen in der DDR für Gerechtigkeit, Frieden und Bewahrung der Schöpfung einzuberufen" (Tammer 1991: 113). Die Arbeitsgemeinschaft Christlicher Kirchen in der DDR (AGCK) nahm den Vorschlag auf und lud zu der ersten Vollversammlung der Ökumenischen Versammlung zum 13. Februar 1988 nach Dresden ein.[38] Der Plan, im Rahmen des Konziliaren Prozesses auch in der DDR eine Ökumenische Versammlung abzuhalten, wurde vom BEK ausdrücklich begrüßt und unterstützt (vgl. Beschluß der 3. Tagung der 5. Synode des BEK in der DDR: 233f.). Eine Vorbereitungsgruppe hat die Koordination der Vorbereitungsarbeit übernommen, in welche Gemeinden und Gruppen aktiv mit einbezogen wurden. Über 10.000 Vorschläge zu den von der Vorbereitungsgruppe vorgelegten thematischen Schwerpunkten sind allein bis zur

---

38 Zu Teilnehmern und beteiligten Organisationen siehe Aktion Sühnezeichen 1990: 182.

ersten Vollversammlung eingebracht worden. Auf dem vom 12. bis 15. Februar 1988 in Dresden stattfindenden ersten Treffen der Ökumenischen Versammlung wurden dreizehn Arbeitsgruppen beauftragt, bis zur zweiten Vollversammlung vom 8. bis 11. Oktober desselben Jahres in Magdeburg zu den einzelnen Themen Texte zu erarbeiten. Diese Arbeitsphase wurde begleitet von einem intensiven Diskussionsprozeß in Gemeinden und Gruppen, auf den Kirchentagen im Juni sowie in verschiedenen kirchlichen Gremien. Neun der in Magdeburg erstellten Textentwürfe wurden direkt für die Beratung in den Gemeinden freigegeben. Drei weitere folgten nach einer Überarbeitung im Vorstand der ÖV im Dezember nach. Wiederum war das Interesse an der Basis sehr groß. 10.000 Exemplare der vorgeschlagenen Texte wurden angefordert und 1.400 Stellungnahmen wurden dazu abgegeben. Vom 26. bis 30. April 1989 tagte schließlich die dritte Vollversammlung der Ökumenischen Versammlung wiederum in Dresden, auf der zwölf Texte nach teilweise kontroverser Diskussion mit Zweidrittelmehrheit verabschiedet werden konnten. Diese Texte sind dann zwei Wochen später in die „Europäische Ökumenische Versammlung" in Basel eingebracht worden (Tammer 1991: 113ff.; Israel 1991: 223f.; Aktion Sühnezeichen 1990: 184ff.) und haben darüber hinaus in der weiteren Entwicklung des Umbruchs in der DDR eine bedeutende Rolle gespielt.

Die theologische Grundlegung der Dokumente der Ökumenischen Versammlung weist strukturelle Ähnlichkeiten mit den oben analysierten Arbeiten vom Beginn der 70er Jahre auf. Auch der in Dresden beschlossene Text setzt mit einer Situationsanalyse ein. Unter der Überschrift „Unsere Situation und Gottes Ruf zur Umkehr" wird die Situation in der DDR als Teil einer global vernetzten Entwicklung der wissenschaftlich-technischen Zivilisation angesehen. Im Welthorizont werden die rein gewinnorientierte Wirtschaftsordnung und das Wettrüsten für Ungerechtigkeit, Unfrieden und Naturzerstörung verantwortlich gemacht. Im Bezug auf die DDR wird vor allem der undemokratische Zentralismus als Ursache für die gesellschaftlichen Fehlentwicklungen benannt (Aktion Sühnezeichen 1990: 21ff.)[39]. Diese Situationsanalyse wird der weiteren theologischen Argumentation zugrunde gelegt. Die als ungerecht gekennzeichnete Situation wird mit Gottes Ruf zur Umkehr konfrontiert (Mk 1,15). Dem Bußruf folgt in dem Abschlußdokument ein Schuldbekenntnis und dann die Entfaltung des biblischen Motivs des Schalom, das als Alternative zur bisherigen Lebensweise angesehen wird. Gerechtigkeit wird auch als innergesellschaftliche Aufgabe in der DDR benannt. Dabei wird an das Motiv des „verbesserlichen Sozialismus" aus Heino Falckes Synodalvortrag von 1972 angeknüpft: „Um dieser Hoffnung [auf mehr Gerechtigkeit; M. H.] heute näher zu

---

39 Teile der Dokumente finden sich auch in KJ 116 1989: 117-121.

kommen, bedarf auch der in der DDR existierende Sozialismus einer Umgestaltung" (37). In welche Richtung diese Umgestaltung gehen soll, wird dann im Dokument 3 „Mehr Gerechtigkeit in der DDR - unsere Aufgabe, unsere Erwartung"konkret und systemkritisch dargelegt. In diesem in der Diskussion sehr umstrittenen Votum werden offen Probleme der DDR-Gesellschaft benannt. Diese werden als Teil des globalen Modernisierungsprozesses angesehen, der Kirchen und Regierungen vor neue Aufgaben stellt. Bewußt wird die Gesellschaft als Aufgabenfeld für Christen und Kirchen angenommen. Brisant wird das Dokument insbesondere durch seine konkreten Monita und Verbesserungsvorschläge: Mangelnde Wahrhaftigkeit wird beklagt und Rechtssicherheit eingefordert; Informationsdefizite werden benannt und Meinungsfreiheit verlangt; die geheime Überwachung und fehlender Datenschutz werden bemängelt und Gewaltenteilung gefordert; die Bevormundung durch den Staat wird angeprangert, und es werden freie Wahlen, Versammlungs- und Vereinigungsfreiheit sowie Reisefreiheit angemahnt.

Deutlicher konnte man wohl im April 1989 in der DDR nicht nach Veränderungen rufen. Es ist nicht verwunderlich, daß diese Themen dann wesentlich die Agenda für die Demonstrationen des Herbstes bestimmten. Manches Programm der damals entstehenden Parteien und Gruppierungen weist große Ähnlichkeiten zu diesen Schlußdokumenten auf. Die Synodaltagung des Kirchenbundes hat im September 1989 die Arbeit und die Ergebnisse der Ökumenischen Versammlung ausdrücklich begrüßt und die Dokumente zur Weiterarbeit an die Gemeinden weitergegeben (vgl. Beschluß der 5. Tagung der 5. Synode des BEK in der DDR 1994: 234ff.). Die Formulierungen der Dokumente der Ökumenischen Versammlung haben bis in die Verfassungen der neuen Bundesländer hinein fortgewirkt. Der Wille, dem Frieden, der Gerechtigkeit und der Bewahrung der Schöpfung zu dienen, wurde so ausdrücklich die Zielbestimmung des neuen, demokratischen Gemeinwesens in Ostdeutschland (Daiber 1994: 12ff.; Meckel 1994: 52).

Am Beispiel der Ökumenischen Versammlung für Gerechtigkeit, Frieden und Bewahrung der Schöpfung in der DDR kann gezeigt werden, wie die bisher rekonstruierten gesellschaftlichen Entwicklungen und theologischen Reflexionen zur Ausgestaltung systemkritischer Positionen und zur Ermöglichung oppositionellen Handelns beigetragen haben. Die oben dargestellte besondere gesellschaftliche Rolle der evangelischen Kirchen ermöglichte es ihnen, gemeinsam mit den politisch alternativen Gruppen, im Rahmen des konziliaren Prozesses eine kritische Gegenöffentlichkeit DDR-weit zu etablieren. Nur die Kirchen waren auf Grund ihrer Funktion als lebensweltliche Kommunikationsräume in der Lage, verständigungsorientierte Diskurse und konsensuelle Bündelung politischer Handlungsoptionen zu ermöglichen. Nur sie verfügten über die Ressourcen, die für solche Handlungskoordination notwendig waren. Das Gewähren von Schutzräumen und das Engagement vieler kirchlicher Mitarbeiterinnen und Mitarbeiter sowie die kommunikative Vernetzung verschiedener Gruppen war ausschließlich im Rahmen der evangelischen Kirchen möglich. Daß dies so war und daß die Kirchen diese Potentiale selbst zur Systemkritik nutzten und für oppositionelles Handeln nutzbar machten, war jedoch nicht selbstverständlich. Durch die Verteidigung der organisatorischen Unabhängigkeit und durch die theologische Neuorientierung Anfang der 70er Jahre wurden die Bedingungen dafür geschaffen. Die Öffnung der Kirche für sozialethische Themen und für das Wirken von politisch alternativen Gruppen ermöglichte dann im Rahmen der Ökumenischen Versammlung eine - wenn auch nicht konfliktfreie - Zusammenarbeit von Christen und Nichtchristen, Basisgemeinden und Kirchenleitungen, Protestanten und Katholiken. Wohl ist die inhaltliche Verve von den Basisgruppen eingebracht worden. Ohne die institutionellen Voraussetzungen, welche die Kirchenleitungen - wenn manchmal auch zaudernd - zur Verfügung stellten, wäre die Ökumenische Versammlung mit all ihren Konsequenzen so jedoch nicht möglich gewesen. Die Ursachen der Entwicklungen des Herbstes 1989 sind vielschichtig und wohl zum größeren Teil in außenpolitischen Veränderungen und in der fundamentalen Systemkrise der DDR begründet. Weder die politisch alternativen Gruppen noch die evangelischen Kirchen haben die Wende herbeigeführt oder gesteuert. Daß aber die Wende innerhalb der kontingenten, externen Bedingungen so verlaufen ist, wie es sich nun historisch manifestiert hat, ist nicht zuletzt dem Umstand zuzuschreiben, daß die evangelischen Kirchen in der DDR im Rahmen einer kontextuellen Theologie der »Kirche für andere«, Freiräume für einzelne und Gruppen geschaffen, als Orte verständigungsorientierter Diskurse in der »Lebenswelt« gedient und oppositionelles Handeln mit ihren personalen und institutionellen Ressourcen ermöglicht haben.

Literatur

Adler, Frank: Ansätze zur Rekonstruktion der Sozialstruktur des DDR-Realsozialismus, in: *Berliner Journal für Soziologie* 1 (1991), 157-175

Aktion Sühnezeichen/Friedensdienste (Hg.): *Ökumenische Versammlung für Gerechtigkeit, Frieden und Bewahrung der Schöpfung. Dresden - Magdeburg - Dresden. Eine Dokumentation*, Berlin [2]1990

Alisch, Steffen: Die Gebetswand in der Leipziger Thomaskirche. Eine Möglichkeit zur persönlichen Problemformulierung, zum Gebet und zur öffentlichen Kommunikation, in: Grabner, Wolf-Jürgen u. a. (Hg.): *Leipzig im Oktober. Kirchen und alternative Gruppen im Umbruch der DDR. Analysen zur Wende*, Berlin 1990, 136-146

Ausschuß Kirche und Gesellschaft des BEK: Die Kirche und die Friedensgruppen - Wie gehören sie zusammen?, in: *Gemeinsam unterwegs. Dokumente aus der Arbeit des Bundes der Evangelischen Kirchen in der DDR 1980-1987*, Berlin (Ost) 1989, 110-125

Beschluß der 3. Tagung der 5. Synode des Bundes der Evangelischen Kirchen in der DDR in Görlitz vom 22. September 1987. Zum Antrag des Ausschusses „Friedensfragen" zum „Konziliaren Prozeß", in: Demke, Christoph u. a. (Hg.): *Zwischen Anpassung und Verweigerung. Dokumente aus der Arbeit des Bundes der Evangelischen Kirchen in der DDR*, Leipzig 1994, 233f.

Beschluß der 5. Tagung der 5. Synode des Bundes der Evangelischen Kirchen in der DDR in Eisenach vom 19. September 1989. Zur Ökumenischen Versammlung in der DDR, in: Demke, Christoph u. a. (Hg.): *Zwischen Anpassung und Verweigerung. Dokumente aus der Arbeit des Bundes der Evangelischen Kirchen in der DDR*, Leipzig 1994, 234-238

Besier, Gerhard/Wolf, Stephan (Hg.): *„Pfarrer, Christen und Katholiken". Das Ministerium für Staatssicherheit der ehemaligen DDR und die Kirchen*, Neukirchen-Vluyn [2]1992

Bock, Helmut: Partei - Staat - bürokratische Kaste. Zu einigen strukturanalytischen Aspekten des staatsmonopolistischen Sozialismus in der DDR, in: *ZfG* 41 (1993), 5-23

Brief aus Lehnin. [Brief von sieben Bischöfen der KKL an den Staatsratsvorsitzenden vom 15.2.68], in: *KJ* 95 (1968), 181f.

Daiber, Karl-Fritz: Ritual von Bedeutung. Zivilreligion in ostdeutschen Verfassungspräambeln, in: *Lutherische Monatshefte* 33 (1994), 12-14

Demke, Christoph u. a. (Hg.): *Zwischen Anpassung und Verweigerung. Dokumente aus der Arbeit des Bundes der Evangelischen Kirchen in der DDR*, Leipzig 1994

Edeling, Thomas: Organisationssoziologische Ansätze in der Industriesoziologie der DDR, in: *Berliner Journal für Soziologie* 2 (1992), 323-332

Erklärung der Synode des Bundes zur Vorbereitung eines „Konzils des Friedens" vom 24. September 1985 (5. Tagung der 4. Synode, Dresden), in: *Gemeinsam unterwegs. Dokumente aus der Arbeit des Bundes der Evangelischen Kirchen in der DDR 1980-1987*, Berlin (Ost), 268f.

Evangelische Kirchenleitung Berlin-Brandenburg: *Orientierung für die Arbeit mit Gruppen, die die Kirche durch ihre besondere Thematik herausfordern* (Anlage zu K Ia Nr. 458/84 vom 10. Februar 1984)

Falcke, Heino: Christus befreit - darum Kirche für andere (1972), in: Burgsmüller, Alfred (Hg.): *Zum politischen Auftrag der christlichen Gemeinde (Barmen II)*, Gütersloh 1974, 213-232

Falcke, Heino: *Mit Gott Schritt halten. Reden und Aufsätze eines Theologen in der DDR aus zwanzig Jahren*, Berlin 1986

Falcke, Heino: Unsere Kirche und ihre Gruppen. Lebendiges Bekennen heute? (1985), in: Pollack, Detlef (Hg.): *Die Legitimität der Freiheit. Politisch alternative Gruppen in der DDR unter dem Dach der Kirche*, Frankfurt/M. 1990, 41-55

Findeis, Hagen u. a. (Hg.): *Die Entzauberung des Politischen. Was ist aus den politisch alternativen Gruppen der DDR geworden? Interviews mit ehemals führenden Vertretern*, Leipzig 1994

Franke, Ulrike: Geschichte der politisch alternativen Gruppen in der DDR, in: Findeis, Hagen u. a. (Hg.): *Die Entzauberung des Politischen: Was ist aus den politisch alternativen Gruppen der DDR geworden? Interviews mit ehemals führenden Vertretern*, Leipzig 1994, 14-34

Friebel, Thomas: *Kirche und politische Verantwortung in der sowjetischen Zone und der DDR 1945-1969. Eine Untersuchung zum Öffentlichkeitsauftrag der evangelischen Kirchen in Deutschland*, Gütersloh 1992

Gemeinsam unterwegs. Dokumente aus der Arbeit des Bundes der Evangelischen Kirchen in der DDR 1980-1987, Berlin (Ost) 1989

Glaeßner, Gert-Joachim: Am Ende des Staatssozialismus. Zu den Ursachen des Umbruchs in der DDR, in: Joas, Hans/Kohli, Martin (Hg.): *Der Zusammenbruch der DDR. Soziologische Analysen*, Frankfurt/M. 1993, 70-92

Habermas, Jürgen: *Theorie des kommunikativen Handelns*, Bd. 2, Frankfurt/M. 1988

Hanf, Thomas: Modernisierung der Gesellschaft als sozialstrukturelles Problem, in: *Berliner Journal für Soziologie* 1 (1991), Sonderheft, 73-82

Härle, Wilfried: Wenn ein System zusammenbricht. Theologische Bewertung des Staatssozialismus, in: *Evangelische Kommentare* 23 (1990), 421-424

Haspel, Michael: Evangelische Sozialethik im sozialistischen Kontext. Zum Weg der evangelischen Kirchen in der DDR, in: Dimpker, Susanne (Hg.): *Freiräume leben - Ethik gestalten. Studien zu Sozialethik und Sozialpolitik (FS Siegfried Keil)*, Stuttgart 1994, 218-231

Haspel, Michael: *Politischer Protestantismus und gesellschaftliche Transformation. Ein Vergleich der Rolle der evangelischen Kirchen in der DDR und der schwarzen Kirchen in der Bürgerrechtsbewegung in den USA*, Diss. theol., Marburg 1995

In besonderer Gemeinschaft. Gemeinsame Worte des Bundes der Evangelischen Kirchen in der DDR und der EKiD (EKD-Texte 26), Hannover 1989

Information über den Verlauf und die Ergebnisse der 4. Tagung der Synode des Bundes der Evangelischen Kirchen in der DDR (vom 5.7.1972) [von Willi Barth], in: *Bundessynoden der BEK 1972-1974*, Stiftung Archiv der Parteien und Massenorganisationen der DDR im Bundesarchiv IV B 2/14/85, [Blatt 10 bis 17]

Israel, Jürgen (Hg.): *Zur Freiheit berufen. Die Kirche in der DDR als Schutzraum der Opposition 1981-1989*, Berlin 1991

Joas, Hans/Kohli, Martin (Hg.): *Der Zusammenbruch der DDR. Soziologische Analysen*, Frankfurt/M. 1993

Kaelble, Hartmut u. a. (Hg.): *Sozialgeschichte der DDR*, Stuttgart 1994

Keil, Siegfried: *Sexualität. Erkenntnisse und Maßstäbe*, Stuttgart 1966a

Keil, Siegfried: Absolutheit und Relativität der Normen in soziologischer und theologischer Sicht, in: *Neue Zeitschrift für Systematische Theologie* 8 (1966b), 67-78

Knabe, Hubertus: Neue Soziale Bewegungen im Sozialismus. Zur Genesis alternativer politischer Orientierungen in der DDR, in: *KZSS* 40 (1988), 551-569

Knabe, Hubertus: Neue Soziale Bewegungen, in: *Kirche im Sozialismus* 15 (1989), 14-16

Konferenz der Evangelischen Kirchenleitungen in der DDR. Gesichtspunkte für das Miteinander von Kirche und Gruppen (1. September 1989), in: Demke, Christoph u. a. (Hg.): *Zwischen Anpassung und Verweigerung. Dokumente aus der Arbeit des Bundes der Evangelischen Kirchen in der DDR*, Leipzig 1994, 92-94

Kornai, Jiri: *Economics of Shortage*, 2 Bde., Amsterdam 1980

Krisch, Henry: Perspektiven des politischen Wandels in der Deutschen Demokratischen Republik, in: Spittmann-Ruehle, Ilse/Helwig, Gisela (Hg.): *Veränderungen in Gesellschaft und politischem System der DDR*, Köln 1988, 5-14

Krusche, Günter: Gemeinden in der DDR sind beunruhigt. Wie soll die Kirche sich zu den Gruppen stellen? (1988), in: Pollack, Detlef (Hg.): *Die Legitimität der Freiheit. Politisch alternative Gruppen in der DDR unter dem Dach der Kirche*, Frankfurt/M. 1990b, 57-62; zuerst veröffentlicht in: *Lutherische Monatshefte* 27 (1988), 494-497

Krusche, Günter: Das ökumenische Engagement des Bundes der evangelischen Kirchen in der DDR, in: Rendtorff, Trutz (Hg.): *Protestantische Revolution? Kirche und Theologie in der DDR. Ekklesiologische Voraussetzungen, politischer Kontext, theologische und historische Kriterien*, Göttingen 1993, 145-155

Kühnel, Wolfgang/Sallmon-Metzner, Carola: Protestkulturen und Protestdiskurse im Wandel der DDR-Gesellschaft, in: *Berliner Journal für Soziologie* 1 (1991), 369-382

Lepsius, M. Rainer: Die Institutionenordnung als Rahmenbedingung der Sozialgeschichte der DDR, in: Kaelble, Hartmut u. a. (Hg.): *Sozialgeschichte der DDR*, 1994, 17-30

Lotz, Gerhard: Brief an Stolpe vom 25. Juli 1972, *Evangelisches Zentralarchiv* (EZA), Bestand 101 Nr. 51

Luhmann, Niklas: *Soziale Systeme. Grundriß einer allgemeinen Theorie*, Frankfurt/M. [4]1991

Mau, Rudolf: *Eingebunden in den Realsozialismus? Die Evangelische Kirche als Problem der SED*, Göttingen 1994

Mechtenberg, Theo: Die Friedensverantwortung der Evangelischen Kirchen in der DDR, in: Henkys, Reinhard (Hg.): *Die evangelischen Kirchen in der DDR. Beiträge zur Bestandsaufnahme*, München 1982, 355-399

Meckel, Markus: Aufbrüche, in: ders./Gutzeit, Martin 1994, 25-77

Meckel, Markus/Gutzeit, Martin (Hg.): *Opposition in der DDR. Zehn Jahre kirchlicher Friedensarbeit. Kommentierte Quellentexte*, Köln 1994

Meier, Artur: Abschied von der sozialistischen Ständegesellschaft, in: *Aus Politik und Zeitgeschichte* B 16-17 (1990), 3-14

Meuschel, Sigrid: Wandel durch Auflehnung. Thesen zum Verfall bürokratischer Herrschaft in der DDR, in: *Berliner Journal für Soziologie* 2 (1992), 323-332

Meuschel, Sigrid: Revolution in der DDR. Versuch einer sozialwissenschaftlichen Interpretation, in: Joas, Hans/Kohli, Martin (Hg.): *Der Zusammenbruch der DDR. Soziologische Analysen*, Frankfurt/M. 1993, 93-114

Neubert, Ehrhart: Reproduktion von Religion in der DDR-Gesellschaft, in: *epd-Dokumentation* 35/36 (1986), 1-112

Neubert, Ehrhart: Religion in der DDR-Gesellschaft. Zum Problem der sozialisierenden Gruppen und ihrer Zuordnung zu den Kirchen (1985), in: Pollack, Detlef (Hg.): *Die Legitimität der Freiheit. Politisch alternative Gruppen in der DDR unter dem Dach der Kirche*, Frankfurt/M. 1990b, 31-40

Noack, Axel: Der Weg der Kirchen in der DDR als Aufarbeitung von Kirchenkampf-Erfahrungen in der NS-Zeit, in: Siegele-Wenschkewitz, Leonore (Hg.): *Die evangelischen Kirchen und der SED-Staat. Ein Thema Kirchlicher Zeitgeschichte*, Frankfurt/M. 1993, 100-112

Pilvousek, Josef: Die katholische Kirche in der DDR, in: Dähn, Horst (Hg.): *Die Rolle der Kirchen in der DDR. Eine erste Bilanz*, München 1993, 56-72

Pollack, Detlef: Das Ende einer Organisationsgesellschaft. Systemtheoretische Überlegungen zum gesellschaftlichen Umbruch in der DDR, in: *ZfS* 19 (1990a), 292-307

Pollack, Detlef. (Hg.): *Die Legitimität der Freiheit. Politisch alternative Gruppen in der DDR unter dem Dach der Kirche*, Frankfurt/M. 1990b

Pollack, Detlef: Sozialethisch engagierte Gruppen in der DDR. Eine religionssoziologische Untersuchung (Juni 1989), in: ders. (1990b), 115-154

Pollack, Detlef: Der Umbruch in der DDR - Eine protestantische Revolution? Der Beitrag der evangelischen Kirchen und der politisch alternativen Gruppen zur Wende 1989, in: Rendtorff, Trutz (Hg.): *Protestantische Revolution? Kirche und Theologie in der DDR. Ekklesiologische Voraussetzungen, politischer Kontext, theologische und historische Kriterien*, Göttingen 1993, 41-72

Pollack, Detlef: *Kirche in der Organisationsgesellschaft. Zum Wandel der gesellschaftlichen Lage der evangelischen Kirchen in der DDR*, Stuttgart 1994a

Pollack, Detlef: Von der Volkskirche zur Minderheitenkirche. Zur Entwicklung von Religiosität und Kirchlichkeit in der DDR, in: Kaelble, Hartmut u. a. (Hg.): *Sozialgeschichte der DDR*, Stuttgart 1994, 271-294

Poppe, Ulrike: Das kritische Potential der Gruppen in Kirche und Gesellschaft (1988), in: Pollack, Detlef (Hg.): *Die Legitimität der Freiheit. Politisch alternative Gruppen in der DDR unter dem Dach der Kirche*, Frankfurt/M. 1990b, 63-79

Probst, Lothar: Die Entwicklung der Bürgerbewegung im Prozeß der Vereinigung. Eine regionalgeschichtliche Untersuchung des Neuen Forums Rostock, in: *Forschungsjournal Neue Soziale Bewegungen* 5 (1992), H. 1, 47-60

Rahmenkonzept „Erziehung zum Frieden", in: *Kirche als Lerngemeinschaft. Dokumente aus der Arbeit der BEK in der DDR*/hg. vom Sekretariat des BEK, Berlin (Ost) 1981, 266-275

Ramet, Pedro: *Cross and Commissar*, Bloomington 1987

Reißig, Rolf: Das Scheitern der DDR und des realsozialistischen Systems. Einige Ursachen und Folgen, in: Joas, Hans//Kohli, Martin (Hg.): *Der Zusammenbruch der DDR. Soziologische Analysen*, Frankfurt/M. 1993, 49-69

Rendtorff, Trutz (Hg.): *Protestantische Revolution? Kirche und Theologie in der DDR. Ekklesiologische Voraussetzungen, politischer Kontext, theologische und historische Kriterien*, Göttingen 1993

Rink, Dieter: Bürgerbewegung im Übergang. Entwicklungslinien der Leipziger Bürgerbewegungen, in: *Forschungsjournal Neue Soziale Bewegungen* 5 (1992), H. 1, 61-69

Roesler, Jörg: Einholen wollen und Aufholen müssen. Zum Innovationsverlauf bei numerischen Steuerungen im Werkzeugmaschinenbau der DDR vor dem Hintergrund der bundesrepublikanischen Entwicklung, in: Kocka, Jürgen (Hg.): *Historische DDR-Forschung. Aufsätze und Studien*, Berlin 1993, 263-285

Schönherr, Albrecht: Einführung, in: Falcke, Heino: *Mit Gott Schritt halten. Reden und Aufsätze eines Theologen in der DDR aus zwanzig Jahren*, Berlin 1986, 7-10

Srubar, Ilja: War der reale Sozialismus modern? Versuch einer strukturellen Bestimmung, in: *KZSS* 43 (1991), 415-432

Staatssekretär für Kirchenfragen: Informationen Nr. 4/77. Ideologische Probleme des Sozialdemokratismus bei kirchenleitenden Persönlichkeiten und in Leitungsgremien der protestantischen Kirchen in der DDR (vom 28.2.1977), (AZ VD-Nr. II/10/77), in: *Staatssekretariat für Kirchenfragen 1972, 1977*, SAPMO IV B 2/14/38, [Blatt 19-43]

Tammer, Josef: Ökumenische Versammlung in der DDR. Beschreibung eines Weges, in: Sens Matthias/Bodenstein, Roswitha (Hg.): *Über Grenzen hinweg zu wachsender Gemeinschaft. Ökumene in der DDR in den achtziger Jahren*, Frankfurt/M. 1991, 113-118

Vollnhals, Clemens: *Die Stasi-Akte Lotz*. Typoskript des Referats gehalten auf der 56. Sitzung der Enquete-Kommission des Deutschen Bundestages „Aufarbeitung von Geschichte und Folgen der SED-Diktatur in Deutschland" am 14. Dezember 1993 in Erfurt

Von der Freiheit der Kirche zum Dienen. Theologische Sätze des Weißenseer Arbeitskreises, in: *KJ* 90 (1963), 194-198

Voskamp, Ulrich/Wittke, Volker: Aus Modernisierungsblockaden werden Abwärtsspiralen. Zur Reorganisation von Betrieben und Kombinaten der ehemaligen DDR, in: *Berliner Journal für Soziologie* 1 (1991), 17-39

Weber, Hermann: Vorwort, in: Meckel, Markus/Gutzeit, Martin (Hg.): *Opposition in der DDR. Zehn Jahre kirchlicher Friedensarbeit. Kommentierte Quellentexte*, Köln 1994, 17-24

Willke, Helmut: Systemtheorie. Eine Einführung in die Grundprobleme der Theorie sozialer Systeme, Stuttgart/New York [3]1991

Witte, Barthold C.: *Bericht über kirchliche Transferleistungen im evangelischen Bereich in die DDR von 1957-1990*, Bonn-Bad Godesberg 1993, maschinenschriftlicher Bericht im Auftrag des Rates der EKD

Wort zum Frieden, in: *In besonderer Gemeinschaft. Gemeinsame Worte des Bundes der Evangelischen Kirchen in der DDR und der EKiD* (= EKD-Texte 26), Hannover 1989, 6f.

Zander, Helmut: *Die Christen und die Friedensbewegungen in beiden deutschen Staaten. Beiträge zu einem Vergleich für die Jahre 1978-1987*, Berlin 1989

Zehn Artikel über Freiheit und Dienst der Kirche vom 8.3.1963, in: *KJ* 90 (1963), 181-185

Zeugnis und Dienst der evangelischen Kirche und Christen in der sozialistischen Gesellschaft der DDR, EZA Bestand 101, Nr. 599, überarbeitet in: Demke, Christioph u. a. (Hg.): *Zwischen Anpassung und Verweigerung. Dokumente aus der Arbeit des Bundes der Evangelischen Kirchen in der DDR*, Leipzig 1994, 172-192

Zum Friedendienst der Kirche. Eine Handreichung für Seelsorge an Wehrpflichtigen, in: *KJ* 93 (1966), 249-261

Zur Einschätzung der Führungskräfte in der evangelischen Kirche und den sich daraus ergebenden Schlußfolgerungen, in: *Analysen, Einschätzungen 1972-1973, 1976-1977*, SAPMO IV B 2/14/11, [Blatt 27-39]

Zweite Kultur oder Gegenkultur?
Die Subkulturen und künstlerischen Szenen der DDR und ihr Verhältnis zur politischen Opposition

Klaus Michael

Der Streit um das Erbe

Auch wenn der Autonomieanspruch subkultureller und künstlerischer Szenen[1] nach dem deutsch-deutschen Literaturstreit (Deiritz/Krauss 1991) und den Stasi-Debatten[2] neu durchdacht werden muß, bleibt doch unumstritten, daß es außerhalb der offiziellen Literatur- und Kunstlandschaft künstlerische Gruppierungen gab, die sich den kulturpolitischen Vorgaben widersetzten und in denen sich völlig abweichende Vorstellungen über die künstlerische Arbeit, deren gesellschaftliche Relevanz und über den eigenen Lebensstil entwickelten. Diese Erscheinungen blieben nicht nur auf die Spätphase der DDR beschränkt[3], sondern sind seit Gründung des zweiten

---

1 Die künstlerische Szene kann als loser Verbund ohne Gruppencharakter umschrieben werden, deren Vertreter durch gemeinsame Anschauungen, Grundhaltungen bzw. äußere Ablehnung oder Stigmatisierung miteinander verbunden sind und ein bestimmtes Zugehörigkeitsgefühl entwickeln, die gleichen Medien und Veröffentlichungsmöglichkeiten nutzen, die gleichen Cafés und Restaurants als öffentliche Projektions- und Inszenierungsräume bevorzugen und sich sowohl von anderen Szenen als auch vom offiziellen Kulturbetrieb abgrenzen. Der Rezeption neuer Moden und Trends kommt eine herausragende Rolle (sowohl im öffentlichen Auftreten als auch in der künstlerischen Arbeit) zu.

2 Wolf Biermanns Büchner- und Mörike-Preisreden lösten im Herbst 1991 die sogenannte Stasi-Literaturdebatte aus, in deren Folge die Stasi-Verstrickungen wichtiger Symbolfiguren aus dem Bereich der Kunst, Literatur und Opposition enthüllt wurden. Ein Ergebnis der Debatte stellt u. a. das Ende 1991 vom Bundestag verabschiedete Stasi-Unterlagen-Gesetz dar.

3 Bisher wurde vor allem die Rolle der sogenannten „Reformsozialisten" untersucht (hierzu zählen die Autoren Wolf, Heym, Hein, Braun und Maler sowie Mattheuer, Heisig u. a.), während die künstlerischen Entwicklungen außerhalb der kulturellen Institutionen weitgehend vernachlässigt wurden. Die Existenz alternativer Kunstszenen und kultureller Milieus wird dabei meist auf die 80er Jahre reduziert. Vgl. Muschter/Thomas 1992; Forschungsstelle Osteuropa 1993; Emmerich 1996, vor allem Kap. 7.

deutschen Teilstaates strukturbildender Teil der Kulturpolitik.[4] Auch wenn das ästhetische und politische Selbstverständnis Änderungen unterworfen war und sich
das künstlerische Inventar, die Themen und Organisationsformen wandelten, blieb
doch das Bestreben gleich, einen von staatlichen Vorgaben weitgehend unabhängigen Raum zu schaffen, der relative Autonomie für Person und Werk gewährt.
Eine zweite durchgehende Konstante läßt sich im Anspruch auf Öffentlichkeit aufzeigen, auch wenn sich dieser nur sehr eingeschränkt durchsetzen ließ. Nicht zuletzt
blieb auch der Anlaß gleich, der zum Entstehen nichtoffizieller künstlerischer Szenen und Gruppierungen führte: Wo nicht nur einzelne Werke, sondern auch Kunst-
richtungen bis hin zu kulturellen Strömungen[5] aus dem öffentlichen Leben ausgeschlossen wurden, mußte es ganz automatisch zur Ausbildung künstlerischer Szenen und kultureller Milieus[6] kommen. Die Entwicklung einer 'alternativen' oder
'zweiten' Kultur, die sich schon sehr früh und wesentlich ausgeprägter in Ungarn,
Polen, der ehemaligen Sowjetunion und in der ČSSR nachweisen läßt, ist nicht nur
als Beispiel interessant, wie sich unter den spezifischen Bedingungen der Diktatur
neue künstlerische Richtungen, Kommunikations- und Öffentlichkeitsformen kon-
stituieren oder literarisches Leben reoganisiert, sondern dient auch als Gradmesser
für die Integrationsfähigkeit der kulturellen Institutionen des Staates.

Die Rolle von Künstlern, Autoren und Intellektuellen bei der Selbstauflösung der
DDR ist mittlerweile umstritten. Der nachhaltige Bewertungswandel, dem die offizielle DDR-Literatur und -Kunst nach 1990 unterworfen wurde, hat inzwischen
auch den Blick auf die subkulturellen Milieus und künstlerischen Szenen verändert.
Die Frage, ob man es mit einer „Gegenkultur"[7], bzw. künstlerischen „Gegenöffentlichkeit" (Muschter/Thomas 1992: 8) oder mit einer „Ergänzungskultur"
(Böthig 1990: 10) zu tun hat, wird in den letzten Jahren kontrovers diskutiert. Ande-

---

4 In den meisten offiziellen Dokumenten zur Literatur- und Kunstpolitik der DDR läßt sich
   eine Auseinandersetzung mit abweichenden künstlerischen Haltungen, Konzepten und
   Künstlergruppierungen („negative Personenkreise") nachweisen, die damit indirekt die
   Existenz anderer kultureller und künstlerischer Strömungen innerhalb der DDR bestätigen.
5 Erinnert sei an den Versuch der DDR, in den 60er Jahren jugendkulturelle Strömungen
   der Beat- und Rockkultur zu bekämpfen. Vgl. Rauhut 1993.
6 Die Untersuchung übernimmt die Interpretation von Lepsius' Milieubegriff durch Dieter
   Rink. Der Begriff dient zur „Bezeichnung für soziale Einheiten, die durch eine Koinzi-
   denz mehrerer Strukturdimensionen [...] gebildet wurden." (Lepsius') Milieu wird als sozialer Raum verstanden, der Bedeutung für das Ausleben und Ausprobieren alternativer
   Lebenskonzepte und künstlerischer Vorstellungen einschließt und damit offener und weiter gefaßt ist als der Begriff der künstlerischen Szene. Vgl. Rink 1995: 195.
7 „Diese autonome Kunst hat in den 80er Jahren eine eigene Gegenkultur geschaffen." Vgl.
   Muschter/Thomas 1992: 8.

re Ansätze definieren die subkulturellen Erscheinungen eher als eine „andere" (Böthig 1995: 577; Grundmann/Michael/Seuffert 1996), „alternative"[8] (Michael 1995: 16ff.) oder „zweite" Kultur. Waren die Initiativen, die von dieser anderen Kultur ausgingen, wirklich politisch? Waren sie oppositionell? Während viele der ehemals Beteiligten ihr Engagement als Teil einer umfassenden „Kulturopposition" (Rüddenklau 1992: 15) [9] verstanden wissen wollen, wird das Selbstverständnis von Opposition und kritischem Engagement im Zuge der Neubewertung der DDR-Kunst mehr und mehr in Frage gestellt. Galten die künstlerischen Szenen des Berliner Prenzlauer Bergs, des Leipzigs Ostens oder der Dresdener Neustadt lange Zeit als Synonyme kulturellen und literarischen Widerstands, sind sie unterdessen dem Verdacht ausgesetzt, künstlich erzeugte, machtgeschützte Freiräume gewesen zu sein, in denen unter „Treibhausbedingungen" (Tannert 1995: 365) dem ästhetischen Experiment nachgegangen werden konnte. Waren sie „Kulturschutzgebiete" (Bohrer: 1015ff.), wenn nicht gar Simulationsprodukte der Staatssicherheit[10]? In die Kontroverse mischte sich auch mancher Kommentar aus den eigenen Reihen, überraschte doch Uwe Kolbe mit der These, daß es unter den DDR-Intellektuellen und Künstlern eigentlich keine Opposition gegeben habe, die es verdiene, Opposition genannt zu werden: „Im deutlichen Gegensatz zur damaligen Lage in den sozialistischen Staaten Polen, ČSSR, Ungarn, UdSSR gab es in der Deutschen Demokratischen Republik keine antisozialistische Opposition."[11] Deutlich wird, daß der Streit um die subkulturellen und künstlerischen Milieus inzwischen zu einem Streit um Bewertungsmaßstäbe und die Deutungskompetenz geworden ist. Vom politischen Ende der DDR her betrachtet, ist der Anteil der Maler und Autoren am Ende der DDR gering und das Projekt der Demokratisierung gescheitert. Von den Bedingungen der Diktatur ausgehend und das Fehlen von Öffentlichkeit, Kommunikation und

---

8 Der Begriff „Alternativkultur" wird von mir synonym zu dem der „zweiten Kultur" verwandt, wobei aber, wie noch gezeigt werden soll, für die Verwendung des letzteren plädiert wird.

9 Andere Quellen führen die Urheberschaft des Begriffes auf Carlo Jordan zurück. Vgl. Rink 1995: 203.

10 Vgl. Schirrmacher 1991. Oder Wolf Biermann (1992: 71): „Nun erfahren wir, daß die bunte Kulturszene am Prenzlauer Berg ein blühender Schrebergarten der Stasi war. Jedes Radieschen numeriert an seinem Platz. Spätdadaistische Gartenzwerge mit Bleistift und Pinsel."

11 Und weiter heißt es: „Wollen wir den Personenkreis einschränken, so ließe sich schlicht Feigheit nennen, was die Intellektuellen in der DDR vor ihren ost- und ostmitteleuropäischen Kolleginnen und Kollegen auszeichnete ...", so Uwe Kolbe, in: Deiritz/Krauss 1991: 33. Erinnert sei auch an Jan Faktors Abrechnung mit der Literaturszene um Sascha Anderson, vgl. Faktor 1993: 91-111.

freier Meinungsbildung berücksichtigend, erscheint ihr Anteil dagegen alles andere als marginal.[12]

Künstlerische Subkulturen im Schatten der Mauer

„Sprechen wir doch offen miteinander: Es ging nicht um Ästhetik. Es ging um die Arbeiter- und Bauernmacht ...", drohte Walter Ulbricht im April 1963 (vgl. Jäger 1994: 113), im unmittelbaren Vorfeld der Kafka-Konferenz all jenen, denen die Berufung auf Kafka und dessen Roman „Der Prozeß" zu einer Epochenmetapher geworden war. „Es ist kein Zufall, daß Menschen, die nihilistischen Auffassungen und der ideologischen Koexistenz zuneigen, Formalismus und Abstraktionismus als Waffe im Kampf gegen die sozialistische Ideologie benutzen." (ebd.) Eine partielle Demokratisierung wie im der ČSSR nach 1963 oder eine „Tauwetterperiode"[13] wie in der Sowjetunion hatte es in der DDR nicht gegeben. Im Gegenteil. Versuchen, sich des stalinistischen Korsetts zu entledigen, war 1956/57 mit einer präventiven Verhaftungswelle begegnet worden, von der nicht nur Intellektuelle innerhalb der SED-Hierarchie, sondern auch Autoren wie Erich Loest oder Günter Zehm betroffen waren. Die Prozesse waren „prägende Karrierestationen" (Mitter/Wolle 1993: 280) und bezeichneten, nach dem Ausschalten der Fundamentalopposition[14], Ende der 50er Jahre, für die in den 60er Jahren antretende Autorengeneration die Grenzen kritischen Engagements. So nimmt es nicht Wunder, daß in den ersten Jahren nach dem Mauerbau Initiativen, die auf eine größere kulturelle Eigenständigkeit abzielten, zunächst innerhalb der Strukturen verblieben und sich an den bestehenden Möglichkeiten orientierten.

Überblickt man die Geschichte der kulturellen Dissidenz in den letzten drei Jahrzehnten der DDR, läßt sich eine Bewegung nachzeichnen, die von der kritischen

---

12 Ähnlich kontrovers wird die Bedeutung der politisch alternativen Gruppen diskutiert.

13 „Tauwetterperiode": Zeitraum vom 20. Parteitag der KPdSU 1956 bis zur Entmachtung Chruschtschows 1964, genannt nach dem Titel eines 1954 erschienenen Romans von Ilja Ehrenburg. Das Ende der Tauwetterperiode und die sich 1963 abzeichnende Verschlechterung des kulturellen Klimas führte zum Entstehen der Samisdatkultur. Dies hatte auch Einfluß auf die DDR, da die Gründung von literarischen Gruppierungen, selbstverlegten Zeitschriften, die Durchführung von literarischen Veranstaltungsreihen auch von jüngeren DDR-Autoren aufmerksam verfolgt wurde, wie zum Beispiel von Peter Gosse, der Anfang der 60er Jahre in Moskau studierte.

14 Dazu können Gruppierungen in der Kirche, den Hochschulen und Universitäten wie der „Eisenberger Kreis" gerechnet werden, der Widerstand der Landbevölkerung gegen die Kollektivierung, aber auch die Initiativen der Ostbüros von CDU und SPD.

Partizipation an den Strukturen zu dem Versuch der 70er Jahre führt, die bestehenden Kultureinrichtungen für die eigenen Vorstellungen umzufunktionieren. Dieser Marsch durch die Institutionen wurde 1976 durch die Biermann-Ausbürgerung gestoppt und von einem radikalen Ausschließungs-Verdrängungsprozeß abgelöst, der Ende der 70er Jahre abgeschlossen ist. Nonkonforme Stimmen haben Ende der 70er entweder das Land verlassen oder wurden aus den Institutionen gewiesen. Als sich gegen Ende der DDR für die ausgegrenzte Kunst und Kultur die Möglichkeit einer partiellen Rückkehr in die Strukturen bot, war es für Integrationsangebote bereits zu spät. Die Rückkehr der künstlerischen und subkulturellen Milieus in den offiziellen Kulturbetrieb führte nicht zu dessen Stabilisierung, sondern mündete in seine Auflösung. „Der Überbau ist entmachtet, der Untergrund tot"[15], faßte der Dichter Johannes Jansen die paradoxe Situation zusammen.

Der Mauerbau kann nicht nur als eigentlicher „Gründungstag der DDR"[16], sondern auch als Auslöser für das Entstehen einer zweiten Literatur und Kultur gelten. Da die Möglichkeit, in den Westen auszuweichen, über Nacht versperrt war, waren unangepaßte Künstler und Autoren gezwungen, innerhalb der DDR nach Öffentlichkeits- und Kommunikationsmöglichkeiten zu suchen, um langfristig eine eigenständige künstlerische Infrastruktur aufzubauen. Neben der Gründung von Lesekreisen und literarischen Diskussionszirkeln ist hierbei auf die Herausgabe selbstverlegter Zeitschriften, Bücher und Mappenwerke zu verweisen, auf die Gründung von Wohn- und Ateliergalerien in den 70er und 80er Jahren, auf die Initiativen der Video- und Super-8-Filmszene und auf die Label-Produktionen der Independent-Music-Szene in den 80er Jahren.[17] Ihre Bedeutung für die Literatur-, Kunst-, und Kulturgeschichte der DDR kann nicht hoch genug veranschlagt werden, weil sich hier Innovationen, Trends und der Aufbruch von Künstlergenerationen anbahnten, die inzwischen Teil der gesamtdeutschen Kunst- und Kulturlandschaft sind. Selbstverlegte Zeitschriften konnten durch die verbesserten technischen Möglichkeiten ab Mitte der 80er Jahre in Auflagenhöhen von 12 bis 15.000 verbreitet werden.[18] Eine DDR-weite Bedeutung wuchs ihnen aber erst über die Multiplikation durch west-

---

15 In: LIANE 5, Juni 1989.

16 Dieter Staritz, zitiert nach Emmerich 1996: 178.

17 Man kann heute von insgesamt 30 privaten Lesereihen (die regelmäßig stattfindenden Lesungen im kirchlichen Rahmen nicht eingerechnet), von über 30 selbstverlegten literarischen und ca. 30 politischen Zeitschriften, von einigen Hundert Künstlerbüchern und von über 30 Wohn- und Ateliergalerien ausgehen.

18 So z. B. bei den „Aufrissen", die von Stephan Bickardt und Ludwig Mehlhorn in der Reihe „Radix-Blätter" herausgegeben wurden. Die legendäre politische Zeitschrift „Grenzfall" erreichte eine Auflagenhöhe von ca. 2.000 Exemplaren, während künstlerische Zeitschriften mit Auflagen von ca. 50, in Ausnahmefällen bis zu 200 Exemplaren verbreitet wurden.

liche Sender zu. Allerdings sind diese Aktivitäten nicht mit der Samisdat-Kultur, dem 'zweiten Umlauf' oder der Oppositionskultur in den osteuropäischen Nachbarländern zu vergleichen, denen eine weitaus größere Bedeutung für die Entwicklung einer kulturellen Identität und eines kritischen und oppositionellen Engagements zukam als in der DDR, die sich durch ihre Nähe zum anderen deutschen Teilstaat auch kulturell in einer Sondersituation befand. Was nicht offiziell in der DDR erscheinen konnte, wurde im Westen gedruckt und fand so den Weg wieder zurück. So kann die eigentliche Bedeutung selbstverlegter Zeitschriften weniger in der Verbreitung von Informationen, brisanten Materials oder kritischer Literatur als in der Ausbildung von Gruppenidentitäten gesehen werden. Das läßt sich in gleicher Weise bei den Informationszeitschriften der politisch alternativen Gruppen aufzeigen.

In den 60er Jahren waren die Möglichkeiten zur Etablierung unabhängiger künstlerischer Szenen äußerst beschränkt. Die Gründung eigenständiger Gruppierungen wurde ebenso unerbittlich verfolgt, wie die Abschrift und Weitergabe nicht erwünschter Literatur. Private Initiativen, die sich bewußt in den öffentlichen Raum stellten, wie die von Erich Loest Anfang 1966 als Protest gegen das 11. Plenum initiierten Diskussionsrunden im Foyer der Deutschen Bücherei in Leipzig, waren eher selten. Einen zwar begrenzten, allerdings nicht-öffentlichen Freiraum boten die verschiedenen Zirkel in den Kulturhäusern oder die Nachwuchseinrichtung des Schriftstellerverbandes, die „Arbeitsgemeinschaft Junger Autoren" (AJA).[19] Ursprünglich als kulturpolitisches Förderinstrument installiert, entwickelten sich die Arbeitsgemeinschaften in der partiellen Selbstverwaltung von Autoren[20] schnell zu einem Podium ästhetischer und weltanschaulicher Dissidenz. Die AJA wurde vor allem für die zwischen 1935 und 1940 geborene Autorengeneration zu einem wichtigen Sammlungsort. Aufmerksamkeit und kulturpolitische Verwirrung stiftete eine im Dezember 1962 von der Akademie der Künste organisierte literarische Großveranstaltung, mit der sich die neue Lyrikergeneration paukenschlagähnlich ins öffentliche Bewußtsein brachte. Die Akademieveranstaltung wurde zum Fanal der sogenannten Lyrik-Welle (Berendse 1990; Visser 1994), die bald große Teile der Oberschul- und akademischen Jugend erfaßte. Der gemeinsame Auftritt von Günter Kunert, Adolf Endler, Volker Braun, Rainer und Sarah Kirsch, Wolf Biermann u. a., der sich auch in anderen Städten wiederholte, markierte nicht nur den Bruch mit den ästhetischen Leitbildern des Bitterfelder Weges, sondern auch einen Paradigmenwechsel im politischen Selbstverständnis der Jungen. In den Texten wurde die Mit-

---

19 1947 von Franz Hammer zunächst innerhalb des Thüringer Schriftstellerverbandes als Arbeitskreis junger Autoren ins Leben gerufen, wurde dieses Modell auf die anderen Landes- bzw. Bezirksverbände übertragen.

20 So zum Beispiel in Halle, wo Rainer Kirsch und Manfred Jendryschik mit der Leitung betraut waren.

gestaltung der Gesellschaft, die Reform der als überholt empfundenen Strukturen und die Verwirklichung der sozialistischen Ideale eingeklagt.[21] Heute muß die Lyrik-Welle als literarisches Pendant zu der schnell um sich greifenden Rock- und Beatbewegung gesehen werden, von der die DDR-Jugend etwa zeitgleich erfaßt wurde und in deren Folge sich jugendkulturelle Milieus und subkulturelle Szenen etablierten. Dem Gedicht wuchs, wie dem Rocksong dieser Jahre, multifunktionale Bedeutung zu. Es war zugleich Podium der weltanschaulichen und politischen Auseinandersetzung, kultureller Code, gruppen- und generationsspezifisches Kommunikationsmittel, Medium eines neuen Lebensgefühls und schließlich auch Ersatzöffentlichkeit. Die Rituale der regelmäßig zelebrierten Kritik an Modernismus und Dekadenz dieser Jahre zeigt, daß der ästhetische Regelverstoß durchaus als politischer Affront verstanden wurde. Gefordert war schließlich eine Kunst aus der Perspektive des Leiters und Planers, der von einem neuen Künstlertypus geschaffen werden sollte: „Literatur kann nur von Schriftstellern geschrieben werden, die sich in ihrem Denken, Fühlen und Handeln auf der Höhe der Zeit befinden", so heißt es in einem 1966 verfaßten Rechenschaftsbericht des Schriftstellerverbandes in Halle mit einem unüberhörbaren Seitenhieb auf die jüngeren Autoren Sarah und Rainer Kirsch, Jendryschik, Elke Erb und Dieter Mucke. „Die Höhe der Zeit aber wird zuallererst bestimmt von den Einsichten, Forderungen, Beschlüssen *der* Partei, der wir angehören."[22]

Nachdem nicht nur Wolf Biermanns „Drahtharfe" 1965 im Westen erschienen war, sondern auch Robert Havemann[23] und die Literaturstudentin Helga M. Novak, Bücher im Feindesland veröffentlichen ließen, sah man sich in der Führungsspitze der SED bemüßigt, klarzustellen, wie man die Höhe der Zeit verstanden haben wollte. Das 11. Plenum des ZK der SED rechnete im Dezember 1965 nicht nur mit den libertinären Tendenzen in der Literatur und Kunst ab, sondern auch mit den subkulturellen Milieus, die sich im Umfeld der sogenannten „Gitarren"- und „Tanzmusikgruppen" gebildet hatten.[24] Betroffen war auch das Leipziger Literaturinsti-

---

21 In schneller Folge bildeten sich in der gesamten DDR sogenannte Lyrikzirkel. Vgl. die „Auftakt"-Bände des Verlages Neues Leben und die Jahrgänge der FDJ-Zeitschrift „Forum".

22 Auszüge aus dem Rechenschaftsbericht zur Wahlversammlung der Parteiorganisation des DSV im Bezirk Halle am 28. November 1966. BStU ASt. Halle, Reg. Nr. VIII 905/66, Bd. II/I, 56 (Hervorhebung im Original).

23 Von Havemann erschien bereits 1964 "Dialektik ohne Dogma".

24 So kam es im Vorfeld des 11. Plenums am 31.10.1965 in Leipzig zu sogenannten Beat-Krawallen, als Jugendliche gegen den Anti-Beat-Kurs und das Verbot von Gruppen protestierten. Auch in anderen Städten rückten miteinander konkurrierende Cliquen und jugendkulturelle Szenen in das öffentliche Bewußtsein. So wurden z. B. im November 1966 auf dem Berliner Husemannplatz über 100 Jugendliche zugeführt. Auseinandersetzungen

institut, aus dem zum ersten Mal in der Geschichte der DDR eine ganze Autorengruppe exmatrikuliert wurde.[25] Dieser Vorgang ist insofern von Bedeutung, als ihm Modellcharakter zukommt, prägt er doch immer wiederkehrende Muster im Umgang mit nonkonformen Autoren. Helga M. Novak wurde im Januar 1966 ausgebürgert, die Verbandsaufnahme der relegierten Autoren Andreas Reimann und Dieter Mucke wurde fast ein Jahrzehnt verzögert. Als Antwort auf die Ausgrenzungstaktik gingen aus dem Kreis ehemaliger Literaturstudenten Konzeptionen und Vorbereitungen zur Gründung eines alternativen Schriftstellerverbandes hervor.[26] Das Ausschlußritual wiederholte sich mit der ab Januar 1968 einsetzenden Exmatrikulation von Odwin Quast, Paul Gratzik, Martin Stade, Siegmar Faust, Klaus Bourquain und Gert Neumann. Einige Autoren dieses Kreises schlossen sich in Leipzig zu einer literarischen Gruppierung zusammen, die sich an dem Vorbild der französischen Symbolistengruppe „Nabis" orientierte und etwa bis 1971 bestand.[27] Als spektakulärste Aktion dieses Kreises kann die nächtliche „Motorbootlesung" am 26.6.1986 auf einem Stausee bei Leipzig gelten, die dem bis dahin unbekannten Wolfgang Hilbig bei den Autoren seiner Generation zum literarischen Durchbruch verhalf.[28]

Die Niederschlagung der Prager Reformbewegung im August 1968 löste eine starke Politisierung innerhalb der künstlerischen Gruppierungen und Kommunikationsverbände wie der AJA aus. Während etablierte Autoren den Einmarsch zumindest nicht öffentlich verurteilten, protestierten jüngere Autoren wie Michael Flade und Andreas Reimann in Leipzig, aber auch Oberschüler in Berlin, unter ihnen die Söhne von Robert Havemann, die mit der Liedermacherin Bettina Wegner und dem Dramatiker Thomas Brasch Flugblätter verteilten (Mitter/Wolle 1993: 451-454). Protest kam auch von Reiner Kunze, der aus der SED austrat, während Christa Wolf eine Ergebenheitsadresse formulierte, die nicht verhindern konnte, daß im Jahr

---

zwischen jugendlichen Fans und den Sicherheitskräften gab es auch bei Konzerten, Rockmusik- und Tanzveranstaltungen. Vgl. Mitter/Wolle 1993: 394-400; Rauhut 1993: 165f.

25 Dazu gehörten Dieter Mucke, Helga M. Novak, Kurt Bartsch, Andreas Reimann, Axel Schulze, Frühauf. Helga M. Novak legte man vor allem die intensiven Kontakte zu Robert Havemann zur Last und die Verbreitung von Havemanns Schriften am Institut.

26 Initiativen zur Gründung einer eigenständigen künstlerischen Interessenvertretung lassen sich nur zwei Mal in der Geschichte der DDR-Literatur seit 1961 nachweisen, einmal 1977/78 in Halle und Leipzig, zum anderen 1984 in Berlin.

27 Zu dieser Gruppe gehörten Wolfgang Hilbig, Gert Neumann, Heidemarie Härtl, Siegmar Faust, Michael Flade, der Maler Georges Gnüchtel, in lockerer Form Andreas Reimann und Manfred May. Vgl. Grundmann/Michael/Seuffert 1996: 129f.

28 Es lasen Christian Pech, Gert Neumann, Andreas Reimann. Siegmar Faust trug das Reformprogramm der KPC vor.

darauf der weitaus größte Teil der Startauflage von „Nachdenken über Christa T." eingestampft wurde. Auch wenn sich der Protest in Grenzen hielt, wurde er doch zum Anlaß genommen, 1969 eine spezielle, für die Bearbeitung von Autoren und Künstlern vorgesehene Stasi-Hauptabteilung zu schaffen (Walther/von Prittwitz 1993: 83). Spätestens seit 1968 befaßten sich die Künstlerverbände immer wieder mit „Nachwuchsproblemen"; in deren Folge die FDJ angewiesen wurde, die Talenterekrutierung ideologisch und politisch zu organisieren.[29] 1973 wurden die Arbeitsgemeinschaften Junger Autoren aufgelöst, Autoren wie Rainer Kirsch oder Manfred Jendryschik waren bereits seit längerem ihren Funktionen entbunden worden.

Die Etablierung einer künstlerischen Opposition in den 70er Jahren

Die klassische Moderne hat einen großen Entwurf hinterlassen, der, obwohl bis heute uneingelöst, immer noch Maßstäbe für die Bewertung künstlerischen Engagements setzt. Kernstück dieses Entwurfs ist die Einheit von künstlerischer und politischer Avantgarde und die Überzeugung, daß sich Umbrüche und Paradigmenwechsel in Kunst und Gesellschaft wechselseitig bedingen. In der Tat scheint die Literatur- und Kunstgeschichte dieses Modell zu belegen, denkt man an den russischen Konstruktivismus, an den aktivistischen Flügel des deutschen Expressionismus oder an die Konzepte der Surrealistenfraktion um André Breton oder Luis Aragon. Daß dieses Konzept keineswegs nur ein ideales Konstrukt verkörperte oder als Fremdbestimmung verstanden wurde, belegen zahlreiche Aussagen aus den Kunst- und Oppositionskreisen. Beide berufen sich auf Anstöße und Handlungsmotive, die von der kritischen DDR-Literatur und Kunst ausgegangen seien. „In den meisten oppositionellen Gruppen wurde das politische Engagement mit dem Anspruch einer alternativen Kultur verknüpft", erinnert sich Ulrike Poppe, Mitinitiatorin der Initiative „Frauen für den Frieden". Es ging „immer auch um Opposition gegen den uns aufoktroyierten Lebensstil, gegen die befohlene Ästhetik".[30] Auch der Mitbegründer der „Initiative für Frieden und Menschenrechte" und spätere Stasi-Auflöser Werner Fischer betont: „Wir wollten eine zweite Ebene der Gesellschaft und der Kultur installieren, mit eigenen Lesungen in Wohnungen, eigenen Kinderläden und anderem mehr." (Findeis/Pollack/Schilling 1994: 101) „Die Literatur hatte

---

29 Aus dieser 1966 erteilten Anweisung entstand die FDJ-Poetenbewegung, die ihr erstes Zentrales Poetenseminar im Sommer 1970 in Schwerin durchführte.

30 Ulrike Poppe war Mitinitiatorin der Gruppe „Frauen für den Frieden", der „Initiative für Frieden und Menschenrechte" und Mitgründerin der Bürgerbewegung „Demokratie Jetzt".

überhaupt für mich immer eine gewisse orientierende Wirkung, Manes Sperber zum Beispiel, all diese Standardliteratur, die man damals fast als Pflichtlektüre aufgenommen hat. An Personen müßte ich sicher Biermann nennen ..." (Findeis/Pollack/Schilling 1994: 107) Mitunter wird auch konkret auf das Vorbild von Autoren verwiesen, so z. B. auf Christoph Heins Plädoyer für die Abschaffung der Zensur auf dem 10. Schriftstellerkongreß. „Durch das, was sich in den Künstlerverbänden, bei den bildenden Künstlern, noch mehr als bei den Schriftstellern, tat", so betont der Mitherausgeber der „Radix-Blätter", Ludwig Mehlhorn, merkte man, daß es überall gärte und sich auch dieses Milieu innerlich auf die Wende vorbereitete. Es bedurfte dann eines Auslösers, um den Dammbruch zu verursachen." (Ludwig Mehlhorn, in: Findeis/Pollack/Schilling 1994: 161)

Zwei Beispiele für die geglückte Identität von künstlerischem und oppositionellem Engagement, die eine besonders große Ausstrahlung bis in die 80er Jahre hatten und wichtige Orientierungs- und Handlungsmuster prägten, sollen an dieser Stelle benannt werden. Es ist dies zum einen das Vorhaben von Klaus Schlesinger, Ulrich Plenzdorf und Martin Stade, 1974 bis 1976 eine zensurfreie Autorenanthologie unter dem Titel „Berliner Geschichten" herauszubringen, zum anderen die etwa zeitgleich von Bettina Wegner und Klaus Schlesinger initiierten Veranstaltungsreihen „Eintopp" und „Kramladen". Mit der Anthologie versuchten die Herausgeber, die gängige Zensurpraxis in Frage zu stellen und zu einer grundsätzlichen Änderung bei Veröffentlichung von Literatur zu kommen. Das Werk sollte nicht von einer einzelnen Person, einem Verlag oder dem übergeordneten Ministerium verantwortet werden, sondern von der Gesamtheit der beteiligten Autoren. Ungewöhnlich war auch die basisdemokratische, auf Transparenz ausgerichtete Arbeitsweise, der Symbolwirkung zukam. Jeder Schritt der Lektorierung und Gestaltung des Buches wurde öffentlich gemacht und den anderen Autoren zur Diskussion gestellt. Damit wurde die bis dahin übliche Praxis, Kritik nur intern und hinter verschlossenen Türen zu formulieren, von vornherein durchbrochen. „Das Unternehmen deutet doch eindeutig darauf hin, die Arbeit der Verlage auszuschalten und ultimativ ein fertiges Manuskript durchzusetzen. Das sei eine Methode", empörte sich Hermann Kant, die „in unserer sozialistischen Gesellschaft jeglicher Existenzgrundlage entbehre."[31] War es im November 1974 auf einer Mitgliederversammlung des Berliner Bezirksverbandes zu Unruhen gekommen, als Stefan Heym, unterstützt von Schlesinger, Plenzdorf, Seyppel und Stade, die Abschaffung der Zensur forderte, blieb dies noch ohne Folgen, weil die Forderung nicht in die Öffentlichkeit getragen wurde. Im Gegensatz dazu, büßte die Anthologie, als sie Anfang 1976 verboten wurde, nichts an ihrer Ausstrahlung ein, da sie durch zahlreiche privat organisierte Lesungen weiter-

---

31 Analyse des Informationsaufkommens zum operativen Material "Selbstverlag" [vom 31.1.1976], in: Plenzdorf/Schlesinger/Stade 1995: 294.

hin Verbreitung fand. In Leipzig führte die Vorstellung der Anthologie zur Gründung einer mehrjährigen Lesereihe, dem „Leipziger Literaturkreis", an dem sich neben den Anthologie-Autoren Gert Neumann, Heidemarie Härtl und Martin Stade u. a. auch Wolfgang Hilbig, Peter Brasch, Gunter Preuß, der Lektor Wilfried M. Bonsack[32] und der spätere Initiator des Sozialen Friedensdienstes, Christoph Wonneberger, beteiligten. Zum anderen diente die Sammlung als Modell für spätere Unternehmungen und Versuche, Autoreneditionen[33] zu gründen und die Druck- und Veröffentlichungspraxis zu ändern. Nachfolgeprojekte waren zum Beispiel die von Franz Fühmann 1980/81 initiierte Akademie-Anthologie[34], eine Sammlung von 30 jüngeren Autoren, deren Texte nicht publiziert werden durften und die 1985 von Elke Erb herausgegebene Sammlung „Berührung ist nur eine Randerscheinung", die zum ersten Mal die in den 50er Jahren geborene Autorengeneration vorstellte.

Die von Bettina Wegner und Klaus Schlesinger 1974 am Berliner Haus der Jungen Talente ins Leben gerufene Reihe „Eintopp" und die im Jahr darauf folgende Reihe „Kramladen" verdienen nicht nur ihres hochkarätigen literarischen Programms wegen Erwähnung.[35] Interessanter als die Lesungen gestalteten sich die anschließenden Diskussionsrunden, die sich schnell um grundsätzliche Fragen des politischen Lebens drehten. Die Reihen waren nicht nur Umschlagplatz neuer Literatur und Autoren, sie entwickelten sich auch zu einem politischen Forum, auf dem der Meinungsstreit gelernt und der demokratische Umgang miteinander geübt werden konnte. Aus den literarischen Diskussionen konstituierte sich nach und nach eine politische Öffentlichkeit, in der immer offener über Möglichkeiten einer Veränderung der DDR diskutiert wurde. Das kritische Selbstverständnis und die öffent-

---

32 Vom Leipziger Literaturkreis inspiriert, gründete Bonsack Ende der 70er Jahre eine ähnliche literarische Veranstaltungsreihe in Berlin, die bis weit in die 80er Jahre Bestand hatte und an der sich beispielsweise Adolf Endler, Elke Erb und Andreas Koziol beteiligten. Bonsack trat in den 80er Jahren auch als Herausgeber in Erscheinung.

33 Als Vorbild der Anthologie diente ganz offensichtlich der osteuropäische Samisdat: „Dieser Gedanke besteht darin, den angestrebten 'Autoren-Verlag' als Fernziel anzustreben und sich jetzt mehr auf eine Art 'Autoren-Edition' zu beschränken, wofür man Beispiele aus der UdSSR, Polen und anderen sozialistischen Ländern heranziehen könnte." (Plenzdorf/Schlesinger/Stade 1995: 272.)

34 Das Verbot der Akademie-Anthologie Ende 1981 führte u. a. zum Gründungsbeschluß von Bezirksliteraturzentren und zur Einschränkung des Status freier Schriftsteller. Vgl. Michael1993: 202-216; vgl. auch Boden 1993: 217-227.

35 Im „Eintopp" lasen u. a.: Thomas Brasch, Volker Braun, Jürgen Fuchs, Stefan Heym, Hermann Kant, Uwe Kolbe, Manfred Krug, Wolfgang Mahel, Ulrich Plenzdorf, Richard Pietraß, Helga Schütz, Martin Stade, Frank-Wolf Matthies, Armin Müller-Stahl und Christa Wolf. Im „Kramladen" traten u. a. Jurek Becker, Jan Koplowitz, Sarah Kirsch, Klaus Schlesinger, Bettina Wegner, Peter Will und Gerulf Pannach auf.

liche Teilnahme des Publikums erwies sich nicht zuletzt als wirksamer Schutz gegen die zahlreichen Versuche, Einfluß auf die Reihe zu nehmen. Als die Leitung des Kulturhauses nach einem dreiviertel Jahr verkündete, daß Bettina Wegner abgesetzt und die Reihe beendet wäre, gründete sich spontan ein Publikumsbeirat, dem es gelang, die Veranstaltungen gegen alle behördlichen Widerstände noch über ein Jahr weiterzuführen. Als Vorbild dienten die Studentenbewegung des Westens, jugoslawische Modelle der Arbeiterselbstverwaltung, vor allem aber reformsozialistische Vorstellungen aus dem Umfeld des Prager Frühlings. Das Modell einer Veranstaltungsreihe, deren Gestaltung in der alleinigen Verantwortung der Beteiligten lag, wurde auch andernorts übernommen, so z. B. vom Jenaer „Arbeitskreis für Literatur und Lyrik", dem u .a. Lutz Rathenow angehörte und der enge Kontakte zu Bettina Wegner, Wolf Biermann und Jürgen Fuchs pflegte. Generell ging es „um die Demokratisierung des gesellschaftlichen Lebens in der DDR", gab einer der Hauptakteure des Arbeitskreises nach seiner Verhaftung zu Protokoll. Es sei festzuhalten, „daß es uns nicht schlechthin um eine Oppositionsstellung zu den gesellschaftlichen Verhältnissen in der DDR ging. Vielmehr bestand unser Anliegen darin, [...] für die konsequente und praktische Umsetzung unserer kommunistischen Ideale, den Sozialismus in der DDR demokratischer zu gestalten, im gesamten gesellschaftlichen Leben"[36] einzutreten.

Wichtig wurden die Reihen nicht nur durch die Möglichkeit des relativ freien Austausches politischer Ideen, sondern weil sie für viele Beteiligte Auswege aus der allgemeinen Orientierungskrise wiesen und Handlungsmuster anboten. Auch wenn Klaus Schlesinger im Nachhinein betont, „den Begriff der Opposition" ablehnen zu müssen, „weil er uns zu eng schien, zu sehr auf den westlichen Parlamentarismus bezogen, dessen heimliche Verehrer wir auf keinen Fall sein wollten..." (Schlesinger 1992: 128), gaben die Lesereihen doch Anstöße für oppositionelles Handeln oder stellten zumindest den Kontakt zwischen Oppositionellen her. Die von den inoffiziellen Zuträgern erstellten Anwesenheitslisten erscheinen im Nachhinein wie das *Who is Who* der Opposition. Hier lernten sich ein Teil der Mitglieder der späteren Oppositionsgruppe „Initiative für Frieden und Menschenrechte" kennen. Hier beteiligten sich die späteren Gründer der Umweltbewegung, Wolfgang Rüddenklau und Carlo Jordan, die bereits seit Anfang der 70er Jahre in anderen Bereichen aktiv waren.[37] Nachdem die Reihen verboten worden waren, ging ein Teil der Initiatoren

---

36 Vernehmungsprotokoll vom 19.1.1977. BStU ASt. Gera, Reg.-Nr. XV 6414/80, Bd. 1, 119.

37 Wolfgang Rüddenklau und Carlo Jordan arbeiteten im sogenannten „Arbeiter- und Studentenklub" des Kreiskulturhauses in Berlin-Mitte zusammen, waren an vielfältigen Aktionen beteiligt, wie z. B. 1971 am Druck und der illegalen Verbreitung von Biermann-Texten.

zum direkten Protest über. Anfang 1977 wurden die ehemaligen Beiratsmitglieder des „Eintopp" und „Kramladens" wegen „Verbreitung von staatsfeindlichen Schriften"[38] verurteilt. Die Reihe der Aktivitäten ließe sich beliebig bis zum Herbst 1989 fortführen. Im privaten Kreise fortgesetzt wurden die Lesungen und politischen Diskussionen Ende der 70er Jahre in der Wohnung von Frank-Wolf Matthies[39], der mit Uwe Kolbe zu den jüngeren, erstmals vorgestellten Autoren des „Eintopp" zählte. Nach der Ausreise von Matthies wurde dessen Modell eines politisch-literarischen Salons durch Gerd Poppe fortgeführt (vgl. Poppe 1993: 228ff.).

Nachdem die Hoffnungen der frühen 70er Jahre gescheitert waren, den DDR-Sozialismus schrittweise zu demokratisieren, verlagerten sich viele kulturelle und künstlerische Aktivitäten entweder in den Schutzraum der Kirche oder in den privaten Bereich. Neben den zahlreichen Veranstaltungen in Privatwohnungen, Dachböden und Ateliers, ist eine zweite Form des privaten Rückzuges oder Verlagerung von Initiativen zu beobachten: die sogenannte Landhausbewegung. Viele der Initiatoren der unterdessen geschlossenen oder umstrukturierten Klubs, Zirkel und Veranstaltungsreihen zogen sich auf das Umland der Großstädte zurück, mieteten oder kauften Häuser und versuchten auf diese Weise, wenigstens einen Teil der alternativen Vorstellungen und Konzepte privat oder im Freundeskreis zu verwirklichen. Ihnen folgten nach der Biermann-Affäre zahlreiche Maler, Bildhauer, Schauspieler und Autoren.[40]

Paradigmenwechsel der ästhetischen und politischen Leitbilder - Mißverständnisse und Differenzen in den 80er Jahren

Nach dem Scheitern der Demokratisierungsbestrebungen ist eine spürbare Abkehr von reformsozialistischen Hoffnungen zu konstatieren. Rudolf Bahros „Alternative" fand zwar DDR-weit Beachtung, löste aber weder einen qualitativen Zuwachs in

---

38 Rudolf Moldt, Rupert Schröter und Reiner Langenau hatten gegen die diffamierende Berichterstattung über den Freitod des Pfarrers Brüsewitz im Sommer 1976 einen offenen Brief mit der Forderung an Erich Honecker gerichtet, daß sich die Partei von diesen Darstellungen distanzieren sollte. Vgl. Protokoll der 67. Sitzung 1995: 94.

39 Zu den Teilnehmern der Lesungen bei Frank-Wolf Matthies zählten u. a. auch Robert Havemann, Gerd Neumann, Wolfgang Hilbig, Gerd Poppe, Lutz Rathenow, Uwe Kolbe, Rüdiger Rosenthal, Bärbel Bohley, Elke Erb, Adolf Endler.

40 Joachim Walther, als Lektor des Buchverlages "Der Morgen" an der Autoren-Anthologie „Berliner Geschichten" beteiligt, sprach in diesem Zusammenhang sogar von einer 'inneren Emigration'. Vgl. Arnold 1990ff. (Stichwort: Walther, Joachim)

118

der oppositionellen Theoriebildung noch in den Organisationsformen politischen Protests aus. Auch der 1978 stattfindende Prozeß gegen Bahro fand unter kritischen Intellektuellen und Künstlern lediglich Beachtung, zum Fanal wurde er ebensowenig wie das im gleichen Jahr veröffentlichte „Spiegelmanifest" kritischer SED-Funktionäre. Zwei Jahre später konstatierte Lutz Rathenow, der sich von den jüngeren, Mitte der 50er Jahre geborenen Autorengeneration noch am ehesten dem Typus des politischen Autors in der Nachfolge von Jürgen Fuchs oder Wolf Biermann verpflichtet fühlte: „Es ist zu verzeichnen, daß die Haltung Biermanns auf viele, die noch 1975/76 hinter ihm standen, nicht mehr richtig wirkt."[41] Zwischen der Ausweisung Biermanns und dem Beginn der 80er Jahre hatte sich offensichtlich ein Paradigmenwechsel vollzogen, der die politischen und ästhetischen Leitbilder veränderte. „Bei denen, die versuchen zu schreiben, gibt es eine breite Palette von Vorbildern"[42], resümiert Rathenow. „Es gibt das, was vor 10 Jahren schon da war, auch den Brecht, aber es ist viel hinzugekommen."[43] Diese Distanz zum politischen und kulturellen Modell Biermanns wird von der jüngeren Generation auch auf jene politisch alternativen Gruppen übertragen, die diesem Oppositions- und Sozialismuskonzept verpflichtet sind. Das Modell einer engagierten, eingreifenden politisch intendierten Literatur und Kunst wird nicht nur von den jüngeren Autoren, sondern auch von den älteren Schriftstellern als nicht mehr zeitgemäß empfunden. Das läßt sich nicht nur an der Leitfigur Sascha Anderson belegen, der sich sowohl im MfS-Auftrag, als auch aus eigener Überzeugung für eine Entpolitisierung der Kunstszenen einsetzte, sondern auch bei Autoren, deren politisches Engagement unbestritten ist wie bei Adolf Endler, Elke Erb oder Jan Faktor. So plädierte Elke Erb für eine Abkehr von der politischen Rhetorik in der Nachfolge Brechts, Biermanns und Volker Brauns (Erb 1980: 293)[44] während sie sich zu gleicher Zeit in der von Katja Havemann, Ulrike Poppe und Bärbel Bohley initiierten Initiative „Frauen für den Frieden" engagierte. Jan Faktor, der aus dem Umfeld der „Charta 77" Ende der 70er Jahre in die DDR kam, erklärte die politische Literatur kurzerhand zur Trivialpoesie[45]. Daß diese Absagen von fundamentaler Bedeutung waren, belegen nicht nur die Selbstaussagen von Autoren dieser Generation, sondern auch die vehementen Reaktionen Volker Brauns[46] und Wolf Biermanns[47].

---

41 BStU ASt. Gera, Reg.-Nr. XV 6414/80, Bd. 4, 290.

42 Ebd.

43 Ebd.

44 Kernthesen daraus finden sich in: Michael/Wohlfahrt 1992: 293.

45 Jan Faktors „Manifeste der Trivialpoesie" erschienen ab 1981 in der selbstverlegten Zeitschrift „und". Wieder in: Faktor 1989.

46 Volker Braun: „Unsere vermeintlichen Neutöner, Hausbesetzer in den romantischen Quartieren (wo sie sich ordentlich führen), sind wohl gute Anschaffer, die fleißig auf den

Anfang der 80er Jahre kommt es zu einem nachhaltigen Differenzierungsprozeß zwischen den Milieus. Man kann sogar von einer Aufspaltung in ein künstlerisches und ein oppositionelles Milieu sprechen. An den späteren Gruppen der Bürgerbewegung sind Autoren, im Gegensatz zu den 70er Jahren, kaum noch vertreten. Mit dem Generationswechsel hat sich auch ein Wechsel in den Formen der Protestkultur vollzogen. Die jüngere Generation identifizierte sich weder mit der DDR noch mit dem Sozialismus, auch nicht in einer reformierten Version, und lehnte daher auch das Nachdenken über eine Umgestaltung des DDR-Sozialismus ab. Stellvertretend dafür steht ein Akrostichon, das Uwe Kolbe 1983 in eine Debütanten-Anthologie des Mitteldeutsche Verlages schmuggelte. Dort heißt es: „Eure Maße sind elend. Euren Forderungen genügen Schleimern. Eure ehemals blutige Fahre bläht sich träge zum Bauch. Eurem Heldentum, den Opfern widme ich einen Orgasmus. Euch mächtigen Greise zerfetze die tägliche Revolution." (Kolbe 1981: 82ff.) Der Sozialismus erschien als Entsorgungsproblem seiner Gründer. „Die DDR ist eine Kolonie", schrieb der rumäniendeutsche Dichter Richard Wagner 1988 in der selbstverlegten Leipziger Zeitschrift „Anschlag". Damit war automatisch die Frage aufgeworfen, ob man eine Kolonie verbessern sollte. Er traf damit die allgemeine Stimmung unter den jüngeren Autoren. Obwohl man sie keineswegs als apolitisch oder apologetisch bezeichnen kann, enthielten sie sich zum großen Teil der direkten politischen Artikulation. Mit den Vorteilen dieser Strategie waren zugleich auch deren Nachteile verbunden. Mit der Weigerung, am politischen Diskurs der DDR und an dem der politischen Opposition teilzunehmen, verweigerte die jüngere Generation auch die Teilnahme an den ab dem Machtantritt Gorbatschows möglich gewordenen Veränderungen. Zugleich verweigerten sie sich der 1989er Wende, die zum überwiegenden Teil von jenen getragen wurde, die bereits in den 70er Jahren aktiv waren.

Vorbehalte gegenüber den „Ästheten" blieben darum nicht aus. Das wurde z. B. auf einer Zusammenkunft von Autoren und Oppositionellen deutlich, auf der 1981 ein von Havemann und Eppelmann verfaßter und an Leonid Breschnew gerichteter offener Brief gegen die Stationierung von Atomraketen diskutiert und zur Unterzeichnung vorgelegt wurde. Nachdem Gert Neumann die Vorstellung seines Romans „Elf Uhr" beendet hatte, war Robert Havemann eingeschlafen, während Eppelmann die geringe Massenwirksamkeit bemängelte. Diese Episode verdeutlicht,

---

Putz hauen. Hucker, nicht Maurer.", in: Sinn und Form 5 (1995), wieder in: Michael/Wohlfahrt 1992: 289.

47 Wolf Biermann faßte seine grundlegenden Vorbehalte gegen die ästhetischen und politischen Vorstellungen der jüngeren Autorengeneration des Prenzlauer Bergs bereits lange vor den Stasi-Debatten in einem Brief an Ekkehard Maaß aus dem Jahr 1988 zusammen (Biermann 1990: 155-172).

daß offenbar recht unterschiedliche Vorstellungen über die Funktion von Literatur und Kunst bestanden: Hier die Auffassung, daß Kunst als Medium der Aufklärung und politischen Mobilisierung zu dienen habe, dort der Anspruch auf künstlerische Autonomie auch bei jenen Autoren, die, wie Gert Neumann, zu den wichtigen Stimmen nonkonformer Literatur zählten. Nicht nur zwischen den oppositionellen und künstlerischen Milieus wurden die Brüche sichtbar, auch innerhalb der Kunst- und Literaturszenen setzten Anfang der 80er Jahre Differenzierungsprozesse ein, die zu einer Vielzahl von Subszenen führten. Deren Verschiedenartigkeit läßt sich am besten anhand der selbstverlegten Periodika nachvollziehen. So gab es mit der Edition „Koma-Kino" ein Medium für Schmalfilmer, mit „Ariadnefabrik" eine Zeitschrift für Essayistik oder ein Periodikum, das sich unter dem Titel „Verwendung" der Übersetzung fremdsprachiger Literaturen verschrieben hatte (Henkel/Russ 1991).

Hinzuweisen wäre auch auf grundlegende Unterschiede zwischen den als politisch geltenden Autoren- und Künstlerkreisen[48], der Künstler- und Autorenszene des sogenannten „alten" Prenzlauer Bergs[49] und dem eher avantgardistisch ausgerichteten Teil der seit Anfang der 80er Jahre auf dem Prenzlauer Berg ansässigen Kunstszene[50]. Während der „alte" Autorenkreis um Uwe Kolbe, Bernd Wagner u. a. sich 1984 für die Gründung eines unabhängigen Künstlerverbandes einsetzten, um einen wirksamen Schutz der eigenen Interessen gegenüber der Staatsmacht und Kulturpolitik zu schaffen, wurden diese Bestrebungen durch die Verweigerungshaltung des Sascha-Anderson-Kreises torpediert. Das Scheitern dieser Bemühungen läßt sich nicht allein auf eine intelligente MfS-Politik zurückführen, die die Differenzen zwischen politisch ambitionierten und politisch weniger interessierten Autoren verstärkte, sie liegt auch in der unterschiedlichen Rezeption literarischer Vorbilder begründet. Autoren wie Bert Papenfuß, Stefan Döring, Eberhard Häfner oder Anderson orientierten sich eher an einem an Baudelaire geschulten Begriff von Modernität. Der durch Baudelaire verkörperte Dichtertypus möchte nicht verstanden werden, er möchte verblüffen. Schock ist seine Devise, nicht langwierige Basisarbeit. Normalität und soziale Verantwortung ist ihm ein Greuel. Wenn er eine Verpflichtung anerkennt, so einzig die zu einer besonderen Rhetorik. Allerdings gibt es einen vehementen Unterschied. Baudelaire setzte seinen Typus des Dandys strikt von der Sphäre des Bürgertums ab, zu der auch die Sphäre des Staates gehörte. Der

---

48 Hierzu wären u. a. Lutz Rathenow, Bärbel Bohley, Stefan Krawczik oder Rüdiger Rosenthal zur rechnen.

49 Mit Uwe Kolbe, Katja Lange-Müller, Lothar Trolle, Bernd Wagner und den Malern und Bildhauern Reinhard Stangl, Anatol Erdmann, Hans Scheib und Karla Woisnitza.

50 Dazu zählten Sascha Anderson, Stefan Döring, Bert Papenfuß und die Maler Cornelia Schleime, Ralf Kerbach, Helge Leiberg u. a.

exklusive Zynismus beruhte allein auf der rhetorischen Überlegenheit des Dichters, nicht auf dem machtgeschützten Zynismus der Stasi-Anbindung. Dennoch: Auch bei den einst politisch Engagierten setzte nach 1989 ein Reflexionsprozeß über die Grenzen der Funktionierung von Kunst und Literatur ein, wenn z. B. Bärbel Bohley 1990 resümiert: „Ich denke, daß es ein Fehler war, daß wir damals immer versucht haben, die Partei und den Staat dahin zu bringen, sich selbst ernstzunehmen und die ganzen Worthülsen wie Solidarität, Völkerfreundschaft, Recht und Sozialismus mit Inhalten zu füllen. Dadurch waren unsere Aktionen oft so appellartig." (Findeis/Pollack/Schilling 1994: 52)

Zu einer Theorie der zweiten Kultur

Generell steht der Sozialwissenschaftler wie der Literaturhistoriker vor dem Problem, die Phänome kultureller Dissidenz und kreativer künstlerischer Verweigerung begrifflich fassen und methodisch aufarbeiten zu wollen. Es hat sich eingebürgert, mit dem Begriff „Kulturopposition" all jene Aktivitäten zu bezeichnen, die nicht nur im kulturellen Bereich auf eine Reform der Verhältnisse und auf eine größere Öffentlichkeit drängten, sondern sich auch in Widerspruch zum politischen System begaben.[51] Gleichwohl bleibt der Begriff ungenau, da er zwei verschiedene Phänomene zu vereinen sucht, die sich nicht immer vereinigen lassen, wie ein Blick auf die Differenzen zwischen den politischen und künstlerischen Gruppierungen der 80er Jahre zeigt. Im Gegensatz zu den politisch alternativen oder oppositionellen Gruppen, die für eine generelle Reform der DDR und für einen Umbau des politischen Systems eintraten, zeigt sich, daß das kritische Engagement von Künstlern und Schriftstellern in der Regel auf die Durchsetzung individueller Freiheiten beschränkt blieb. Aus diesem kleinen, aber wichtigen Unterschied speisten sich eine Reihe von Mißverständnissen und wechselseitigen Vorbehalten. So ging es Autoren meist nicht um die Abschaffung des Systems, sondern um die Korrektur von Zensurentscheidungen.

---

51 Ausgenommen sind hier Positionen wie die von Rainer Schedlinski, langjähriger Herausgeber der essayistischen Zeitschrift „Ariadnefabrik", der Ende 1988 schrieb: „Ich denke, ich spreche für viele Autoren nicht nur unseres Heftes, wenn ich sage, daß der autonome Literaturbetrieb (oder wie immer man es nennen will), sich nie bewußt als eine Alternative zum Offiziellen verstanden hat ..." Schedlinski, Rainer: An das Literaturinstitut der Akademie der Wissenschaften, in: Koziol/Schedlinski 1990: 203. Weiter heißt es: „Tatsächlich war es ja nie eine freie Entscheidung, offiziell als Autor zu gelten oder nicht ..." (ebd.)

Ebenso unzutreffend wäre es, die subkulturellen Erscheinungen und künstlerischen Szenen als „Gegenkultur"[52] zu interpretieren, da Gegenkultur als „politisch intendierter Mobilisierungsbegriff" verstanden werden kann, der in das Umfeld politischer Parteien und Bewegungen anzusiedeln wäre. Er ist einer klaren politischen Zielsetzung verbunden und zeichnet sich durch eine strukturelle Abgrenzung von der vorherrschenden Kultur aus. Mit dem Begriff der Gegenkultur sind die Begriffe von Widerstand und Opposition[53] eng verknüpft.

Gegenkulturelle Initiativen übernehmen dabei ganz bewußt Strukturen, Ausdrucksformen, Methodeninventar und Verbreitungsmöglichkeiten der vorherrschenden Kultur.

Statt dessen empfiehlt es sich, von einer 'zweiten Kultur' zu sprechen. Der Begriff umfaßt in erster Linie die aus der Öffentlichkeit und dem Kulturbetrieb der DDR ausgegrenzten kulturellen Erscheinungen und künstlerischen Initiativen, Richtungen und Personen. Er ist erst in zweiter Hinsicht eine Protestkultur. Mit dem Begriff der 'zweiten Kultur' können all jene künstlerischen Aktivitäten und kulturellen Erscheinungen gefaßt werden, die sich außerhalb des Kulturbetriebs ansiedelten oder in Eigenverantwortung der betreffenden Künstler auf die Demokratisierung und Umfunktionierung der Institutionen zielten und eine eigenständige öffentliche Wirkung beanspruchten (Michael 1995: 1637). Im Gegensatz zu gegenkulturellen Konzepten sind die der zweiten Kultur zuzurechnenden Erscheinungen weder homogen, noch mit einer eindeutigen politischen Zielsetzung verbunden.[54] Die Vermeidung der politischen Festlegung muß durchaus als konstitutives Moment berücksichtigt werden, untersucht man beispielsweise die Selbstaussagen von Autoren aus der Literaturszene des Prenzlauer Bergs (Anderson/Erb 1985; Hesse 1988; Koziol/Schedlinski 1990; vgl. Rüther 1991: 164). Das bedeutet, daß sich die Kate-

---

52 Ulrike Poppe, Rainer Eckert und Ilko-Sascha Kowalczuk (1995: 19) sprechen im Vorwort zu dem von ihnen herausgegebenen Sammelband 'Zwischen Selbstbehauptung und Anpassung. Formen des Widerstandes und der Opposition in der DDR' recht mißverständlich von den „vielfältigen Strömungen einer nichtoffiziellen Gegenkultur". Der Begriff der Gegenkultur wird dabei synonym mit dem Begriff der „zweiten Kultur" verwandt (25).

53 Opposition: Gekennzeichnet durch politische Zielstellungen bzw. eine allgemein verbindliche Programmatik, durch eine größere personelle Basis, einen relativ hohen Grad der Organisiertheit und durch den Anspruch auf Öffentlichkeit. Martin Gutzeit (1993: 84) sah Opposition dort gegeben, wo „eigene politische Ansprüche artikuliert" wurden, wo man „öffentlich und selbstbewußt die totalitären Ansprüche der SED" zurückwies und Organisationsformen zur Durchsetzung der eigenen politischen Vorstellungen entwickelte.

54 Dieser Begriff ist streng von Lenins Bestimmung der zweiten Kultur zu unterscheiden. In der Schrift „Kritische Bemerkungen zur nationalen Frage" ging Lenin bis 1917 von der Theorie aus, daß es zwei Kulturen innerhalb jeder Nationalkultur gäbe, eine nationale Kultur der Herrschenden und eine internationale Kultur des Proletariats.

gorien 'Opposition' und 'Widerstand' nur als bedingt tauglich zur Beschreibung kultureller und künstlerischer Prozesse erweisen. 'Zweite Kultur' ist als integrativer Sammelbegriff zu verstehen, der sowohl politisch intendierte Absetzbewegungen aus dem Bereich des offiziellen Kulturbetriebs einschließt, als auch jene Richtungen, die aus dem Kanon der 'ersten Kultur' ausgeschlossen wurden. Die Grenzen zwischen beiden Sphären sind fließend und von der jeweiligen politischen Großwetterlage abhängig. Es zeigt sich, daß Autoren zu gleicher Zeit sowohl offiziell als auch inoffiziell, z. B. im Samisdat, präsent sein konnten.[55]

Schließlich sei auf einen weiteren Grund hingewiesen, der den Begriff der zweiten Kultur ratsam erscheinen läßt. Seit Mitte der 70er Jahre taucht der Begriff auch in den Analysen, konzeptionellen Vorlagen und Direktiven des Partei- und Sicherheitsapparates auf, in denen von der Gefahr einer Etablierung oder Legalisierung der sogenannten „zweiten Literatur", „zweiten Kultur" oder „alternativen Kunst" gesprochen wird.[56] Eine klare definitorische Festschreibung, die Inhalt und Anwendung des Begriffes „zweite Kultur" bestimmt, ist, im Gegensatz zu den Termini „politische Untergrundtätigkeit" oder „politisch-ideologische Diversion", deren Gebrauch in Dienstanweisungen, Richtlinien und Lehrmaterialien eindeutig geregelt ist, nicht auszumachen.[57] Dennoch lassen sich eine Reihe von Zuordnungsmustern herausarbeiten, die meist von außerästhetischen Kriterien dominiert werden[58], wäh-

---

55 So z. B. der Dichter Alexander Twardowski, langjähriger Herausgeber der Literaturzeitschrift „Nowij Mir", der mit kritischen Texten auch im Samisdat verteten war. Als DDR-Autoren wären die Dichter Johannes Jansen oder auch Uwe Kolbe zu nennen, von dem zwar drei Gedichtbände erscheinen konnten, der aber gleichzeitig als Mitherausgeber der nichtoffiziellen Zeitschrift „Mikado" unter der Hand Passagen aus seinem Band „Bornholm 2" verbreitete, die der Zensur zum Opfer gefallen waren.

56 So z. B. über die Leipziger Galerie „Eigen+Art" BStU Ast. Lpz. ZMA AKG 4974, 27.

57 Die Begriffe „alternative Kunst", „alternative Kultur", „zweite Kultur" bzw. „zweite Literatur" werden in den Unterlagen des Staatssicherheitsdienstes stets synonym verwandt.

58 Außerkünstlerische, rein formale Kriterien sind z. B. 1. der Grad der institutionellen Einbindung (Künstlerverband, 'gesellschaftliche Träger'); 2. der Verdacht auf feindlichen Zusammenschluß; ob sich 3. die Initiativen auf 'negative' Vorbilder berufen (Autoren wie Fühmann, Biermann); ob 4. eine Verletzung des Strafgesetzbuches (z. B. staatsfeindliche Hetze) oder der Veranstaltungsordnung vorliegt; 5. ob Kontakte zu westlichen Verlagen und Korrespondenten bestehen. Künstlerische Kriterien sind: 1. die Einhaltung der Prinzipien des sozialistischen Realismus (Parteilichkeit, Volksverbundenheit, realistische Darstellungsweise, positives Heldenbild); 2. ob eine Übernahme des dekadenten westlichen Formenkanons zu verzeichnen ist (dazu zählten allgemein alle Strömungen der Avantgarde und klassischen Moderne); 3. ob eine 'Verabsolutierung von Mängeln und sogenannter sozialismusfremder Einzelerscheinungen' überwiegt; 4. ob unter Mißbrauch des 'kulturellen Erbes' und anderer Vorlagen versteckt Kritik geübt wird; 5. ob Pessimismus, Existenzangst und Unsicherheit verbreitet werden sollen.

rend ästhetische Bewertungskriterien den allgemeinen Richtlinien zur aktuellen Kunst- und Kulturpolitik der SED entnommen sind. Zwischen „Kunst" und „Kultur" wird selten unterschieden, beide Begriffe werden als Zuschreibungsformeln gehandhabt, die allerdings nur unter dem Stichwort „Mißbrauch" von Kunst und Kultur Verwendung finden.[59]

Abschließend wäre darauf hinzuweisen, daß die Gründe für das Entstehen einer „zweiten Kultur" weit weniger im bewußten Widerstand zum Staat aufzusuchen sind, als in einer Erfahrung der kulturellen Desintegration.[60] Der Begriff der 'zweiten Kultur' schließt die lebensweltliche Ausrichtung des künstlerischen Engagements ein, da es immer auch darum ging, neue Kunstauffassungen mit alternativen Lebenskonzepten zu verbinden.[61] Statt den Begriff der 'Opposition' zur Beschreibung von Phänomenen der 'zweiten Kultur' heranzuziehen, wäre es an dieser Stelle angebracht, den Begriff der 'Resistenz' für die kulturellen Erscheinungen außerhalb der staatlichen Institutionen nutzbar zu machen. Der Begriff der Resistenz wurde in letzter Zeit von den Münchener Historikern Martin Broszat und Elke Fröhlich zur Beschreibung des Alltagsverhaltens im NS-Deutschland aktiviert und in die Forschung eingebracht (Broszat/Fröhlich 1987). In Anlehnung an Richard Löwenthals Konzept der „gesellschaftlichen Verweigerung" (Löwenthal 1984: 14)[62] verstanden sie diesen Begriff „als wirksame Abwehr, Begrenzung, Eindämmung der NS-Herrschaft ohne Berücksichtigung der Motive, Interessen und tätig werdenden Kräfte" (zitiert nach Eckert 1995: 74). Diese Auslegung des Be-

---

59 Dieser ist definiert als „Bestrebungen innerer und äußerer Feinde, den Bereich der Kunst und Kultur der sozialistischen Gesellschaft für die Durchführung politischer Untergrundtätigkeit [...] zu mißbrauchen. Durch den Aufbau ideologischer Stützpunkte und verfassungsfeindlicher Zusammenschlüsse unter Kunst- und Kulturschaffenden [...] versucht der Gegner, die Einflußmöglichkeiten [...] zu subversiven Zwecken zu mißbrauchen bzw. umzufunktionieren." Zitiert nach: Das Wörterbuch der Staatssicherheit 1993: 233.

60 Im Gegensatz zu der an dieser Stelle vorgeschlagenen Fokussierung des Begriffes 'zweite Kultur" auf ein kulturell geprägtes, lebensweltliches Milieu, verbinden Poppe, Eckert und Kowalczuk den Begriff der „zweiten Kultur" mit dem der Opposition. Charakteristisch für Opposition sei, so die Historiker, daß sie eine „zweite Kultur" hervorbrachte - abseits des offiziellen gesellschaftlichen Lebens (Poppe/Eckert/Kowalczuk 1995: Einleitung).

61 Eine genaue Untersuchung, welches Selbstverständnis von Kunst und von der Funktion des Künstlers den verschiedenen künstlerischen Projekten und Gruppen innerhalb der 'zweiten Kultur' zugrunde lag, steht noch aus. Die Anleihen sind so vielfältig wie die ästhetischen Konzepte und reichen von der Rezeption der Boheme über die der klassischen Avantgarde bis hin zum Nachvollzug traditioneller Auffassungen von Werk und Künstler.

62 Gesellschaftliche Verweigerung richtet sich nach Löwenthal (1984: 14) „konkret praktisch und relativ offen gegen die Eingriffe des Nationalsozialismus in das gesellschaftliche Leben und seine Organisationen".

griffes kann, wie neuere Analysen zur historischen DDR-Forschung zeigen, mit großem Gewinn auch auf die Beschreibung widerständigen Alltagsverhaltens in der DDR angewandt werden.[63] Davon abgegrenzt wird indessen der Begriff Dissidenz.[64] Da dieser Begriff im öffentlichen Bewußtsein negativ konnotiert ist, stellt sich dies allerdings nur für die deutsche Zeitgeschichtsforschung als Problem dar. Einen völlig anderen Kontext besaß dieser Begriff in den osteuropäischen Nachbarländern, wo er vor allem als eine intellektuelle und moralische Widerstandshaltung gegenüber den Ansprüchen von Partei und Staat verstanden wurde. Für Václav Havel verkörperte Dissidenz ein lebensweltliches Konzept, das er als „Leben in der Wahrheit" umschrieb (Havel 1989: 36).

Literatur

Anderson, Sascha/Erb, Elke (Hg): *Berührung ist nur eine Randerscheinung. Neue Literatur aus der DDR,* Köln 1985

Arnold, Heinz Ludwig (Hg.): *Kritisches Lexikon der Gegenwartsliteratur,* München 1990ff.

Berendse, Gerrit-Jan: *Die „Sächsische Dichterschule". Lyrik in der DDR der sechziger und siebziger Jahre.* Frankfurt/New York u. a. 1990

Biermann, Wolf: Tja, lieber Ekke, in: ders.: *Klartexte im Getümmel. 13 Jahre im Westen. Von der Ausbürgerung bis zur November-Revolution,* Köln 1990, 155-172

Biermann, Wolf: Laß, o Welt, o laß mich sein! Eduard-Mörike-Preis-Rede am 13. November 1991, in: ders.: *Der Sturz des Dädalus oder Eizes für die Eingeborenen der Fidschi Inseln über den IM Judas Ischariot und den Kuddelmuddel in Deutschland seit dem Golfkrieg,* Köln 1992

Boden, Petra: Strukturen der Lenkung von Literatur. Das Gesetz zum Schutz der Berufsbezeichnung Schriftsteller, in: Böthig, Peter/Michael, Klaus (Hg.): *MachtSpiele. Literatur und Staatssicherheit.* Leipzig 1993, 217-227

Bohrer, Karl Heinz: Kulturschutzgebiet DDR, in: *Merkur. Zeitschrift für europäisches Denken* 400 (), 1015-1018

Böthig, Peter: Aufbrüche in die Vielfalt, in: Tannert, Christoph/Hesse, Egmont (Hg.): *Zellinnendruck. Katalog,* Leipzig 1990

---

63 So ist beispielsweise schon jetzt - bei dem einstweiligen Versuch, die Einteilung Löwenthals und den Resistenzbegriff auf die Verhältnisse in Ostdeutschland anzuwenden - klar, daß sich die Bestrebungen oppositioneller Gruppen in der DDR der 70er und 80er Jahre auch hier gegen die Allmachtsansprüche eines totalen Staates richteten (Eckert 1995: 81).

64 „Während Resistenz also als ein Zurückweichen und passives Widerstehen zu beschreiben ist, ist die Anwendbarkeit des Begriffes 'Dissidenz' auf widerständiges Verhalten im 'Realsozialismus' umstritten." (Eckert 1995: 83)

Böthig, Peter: Vortrag zur Enquete-Kommission, in: *Materialien der Enquete-Kommission "Aufarbeitung von Geschichte und Folgen der SED-Diktatur in Deutschland"* Bd. III/1, Frankfurt/M. 1995, 583-587

Braun, Volker: Rimbaud. Ein Psalm der Aktualität (1983), in: *Sinn und Form* 5 (1995), wieder in: Michael, Klaus/Wohlfahrt, Thomas (Hg.): *Vogel oder Käfig sein. Kunst und Literatur aus unabhängigen Zeitschriften in der DDR 1979-1989*, Berlin 1992

Broszat, Martin/Fröhlich, Elke: Alltag und Widerstand. Bayern im Nationalsozialismus, München/Zürich 1987

Deiritz, Karl/Krauss, Hannes (Hg.): *Der deutsch-deutsche Literaturstreit oder "Freunde, es spricht sich schlecht mit gebundener Zunge".* Analysen und Materialien, Hamburg/Zürich 1991 .

Eckert, Rainer: Die Vergleichbarkeit des Unvergleichbaren. Die Widerstandsforschung über die NS-Zeit als methodisches Beispiel, in: Poppe, Ulrike/Eckert, Rainer/Kowalczuk, Ilko-Sascha (Hg.): *Zwischen Selbstbehauptung und Anpassung. Formen des Widerstandes und der Opposition in der DDR*, Berlin 1995, 68-84

Emmerich, Wolfgang: *Kleine Literaturgeschichte der DDR*, erweiterte Neuausgabe, Leipzig 1996

Erb, Elke: Von Arendt bis Anderson. Vortrag zu einer Lyrik-Tagung der Evangelischen Akademie Berlin-Brandenburg 1980. Innerkirchlich veröffentlichtes Manuskript, wieder in: Michael, Klaus/Wohlfahrt, Thomas (Hg.): *Vogel oder Käfig sein. Kunst und Literatur aus unabhängigen Zeitschriften in der DDR 1979-1989*, Berlin 1992

Faktor, Jan: *Georgs Versuche an einem Gedicht und andere positive Texte aus dem Dichtergarten des Grauens*, Berlin 1989

Faktor, Jan: Sechzehn Punkte zur Prenzlauer Berg Szene, in: Böthig, Peter/Michael, Klaus (Hg.): *MachtSpiele. Literatur und Staatssicherheit*, Leipzig 1993, 91-111

Findeis, Hagen/Pollack, Detlef/Schilling, Manuel (Hg.): *Die Entzauberung des Politischen. Was ist aus den politisch alternativen Gruppen der DDR geworden? Interviews mit ehemals führenden Vertretern*, Leipzig 1994

Forschungsstelle Osteuropa Bremen (Hg.): *Eigenart und Eigensinn. Alternative Kulturszenen in der DDR 1980-90*, Bremen 1993

Grundmann, Uta/Michael, Klaus/Seuffert, Susanne (Hg.): *Die Einübung der Außenspur. Die andere Kultur in Leipzig in den siebziger und achtziger Jahren*, Leipzig 1996

Gutzeit, Martin: Der Weg in die Opposition. Über das Selbstverständnis und die Rolle der "Opposition" im Herbst 1989 in der ehemaligen DDR, in: Euchner, Walter (Hg.): *Politische Opposition in Deutschland und im internationalen Vergleich*, Göttingen 1993, 84-114

Havel, Václav: *Versuch in der Wahrheit zu leben. Essay*, Reinbek bei Hamburg 1989

Henkel, Jens/Russ, Sanine (Hg.): DDR 1980-89. *Künstlerbücher und originalgrafische Zeitschriften im Eigenverlag. Bibliographie*, Gifkendorf 1991

Hesse, Egmont (Hg.): *Sprache und Antwort. Stimmen und Texte einer anderen Literatur aus der DDR*, Frankfurt/M. 1988

Jäger, Manfred: *Kultur und Politik in der DDR 1945-1990*, Bonn 1994

Kolbe, Uwe: Kern meines Romans, in: Böttcher, Brigitte (Hg.): *Bestandsaufnahme 2. Halle*, Leipzig 1981, 82ff.

Koziol, Andreas/Schedlinski, Rainer (Hg.): *Abriß der Ariadnefabrik*, Berlin 1990

Löwenthal, Richard: Widerstand im totalen Staat, in: von zur Mühlen, Patrik (Hg.): *Widerstand und Verweigerung in Deutschland 1933 bis 1945*, Berlin/Bonn 1984

Michael, Klaus: Eine verschollene Anthologie. Zentralkomitee, Staatssicherheit und die Geschichte eines Buches, in: Böthig, Peter/Michael, Klaus (Hg.): *MachtSpiele. Literatur und Staatssicherheit*, Leipzig 1993, 202-216

Michael, Klaus: Alternativkultur und Staatssicherheit. Expertise für die Enquete-Kommission, in: *Materialien der Enquete-Kommission „Aufarbeitung von Geschichte und Folgen der SED-Diktatur in Deutschland"* Bd. III/3, Frankfurt/M. 1995, 1636-1675

Mitter, Armin/Wolle, Stefan: *Untergang auf Raten. Unbekannte Kapitel der DDR-Geschichte*, München 1993

Muschter, Gabriele/Thomas, Rüdiger (Hg.): *Jenseits der Staatskultur. Traditionen autonomer Kunst in der DDR.*, München 1992

Plenzdorf, Ulrich/Schlesinger, Klaus/Stade, Martin (Hg.): *Berliner Geschichten. 'Operativer Schwerpunkt Selbstverlag'. Eine Autoren-Anthologie: wie sie entstand und von der Stasi verhindert wurde*, Frankfurt/M. 1995

Poppe, Gerd: Der Staatsfeind im Wohnzimmer. Aktenfunde zum Kampf gegen die Dichterlesungen, in: Böthig, Peter/Michael, Klaus (Hg.): *MachtSpiele. Literatur und Staatssicherheit*, Leipzig 1993, 228-241

Poppe, Ulrike/Eckert, Rainer/Kowalczuk Ilko-Sascha (Hg.): *Zwischen Selbstbehauptung und Anpassung. Formen des Widerstandes und der Opposition in der DDR*, Berlin 1995

Protokoll der 67. Sitzung, in: *Materialien der Enquete-Kommission „Aufarbeitung von Geschichte und Folgen der SED-Diktatur in Deutschland"* Bd. VII/1, Frankfurt/M. 1995, 10-178

Rauhut, Michael: *Beat in der Grauzone. DDR-Rock 1964 bis 1972. Politik und Alltag*, Berlin 1993

Rink, Dieter: Das Leipziger Alternativmilieu zwischen alten und neuen Eliten, in: Vester, Michael/Hofmann, Michael/Zierke, Irene (Hg.): *Soziale Milieus in Ostdeutschland. Gesellschaftliche Strukturen zwischen Zerfall und Neubildung*, Köln 1995, 193-229

Rüddenklau, Wolfgang: *Störenfried. ddr-opposition 1986-1989. Mit Texten aus den „Umweltblättern"*, Berlin 1992

Rüther, Günther: *„Greif zur Feder, Kumpel!" Schriftsteller, Literatur und Politik in der DDR 1949-1990*, Düsseldorf 1991

Schedlinski, Rainer: An das Literaturinstitut der Akademie der Wissenschaften, in Koziol, Andreas/Schedlinksi, Rainer (Hg.): *Abriß der Ariadnefabrik*, Berlin 1990, 203f.

Schirrmacher, Frank: Verdacht und Verrat. Die Stasi-Vergangenheit verändert die literarische Szene, in: *FAZ* vom 5.11.1991

Schlesinger; Klaus: *Anfang einer Affaire*, in: *NDL* 1 (1992)

Tannert, Christoph: „Nach realistischer Einschätzung der Lage ..." Absage an Subkultur und Nischenexistenz in der DDR, in: Poppe, Ulrike/Eckert, Rainer/Kowalczuk, Ilko-Sascha (Hg.): *Zwischen Selbstbehauptung und Anpassung. Formen des Widerstands und der Opposition in der DDR*, Berlin 1995, 353-376

Visser, Anthonya: *Blumen ins Eis. Lyrische und literaturkritische Innovationen in der DDR. Zum kommunikativen Spannungsfeld ab Mitte der sechziger Jahre*, Amsterdam/Atlanta 1994

Walther, Joachim/von Prittwitz, Gesine: Mielke und die Musen. Die Organisation der Überwachung, in: *Feinderklärung - Literatur und Staatssicherheitsdienst*. Text+Kritik Nr. 120, München 1993

Wörterbuch der Staatssicherheit. Definition des MfS zur 'politisch-operativen Arbeit', Gauck-Behörde, Abt. Bildung und Forschung. Dokumente, Reihe A, Nr. 1/93, Berlin 1993

Reformbewegungen in der SED in den 80er Jahren
Möglichkeiten und Grenzen

Rainer Land

Widerstand, eigensinniges Interessenhandeln und Reformbewegungen

Die politische Bewegung, mit der ich mich im folgenden beschäftigen werde, gehört nicht unter den Begriff des Widerstands, sofern darunter ein Handeln verstanden wird, das sich subjektiv gegen eine gegebene politische Macht und auf den Sturz der Herrschenden richtet. Die qualitativ wichtige, quantitativ aber immer kleine Bevölkerungsminderheit, die echten *Widerstand gegen* die bestehende Macht ausübt, würde ich jedenfalls unterscheiden wollen einmal von dem breiten Feld des *eigensinnigen Interessenhandelns* der Bevölkerungsmehrheit und zum anderen von *Reformbewegungen innerhalb* der eine bestimmte Macht geistig oder praktisch tragenden Schichten, die ebenfalls eine Minderheitsposition darstellt.

Zu dem eigensinnigen Interessenhandeln der Bevölkerungsmehrheit gehören vielfältige Formen des Bargaining, gehören Aushandlungsprozesse, formelle und informelle Formen der Kompromißbildung, gehört die „passive Stärke" in Betrieb und Gesellschaft, mit denen Menschen unter Nutzung der Möglichkeiten und Defizite gegebener Gesellschaftssysteme versuchen, ihre individuellen Lebensinteressen zu verwirklichen. In einer Untersuchung des Soziologischen Forschungsinstituts Göttingen, anfangs noch gemeinsam mit der Humboldt-Universität, konnten wir bereits 1990 Interessenhandeln, passive Stärke und informelle Kompromißbildung zwischen Arbeitern und Leitungen, „Planerfüllungspakt" genannt, in einem Ostberliner Kabelwerk untersuchen und beschreiben (Voskamp/Wittke 1990; Kern/Land 1991). Sie haben für die DDR-Gesellschaft eine außerordentlich große Bedeutung, nicht zuletzt deshalb, weil in einer Diktatur staatssozialistischen Typs gesellschaftlich vermittelte Formen des Interessenausgleichs nicht oder nur in einer verkehrten Weise wirken können. Eigensinniges Interessenhandeln nutzt bestehende Strukturen, um individuelle Lebensinteressen zu verfolgen, und stellt die Frage nach Affirmation oder Negation des Bestehenden nicht. Es setzt subjektiv gerade die vorgefundenen Systemstrukturen als die dem eigenen Handeln gegebenen voraus, ist also weder auf ihre Stabilisierung noch auf ihre Eliminierung gerichtet, sondern auf ihre Funktionalisierung.

Weil eigensinniges Interessenhandeln ein praktisches und als solches unreflektiertes Verhältnis zu den Systemstrukturen darstellt, ist es ausgesprochen unintellektuell. Ich halte die Vorstellung, aus dem immer vorhandenen eigensinnigen Interessenhandeln der Bevölkerungsmehrheiten könnte aus sich heraus ein reflektiertes, auf die Veränderung der Systemstrukturen gerichtetes Verhalten werden, für einen Irrtum. Diesen Irrtum teilen aber auch diejenigen, die das praktische Interessenhandeln der vermeintlich „angepaßten" DDR-Bürger vor 1989 oder der Neubundesbürger nach 1990 moralisch abwerten. Eigensinniges Interessenhandeln ist in jeder Gesellschaft lebenswichtig, und es ist immer das Normalverhalten der Bevölkerungsmehrheit. Obwohl ein bewußtes, aber unreflektiertes Verhalten zu den gegebenen Systemstrukturen, wirkt es faktisch auf die Systemstrukturen zurück, und zwar in einer außerordentlich nachhaltigen Weise. Auf lange Sicht entscheidet es praktisch, ob bestimmte Strukturen des Wirtschaftssystems, des politischen Systems oder anderer Subsysteme funktionsfähig bleiben oder untergehen müssen. M. E. ist das eigensinnige Interessenhandeln der Bevölkerungsmehrheit in der DDR die Ursache für zunehmende Reibungsverluste, für Desillusionierung und den schließlichen Totalverlust von Funktionsfähigkeit und Legitimität des DDR-Systems in der Bevölkerungsmehrheit. Der Exodus der 80er Jahre und besonders des Sommers 1989 war in der großen Mehrheit eigensinniges Interessenhandeln. Für Machtzerfall und Umsturz ist immer beides nötig: eine Auflösung der alten Bindungen, die das Interessenhandeln der Bevölkerungsmehrheit in mit den Systemstrukturen vereinbaren Bahnen hält und eine zu Widerstand führende geistige oder intellektuelle Auseinandersetzung mit den gegebenen Gesellschaftsstrukturen. Für kurze, aber eindrucksvolle geschichtliche Momente kommt beides zusammen. Es stürzen Welten ein, und der Umbruch bringt vielleicht auch neue Richtungen des Geschichtsprozesses hervor. Eigensinniges Interessenhandeln hat zwar politische Wirkungen, unter bestimmten Umständen auch entscheidende, aber es ist kein originär politisches Handeln. Die Akteure beabsichtigen nicht eigentlich Wirkungen im politischen System. Es ist ein Handeln an der Schnittstelle zwischen Lebenswelt und Gesellschaftssystem.

Im Unterschied dazu sind Widerstand und Reformbewegungen originär politisch, weil sie auf die Reproduktion bzw. Veränderung politischer Verhältnisse gerichtet sind. Widerstand oder Reformbewegungen sind daher auch immer mit Diskursen politischer Identitätsbildung verbunden. Eigensinniges Interessenhandeln schafft dagegen kein kollektives politisches Bewußtsein. Ich betone diesen typologischen Unterschied deshalb, weil es üblich geworden ist, Angepaßtheit, Dissens, Dissident, Widerstand und Opposition auf einer „Skala der Widerständigkeit" zu ordnen. Ein solches Vorgehen behauptet die qualitative Identität und will die Unterschiede als unterschiedliche Quanten ein und derselben Qualität denken. Ich lehne das ab, weil es nicht die differenten Typen sozialen Verhaltens, sondern die subjektive Norm zum Maßstab sozialwissenschaftlicher Begriffe macht. Die eigentlich sozialwissenschaftlich zu erklärenden Konstellationen, soziale Lagen, kollektive Verhaltensmuster verschwinden bei dieser Vorgehensweise.

Der politische Widerstand der entstehenden Oppositionsbewegungen war auf eine Veränderung des DDR-Systems durch äußere Einwirkung auf die Macht gerichtet, unabhängig davon, ob die Perspektive der Veränderung in Reformen oder in einer Transformation[1] gesehen wurde. Die Zulassung einer unabhängigen Opposition ist daher die entscheidende Forderung bei der Formierung von Widerstand. Reformbewegungen formieren sich dagegen aus der Perspektive der Macht selbst und sind auf deren Selbstveränderung von *innen* gerichtet. Daraus ergeben sich m. E. drei entscheidende Merkmale, die solche Reformbewegungen in staatssozialistischen Ländern von Widerstand unterscheiden:

Der Kurswechsel sollte aus der Staatspartei, der SED, selbst heraus erfolgen. Für den Beginn der Reformen werden also innerparteiliche Konstellationen gesucht.

Opposition „von außen" (außerhalb der Staatspartei) wird für das Ingangkommen der Reformen ausdrücklich nicht vorausgesetzt, unter Umständen sogar ausgeschlossen. Auch die Reformbewegungen der 80er Jahre, die eine unabhängige Opposition *in der Folge* und nach Konsolidierung erfolgreicher Reformen zulassen wollte (vergleiche Ungarn, Polen), haben dennoch außerparteiliche Opposition nicht als Mittel für das Ingangkommen von Reformen gesehen, teilweise eher als Gefahr. Man glaubte, Druck von außen könne die Bereitschaft zur Einleitung von Reformen in der machthabenden Partei eher beeinträchtigen und Blockaden auslösen.

Eine Übernahme des westlichen Systems blieb ausgeschlossen. Zwar deutete sich in der Reformbewegung der 80er Jahre an, daß moderne theoretische Vorstellungen aus dem Westen benutzt wurden, um eine kritische Perspektive auf den real existierenden Sozialismus zu gewinnen und zu anderen sozialismustheoretischen Paradigmen zu gelangen (Land 1994; Land/Possekel 1995a). Damit wurden auch konvergenztheoretischen Vorstellungen einer Transformation denkbar, die aber im Prinzip als Überführung beider Gesellschaften - der westlichen wie der staatssozialistischen - in eine dritte gedacht wurde. Als Motor dieser Transformation galt immer die Selbstveränderung der Macht, nicht etwa ihr Sturz.

---

1 Mit Transformation ist die formelle Einführung grundlegender Institutionen der westlichen Moderne gemeint: wirtschaftlich mit autonomen Unternehmen, Kapitalverwertungswirtschaft, Märkten und Beschränkung staatlicher Eingriffe auf Rahmensetzungen, politisch als Pluralität politischer Subjekte, Wettbewerb, Wahlen, Rechtsstaat und Gewaltenteilung. juristisch als Bindung des Staates und aller Akteure an Rechtsnormen und besonderen Schutz der Individualrechte.

Systemveränderung wird im allgemeinen nicht auf die Delegitimation und Demontage gegebener Macht- und Systemstrukturen gerichtet. Sie bezweckt vielmehr, diese Macht- und Systemstrukturen zu *erhalten*. Reformer gehören soziologisch betrachtet zu den Trägern bestimmter Gesellschafts- und Machtstrukturen, wenn auch meist nicht oder nur für kurze Momente zu denen, die Macht tatsächlich ausüben.

Reformbewegungen im echten Sinne sind subjektiv auf Veränderung des Gegebenen gerichtet: Gegebene Gesellschaftsstrukturen und soziale Strukturen sollen durch ihre *Veränderung* zugleich erhalten und stabilisiert werden. Dies hat einerseits etwas Subversives. Andererseits geraten Reformbewegungen aber immer dann an Grenzen, wenn Gesellschaften aus strukturellen Gründen nicht oder nicht mehr reformierbar sind. Die dann nötige Demontage von Macht und den Sturz der Herrschenden können sie nicht vordenken. Sie scheitern im entscheidenden Moment. Dies gilt ausdrücklich für Reformer und Reformdiskurse innerhalb der kommunistischen Bewegung und in der SED.

Der Historiker Ralf Possekel und ich haben politische Identitätsbildung und speziell die Funktionsweise politischer Diskurse von Intellektuellen in der DDR nach einem spezifischen methodischen Konzept untersucht (Land/Possekel 1994; Land/Possekel 1955b). Wir beschreiben drei Diskurse innerhalb bzw. im Umfeld der SED, die im Sinne der Generationsfolge aufeinander aufbauen und die jeweils eine eigene politische Identität haben. Wir vergleichen sie mit den entsprechenden Gegendiskursen, die vor allem im Umfeld der evangelischen Kirche angesiedelt sind, die aber hier beiseite bleiben sollen. Aus diesem methodischen Zugriff ergeben sich die spezifische Perspektive und auch die Einschränkung dieses Beitrags. Wir können etwas über die politische Identität der dritten SED-Reformergeneration sagen und über die daraus folgenden Möglichkeiten und Grenzen politischer Erkenntnis und Konzeptionsbildung. Wir sind aber nicht imstande, eine zeitgeschichtliche Beschreibung und Analyse dieser politischen Bewegung als solcher darzustellen. Eine dokumentarische und analytische Bearbeitung der SED-Reformbewegungen steht noch aus. Über die „Perestroikabewegung" innerhalb der SED gibt es faktisch keine Untersuchungen oder Dokumentationen.[2]

---

2 Seit kurzem arbeitet ein von der DFG gefördertes Forschungsprojekt "Der SED-Reformkurs der achtziger Jahre. Dokumentation und Rekonstruktion kommunikativer Netzwerke und zeitlicher Abläufe. Analyse der Spezifik und der Differenzen zu anderen Reformdiskursen der SED". Die Ergebnisse werden etwa in zwei Jahren vorliegen.

Reformdiskurse in der Staatspartei

Will man die soziale Bindung erklären, die die SED auf einen beträchtlichen Teil der politisch aktiven Bevölkerung ausgeübt hat, so reicht es nicht, lediglich auf die mit der Macht verbundenen Bindungen zu verweisen, also auf Aufstiegsmöglichkeiten, die sie Menschen eröffnet hat, auf Zwänge, die sie besonders in der staatlichen Verwaltung oder im Bildungswesen ausüben konnte, um Menschen zur SED-Mitgliedschaft zu überreden oder zu nötigen. Der rational wie visionär präsentierte Weg zu einer „neuen, besseren" Gesellschaft spielte für die Bindung gerade des aktiven Teils der SED-Mitgliedschaft immer eine wichtige Rolle. Am Anfang war es vor allem der Kontrast zum NS-Faschismus. Daß diese Option aber Bindekraft behielt, obwohl die Tatsachen dem oft genug widersprachen, kann man nur erklären, wenn man untersucht, wie in der Folgezeit politische Identitäten erzeugt wurden, die auf eine jeweils neue Weise die Option auf eine „bessere Gesellschaft" reproduzierten. Diese Vision reproduzieren hieße aber, *eine mögliche Geschichte über die Reformierbarkeit des Staatssozialismus* zu erzählen. Ohne die „Reformdiskurse" wäre die Bindung politisch aktiver Menschen mit der Zeit zerfallen. Sie sind ein wichtiges Moment, um Stabilität, Zeitdauer und Funktionsweise kommunistischer Herrschaft in den staatssozialistischen Gesellschaften zu begreifen.

Der erste Reformdiskurs innerhalb der SED ist der um den „Neuen Kurs" vor dem 17. Juni 1953. Hier ging es in erster Linie darum, den Stalinismus zu überwinden und eine den „Idealen" entsprechende demokratische Politik zu etablieren. Unter Berufung auf Lenin, Rosa Luxemburg und natürlich auf Marx und Engels wird gegen Dogmatismus, falsche Parteilichkeit, gegen eine unkritische Übernahme des sowjetischen Sozialismusmodells, für die Bewahrung eines echten Bündnisses mit nichtkommunistischen antifaschistischen Bewegungen und für Demokratie in der SED selbst und in der DDR überhaupt gestritten. Als Beispiel sei auf die Thesen von Anton Ackermann hingewiesen, über die Wolfgang Leonhard schreibt: „Es war seit vielen Jahren mein Wunsch gewesen, daß andere Länder einen anderen Weg zum Sozialismus gehen sollten als die Sowjetunion ... Abgesehen von einem ganz kleinen Teil hundertprozentig moskauhöriger Funktionäre, denen neue Gedanken überhaupt zuwider waren, lösten die Thesen eine große Erleichterung aus. Nun, so schien es uns, war endlich ein Weg gefunden. Wir hatten zwar keine öffentliche Distanzierung von den Maßnahmen der sowjetischen Besatzungsbehörden vorgenommen, aber etwas anderes, was uns damals viel bedeutender und tiefer zu sein schien, war eingetreten: eine grundsätzliche Abgrenzung von der Entwicklung in der Sowjetunion. Ackermanns These begann ihren Siegeszug durch die Partei." (Leonhard 1987: 374) „Stand nicht der Führungsanspruch der KPdSU, die Losung von der 'führenden Rolle' der Sowjetunion im direkten Widerspruch zu den Grundsätzen einer internationalen Arbeiterbewegung, zu den Prinzipien von Marx und

Engels? Hatte nicht Friedrich Engels im Vorwort zu seinem Deutschen Bauernkrieg 1874 geschrieben: 'Es ist gar nicht im Interesse dieser Bewegung, daß die Arbeiter irgendeiner Nation an ihrer Spitze marschieren.'?" (Leonhard 1987: 435). Interessant ist auch, daß diese Gruppe den 17. Juni nicht als „feindlichen Angriff" deutet. Herrnstadt berichtet vielmehr von seinen Begegnungen mit Arbeitern nach dem 17. Juni: Dort „war erneut und handgreiflich die unbegrenzte Bereitschaft, Kraft, der Reichtum an Ideen, Mutterwitz der Arbeiterklasse zutage getreten - aber auch die Unduldsamkeit gegenüber Administratoren und Beutejägern beim Aufbau des Sozialismus." (Herrnstadt 1990: 94).

Trotzdem war der 17. Juni die Todesstunde dieses Reformdiskurses; was danach kam, waren seine Abgesänge. Der gewaltsamen Zerschlagung des Arbeiteraufstandes, der Rücknahme der schon beschlossenen Ablösung Ulbrichts mußte die Ablehnung des neuen Kurses folgen und die Festigung des stalinistischen Kurses im SED-Staat. Es bildeten sich zwei gegensätzlich zueinander stehende Identitäten: die Erzählungen der Dissidenten, die mit dem Stalinismus brachen (z. B. Wolfgang Leonhard, Robert Havemann, Stefan Heym), und das „kommunikative" Schweigen[3] der durch die Partei Disziplinierten, die diesen Bruch nicht vollzogen (z. B. Rudolf Herrnstadt, Johannes R. Becher, Anna Seghers, Stephan Hermlin).

Ein Neuansatz und zugleich eine Kritik des gescheiterten Reformansatzes findet in der nächsten Diskursgeneration statt. Grundmotiv des Reformdiskurses der Aufbaugeneration ist nicht der „eigene Weg" zum Sozialismus, überhaupt nicht so sehr das Modell als solches, sondern die Frage nach einer Veränderung der Praxis, die den Idealen gerecht wird. Genau mit dieser Frage emanzipiert sich die Aufbaugeneration von den „Alten" und entwickelt ihre eigenen Vorstellungen, übrigens parallel dazu in der SU - mit den ersten Kossyginschen Reformkonzepten, die nie umgesetzt wurden, und mit dem Prager Frühling in der ČSSR.

In den 60er Jahren, nach dem Bau der Mauer, startete diese Generation ihren Reformversuch. Die in den 50er Jahren ausgebildeten jungen Intellektuellen versuchten gemeinsam - in einem Bündnis von Wirtschaftsleitern, Journalisten, Politikern und Künstlern -, die DDR-Gesellschaft zu verändern. Neben den schon früher entwickelten Argumenten artikulierte sich jetzt die Kritik der *sachkundigen Macher*. Von einer ungebrochenen Fortschrittsgläubigkeit ausgehend, sollten unter Einbeziehung der modernen Wissenschaften die Mängel der DDR überwunden werden. Neben einer ideologisch/ethisch begründeten Kritik etablierte sich die Kritik der Fachleute. Die Diskussion kreiste um ökonomische Gesetze, wissenschaftlich-technischen Fortschritt, um Systeme, Mechanismen, Stimuli. Das Prisma für die Wahrnehmung gesellschaftlicher Realität war hier nicht mehr die Weimarer Republik,

---

3 Vgl. Hermann Lübbe (in: Broszat o. J.: 334f.), der diesen Begriff für die Nachkriegszeit in Westdeutschland prägte.

sondern vielmehr die westdeutsche Leistungsgesellschaft. Was dort gelang, sollte in der DDR auch möglich sein.

Christa Wolf berichtet: „Wir, meist Angehörige einer Generation, die in diesem Lande engagiert lebten, die Konflikte sahen, hatten ein sehr starkes Gefühl von der Gefahr, in die dieses Gemeinwesen geraten würde, wenn die Widersprüche nicht in produktiver Weise ausgetragen würden. Wir dachten, wenn nicht jetzt, dann ist es zu spät. Wir hatten das Gefühl, dies sei einer der letzten Momente, um die Entwicklung in der DDR in eine Richtung zu lenken, die diesen Staat zu einer Alternative machen konnte gegenüber der kapitalistischen Bundesrepublik. Wir wollten die sozialistischen Ansätze so weit stärken, daß die DDR auch geistig 'konkurrenzfähig' werden konnte. Und wir sahen uns mit Leuten in der Wirtschaft, in der Wissenschaft verbündet, die in die gleiche Richtung dachten und arbeiteten. Es gab persönliche Kontakte, wir haben miteinander gesprochen. Es gab sogar einzelne Leute im ZK, mit denen ich darüber offen sprechen konnte." (Adge 1991: 266).

Auch dieser Versuch scheiterte. Nach 1970 ist er in der Medienöffentlichkeit der DDR tabu, enttäuschte Genossen wurden mit der 1971 proklamierten Einheit von Wirtschafts- und Sozialpolitik stillgestellt. Statt der Suche nach einer alternativen Gesellschaftsform begann eine pragmatische Politik der Wohlstandsvermehrung nach westdeutschem Vorbild. Auch für diese Generation trennten sich die Wege - eine Minderheit ging in den Westen, die Mehrheit wurde zum Schweigen verurteilt. Im Rückblick waren die 60er Jahre für diese Generation entscheidend. Der Journalist Gerhard Scheumann resümiert 1990: „Wenn ich die über vierzig Jahre meiner Parteizugehörigkeit überdenke, dann erscheinen mir die Wochen und Monate vor dem VI. Parteitag, der im Januar 1963 stattfand, in einem geradezu verklärten Licht. Es war die Zeit großer Öffentlichkeit, in der die Gesellschaft sich austauschte."(Agde 1991: 246). Helmut Seidel, Philosoph an der Leipziger Universität: „Es war und ist deshalb meine feste Überzeugung, daß, wenn es je eine kleine Chance gegeben hat, die DDR ökonomisch attraktiv zu machen, sie in den Jahren von 1963-1965 bestand."(Agde 1991: 252). Hans Bentzien über das 11. Plenum 1965, wo die Reformbewegung von den dogmatischen Kräften innerhalb der Partei abgewürgt wurde: „Es war der tiefste Stand in der Entwicklung der deutschen Arbeiterbewegung." (Gaus 1992: 230).

Ein dritter Diskurs im Umfeld der SED begann in der zweiten Hälfte der 70er Jahre. Seine Akteure waren in der DDR aufgewachsen, kamen zumeist aus Intellektuellenfamilien - in vielen Fällen waren sie Kinder von „Aufsteiger-Intellektuellen" der Aufbaugeneration oder stammten aus Elternhäusern mit länger zurückreichender kommunistischer Tradition. Die Sozialisationsbedingungen dieser Generation unterschieden sich in einigen sehr wichtigen Punkten von denen der vorangegangenen: Die Ausbildung war gründlicher und besser als die der Eltern, besonders dann, wenn diese der Aufsteiger-Intelligenz angehörten. In einer Zeit zur Schule gegangen, in der die DDR eine relativ stabile Existenz hatte, erlebte diese Generation die „neue Macht" als Realität, die nicht tagtäglich in Frage gestellt oder bedroht war. Diese Gesellschaft ließ sich nicht mehr als Provisorium betrachten, ihre Probleme konnten nicht einfach mit der Abnormität einer Sondersituation oder einer äußeren Bedrohung (Teilung Deutschlands, Besatzung, offene Grenze, kalter Krieg) erklärt werden.

Zum festen Repertoire dieser Diskursgeneration gehören Geschichten über den Versuch, in den vorhandenen politischen Organisationen - fast immer war es zunächst die FDJ - Veränderungen in ganz praktischen Fragen herbeizuführen. Da wurde z. B. in der Berufsausbildung oder an der Schule gegen Mißstände eine Wandzeitung gemacht, die Aufsehen erregte, die zu Maßregelungen führte, aber auch zu Ermutigungen. Gemeinschaftlich getragene Aktionen, in denen man plötzlich Führungsrollen übernehmen mußte, brachten die Erfahrung, daß es nicht nur Widerstände, sondern auch Unterstützung durch den einen oder anderen Lehrer oder durch manche Funktionäre in den Apparaten gab, vor allem aber durch die Gleichaltrigen in FDJ, Schule, Berufsausbildung. Für die sich sozialisierenden Kinder der Intelligenz aus dem Umfeld der Staatspartei entstand der Eindruck, die eigenen Ambitionen könnten zum Erfolg gebracht werden. Viele solcher frühen politischen Aktionen mißlangen, aber der Erfolg schien immer greifbar nah, nur knapp verfehlt. Auch die politischen Rahmenbedingungen schienen sich zu verbessern. Entspannungspolitik Anfang der 70er Jahre, zunehmende internationale Anerkennung der DDR und solche Erlebnisse wie die X. Weltfestspiele in Berlin verstärkten Hoffnungen auf Reformen, die nur aus heutiger Sicht unbegründet erscheinen. Die Vision vom baldigen Ende des Kalten Krieges und von einer neuen Reformpolitik der SED entstand, und Anfang der 70er Jahre wurde schon diskutiert, welche Jahrgänge demnächst in den Genuß einer verkürzten Wehrdienstzeit kommen könnten.

So glaubte die entstehende dritte Intellektuellengeneration des Parteiumfeldes bis in die Mitte der 70er Jahre hinein, das uneingelöste Projekt der Eltern könnte mit mehr Klugheit und unter besseren äußeren Bedingungen doch noch gelingen und die Kluft zwischen Realität und Ideal sei durch eine andere Praxis überwindbar.

Dann aber zerbrachen und zerbröselten diese Hoffnungen. 1976 wurde Wolf Biermann - verdammter Ketzer und doch heimliche Liebe gerade dieser Generation - von der SED-Führung bei einem Konzert in Köln, dem ersten Auftritt seit langem, hinterhältig „ausgebürgert". Es folgten Proteste, auf die mit Maßregeln geantwortet wurde. Erst gingen einige, dann drängte man andere hinaus, hoffend auf die Wiederkehr des Friedens. Doch diese Erwartung erfüllte sich nicht, der Strom intellektueller Identifikationsfiguren gerade dieser Generation, die in Richtung Westen gingen, riß nie mehr ab; und mit Ihnen verflog auch die bescheidene Reformeuphorie der frühen 70er Jahre. Dieser Schock aber öffnete die Augen für bisher nicht wahrgenommene Grenzen. Die „Erfolgsmeldungen" der „Wirtschafts- und

Sozialpolitik" beim hilflosen Kopieren westlichen Konsums, die Stagnation in Partei und Gesellschaft, die Einengung schon als eröffnet geglaubter Horizonte, z. B. beim Studium gesellschaftswissenschaftlicher Fächer - all dies schuf in den 70er Jahren ganz stark den Eindruck, daß die SED mit ihrer damaligen Führung zur nötigen grundlegenden Neuorientierung nicht mehr in der Lage sei.

Und in dieser Konstellation konnte an den alten Reformoptionen nicht mehr festgehalten werden, Politische Identität konnte diese Generation nur gewinnen, wenn sie den Versuch eines Neuansatzes machte:

1. Der Diskurs der Reformsozialisten konstituierte sich Ende der 70er und Anfang der 80er Jahre um die Frage nach einer Neubestimmung der *Prinzipien* des Sozialismus. Sie entwickelten zwischen 1985 und 1989 ein Konzept der *Modernisierung* des Sozialismus, auf das ich noch näher eingehen werde.

2. Wie ihre Vorgänger sahen die Reformsozialisten, daß die Realität des DDR-Sozialismus keine Verwirklichung der „Ideale" einer sozialistischen Gesellschaft sein konnte. Im Unterschied zu der vorangegangenen „Aufbaugeneration" suchte der reformsozialistische politische Diskurs den Ausweg nicht in der Identität von „Praktikern", die die Wirklichkeit verändern wollten. Dieser Versuch war mit den Eltern gescheitert. Die Reformsozialisten der Perestroikageneration gingen im Laufe ihrer politischen Sozialisation zunächst bewußt auf Distanz zu Politik und Praxis, weil sie auf diesen Feldern keine Möglichkeiten für eine Erneuerung der Gesellschaft oder des Sozialismus (was zunächst dasselbe schien) sahen. Ihr Ort war daher nicht der Betrieb, nicht die Kreisparteileitung, nicht der Zirkel schreibender Arbeiter, sondern die Universität oder das Akademie-Institut.

3. Bis 1987 existierten die Reformsozialisten ausschließlich als faktische, aber nicht definitive Kommunikationsgemeinschaft, und ihr politischer Diskurs zog keine scharfen Grenzen zum offiziellen Selbstverständnis der SED. Etwa 1987 und 1988, als die SED-Führung es nicht mehr vermochte, das in der SED als „Partei neuen Typs" geltende Fraktionsverbot eng zu interpretieren und scharf durchzusetzen, entstanden mehrere locker organisierte Gruppen, zumeist unter Nutzung offizieller Gelegenheiten wie Forschungsprojekten oder Bildungszirkeln staatlicher Institutionen oder SED-offiziellen Charakters. Beispiele kenne ich aus Jena, Leipzig, Halle und aus mehreren Instituten der Akademie der Wissenschaften und der Humboldt-Universität in Berlin.

4. In der „Wende" traten diese Gruppen mit diversen Reformkonzepten auf, vor allem in der ersten Phase. Unter den Bedingungen einer aktiv werdenden Bürgerbewegung und einer gegen die SED demonstrierenden Bevölkerung waren sie innerhalb der SED die Kraft, die die Stabilisierung der Krenz-Führung nach dem Sturz von Honecker verhindert und den Rücktritt des gesamten Zentralkomitees erzwungen hat.

5. Nach dem Sturz der SED-Herrschaft zerfiel diese Gruppe. Der Anlaß für dieses Auseinanderfallen war die Frage nach dem Umgang mit der alten SED und nach den weiteren politischen Optionen. Ein Teil war für die Auflösung der SED und die Gründung einer oder mehrerer neuer politischer Organisationen und Parteien, in denen die verschiedenen und damit auch die eigenen politischen Ideen organisatorisch zum Tragen hätten kommen können. Ein Teil verließ die SED und suchte Anschluß an andere politische Parteien, die Grünen, die SPD, das Bündnis 90. Ein großer Teil übernahm die konzeptionelle und die politische Führung beim Umbau der SED zur PDS.

6. Die politische Identität dieser Gruppe ist geprägt durch zwei sich im Widerstreit befindende Momente: *Modernismus,* d. h. eine auf die Theorien moderner Gesellschaften verweisende Gesellschaftskonzeption, und *Avantgardismus*, ein politisch aus den kommunistischen Traditionen stammendes Verständnis der eigenen Rolle als Politikakteure (Land 1994).

Die politische Identität der dritten SED-Reformergeneration - Möglichkeiten und Grenzen

Schon die Aufbaugeneration stellte in den 60er Jahren die Frage nach der Differenz von Sozialismusideal und Wirklichkeit und suchte mit Reformprojekten, wie dem Neuen Ökonomischen System, nach einer anderen Praxis. Der reformsozialistische Diskurs der 80er Jahre stellte aber nicht mehr die Frage der Aufbaugeneration nach Wegen zu einer den Idealen besser entsprechenden Realität, sondern fragte, ob denn die geltenden Vorstellungen sozialistischer Ideale selbst Ursache der desolaten realsozialistischen Wirklichkeit sein könnten, ob denn der Stalinismus womöglich keine Verirrung, sondern ein in den sozialistischen Konzeptionen selbst angelegter und insofern „zwangsläufiger Abweg" sei, die häßliche Fratze eines erträumten Paradieses. Der politische Diskurs der dritten Generation fragte nicht nach Pragmatik, sondern nach einem theoretischen Neuansatz des Sozialismus, und sein Ort waren vorzüglich die Universitäten und die Akademie der Wissenschaften.

Nach unseren Untersuchungen sind folgende Narrationen für die politische Identität des dritten Reformdiskurses bedeutsam:

- Geschichten über das Scheitern der Reformversuche der Eltern und den mit diesen Versuchen verbundenen Unsinn („Zirkel malender Arbeiter" im Betrieb).

- Geschichten über die Reformhoffnungen der frühen 70er Jahre (Weltfestspiele). („Auf eine unspektakuläre und unausgesprochene Weise wird Honecker das machen, was der Prager Frühling eigentlich wollte.")

- Geschichten über den Untergang der Reformhoffnungen in dem seit der Bier-mann-Ausbürgerung nicht mehr abreißenden Exodus wichtiger intellektueller oder auch kultureller Identifikationsfiguren dieser Generation (Günter Kunert, Manfred Krug, Veronika Fischer).

- Geschichten über versuchte, gelungene wie mißlungene Funktionalisierungen der SED- und Staatsapparate bzw. -Funktionäre für eigene politische Zwecke.

- Geschichten über die ursprüngliche Absicht, in die (politische oder wirtschaftli-che) Praxis zu gehen; die Erfahrung, daß in diesen Bereichen keine Chancen für Reformhandeln bestehen, und den Ausweg der Nutzung von Spielräumen für „Reformdenken" in der Wissenschaft (Universitäten und Hochschulen).

- Geschichten über das Auffinden immer neuer reformwilliger Menschen im meist akademischen Milieu um die Partei herum und die Ähnlichkeit der Suche und der Ansätze.

- Beschwiegene Geschichten über die Stasi, die Anwerbungsversuche, die innere Auseinandersetzung mit dem „ambivalenten" Charakter der Stasi. Geschichten über die eigenen Versuche, durch eine Zusammenarbeit mit der Stasi einerseits eine ge-wisse Absicherung und „Billigung" der eigenen Position im Reformdiskurs zu er-reichen, andererseits vielleicht auch ein Bündnis mit Teilen des Machtapparates für Reformen zu erreichen.[4]

- Geschichten über die Perestroika und ihre Rezeption in der DDR.

Das in diesen Geschichten transportierte Welt- und Selbstverständnis ermöglicht eine ganz bestimmte Erkenntnis von Wirklichkeit, eine selektive, die ihre Schärfen und Unschärfen und auch ihre blinden Flecken hat. Ermöglicht wird im Unterschied zu dem vorhergehenden Diskurs der Aufbaugeneration, die Frage nach den nicht temporären und umständebedingten, sondern nach den strukturellen Ursachen des Stalinismus zu stellen und nach grundsätzlichen, im Konzept selbst liegenden Ursa-chen der Deformationen und Grenzen der realsozialistischen Entwicklungen zu fra-gen sowie nach systembedingten Ursachen für das jedesmalige Scheitern vorange-gangener Reformen zu suchen. Damit ist dieser Diskurs in einer sehr viel grund-sätzlicheren Weise über die Stalinismusanalyse hinausgegangen, denn er fragte, wie Sozialismuskonzept und Entartung des „realen Sozialismus" zusammenhängen.

---

4 André Brie: „Ich habe nüchtern eingeschätzt, daß die DDR keine Zukunft hat, wenn nicht die Reformprozesse aus der SED beginnen. Ich habe jetzt in einem schwierigen Prozeß verstehen müssen, daß die BRD ein Fortschritt ist, ein zivilisatorischer Fortschritt auf vielen Gebieten. ... Und ich muß leider sagen, daß es da eine Kluft in mir selbst gibt ... zwischen meinen theoretischen Ansätzen und meiner eigenen Rolle. ... Ich hatte auch die Illusion, daß gerade das MfS (Ministerium für Staatssicherheit) etwas bewirkt. In den 80er Jahren habe ich daran immer weniger geglaubt." (Brie 1992)

Ermöglicht wurde mit dieser Identität auch eine neue Rezeption der westlichen Philosophie, Soziologie und Politikwissenschaft vor allem eine produktive Rezeption der Modernetheorien, was wiederum eine neue Perspektive auf die Analyse der Ursachen des realsozialistischen Desasters eröffnete. Dazu haben wir an anderer Stelle ausführlicher argumentiert (Land 1994; Land/Possekel 1995a).

Was aber waren die Grenzen dieses Diskurses? Armin Mitter nennt diese Generation von Reformsozialisten in der SED gern die „Stasi-Generation". Wir reden von „konspirativem Avantgardismus", aber zugleich von der „Perestroika". Der blinde Fleck dieses Diskurses war das affirmative, aber eben unreflektiert affirmative Verhältnis zur Macht und das folglich negative Verhältnis zu Gegenmacht und Opposition.

In der Theorie wurde Macht als Bedingung und Moment moderner Gesellschaft unterstellt, zugleich die Notwendigkeit ihrer institutionalisierten Beschränkung und Kontrolle erkannt.[5] Die sich daraus konzeptionell ergebende Frage schien zu sein, wie die Transformation einer weder demokratisch noch durch Recht kontrollierten Macht in eine moderne Form des Staates erfolgen kann. Die theoretisch richtige Lösung war die „Trennung der Partei vom Staat" und die damit möglich werdende Demokratisierung der Partei einerseits und des Staates andererseits. Wie aber sollten Reformer in der SED diese Vorstellung verwirklichen? Der Zirkel, in dem sich dieser Gedanke bewegte war, daß die Partei selbst als Instrument ihrer Entmachtung gedacht werden mußte. In der Definition der eigenen Akteursrolle lag die Schwierigkeit. Außerhalb der Partei war eine Akteursrolle für diese politische Gruppierung nicht denkbar, innerhalb der Partei fehlten hingegen die Voraussetzungen der Aktion. Es sei nachdrücklich betont, daß ich dieses Dilemma nicht als Ausdruck einer subjektiven Verfaßtheit oder einer persönlichen Beschränktheit betrachte. Die SED-Reformer waren persönlich im Durchschnitt nicht besser und nicht schlechter als jede andere politische Gruppierung. Das Dilemma entstand vielmehr aufgrund der

---

5 Vgl. Will 1989a, geschrieben 1988. Die Konsequenz wurde im Herbst 1989 offen formuliert: „Daher ist ein Prozeß der Entstaatlichung der Partei, der Trennung der Partei von der direkten Kopplung an den Staatsapparat erforderlich." Es wird der Übergang zu einem Parteienparlament und offenen Wahlen ohne Einheitsliste gefordert: „Für die Wahlregeln schlagen wir ein Verhältniswahlrecht mit Mindestsatz von 5 Prozent vor." (Land/Will/Segert 1990: 68, 70, Erstveröffentlichung am 22. Oktober 1989) „Die alte Grundkonstruktion der politischen Macht, nach der die SED, d. h. ihr Parteiapparat, auf direktem Wege dem Staatsapparat in nahezu allen Angelegenheiten seinen Willen durch Weisungen aufzwingen konnte, ist aufgebrochen worden. Am 1. Dezember 1989 wurde der Halbsatz von der 'Führung der Arbeiterklasse und ihrer marxistisch-leninistischen Partei' aus dem Artikel 1 der Verfassung der DDR gestrichen. Mit dem außerordentlichen Parteitag hat die SED-PDS ihre Trennung vom Staat begonnen." (Will 1989b: 9)

objektiven Lage einer sozialen Gruppe, die durch ihre Sozialisation zu den Trägern einer Machtstruktur gehörte, die unreformierbar geworden war.

Das Dilemma der SED-Reformer bestand eben gerade darin, daß sie einige wesentliche Bedingungen einer Reform des Staatssozialismus erkannt hatten, aber eine politische Umsetzung eben dieser Bedingungen der eigenen sozialen Lage widersprach. Weil dies oft mißverstanden wird, betone ich, daß damit nicht der Verzicht auf irgendwelche Privilegien oder Reichtümer gemeint ist. Eine *politische* Bewegung kann die Veränderung der gegebenen Gesellschaft immer nur denken, indem sie die eigene Rolle als politisches Subjekt dieser Veränderung zu begreifen versucht. Hier liegt das Problem. Nicht der Verzicht auf Posten und Einkommen, sondern der Verlust des eigenen politischen Selbstverständnisses wäre der Preis gewesen, den die SED-Reformer hätten zahlen müssen. Man konnte die eigene politische Idee nicht konsequent entwickeln, ohne die mitgegebene politische Identität der eigenen sozialen Gruppe aufzugeben. Als einzelner konnte man sich davon befreien, z. B. indem man nach dem Westen ging oder in die Opposition wechselte.

Eine politische Kritik der Macht und eine reflektierte Auseinandersetzung mit der eigenen Rolle als Teil der Macht fand nicht statt. Sie hätte die Idee einer Reformierbarkeit der DDR oder des realen Sozialismus zerstört, als Illusion entlarvt. Das ungeklärte und unklärbare Verhältnis zur Macht hatte dann die konspirative Form des Avantgardismus dieser Intellektuellengruppe zur Folge. Der eigene Anspruch auf die Macht als Gestaltungsmittel politischer Verhältnisse und als Voraussetzung für die Realisierung von Reformen wurde selbst konspirativ behandelt - gegenüber der Parteiobrigkeit, aber vor allem sich selbst gegenüber.

In der Wende resultierten daraus nun Verhaltensweisen, die den spezifischen „Beitrag" der SED-Reformer zur Diskursblockade darstellen:

Auf die eigene Akteursrolle bei der Realisierung von Reformen fixiert, unterblieb eine Neubestimmung des Verhältnisses zur inzwischen wahrnehmbar agierenden Opposition. Die Reformer waren außerstande, zu begreifen, daß die Zulassung der Opposition zur Kontrolle und zur Partizipation an der Machtausübung gerade die Voraussetzung dafür gewesen wäre, Reformfähigkeit überhaupt herzustellen. Es kam zu keiner positiven Politik für den Sturz der SED-Führung und für die Errichtung eines provisorischen Bürgerparlaments und einer entsprechenden Regierung.

Zum blinden Fleck gehört, daß die Unreformierbarkeit des Realsozialismus nicht erkannt werden konnte. Konzeptionell durch die Rezeption und Assimilation von Modernetheorien durchaus imstande, die grundlegenden Strukturdefizite zu erkennen, setzte man auf einen durch eigene Reformen eingeleiteten Veränderungsprozeß, der erst in einer längeren Perspektive zu Transformationen führen sollte. Das 1989 sichtbar werdende Mißlingen der Gorbatschowschen Reformen in der Sowjetunion zeigte aber, daß der Staatssozialismus zu Reformen außerstande war. Wirkliche Reformen führten zu seinem Zusammenbruch. Die Erkenntnis, daß die

Transformationsperspektive nicht erst als Folge von Reformen gewonnen werden kann, sondern umgekehrt Reformfähigkeit nur gewonnen werden kann durch das Voraussetzen von Transformationsperspektiven, war den Reformsozialisten verwehrt - nicht aus theoretisch konzeptionellen Gründen, sondern weil sie im Dissens zur eigenen Akteursrolle und Machtbindung stand.

Mit dem Konzept des „Dritten Weges" gaben die SED-Reformer der Integration innerhalb der eigenen Tradition, also mit Altkommunisten und Aufbaugeneration, eindeutig den Vorrang gegenüber der Verständigung mit den Bürgerbewegungen über einen neuen Grundkonsens und eine Rekonstituierung von Macht. Dies mündete schließlich in das Projekt PDS.

Mit der Weigerung der SED-Reformer, die konzeptionell unfähige und für selbstgestaltete Reformen unlegitimierte Modrow-Regierung im November/Dezember zu stürzen, bekam die Bewahrung von Stabilität - und damit wenigstens zeitweise die Erhaltung der eigenen Macht zur Sicherung eines geordneten Abgangs - Vorrang vor der Etablierung einer Bürgerregierung und einer offenen Debatte um Reformen.

Auf der anderen Seite stehen ähnliche Blockaden bei der oppositionellen Bürgerbewegung:

Aus einer Kritik am DDR-System herkommend und konzeptionell auf Veränderung durch Kritik der Macht orientiert, hatten auch die Bürgerbewegungen in umgekehrter Weise ein ungeklärtes, eben nur negatives Verhältnis zu Macht: Die Option, die SED im Herbst 1989 zu stürzen und die Macht in der DDR selbst in die Hände zu nehmen, gehörte nicht zum Selbstverständnis der Bürgerbewegungen. Die Negation der Macht war Gegenstand des politischen Diskurses, nicht aber ihre Rekonstruktion. Die Weiterexistenz einer fremden Macht und des eigenen Machtausschlusses - wenigstens in symbolischer Form als Gegenstand von Kritik und öffentlichen Läuterungsversuchen - stellte geradezu eine Referenzfolie für den eigenen Diskurs dar, und dies gilt in einer paradoxen Weise auch für die ersten Jahre nach dem Ende der DDR. Ein positives Verhältnis zur eigenen Machtausübung fehlte. Damit aber auch eine in der Öffentlichkeit wirksame Konstruktion neuer politischer Identität.

In der Wende kam es zwar zu anfänglichen Versuchen der Kommunikation und auch der Zusammenarbeit zwischen Reformkräften aus der SED und Bürgerbewegungen. Genau der Schritt zu einem von politischen Kalkülen bestimmten Umgang mit den aus der SED hervorgegangenen Reformern für die Etablierung einer neuen politischen Macht und die Nutzung von Macht zur Durchsetzung eigener Gestaltungsvorstellungen im Verlauf der Revolution blieb aber ausgeschlossen.

Der Diskurs der dritten SED-Reformergeneration, die als quantitative Minderheit konzeptionell eine wichtige Rolle in der PDS spielten, war blind für eine kritische Reflexion ihres affirmativen und avantgardistischen Verhältnisses zur Macht. Und der politische Diskurs der Bürgerbewegungen war ebenso blind für die Auseinandersetzung mit ihrem negativen Verhältnis zur Macht. Dies erklärt, warum zwischen Oktober und Dezember 1989 politische Handlungsfähigkeit nicht hergestellt und die weitere politische Entwicklung, die Art der Vereinigung mit Westdeutschland, nicht nachhaltiger durch eigene Optionen beeinflußt werden konnte. Die Grenzen der Opposition gegen die SED wie auch der Reformbewegungen in der SED haben den Raum begrenzt, in dem sich politische Gestaltungsvorschläge aus der Perspektive der DDR-Intellektuellen artikulieren konnten. Der tatsächliche Druck der DDR-Bevölkerung auf eine Beschleunigung des Beitritts zur BRD und eine Übergabe der Gestaltungsmacht an Wirtschafts- und Politikeliten aus Westdeutschland erfolgte aus „eigensinnigem Interessenhandeln" der Bevölkerungsmehrheit. Hier hatten der Exodus des Sommers 1989 und die unfähige Reaktion des DDR-Regimes zum „Umkippen" und einer Neuorientierung der Bevölkerung geführt. Die politische Niederlage der SED-Reformer wie der Bürgerbewegung bestand aber in der intersubjektiv begründeten - in den Erkenntnismöglichkeiten, Erkenntnisgrenzen und blinden Flecken ihrer diskursiv gebildeten Codes angelegten - Unfähigkeit, ein diese Massenbewegung integrierendes neues politisches Selbstbewußtsein zu bilden. Die Orientierung der DDR-Bevölkerung an der politischen Klasse der Bundesrepublik, der Wille zur Übernahme der Konstitution der Bundesrepublik und die deutsch-deutsche Vereinigung durch Beitritt waren die notwendige Folge.

Literatur

Adge, Günter (Hg.): *Kahlschlag. Das 11. Plenum des ZK der SED 1965*, Berlin 1991
Brie, André: Ich wollte eine andere DDR - das hat mich diszipliniert. Interview, in: *Neue Zeit* vom 27. Oktober 1992
Broszat, Martin u. a. (Hg.): *Deutschlands Weg in die Diktatur*, Berlin o. J.
Gaus, Günter: *Zur Person. Neue Porträts in Frage und Antwort*, Berlin 1992
Herrnstadt, Rudolf: *Das Herrnstadt-Dokument. Das Politbüro der SED und die Geschichte des 17. Juni 1953*, Reinbek 1990
Kern, Horst/Land, Rainer: Zur Mentalität von Arbeiter/innen in der ehemaligen DDR, in: *Frankfurter Rundschau*, Dokumentation vom 13. Februar 1991
Land, Rainer/Will, Rosemarie/Segert, Dieter: Wie wollen wir mit den entstandenen informellen politischen Gruppen und Bewegungen umgehen und wie könnte mit dem Umbau des politischen Systems sowie des Staates und des Rechts begonnen werden?, in: dies.: *Texte zu Politik, Staat, Recht.* (Sozialismus in der Diskussion, 2), Berlin 1990
Land, Rainer/Possekel, Ralf: *Namenlose Stimmen waren uns voraus. Politische Diskurse von Intellektuellen aus der DDR*, Bochum 1994
Land, Rainer: Waren die Reformsozialisten verhinderte Sozialdemokraten?, in: *Die real-existierende postsozialistische Gesellschaft. Chancen und Hindernisse für eine demokratische politische Kultur*, Berlin 1994, 235ff.

Land, Rainer/Possekel, Ralf: PDS und Moderner Sozialismus, in: Brie, André/Herzig, 1995a

Land, Rainer/Possekel, Ralf: „Symbolhafte Verweigerung" und „Konspirativer Avantgardismus". Abgrenzungen in politischen Diskursen von DDR-Intellektuellen, in: *Hochschule Ost* 3 (1995b)

Leonhard, Wolfgang: *Die Revolution entläßt ihre Kinder*, Köln 1987

Voskamp, Ulrich/ Wittke, Volker: Aus Modernisierungsblockaden werden Abwärtsspiralen. Zur Reorganisation von Betrieben und Kombinaten der ehemaligen DDR, in: *SOFI-Mitteilungen* Nr. 18, Dezember 1990

Will, Rosemarie: Rechtsstaatlichkeit als Moment demokratischer politischer Machtausübung, in: *Deutsche Zeitschrift für Philosophie* 37 (1989a), Heft 9

Will, Rosemarie: Revolution in der DDR und Verfassung, in: Land, Rainer/Will, Rosemarie/Segert, Dieter: *Texte zu Politik, Staat, Recht* (Sozialismus in der Diskussion, 2), Berlin 1990

Die poröse und die wasserdichte Sinnwelt der Opposition
Der ostdeutsche und der polnische Fall

Helena Flam

In diesem Beitrag geht es um eine Alternative zu Hirschmans (1992) „ostdeutscher" Exit-These, wobei die ostdeutsche Oppositionsszene im Vergleich zu Elementen der polnischen oppositionellen Lebenswelt betrachtet wird. Was ich hier vorstelle, ist ein Teil der Ergebnisse aus meinem Forschungsprojekt: „Mosaik der Angst: Polen und die DDR vor 1989". Aus Platzgründen ist es unmöglich, jede These mit Beweismaterial zu untermauern. Statt dessen werden die kausalen Zusammenhänge betont, die einen historisch-kulturellen, aber auch strukturellen Vergleich der ostdeutschen und polnischen Opposition vorantreiben.

Meine Hauptthese ist, daß es den polnischen Regimekritikern, die 1976-77 KOR schufen und sich damit in Oppositionelle verwandelten, gelungen ist, eine eigene, verbindliche Sinnwelt zu schaffen. Den ostdeutschen Dissidenten dagegen, die den Schritt in die Öffentlichkeit erst in den 80er Jahren gingen, gelang diese Konstruktion nicht. Aus diesem Grund konnten die ostdeutschen Dissidentenbewegungen die immer weiter fortschreitende Abwanderung der eigenen Mitglieder nicht aufhalten.

Diese These entstand als Lösung eines Rätsels. Wie die autobiographischen narrativen Interviews und die ausgewählten regimekritischen Untergrundpublikationen und Veröffentlichungen zeigen, verwendeten die Vertreter der polnischen Opposition im Unterschied zu den ostdeutschen Dissidenten den Begriff der Ehre, um sich gegen typische „oppositionelle" Ängste zu schützen, sich zu stilisieren und ihre Solidarität zu befestigen. Sie schufen eine eigene Sinnwelt, die das offizielle Weltbild auf den Kopf stellte und in welcher der Begriff der Ehre eine wichtige Rolle spielte. Dieser Kontrast stellte das Rätsel dar, das nach einer ursächlichen Erklärung rief.

Diese Erklärung fand ich in den Auswirkungen der Unterschiede zwischen der Geschichte Polens und der Deutschlands. Der Begriff der Ehre ist in der dominanten Version deutscher Geschichte durch seine Assoziation mit dem fanatischen deutschen Nationalismus und später mit dem Hitlerfaschismus und der rassistischen Doktrin kompromittiert worden. Aufgrund der „dunklen" Seite der deutschen Vergangenheit ist also

Ehre als Attribut eines Kollektivs diskreditiert.[1] Weiterhin hat die SED durch die Inanspruchnahme der sogenannten „Parteiehre" den Begriff der Ehre für sich reserviert.[2] Aus diesen historisch-kontextuellen Gründen, aber auch weil der repressive ostdeutsche Staat die Dissidenten in den 70er Jahren vor die Wahl „entweder Kaputtgehen oder Weggehen" stellte, fanden es revisionistische Regimekritiker wie Havemann oder Biermann schwierig, den Begriff der Dissidentenehre einzuführen.[3]: „Na ja, [Ehre] das war 'n laufendes Thema, weil ja so viele immer weggingen. Ja? ... sind ja viele wegen Biermann ins Gefängnis gekommen und dann emd ham se sich freikaufen lassen oder sind ebm nich in der DDR geblieben. Und viele och geflohen. Und das sind gute Freunde gewesen oft, von Biermann. Und Frauen und was ni alles. Und das hat ihn natürlich belastet, ich kannte seine Position ... Er will von innen die DDR verändern, er glaubte emd, er kann die Strukturen oder die Leute belehren, das is so die Fürstenaufklärungsmentalität, och Volker Braun und Christa Wolf, die glaubten emd, diese Stalinisten irgendwie veredeln zu können durch Aufklärung. Ja? Ohne zu wissen, wie verbrecherisch die ganzen Strukturen schon sind, daß da keene edlen Menschen an die Spitze kommen, sondern daß das 'ne Negativauslese is ... Na, [Ehre] das war ein ideologischer Begriff, ich hab das begriffen, was sie meinten. Aber ich hab gesagt: Nein, ich, das is nich mehr meine Ehre oder ... ich teile eure Ideologie nich mehr. Und ihr habt von eurer Warte aus Recht, aber ich muß zu mir halten, zu mein Erfahrungen, die sin mir wichtiger. Ich kann nich mehr an diese Utopie glauben, für mich sin das Verbrecher, da kann man entweder kaputtgehen oder weggehen. Und die DDR ist nich das einzsche Land in der Welt, es gibt, die Welt is so groß, und ich wer mich do ni beschränken, mein Leben in diesem kleenen Zuchthaus zu verbringen, wo ich nu genuch mein Preis ... Man muß sagen, ich hab e bissl schlechtes Gewissen immer gehabt, also dieser Verräter-Begriff von Biermann, dieser Vorwurf, du hast's ni mehr ausgehalten, du bist geflohen, du hast uns verlassen, du hast uns verraten, der ging, der spielt ja jetzt noch 'ne Rolle ... Ich habe mir das

1 „Ehre, das ist ein etwas belasteter Begriff. Von früher. Die Polen haben da ein ungebrochenes Verhältnis dazu. Aber die Ehre spielte im Faschismus eine große Rolle und im Militarismus vor allen Dingen. Und der Grundsatz der Waffen SS hieß, unsere Ehre heißt Treue. Die Ehre wird auf Treue bezogen. Also man mußte, Augen zu und dem Führer folgen bis in den Untergang, Schluß. Unsere Ehre heißt Treue. Und daher war dieser ganze Ehrbegriff und die Ehrenzeichen und so weiter, das war etwas anrüchig."

2 „Die Parteimoral ist auch immer sehr hoch gehandelt worden in dieser Partei. Und davor hatten die meisten Angst ... Ehre ... das waren meistens dann auch Sachen wie Moral oder Ehrlichkeit, wenn man das verletzt hat. Und diese Erziehung war ja in der SED extrem ... Wenn man sich persönlich so verhalten hat, daß man dieser Partei nicht zur Ehre gereichte. Daß man also den Ruf der Partei schädigte."

3 Mit Ausnahme der als nächstes zitierten Interviewperson haben die Befragten zu Verstehen gegeben, daß Ehre als Begriff ihnen nichts sage, oder eben den diskreditierten Ehrbegriff erwähnt.

überlegt, ich hätte nich genützt, die hätten mich kaputt gemacht, die sind emd stärker, und die können mich kaputt machen ... Ich wollte mich ni als Märtyrer opfern, das is völliger Unsinn ... en Ghandi oder so 'n Martin Luther King, die hätten in so 'nem ostzonalem System überhaupt keen Namen gekriegt, weil da gehört och noch 'ne Fairness dazu, die die Engländer immer noch hatten, so 'n Mann wie Ghandi irgendwie hochkommen zu lassen oder, ni? Man kann ja nich mal Märtyrer wern im Sozialismus. Ja? So, und da hab ich gesagt: Ich will deshalb von außen, vom Westen, und das hab ich och gemacht ...“

Wenn Dissidentenehre kein akzeptierter Begriff war, dann stellt sich die Frage, welche Deutungsmuster die ostdeutschen Dissidenten statt dessen prägten.

Im Gegensatz zu dem (ost-)deutschen Fall besteht noch heute in Polen eine positive Assoziation sowohl zwischen Ehre und Nation als auch zwischen Ehre und kollektiver Opposition. In einigen Versionen der polnischen Geschichte war der Widerstandskampf mit Heroismus und Ehre verknüpft (Gella 1986). Deshalb konnten die polnischen im Gegensatz zu den ostdeutschen Regimekritikern auf das Konzept der Ehre zurückgreifen. Es bleibt die Frage, warum sie es taten.

Um diese beiden Fragen zu beantworten, müssen wir die Geschichte hinter uns lassen und die Sinnwelt der polnischen Opposition, die KOR 1976 schuf, mit der Sinnwelt der ostdeutschen Dissidenten, die erst in den 80er Jahren an Stärke und Öffentlichkeit gewannen, vergleichen. Die Darstellung beginnt mit dem ostdeutschen Fall.

Die ostdeutschen Dissidenten

Die Nation der Philosophen und Dichter und ... Dissens

Der Ausflug in die Vergangenheit zeigte nicht nur die Gründe, weshalb die deutschen Dissidenten den Begriff der Ehre abgelehnt haben. Er offenbarte auch, daß es in der deutschen Geschichte einen auf das Individuum bezogenen Ehrbegriff gab und zwar den der „inneren Ehre“, der mit dem philosophischen, romantisch-idealistischen Begriff des „Gewissens“ gleichzusetzen ist (Zunkel 1975: 26ff.; Flam in Entstehung). Von diesem Begriff ausgehend, haben Klassiker der deutschen Literatur, Exilautoren, aber auch Christa Wolf, Volker Braun oder Christoph Hein Werke geschrieben, in denen das Individuum mit seinem autonomen Gewissen im Zentrum der Handlung steht und in denen das Recht des Individuums auf vom Staat und von der Gesellschaft unabhängige Moralvorstellungen und moralische Entscheidungen betont wird. Sowohl Bildungsromane, die als „typisch deutsche“ Literaturform verstanden werden, als auch Werke der Exilliteratur, die diese Literaturform weiterführte, waren in der DDR zugänglich, sogar hoch gelobt, weil sie vom „antifaschistischen" Staat zur Legitimierung benutzt wurden.

Mit diesem Informationshintergrund und anhand des Interviewmaterials läßt sich die folgende These formulieren: Die (ost-)deutsche Literatur lieferte romantisch-idealistische Deutungs- und Handlungsmuster, die sich vor allem Dissidenten aneigneten. Das individuelle Gewissen und auch das Ideal der Selbstverwirklichung haben sie *in* die, aber auch *aus* den regimekritischen Milieus geführt.

Die Hebammen des ostdeutschen romantisch-idealistischen Individualismus: der Parteistaat und die Dissidentenbewegung

Die Anwesenheit dieses extremen „bürgerlichen" Individualismus im ostdeutschen Staat erscheint verwunderlich. Bekanntlich bekämpfte ja dieser Parteistaat viel rücksichtsloser als sein polnischer „Bruderstaat" so gut wie jede selbständige Initiative und jedes Kollektiv, das nicht sein eigener Sprößling war oder nicht unter seiner Kontrolle stand.

Gerade deswegen, so könnte man argumentieren, stellte er die ostdeutschen Staatsbürger, aber auch die potentiellen Dissidenten vor eine radikale organisatorische Alternative: Mitmachen oder Aussteigen, und wenn auch nur aus der öffentlichen Welt ins Vergessen. Die institutionelle Grauzone des kritischen Mitmachens, die durch eine seit 1956 steigende Anzahl sozialer Milieus, Institute und Verbände in Polen geschaffen wurde, gab es in der DDR so lange nicht, bis sich die SED 1978 zu einem 'Abkommen' mit der Kirche entschloß. Der springende Punkt ist nicht nur der Mangel an kritisch-loyalen Grauzonen, sondern auch, daß es bis zum Jahr 1978 keine soziale oder institutionelle Infrastruktur gab, innerhalb derer sich Kollektive mit einem Minimum an Autonomie, mit eigenen Weltbildern, Wertereservoirs oder Lebenswelten über Generationen hätten ausbilden können. Außerhalb der parteigeführten Kollektive war eine kollektive Werteproduktion und -vermittlung extrem erschwert, auch wenn es kritisch-loyale Freundeskreise innerhalb der Partei und Nischen in der Gesellschaft gab. Dies gilt auch für die Dissidenten. Die Berliner Dissidenten hatten nur die Szene vom Prenzlauer Berg, mußten aber aufgrund der Repression ständig neue Stammlokale aufbauen und die Dissidentenzirkel neu bevölkern (Rosenthal 1989; Rüddenklau 1992). Unter solchen Bedingungen konnte kaum eine gemeinsame, übertragbare Sinnweltkonstruktion stattfinden.

Aber nicht nur der repressive und gemeinschaftsvernichtende Parteistaat hat dazu beigetragen, daß der romantisch-idealistische Individualismus blühte. Die ostdeutsche Dissidentenbewegung, die sich nach einiger Zeit bildete, hatte auch selbst ihren Anteil daran. Ihre zahlreichen Gruppen, die jede - nicht nur parteistaatliche - Herrschaftsform ablehnten, hielten unbeirrbar an Prinzipien der Autonomie, Selbstbestimmung und Basisdemokratie fest. Trotz mehrerer Versuche ist deshalb kein zentrales Forum und keine nationale Organisation entstanden (Gutzeit 1993: 89f.; Rüddenklau 1992: 32), innerhalb derer eine gemeinsame Sinnwelt hätte konstruiert und vermittelt werden können.

Die Umarmung des nach Autonomie suchenden Individualismus und die Ablehnung jeder Herrschaftsform hatte außerdem zur Konsequenz, daß keine allgemein akzeptierte (charismatische) Integrationsfigur auf die Bühne treten konnte (Findeis/Pollack/Schilling 1994: 73, 166, 201; Rüddenklau 1992: 32). Wie bekannt, war die ostdeutsche Dissidentenbewegung durch ihre Altersstruktur in zwei Hinsichten geprägt: Die Bewegung als solche, aber auch ihre Teilnehmer waren sehr jung - der Gruppenaltersdurchschnitt lag noch 1989 bei 23 bis höchstens 35 Jahren! (Findeis/Pollack/Schilling 1994: 100, 117, 128, 193; Pollack 1990b: 134). Manche unter diesen Peers versuchten, Führungspositionen zu schaffen und persönlich zu besetzen. Aber es gab keine respektierten älteren Figuren, die die Aspiranten auf Führungsrollen sozusagen „von oben ernennen" konnten und ihnen auf diese Weise gegen potentielle andere zu einer profilierten Stellung unter den Peers verholfen hätten. Biermann wurde 1976 ausgebürgert, Havemann starb 1982.[4] Die „Ernennung von oben" war also genausowenig möglich wie ein Transfer von Wissen, Idealen oder Verhaltensmustern.

Erst später, durch die von den Dissidenten im Zusammenspiel mit den westlichen Massenmedien öffentlich gemachte staatliche Repression, verbesserten sich die „Ernennungschancen", diesmal „von außen". Die Chancen, im Rampenlicht der Öffentlichkeit zu stehen, wurden aber durch den ostdeutschen Parteistaat mit seiner Abschiebepolitik neutralisiert. Selbst die wenigen quasi prominenten ostdeutschen Dissidenten, um nicht von den vielen Unbekannten zu sprechen, haben mittels ihrer Zustimmung zur Abschiebung diese neuen Ernennungschancen verdorben.

Die ostdeutschen Dissidenten sind ohne ein Integrationsforum und ohne Integrationsfiguren geblieben. Man identifizierte sich vor allem mit der eigenen Gruppe. Den anderen Gruppen mißtraute man oder warf ihnen fehlende Sachkompetenz und Seriosität vor (Findeis 1994: 250; Gutzeit 1993: 86; Pollack 1990b: 139f.). Es bildeten sich Netz-

---

4 Die älteren ehemaligen Genossen, die aufgrund ihrer kritischen Haltung aus der Partei rausgeflogen waren, trafen sich, wie z. B. in Jens Reichs Freitagszirkel, geheim, meistens in einer fast vollständigen Isolierung von der neuen Dissidentenbewegung (Joppke 1995: 143). Versuche, die regimekritischen aber parteiloyalen Künstler, wie Christa Wolf oder Stefan Heym, für die Dissidentenbewegung zu gewinnen, scheiterten (Joppke 1995: 72). Auch wenn häufig argumentiert wird, daß der Mangel an Intellektuellen und Künstlern die Dissidentenbewegung schwächte, sollte man die dahinterstehende Vermutung, daß sie in der Lage gewesen wären, die junge ostdeutsche Bewegung zu stärken, in Frage stellen. Sie waren noch mehr verängstigt und noch loyaler der SED gegenüber als die jungen Dissidenten. Hätten sie die Bewegung wirklich symbolisch schmücken oder mit Solidarität schaffenden Normen versehen können? Wenn ja, dann nur in einem unrealistischen Gedankenexperiment.

werke, doch diese bauten größtenteils auf persönlichen Beziehungen auf. Auf jeden Fall haben sie keine bewegungsumfassende Sinnwelt hergestellt. Auch innerhalb dieser Netzwerke wurden häufig die Gruppenziele dafür eingesetzt, sich von anderen Gruppen zu distanzieren (Findeis 1994: 214, 250, 252; Fehr 1996: 314ff., 323; Gutzeit 1993: 86, 90ff.; Rüddenklau 1992: 34, 52ff.; Kroh 1989: 41f.; Pollack 1990a: 11; Meckel 1994: 61).

Die aggregierbare Subkultur der ostdeutschen Dissidenten

Das bedeutet nicht, daß es keine symbolische Sinnproduktion gegeben hat. Auffallend ist vor allem die symbolische Darstellung von anti-militaristischen, pazifistischen sowie umweltpolitischen und menschenrechtsfreundlichen Gruppenzielen, die sowohl biblische als auch kommunistische Denkfiguren benutzte[5] wie: „Schwerter zu Pflugscharen", „Frieden schaffen ohne Waffen", „Leben nicht Überleben", „Bewahrung der Schöpfung", „Freiheit ist immer die Freiheit der Andersdenkenden", etc.

Außerdem entstanden sub-kollektive Sinnwelten. Jede Gruppe versuchte auf ihre Weise, die offizielle Deutungswelt durch eine eigene zu ersetzen, zumindest einen Teil des Alltags zu politisieren sowie eine Grenze zwischen sich selbst, dem Parteistaat und anderen Gruppen zu ziehen und aufrechtzuerhalten (Taylor/Whittier 1995: 173ff.; Kroh 1989: 44; Poppe 1990; Findeis/Schilling/Pollack 1994). Die sub-kollektiven Sinnwelten wurden auch konstruiert, wenn die Gruppenmitglieder über ihre gemeinsamen negativen Erfahrungen mit den Herrschaftsstrukturen kommunizierten[6] und ihre Anliegen, Emotionen und Zielsetzungen besprachen, wobei in verschiedenen Gruppen der Schwerpunkt zwischen Persönlich-Emotionalem und Persönlich-Politischem unterschiedlich gelegt wurde.

---

5 Einige dieser Symbole und Slogans, z. B. „Bewahrung der Schöpfung", waren allerdings „importiert", also keine originären Konstruktionen der DDR-Dissidentengruppen. In diesem Fall stammte das Symbol von der Ökumenischen Vollversammlung der Kirchen in Vancouver 1983 (Meckel 1994: 51). Auch das Motiv „Schwerter zu Pflugscharen" wurde dem sowjetischen (sic!) Denkmal vor dem UNO-Hauptgebäude in New York nachempfunden (Meckel 1994: 37).

6 Die Untergrundschriften, deren Anzahl sich ab 1987 spürbar vergrößerte, fungierten auch als Mittel in der Herstellung gemeinsamer symbolischer Identität. Der sarkastische Tonfall von Berichten über die Schikanen der Staatsgewalt stärkte die eigene Überzeugung, daß die repressiven Maßnahmen des SED-Staates immer absurder wurden, und vermittelte ein Gefühl der kollektiven Überlegenheit über dessen letztlich erfolglose Versuche, die Dissidenten zum Schweigen zu bringen. Siehe auch Fußnote 23.

Die Dissidentengruppen haben eine gemeinsame Subkultur geschaffen, in der neue Gefühlsregeln und Ausdrucksformen Geltung fanden. Innerhalb dieser Subkultur war es möglich, den Staat, die SED und die Kirche als entmündigenden Gegner und/oder als möglichen Dialogpartner zu definieren. Statt obligatorischer Zuwendung, Loyalität und Dankbarkeit konnte man Enttäuschung, Feindseligkeit, Wut und Hoffnung gegen sie äußern, und diese Gefühle und Einstellungen in unterschiedliche Handlungsformen übersetzen.

In der Literatur herrscht keine Einigkeit darüber, welche Werte die Dissidenten teilten. Man kann nur im Aggregat sagen, daß für sie Autonomie, Dialog, Wahrheit, Menschenwürde, Gerechtigkeit, Frieden, Toleranz, Menschenrechte, Öffentlichkeit, etc. zu den hoch emotional-normativ besetzten Werten gehörten.

Die poröse Grenze der ostdeutschen symbolischen Dissidentenwelt

Bedeutend mehr Einigkeit herrscht darüber, daß, obwohl es an wichtigen Ausnahmen nicht fehlte, eine große Mehrheit der Dissidenten christlich-sozialistische Ideale verinnerlicht hatte, den Glauben an die Reformierbarkeit der DDR und den Sinn des Dialogs mit dem Parteistaat und der Kirche teilte und eine negative Einstellung zu Konsum, Kapitalismus und vor allem - ähnlich den Parteimitgliedern - zur BRD kultivierte. Außerdem distanzierten sich die Dissidenten von der Kultur des Sich-Einrichtens und Sich-Arrangierens der Normalbürger und lehnten die ostdeutsche Anpassungsgesellschaft kategorisch ab.

Die wenigen gemeinsamen Werte, das Maß an Mißtrauen, ja Feindseligkeit gegenüber den offiziellen Institutionen, aber auch die häufig vorkommende gleichzeitige Bereitschaft zur Zusammenarbeit mit ihnen und die Distanzierung von der Anpassungsgesellschaft schufen eine poröse Grenze, innerhalb welcher sich eine heterogene Subkultur des Dissenses entfaltete. Man könnte sogar diese grenzziehende Konstellation als einen Ansatz der kollektiven Identität symbolischer Art betrachten (Melucci 1995), obwohl sie sich nie in eine vollständige Gegenkultur oder selbständige Sinnwelt verwandelte.

Diese Welt des Dissenses blieb offen für die offiziellen Bewertungsstandards wie Ausbildungs- und Berufserfolge.[7] Diese Offenheit verursachte starke Verunsicherung, sogar sinkendes Selbstvertrauen: „Ich weiß nicht, ob das so (Pause), ob Sie das als regimebezogene Ängste äh bezeichnen würden. Ich fand's sehr belastend die, die Unsicherheit, nicht zu wissen, ob äh mein ganzes bisheriges gescheitertes Leben, also keine richtige Ausbildung, kein richtiger Job, eine fürchterlich schlechte

---

7 Siehe auch die Interviews mit Dusdal und Bohley in: Findeis/Pollack/Schilling 1994: 73.

Wohnung, wo es an mehreren Stellen durchregnete. Äh (Pause) also alle diese Erfolglosigkeiten in Anführungsstrichelchen ... mein Mann war ja mit einbezogen. Er hatte ja keine Arbeit mehr, durfte nicht mehr [in seinem Beruf] arbeiten. Ich durfte nicht mehr studieren und hab' wirklich an unterster Stelle irgendwie gejobt. Das, ich, ich hatte immer die Unsicherheit, ich wußte nicht, wieviele Anteile davon sind äh Repression[8] von außen und wie groß ist der Anteil meiner eigenen Unfähigkeit, nä."

Für die meisten Dissidenten ist das private Selbst, das sich auf die Chancen zur eigenen Selbstverwirklichung und die der Familienmitglieder konzentrierte, nie ganz in den Hintergrund getreten. Gerade diese Chancen sahen die Dissidenten in ihrer Bewegung, in der sie Freiraum für eigene Autonomie, für Initiative und konkrete Verbesserungs- und Reformprojekte suchten. Für die meisten forderte das private Selbst den wichtigsten Platz im Leben, sobald das regimekritische Individuum einer längeren Haft oder repressiver Resozialisation ins Auge blickte.[9] Pessimismus setzte ein. So hatte man sich die Chancen zur Selbstverwirklichung und zur Reform nicht vorgestellt: „Mein Mann und ich gehörten [1984] auch zu den Zweifelnden. Wir überlegten: Hat das, was wir tun, Zukunft? Haben wir noch Hoffnung? Hat sich im Land eigentlich durch die Aktivitäten der Friedensbewegung etwas Grundlegendes geändert? Unser Sohn würde bald in die Schule kommen. Dort erwartet ihn das, wogegen wir uns nun schon lange auflehnen. Wie wird es uns ergehen? So weiterzumachen, würde bedeuten, manchmal Angst zu haben. Die Möglichkeit einer Verhaftung mußte man einfach einkalkulieren ... Ein Freund hatte eine Vollmacht von uns, unser Kind zu sich zu nehmen, falls uns etwas passiert. Wir hatten vorgesorgt wie viele der Aktiven. Irgendwie lernt man, damit zu leben, aber wir wollen es nicht ein Leben lang ertragen müssen." (Kroh 1989: 178)

Erst 1987-89, als sich verschiedene Gruppen an gemeinsamen Solidaritätsaktionen und Protesten gegen konkrete Verhaftungen und Repressalien beteiligten,

---

8 Seit ungefähr 1983 scheint die Stasi die neuen Anweisungen befolgt zu haben, die Dissidentenbewegung statt mit offener Repression mit verschiedenen Zersetzungsmethoden zu bekämpfen. Eine empfohlene Methode war „systematische Organisierung beruflicher und gesellschaftlicher Mißerfolge zur Untergrabung des Selbstvertrauens einzelner Personen" (Rüddenklau 1992: 37).

9 „[Es war klar], daß sie auf der einen Seite verhindern mußten, daß da so etwas wie ein Märtyrer entsteht ... Von daher gab es für sie eigentlich nur drei Varianten ... Die eine war, diese Person geht in den Westen. Die zweite Variante ist, man polt ihn um, das heißt, man spannt ihn ein, man integriert ihn. Und die dritte Variante ist die, daß man ihn so repressiv kontrolliert, daß er einfach kein Märtyrer mehr sein kann. Und da ich sowohl zu der ersten Variante, also in den Westen zu gehen, wie auch zu der zweiten keine Lust hatte, blieb also nur die dritte Variante übrig ... Das heißt, mein Leben wäre hundertprozentig kontrolliert worden ... Es wäre nicht dadurch beendet, daß ich die drei Jahre absitze. Sondern das würde lebenslänglich weitergehen. Und für mich war dann die Konsequenz, daß ich gesagt habe, dann gehe ich weg. Ein Leben mit Angst ... Man lebt ja dann wie ein gehetztes Tier ..." (Der narrative Zeitraum: 1976/77.)

ist diese symbolische kollektive Identität solidarischer geworden (Kroh 1989: 59; Pollack 1990b: 140; Rüddenklau 1992: 209ff., 220f.; Fehr 1995: 317). Aber auch zu diesem Zeitpunkt ist der Versuch gescheitert, eine „solidarisch-oppositionelle" Identität zu schaffen, die sich gegen die „privat-individuelle" Identität gerichtet hätte, welche als Antwort auf dauernde Repression und (angedrohte oder reelle) Strafen zur Ausreise drängte.

Nach ihrer Verhaftung und der darauf folgenden Androhung von mehrjährigen Haftstrafen im Gefolge der Liebknecht-/Luxemburg-Demonstration Anfang 1988 gaben mehrere bekannte Oppositionelle, darunter Bärbel Bohley, Wolfgang und Lotte Templin, Freya Klier und Stephan Krawczyk, ihre Zustimmung zur Abschiebung in den Westen (Rüddenklau 1992: 226; Kroh 1989: 53). Ein empörter Dissident forderte daraufhin in einem spektakulären Artikel in der Samisdat-Zeitschrift „Friedrichsfelder Feuermelder" (Text Nr. 3/1988), daß Solidaritäts- und Verbindlichkeitsnormen gelten sollten: „Sechs Monate zuviel im Kampf für Emanzipation und Identität? Und die anderen? Warum haben sie nicht auf ihren Prozeß gewartet? ... Ist Solidarität nur eine Einbahnstraße? Und wo bleibt die Verantwortung für die hier Kämpfenden? ... Die Inhaftierten gingen als politische Personen in den Knast, verlassen haben sie ihn als Privatpersonen. Eine Metamorphose in maximal 14 Tagen ... Das Verhalten der nun mehr oder weniger Ausgereisten ist eine politische und moralische Bankrotterklärung." (Rüddenklau 1992: 227; Kroh 1989: 54)[10]

Trotz tiefer Enttäuschung und Empörung über die mangelnde Bereitschaft der führenden Dissidenten, Prozeß und Haft auf sich zu nehmen, die noch intensiver war, weil sich die Dissidenten in diesem Fall für die gemeinsamen Solidaritäts- und Protestaktionen überall im Lande organisiert hatten, ist der empörte Kritiker mit dieser Stellungnahme auf Widerstand gestoßen (Umweltblätter vom 12. Februar 1988: 2; Rüddenklau 1992: 221). Die Redaktionsmitglieder distanzierten sich von ihm[11]; in den Basisgruppen stritt man über die Abgeschobenen (Rüddenklau 1992: 174). Als Norm galt trotz allem bei vielen die Empathie für die schwierige persönliche Lage der mit Haftstrafen Bedrohten.[12]

---

10 Ich danke Detlef Pollack für diesen Hinweis. Eine Tagebucheintragung Martin Gutzeits vom 3. Februar 1988 reflektiert ebenfalls die Suche nach verbindlichen Regeln im Falle von Verhaftungen/Verurteilungen (in Meckel/Gutzeit 1994: 353f., Dokument 47).

11 „Ähnliche Vorwürfe wurden schon früher hinter vorgehaltener Hand diskutiert; trotzdem hat der Autor, Reinhardt Schult, einen Sturm von Protesten geerntet. Dazu kam, daß die Herausgabe des „Extrablatts" ohne Kenntnis und gegen den Willen der Mehrheit der „Feuermelder"-Redaktion erfolgte." (Rüddenklau 1992: 174)

12 In diesem Zusammenhang wurde in Berlin eine prinzipielle Entscheidung gegen Kontakte zwischen Ausreisewilligen und Dissidenten getroffen (Rüddenklau 1992: 176). Die Ereignisse um die Liebknecht-/Luxemburg-Demonstration führten in Leipzig im Unterschied

Das Interviewmaterial zeigt, daß viele Dissidenten diese verständnisvolle Empathie[13] empfanden, weil sie selbst stark an der Exit-Option hingen. Sie war ein wichtiger Bestandteil des Repertoires zum individuellen Angst- und Stressmanagement. Sie erlaubte ihnen, weiterzumachen, ihrer Marginalisierung, der Angst vor Schikanen und gelegentlichen Verhaftungen zum Trotz: „Das einzige, was vielleicht wenigstens als Gedanke da war, wäre das gewesen, sich dem allen zu entziehen, wenn wir nach dem Westen gingen; nä. Die Möglichkeit ... stand im Prinzip offen für uns. Wie für viele, die unliebsam waren. Aber das war 'ne Möglichkeit, 'ne Denkmöglichkeit, die wir eigentlich immer wieder hinausgeschoben hatten ... Aber vielleicht war die Möglichkeit, das immer im Hinterkopf zu haben, wenn 's gar nicht mehr geht, dann kann man immer noch dahin. Ich meine, das ist sicherlich anders als in Polen und in [der] Tschechoslowakei, wo es ein echtes Exil ist. Und hier ist es eben nur das andere Deutschland mit der gleichen Sprache, und man hat viele Gemeinsamkeiten. Äh, das war vielleicht auch ein Faktor, der noch ein bißchen so Rückhalt gegeben hat; nä."

Teilweise aus diesem Grund haben nur wenige Dissidenten Schorlemmers Ruf nach „Verbindlichkeit aus Freiheit" ernst nehmen können - die meisten haben sie nie gelernt (Schorlemmer 1990: 19, Originaltext von 1985!). Sie brauchten die Exit-Option als einen Selbstverteidigungsmechanismus in einer Dissidentenwelt, die fast keine symbolischen Schutzmechanismen zur Verfügung stellte.

Die deutsche Tradition des Belehrens?

Die um 1985-1988 entstandenen Texte von ausgewählten, vor allem kirchlichen, Dissenstheoretikern (Pollack 1990) deuten darauf hin, daß diese ihre Texte mit dem Ziel verfaßten, die Dissidentenbewegung in den Augen der Kirche, aber auch des Parteistaates zu legitimieren. Wenn die Dissidentengruppen die Textadressaten waren, dann wurden sie vor allem belehrt. Die Theoretiker riefen zu gegenseitiger To-

---

dazu jedoch nicht zu einer stärkeren Abgrenzung zwischen diesen Gruppen (Rüddenklau 1992: 181). Siehe auch Joppke 1995: 144.

13 Markus Meckel (Meckel/Gutzeit 1994: 66) berichtet: „Wenn jemand erklärte, er könne es nicht mehr seiner Familie zumuten oder seinen Kindern - dann hielten wir das für legitim und akzeptabel." Doch Meckel war sich der Probleme dieses ständigen Abflusses an kritischem Potential durchaus bewußt (ebd.).

leranz und Zusammenarbeit auf und forderten Moderation und Bescheidenheit.[14] Auch wenn sie die Gruppen als notwendige „Beunruhigungsgruppen" (Schorlemmer 1990: 17), kritische „sozialisierende Gruppen" (Neubert 1990; Poppe 1990: 70), „sozialethisch engagierte Gruppen"(Falcke 1990: 103; Poppe 1990: 64), als „das kritische Potential" (Poppe 1990: 63), kompetente, weil extra-sensible „Betroffene" (Falcke 1990: 51; Poppe: 68), selbstzweifelnde, verspottete „Verkörperung von Wahrhaftigkeit, Hoffnung und Mut"(Schorlemmer 1990: 20), „notwendiges vermittelndes Medium zwischen individuellen und gesellschaftlichen Interessen"[15], Vertreter des „faktischen Ideenpluralismus", als „Gegenkultur" und als „zweite Öffentlichkeit" definierten, haben sie die Dissensgruppen meist mit kritischer Distanz betrachtet. Überwiegend sprachen sie nicht als engagierte, leidende und hoffende Mitbetroffene, sondern als objektive, manchmal wissenschaftlich orientierte, distanzierte Beobachter, die die Konfliktpartner zur gegenseitigen Verständigung bringen wollten.

Die vielleicht unintendierte Konsequenz war, daß diese Theoretiker, ebenso wie das einheimische Samisdat[16], die Grundprobleme der ostdeutschen Dissidenten nicht oder wenig ansprachen und um sie nur ein schwaches symbolisches Sinngewebe sponnen. Mit ihren Mahnungen zu Moderation und Bescheidenheit erinnerten sie eher an die Vertreter des entmündigenden Parteistaates oder die zwischen Widerspruch und Macht balancierende Kirche, deren Vertreter sie ja auch teilweise waren.

Die Grundprobleme der ostdeutschen Dissidenten, der Irrtum des Konkreten und die Exit-Option

Wie das Interviewmaterial zeigt, stellte die politisch-repressive Marginalisierung des Dissenses und die persönliche Marginalisierung der einzelnen Dissidenten das erste

---

14 Dies bezieht sich mehr auf Neubert (1990: 37) und Schorlemmer (1990: 19-23) als auf Poppe (1990: 68), die für Unbescheidenheit, für Mitsprache und für Mitentscheidungen der Betroffenen plädierte.

15 Dieser und die nächsten drei Begriffe stammen aus Poppe 1990: 64f., 73.

16 Nach Dalos' (1989: 97) und meiner eigenen Durchsicht der im Archiv der Bürgerbewegung in Leipzig zugänglichen Samisdat-Zeitschriften (siehe unter: Dokumente) beschäftigten sich die meisten ihrer Beiträge mit aktuellen und historischen Themen, geplanten Aktivitäten und Berichten über Repression. Dalos stellte in einer Randbemerkung fest, daß die Berichte über Polizeirepressalien das Leiden der einzelnen nicht thematisierten: „... Polizeimaßnahmen, die im „Grenzfall" mit einer gewissen masochistischen Freude dargestellt werden, sind für die jeweils Betroffenen alles andere als komisch."

Grundproblem für sie dar. Das zweite Problem war die repressionsbedingte tägliche Angst um sich selbst und die anderen Familienmitglieder. Letztlich mußten alle Dissidenten gegen ihre eigenen, aber auch gegen die gesellschaftlichen Zweifel an der Zweckmäßigkeit des Dissenses in ihrem Land kämpfen, gegen die Pessimismusanfälle, die ihnen sagten, daß sich nichts in der DDR bewegen läßt.

Die Dissenstheoretiker halfen nur insofern, dieses Problem zu bewältigen, als sie immer wieder in ihren Texten ihre optimistische Hoffnung oder ihre wissenschaftlich untermauerten Argumente für die systemisch-funktionale Notwendigkeit des Dialogs und ihren Glauben an die Möglichkeit einer Zusammenarbeit zwischen den Dissidenten und dem Staat oder der Kirche ausdrückten. Sie bauten möglicherweise das Selbstvertrauen der Dissidenten auf, indem sie argumentierten, daß die DDR/die Kirche untergehen würde, wenn sie der wohlgemeinten, reformorientierten Kritik nicht ihr Ohr lieh. So gesehen, waren die Dissidenten die letzte Hoffnung und die letzte Reformchance dieses Staates. Wie gesagt, sie stilisierten weiterhin die Dissidentenbewegung als das einzig übriggebliebene kritische Potential, als die notwendigen Beunruhigungsgruppen usw. Aber die eigentlichen Grundprobleme der Dissidenten haben sie nie direkt angesprochen. Das Interviewmaterial deutet weiter darauf hin, daß diese Versuche, das Dissidententum zu erfassen, kaum die autobiographischen, narrativen Konstruktionen beeinflußten.

Die ostdeutsche Dissidentenbewegung hat sich von Anfang an dem Irrtum des Konkreten hingegeben. Aus vielen Gründen, unter denen das eigene Bedürfnis nach konkretem, selbstinitiiertem, engagiertem Handeln und der damit verbundenen Reformorientierung und -hoffnung vielleicht am wichtigsten waren, haben sich die Friedensbewegung und später einzelne Dissidentengruppen auf sehr konkrete Zielsetzungen konzentriert. Darüber hinaus hatten die Dissidenten einen sehr hohen, fundamentalistisch-idealistisch geprägten Anspruch, ihre Werte vollständig durch die Politiker und die Gesellschaft übernommen zu sehen und ihre Ziele hundertprozentig realisieren zu können. Der Irrtum des Konkreten erstreckte sich von der Forderung nach Verhinderung der Stationierung von Mittelstreckenraketen in der BRD und der DDR bis zur Forderung nach Abschaffung von militärischem Spielzeug in Kindergärten, Schulen und Geschäften. Oder, um noch ein Beispiel zu nennen, der Dialog mit dem Staat implizierte für viele Dissidenten spezifische Versuche, sich zu bestimmten Themen zu äußern und ihre politische Gestaltung beeinflussen zu dürfen.

Vielleicht ist diese Tendenz der irrtümlichen Konzentration auf das Konkrete so auffallend, weil sie - aus der vergleichenden Perspektive gesehen - mehr an die westlichen „neuen" und weniger an die mittelosteuropäischen alten Dissidentenbewegungen erinnert und in ihrem politischen Kontext unangepaßt erscheint. Die thematische Breite, aber auch die individuelle Flexibilität, die es erlaubte, Themen oder Gruppen zu wechseln, verstärken zusätzlich den Eindruck, daß es sich um eine Art westlicher Bewegung handelte, die nicht in der Lage war, aber auch nicht den Anspruch hatte, die Individuen auf

Dauer an sich zu binden. In den USA sprechen Theoretiker der sozialen Bewegungen eher von Identifizierungshandlungen und von Identifizierung(en) mit mehreren Bewegungen als von einer Identifikation des Selbst mit einer Bewegung (Snow/Benford 1988: 1; Snow/Rochford/Worden/Benford 1986: 467). So schien es auch in der DDR mit der Dissidentenbewegung zu sein.[17] Der scheinbare Unterschied liegt im Fundamentalismus. Scheinbar, weil auch in dieser Hinsicht westeuropäische und osteuropäische Ähnlichkeiten leicht zu entdecken sind, besonders wenn man an die Frühphase der westdeutschen oder an die schwedische Anti-Atomkraftbewegung denkt.

Der springende Punkt dabei ist, daß der pragmatische Realismus im Zusammenspiel mit themenbewegtem Individualismus, der in bestimmten westeuropäischen Ländern zu erfolgreichen Reformen verhalf, im ostdeutschen unbeweglichen Herrschaftskontext zum Scheitern verurteilt war. Der zerbrechliche Reformoptimismus wurde immer wieder durch die konkreten negativen, symbolisch nicht gemilderten oder verklärten Erfahrungen mit den ostdeutschen Behörden und staatlich sanktionierten Organisationen in Frage gestellt. Die Dissenstheoretiker haben an dieser Tatsache wenig geändert. Es läßt sich argumentieren, daß diese Erfahrung die nach Selbstverwirklichung suchenden Dissidenten, auch angesichts hoher, symbolisch nicht adressierter Voice-Kosten und den seit 1974 geringer gewordenen Exit-Kosten, zur Wahl der Exit-Option veranlaßten. Bis zuletzt ist es der ostdeutschen Bewegung nicht gelungen, eine Lebenswelt oder eine solidarische kollektive Identität zu schaffen, die ein Gegengewicht zum Selbstverwirklichungsideal und zu den die Bewegung destabilisierenden Abwanderungen der Dissidenten (Hirschmans „Exit") hätten da rstellen können.

KOR oder die erste polnische Opposition

Die Nation der „ehrenhaften" und „blöden" Vergangenheit

Den gebildeten Polen ist bekannt, daß es, was die polnische Geschichtsdeutung betrifft, schon lange einen polemischen Dialog zwischen den Vertretern der „ehrenhaft-heroischen" und der „real-politischen" Gedankenschule in ihrem Land gibt (Gella 1986; Bochenski 1988; Flam in Entstehung). Was aus der Sicht der ersten lobenswert ist, wie z. B. die zahlreichen polnischen Widerstandskämpfe gegen

---

17 Falkenau (1990: 27) argumentierte 1985, daß die unter dem Dach der Kirche gesammelten Dissidenten nur „personale Verbindlichkeit" akzeptierten, d. h. die Authentizität und die Übereinstimmung von Denken und Handeln. Sie lehnten „institutionelle" und „ideologische" Verbindlichkeit, die sie mit der offiziellen Welt verknüpften, ab.

die Teilungsmächte oder der tragische Warschauer Aufstand gegen die deutschen Okkupanten am Ende des zweiten Weltkrieges 1944, wird von den letzteren kritisiert, und zwar wegen der starken Betonung des Ruhmes anstelle des Wohles der Nation, wegen des fehlenden politischen Realismus, der verantwortungslosen Verschwendung von Menschenleben, aber auch wegen der „aus purer Blödheit" verpaßten Gelegenheiten zu vorteilhaften Verhandlungen und politischen Allianzen mit den Großmächten zum Wohle der Nation.

Es stellt sich die Frage, warum KOR, obwohl es Elemente des historischen politischen Realismus ernst nahm und z. B. nie zum oppositionellen Aufstand, sondern immer zu Verhandlungen und Dialog aufrief, die „ehrenhafte" Version der polnischen Vergangenheit für ihre Zwecke beansprucht hat. Um diese Frage beantworten zu können, müssen wir unsere Aufmerksamkeit der polnischen regimekritischen Wirklichkeit und den Ängsten und Zweifeln, die sie hervorgerufen hat, schenken.

Typische oppositionelle Ängste

Auch nach der Etablierung von KOR waren die Oppositionellen eine kleine Minderheit. In diesem speziellen Fall handelte es sich anfangs um eine regimekritische Gruppe, die wie ein Staubkorn in einem feindlichen oder gleichgültigen Universum schwebte. Sie war auf ihrem Weg, wie Alfred Schütz' Don Quixote, mit verschiedenen anderen Deutungssystemen konfrontiert (Schütz 1964).[18] Diese stellten die erst elementar entwickelte regimekritische Sinnwelt in Frage. In der Auseinandersetzung mit diesen anderen Deutungssystemen konstruierten die polnischen Regimekritiker fortschreitend ihre symbolische Wirklichkeit, bis sie sich mit KORs neuem Programm von 1977 in Oppositionelle verwandelten. Alfred Schütz paraphrasierend kann man sagen: Indem sie ihre Welt der oppositionellen Phantasie konstruierte, entwickelte die Opposition eine radikal andere Einstellung zur Wirklichkeit (Schütz 1964).

Für die Oppositionsmitglieder war die Welt der heroischen Opposition moralisch verbindlich und äußerst bedeutend, für die anderen Gesellschaftsmitglieder und die Vertreter des Parteistaates nicht.

Die erste Sinnwelt, die die oppositionelle Sinnwelt in Frage stellte, war von den angepaßten polnischen Staatsbürgern bevölkert, die ihren Staat nicht als totalitär und als die Verkörperung des Bösen betrachteten. Für sie hatten die „absoluten" Werte oder die

---

18 Alfred Schütz' Werke, die mich inspirierten, erschienen zuerst auf Englisch. Ich möchte Ilja Srubar dafür danken, daß er mein Interesse an Schütz' Ideen neu geweckt hat.

heroischen Deutungsmuster der oppositionellen Welt keine Geltung. Es erschien ihnen wahnsinnig, für diese Werte oder Deutungsmuster die eigenen Berufskarrieren zu riskieren und sich und ihre Familien der Repression auszuliefern.

Die Oppositionsmitglieder bezeichneten die frühen 70er Jahre - die Jahre des relativen Wohlstands -, sowie die Mitte der 80er Jahre - die sogenannten „grauen" Jahre der „zahnlosen" parteistaatlichen Machtsausübung -, als die Phasen, in denen die Gleichgültigkeit der Massen sie zu Verunsicherung, Selbstzweifel und Angst um die eigene und kollektive Zukunft trieben. Diese Phasen stellten die oppositionelle Sinnwelt und die Zweckmäßigkeit des eigenen, oppositionellen Handelns in Frage.

Die zweite dominante Sinnwelt war durch die Vertreter des repressiven Parteistaates bevölkert. Dessen Aufgabe war es, die Opposition zu schwächen, zu begrenzen und womöglich zu vernichten. Außerdem liefen seit 1968 mehr oder weniger kontinuierlich eine parteiinterne sowie eine Medienkampagne, die die Regimekritiker als Verräter, Klassenfeinde, imperialistische Agenten, Zionisten, Saboteure, Randalierer etc. beschimpfte. Organisierte Verleumdungskampagnen, die mit der Anklage der Wirtschaftskriminalität anfingen, waren auch in den 70er Jahren üblich. Der Parteistaat bestrafte die Oppositionellen manchmal auch mit Studien- oder Arbeitsverbot und/oder ließ sie verhaften. Obwohl die polnischen Oppositionellen im Unterschied zu den ostdeutschen Dissidenten nie ganz aus der offiziellen Welt vertrieben wurden, sie nach Phasen der Unduldsamkeit, sogar periodisch wieder dort betreten durften, konnten sie ihre Ausbildungs- und Berufsbahnen nicht ohne Unterbrechung und Schikanen durchlaufen. Obwohl nicht so extrem oder konsequent wie in der DDR, Ungarn oder der Tschechoslowakei, wo die Dissidenten zu lebenslanger Verbannung aus der offiziellen Welt verurteilt waren, versuchte der Parteistaat auch in Polen, die Oppositionellen zu kriminalisieren und auszustoßen. Auf unterschiedliche Weise versuchte man, die Oppositionellen einer normalen Basis für die Erfüllung eines gewissen Statusanspruchs zu berauben. „Wir waren auf dem Weg, uns in Ausgestoßene zu verwandeln", kommentierte ein prominenter KOR-Mitarbeiter die Jahre vor der Gründung von KOR.

Diese gesamte Konstellation verursachte Zweifel am eigenen moralischen und sozialen Wert. Auf diesem Hintergrund kann man besser verstehen, warum die „Verteidigung der menschlichen Würde" zu einem oppositionellen Schlüsselkonzept wurde. Es verband den individuellen mit dem kollektiven Versuch, moralische Selbstbestätigung zu erlangen. Mit diesem Konzept aber berühren wir nur die Spitze des symbolischen Eisbergs.

Wie müssen fragen, wie die Begegnungen mit diesen Gefahrenzonen gehandhabt wurden (Flam 1996). Welche Stoßstange hatte die oppositionelle Sinnwelt entwickelt?

Die grenzziehenden und normativen Säulen der polnischen oppositionellen Sinnwelt

Don Quixote ähnlich definierten sich die Oppositionsmitglieder als die Verfechter der Wahrheit, was von ihnen einen bestimmten Lebensstil verlangte (Schutz 1964: 138). Sie sahen sich als Kameraden eines gemeinsamen Lebensweges, die zusammen eine tiefe moralische Verantwortung für den Weltzustand tragen und aktives politisches Engagement als Grundbedürfnis empfinden (Cywinski 1984: 52; Strzelecki 1969: 147ff.; Sicinski 1991).

Sie definierten sich selbst aus ihrer Treue zu den „absoluten", „den einzigen moralisch richtigen", „den ihrem Herzen am nächsten liegenden" Werten heraus (Cywinski 1984: 335; Tischner 1992: 9). Neben Gerechtigkeit, Menschenwürde, Menschenrechten und Solidarität mit den Unterdrückten gehörten zu diesen Werten: die offene Gesellschaft, Pluralismus, Toleranz, individuelle Autonomie, Kompromißbereitschaft, Konfliktvermittlung usw. (Michnik 1991a: 78; Kowalik 1991: 81, 92; Lukasiewicz 1991; Tischner 1992: 82ff.)

Man fragt sich immer noch, wie die Verbindlichkeit dieser Werte und die Bereitschaft zur Aufopferung für sie hergestellt wurden.

Für viele Oppositionsmitglieder war der Parteistaat totalitär und verkörperte das Böse (Kloskowska 1991: 57). Sie definierten es als ihre Aufgabe und moralische Verpflichtung, gegen dieses Böse zu kämpfen, seine immer neuen Erscheinungsformen zu entdecken und zu analysieren. Ihre eigene intellektuelle Entwicklung und ihr moralischer Perfektionismus dienten sowohl als eine Waffe im Kampf als auch als lebendiger Beweis dafür, daß das Böse das Gute zu vernichten versucht.

Das Dämonische wurde durch den heroischen Historizismus ergänzt. Die Opposition stützte sich auf die „ehren- und heldenhafte" Version der polnischen Geschichte, aber entwickelte sie auch weiter. Sie benutzte unterschiedliche Typen der historischen Beweisführung - Dokumente und direkte Zeugenaussagen eingeschlossen -, um ihre Sinnwelt als die Wirklichkeit zu konstruieren (Schutz 1964: 137). In ihren Publikationen griffen die Oppositionsmitglieder zahlreiche historische Präzedenzfälle von heldenhafter Aufopferung auf und stilisierten sich als direkte Erben dieser Tradition. Die Opposition beanspruchte nicht nur die „ehrenhafte" Version polnischer Geschichte, sondern trat auch als moderner Vertreter ihrer Deutungs- und Handlungsmuster auf, die auch von einem Teil der polnischen Literatur verwendet wurden. Weil die Aristokratie und ihre Erben, die polnische Intelligentsia, in der „ehrenhaften" Version im Zentrum standen, adelte sich die Opposition durch ihren Anspruch auf Kontinuität selbst. Diese besondere historische Perspektive half auch, die oppositionelle Sinnwelt zu stabilisieren und emporzuheben.

Schritt für Schritt entwickelte die Opposition auch die mythische Welt mit ihren langen historischen Wurzeln, die bis in die Zeit der Teilung Polens zurückreichten und die durch die deutsche Besetzung und durch den Stalinismus lebendig blieben. Zur Zeit des stalinistischen Terrors entstand die Legende der „einheimischen Schande", die Trznadel (1990) mit seinen Interviews zu belegen suchte, und die „Geschichte der Ehre", über die Michnik (1991) reflektierte (Jedlicki 1991: 141). Diese mythische Welt war einerseits bevölkert von den „ehrenhaft Überlebenden", die ihre Prinzipien, ihre Integrität und ihre Freunde nie verrieten, und andererseits durch die „Schandbefleckten", die aus Konformismus oder aus Privilegien- und Machtgier das Gegenteil taten und der kommunistische Partei beitraten. Viele Vertreter der ersten Gruppe lebten noch. Indem die jüngeren Oppositionellen sie ehrten, haben sie zugleich sich selbst Ehre erwiesen. Aber auch die „Schandbefleckten" kreierten und stabilisierten die oppositionelle Sinnwelt, indem sie, zusammen mit den „ehrenhaft Überlebenden", die Standards der Schande und Ehre zu etablieren halfen.

Die spezifische politische Geographie der oppositionellen Welt muß hier auch kurz erwähnt werden (Schutz 1964: 139). Obwohl Polen einen festen Platz im Sowjetblock hatte, definierten die Oppositionellen das Land als einen Teil Westeuropas, von dem Polen durch das ihm aufgezwungene sowjetische Regime getrennt war. Auch seelisch-intellektuell bauten sie Brücken zum Westen. Die imaginäre, aber auch die reelle seelische Gemeinschaft und die Austauschbeziehungen mit dem Westen, die teilweise durch die Emigranten vermittelt wurden, wirkten gegen die oppositionellen Selbstzweifel und Ängste. Die polnischen Don Quixotes plazierten sich selbst unter die prominentesten europäischen Intellektuellen, die die sozialen und moralischen Probleme der Welt reflektieren. Die finanzielle und moralische Unterstützung des Westens für die polnische Opposition war sehr groß - viel größer als für die ostdeutschen Dissidenten. Daß „der Westen" die Sinnwelt der polnischen Opposition teilte, half diese Sinnwelt aufrechtzuerhalten inmitten der vielen, die sie in Frage stellten und verfolgten.

Es klingt vielleicht ironisch, aber die repressive Verfolgung selbst half den Dissidenten bei der Aufrechterhaltung ihrer Sinnwelt. Die Oppositionellen konstruierten sich als diejenigen, die bereit und fähig waren, ihre Repressionsängste zu bändigen und auf die „normalen" Aspirationen wie Hochschulabschluß, Karriere, Privatleben notfalls zu verzichten. Im Warschau der 70er Jahre adelte eine Verhaftung ihr Opfer (Zuzowski 1992: 163) und verschaffte ihm in mancher Hinsicht sogar einen Sonderstatus. Wer Opfer geworden war, mußte nicht wie alle anderen an den verhaßten Staatsfeierlichkeiten, wie dem 1. Mai, teilnehmen. Während der Freizeit genossen die Oppositionsmitglieder ihre Meinungsfreiheit, die andere häufig erschreckte. Es gelang ihnen, einen besonderen Status zu erlangen, auch in dem Sinne, daß sie sich innerlich über „die anderen Beängstigten" erhoben. Der Unterschied im Angstmanagement konstituierte sie als eine getrennte, privilegierte Elite, auch wenn manche von ihnen für dieses Privileg mit gelegentlichen Verhaftungen büßen mußten. Die Säulen der Sinnwelt, die ich gerade umrissen habe, halfen ihnen gleichzeitig, sich von der offiziellen Sinnwelt abzugrenzen und einen moralischen Handlungsrahmen zu schaffen. Wie gezeigt, spielte in diesem Zusammenhang der Ehrbegriff eine wichtige Rolle. Mit seiner Hilfe gelang die Grenzziehung, aber auch die Herstellung der Standards der Wertschätzung, der Verachtung, der Scham und der Schande. Damit war die Rolle dieses Begriffes nicht erschöpft. Der Ehrkomplex veranlaßte das Individuum, sich während der Vernehmung loyal zu verhalten und erschwerte außerdem die Wahl der Exit-Option. Letztlich setzten ihn die Oppositionellen ein, um eine alternative Statushierarchie aufzubauen, die die offizielle Hierarchie auf den Kopf stellte und in der sie auf ihre Weise Status zu erlangen vermochten. Mittels dieser Hierarchie wehrten sich die Oppositionsmitglieder gegen die Standards der offiziellen Welt.

Der Ehrenkodex und die alternative Statushierarchie

In der Isolation der Gefängniszelle hatten die meisten Oppositionellen Angst, besonders bei der ersten Verhaftung. Während längerer Haftstrafen mußten sie die Sehnsucht nach dem normalen Leben, der Familie und den Freunden bewältigen. Mit den Helden der Vergangenheit zu kommunizieren und deren Deutungsmuster zu teilen, brachte ihnen Trost. Sie konnten ihre eigenen Erfahrungen in einen Vergleichsrahmen setzen, was ihre Angst dämpfte und ihnen Kraft gab. Der oppositionelle Mythos der Ehre verlieh dem Leben Sinn und Würde angesichts einer andernfalls sinnlosen, schmerzlichen, beleidigenden und verbitternden Verschwendung von Leben.

Der Ehrbegriff schützte gegen die Sinnlosigkeit der Lebensverschwendung auch auf andere Weise. Ein Verhör war eine „Prüfung" von Charakter und Loyalität. Denunziation und Kollaboration wurden thematisiert und bildeten extreme Verstöße gegen den ethischen Code. Eine bestandene Prüfung brachte dagegen Ehre und Anerkennung mit sich - zuallererst in dem oppositionellen Kollektiv. Eine nicht bestandene Probe brachte Schande und manchmal soziale Isolation. Viele Befragte betonten, daß sie das Verhör nicht an sich fürchteten, daß sie aber Angst hatten, „das Gesicht zu verlieren", indem sie „redeten". Schon vor dem Verhör fürchteten sie die Scham, die „Versagen" mit sich bringen würde. Diese Gefühle verhalfen ihnen zu einem „ehrenhaften" Verhalten und wirkten gegen die Furcht vor psychischer oder, weniger häufig, physischer Folter. Eine ähnliche Konstellation von Normen, Gefühlen, Sanktionen und Belohnungen half ihnen, die Furcht bei Haussuchungen, Verfolgung, Internierung und Haft zu überwinden.

Noch wichtiger: Sogar wenn die Repression sie quälte, entschieden sich viele Oppositionelle gegen das Verlassen der Bewegung oder des Landes. Sogar wenn, objektiv gesprochen, die Tür offenstand, hielt das Motiv der Ehre sie subjektiv verschlossen. Weil einige der Oppositionellen trotzdem die Emigration wählten, empfanden und empfinden sie heute noch tiefe Scham (Flam 1996).

Wenn man Frank Parkin (1971: 81f.) folgt, kann jedes Statussystem als Deutungssystem und als System moralischer Bewertungen verstanden werden. Mit Hilfe der Parkinschen, allerdings etwas modifizierten Kategorien, werde ich jetzt die alternative Statushierarchie der polnischen Opposition vorstellen, die sie gegen die offiziellen Bewertungskriterien schützte.

Zuerst zum politischen System: In der Auseinandersetzung mit dem, was die polnische Opposition als totalitäres System definierte, aktivierte sie, wie ich oben erwähnte, den Mythos des Bösen, das versuche, die „menschliche Würde" und die „höchsten, die einzigen Werte" zu ersticken.

Zum Selbstporträt: Die Opposition verstand sich selbst als eine Gruppe, die die Mission des Kampfes gegen diesen totalitären Staat erfüllte. Ihre Führer stilisierten die Opposition als eine Hüterin der Werte, und zwar der westlichen, d. h. der „zivilisierten" Werte. Der Gegner war für sie ein despotischer Barbar. Aus dieser Perspektive konstituierte sich die Opposition als die heldenhafte Kämpferin für höhere moralische Werte und versuchte, ihre moralische Überlegenheit zu etablieren.

Die zweite Grundlage ihres Anspruchs auf höhere Moral läßt sich in ihrer Ethik finden. Das ethische Programm porträtierte die Mitglieder der Opposition als die Verkörperung solcher Tugenden wie Integrität, Pflichtgefühl und Loyalität. Es vermittelte das Bild eines oppositionellen Lebens, das bestimmt war von Selbstaufopferung, guten Taten und der Suche nach Wahrheit. In dieser von ihr als demoralisiert verstandenen Welt konstruierte die Opposition sich selbst als die heldenhafte Verfechterin von Moral und intellektueller Vollkommenheit. Sie setzte ihren eigenen monopolistischen Anspruch gegen den schwindenden Anspruch des polnischen kommunistischen Staates auf diese kulturellen Güter.

Stück für Stück arbeitete die Opposition auch die Konturen dessen heraus, was zu einer alternativen Hierarchie der Ehre wurde. An die Spitze plazierte sie die „Beispielhaften" - sowohl die Helden der Vergangenheit als auch die wandelnden und handelnden Helden der Gegenwart. Die Letzteren setzten sich aus den „ehrenhaft Überlebenden" zusammen. Diese Frauen und Männer hatten in der polnischen Heimatarmee gegen die deutschen Besatzer gekämpft. Wenn sie der polnischen kommunistischen Partei überhaupt beigetreten waren, befanden sie sich in ihrem revisionistischen Flügel und halfen später, die Opposition zu formieren. Sie waren für die jüngeren Oppositionsmitglieder Objekte der Verehrung und Bewunderung. Die „Anpassler" nahmen die unteren Sprossen der Hierarchie ein. Unter ihnen gab es solch unterschiedliche Gruppen wie die „Konformisten", „politisch Kurzsichtige", „Angsthasen", „Feiglinge" usw. Für sie hegten die Oppositionellen eine Vielzahl unterschiedlicher Gefühle, von reserviertem Mitgefühl bis zu Ablehnung und Ekel. Letztlich und als Antwort auf die innere Unruhe wegen der eigenen unterbrochenen oder abgebrochenen beruflichen Karrieren und in Auseinandersetzung mit den „Aspirationisten" entwickelten die Mitglieder der Opposition einen ethischen Code der Verweigerung von staatlichen Belohnungen. Programmatisch, wenn auch nicht immer in der Praxis, verzichteten sie auf berufliche Titel, Laufbahn und Reisen in den Westen als individuelle Ziele und Kennzeichen für

Status. Sie belegten die „Aspirationisten" mit dem Attribut „Karrieristen". Sie veracht e-
ten und distanzierten sich von dieser Gruppe. Zuunterst in der Hierarchie befanden sich
die schon besprochenen „Schandbefleckten". Weil sie ihre Prinzipien verraten hatten,
verdienten sie pure Verachtung.

Auch auf diese Weise, indem sie eine Hierarchie moralischer Errungenschaften auf-
baute, stärkte die oppositionelle Gruppe ihre eigene Identität, wehrte sie sich sowohl
gegen die offizielle Welt als auch die gegen die „Schandbefleckten", markierte sie ihre
Grenzen und beanspruchte Ehre.

Nach einiger Zeit hatten die polnischen Oppositionellen eine spezielle und sie unterscheidende Ethik zur Verfügung. Sie bildete einen Standard der Selbstvergewisserung
und des Beweises der eigenen Ehre. Nicht nur das Verinnerlichen des ethischen Codes,
sondern auch eine Reihe klar definierter Prüfungen, wie ein Verhör oder eine Inhaftierung, trennte ihre herausragenden Mitglieder vom Rest. Eine Reihe gut bestandener
Prüfungen bewirkte vor allem interne soziale Anerkennung und möglicherweise die
Aufnahme in eine der Untergrundgruppen, Redaktionen oder politischen Klubs. Sowohl
die „ehrenhaft Überlebenden" als auch diese Klubs fungierten als „Gatekeepers", die die
„Ernennung von oben" vollzogen und dazu beitrugen, daß eine interne Statusdifferenzie-
rung aufrechterhalten wurde.

An anderer Stelle (1996) zeige ich, daß das, was die polnische Opposition als Selbstverteidigung gegen existentielle und oppositionelle Ängste und Zweifel tat, nämlich die
Herstellung einer eigenen Sinnwelt und der eigenen Identität, den Bedingungen entsprach, die nach Weber erfüllt werden müssen, um charismatische Autorität und hohen
sozialen Status in der Gesellschaft zu erlangen. Hier ist es angebracht, einige nicht-
emotionale Ursachen dieser außerordentlich erfolgreichen Selbstverteidigung zu analysieren.

Elitäre Netzwerke mit KOR als Zentrum, die Rolle des Diskurses und der polnische Exit

Es ist eine Tatsache, daß die polnische Opposition über eine Infrastruktur des
Dissenses und seit 1976 über finanzielle Ressourcen verfügte, die ihre Lage wesentlich von der der ostdeutschen Dissidenten unterschied. Diese Ressourcen wurden nicht nur für solidarische Hilfe, sondern auch für ein blühendes und wachsendes
Samisdat eingesetzt. In der Tat entwickelte sich in Polen das größte Samisdat im
Sowjetblock, das viele Zeitschriften und Bücher herstellte und sogar eigene, hoch-
respektierte und professionelle Verlage hatte (Skilling 1989: 2ff.; Friszke 1994: 424,
441). KORs Samisdat war das umfangreichste. Drei Jahre nach seiner Gründung

brachte es z. B. vier Zeitungen mit einer Gesamtauflage von 30.000 Exemplaren heraus (Friszke 1994: 428).

Dies bedeutete, daß die ursprüngliche Infrastruktur des Dissenses expandierte und neue, sogar berufliche Möglichkeiten geschaffen wurden. Nicht nur die Intellektuellen, sondern auch Vertreter anderer sozialer Gruppen, wie Drucker, konnten, wenn sie Courage hatten, im Untergrund arbeiten, ein Gehalt verdienen und eine alternative Karriere machen. Die Prominenten haben ihren Ruhm nicht nur durch ihre Verhaftungen, sondern auch durch die Untergrundpublizistik, -literatur und -journalistik gewonnen, der durch die westliche Rezeption, ganz zu schweigen von der polnischen und mittelosteuropäischen, verstärkt wurde. Diese vom Untergrund gewährte Befriedigung materieller und ideeller Interessen, sicherte der oppositionellen Sinnwelt Verbindlichkeit. Wie ein prominentes KOR-Mitglied sagte: „Um aufrichtig zu sein ... viele von uns waren auf Karriere eingestellt, was das, was später passierte, deutlich zeigt ... Die Wahrheit ist, daß es uns gelungen ist, außerhalb des Systems zu leben, und wir konnten darüber [über das System] lachen. Tatsächlich waren wir nicht eingestellt auf eine Karriere abhängig von jedermanns Willkür."

Wie Helmut Fehr (1992: 85ff., 103ff.) zeigte, setzte sich die oppositionelle Bewegung Warschaus seit den späten 70er Jahren aus zahlreichen, aber eher kleinen (8-60 Personen umfassenden) politischen Gruppierungen und Klubs zusammen. Man teilte bestimmte Grundwerte, aber zugleich versuchte man, sich selbst und der eigenen Gruppe ein spezifisches Profil zu geben, auch mit dem Ziel, an Ressourcen zu kommen. Innerhalb der internen Statushierarchie beanspruchte jedes Individuum und jede Gruppe auf eigene Weise Status und Ehre, grenzte sich elitär von Außenseitern ab und war zugleich ein Teil des oppositionellen Kollektivs, verfolgte seine Mission.

Diese vernetzten, aber gleichzeitig konkurrierenden Gruppen sprachen nicht nur die Gesellschaft an, die sie entweder aufzuklären oder/und zu mobilisieren versuchten, sondern auch einander. Man entwickelte eigene Situationseinschätzungen und strategische Ideen und versuchte, die anderen Oppositionellen dafür zu gewinnen. Der oppositionelle Diskurs, von dem ich einen Teil in diesem Artikel skizziert habe, entwickelte sich teilweise auch aus dieser Gruppendynamik, die innerhalb meines Forschungsprogramms nicht erfaßt werden konnte. Der Punkt ist, daß die polnische Opposition so umfangreich und so heterogen war, daß sie für die Insider zu einem festen, spannenden und dauerhaft attraktiven Bezugsrahmen wurde. Jede erfolgreiche Gruppe wurde tatsächlich zur „Gruppe der gegenseitigen Bewunderung", die Opposition in ihrer Ganzheit zur „zweiten Gesellschaft".

Für meine Zwecke ist im Moment nur der Vergleich zum ostdeutschen Fall wichtig. Im Kontrast zum polnischen Fall hatte sich das ostdeutsche Samisdat erst in den letzten zwei Jahren vor 1989 etwas vergrößert und einigen wenigen Dissidenten neue Möglichkeiten - vor allem, aber nicht nur, unter dem organisatorischen Dach der Kirche - anbieten können (Poppe 1990: 73; Rüddenklau 1992). Es konnte also nur wenige Dissidenten mittels der Befriedigung ihrer materiellen und ideellen Interessen an das Dissidententum binden.

Im polnischen Untergrund waren die Gesellschaft und die anderen, teils liierten, teils konkurrierenden Oppositionsgruppen die Hauptadressaten des Untergrunddiskurses. Aus diesem Grund entwickelte sich ein Diskurs, der die Grundprobleme nicht nur der Gesellschaft, sondern auch des Dissidentendaseins mit Leidenschaft analysierte. Durch diesen Diskurs, an dem alle Altersgruppen teilnahmen, entstand die bindende oppositionelle Sinnwelt. Im ostdeutschen Fall bildeten der Parteistaat und die Kirche die Hauptadressaten und, so meine These, blieben die Texte aus, die die Hauptprobleme des ostdeutschen Dissidentendaseins ansprachen. Teilweise aus diesem Grund ist keine einheitliche ostdeutsche Sinnwelt des Dissenses entstanden.

Der Unterschied lag weiterhin nicht nur darin, daß die Vernetzung in Polen viel stärker war, sondern auch darin, daß es KOR und seiner Sinnwelt gelang, eine dominante Position in der polnischen Opposition zu besetzen. Diese Dominanz erlaubt uns heute zu sagen, daß die frühe, vor Solidarnosc entstandene Opposition nur eine Sinnwelt hatte.

Um den Eindruck zu vermeiden, daß die polnische Opposition keine Aussteiger hatte, muß ich die Bedingungen des Ausstiegs abschließend noch kurz skizzieren (Flam 1992). Nicht nur Solidarität, sondern auch Konkurrenz, sogar innerhalb KOR's, spielte schon früh eine wichtige Rolle in der polnischen Opposition. Wie ein Prominenter sagte: „Jeder spekulierte auf individuelle Vorteile. In den 70er und 80er Jahren in der Opposition zu sein, bedeutete eine Art Karriere. Wenn man politisch tätig ist, möchte man einen guten Text schreiben, eine gute Position erreichen ..." Auch wenn die finanziellen Ressourcen viel größer als in der DDR waren, waren sie trotzdem begrenzt. Die Kombination von relativ begrenzten Ressourcen, Elitarismus, Konkurrenz, aber auch persönlichen Konflikten schaltete einige „ehrenhafte" Oppositionelle aus der literarisch-publizistisch-journalistischen Untergrundtätigkeit aus. Weiterhin hatte das oppositionelle Samisdat wenig Platz für und auch kein Interesse an bestimmten Berufsgruppen oder nichtkonformen, obwohl regimekritischen Sinnwelten. Daraus folgt, daß die durch das Samisdat angebotenen Möglichkeiten nicht gleich verteilt waren. Die schiefe Verteilung von Ressourcen und Anerkennung, die auch lange die Warschauer Opposition favorisierte, diente als Ausschließungsmechanismus, der manchen Oppositionellen aus der Opposition oder ins Ausland trieb.

Schlußfolgerung

Der polnischen Opposition ist es gelungen, der großen Zahl von Aussteigern zum Trotz (Flam 1996b), den Eindruck zu erwecken, daß die Oppositionellen ihre hohen Moralvorstellungen und Forderungen nach Zivilcourage und Aufopferung im Namen absoluter Werte in entsprechendes Handeln umsetzten. Das Gegenteil trifft für die ostdeutschen Dissidenten zu. Sie hatten es teilweise der Stasi, dem Parteistaat und den parteikontrollierten Massenmedien, aber auch sich selbst zu verdanken, daß sie als Eindrucksmanager versagten. Es hätten einige, wenige Dissidenten gereicht, die bereit gewesen wären, sich für „die Sache" aufzuopfern.

Aber es stand nicht nur die Frage des Eindrucksmanagements. Die meisten ostdeutschen Dissidenten, sogar die quasi Prominenten, waren nicht bereit, sich oder ihre Kinder im Namen der Solidarität oder der Dissidentenbewegung aufzuopfern. Der Kontrast zwischen den hohen moralischen Ansprüchen, der Dringlichkeit und dem Pathos der an die Gesellschaft adressierten Appelle (Elvers 1994: 235f.; Schorlemmer 1990: 23; Pollack 1990b: 144) einerseits, und der mangelnden Bereitschaft, mit dem Dissidententum auch während der Haft weiterzumachen, andererseits, war sehr groß. Vielleicht waren die meisten unzufriedenen Durchschnittsbürger auch aus diesem Grund nicht bereit, die Dissidenten zu respektieren und sie zu unterstützen.

Ein tschechoslowakischer Dissident schrieb 1989, als die Massen gegen die Verhaftung Havels in Prag protestierten:

„So weit wäre es nicht gekommen, wenn Havel in den vergangenen Jahren im Kampf um die Rehabilitierung der Vernunft nur seine Sicht der Welt und nicht auch seine Person eingesetzt hätte. Der Wert einer Meinung steigt mit der Bereitschaft ihres Verfechters, für diese mit dem Preis einer permanenten Verfolgung und eines mehrjährigen Gefängnisaufenthalts zu bezahlen. Die Menschen sind zu der Überzeugung gekommen, daß an der Freiheit der freien Meinungsäußerung etwas Wertvolles sein muß, wenn Havel für sie ins Gefängnis geht." (Šimečka 1992: 156).

Literatur

Bochenski, Aleksander: *Dzieje glupoty w Polsce. Pamflety dziejopisarskie*, Warszawa 1988
Cywinski, Bohdan: *Rodowody Niepokornych. Wydawnictwo Krag* (erste zensierte Ausgabe 1971) (1984)
Dalos, György: *Grenzfall, „ Umweltblätter" und die anderen.. Die DDR-Szene im Selbstbildnis ihrer Veröffentlichungen*, in: Ostkreuz: Politik. Geschichte. Kultur (1989), 93-101
Elvers, Wolfgang: Politische Einstellungen der Gruppenvertreter vor der Wende, in: Findeis, Hagen/Pollack, Detlef/Schilling, Manuel (Hg.): *Die Entzauberung des Politischen. Was ist aus den politisch alternativen Gruppen der DDR geworden?*, Berlin 1994, 222-240
Falcke, Heino: Unsere Kirche und ihre Gruppen. Lebendiges Bekennen heute?, in: Pollack, Detlef (Hg.): *Die Legitimität der Freiheit. Politisch alternative Gruppen in der DDR unter dem Dach der Kirche*, Frankfurt/M. 1990, 41-55
Falkenau, Manfred: Kirche und Gruppen. Einsichten und Fragen zur sozialen Gestalt der Gemeinde, in: Pollack, Detlef (Hg.): *Die Legitimität der Freiheit. Politisch alternative Gruppen in der DDR unter dem Dach der Kirche*, Frankfurt/M. 1990, 25-29

Fehr, Helmut: *Unabhängige Öffentlichkeit und Soziale Bewegungen in Ost-Mitteleuropa*, Habilitationsarbeit, Berlin 1992

Fehr, Helmut: Von der Dissidenz zur Gegen-Elite. Ein Vergleich der politischen Opposition in Polen, der Tschechoslowakai, Ungarn und der DDR (1976 bis 1989), in: Poppe, Ulrike/Eckert, Rainer/Kowalczuk, Ilko-Sascha (Hg.): *Zwischen Selbstbehauptung und Anpassung. Formen des Widerstandes und der Opposition in der DDR*, Berlin 1995, 301-334

Findeis, Hagen/Pollack, Detlef/Schilling, Manuel (Hg.): *Die Entzauberung des Politischen. Was ist aus den politisch alternativen Gruppen der DDR geworden?*, Berlin 1994

Findeis, Hagen: Die Struktur der Gruppen vor der Wende, in: Findeis, Hagen/Pollack, Detlef/Schilling, Manuel (Hg.) *Die Entzauberung des Politischen. Was ist aus den politisch alternativen Gruppen der DDR geworden?*, Berlin 1994, 241-268

Flam, Helena: The Making and Unmaking of an Oppositional Identity. The Polish Case, written for the East European Movements and Social Movement Theory Session of the First European Conference on Social Movements organized by the Thematic Group on Collective Behavior on Social Movements of the International Sociological Association and Wissenschaftszentrum Berlin für Sozialforschung, Berlin, October 28-30 1992

Flam, Helena: Anxiety and the Successful Oppositional Construction of Societal Reality: The Case of KOR, in: *Mobilisation* 1 (1996), 103-121

Flam, Helena: Have We Really Succeeded in Explaining the Emergence of the Pre-1989 East European Oppositions?, in: Srubar, Ilja (Hg.): *Tschechische Republik und Ostdeutschland - Zwei Wege der Transformation*, Konstanz 1996b

Flam, Helena: *Mosaic of Fear. Poland and the GDR before 1989*, in Entstehung

Friszke, Andrzej: *Opozycja Polityczna w PRL 1945-1980* (Politische Opposition in Polen 1945-1980), London 1994

Gella, Alexander: *Development of Class Structure in Eastern Europe. Poland and her Southern Neighbours*, Albany 1986

Gutzeit, Martin: Der Weg in die Opposition. Über das Selbstverständnis und die Rolle der 'Opposition' im Herbst 1989 in der ehemaligen DDR, in: Euchner, Walter (Hg.): *Politische Opposition in Deutschland und im internationalen Vergleich*, Göttingen 1993, 84-114

Hirschman, Albert O.: Abwanderung und Widerspruch und das Schicksal der Deutschen Demokratischen Republik. Ein Essay zur konzeptuellen Geschichte, in: *Leviathan* 20 (1992), 330-358

Jedlicki, Jerzy: Poslowie: O Janie Strzeleckim, in: Sicinski, Andrzej (Hg.): *Sens Uczesnictwa. Wokol idei Jana*, Warszawa 1991, 135-144

Joppke, Christian: *East German Dissidents and the Revolution of 1989*, London 1995

Kloskowksa, Antonina: Wobec pokoleniowego przezycia zla, in: Sicinski, Andrzej (Hg.): *Sens Uczesnictwa. Wokol idei Jana Strzeleckiego*, Warszawa 1991, 53-64

Kowalik, Tadeusz: Wobec socjalismu realnego i postulatowanego, in: Sicinski, Andrzej (Hg.): *Sens Uczesnictwa. Wokol idei Jana Strzeleckiego*, Warszawa 1991, 81-94

Kroh, Ferdinand: Havemanns Erben - 1953 bis 1988, in: Kroh, Ferdinand (Hg.): *'Freiheit ist immer Freiheit ...' Die Andersdenkenden in der DDR*, Berlin 1989, 10-58

Lukasiewicz, Piotr: Jan Strzelecki - Nauczyciel, in: Sicinski, Andrzej (Hg.): *Sens Uczesnictwa. Wokol idei Jana Strzeleckiego*, Warszawa 1991, 95-102

Meckel, Markus/Gutzeit, Martin: *Opposition in der DDR. Zehn Jahre kirchliche Friedensarbeit. Kommentierte Quellentexte*, Köln 1994

Melucci, Alberto: The Process of Collective Identity, in: Johnston, Hank/Klandermans, Bert (Hg.): *Social Movements and Culture*, Minneapolis 1995, 41-63

Michnik, Adam: *Z Dziejow Honoru w Polsce*, Warszawa 1991

Michnik, Adam/Strzelecki, Jan: Ideolog i dzialacz, in: Sicinski, Andrzej (Hg.): *Sens Uczestnictwa. Wokol idei Jana Strzeleckiego*, Warszawa 1991a, 71-79

Neubert, Ehrhart: Religion in der DDR-Gesellschaft. Zum Problem der sozialisierenden Gruppen und ihrer Zuordnung zu den Kirchen, in: Pollack, Detlef (Hg.): *Die Legitimität der Freiheit. Politisch alternative Gruppen in der DDR unter dem Dach der Kirche*, Frankfurt/M. 1990, 31-40

Parkin, Frank: Class Inequality and Political Order. Social Stratification, in: *Capitalist and Communist Societies*, New York 1971

Pollack, Detlef (Hg.): *Die Legitimität der Freiheit. Politisch alternative Gruppen in der DDR unter dem Dach der Kirche*, Frankfurt/M. 1990

Pollack, Detlef: Einleitung, in: ders. (Hg.): *Die Legitimität der Freiheit. Politisch alternative Gruppen in der DDR unter dem Dach der Kirche*, Frankfurt/M. 1990a, 9-16

Pollack, Detlef: Sozialethisch engagierte Gruppen in der DDR. Eine religionssoziologische Untersuchung, in: ders. (Hg.): *Die Legitimität der Freiheit. Politisch alternative Gruppen in der DDR unter dem Dach der Kirche*, Frankfurt/M. 1990b, 115-154

Poppe, Ulrike: Das kritische Potential der Gruppen in Kirche und Gesellschaft, in: Pollack, Detlef (Hg.): *Die Legitimität der Freiheit. Politisch alternative Gruppen in der DDR unter dem Dach der Kirche* (verfaßt 1988), Frankfurt/M. 1990, 63-79

Rosenthal, Rüdiger: Hintergrund und Widerstand. Die Parallelkultur in Berlin-Ost, in: Kroh, Ferdinand (Hg.): *'Freiheit ist immer Freiheit ...' Die Andersdenkenden in der DDR*, Frankfurt/M. 1989, 141-154

Rüddenklau, Wolfgang: *Störenfried. ddr-opposition 1986-1989. Mit Texten aus den „ Umweltblättern"*, Berlin 1992

Schorlemmer, Friedrich: Macht und Ohnmacht kleiner Gruppen vor den Herausforderungen unserer Zukunft, in: Pollack, Detlef (Hg.): *Die Legitimität der Freiheit. Politisch alternative Gruppen in der DDR unter dem Dach der Kirche* (verfaßt 1985), Frankfurt/M. 1990, 17-23

Schütz, Alfred: Don Quixote and the Problem of Reality, in: Brodersen, Arvid (Hg.): *Collected Papers II. Studies in Social Theory*, The Hague 1964, 135-158

Sicinski, Andrzej: Przedmowa: Humanista - pokolenie - wartosci, in: Sicinski, Andrzej (Hg.): *Sens Uczesnictwa. Wokol idei Jana Strzeleckiego*, Warszawa 1991, 5-9

Šimečka, Milan: *Das Ende der Unbeweglichkeit. Ein politisches Tagebuch*, Frankfurt/M. 1992

Skilling, H. Gordon: Samizdat and Independent Society, in: *Central and Eastern Europe*, Columbus (1989)

Snow, David A./Benford, Robert D.: Ideology, Frame Resonance, and Participant Mobilization, in: *International Social Movement Research* 1 (1988), 197-217

Snow, David A./Rochford, E. Burke Jr./Worden, Steven K./Benford, Robert D.: Frame Alignment Processes, Micromobilization, and Movement Participation, in: *American Sociological Review* 51 (1986), 464-481

Strzelecki, Jan: Uwagi o Problemie Zaangazowania, in: *Kontynuacje*, Warszawa 1969, 147-155

Taylor, Verta/Whittier, Nancy: Analytical Approaches to Social Movement Culture: The Culture of the Women's Movement, in: Johnston, Hank/Klandermans, Bert (Hg.): *Social Movements and Culture*, Minneapolis 1995, 163-187

Tischner, Jozef: *Etyka Solidarnosci as well as Homo sovieticus. Wydawnictwo Znak*, (Publikationsort nicht angegeben, wahrscheinlich Krakow) 1992

Trznadel, Jacek: *Hanba Domowa. Rozmowy z pisarzami. Lublin. Wydawnictwo „Test"* & *Zaklady Wydawnicze „Versus",* Warszawa 1990

Zunkel, Friedrich: Ehre, Reputation, in: Brunner, Otto/Conze, W./Kosseleck, R. (Hg.): *Geschichtliche Grundbegriffe. Historisches Lexikon zur politisch-sozialen Sprache in Deutschland,* Bd. 2, Stuttgart 1975, 1-63

Zuzowski, Robert: Political Dissent and Opposition, in: *Poland. The Workers' Defense Committee „KOR",* Westport 1992

Dokumente

Friedrichsfelder Extrablatt, September 1987

Friedrichsfelder Feuermelder 1988-1989

Grenzfall 1987-1989

Kontext: Beiträge aus Kirche und Gesellschaft/hg. von der Evangelischen Bekenntnisgemeinde Berlin-Treptow 1988-1989

Ostkreuz: Politik, Geschichte, Kultur, Januar 1989

Umweltblätter 1986-1989, in: Rüddenklau, Wolfgang: *Störenfried. ddr-opposition 1986-1989. Mit Texten aus den „Umweltblättern",* Berlin 1992

Sozialethisch engagierte Gruppen in Dresden

Josef Schmid

Vom „Tal der Ahnungslosen"

Der Raum Dresden galt zu DDR-Zeiten als „Tal der Ahnungslosen", da seine Bewohner bis 1989 nicht oder nur in schlechter Qualität Westfernsehen empfangen konnten. Oftmals hatten Bekannte oder Freunde aus anderen Teilen der DDR dadurch einen (zeitlichen) Informationsvorsprung über die Aspekte des aktuellen politischen Tagesgeschehens, die den DDR-Medien nicht zu entnehmen waren. Ungeachtet dieses 'Defizits' entwickelte sich in Dresden eine muntere und vielgestaltige Szene an sozialethisch engagierten Gruppen, von denen in den 80er Jahren zahlreiche Impulse für überregional beachtete politische Aktivitäten ausgingen. Vorwiegend unter dem Dach der Evangelisch-Lutherischen Landeskirche Sachsens agierend gaben Dresdner beispielsweise entscheidende Anstöße für den mit dem Symbol „Schwerter zu Pflugscharen", der Initiative „Sozialer Friedensdienst" (SoFd) und dem „Friedensforum" am 13. Februar 1982 verbundenen friedenspolitischen Protest in der DDR (Schmid 1996).

Doch nicht nur aktive evangelische Christen bestimmten das Bild des politischen Protests in Dresden mit, sondern auch katholische Geistliche und Laien trugen ihren Teil dazu bei. Vor allem in ökumenischer Hinsicht gab es hier ein bemerkenswertes Engagement. Sichtbarste Zeichen hierfür sind die entscheidenden Impulse, die der 1980 gegründete Stadtökumenekreis Dresden zur Bildung der international beachteten „Ökumenischen Versammlung der Christen und Kirchen in der DDR für Gerechtigkeit, Frieden und Bewahrung der Schöpfung" (Ökumenische Versammlung) mit ihren drei Sessions 1988/89 gab.

So gesehen ist für Dresden in diesem Zeitraum weniger die „Ahnungslosigkeit", als vielmehr ein großes gesellschaftspolitisches Engagement charakteristisch. Doch nicht nur mit diesem klischeehaften Vorurteil[1] sind die Dresdner konfrontiert wor-

---

1   Vertreter der Dresdner sozialethisch engagierten Gruppen reagierten auf dieses Vorurteil in ironischer Form, indem sie dem von ihnen herausgegebenem Periodikum den Titel „Wir Ahnungslosen" gaben.

den. Die 'Szene' in der sächsischen Metropole und Hauptstadt des gleichnamigen DDR-Bezirkes galt außerdem als überwiegend 'brav' und 'kirchennah' (Rüddenklau 1992: 182). Was an diesen Etikettierungen berechtigt ist, wie die konkrete Entwicklung der sozialethisch engagierten Gruppen in Dresden aussah und welche wesentlichen Faktoren dafür verantwortlich zu machen sind, ist Thema der nachfolgenden Ausführungen.

Die Entwicklung bis Ende der 70er Jahre

Die Situation in Dresden in den 70er Jahren war durch Versuche einzelner Personen oder kleinerer Kreise gekennzeichnet, ihrem politischen Protest eine angemessene Form und öffentlichen Ausdruck zu verleihen sowie Menschen mit ähnlichem Anliegen zusammenzuführen. Vor allem einzelne evangelische Geistliche leisteten hier wertvolle Aufbauarbeit. So luden evangelische Christen, darunter der ehemalige Bausoldat und friedenspolitisch engagierte Pfarrer Rudolf Albrecht (ab 1980 an der Dresdner Trinitatiskirche tätig), im Frühjahr 1975 Gleichgesinnte aus der Region nach Meißen ein, um nach dem Vorbild von Königswalde ein Friedensseminar zu bilden (Albrecht 1990: 98ff.).

Anfangs waren es nur wenige, die dort zweimal im Jahr über verschiedene Aspekte des Themas 'Frieden' diskutierten. Die Zahl der Interessierten stieg nach den ersten beiden Jahren dann allmählich an und schwankte zwischen 20 und 50 Teilnehmern. Vor allem aus der nahegelegenen Großstadt Dresden kamen immer mehr, darunter auch katholische junge Christen, regelmäßig nach Meißen. Die Intensivierung der friedenspolitischen Diskussion in der DDR Anfang der 80er Jahre führte zu einem sprunghaften Zuwachs: Im Herbst 1981 diskutierten bereits 150 überwiegend Jugendliche über Themen wie „Frieden im Neuen Testament" oder „Frieden ohne Waffen - was spricht dafür?". Im konfliktreichen Jahr 1982 fand das Friedensseminar noch mehr Zuspruch, um sich in den Folgejahren schließlich bei Teilnehmerzahlen zwischen 300 und 350 einzupendeln (Zander 1989: 295ff.).

Seine Bedeutung erlangte das Friedensseminar Meißen durch seine konstante und umfassende thematische Arbeit, die vielen Friedensgruppen Anregungen für die eigene Arbeit gab, sowie durch seine regionale Koordinierungsfunktion. Ende der 70er Jahre noch Anlaufstelle für einzelne Aktive, wurden in den 80er Jahren darüber hinaus Kontakte von Gruppenvertretern geknüpft und gepflegt. Durch eine relativ große Zahl an konstanten Teilnehmern entwickelte sich das Friedensseminar auch zu einer eigenständigen Gruppe, die sich in einem kirchlich geprägten Rahmen (Abschlußgottesdienst mit der Ortsgemeinde u. ä.) traf. Es fand ein reger Informationsaustausch statt, und Seminarteilnehmer verfaßten Eingaben an die Landessynode

synode oder andere kirchliche Gremien. Neben aktuellen politischen Anlässen, zum Beispiel der Reaktorkatastrophe in Tschernobyl 1986, gehörte die Beschäftigung mit Fragen des Wehrdienstes bzw. der Einführung eines alternativen „Sozialen Friedensdienstes" zu den am häufigsten behandelten Themen. Dies führte in der Konsequenz zu entsprechenden öffentlichen Stellungnahmen und Forderungen von Seminarteilnehmern in den 80er Jahren (Schmid 1996: 168ff.). Bedeutsam hierfür war das gewachsene Bewußtsein der Beteiligten, daß 'Frieden' kein rein inner-kirchliches Thema ist, sondern immer auch eine gesellschaftspolitische Dimension hat.

In Dresden selbst gelang es in dieser Phase einzelnen evangelischen Gemeinden, politisches Profil zu entwickeln. Vor allem in Zusammenhang mit der sogenannten „offenen Jugendarbeit" kam es dabei schon sehr früh zu Konfrontationen mit dem staatlichen Gegenüber (Neubert 1995: 51f.). Im Mittelpunkt der Auseinander-setzung stand die Weinbergskirche im Kirchenbezirk Dresden-Nord, in der der en-gagierte Pfarrer Frieder Burckhardt (1972 bis 1976 in Dresden) mit seiner Ju-gendarbeit Akzente setzen konnte. Er übte durch seine Arbeit und seine persönliche Ausstrahlung nicht nur unter politisch interessierten jungen Menschen, sondern vor allem auch unter Jugendlichen, die nach alternativen Lebensstilen suchten, eine gro-ße Attraktivität aus (Besier 1995: 230).

Die zuständigen Staatsorgane versuchten, durch direkte Interventionen wie z. B. in Form einer möglichst restriktiven Auslegung der Veranstaltungsverordnung und mehreren Ordnungsstrafen für Pfarrer Burckhardt die Aktivitäten dieses Kreises an der Weinbergskirche (Liederabende, politische Diskussionen, u. ä.) zu beschränken. Durch massiven 'Druck' auf die Leitung der sächsischen Landeskirche versuchten sie schließlich, die Arbeit von Pfarrer Burckhardt ganz zu unterbinden. Ihr Ziel schien 1976 erreicht, als er sich in eine Gemeinde im Erzgebirge versetzen ließ. Doch sehr zum Mißfallen der örtlichen staatlichen Kirchenpolitiker wurde mit Christoph Wonneberger ein Pfarrer sein Nachfolger an der Weinbergskirche, der die Jugendarbeit in einem vergleichbaren Stil fortführte. Einem Bericht des Rat des Bezirkes (RdB) Dresden zufolge wurden alle derartigen Veranstaltungen weiterhin „modern mit Songs, Beat, Laienspiel, Gitarren u. a. durchgeführt. Dabei war die Kirche meist voll von Jugendlichen, es wurde getrampelt, geklatscht, gesungen und geschrien." (Zitiert nach ebd.). Auch Jugendliche aus anderen Bezirken der DDR kamen nach Dresden, um an diesen latent bis offen gesellschaftskritischen Treffen teilzunehmen. Unterstützt von Pfarramtsleiter Eduard Berger wurde die Wein-bergskirche in Dresden in der Amtszeit Wonnebergers (1977-1984) zum größten politischen 'Unruheherd' in der Stadt, in deren 'Schatten' weitere Kirchgemeinde-Aktivitäten mit politischer Dimension entfalteten (OV „Provokateur" 1980-85).

Ein breiter politischer Protest kam in der Elbmetropole nach der Einführung des obligatorischen Wehrunterrichts 1978 auf. Durch die Betroffenheit eigener Kinder bildeten sich in der Stadt spontan Elterninitiativen, die sich öffentlich gegen den Wehrunterricht und seine inhaltlichen Ziele und die (Disziplinar-)Maßnahmen von Lehrern und Schulleitern im Konfliktfall zu wehren versuchten (Büscher/Wensierski/Wolschner 1982: 79f.). In der Konsequenz kam es zwar nicht zu einer größeren Verweigerung der Teilnahme am Wehrunterricht (Dohle 1995: 179), aufgrund der Auseinandersetzung nahm allerdings die Politisierung von Jugendlichen und ihren Eltern zu. Aktivisten aus diesen Kreisen gingen ein in die zahlreichen sozialethischen Gruppen, die sich in den 80er Jahren in Dresden bildeten (Schmid 1996: 168ff.).

Kritik an der „Militarisierung der Gesellschaft" wurde darüber hinaus in vielen Kirchgemeinden laut. Besonders engagierte Pfarrer gerieten durch ihre öffentliche Kritik (z. B. in Predigten) ins Visier der staatlichen Kirchenpolitik und der Sicherheitsorgane. In der Evangelischen Studentengemeinde (ESG) Dresden bildete sich ein Friedenskreis, und einzelne Aktivisten versuchten, über den eigenen kirchlichen Rahmen hinauszugehen und ihre Kritik an der Politik der DDR-Staatsführung öffentlich kundzutun. Unterstützt wurden ihre Bestrebungen von ihrem Studentenpfarrer Hilmar Günther, der sich friedenspolitischen Fragen gegenüber aufgeschlossen zeigte. Doch nach Intervention der Kirchenleitung, die politisch zur Zurückhaltung mahnte, wurden entsprechende Pläne wieder fallengelassen (Büscher/Wensierski/ Wolschner 1982: 65ff.). Als Konsequenz aus den unterschiedlichen Vorstellungen über angemessenes politisches Verhalten entwickelten die Akteure an der kirchlichen Basis eine größere Selbständigkeit: „Wir haben die Kirchenleitung", so ein damaliges ESG-Mitglied, „später einfach weniger über unsere Vorhaben informiert, unser Handeln ist eigenständiger geworden." (Interview Meusel 08.04.1992)

Dresdner Impulse für die Friedensdiskussion in der DDR

Anfang der 80er Jahre wurde das Friedensthema vorübergehend zum vorrangigen politischen Thema in der DDR. Vielfältige Aktivitäten aus Dresden trugen ihren Teil dazu bei. Zentrale Rollen bei diesen Initiativen nahmen erneut Amtsträger aus der Evangelisch-Lutherischen Landeskirche Sachsens ein. So gehörte Landesjugendpfarrer Harald Bretschneider zu den Mitinitiatoren der ersten „Friedensdekade" im Herbst 1980, und er war auch der Erfinder der Losung „Schwerter zu Pflugscharen"(Schmid 1996: 246), die als Aufnäher getragen und als Lesezeichen verwendet zum Symbol einer staatlich unabhängigen, kirchlich gestützten „Friedensbewegung" wurde (Ehring/Dallwitz 1982: 33ff.). Ermutigt durch solche Anregungen bildeten sich in einer Reihe von Kirchgemeinden der Stadt Gruppen, die sich intensiver dem

Friedensthema widmen wollten. Vor allem die Gestaltung der Friedensdekaden in den Gemeinden bot einen willkommenen Anlaß, eigene Vorstellungen zum Thema zur Diskussion zu stellen. Da „der Gedanke der Friedensdekade [...] von der Jugend ausgegangen" war, so Landesjugendpfarrer Bretschneider, boten kirchliche Mitarbeiter „in besonderer Weise Jugendabende für die Friedensdekade" an (zitiert nach: Schmid 1996: 244). Sie umfaßten Liederabende, Vorträge u. ä. Durch eine Reihe traditioneller kirchlicher Ausdrucksformen, zum Beispiel einer „ununterbrochenen Kette des Gebetes" (zitiert nach ebd.: 253f.), gelang es im Rahmen der Friedensdekaden aber auch, ökumenische Kontakte in Dresden zu vertiefen und Christen zu mobilisieren, die mit den ansonsten stärker auf die Bedürfnisse von Jugendlichen ausgerichteten Angeboten nicht zu erreichen waren (Ulrich 1991: 49ff.).

Charakteristisch für die Bildung von Gruppen am Rande von Kirchgemeinden war in dieser Phase die zunehmend übergemeindliche Orientierung der Teilnehmer. Das heißt, die überwiegend jugendlichen Interessierten suchten sich die jeweilige Gruppe primär nach inhaltlichen Aspekten und weniger nach regionaler Nähe aus. Federführend für die politische Auseinandersetzung wurde die von Pfarrer Christoph Wonneberger geleitete Friedensgruppe, die sich in den Räumen der Weinbergskirchgemeinde traf. Wonneberger hatte zusammen mit seinem Superintendenten von Dresden-Nord, Christoph Wetzel, und dem Pfarrer an der Markuskirche, Christian Burckhardt, im Mai 1981 einen Aufruf zur Schaffung eines „Sozialen Friedensdienstes" (SoFd) als Alternative zum Wehrdienst in der DDR verfaßt. Sie brachten ihn mit dem Ziel in Umlauf, Unterschriften dafür zu sammeln und die verschiedenen kirchlichen Synoden zur Unterstützung dieses Anliegens zu bewegen (OV „Provokateur" 1980-85; Bickhardt 1988: 32ff.). Als zwar von kirchenleitender Seite vielfach Sympathie für die SoFd-Initiative bekundet wurde, aber keine Übernahme des Begehrens erfolgte, bemühte sich Wonneberger mit seiner Gruppe außerhalb kirchlicher Strukturen um eine Mobilisierung junger Menschen. Eine erste ernsthafte Vernetzung von ebenfalls zum SoFd-Thema arbeitenden Gruppen aus der DDR wurde versucht und für Ende Dezember 1981 zum ersten „Arbeitstreffen SoFd" nach Dresden eingeladen. Etwa 20 Gruppenvertreter aus mehreren Bezirken der Republik nahmen daran teil und erarbeiteten sich nach „basisdemokratischen" Regeln, die für alle Teilnehmer gleiche Beteiligungsrechte garantierten, ein Konzept für das weitere Vorgehen. Ein Höhepunkt der gemeinsamen Vorhaben sollte ein zentrales Treffen der SoFd-Gruppen Ostern 1982 werden (Schmid 1996: 280ff.).

Vor allem als Wonneberger Kontakte zu überregional bekannten 'politischen Provokateuren' wie dem Berliner Pfarrer Rainer Eppelmann knüpfte, verstärkten die staatlichen Machthaber den Druck auf die sächsische Kirchenleitung, mäßigend auf den 'aufmüpfigen' Pfarrer aus Dresden zu wirken. Er galt zusammen mit seiner

Friedensgruppe[2] an der Weinbergskirche als DDR-weit wirkender „Motor" der von der politischen Führung abgelehnten SoFd-Initiative (Brauckmann 1995: 28). Deren Hauptkritikpunkt war immer wieder die öffentlichkeitswirksame Anlage der Initiative und der unterstützenden Aktivitäten. Die Leitung der sächsischen Landeskirche gab aus politischen und inhaltlichen Erwägungen den staatlichen Forderungen teilweise nach und drohte Wonneberger mit formalen Disziplinarmaßnahmen, falls er seine Aktivitäten nicht zurückschrauben und das für Ostern geplante überregionale Treffen nicht absagen würde (Besier 1995: 487).

Durch massiven MfS-Einsatz gelang es der staatlichen Seite in der Folgezeit außerdem, die Arbeit der Gruppe direkt zu behindern, eine wirksame überregionale Zusammenarbeit zu unterbinden und die führenden Akteure in der Dresdner Gruppe selbst auseinanderzudividieren. Der Friedensgruppe der Weinbergskirche gelang es zwar noch eine Zeitlang, in gemäßigter Form politische Aktivitäten zu entfalten und die Abhaltung sogenannter „Friedensgebete" in Dresdner Kirchen anzustoßen und mitzuorganisieren. Auch demonstrierte sie Eigenständigkeit durch direkte Verhandlungen mit der sächsischen Kirchenleitung. Doch polizeiliche Maßnahmen (Inhaftierung von Mitgliedern der Friedensgruppe) und vor allem die Anwendung geheimdienstlicher Mittel und Methoden zeigten schließlich ihre Wirkung und führten zur Auflösung des Kreises an der Weinbergskirche (Brauckmann 1995: 28f.).

Mit ihren Maßnahmen gelang es der staatlichen Seite zunächst, zu verhindern, daß eine eigenständige friedenspolitisch engagierte Gruppe mit bedeutender überregionaler Wirkung arbeiten konnte. Aber in Dresden zeigte sich gleichzeitig auch deutlich, daß die friedenspolitische Diskussion über den kirchlichen Rahmen hinaus bereits weite Teile der Bevölkerung ergriffen und für kritische Positionen aufgeschlossen gemacht hatte. Die politische Führung im Bezirk registrierte diese 'Politisierung' der Bevölkerung mit Sorge (SED-BL Dresden 1982).

Einen ersten Höhepunkt konnten die friedenspolitischen Mobilisierungsversuche verzeichnen, als sich am 13. Februar 1982, dem Jahrestag der Bombardierung Dresdens, mehrere tausend Jugendliche aus allen Bezirken der DDR trotz vielfacher Behinderungen durch staatliche Sicherheitsorgane zu einem „Friedensforum" in der Dresdner Kreuzkirche einfanden. Während der Aussprache gab es in ungewohnter Offenheit harte Kritik am politischen Verhalten der DDR-Staatsführung. Aber auch das bisherige Verhalten der Kirchenleitungen wurde teilweise als zu moderat gerügt. Anschließend formierten sich einige hundert Teilnehmer des Forums entgegen dem Rat kirchenleitender Persönlichkeiten zu einem friedlichen Protestzug zur Rui-

---

2 Der 'Kern' der Friedensgruppe Weinbergskirche umfaßte ca. 14 Personen, darunter neben Dresdnern auch einzelne Aktivisten aus anderen Städten der südlichen DDR (Leipzig, Hoyerswerda etc.). Vgl. Schmid 1996: 275.

ne der Frauenkirche, ohne daß die bereitstehenden Sicherheitsorgane eingriffen (Zander 1989: 265ff.).

Dieses bis dahin in der DDR einmalige Treffen war durch eine private Initiative von Jugendlichen aus Dresden ausgelöst worden, die im Herbst 1981 per Flugblatt zu einem Schweigemarsch in die Elbmetropole eingeladen hatten. Die Initiatoren waren bald nach Bekanntwerden ihres Aufrufs massiven Einschüchterungsversuchen durch die Sicherheitsorgane des Staates ausgesetzt gewesen. Um sie und die zu erwartenden Jugendlichen zu schützen, hatte die sächsische Kirchenleitung die Verantwortung für diese Initiative übernommen und - unter Beteiligung der ursprünglichen Initiatoren - zum angeführten Gespräch in die Kreuzkirche eingeladen (Meyer 1991: 62-96).

Zu einem verbindenden Symbol dieser friedenspolitischen Bestrebungen wurde der Aufnäher „Schwerter zu Pflugscharen", welcher christliche wie nicht konfessionell gebundene Jugendliche vereinte. Durch den Mobilisierungserfolg, den die Berichterstattung in den westlichen Medien noch steigerte, kamen die Unterstützer der Kampagne in den Ruf, eine staatlich unabhängige „Friedensbewegung" installieren zu wollen. Die Antwort des Staates war eine Kriminalisierung der Aufnäherträger. Das teilweise äußerst repressive Vorgehen gegen die meist jugendlichen Aufnäherträger und der klar restriktive Kurs der Berliner Staats- und Parteiführung ab März 1982 sorgte jedoch für Unverständnis weit über den Kreis der Betroffenen oder der Kirchen hinaus und führte sogar zu Spannungen innerhalb des staatlichen Machtapparates (Funk 1992: 36).

Regionale Vernetzungen und Ausdifferenzierung der Gruppen

Nach den Ereignissen des 13. Februar 1982 wurde ein „Arbeitskreis Frieden der drei Dresdner Kirchenbezirke" (AFK) gegründet (Rüddenklau 1992: 142). Er sollte alle kirchlichen 'Basisgruppen' vereinen. Das Ziel dieser Arbeitsgruppe war ein Gedanken- und Erfahrungsaustausch sowie die Koordination und Vorbereitung von Großveranstaltungen, zum Beispiel in der Friedensdekade. Geleitet wurde der beim Landesjugendpfarramt angesiedelte AFK von verschiedenen Amtsträgern der sächsischen Landeskirche.

Quantitativ gesehen, nahm der AFK im Verlaufe der 80er Jahre einen erheblichen Aufschwung: Nachdem bei seiner Gründung nur vier Friedensgruppen vertreten waren, konnte er 1988 bereits 16 verschiedene kirchliche Gruppen und den einzig bekannten autonomen Dresdner Friedenskreis „Wolfspelz" als Mitglieder aufweisen. Doch besonders in bezug auf das politische Verhalten gab es Differenzen zwischen Wolfspelz und den kirchlichen Friedensgruppen (Eisenfeld 1988: 138).

177

Der sich als autonom verstehende Friedenskreis war unter anderem deshalb gegründet worden, weil die Initiatoren unzufrieden gewesen waren mit ihrer inhaltlichen Integration im AFK. Eine wortführende Wolfspelz-Anhängerin erinnerte sich 1994 daran:

„Nach dem 13. Februar [1982] hatte uns Harald Bretschneider angeboten, daß wir in seinem Landesjugendamt einen Kreis bilden. Da war Joachim Stellmacher[3] dabei, da war Rudolf Albrecht dabei, und andere in Dresden bekannte Namen. Und wir haben angefangen, uns mit einer Arbeit über Militarisierung in der Gesellschaft zu beschäftigen. Das sollte eine Diaserie werden. Wir haben auch zunächst mit großer Begeisterung mitgemacht und auch die Friedensdekade mitvorbereitet. Aber schon ziemlich schnell, nämlich schon innerhalb des ersten Jahres, stellte sich die Situation für uns so dar, als wenn wir dadurch gebremst werden sollten. [...] Die haben uns im Prinzip ein halbes Jahr mit etwas beschäftigt und hinterher ist nichts rausgekommen." (Interview Kalex 02.09.1994)

Kritik gab es auch an der gemäßigten und an kirchlichen Traditionen orientierten Fortführung des nichtstaatlichen 13.-Februar-Gedenkens nach 1982. Seine 'ursprünglichen' Initiatoren, nun in der Gruppe Wolfspelz aktiv, fühlten sich mehr und mehr von der Organisation ausgeschlossen. Der Stadtökumenekreis Dresden hatte diese Veranstaltung unter seine Fittiche genommen. Er beteiligte die Gruppen an der jährlichen Gestaltung des Gedenkens, setzte sich aber bewußt von den friedenspolitischen Bestrebungen in Berlin oder Jena, die oft primär demonstrativen Charakter besaßen, ab: „Wir haben einen etwas leiseren Weg, aber mit längerem Atem angestrebt." (Interview Ziemer 08.04.1992)

Die Gruppe Wolfspelz, die sich von diesem Weg absetzte, blieb aber nach ihrer öffentlichen Abspaltung von der Kirche allein schon deshalb als eigenständiges Mitglied im AFK, um den Informationsaustausch mit den anderen Friedensgruppen zu sichern und weil es für Veranstaltungen in der Regel keine Alternative zur Nutzung kirchlicher Räume gab. Trotz häufiger Differenzen um Protestformen lehnten die kirchlichen Friedensgruppen Wolfspelz-Mitglieder nicht generell ab. Im Gegenteil garantierten vor allem Doppelmitgliedschaften und intensive persönliche Beziehungen zwischen den Gruppen die grundsätzliche Anbindung von Wolfspelz an den AFK.[4] Der unabhängige Kreis arbeitete aber in der Folgezeit wesentlich aktionsorientierter und politisch provozierender als die übrigen AFK-Mitglieder. Dies hatte

---

3 Joachim Stellmacher engagierte sich außerdem im Friedensseminar Meißen, im Ökologischen Arbeitskreis der Dresdner Kirchenbezirke und war langjährige Kontaktperson der Bezirksgruppe der Aktion Sühnezeichen/Friedensdienste Dresden.

4 So waren z. B. zwei Wolfspelz-Anhänger auch Mitglieder im Dresdner Friedenskreis Leubnitz-Neuostra.

zur Folge, daß seine Anhänger harten staatlichen Repressionen ausgesetzt waren, vor allem wiederum durch das MfS (Besier/Wolf 1992: 760ff.).

Ebenfalls unter ständiger MfS-Beobachtung standen führende Mitglieder des einzigen selbständigen 'katholischen' Friedenskreises aus Dresden-Johannstadt, der ebenfalls im AFK vertreten war (ebd.; Eisenfeld 1988: 137f.). Vor allem die überregionalen Kontakte des leitenden Mitglieds Johannes Pohl (zu Eppelmann) waren der Staatssicherheit ein Dorn im Auge, und es gab von dieser Seite Versuche, die Katholische Kirche zur Trennung von dieser Gruppe zu bewegen. Doch die örtliche Kirchenleitung fand einen politischen 'Kompromiß', der es der zunächst sehr kirchlich- und gemeindeorientierten Gruppe ermöglichte, unter der Bezeichnung „Ökumenischer Friedenskreis Dresden-Johannstadt" in der katholischen Herz-Jesu-Kirchgemeinde weiterzuarbeiten (Schmid 1996: 76ff.).

Daneben erreichte später der ökumenisch ausgerichtete, aber in erster Linie von engagierten Katholiken geführte 2/3-Welt-Arbeitskreis „AK Entwicklungshilfe (action five)" (später: „Aktion Lepradorf") eine gewisse Aufmerksamkeit. Er bestand als gemeinsamer Arbeitskreis der katholischen und evangelischen Studentengemeinden in Dresden bereits seit 1973, agierte jedoch lange Zeit fast unbemerkt und konnte seine größte Bedeutung erst durch inhaltlichen und personellen 'Einfluß' auf die Ökumenische Versammlung in der DDR erlangen (2/3-Welt-Gruppen-Handbuch 1990: 60; Schmid 1996: 541ff.). In den 80er Jahren entstanden in katholischen Gemeinden in Dresden verschiedene Kreise, die gesellschaftspolitische Themen behandelten. Doch ihre Zielrichtung und Wirkung blieb bis zum Katholikentreffen 1987 in Dresden, auf dem sie durch eigenständige Veranstaltungen in Dresden-Pieschen für - von der Öffentlichkeit aber weitgehend unbemerkten - politischen Wirbel sorgten (Grande/Schäfer 1994: 141ff.), in der Regel auf den innerkirchlichen Raum begrenzt. Sie nutzten dann ebenfalls die Chancen der Ökumene und gehörten 1988/89 zu den aktivsten Unterstützern der Ökumenischen Versammlung.

Der genannte Johannstädter Friedenskreis stellte somit wegen seiner Ansiedlung bei einer katholischen Gemeinde eine Besonderheit unter den Gruppen im AFK dar. Und auch in seiner Zusammensetzung unterschied er sich zunächst von den übrigen Friedensgruppen: Die etwa 10 bis 15 Mitglieder arbeiteten mehrheitlich konstant bis zum politischen Umbruch im Herbst 1989 in der Friedensgruppe mit, waren zwischen 25 und 45 Jahren alt, besaßen einen hohen Bildungsgrad und arbeiteten fast alle im staatlichen Sektor (Schmid 1996: 373). Der Altersdurchschnitt in den übrigen Gruppen war dagegen anfangs deutlich niedriger und stieg erst Mitte der 80er Jahre an. Zudem mußten sie mit starken konjunkturellen Schwankungen in ihrer Mobilisierungsfähigkeit fertig werden. Nach der Stationierung der Mittelstreckenwaffen 1983 machte sich Resignation breit, neue Mitglieder waren schwerer zu gewinnen, die Gruppen wurden kleiner. Dresdner Geistliche, allen voran Superintendent Christof Ziemer, versuchten mit unterschiedlichem Erfolg, dieser Entwicklung entgegenzuwirken und Anstöße für neues politisches Engagement zu geben. Allerdings gab es über die Jahre hinweg einen, wenn auch teilweise kleinen Kern von Aktiven, der die kontinuierliche Arbeit in den Gruppen gewährleistete. Die politisch alternative „Szene" blieb so gleichzeitig überschaubar, d. h. die federführenden Personen in der Stadt „kannten sich". (Interview Kalex 02.09.1994)

An der Gruppe Wolfspelz zeigten sich die unterschiedlichen Mobilisierungsphasen besonders deutlich. In ihrer Hochphase in der zweiten Hälfte der 80er Jahre hatte der Kreis bis zu 300 Anhänger, die sich in verschiedene Untergruppen teilten. Der sehr heterogene Kreis wies jedoch eine große Mitgliederfluktuation auf. Dauerhaft arbeitete nur die etwa 20 bis 30 Personen umfassende Kerngruppe um das Ehepaar Kalex, die in der sogenannten „Anti-Nazi-Liga", einer der Untergruppen von Wolfspelz, aktiv waren (Besier/Wolf 1992: 770).

Als es im AFK Mitte der 80er Jahre insgesamt nicht zu bedeutenderen öffentlichkeitswirksamen Aktivitäten kam, der Informationsaustausch oder inhaltliche Diskussionen überwogen und außerhalb des AFK keine längerfristigen Kontakte zwischen den Kreisen mangels Interesse oder freien Kapazitäten aufgebaut werden konnten, fiel dem Friedenskreis Wolfspelz und besonders dem Ehepaar Kalex eine federführende Rolle bei politischen Protesten in der Stadt zu (ebd.: 766ff.). Die Mitglieder der Gruppe zeigten sich am stärksten aktionsorientiert, unterhielten durch einzelne führende Mitglieder dauerhafte überregionale Kontakte (vor allem nach Berlin/ Umweltbibliothek), und die offene Arbeitsweise wirkte weit über die Grenzen der eigenen Anhängerschaft hinaus attraktiv:

„Die Gruppe war immer offen. Jeder, der wollte, konnte kommen. Es war in Dresden allgemein bekannt, daß heißt in den Kreisen, die sich überhaupt mit so etwas beschäftigen, daß sich der Wolfspelz einmal in der Woche bei der Familie Kalex in der Wohnung getroffen hat, daß da jeder kommen kann und Kaffee kriegt. [...] Also wir hatten überhaupt keinen Gruppenzwang, sondern wenn ein paar Leute sich gedacht haben 'Wir machen was', dann haben sie das vorgeschlagen. Und wer wollte, machte mit, und wer nicht wollte, machte nicht mit. Wir haben uns nie versucht, gegenseitig Aktionen auszureden." (Interview Kalex 02.09.1994)

Ein weiterer bedeutender Zusammenschluß auf Stadtebene gelang den Gruppen, die sich mit Fragen der Ökologie beschäftigten. Bereits 1980 wurde unter Beteiligung von Superintendent Ziemer der Ökologische Arbeitskreis der drei Dresdner Kirchenbezirke (ÖAK) gegründet. Zunächst ohne größere Öffentlichkeitswirkung arbeitend gelang diesem Arbeitskreis auf dem Dresdner Kirchentag 1983 der Durchbruch. Durch praktische Solidaritätsaktionen („Saubere Luft für Mölbiser Kinder") und vielfältigen Aktivitäten wie kritischen Ausstellungen, ökologischen Fahrradwanderungen u. ä. hatten sie in der Folgezeit eine beträchtliche Öffentlichkeitswirkung im Dresdner Raum (Knabe 1993). Prägend wirkte sich hier die Arbeitsweise Ziemers aus, der nach eigenem Bekunden den ÖAK-Mitgliedern sagte: „Für eine falsche Behauptung möchte ich meinen Kopf nicht hinhalten. Wir haben uns zum Beispiel angewöhnt, daß wir zu jeder Ausstellung noch ein Heft gemacht haben, in dem wir sämtliche Zitate belegt oder Hintergründe von Aussagen beleuchtet haben. Das fand ich in der Sache wichtig, denn das, was wir gemacht haben, sollte an dieser Stelle auch den Herausforderungen standhalten." (Interview Ziemer 08.04.1992)

Die auf Anregung der sächsischen Landeskirche vom ÖAK ab 1985 kontinuierlich organisierte „Umweltwoche" im Juni jeden Jahres bekam außerdem den Charakter einer „Informationsbörse" für die sozialethischen Gruppen in Dresden, auf der mit Unterschriftenaktionen u. ä. auch für aktuelle politische Initiativen mobilisiert wurde. Ihr grundsätzlicher Anspruch auf seriöse Argumentation im Rahmen ihrer geäußerten Kritik verschaffte den ÖAK-Mitgliedern innerkirchlich vergleichsweise großen Rückhalt und machte es auch dem staatlichen Gegenüber äußerst schwer, glaubhaften Widerspruch gegen ihre Aktivitäten zu formulieren (Schmid 1996: 457ff.).

Neben den genannten Gruppen bildeten sich Mitte der 80er Jahre weitere themenbezogene Arbeitskreise, zum Beispiel der „Arbeitskreis Homosexualität Dresden" (AHD), und auch Frauen agierten in eigenständigen Formationen („Frauen für den Frieden'). Doch von Konflikten mit der Kirchenleitung abgesehen blieben sie politisch im Hintergrund. Dresden wurde eingebunden in den „lautlosen Aufbruch" solcher Gruppen (Hampele 1992: 221ff.).

Die Zusammenarbeit mit Gruppen über den Dresdner Raum hinaus blieb insgesamt - trotz vielfältiger überregionaler Kontakte einzelner Aktivisten - sehr begrenzt. So gab es zwar eine Beteiligung an den von Landesjugendpfarrer Bretschneider mitinitiierten und beförderten Treffen von sächsischen Friedensgruppen in Karl-Marx-Stadt, und auch zum ab 1983 stattfindenden DDR-weiten Seminar „Frieden konkret" wurden Vertreter entsandt. Doch von einzelnen Ausnahmen abgesehen beschränkte sich diese Teilnahme für die Dresdner oft auf Informationsaustausch u. ä. Denn dort wurde nach ihrem Eindruck „zu viel über Verfahrensfragen statt über Inhalte" diskutiert, und die Treffen hätten vor allem unter dem „Profilierungsstreben" von Gruppenvertretern aus anderen Gebieten der DDR gelitten. (Interview Meusel 08.04.1992)

Bündelung des Protests durch die Ökumenische Versammlung

Eine Bündelung des mit den sozialethisch engagierten Gruppen in Dresden verbundenen Protests gelang in Zusammenhang mit der Ökumenischen Versammlung in der DDR. Für viele Gruppen bedeutete sie einen willkommenen Anlaß zu neuen Aktivitäten. Den entscheidenden Impuls zu dieser Versammlung hatte der Stadtökumenekreis Dresden, in dem Superintendent Christof Ziemer, aber auch einzelne engagierte katholische Geistliche federführend aktiv waren, 1986 gegeben (Ziemer 1987: 152f.). Der Kreis um Christof Ziemer beabsichtigte von Anfang an, die durch die und mit den sozialethischen Gruppen aufgeworfenen Fragen inhaltlich und strukturell für die Kirchen nutzbar zu machen, d. h. die Gruppen im Rahmen dieses Prozesses stärker in die Kirchen zu integrieren:

„Es war mein Anliegen, das, was sich in den Gruppen vollzogen hat und dort angestoßen wurde, in das, was die Kirchen sagen und tun, mitaufzunehmen. Das bedeutete dann konkret, sich einzusetzen, daß dann dafür auch die Formen gesucht und gefunden wurden. Es bedeutete, sich selbst daran zu beteiligen, und natürlich auch, mit den Gruppen darüber zu debattieren 'Ist dies möglich oder ist dies nicht möglich? Muß die Aktion jetzt sein?' oder ähnliche Dinge mit ihnen zu besprechen." (Interview Ziemer 08.04.1992)

Obwohl sowohl Kirchenleitungen als auch Gruppenmitglieder skeptisch auf diesen Versuch blickten, gelang es Verfechtern dieses Vorhabens, im Rahmen der Ökumenischen Versammlung durch das konstruktive Miteinander von Gruppen- und Kirchenleitungsvertretern ein „neues Subjekt"(Ziemer) von Kirche zu schaffen, das für spektakuläre Kritik an der Politik der DDR-Staatsführung während ihrer Tagungen und mittels ihrer programmatischen Aussagen sorgte (Ökumenische Versammlung 1990; Ruh 1989: 249ff.). Vor allem die erste Tagung im Februar 1988 in Dresden enthielt durch die neun „Zeugnisse der Betroffenheit" und deren Verbreitung via Westmedien politischen Zündstoff. Gleichzeitig hatten Dresdner Gruppen parallel zur nichtöffentlichen Tagung der Delegierten ein Begegnungszentrum in der Versöhnungskirche eingerichtet, um ihre eigenständige Begleitung der Ökumenischen Versammlung während der Sessions zu demonstrieren. Es gelang, bestehende Berührungsängste abzubauen, die zuvor dominante Konfliktlinie Kirchenleitung/Gruppen unter den Delegierten vorübergehend zu überwinden und außerdem das 'Begleitprogramm' in ausgeweiteter Form im Rahmen der folgenden Tagungen in Magdeburg im Oktober 1988 und in Dresden im April 1989 fortzuführen (Garstecki 1988: 93; Schmid 1996: 632ff.).

In Dresden hatte es zuvor eine spezielle Vorbereitung von Gruppenvertretern aus der Region gegeben, die bereits die unterschiedlichen Wünsche in bezug auf die Ökumenische Versammlung offengelegt und damit zusammenhängende Schwierigkeiten bei der Kompromißfindung vordiskutiert hatten (Schmid 1996: 520ff.). Gruppenvertreter befürchteten häufig einen programmatischen Rückschritt durch das Miteinander mit den Amtskirchenvertretern. Wolfspelz-Anhänger verfolgten das Geschehen beispielsweise überwiegend distanziert. Doch vor allem die kirchlichen Gruppen erkannten die politische Chance, die ihnen mit den größeren Einflußmöglichkeiten auf die offizielle kirchliche Programmatik im Rahmen der Ökumenischen Versammlung geboten wurde, und engagierten sich entsprechend (Jacobi 1989: 167).

Eskalation des Protests und Vorformen von Widerstand

Hoffnungsvolle Zeichen für eine grundlegende Veränderung der politischen Rahmenbedingungen Mitte der 80er Jahre, unter anderem ausgelöst durch die Reformbestrebungen Michail Gorbatschows und in der DDR konkret genährt durch den Olof-Palme-Friedensmarsch im September 1987, blieben nur eine Episode. Nach der Durchsuchung der Umweltbibliothek in Berlin und der Inhaftierung von anwesenden Mitgliedern im November 1987 machte man auch in Dresden mobil für Solidaritätsaktionen. Zu den Hauptinitiatoren gehörten dabei erneut die Wortführer der Gruppe Wolfspelz. Allerdings gab es in diesem Zusammenhang erhebliche Konflikte mit der evangelischen Kirchenleitung in Dresden über die Formen des Protests (Abhaltung von Mahnwachen). Die Wolfspelz-Aktivisten ließen sich jedoch auch in der Folgezeit bei vergleichbaren Anlässen nicht von ihren Vorhaben abhalten, und es gelang ihnen häufig mit „Witz und Einfallsreichtum" staatliche und kirchenleitende Schranken für politischen Protest zu überwinden. (Interview Schaarschmidt 19.06.1991)

Sie wurden auf kirchlicher Seite vor allem von Superintendent Ziemer inhaltlich unterstützt. Er war in Dresden längst zu einer zentralen politischen Figur geworden, die es verstand, integrativ sowohl in Richtung der Gruppen als auch der Kirchenleitung zu wirken. Durch seine aktive Mitarbeit in den Gruppen und vor allem durch seine als fair wahrgenommenen und auf Gleichberechtigung abzielenden Umgangsformen hatte er sich selbst unter den kirchenferner agierenden Anhängern von Wolfspelz Anerkennung verschafft. Innerhalb der sächsischen Landeskirche blieb er zwar mit seinen Anliegen umstritten, aber vor allem zwei Aspekte seines Tuns verhalfen ihm zu vergleichsweise großem Rückhalt auch in der Landeskirchenleitung: Seine Fähigkeit, die gesellschaftspolitischen Anfragen der Gruppen „theologisch auszudrücken" (Interview Jacobi 18.09.1991), und seine tadellose Amtsausübung: „Ziemer war unabhängig von seinen gesellschaftlichen Aktivitäten ein hervorragender Superintendent und machte seinen Dienst mustergültig. Es gibt über den Superintendenten Ziemer in seiner Amtszeit nichts Negatives zu sagen.", so der frühere Landeskirchenamtspräsident Kurt Domsch (Interview Domsch 26.07.1994). Das konkrete politische Handeln von Superintendent Ziemer war insgesamt von seinem Streben nach langfristigen Veränderungen geprägt: „Worum wir auch gekämpft haben, daß wir bestimmte Dinge durchsetzten, daß es sie nicht bloß sozusagen gegeben hat, sondern daß sie offiziell zugelassen wurden." (Interview Ziemer 1992)

1989 wurde durch eine Reihe von Aktivitäten sichtbar, daß der durch die sozialethisch engagierten Gruppen beförderte politische Protest in der Stadt vielfältiger und die Akteure teilweise selbstbewußter geworden waren. Ein Zeichen dafür war die Besetzung leerstehender Wohnungen und Häuser in der Dresdner Neustadt. Vor allem Mitglieder der ESG waren hier aktiv beteiligt. Eine weitere Aktion der ESG stellte der (erfolglose) Versuch dar, einen eigenen Kandidaten zur Kommunalwahl am 7. Mai 1989 nominieren zu lassen (Schmid 1996: 599). Erfolgreicher waren Mitglieder der Gruppe Wolfspelz und Dresdner Anhänger der „Solidarischen Kirche" mit ihrem Vorhaben. Es gelang ihnen, eine flächendeckende Beobachtung der Stimmenauszählung zu organisieren und die Fälschung der Wahlergebnisse nachzuweisen (Landgericht Dresden 1993: 39). Von verschiedenen Wahlkritikern, z. B. Superintendent Ziemer, wurde anschließend offizieller Einspruch gegen die Wahlergebnisse erhoben (Schmid 1996: 607ff.).

Doch neben diesen überregionalen Anlässen zum Protest und den Tagungen der Ökumenischen Versammlung gab es in Dresden Konflikte um ökologische Brennpunkte, die eine Mobilisierung weit über den Rahmen der Kirchen hinaus ermöglichten. Befördert durch Aktivitäten des ÖAK waren Elbwasserverschmutzung und die geplante Einrichtung eines Minoltanklagers im Naturpark Dresdner Heide erste Konflikte, die zahlreiche Bürgerproteste verursachten. Dem ÖAK war es gelungen, „im grenzüberschreitenden Verkehr Schadstofftester einzuführen", mit deren Hilfe die Verschmutzung des Elbwassers wissenschaftlich nachgewiesen werden konnte (Schmid 1996: 585f.). Die Ergebnisse waren im August 1988 im Rahmen einer öffentlich zugänglichen Ausstellung in der Dresdner Kreuzkirche zu sehen. Der geplante Bau eines Reinst-Silizium-Werkes in Dresden-Gittersee provozierte 1988/89 dann öffentlichen Widerspruch nicht nur von kirchlicher Seite, sondern beispielsweise auch von nicht konfessionell gebundenen Bürgern im Rahmen von Einwohnerversammlungen und von staatlich gestützten Organisationen (Kuhrt 1989: 283f.). Vor Ort wurde mit Fürbittgottesdiensten und demonstrativen Versammlungen vor dem Baugelände der Widerspruch dokumentiert. Gewaltsame Konflikte mit den Sicherheitsorganen des Staates waren die Folge, aber auch eine Konzentration des regionalen Protests auf dieses Projekt.

Nach den vergeblichen Einsprüchen gegen das offizielle Ergebnis der Kommunalwahlen vom Mai kam es in Dresden nicht zur Resignation, sondern sogar zu einer weiteren Eskalation des politischen Protests. Anfang Oktober 1989 erwog Superintendent Ziemer schließlich, „wenn wir uns vier bis fünf Monate in Gewaltlosigkeit geübt haben", eine „richtige" Demonstration gegen den Bau des Reinst-Silizium-Werkes von kirchlicher Seite offiziell zu unterstützen (zitiert nach Rein 1990: 233f.). Die politischen Ereignisse und die daraus resultierenden Umwälzungen machten dies aber überflüssig, das Vorhaben wurde von den Behörden Anfang November 1989 fallengelassen.

Fazit

Die Entwicklungsgeschichte der sozialethischen Gruppen in Dresden im behandelten Zeitraum ist eng verknüpft mit dem Engagement von Pfarrern vor allem aus der evangelischen Kirche. Die Gruppen profitierten immer wieder von den Initiativen der Geistlichen und deren aktiver Mitarbeit. Hervorzuheben ist dabei nicht nur die große Anzahl der gegebenen Anstöße, sondern auch deren Vielfalt. Die dadurch ausgeübte Integrationskraft der Kirchenvertreter ist ein wichtiges Erklärungsmoment für das überwiegend 'kirchennahe' Agieren der Gruppen. Einzelpersonen kommt hierbei ein besonderer Verdienst zu. Für die Entwicklung in Dresden ist in den 80er Jahren das Wirken des ehemaligen Superintendenten Christof Ziemer prägend gewesen.

Im Unterschied beispielsweise zu Pfarrer Christoph Wonneberger verfolgte er einen stärker integrativen Kurs, der Gruppen und 'Amtskirche' näher zusammenführen und den gesellschaftspolitischen Anliegen dadurch mehr Gewicht verleihen sollte. Vor allem mit der Unterstützung katholischer Geistlicher gelang Ziemer dies im Rahmen der Ökumenischen Versammlung, die prägende Impulse aus Dresden erfuhr und zu einem Modellfall des partizipatorischen Handelns wurde. Wonneberger dagegen bemühte sich um eine Mobilisierung, teilweise außerhalb kirchlicher Strukturen und geriet auch deshalb in eine politisch schwierigere Situation. Ein weiteres Merkmal für das Handeln von Ziemer ist dessen Betonung einer möglichst seriösen Argumentationsweise mit der Zielsetzung, den staatlichen Machthabern offizielle Zugeständnisse abzuringen.

Dem von ihm mitbegründeten ÖAK gelang es Ende der 80er Jahre, eine Reihe von regionalen Konfliktpunkten zu thematisieren, die bedeutenden Protest über den Rahmen der Kirchen und Gruppen hinaus auslösten. Insgesamt fiel einzelnen Gruppen oder Zusammenschlüssen eine besondere Rolle zu. So wurde die einzig autonome Gruppe Wolfspelz federführend bei der Initiierung aktionsorientierter Aktivitäten. Während die Ökumenische Versammlung die kirchlichen Gruppen und den damit verbundenen Protest bündelte, wurde der Widerstand gegen das geplante Reinst-Silizium-Werk zu einem Kristallisationspunkt des regionalspezifischen Protests in Dresden.

Literatur

Albrecht, Rudolf: Friedensseminare, in: Auerbach, Dieter/Stiebert, Klaus (Hg.): *Kirche in Sachsen. Wirkungen des Evangeliums zwischen Elster und Neiße*, Berlin 1990, 98-103

Besier, Gerhard/Wolf, Stephan (Hg.): *„Pfarrer, Christen und Katholiken". Das Ministerium für Staatssicherheit und die Kirchen*, 2. durchgesehene und um weitere Dokumente vermehrte Auflage, Neukirchen-Vluyn 1992

Besier, Gerhard: *Der SED-Staat und die Kirche 1969-1990. Die Vision vom „Dritten Weg"*, Berlin/Frankfurt/M. 1995

Bickhardt, Stephan: Ein Friedensdienst, der Zukunft hat. Nach einem Gespräch mit Christoph Wonneberger, in: *Spuren* (1988), 32-35

Brauckmann, Roland: „Der Friede muß nicht bewaffnet sein!" Die Zersetzung des „Sozialen Friedensdienstes" 1980-1986 in Dresden durch Partei und MfS, in: *Horch und Guck* 4 (1995), 27-29

Büscher, Wolfgang/Wensierski, Peter/Wolschner, Klaus (Hg.): *Friedensbewegung in der DDR. Texte 1978-1982*, Hattingen 1982

Dohle, Horst: *SED und Kirche. Eine Dokumentation ihrer Beziehungen*, Bd. 2: 1968-1989/hg. von Hartweg, Frédéric, bearbeitet von Horst Dohle, Neukirchen-Vluyn 1995

Ehring, Klaus/Dallwitz, Martin: *Schwerter zu Pflugscharen. Friedensbewegung in der DDR*, Reinbek 1982

Eisenfeld, Peter: Innerer Frieden schafft äußeren Frieden. Erfahrungsbericht über Möglichkeiten und Grenzen der Friedensarbeit im Raum Dresden, in: Kroh, Ferdinand (Hg.): *„Freiheit ist immer Freiheit ..." Die Andersdenkenden in der DDR*, Berlin/Frankfurt/M. 1988, 119-140

Funk, Uwe: *DDR-Kirchenpolitik zwischen ideologischem Anspruch und politischer Wirklichkeit*, Heidelberg 1992 (= Texte und Materialien der Forschungsstätte der Evangelischen Studiengemeinschaft. Reihe B, Nr. 16)

Garstecki, Joachim: Erste Schritte auf dem gemeinsamen Weg. Tagung der Ökumenischen Versammlung in der DDR (12.-15. Februar 1988), in: *Orientierung* vom 30.04.1988, 89-93

Grande, Dieter/Schäfer, Bernd: *Zur Kirchenpolitik der SED. Auseinandersetzungen um das Katholikentreffen 1983-1987*, Leipzig 1994

Hampele, Anne: Der unabhängige Frauenverband. Neue Frauenbewegung im letzten Jahr der DDR, in: Müller-Enbergs, Helmut u. a. (Hg.): *Von der Illegalität ins Parlament. Werdegang und Konzepte der neuen Bürgerbewegungen*, 2. erweiterte Auflage, Berlin 1992, 221-282

Jacobi, Maria: Den Blick einander zugewandt. Bericht auf dem Forum Konziliarer Prozeß beim 23. Deutschen Evangelischen Kirchentag 1989 in Berlin, in: *Kirchentag '89. Berichte und Materialien aus Berlin*/hg. von Runge, Rüdiger, München 1989, 167-170

Knabe, Hubertus: *Umweltkonflikte im Sozialismus*, Köln 1993

Kuhrt, Horst: GNU: Was will und was kann die GNU? in: *Sächsische Heimatblätter 35* (1989), 283f.

Landgericht Dresden 1993: *Urteil des Landgerichtes Dresden in der Strafsache gegen Dr. Hans Modrow und andere vom 27. Mai 1993*, Aktenzeichen 3<c> KLs 51 Js 4048/91

Meyer, Olaf: Erinnern und Trauern als öffentliche Ausdrucksformen der christlichen Gemeinde, in: Danowski, Werner u. a. (Hg.): *Erinnern und Gedenken. Kirche in der Stadt.* Band 1, Hamburg 1991, 62-96

Neubert, Ehrhart: „Obwohl der scheinbar tiefe Frieden ..."Zur Genese der systemimmanenten protestantisch geprägten Opposition in der DDR. 1972 bis 1978, in: Helwig, Gisela (Hg.): *Rückblicke auf die DDR*. Festschrift für Ilse Spittmann-Rühle, Köln 1995, 45-57

Ökumenische Versammlung für Gerechtigkeit, Frieden und Bewahrung der Schöpfung. Dresden-Magdeburg-Dresden. Eine Dokumentation, Aktion Sühnezeichen/Friedensdienste, Berlin 1990

OV „Provokateur" 1980-85, Bde. 1-3. Persönliche Akteneinsicht von Pfarrer Wonneberger beim BStU

Rein, Gerhard: *Die protestantische Revolution 1987-1990. Ein deutsches Geschichtsbuch*, Berlin 1990

Rüddenklau, Wolfgang: *Störenfried. ddr-opposition 1986-1989. Mit Texten aus den „Umweltblättern"*, Berlin 1992

Ruh, Ulrich: DDR: Ökumenische Versammlung bezieht Position, in: *Herder Korrespondenz* 43 (1989), 249-251

Schmid, Josef: *Kirchen, Staat und Politik in der DDR 1975 bis 1989. Das Beispiel Dresden*, Dissertation, Hamburg 1996

SED-BL Dresden, Abteilung Staat und Recht: Kirchenpolitische Analyse 1982. Dresden vom 15.11.1982, in: *Landesparteiarchiv der PDS in Dresden, Bestand des ehemaligen Bezirksarchivs Dresden*, Sign. IV E-2/14/666

Ulrich, Michael: Ein ökumenisches Kirchenjahr, in: Sens, Matthias/Bodenstein, Roswitha (Hg.): *Über die Grenzen hinweg zu wachsender Gemeinschaft. Ökumene in der DDR in den achtziger Jahren*. Frankfurt/M. 1991, 49-57

Zander, Helmut: *Die Christen und die Friedensbewegungen in beiden deutschen Staaten. Beiträge zu einem Vergleich für die Jahre 1978-1987*, Berlin 1989

Ziemer, Christof: Konziliarer Prozeß. Stadtökumenekreis Dresden. Einige Konkretionen zu unserem Vorschlag der Einberufung einer ökumenischen Versammlung für Frieden, Gerechtigkeit und Bewahrung der Schöpfung Gottes im Gebiet der DDR (15. April 1986), in: *Zeichen der Zeit* 41 (1987), 152f.

Opposition und Widerstand in der DDR
Beispiele aus einer regionalgeschichtlichen Untersuchung in Mecklenburg-Vorpommern

Lothar Probst

1. Vorbemerkung

In den alten Bundesländern trifft man in Teilen der Öffentlichkeit immer wieder auf die Auffassung, daß es in der DDR eigentlich so gut wie keinen Widerstand gegen die SED-Diktatur gegeben habe, sondern daß alle mehr oder weniger Mitläufer des Systems gewesen seien. Richtig ist ohne Zweifel, daß die wenigsten unter den 16 Millionen DDR-Bürgerinnen und -Bürgern Helden im Sinne eines existentiellen Widerstandsbegriffs gewesen sind, auch wenn Leipzig aufgrund des Mutes Zehntausender von Demonstranten im Oktober 1989 später den Titel „Heldenstadt" zugesprochen bekam. Anpassungsbereitschaft und Opportunismus gegenüber der Staatsmacht gehörten auch in der DDR zum alltäglichen Leben. Es gab für dieses Verhalten viele Gründe: erinnert sei an die traumatische Erfahrung des 17. Juni 1953, an dessen Wiederholung unter etwas anderen Voraussetzungen 1956 in Budapest und 1968 in Prag, an die abschreckende Wirkung des Stasi-Terrors gegenüber denjenigen, die den Mut zum Widerspruch hatten - wie z. B. der Leipziger Schriftsteller Erich Loest -, aber auch an die Ängste vieler Menschen um ihre Familie, ihre berufliche Zukunft oder die eigene Existenz. Auch diejenigen, die von einem normativ und moralisch begründeten Widerstandsrecht gegenüber Diktaturen ausgehen, müssen zugestehen, daß Angst, Schwäche, Versagen, Anpassungs- und Unterordnungsbereitschaft, Konformismus und Opportunismus in allen historischen Epochen und unter den unterschiedlichsten politischen Verhältnissen zum menschlichen Dasein gehören. Eine solche Sichtweise nimmt keineswegs diejenigen in Schutz, die sich freiwillig zum Werkzeug einer Diktatur machen lassen, sondern versucht der Frage nachzuspüren, warum totalitäre Systeme sich auch auf die Passivität großer Teile der Gesellschaft stützen können. Trotz dieser relativierenden Einschätzung in bezug auf die Widerstandspotentiale totalitärer Gesellschaften, zeigt die Vielzahl der mittlerweile vorliegenden Untersuchungen[1], daß es auch in

---

1 Vgl. u. a. die umfangreiche Literaturliste zu diesem Thema bei Poppe/Eckert/Kowalczuk 1995: 11-14.

der DDR über Jahrzehnte vielfältige Formen widerständigen Verhaltens gegeben hat. Ich möchte zunächst - vor dem Hintergrund grundsätzlicher Erwägungen - dafür plädieren, den Begriff „Widerstand" weiter zu fassen als es in vielen Ansätzen geschieht, und mich dann konkreten Beispielen zuwenden, die ich einer regionalgeschichtlichen Untersuchung über Mecklenburg-Vorpommern entnommen habe.[2]

2. Für einen Perspektivenwechsel in der Erforschung von widerständigem Verhalten in der DDR

Die Erforschung widerständigen Verhaltens in der DDR hat es mit verschiedenen Problemen zu tun. Widerstandsforschung in der Geschichtswissenschaft und in den Sozialwissenschaften der Bundesrepublik hat sich bis 1989 vor allem auf Erfahrungen mit dem Nationalsozialismus bezogen. Während es in den 50er Jahren zunächst noch Ansätze einer vergleichenden Erforschung „totalitärer Systeme" gegeben hatte, setzte sich im Laufe der 60er Jahre mehr und mehr eine Abkehr vom Totalitarismusparadigma durch. Im Gegenteil: Vergleiche zwischen dem „realen Sozialismus" und dem Nationalsozialismus waren nunmehr verpönt und standen zunehmend unter dem Verdikt des Antikommunismus. Erst nach der Öffnung der Mauer und den Möglichkeiten, das politische System der DDR quasi von innen zu inspizieren, ist es erneut zu ersten Ansätzen einer komparativen Diktaturforschung gekommen. Seitdem ist der vorsichtige Vergleich, zu dessen methodischem Instrumentarium das Herausarbeiten von strukturellen Unterschieden und Gemeinsamkeiten der beiden

---

2 Ich habe mit dieser Untersuchung im Herbst 1989 begonnen und führe sie seitdem mit Unterbrechungen fort. Sie stützt sich auf die Auswertung von qualitativen Interviews mit beteiligten Akteuren, auf die Auswertung von Kirchen- und Tageszeitungen, auf die Analyse vielfältiger Schriftmaterialien (Flugblätter, Selbstverständnispapiere, Rundbriefe, Protokolle), die mir von Mitgliedern kirchlicher und 'institutioneller' Basisgruppen zur Verfügung gestellt wurden, auf eine Materialsammlung der Rostocker Gesellschaft für Natur und Umwelt, auf Archivrecherchen (Archiv des Evangelischen Pressedienstes in Berlin, Archiv des Oberkirchenrates in Schwerin, Vorpommersches Landesarchiv Greifswald) sowie auf zahlreiche Gespräche mit Zeitzeugen. Darüber hinaus konnte ich für bestimmte Fragestellungen auch Akten der Staatssicherheit auswerten. Die Materialien, auf die ich mich beziehe, können in einem Archiv des Instituts für kulturwissenschaftliche Deutschlandstudien an der Universität Bremen (FB 10) eingesehen werden. Teilveröffentlichungen meiner regionalgeschichtlichen Untersuchung finden sich in Probst (1993). Eine weitere Veröffentlichung ist in Vorbereitung und wird voraussichtlich 1997 von der Enquete-Kommission des Landtages Mecklenburg-Vorpommern „Leben in der DDR, Leben nach 1989 - Aufarbeitung und Versöhnung" herausgegeben.

Diktaturformen gehört, zumindest nicht mehr stigmatisiert, obwohl er immer noch auf allerlei Vorbehalte stößt.[3] Von der Enttabuisierung des Diktaturvergleichs in Deutschland hat die neuere Widerstandsforschung profitiert, weil es jetzt möglich geworden ist, Erkenntnisse der nationalsozialistischen Widerstandsforschung auch auf die DDR zu beziehen.

Ein zweites Problem betrifft die Frage, was im Zusammenhang mit dem politischen System der DDR überhaupt unter Widerstand zu verstehen ist. Dabei stehen sich vor allem zwei Richtungen gegenüber: während die einen für einen möglichst weit gefaßten Begriff von Widerstand plädieren, bevorzugen die anderen eine möglichst enge Definition, um „politischen Widerstand" von anderen Formen resistenten Verhaltens eindeutiger abgrenzen zu können. Tatsächlich besteht bei einer großzügigen Auslegung des Widerstandsbegriffs die Gefahr, ganz unterschiedliche Phänomene - vom politisch organisierten Widerstand bis zu alltäglichen Verweigerungshaltungen größerer Teile der Bevölkerung - unter einem undifferenzierten Widerstandsbegriff zu subsumieren. Die Unsicherheit im Umgang mit einem wissenschaftlich fundierten Widerstandsbegriff drückt sich u. a. darin aus, daß häufig nach „weicheren" Begriffsalternativen gesucht wird, die von vornherein eine weite Interpretation zulassen, wie sie z. B. in den Begriffen „Widerspruchshandlungen", „alternative politische Orientierungen" und „widerständiges Verhalten" zum Ausdruck kommt.[4]

Die begriffliche Unklarheit wird noch größer, wenn in der wissenschaftlichen Vorgehensweise nicht eindeutig zwischen Demokratie- und Diktaturforschung unterschieden wird. Im Zusammenhang mit der Studentenbewegung und den neuen sozialen Bewegungen der 70er und 80er in der Altbundesrepublik hat ein Widerstandsbegriff Karriere gemacht, der auch in die wissenschaftliche Sprache eingedrungen ist. „Wenn Recht zu Unrecht wird, wird Widerstand zur Pflicht", lautete das Motto der Anti-Atomkraftbewegung. Die im Zusammenhang mit der Durchsetzung der Atomenergie problematischen Einschränkungen politischer Grundrechte begründeten aus der Sicht der Gegner der Atomenergie ein substantielles Widerstandsrecht, bei dessen Inanspruchnahme man sich zum Teil ausdrücklich auf den Gedanken der Väter und Mütter des Grundgesetzes berief, daß das Volk im Falle einer diktatorischen Machtergreifung das explizite Recht zum Widerstand habe. Die Verwendung des Widerstandsbegriffs in unterschiedlichen systemischen Kontexten aber führt zu einer nicht unproblematischen Verwischung des Unterschieds zwischen legitimen Protestaktionen gegen die Einschränkung oder zeitweilige Außerkraftsetzung von Grund- und Bürgerrechten, die in der Regel durch demokratische

---

3 Vgl. zu dieser Frage u. a. die kontroversen Beiträge von Faulenbach und Küttler in Danyel (1995) und von Eckert in Poppe/Eckert/Kowalczuk (1995).

4 Vgl. hierzu auch die Ausführungen von Knabe 1996: 186.

Institutionen gewährleistet werden, auf der einen Seite und politischen Widerstandsformen in Diktaturen, in denen einklagbare und institutionell gesicherte Grund- und
Bürgerrechte gar nicht existieren, auf der anderen Seite.

Es ist für die Frage, wie „Widerstand" in unterschiedlichen systemischen Kontexten bestimmt werden kann, auch hilfreich, Vorgehensweisen der internationalen
Diktaturforschung einzubeziehen. Im angelsächsischen Raum z. B. wird der Begriff
„resistance" bewußt abgegrenzt von dem auf soziale Bewegungen bezogenen Begriff der „contentious collective action". „Resistance" umfaßt gerade im Kontext
diktatorischer Verhältnisse vielfältige Formen von widerständigem Verhalten, angefangen von individueller Verweigerung, über unpolitische Formen des sozialen
Protestes bis hin zu kollektiver Opposition. Aufschlußreich sind auch neuere Entwicklungen in der internationalen Forschung über den Widerstand der jüdischen
Bevölkerung unter dem Nationalsozialismus. Viele Jahre herrschte die - immer
wieder mit Verwunderung aufgenommene - Auffassung vor, daß die Juden Europas
sich nahezu widerstandslos von den Nazis haben hinrichten lassen. Seit einiger Zeit
hat man aufgrund einer Vervollständigung der Quellen und einer Neuinterpretation
alter Quellen sich ein anderes Bild von der tatsächlichen Breite des Widerstandes
der jüdischen Bevölkerung gemacht, ohne deshalb in den umgekehrten Fehler zu
verfallen und diesen Widerstand zu heroisieren. Entscheidend für diesen Perspekti-
venwechsel war ein weit gefaßtes Verständnis davon, was überhaupt unter Widerstand zu verstehen ist. Während früher die Geschichtsschreibung vor allem auf Sa-
botageaktionen und den heroischen Kampf jüdischer Widerstandskämpfer während
des Warschauer Ghetto-Aufstandes im Jahre 1943 fixiert war, beziehen heute viele
jüdische Forscher die ganze Bandbreite des alltäglichen, zum Teil unspektakulären
zivilen Widerstands ein, der aus kleinen Gesten des Ungehorsams, des Nichtbefol-
gens, der Hilfe für andere, der stillen Sabotage, der Verweigerung oder der passiven
Gegenwehr bestanden hat. Dabei ist es sicherlich im Sinne der Klassifizierung von
Richard Löwenthal nach wie vor sinnvoll, zwischen politischer Opposition, gesellschaftlicher Verweigerung und weltanschaulicher Dissidenz zu unterscheiden. Ich
denke aber, es ist auch für die Erforschung und Dokumentation widerständigen
Verhaltens in der DDR in jedem Fall hilfreich, diesen Ansatz weiterzuverfolgen.
Dabei kommt es weniger darauf an, eine möglichst „saubere" Definition des Wi-
derstandsbegriffs zu entwickeln, als vielmehr die ganze Bandbreite widerständigen
Verhaltens empirisch zu erforschen und durch differenzierte Begriffe zu beschreiben.[5] Diese Beschreibungen sollten organisierte politische Opposition, sozialen
Protest, weltanschauliche Dissidenz, gesellschaftliche Resistenz, nonkonformisti-

---

5 Die von Hubertus Knabe (1996: 197) entwickelte Skala unterschiedlicher Formen von
   Widerspruchshandlungen ist in diesem Zusammenhang sehr hilfreich.

mistisches Verhalten, individuelle Verweigerungshaltungen und punktuelle Unzufriedenheit genauso einschließen wie aktiven und passiven Widerstand.

3. Versuch einer Typologisierung von Oppositionsströmungen in der DDR

Ich werde im folgenden im Sinne einer groben Typologisierung drei Arten von Oppositionsströmungen unterscheiden und deren Widerstands- und Protestformen jeweils mit Beispielen aus einer regionalgeschichtlichen Untersuchung über Mecklenburg-Vorpommern illustrieren. Dabei beziehe ich mich vorwiegend auf den Zeitraum zwischen 1980 und 1989 und nicht auf den gesamten historischen Kontext von Oppositionsbildung in der DDR.

Zu der ersten Gruppe von Opposition zähle ich Personen und Gruppierungen, die sich von ihrem weltanschaulichen, religiösen oder politischen Selbstverständnis her bewußt dem totalitären Anspruch der SED entgegengestellt haben (weltanschauliche und religiöse Dissidenz). Zu dieser Gruppe zu gehören, mußte nicht unbedingt bedeuten, am aktiven Widerstand gegen das Regime teilzunehmen. In der katholischen Kirche in der DDR zum Beispiel befanden sich viele, die den atheistischen Staat ablehnten, sich aber trotzdem unauffällig verhielten.

Die zweite Gruppe von Opposition, die ich näher beschreiben will, wird durch Personen repräsentiert, die sich als politisch denkende Menschen den Problemen in der DDR gestellt haben, ohne deshalb automatisch systemkritisch gewesen zu sein. Menschen aus dieser Gruppe waren um die Zukunft der DDR besorgt, haben häufig versucht, innerhalb des institutionellen Gefüges reformerische Ansätze auch gegen den Widerstand der Parteibürokratie durchzusetzen oder haben in Einzelfällen sogar Aktionen des sozialen Protestes initiiert.

Zu der dritten Gruppe schließlich zähle ich diejenigen, die aufgrund von Traditionen, individueller Verantwortung gegenüber der Natur und der sozialen Gemeinschaft oder als Moralisten im guten Sinne des Wortes sich den Anordnungen und dem Monopolanspruch der SED widersetzt haben.

3.1 Kirchliche Basisgruppen als Ausdruck politischer Opposition

Das größte und ohne Zweifel bedeutendste Potential einer sowohl religiös-weltanschaulich als auch politisch motivierten Opposition gegenüber dem Alleinherrschaftsanspruch der SED befand sich in und unter dem Dach der evangelischen Kirche. Aufgrund der Staatsstruktur der DDR und des Nichtvorhandenseins öffentlicher politischer Räume für den freien Meinungs- und Gedankenaustausch wurde ein großer Teil des kritischen Potentials der DDR Gesellschaft in die „Nischen" der evangelischen Kirche gedrängt. Dabei kam es zu einer Konfliktverschiebung. Der eigentliche Konflikt zwischen SED und Staatsführung mit ihrem Ideologie- und Machtmonopol auf der einen Seite und dem kritisch-oppositionellen Potential der Gesellschaft auf der anderen Seite wurde quasi in die Kirche verlagert und äußerte sich in innerkirchlichen Auseinandersetzungen über die Rolle der Kirche in der real-sozialistischen Gesellschaft. Die kirchlichen Basisgruppen nahmen in dieser Auseinandersetzung de facto die Rolle von „Unruhestiftern" (Joachim Gauck) wahr. Es ist in diesem Zusammenhang sinnvoll, zwischen vier Hauptströmungen in der evangelischen Kirche zu unterscheiden: (1.) Diejenigen, die die Definition der Kirche als „Kirche im Sozialismus" als „Kirche für den Sozialismus" interpretierten und die sich dementsprechend staatstragend verhalten haben (u. a. Vertreter der Christlichen Friedenskonferenz); (2.) diejenigen in den Kirchenleitungen und in den Gemeinden, die „Kirche im Sozialismus" als Ortsbezeichnung verstanden und das Arrangement mit dem Staat gesucht haben; (3.) diejenigen in den Synoden und Kirchenleitungen, die die evangelische Kirche explizit als Ort für ein staatsunabhängiges, mündiges und kritisches Verhalten im Sinne der evangelischen Theologie verstanden haben; und schließlich (4.) die kirchlichen Basisgruppen, die die Kirche als Sand im Getriebe der realsozialistischen Gesellschaft gesehen haben und dadurch auch häufig zum Sand im Getriebe der evangelischen Kirche wurden. In meinen Untersuchungen in Mecklenburg-Vorpommern habe ich mich besonders auf die vierte Strömung konzentriert und ihre Rolle sowohl im Hinblick auf die innerkirchliche Meinungsbildung als auch im Hinblick auf gesellschaftliche Konflikte analysiert.

Die im Vergleich zu früheren Phasen der DDR-Geschichte qualitativ neue Entwicklung oppositioneller Aktivitäten im Umfeld der Kirchen beginnt nicht zufällig Ende der 70er, Anfang der 80er Jahre. Einerseits läßt sich die Entstehung der kirchlichen Basisgruppen im Kontext DDR-spezifischer und immer deutlicher zutage tretender Strukturdefizite im politischen und ökologischen Bereich interpretieren, andererseits ist ihre Genese aber auch auf internationale Problemlagen (Wettrüsten, Raketenstationierung in West und Ost, ökologischer Raubbau durch forcierte Industrialisierung, Nord-Süd-Gefälle) zurückzuführen. Dies drückt sich u. a. darin aus, daß die meisten Gruppen sich in ihrer Arbeit vor allem auf die Themen „Frieden", „Umwelt" und „internationale Gerechtigkeit" konzentrierten. Die Entstehung und Entwicklung vieler Gruppen ist von Anfang an durch eine hohe Fluktuation und Spontaneität gekennzeichnet. Es fällt deshalb schwer, ihre genaue Anzahl zu rekonstruieren. Insbesondere in der ersten Hälfte der 80er Jahre kommt es in vielen Orten und Gemeinden zur Bildung spontaner Friedensarbeitskreise und Umweltgruppen, ohne daß diese eine dauerhafte Struktur entwickeln. Einige Gruppen stellen nach ein, zwei Jahren ihre Arbeit wieder ein oder formieren sich in anderer

Zusammensetzung, um neue Themen und Fragestellungen zu bearbeiten. Vor diesem Hintergrund kann es nicht überraschen, daß auch in bezug auf die Anzahl von kirchlichen Basisgruppen in Mecklenburg und Vorpommern je nach Quelle unterschiedliche Zahlen genannt werden. Durch die Aussagen von Zeitzeugen und die Auswertung verschiedener Quellen[6] kann man aber davon ausgehen, daß es in der mecklenburgischen und Greifswalder Evangelischen Landeskirche im Laufe der 80er Jahre in den Städten Greifswald, Güstrow, Neubrandenburg, Rostock, Schwerin, Stralsund und Wismar sowie in den Landgemeinden Kessin, Vipperow, Plau, Götemitz und Ahrenshoop bis zu 24 kirchliche Basisgruppen gegeben hat, auch wenn manche von diesen nur für kurze Zeit bestanden haben.

Die Bedeutung der Basisgruppen lag weniger in ihrer quantitativen Stärke als vielmehr in ihrer qualitativen Arbeit. Dadurch, daß sie Themen bearbeitet haben, die in der staatlich kontrollierten Öffentlichkeit tabuisiert oder ideologisiert waren, haben die Gruppen Kirche und Gesellschaft gezwungen, sich offensiver mit den unübersehbaren Defiziten und Strukturproblemen in der DDR auseinanderzusetzen. Trotz der restriktiven Bedingungen, die durch das Macht- und Informationsmonopol der SED gegeben waren, haben die kirchlichen Basisgruppen darüber hinaus versucht, auf eine größere Öffentlichkeit einzuwirken und gesellschaftlichen Protest zu organisieren. Dabei konnten die Gruppen zum Teil erstaunliche Erfolge erzielen. Einer der Mitbegründer der Rostocker Friedensgottesdienste Anfang der 80er Jahre erinnert sich z. B. daran, daß „monatliche übergemeindliche Friedensgottesdienste [...] Hunderte, vor allem Jugendliche, in die Heilig-Geist-Kirche [riefen] und mit ihrer aktuellen Thematik weit über die Kirchen hinaus wirkten." (Probst 1991: 29)

Nicht alle Aktivitäten konnten eine ähnliche Breitenwirkung erzielen. Häufig konzentrierte sich die Arbeit auf die Mobilisierung der innerkirchlichen Öffentlichkeit. Thematisch vorbereitete Abende zu Ökologie- oder Friedensfragen in verschiedenen Gemeinden, Vorträge auf Synodaltagungen, Durchführung von Rüstzeiten und Seminaren gehörten zum selbstverständlichen Bestandteil der Arbeit der Gruppen. In Rostock z. B. entwickelte sich 1982 nach einer Friedensdekade der „Rostocker Friedenskreis". Einer der Mitbegründer der Gruppe berichtet:

„Wir nannten uns 'Rostocker Friedenskreis' und waren ca. acht bis zehn Personen. Zunächst trafen wir uns in einer Privatwohnung und beschäftigten uns u. a. mit Fragen der Raketenstationierung, der vormilitärischen Ausbildung, des Zivilschutzes und des Frauenwehrdienstes. Wir führten in verschiedenen Gemeinden Rostocks zu diesen Themen Gesprächsabende durch. [...] Öffentlich konnten wir

---

6 Neben Zeitzeugenberichten habe ich u. a. auf Berichte in der Mecklenburgischen Kirchenzeitung und auf Protokolle der in der Mecklenburgischen-Landeskirche angesiedelten Arbeitsgruppe Frieden zurückgegriffen.

nur sehr wenig machen. Das hing mit den allgemeinen Rahmenbedingungen unserer Arbeit zusammen" (Probst 1993: 134)

Trotz der ungünstigen Rahmenbedingungen versuchten viele der Basisgruppen immer wieder, die Begrenzungen der innerkirchlichen Öffentlichkeit zu überschreiten. So initiierte z. B. der „Rostocker Friedenskreis" einen „Appell", der am 11. November 1983, im Jahr der Stationierung von Kurz- und Mittelstreckenraketen in Deutschland, mit über 100 Erstunterzeichnern in Rostock vorgestellt wurde. In dem Appell heißt es:

- „Mit Entsetzen haben wir, die Unterzeichner, Christen, Nicht-Christen, die Mitteilung des Nationalen Verteidigungsrates der DDR vom 25. Oktober 1983 zur geplanten Aufstellung sowjetischer Raketenkomplexe operativ-taktischer Bestimmung aufgenommen. Ausgehend von unserer christlichen und humanistischen Grundeinstellung und von der Tatsache, daß von deutschem Boden nie wieder ein Krieg ausgehen darf, sind wir der festen Überzeugung,
- daß mit der geplanten Aufstellung dieser Raketen die Gefahr eines Krieges für das deutsche Volk nicht verringert, sondern vergrößert wird;
- daß es für uns und unsere Kinder unerträglich ist, künftig mit den atomaren Vernichtungssystemen auch im eigenen Land leben zu müssen;
- daß mit dieser angekündigten Maßnahme der bis zu diesem Zeitpunkt für so wertvoll gehaltene schwedische Vorschlag einer atomwaffenfreien Zone in Mitteleuropa fallengelassen wurde.

Deshalb protestieren wir ganz entschieden gegen die vom Nationalen Verteidigungsrat beschlossenen Maßnahmen."[7]

Aus anderen Friedensgruppen wird von ähnlichen öffentlichkeitswirksamen Aktionen berichtet. Als in der Nähe Rechlins im Zuge der sowjetischen „Nachrüstung" Atomwaffen stationiert werden sollten, brachten Mitglieder des Vipperower Friedenskreises im Herbst 1983 während einer Friedensdekade gut sichtbar an der Rechliner Kirche Transparente an, auf denen zu lesen war: „Wir verzichten auf den Schutz von Atomwaffen!" und: „Frieden schaffen aus der Kraft der Schwachen!" Markus Meckel, einer der Initiatoren der Aktion, berichtet, daß die Transparente wider ihrer Erwartungen sogar drei Tage hingen, bis sie von der Staatssicherheit entfernt wurden. In Schwaan organisierten Friedensgruppen anläßlich einer Atomkriegsübung ein Friedensgebet und gingen während des Atomalarms vom Friedhof mit Kerzen durch die Stadt, obwohl dies ausdrücklich verboten worden war.

Auch die Umweltgruppen, die zweite wichtige Säule der kirchlichen Basisbewegung, waren darum bemüht, Initiativen mit öffentlicher Wirkung zu entfalten. Aktionen wie „Mobil ohne Auto", öffentliche Baumpflanzaktionen, Ökowanderungen, öffentliche Schaukästen in einzelnen Kirchgemeinden dienten dazu, die Sensibilität

---

7 Abgedruckt in der taz vom 7.12.1983.

für ökologische Themen zu schärfen und politisches Bewußtsein zu schaffen. Aus einem Informationsheft zur „3. Baumpflanzaktion Rostock" von 1980 geht z. B. hervor, daß die mit dem Bäumepflanzen verbundenen Aktivitäten der Umweltgruppen trotz ihres vordergründig unpolitischen Charakters sehr viel politischen Sprengstoff enthielten. Die kirchliche Umweltgruppe, die die Baumpflanzaktionen vorbereitet hatte, schreibt in einem Vorwort an die Teilnehmer:

„Der Zweck unserer Aktion ist nicht allein das Bäumepflanzen. Das Pflanzen selber ist vielleicht 'nur' eine symbolische Handlung. [...] Entscheidend ist aber, daß wir durch so eine Aktion angeregt werden, über unser Umweltbewußtsein und unseren Lebensstil nachzudenken und beides zu verändern. [...] Mit diesem Heft soll gezeigt werden, wie gefährdet unsere Umwelt teilweise schon ist, aber vor allem, welche Möglichkeiten des Engagements wir als einzelne bzw. in der Gruppe haben. Albert Schweitzer hat einmal gesagt: 'Das wenige, was du tun kannst, ist viel.' Unter diesem Leitspruch sollten wir die Baumpflanzaktionen ansehen und alle Aktivitäten, die danach entstehen." (Probst 1993: 19f.)

In einem Bericht der Mecklenburgischen Kirchenzeitung über eine dieser Aktionen wird eine Zahl von ca. hundert jugendlichen Teilnehmern genannt.[8] Die Veranstalter versuchten, wie in dem Artikel zum Ausdruck kommt, aber auch andere Bevölkerungsgruppen in die Aktivitäten einzubeziehen:

„So wurden am Sonnabend, dem Arbeitstag der Aktion, Familien eingeladen; vormittags wurde an der Rostocker Johanniskirche gepflanzt, nachmittags gab es ein paar schöne Stunden für Eltern und Kinder, in denen gespielt und gemalt wurde. Die Jugendlichen pflanzten unterdessen einen Mischwald im Neubaugebiet Lichtenhagen."[9]

Das Informationsheft des kirchlichen Vorbereitungskreises für die Aktion enthält Berichte zur Umweltsituation im Raum Dresden, Informationen über globale Umweltprobleme, Gedichte zum Thema 'Ökologie' und nicht zuletzt neun Forderungen an Staat und Industrie. Die Autoren schreiben:

„Der folgende Katalog enthält 9 'große' Forderungen an Staat und Industrie. Es lassen sich zu jeder Forderung die entsprechenden Haltungen und Aktivitäten des einzelnen und der kleinen Gruppe nennen. Sie dann praktizieren hat einen doppelten Sinn: Man hilft 'von unten' mit, sie zu erfüllen, und man bekommt das moralische Recht, sie als Forderungen zu erheben." (Probst 1993: 20)

Zu den Forderungen an Staat und Industrie gehörten u. a.:

„1. Einhaltung und Kontrolle der schon bestehenden Umweltgesetze! [...] 5. Schadstoffemissionen verringern! 6. Eingriffe in die Landschaft minimalisieren! 7. Wasser und Energie einsparen! 8. Lebensräume für wilde Natur bewahren und aufbauen,

---

8 Mecklenburgische Kirchenzeitung vom 21.11.1982, 5.
9 Ebd.

Kulturlandschaften nach ökologischen Gesichtspunkten gestalten!" (Probst 1993: 20)

Interessant sind auch die Handlungsstrategien, die aus diesen Forderungen für den einzelnen bzw. für die kirchlichen Ökologiegruppen abgeleitet werden:

- verantwortliche staatliche Stellen auf umweltfeindliche Situationen aufmerksam machen (Eingaben, Anfragen),
- genaue Kenntnis der gesetzlichen Grundlagen,
- einfache Lebensführung [...], bewußte Verwendung aller Gebrauchsgegenstände". (Probst 1993: 20)

Unter dem Stichwort „Ökologisierung der Produktion" liest man schließlich als Forderungen an die Industrie:

- Rückführung von Abfällen (geschlossene industrielle Zyklen),
- Abkehr von extrem naturfeindlichen Erscheinungen in der Tier- und Pflanzenproduktion,
- vielseitige Analyse möglicher Folgen eines Eingriffes in die Natur. (Probst 1993: 20)

Trotz der vorsichtigen Formulierungen läßt sich unschwer die Brisanz erkennen, die dieser Forderungs- und Handlungskatalog sowohl in bezug auf die politischen als auch auf die Produktionsverhältnisse in der DDR enthielt. Im Klartext lassen sich die genannten Forderungen durchaus mit denen vergleichen, die ungefähr zur gleichen Zeit von Umweltinitiativen im Westen erhoben wurden. Die sprachlich entschärfte Formulierung nach „Abkehr von extrem naturfeindlichen Erscheinungen in der Tier- und Pflanzenproduktion" entspricht in etwa der Forderung: „Schluß mit der Überdüngung in der Landwirtschaft" (eines der hauptsächlichen ökologischen Probleme in Mecklenburg); und statt der umständlichen Formulierung von einer „vielseitigen Analyse möglicher Folgen eines Eingriffes in die Natur" hätten die Autoren auch durchaus den im Westen gebräuchlichen Begriff „Umweltverträglichkeitsprüfung" verwenden können. Die von mir ausgewerteten Dokumente zeigen aber, daß die Akteure in den kirchlichen Gruppen zu diesem Zeitpunkt versuchten, unnötige Konfrontationen mit den staatlichen Organen zu vermeiden und sich deshalb, wie in anderen Bereichen der DDR, einer Metasprache bedienten, die trotzdem von allen verstanden wurde.

In der zweiten Hälfte der 80er Jahre dagegen mischen sich die Basisgruppen immer offensiver in die politische Entwicklung ein. Aufgrund einer Initiative der westdeutschen DFG/VK [Deutsche Friedensgesellschaft/Vereinigte Kriegsdienstgegner] stimmt der SED-gesteuerte Friedensrat der DDR der Teilnahme am Olof-Palme-Friedensmarsch für eine atomwaffenfreie Zone in Europa im September 1987 zu. Auf Drängen westdeutscher Friedensgruppen und um internationale Dialogbereitschaft zu signalisieren, ergeht von seiten des Friedensrates auch an die Kirchen der DDR das Angebot, sich an dieser Aktion zu beteiligen. Die Basisgruppen in Mecklenburg-Vorpommern nutzen die Eröffnungsveranstaltung des Olof-Palme-Friedensmarsches in Stralsund, um öffentlich ihre eigenen Friedensvorstellungen zu vertreten. Auf selbst mitgebrachten Transparenten werden der staatlich organisierten einseitigen Propaganda eigene Parolen (Schwerter zu Pflugscharen, Für einen sozialen Friedensdienst usw.) entgegengestellt. Aufgrund der internationalen Öffentlichkeit und der Anwesenheit westlicher Fernsehteams und Journalisten gelingt es der Staatssicherheit und der SED/FDJ trotz genau ausgearbeiteter Maßnahmenpläne nicht, den Auftritt der kirchlichen Basisgruppen zu verhindern.[10]

Nach den Festnahmen von bekannten Oppositionellen aus verschiedenen Ostberliner kirchlichen und nichtkirchlichen Basisgruppen aufgrund ihrer Aktivitäten während der offiziellen Rosa-Luxemburg-Demonstration, organisieren Anfang 1988 auch in Mecklenburg-Vorpommern viele kirchliche Basisgruppen spontane Solidaritätsaktionen. In Rostock kommt es über zwei Monate lang in der St. Petrikirche zu Fürbittandachten für die Verhafteten, an denen bis zu 120 Personen regelmäßig teilnehmen. In Schwerin entwickelt sich in dieser Zeit die Tradition der Friedensgebete, die jeden Mittwoch im Dom stattfinden. Im Februar 1989 schließlich beschließen Basisgruppenvertreter aus der ganzen DDR auf dem Seminar „Konkret für den Frieden" in Greifswald, ihre Arbeit zukünftig noch stärker zu bündeln und zu koordinieren. Ein Ergebnis dieser Anstrengungen sind der Boykott und die Kontrolle der Kommunalwahlen im Mai 1989. In vielen Wahllokalen postieren sich „Kontrolleure", die die Wahlbeteiligung und die Wahlauszählung überwachen. Dabei gelingt es den Basisgruppenvertretern und anderen kirchlichen Mitarbeitern unter Einbeziehung der westlichen Öffentlichkeit nachzuweisen, daß die Wahlergebnisse in den meisten Fällen gefälscht worden sind.

Daß sich die Aktivitäten der kirchlichen Basisbewegung nicht nur auf die städtischen Zentren beschränkten, geht aus der seit 1981 in Mecklenburg stattfindenden Tradition der „mobilen Friedensseminare" hervor. Kirchliche Basisgruppen organisierten unter Einbeziehung von Teilnehmern aus Dänemark, Holland, England und der Bundesrepublik in den Sommermonaten Wanderungen sowie Fahrrad- und Paddeltouren durch Mecklenburg. Dabei war nicht nur die freie Kommunikation unter den Teilnehmern verschiedener Länder wichtig, sondern es wurden auch begleitende Aktivitäten (kleinere mobile Friedensausstellungen in den örtlichen Dorfkirchen, Veranstaltungsabende in den Kirchgemeinden) für eine begrenzte Öffentlichkeit durchgeführt. In einer Erklärung zu der ersten „Friedenswanderung" vom 22.-28. August 1981 heißt es:

---

10 Im Vorpommerschen Landesarchiv in Greifswald konnte ich detaillierte Einsatzpläne der Staatssicherheit und der SED einsehen, die darauf ausgerichtet waren, das Auftreten von kirchlichen Basisgruppen unter allen Umständen zu verhindern, ohne zuviel Aufsehen zu erregen.

„Wir, eine Gruppe von je sieben jungen Menschen aus den Niederlanden und der DDR, sind eine Woche zusammen durch verschiedene Gemeinden Mecklenburgs gewandert. Wir haben versucht, Frieden miteinander und in der Begegnung mit anderen Menschen zu leben. [...] 1. Wir haben erkannt und erfahren, daß Frieden mit anderen und mit uns erst durch Abbau von Ängsten möglich ist. 2. Äußerung und Ursache von Ängsten sind für uns vor allem die zunehmende Aufrüstung, Feindbilder, Abgrenzung und die Militarisierung des gesellschaftlichen Lebens. Statt Frieden zu fördern, verhindern sie ihn. [...] 6. Wir verstehen Frieden nicht als einen Zustand, sondern als ein Geschehen. Das heißt, als einen Prozeß der Verminderung von Gewalt, Unfreiheit, Ungerechtigkeit, Armut und Angst, damit mehr Freiheit, Hoffnung, Gerechtigkeit, Solidarität, Vertrauen und Liebe entstehen können. Dafür ist die Erklärung der Menschenrechte eine wesentliche Orientierung." (Probst 1993: 18f.)

Einer der Initiatoren der 'mobilen Friedensseminare' sagt über deren Wirkung:

„Wir sind eine Woche auf vier, fünf Stationen wandernd unterwegs gewesen und sind dabei natürlich auch in viele kleine Dörfer gekommen. Wir haben diese Dorfgemeinschaften zum Teil mit unserem Bazillus angesteckt und das über Jahre hinweg, jeweils in einem anderen Kirchenkreis." (Probst 1993: 19)

Diese Feststellung gilt auch für die mobilen Friedensseminare, die von einem anderen Zentrum kirchlicher Basisgruppen, dem Friedenskreis Vipperow, zwischen 1983 und 1987 durchgeführt wurden. Der Friedenskreis Vipperow, 1982 u. a. auf Initiative von Markus Meckel entstanden, traf sich 14tägig, um Friedensaktivitäten in den kleineren Landgemeinden der Umgebung zu organisieren. Dazu gehörten jährliche Veranstaltungen im Rahmen der Friedensdekade, Diskussionsabende zu Friedens- und Umweltfragen, die Abfassung von Eingaben, offenen Briefen und Resolutionen an staatliche Stellen und Kirchengremien sowie die Vorbereitung der mobilen Friedensseminare. Anläßlich des 4. Mobilen Friedensseminars des Vipperower Friedenskreises formulierte eine Arbeitsgruppe:

„Das Gefühl, daß wir gegen die Perversion unserer Welt etwas tun müssen, hat uns zusammengeführt. Rüstungswettlauf, Umweltzerstörung, Hunger in der Zwei-Drittel-Welt, soziale Verelendung vieler Menschen verdichten sich zu einem Komplex von Problemen, der allmählich die Lebensgrundlagen der Menschheit untergräbt." (Meckel/Gutzeit 1994: 192)

Zu den Forderungen, die während des Friedensseminars diskutiert wurden, heißt es u. a.:

„Die Mechanismen der Entmündigung müssen abgebaut werden. Das heißt: Informationen über die Rüstungsproblematik und andere Problembereiche werden allen zugänglich gemacht [...]. Feindbilder müssen abgebaut werden. Abschaffung des Kriegsspielzeuges. Keine Bevorzugung von Leuten in militärischen Berufen. [...] Einführung eines zivilen Ersatzdienstes." (Meckel/Gutzeit 1994: 194)

In einer Eingabe der Mitglieder des 4. Mobilen Friedensseminars an die Synode der Mecklenburgischen Landeskirche schließlich wird die Kirche aufgefordert, sich gegenüber staatlichen Stellen für einen Zivilen Ersatzdienst einzusetzen, der „als gleichberechtigte Alternative zum Wehrdienst" anerkennt werden solle. Gleichzeitig werden Erich Honecker und Helmut Kohl in zwei getrennten Briefen gebeten, sich für eine chemiewaffenfreie Zone in Europa stark zu machen. (Meckel/Gutzeit 1994: 202ff.)

Die hier dokumentierten Aktivitäten zeigen, daß die kirchlichen Basisgruppen trotz ihrer politischen Marginalisierung in der Lage waren, ein erstaunliches Potential von politischen Protest- und Widerstandsformen zu entwickeln, die in einem begrenzten Umfeld auch öffentliche Wirkungen entfalten konnten. Auch wenn die von mir beschriebenen kirchlichen Basisgruppen sozusagen der Motor des kirchlichen Oppositionsspektrums waren und durch die Unruhe, die sie gestiftet haben, Impulse in die Gesellschaft hinein vermittelt haben, wäre es einseitig, das oppositionelle Milieu in den Kirchen auf diese Gruppen zu begrenzen. Durch die Funktion der Kirche als wichtigster außerstaatlicher Sozialisationsinstanz entwickelte sich auch in der normalen kirchlichen Arbeit eine politische und soziale Gegenkultur, die in die Gesellschaft hineingewirkt hat. Familienseminare, Jugend-, Senioren- und Frauenarbeitskreise, Synodaltagungen und sogenannte kirchliche Rüstzeiten legten die Basis für Sozialisationsprozesse, in denen jenseits der ideologischen Erwartungen von Partei und Staat demokratisches Verhalten und Ich-Bewußtsein herausgebildet werden konnten. In diesem Milieu eines kirchlich vermittelten privaten Beziehungsnetzes fanden sich rudimentäre Ansätze einer „civil society", in der das, was ich im positiven Sinne als bürgerliche Zivilität bezeichnen möchte, sich entwickeln konnte.

Zum Schluß dieser Betrachtungen über das kirchlich geprägte Oppositionsspektrum möchte ich noch kurz auf eine Kontroverse eingehen, die auch die wissenschaftliche Diskussion immer wieder beschäftigt: Waren die kirchlichen Basisgruppen nur ein Sammelbecken für Regimekritiker und Unzufriedene, für Aussteiger und potentielle Ausreisewillige, die nur eine blasse christliche Identität hatten, oder bezogen diese Gruppen letzten Endes ihre weltanschaulichen und politischen Vorstellungen doch aus einer tief verwurzelten protestantischen Moral? Es gibt für beide Auffassungen in den von mir untersuchten Unterlagen Hinweise und Belege, aber dennoch führt meines Erachtens diese Gegenüberstellung im Kontext der DDR-spezifischen Oppositionsbildung nicht weiter. In einer ideologisch formierten Gesellschaft wie der DDR, in der der antagonistische Klassenwiderspruch zwischen „Proletariat und Bourgeoisie" zum zentralen Axiom des staatlichen Selbstverständnisses gehörte und in der die Bundesrepublik als liberaler Staat quasi die andere feindliche Seite dieses Gegensatzes verkörperte, konnte sich eine Opposition, die auf eine demokratisch-liberale Weltanschauung zurückgegriffen hätte, nur schwer herausbilden. Oppositionelle Haltungen rekurrierten insbesondere in den ersten dreißig Jahren der DDR-Geschichte auf eine andere Interpretation des Marxismus, aber nicht auf eine prinzipiell andere Weltanschauung. Die Thematisierung grundlegender demokratischer Defizite in der DDR, insbesondere die fehlende demokratische Legitimation der SED und der Staatsorgane, konnte vor diesem Hintergrund nur von einer oppositionellen Bewegung aufgenommen werden, die unter dem schützenden Dach der Kirche „Gerechtigkeit, Frieden und Bewahrung der Schöpfung" als alternativen Wertekatalog einklagen konnte. In den humanistisch-religiös geprägten Wertvorstellungen, die sich in vielen Dokumenten der Synoden und auch der kirchlichen Basisgruppen nachweisen lassen, verkörperte sich insofern die ganze Bandbreite eines lebensweltlich, politisch *und* weltanschaulich begründeten Widerstands gegen das Wahrheits- und Machtmonopol der SED.

3.2 Institutionelle Basisgruppen

In den folgenden Ausführungen möchte ich mich einer zweiten Oppositionsströmung zuwenden, die nach meinem Eindruck sowohl in der öffentlichen Wahrnehmung als auch in bezug auf die Forschung bisher zu wenig Beachtung gefunden hat. Die Tatsache, daß sich in den Bürgerbewegungen im Herbst 1989 neben den dominierenden Persönlichkeiten des kirchlichen Oppositionsspektrums viele „politisierte" Akteure aus anderen gesellschaftlichen Bereichen eingefunden haben, ist ein Hinweis darauf, daß auch außerhalb der Kirche wichtige politische Sozialisationsprozesse stattgefunden haben. Für einen großen Teil der kirchlichen Basisgruppen war Politik „antiinstitutionelle"Politik. Weder gab es für sie Möglichkeiten, unmittelbar auf die herrschenden Institutionen einzuwirken noch gehörte es in der Regel zum politischen Selbstverständnis, von innen heraus, d. h. im Rahmen der Mitarbeit in staatlichen Institutionen oder parteilichen Organisationen, auf innovative Veränderungen zu drängen. Anders stellte sich die Situation für diejenigen dar, die sich für eine „konstruktive Oppositionspolitik"in den von der SED gesteuerten Organisationen entschieden hatten. Ihre Auffassung von „Opposition"bestand nicht in einer Ablehnung oder gar Bekämpfung des politischen Systems, sondern in der Opposition gegenüber bestimmten politischen Maßnahmen und Entscheidungen des bürokratisch-autoritären Parteiapparates. Der Politikstil dieser Strömung läßt sich am treffendsten als taktisches Arrangement mit den vorgegebenen politischen Verhältnissen charakterisieren, der aber in der politischen Praxis zu zahlreichen Konflikten mit der staatlichen Administration und der SED führte. Vor allem auf kommunaler Ebene gelang es Vertretern dieser Oppositionsrichtung, sich zum Teil erfolgreich in „institutionellen" Basisgruppen zu organisieren und durch die Artikulation oder Initiierung von Protest auf politische Entscheidungsprozesse im begrenzten Maße Einfluß zu nehmen, wie ich am Beispiel der verschiedenen Interessengemeinschaften Stadtökologie, die sich in Rostock in der zweiten Hälfte der 80er Jahre unter dem Dach der GNU (Gesellschaft für Natur und Umwelt) formierten, zeigen werde.

Die Gründung der GNU beim DDR-Kulturbund Anfang der 80er Jahre sollte der SED dazu dienen, die aufkeimende ökologische Bewegung von Anfang an in staatskonforme Bahnen zu lenken. Aber trotz ihrer Funktionalisierung bot diese Organisation interessierten Ökologen eine Plattform für eigenständige Aktivitäten. Dabei ist geradezu erstaunlich, wie die „institutionellen" Basisgruppen in diesem Bereich den vom System eng begrenzten Spielraum für eine Politik der Einmischung, des Protestes und der öffentlichen Mobilisierung genutzt haben, wie nachdrücklich sie für eine nicht reglementierte und nicht zensierte Öffentlichkeit eingetreten sind und zugleich ein funktionierendes kommunikatives Netzwerk untereinander aufgebaut haben.

1985 gründeten sich innerhalb der GNU-Kreisgliederung Rostock zwei Fachgruppen, die in der zweiten Hälfte der 80er Jahre zu wesentlichen Trägern einer engagierteren, auch auf Öffentlichkeit zielenden Umweltpolitik wurden: die „Arbeitsgruppe Stadtökologie Schmarl" und die „Arbeitsgruppe Stadtökologie Warnemünde". Später kam noch die „Interessengruppe Stadtökologie Rostock-Stadt" dazu. In diesen Gruppen, deren soziale Basis sehr heterogen war, arbeiteten zwischen fünf und 20 Personen regelmäßig mit. In einer Positionsbeschreibung der „AG Stadtökologie Warnemünde" heißt es:

„Stadtökologie ist die Beschreibung und Analyse der Lebensprozesse im Lebensraum Stadt, der sich durch viele Besonderheiten von natürlichen Biotopen unterscheidet. [...] die Interessengemeinschaft Stadtökologie [...] vereint interessierte Bürger, die es sich zur Aufgabe gemacht haben, schädliche Umwelteinflüsse im Stadtgebiet möglichst auszuschalten. Solche Gruppen gibt es schon in vielen Städten. Wir sind in der Gesellschaft für Natur und Umwelt des Kulturbundes der DDR organisiert und arbeiten eng mit dem Rat der Stadt, Abteilung Umweltschutz, Wasserwirtschaft und Erholungswesen zusammen." (Probst 1993: 25)

Tatsächlich gelang es Mitgliedern dieser Gruppen innerhalb der GNU persönliche Netzwerke aufzubauen und die Arbeit nach verschiedenen Seiten hin abzusichern. Der damalige Kreisnaturschutzbeauftragte in Rostock förderte die nicht nur von Partei und staatlicher Administration, sondern zum Teil auch von der Stasi mit Argwohn beobachteten Aktivitäten der Arbeitsgruppen und deckte sie nach oben hin ab. Außerdem war man bemüht, im Bereich anderer offizieller Institutionen, wie z. B. Wohnbezirksausschüssen, FDJ-Gruppen und Schulen, für konkrete ökologische Projekte und Belange Bündnispartner zu finden.

Regelmäßige Pressebriefe zu ökologischen Themenstellungen (z. B. in der Serie „Geschützte Objekte in und um Rostock" in der Rostocker Zeitung „Norddeutsche

Neueste Nachrichten'), öffentliche Baumpflanzaktionen und die Einrichtung eines „Schaukastens" für Informationen und eines „Ökologischen Kummerkastens" für Beschwerden und Vorschläge der Anwohner gehörten zum selbstverständlichen Repertoire der Öffentlichkeitsarbeit dieser Gruppen. Außerdem machte man vom Instrument der „Eingaben" intensiven Gebrauch.

Dabei scheute man auch nicht den Konflikt mit den mächtigen Betriebskombinaten. In einem Brief von Michael Kreuzberg, damaliger Sprecher der AG Stadtökologie Warnemünde, an den Stadtrat für Umwelt, Wasserwirtschaft und Erholungswesen vom 14.6.1989 heißt es z. B.:

„In meiner Eigenschaft als ehrenamtlicher Inspekteur der Staatlichen Umweltinspektion möchte ich Sie über eine Sache informieren, von der ich heute Kenntnis erlangte. Die Warnowwerft verkippt mit Genehmigung der Abt. UWE auf der Deponie Diedrichshagen Neutralisationsschlamm aus der Verzinkerei. Die Genehmigung bezieht sich auf 'stichfestes' Material. Heute nun wurde von den Kollegen der Deponie ein Transport zurückgewiesen, da flüssiges Material ausgeliefert wurde. Die Staatliche Umweltinspektion ist eingeschaltet und wird am 15.6. vor Ort Untersuchungen vornehmen. Dieser Schlamm enthält laut Analyse (von der Warnowwerft angegeben) u. a. Cadmium, Blei, Mangan, Eisen, Zink und Aluminium und ist damit nach meiner Auffassung als giftig einzustufen. Auf der Genehmigung ist er jedoch als 'schadlos' eingestuft. Ich bitte Sie, diese Genehmigung zu überprüfen und eine Verkippung auf einer Sondermülldeponie bzw. eine Wiederverwertung zu verfügen." (Probst 1993: 28)

Tatsächlich reagierte die neugewählte Stadträtin der Abt. Umweltschutz, Wasserwirtschaft und Erholungswesen auf diese Beschwerde. Am 30. Juni 1989 antwortete sie Michael Kreuzberg:

„Wir haben uns mit dem Rat des Bezirkes dahingehend verständigt, daß die für ausgehärtete Farbreste bestehende Deponiegenehmigung aus dem Jahre 1984 widerrufen wird." (Probst 1993: 28)

Der größte Erfolg der GNU und der Arbeitsgruppen Stadtökologie im Bündnis mit betroffenen Anwohnern und anderen Initiativen war die Verhinderung einer Autotrasse durch den 'Lindenpark' in Rostock. Michael Kreuzberg berichtet über diese Aktion:

„Wir haben einen riesigen Proteststurm entfacht, das hatte Rostock noch nicht erlebt. An den Rat ging eine Eingabenflut von Ökogruppen und Bürgern, Hunderte, Tausende waren es."[11]

Aktivitäten wie diese unterstreichen, daß es schon vor dem Herbst 1989 erste Ansätze einer zum Teil erfolgreichen Mobilisierung von unten gegen staatlich-administrative Entscheidungen im Umweltbereich gab. Welchen Stellenwert man der

---

11 taz, Bremer Lokalausgabe vom 13.1.1990, 30.

Öffentlichkeitsarbeit in der GNU zumaß, wird unter anderem aus einem „Konzept für die Gestaltung der weiteren Arbeit auf dem Gebiet der Stadtökologie" deutlich. Dort heißt es:

„Das generelle Interesse an Umweltfragen ist in unserer Bevölkerung recht weit verbreitet. [...] Angesichts der politischen Brisanz vieler Fragen kommt der Öffentlichkeitsarbeit eine wichtige Bedeutung zu. Diese Öffentlichkeitsarbeit sollte in einer sachlichen und verständlichen Art und Weise globale und territoriale Umweltprobleme darstellen, die gesellschaftspolitische Einordnung dieser Fragen deutlich machen [..] sowie Möglichkeiten des persönlichen Einwirkens des einzelnen Bürgers im jeweiligen Arbeits- und Wohngebiet aufzeigen." (Probst 1993: 30)

Trotz dieser vielen positiven Beispiele für die Bedeutung und den Einfluß ökologischer Aktivitäten im Umfeld der GNU muß einschränkend gesagt werden, daß die Wirkungsmöglichkeiten und Erfolge der in dieser Organisation agierenden Gruppen und Personen nicht überschätzt werden sollten. Durch die Einschleusung von Stasi-Mitarbeitern und Informanten in die relativ autonom arbeitenden Arbeitsgruppen der GNU sowie durch gezielten politischen Druck seitens einiger Leitungsebenen versuchten Partei- und Staatsführung, die Aktivitäten der Umweltschützer zu kanalisieren und in staatskonformen Bahnen zu halten. Dennoch konnte die seit Anfang der 80er Jahre sich entwickelnde ökologische Diskussion in der DDR von der politischen Führung nicht mehr unterbunden werden. Selbst offizielle und in der Regel von der SED kontrollierte Organisationen äußerten ihren Unmut über die staatliche Untätigkeit in Umweltfragen. In einem Brief des Wohnbezirksausschusses (WBA) 79 der Nationalen Front in Rostock-Warnemünde an den Rat der Stadt Rostock, der sich mit der „Ausweitung von PKW-Stellflächen im Grünbereich, Kurpark Warnemünde" beschäftigt, heißt es z. B.:

„Ist Beton der einzige Ausweg für Ordnung und Sicherheit? Was ist das Prädikat 'Denkmalfläche' bei uns wert? Wie sollen wir als WBA die Fragen der Bürger [...] zu dieser Problematik beantworten? Durch die bisher geduldete Praxis [des Falschparkens] wird nicht nur der Natur Schaden zugefügt, sondern auch dem Vertrauensverhältnis zwischen den Bürgern und den staatlichen Leitungsorganen. [...] Wir möchten hiermit dringend darum bitten, die betreffenden bisherigen Entscheidungen zu überdenken, nicht administrativ, sondern demokratisch zu handeln." (Probst 1993: 30)

Zusammenfassend läßt sich festhalten, daß in Rostock auch aus dem gesellschaftskritischen Potential dieser „institutionellen" Oppositionsgruppen politische Handlungen hervorgegangen sind, die die Qualität widerständigen Verhaltens hatten.

3.3 Zur Bedeutung von Zivilcourage und unpolitischen Formen des zivilen Widerstandes

Abschließend möchte ich eine dritte Oppositionsströmung charakterisieren, die häufig aus dem Blickfeld gerät, weil sie weniger spektakulär ist. Zu einem der Lehrsätze der marxistischen Geschichtsauffassung gehört die These, daß die Geschichte nicht von einzelnen, sondern von Klassen und Massen gemacht wird. Ohne diese These in ihr Gegenteil zu verkehren, ist es dennoch verlockend, gerade mit Blick auf totalitäre Gesellschaften den Akzent genau anders herum zu setzen: Das Verhalten von einzelnen kann gerade in einer Diktatur eine große moralische Bedeutung und Qualität haben und zu einer enormen Herausforderung für die jeweiligen Machthaber werden. Diese bereits aus der nationalsozialistischen Widerstandsforschung gewonnene Erkenntnis läßt sich auch auf die DDR und andere Länder Ostmitteleuropas anwenden. Es war in den 70er Jahren das Verdienst ost- und mitteleuropäischer Intellektueller, die Sprengkraft einer solchen Haltung für den Widerstand entdeckt zu haben. Václav Havels Diktum vom „Leben in Wahrheit" war die programmatische Leitlinie dieser moralisch begründeten Verweigerung gegenüber den vom System verlangten Anpassungsleistungen und Unterwerfungsgesten. In der DDR war es über viele Jahre vor allem Robert Havemann, der eine solche unbeugsame Haltung eingenommen hat und nicht zuletzt dadurch für viele andere zum Kristallisationspunkt einer Opposition des zivilen Widerstandes wurde.

In der DDR waren es nur wenige, die so konsequent den Weg des Widerstandes gegangen sind wie Havemann. Aber es gibt viele Beispiele einer weniger spektakulären, unauffälligeren Widerspenstigkeit, die in ihrer Summe genauso zur Aufweichung der Diktatur beigetragen haben, wie das couragierte Auftreten einzelner bzw. die Arbeit der verschiedenen Oppositionsgruppen. Schon in den frühen Zeugnissen der DDR-Literatur finden sich Hinweise auf Menschen, die aus einer unpolitischen, aber menschlichen Einstellung heraus, Solidarität mit denjenigen geübt haben, die Opfer des ideologischen Klassenhasses waren. Uwe Johnson hat in seinem ersten Buch, „Ingrid Babendererde", an Hand der Erfahrungen einer Abiturklasse in Rostock im Jahre 1953 das Beispiel von jungen Menschen dokumentiert, die aus menschlichen Motiven heraus nicht bereit waren, sich zum Werkzeug des Klassenkampfes gegen die Junge Gemeinde machen zu lassen. Tatsächlich gab es in der 40jährigen Geschichte der DDR unzählige Beispiele für das mutige Auftreten von Menschen gegen die Niederträchtigkeit und den ideologischen Haß, den die SED zum Zwecke des Machterhalts bzw. der Machtbefestigung unter Menschen gesät hat. So haben z. B. vier junge Theologie- und Medizinstudenten ganz spontan durch einen Brief, den sie während des Kirchentages 1984 in Rostock an einer Kirchentür befestigt haben, gegen die Feindpropaganda der FDJ protestiert. Verhöre bei der Stasi und an ihren Universitäten waren die Folge. Trotzdem haben sie in diesen intensiven Befragungen, wie ich den Aufzeichnungen über ihre Anhörungen an der Universität entnehmen konnte, dem Druck durch SED und Staatssicherheit Stand gehalten und sich nicht von der moralischen Berechtigung ihres Tuns abbringen lassen.

Neben allen Abgründen, in die man beim Studium der SED- und Stasi-Akten schaut, dokumentieren diese eine Fülle von Fällen, in denen Menschen sich geweigert haben, mit Partei, Staat und Stasi zusammenzuarbeiten, andere Menschen zu denunzieren oder Informationen weiterzugeben, an denen die Stasi interessiert war. Der Historiker Klaus-Dietmar Henke, Leiter der Abteilung Forschung und Bildung in der Gauck-Behörde, stellt in diesem Zusammenhang fest:

„Dies hier ist auch ein Nationalarchiv der Bürgertugenden. Neben der Alltäglichkeit des Bösen auch die Alltäglichkeit des Guten. In der späten Phase [der DDR] haben drei von vier Angeworbenen 'Nein' gesagt."[12]

Sie haben dies aus einem natürlichen Instinkt heraus, aus Mitmenschlichkeit oder aus Zivilcourage getan, selbst wenn die Stasi ihnen mit Nachteilen gedroht hat. Gerade deshalb sind die Stasi-Akten auch nicht, worauf Joachim Gauck immer wieder hinweist, in erster Linie Täter-Akten, sondern Opfer-Akten. Indem sie Zeugnis über die Opfer und deren Umfeld ablegen, offenbaren sie neben den Machenschaften der Stasi zugleich das Potential an Widerstand, Protest und Opposition in der DDR. Wer die Schließung dieser Akten fordert, fordert deshalb auch - bewußt oder nicht -, die Erforschung und Dokumentation dieses Widerstandes wegzuschließen. Dies wäre für die weitere Erforschung von Widerstand und Opposition ein nicht wieder gut zu machender Fehler.

Wie unspektakulär und dennoch hochpolitisch eine zunächst aus unpolitischen Motiven resultierende Widerspenstigkeit gegenüber den Anordnungen der allein herrschenden Machtelite sein kann, soll ein letztes Beispiel aus dem Alltagsleben illustrieren. Es handelt von Bürgerinnen und Bürgern aus Rostock-Warnemünde, die sich in einer Mischung aus Stolz und Traditionsbewußtsein dem Willen der SED mit Witz und Cleverness widersetzt haben. Auf Grund einer alten Tradition findet jedes Jahr in Warnemünde der sogenannte „Warneminner Umgang" statt, ein Fischerfest mit alten Trachten und Bräuchen. Nach alter Gewohnheit hält der Festzug vor dem Pastorat an, und der Kapitän, der den Festumzug anführt, grüßt als Zeichen der Ehrerbietung den Pastor, der in einem Fenster des 1. Stocks steht. Ende der 70er Jahre versuchte die SED, dieses alte Ritual zu unterbinden, indem sie die Umzugsroute so legte, daß der Festzug nicht mehr beim Pastorat vorbeikam. Außerdem wollten die örtlichen Funktionäre in Zukunft selbst an der Spitze des Zuges marschieren. Aber zum Schrecken der SED-Funktionäre bog auch im nächsten Jahr der

---

12 Im Magazin „Die Zeit" vom 21. Juni 1996, Nr. 26, 12.

Kapitän, der den Block der Warnemünder Trachtengruppen anführte, in die Kirchenstraße ein und grüßte wie gehabt den Pastor. Die SED-Funktionäre an der Spitze des Zuges aber mußten unter dem Gelächter der Leute umdrehen und laufen, um den Anschluß an den Festzug nicht zu verpassen.

Ich denke, es ist für die Forschung wichtig, in diesem Sinne Widerstand, Widerspenstigkeit und Protest, den viele Menschen auf unterschiedlichen Ebenen gegen die SED-Diktatur geleistet haben, möglichst breit zu dokumentieren. Nicht in der nostalgischen Verklärung oder der instrumentellen Verdrängung der DDR-Vergangenheit, wie sie von interessierter Seite betrieben wird, sondern im Bewußtsein des Widerstandes, den viele Bürgerinnen und Bürger gegen die SED-Diktatur geleistet haben, und im Bewußtsein der Niederringung dieses Regimes in einer friedlichen Revolution liegen die Bausteine für ein ostdeutsches Selbstbewußtsein, das mit Stolz in den weiteren Vereinigungsprozeß eingebracht werden könnte. Dazu bedarf es allerdings auch eines positiven Resonanzbodens für diese Erfahrungen in der westdeutschen Öffentlichkeit. Aus den Errungenschaften von 40 Jahren lernfähiger Demokratie im Westen und den Erfahrungen des antitotalitären Widerstandes im Osten könnten dann die Fundamente für eine gemeinsame demokratische Zukunft erwachsen.

Literatur

Danyel, Jürgen: *Die geteilte Vergangenheit. Zum Umgang mit Nationalsozialismus und Widerstand in beiden deutschen Staaten*, Berlin 1995

Knabe, Hubertus: Was war die DDR-Opposition? Zur Typologisierung des politischen Widerspruchs in Ostdeutschland, in: *Deutschland Archiv* 29 (1996), 184-198

Meckel, Markus/Gutzeit, Martin: *Opposition in der DDR. Zehn Jahre kirchliche Friedensarbeit. Kommentierte Quellentexte*, Köln 1994

Poppe, Ulrike/Eckert, Rainer/Kowalczuk, Ilko-Sascha (Hg.): *Zwischen Selbstbehauptung und Anpassung. Formen des Widerstandes und der Opposition in der DDR*, Berlin 1995

Probst, Lothar: *'Der Norden wacht auf'. Zur Geschichte des politischen Umbruchs in Rostock im Herbst 1989*, Bremen 1993

Probst, Lothar: *Rostock. Stadt an der Warnow*, Bremen 1991

Die Entwicklung von DDR-Oppositionsgruppen nach 1989 - Das Beispiel Umweltbibliothek Berlin
Die Tücken der Gruppendynamik

Torsten Moritz

Das Verschwinden der einzelnen Gruppen in der wissenschaftlichen Diskussion

Sieben Jahre nach der Wende verfügen wir über ein recht umfangreiches Faktenwissen über die Gruppen der DDR-Opposition (im weiteren Text nur „Gruppen" genannt). Betrachten wir die vorliegenden Studien genauer, so fällt eine gewisse Konzentration auf folgende Fragestellungen auf:
- Aus welchen Gruppen entstanden die Bürgerbewegungen?
- Welche gemeinsamen Themen und Strukturen prägten die DDR-Opposition vor 1989?
- Wie kann das Phänomen DDR-Opposition im Rahmen existierender theoretischer Debatten (insbesondere der Debatte um „Neue Soziale Bewegungen") eingeordnet werden?

Die Frage, wie sich Tätigkeit, Strukturen und Programmatik der vor 1989 existierenden Gruppen nach 1989 wandelten und welche Faktoren die Entwicklung bestimmten, wurde dagegen relativ wenig untersucht. Lediglich Detlef Pollack und seine Leipziger KollegInnen haben sich kontinuierlicher mit dieser Fragestellung beschäftigt (Elvers/Findeis 1990a; Elvers/Findeis 1990b; Findeis/Pollack/Schilling 1994). Da in ihren Untersuchungen jeweils die Entwicklung von 17 Gruppen nachvollzogen wird, blieben sie in ihren Aussagen auf die Angaben sogenannter „führender Vertreter" angewiesen und konnten über die Gründe für die Entwicklung der Gruppen oft nur Vermutungen anstellen.

Ein anderer Ansatz - die Untersuchung einer einzelnen Gruppe

Aufgrund dieser Forschungslage habe ich mich im Rahmen einer umfassenderen Studie eingehender mit der Entwicklung einer einzelnen prominenteren Oppositionsgruppe nach 1989 beschäftigt - die Wahl fiel dabei auf die Umweltbibliothek

Berlin (UB).[1] Zwischen Januar und Oktober 1993 habe ich insgesamt 14 offene Interviews mit Mitgliedern des UB-TrägerInnenkreises geführt. Dabei habe ich darauf geachtet, daß die InterviewpartnerInnen einen repräsentativen Querschnitt der TrägerInnengruppe hinsichtlich Geschlecht, Alter sowie Verbleib bzw. Ausstieg aus der Gruppe darstellten. Obwohl das Hauptgewicht der Untersuchung auf der Entwicklung nach 1989 lag, war zu mutmaßen, daß diese nicht ohne eine Kenntnis der Situation vor 1989 verstanden werden konnte. Daher mußten die Fragen auch die Zeit vor 1989 berücksichtigen.

Im einzelnen wurde gefragt nach[2]:
- Alter, Geschlecht , beruflicher und familiärer Herkunft,
- Zugang zur UB, vorheriger Tätigkeit in anderen Gruppen, Erlebnisse von Konflikten mit dem herrschenden politischen System,
- weltanschaulichen Grundlagen ihres Konflikts mit dem DDR-System,
- bisheriger und (ggf.) jetziger Tätigkeit in der UB,
- (ggf.) Zeitpunkt und Gründen für Ausstieg aus der UB,
- eigener Stellung in der UB-TrägerInnengruppe, besonderen Kontakt- und Vertrauenspersonen in der Gruppe,
- Ziel und Tätigkeit der UB,
- Innen- und Außenstrukturen der UB (z. B. Arbeitsteilung, Verhältnis zur Kirche),
- persönlichem Verhältnis untereinander im UB-TrägerInnenkreis (z. B. Umgangston, dominierenden Persönlichkeiten),
- Veränderungen der Gruppentätigkeit, -mitgliedschaft und -struktur seit 1989.

Die Interviewergebnisse wurden von mir systematisiert und zu Gesprächsvermerken zusammengefaßt. Diese wurden den InterviewpartnerInnen noch einmal zur Autorisierung vorgelegt.[3]

---

1 Diese Studie, die dem hier vorliegenden Beitrag zugrunde liegt, wurde unter dem Titel „DDR-Opposition in Ostberlin: Die Umweltbibliothek" im Herbst 1993 am Fachbereich Politische Wissenschaft der FU Berlin als Diplomarbeit eingereicht. Einzelne Aspekte dieses Beitrags wurden anhand aktuellerer Interviews, die ich während der Arbeit an meiner Dissertation durchgeführt habe, aktualisiert.

2 Bezüglich „harter Fakten" (wie Alter oder Geschlecht) habe ich die InterviewpartnerInnen auch jeweils nach anderen Gruppenmitgliedern befragt. Nachfragen bei den betreffenden Personen haben eine hohe Verläßlichkeit dieser Angaben ergeben.

3 Aus Gründen des Persönlichkeitsschutzes werden die Interviews in anonymisierter Form zitiert. Aus demselben Grund werden die UB-Mitglieder im weiteren Text auch nicht mit vollem Namen genannt.

Hintergrund: Die Geschichte der UB bis 1989

a) Die Gründung der UB

Die UB wurde im September 1986 gegründet. Die Idee einer Bibliothek hatte allerdings schon seit Ende der 70er Jahre in Berliner Oppositionskreisen existiert: Die in Privathaushalten der Oppositionellen zahlreich vorhandenen Bücher zu ökologischen Fragen sollten in öffentlichen Räumen einem breiteren LeserInnenkreis zugänglich gemacht und gleichzeitig ein Raum zum Diskutieren und gegenseitigen Informieren eröffnet werden. Daß diese Idee dann in der Zionskirchgemeinde in Berlin-Mitte verwirklicht wurde, ist zum großen Teil günstigen Rahmenbedingungen und Zufällen sowie dem Zionskirch-Pfarrer Hans Simon zu verdanken.

Im Jahre 1986 suchten einige Oppositionelle aus dem Umfeld des Friedens- und Umweltkreises der Pfarr- und Glaubensgemeinde Berlin-Lichtenberg (aufgrund von Schwierigkeiten mit dem Gemeindekirchenrat und Pfarrer in Lichtenberg) nach einer neuen Heimatgemeinde und nach Räumlichkeiten, um das Bibliotheksprojekt verwirklichen zu können. Eher zufällig gerieten sie auf privater Ebene in Kontakt mit einzelnen Mitgliedern der Zionskirchgemeinde und begeisterten diese für das Projekt einer Öko-Bibliothek.[4] So kamen die an einer Öko-Bibliothek Interessierten (für die die Räumlichkeiten in Berlin-Mitte ideal zu sein schienen) dann auch mit Pfarrer Hans Simon zusammen. Simon sympathisierte von Anfang an mit dem Projekt und hatte zudem ein Interesse daran, mit Hilfe einer aktiven Gruppe das Gemeindeleben zu beleben.[5] Daher wurden der UB Kellerräume im Pfarr- und Gemeindehaus Griebenowstraße 16 zur Verfügung gestellt, die von der UB-Gruppe selbständig renoviert wurden.

Die Gründung der UB wurde allerdings sowohl in der Oppositionsszene kritisiert als auch von Gruppen der Zionskirchgemeinde mit Skepsis betrachtet. Einerseits wurde in der Oppositionsszene behauptet, in den Kellerräumen würden die Bücher schnell verschimmeln, und die zunächst losen Strukturen und vagen Konzepte der Gruppe kritisiert - beides aus den durchaus üblichen Eifersüchteleien/Eitelkeiten innerhalb der Berliner Oppositionsszene zu erklären. Andererseits reklamierten

---

4 Der Name wurde erst kurz vor der Gründung der UB in „Umwelt-Bibliothek" geändert, da man annahm, daß das Wort Ökologie bei der DDR-Bevölkerung weniger bekannt sei.

5 Es ist nicht völlig klar, ob Simon tatsächlich schon beim ersten Treff mit den späteren UB-Gründern klar wurde, daß UB-Gründungsmitglied J. (der über Erfahrung mit der Restaurierung alter Kirchtürme verfügte) für die Instandsetzung der Zionskirche von großem Nutzen sein könnte. (Die Aussagen der Beteiligten widersprechen sich in diesem Punkt.) J. wurde tatsächlich später Bauleiter für die Zions- und die Gethsemanekirche.

Gruppen der Jungen Gemeinde und der offenen Jugendarbeit der Zionskirchgemeinde die Räume für sich, und konservativere Gemeindemitglieder (z. T. auch aus
dem Gemeindekirchenrat) machten politische Bedenken gegen die gemeindefremde
Gruppe geltend. Die UB konnte sich gegenüber der Zionskirchgemeinde jedoch auf
Simons Rückendeckung verlassen und „überzeugte" zudem KritikerInnen innerhalb
und außerhalb der Zionskirchgemeinde durch den großen Zulauf, den die UB und
ihre Veranstaltungen schon bald fanden. Zusätzlich wurde die Stellung der UB in
der Zionsgemeinde dadurch gestärkt, daß es dem UB-Mitglied H. gelang, sich in
den Gemeindekirchenrat der Zionsgemeinde wählen zu lassen.

b) Die Entwicklung der UB 1986-88

Nachdem 1986 schon das Berliner Ökoseminar zum Thema Atomkraft von der UB
veranstaltet worden war, fanden ab Anfang 1987 dann neben der Buchausleihe auch
regelmäßig Veranstaltungen in der UB statt. Diese drehten sich meist um Friedens-
und Umweltthemen, thematisierten aber auch grundsätzliche weltanschauliche Fragen und Fragen der internationalen und DDR-Tagespolitik. Es ging also sowohl in
der UB als auch in den „Umweltblättern" keineswegs ausschließlich um Umwelt-
Themen.[6] (Das MfS urteilte, daß „die Bezeichnung Öko- und Umweltkreis und
„Umweltbibliothek" lediglich als Tarnung für die grundsätzlich verfassungsfeindli-
che Ausrichtung des Zusammenschlusses darstellt", OV „Bibliothek": 16. [7]) In der
neu eingerichteten UB-Galerie - die eigentlich UB-Café heißen sollte, dann aber
wegen fehlender Ausschankgenehmigung umbenannt wurde - fanden ab Frühjahr
1987 Ausstellungen mit Werken alternativer KünstlerInnen statt, und die seit September 1986 erscheinenden „Umweltblätter" (die bis Februar 1987 „Die Umweltbibliothek" hießen) erfreuten sich in der gesamten DDR großen Interesses und entwickelten sich - wie eingangs schon erwähnt - „zum bekanntesten Medium für Öffentlichkeit im Umkreis der unabhängigen Menschenrechts-, Dritte-Welt-, Frauen-
und Umweltgruppen" (Kühnel/Sallmon-Metzner 1992: 175). Wie wohl kaum eine
andere Oppositionsgruppe stellte die UB mit ihren Veranstaltungen und Publikationen Gegenöffentlichkeit her. Der Bestand der Bibliothek umfaßte schon bald „ca.
500 Bücher und Broschüren, von denen rund 2/3 aus dem NSW (Nichtsozia-
listischen Wirtschaftsgebiet) stamm(t)en" (OV „Bibliothek": 8).

---

6   Als Themen der gesamten „DDR-Emanzipationsbewegung" benennt das frühere UB-
    Mitglied Tom Sello „Politik, Wirtschaft, Umwelt, Wehrdienstverweigerung, Osteuropa, 3.
    Welt" (Sello 1991: 85).
7   Das Zitat ist im Original falsch formuliert.

Hinzu kam, daß andere Berliner Oppositionsgruppen die UB-Räume als Treffpunkt nutzten, und sich Buchbestand und LeserInnenstamm recht schnell erweiterten. Von großer Bedeutung für Oppositionsgruppen außerhalb Berlins waren die mehr als 100 „Postfächer" in der UB, über die die „Umweltblätter" und andere Informationsmaterialien DDR-weit an andere Oppositionsgruppen weitergegeben wurden. Umgekehrt wurden immer, wenn VertreterInnen der anderen Oppositionsgruppen in die UB kamen und ihr Postfach leerten, Informationen aus anderen Gruppen an die UB weitergegeben.[8] Neben DDR-weiten Kontakten verfügte die UB auch über zahlreiche Beziehungen zu Oppositionsgruppen in anderen Ostblockländern und zu Umwelt- und Friedensgruppen in der BRD und dem westlichen Ausland.[9]

Fast zwangsläufig wurde auch der Kreis der UB-MitarbeiterInnen größer, wobei vor allen Dingen junge Leute zur Gruppe hinzukamen. Durch Beiträge über die UB, die in der evangelischen Wochenzeitung „Die Kirche" und der Westberliner „tageszeitung" erschienen oder beim Westberliner „Radio 100" gesendet wurden, wurde die UB auch recht bald über die Oppositionsszene hinaus bekannt.

Trauriger „Höhepunkt" des Jahres 1987 waren für die UB-Mitglieder die Vorgänge im November, die schon bald als „Zionsaffäre" in Teilen der DDR-Bevölkerung und den Westmedien für Aufsehen sorgten. In der Nacht vom 24. auf den 25. November 1987 wurden die Räume der UB von einer Einsatzgruppe der Staatssicherheit durchsucht, Druckmaterialien und -erzeugnisse beschlagnahmt und - wie das „Neue Deutschland" vermeldete - „sieben Personen auf frischer Tat bei der Herstellung staatsfeindlicher Schriften ertappt" und „zur näheren Untersuchung des Sachverhaltes festgenommen" („Auf frischer Tat ertappt" in : Neues Deutschland vom 27.11.87). Entgegen ihren eigentlichen Absichten ertappten die Angehörigen der Staatssicherheit die UB-MitarbeiterInnen nicht beim Drucken der befreundeten (illegalen) IFM-Zeitschrift „Grenzfall"; sondern bei der Produktion der neuesten Ausgabe der UB-eigenen „Umweltblätter", die als wesentlich weniger inkriminierend galten (da sie im Gegensatz zum „Grenzfall" - der als „Staatsfeind Nr. 1" (Interview E: 5) angesehen wurde - den schützenden Zusatz „Innerkirchliche Information" trugen). Dies erschwerte die öffentliche Legitimation des staatlichen Vorgehens erheblich. Tatsächlich löste die „Zionsaffäre" auch eine DDR-weite Welle der Solidarität mit den Gefangenen aus der UB aus. Sogar die AnhängerInnen der

---

8 Sello spricht sogar von 200 Postfächern (meine anderen GesprächspartnerInnen nannten niedrigere Zahlen), Sello 1991: 87.

9 Die vielfältigen Kontakte und Aktivitäten der UB veranlaßten das MfS zu der Einschätzung, die UB bemühe sich, „sich zu einem Zentrum für oppositionelle Gruppen und Personen in der DDR zu entwickeln" (OV „Bibliothek": 7), bzw. „eine ... zwischen den verschiedenen Kreisen koordinierende Rolle zu spielen."(OV „Bibliothek": 119)

sonst so zerstrittenen Berliner Oppositionsszene beteiligten sich recht geschlossen an den Mahnwachen und -andachten, Informationsandachten und -gottesdiensten in und vor der Zionskirche und protestierten in einer gemeinsamen Erklärung gegen die Aktion der Sicherheitsbehörden (Hirsch/Kopelew 1989: 137f.). Die Gefangenen wurden - wohl auch aufgrund der Verhandlungen zwischen staatlichen und kirchlichen Stellen - schnell wieder aus der Haft entlassen, die Verfahren eingestellt und letztendlich der Bekanntheitsgrad der UB erheblich erhöht.[10]

Im Jahre 1988 kam es zu verschiedenen Veränderungen in der UB. Diese waren zum Teil auf die durch die Zionsaffäre gesteigerte Popularität der UB, zum Teil auf die interne Gruppendynamik und zum Teil auf gesamtpolitische Entwicklungen zurückzuführen.

Sowohl in den Veranstaltungen in der UB als auch in den „Umweltblättern" fand sich ein immer breiter werdendes Themenspektrum. Neben Friedens- und Umweltfragen wurden zunehmend Themen wie die Demokratisierung in der UdSSR, die Entwicklung in anderen Ostblockländern, aber auch die Ausbreitung faschistischer Gesinnung und Handlungen in der DDR behandelt.

Auch organisatorisch änderte sich einiges. Einerseits kam es zu einer Professionalisierung der UB-Arbeit: Mit Hilfe der BRD-Grünen und der Westberliner AL, des ehemaligen Jenaer Oppositionellen Roland Jahn (der 1983 von den Sicherheitsbehörden gen Westen abgeschoben wurde) und einer Leihgabe des Konsistorialpräsidenten Stolpe gelangte die UB in den Besitz recht moderner Computer- und Drucktechnik. Zudem wurde eine Arbeitsteilung vereinbart: In den AGs Bibliothek, Galerie, Redaktion und Druck sollte die Arbeit effektiver ablaufen als bis dato und somit die Funktionsfähigkeit der UB auch bei erheblich gestiegenem Interesse Außenstehender aufrecht erhalten werden. Andererseits entwickelte sich der TrägerInnenkreis der UB gerade wegen des gestiegenen Interesses von einer nach außen relativ offenen zu einer fast völlig geschlossenen Gruppe. Ausschlaggebend hierfür war die Angst, die Gruppe könne mit Angehörigen des MfS durchsetzt oder von Ausreisewilligen als schnelles Sprungbrett in den Westen genutzt werden. (Im Nachhinein mußten die UB-MitarbeiterInnen feststellen, daß das MfS schon vor 1988 gezielt IMs in der UB plaziert hatte (OV „Bibliothek". 122f.) und viele der wegen Stasi-Verdachts Abgelehnten zu Unrecht verdächtigt worden waren.[11])

Die sichtbarste Entwicklung des Jahres 1988 innerhalb der UB war die Gründung und Abspaltung des „Grün-Ökologischen Netzwerks Arche". Die Arche-Gruppe um J. strebte eine DDR-weite Vernetzung von Ökologiegruppen an und

---

10 Zur genaueren Schilderung der Zionsaffäre vgl. Hirsch/Kopelew 1989: 196ff.; Rüddenklau 1992: 114; Besier/Wolf 1992: 56ff. und „Zionsaffäre. Fünf Jahre danach", in: telegraph 1 (1993).

11 Zur Instrumentalisierung des Stasi-Verdachts durch UB-Mitglieder siehe weiter unten.

wurde dafür von der UB-Mehrheitsfraktion verdächtigt, ein „parteiähnliches Gebilde"(Rüddenklau 1992: 178) aufbauen zu wollen und somit die basisdemokratischen Prinzipien der UB zu verletzen. Die Vorstellungen der Arche-Mitglieder gingen wohl auch eher dahin, sich auf „professionellere" Weise mit Ökologiethemen zu beschäftigen und sich daher auf die Öko-Thematik zu beschränken.[12] Nachdem es seit der Arche-Gründung im Januar 1988 innerhalb der UB immer wieder zu heftigem Streit über das Projekt Arche gekommen war[13], wurde im Februar ein Unvereinbarkeitsbeschluß gefaßt (Umweltblätter: 334). Die Arche-Mitglieder verließen die UB.[14]

c) Die Entwicklung ab 1989

Das Jahr 1989 begann für die UB mit vermehrten inhaltlichen Diskussionen. Einige sich anarchistisch verstehende Gruppenmitglieder um R. und K. versuchten, in den „Umweltblättern" eine Diskussion über verschiedene anarchistische Positionen (z. B. die Landauers oder Bakunins) zu initiieren, andere AutorInnen versuchten, für alternative sozialistische Perspektiven zu werben.

Die UB-Druckerei wurde zunehmend von fremden Gruppen genutzt und immer mehr zu einem wichtigen Teil der Infrastruktur *aller* Oppositionsgruppen in Berlin. In den „Umweltblättern" wurden die Aktivitäten der Opposition, die mit der Beobachtung und Dokumentation der Kommunalwahlfälschung immer breitere Ausmaße erreichten, dokumentiert (Moritz 1990).

Ansonsten war die Arbeit der UB bis in den Herbst 1989 nicht mehr von spektakulären Entwicklungen gekennzeichnet. Im Herbst 1989 wurden die „Umweltblätter" durch den regelmäßiger erscheinenden „telegraph" (Sello 1991) zunächst ergänzt und später ersetzt. Die UB-MitarbeiterInnen waren dann im Herbst 1989 in vielfältiger Weise tätig, die UB als Gesamtgruppe trat jedoch nicht besonders in Erscheinung. Im Laufe des immer rasanter werdenden Umbruchs in der DDR wurde zunehmend klar, daß die UB als Forum für oppositionelle Information und Her-

---

12 Tatsächlich arbeitete Arche dann - unter Beteiligung zahlreicher NaturwissenschaftlerInnen - ausschließlich zu Ökologie-Themen.

13 Über die einzelnen Schritte der Eskalation dieses Konflikts gibt es derart unterschiedliche Darstellungen der verschiedenen Beteiligten, daß ich nicht in der Lage bin, eine genauere Schilderung der Vorgänge zu wagen.

14 Wie mittlerweile aus der Akte des in der UB tätigen IMs „Reinhardt Schumann" bekannt ist, war das damalige Kalkül des MfS, die UB auf rein ökologische Themen festzulegen. Dieser Ansatz war mit dem Mai 1988 gescheitert, gleichzeitig aber eben die Spaltung der Gruppe gelungen.

stellung von Gegen-Öffentlichkeit keineswegs mehr einzigartig war und eine Perspektivdiskussion dringend nötig würde.

Die Entwicklung der Gruppe nach 1989

Die Entwicklung der UB nach 1989 war und ist gekennzeichnet durch eine Unsicherheit, wie die Arbeit der Gruppe unter den neuen Rahmenbedingungen weitergeführt werden könnte. Zunächst angedachte Konzepte, die die UB z. B. als eine Art Infoladen[15] etablieren wollten, fanden im Jahr 1990 jedoch keine Zustimmung. Die bisherige UB-Arbeit wurde unter völlig veränderten gesamtgesellschaftlichen Vorzeichen nur leicht modifiziert und um den Aspekt der Vergangenheitsaufarbeitung (besonders zum Verhältnis Staat/Kirche und zum Thema Stasi) erweitert. Viele alte UB-MitarbeiterInnen verminderten die Intensität ihrer Mitarbeit in der UB oder verließen diese völlig, neue Mitglieder kamen in die UB. Da sich das Verhältnis zur Zionskirchgemeinde zunehmend schwieriger gestaltete (es zeichnete sich immer klarer ab, daß die UB eigentlich keine wirklich kirchliche Gruppe war), verließ die UB im Frühjahr 1990 die kirchlichen Räume. Die UB-Mitglieder besetzten Räume in der Schliemannstraße 22, deren Nutzung auch bald legalisiert wurde. Zumindest organisatorisch wurde den veränderten Bedingungen Rechnung getragen, indem 1990 ein Verein gegründet wurde, über den die UB ihre Geschäfte abwickelt. Obwohl der UB der Vereinsstatus nach der Übernahme des BRD-Rechts in Ostdeutschland wieder verlorenging, erhielt die UB im Oktober 1991 die Möglichkeit, (zusammen mit dem befreundeten Basisdruck-Verlag) zahlreiche ABM-Kräfte zu beschäftigen.[16] Die ABM-Kräfte arbeiteten im Bereich des Matthias-Domaschk-Archivs[17], das Material zu den Themen DDR-Opposition, Stasi, Stalinismus und Faschismus enthält, der Bibliothek, des Kriegsdienstverweigerungs-Archivs und des UB-Cafés. Der „telegraph" erscheint trotz finanzieller Engpässe weiterhin monatlich

---

15 Infoläden sind aus der linksradikalen Szene Westdeutschlands bekannte Institutionen, die ihre Aufgabe darin sehen, Bücher, Flugschriften und sonstige Informationen aus dem linksradikalen Milieu zu verbreiten.

16 Die genaue Anzahl der ABM-Kräfte war in den Interviews nicht zu ermitteln. Die Zahlenangaben schwanken -je nach GesprächspartnerIn - zwischen 8 und 20.

17 Der Jenaer Oppositionelle Matthias Domaschk kam 1981 während der MfS-Haft ums Leben. Die meisten DDR-Oppositionellen gehen von einem gezielten Mord an Domaschk aus.

und vereinzelt finden - z. B. im Rahmen des „Anarchistischen Bildungsprogramms"[18] - heute noch Diskussionsveranstaltungen in der UB statt.

Aufgrund interner Konflikte (politischer wie persönlicher Natur) wurde im Sommer 1993 das „Matthias-Domaschk-Archiv" aus der UB ausgegliedert. Die ABMs liefen zunächst im Sommer 1993 aus, wurden jedoch zum Teil verlängert.

Die UB im Spiegel der Entwicklung ihrer Mitglieder

a) Statistisches

In meinen Interviews habe ich Erkenntnisse über insgesamt 29 an der UB Beteiligte gewinnen können. Hierzu ist zu bemerken, daß sich zwischen den Mitgliedern der UB und der Kirche von Unten (KvU) nicht immer klar unterscheiden ließ, da beide Gruppen sehr eng zusammengearbeitet haben. Fünf der 29 Beteiligten waren dabei informelle Mitarbeiter (IMs) des MfS. Über die IMs ist wenig bekannt, da die anderen UB-Mitglieder zumeist nach der Enttarnung der IMs den Kontakt zu diesen abgebrochen haben und sich meine InterviewpartnerInnen über die Position der IMs vor 1989 nur vage äußern wollten. Leider war es auch nicht möglich, ein Interview mit einem der IMs zu vereinbaren.

Silvio Meier, der im Rahmen der UB im Bereich Totalkriegsdienstverweigerung/Antimilitarismus gearbeitet hatte und nach 1989 in der HausbesetzerInnen/AntiFa-Szene aktiv war, wurde am 21.11.1992 von faschistischen Jugendlichen ermordet.

b) Alters- und Geschlechtsstruktur

Ein Drittel der UB-Mitglieder waren Frauen, zwei Drittel Männer.

In der Altersstruktur dominierte die Gruppe der Ende der 60er Jahre Geborenen (knapp die Hälfte) sowie die Gruppe der Mitte der 50er Jahre geborenen (etwa ein Drittel). Das heißt also, daß zu Zeiten des Umbruchs der Großteil der UB-AkteurInnen 20 Jahre und jünger oder 30 Jahre und älter waren. Die älteren UB-Mit-

---

18 Das „Anarchistische Bildungsprogramm" war eine von verschiedenen politischen Initiativen in Berlin organisierte Reihe von Informations- und Diskussionsveranstaltungen zu anarchistischer Theorie und Praxis.

glieder waren überwiegend Männer, die jüngeren Mitglieder zur Hälfte Männer und zur Hälfte Frauen.

c) Soziale(r) bzw. berufliche(r) Hintergrund und Entwicklung

Hinsichtlich der sozialen Herkunft der Befragten dominierten Angestellten-/Selbständigen-Elternhäuser (Handwerker, Lehrer, Kleingewerbetreibende). Überdurchschnittlich viele Eltern der UB-Mitglieder waren bei der Evangelischen Kirche beschäftigt, ArbeiterInnen-Elternhäuser waren die Ausnahme.

Die älteren UB-Mitglieder hatten überwiegend Abitur gemacht und ein Studium angestrebt. Vielen von ihnen wurde jedoch aufgrund politischen Nonkonformismus eine akademische Laufbahn verstellt, überdurchschnittlich viele der älteren UB-Mitglieder fanden daraufhin bei kirchlichen Institutionen Beschäftigung. Die jüngeren UB-Mitglieder befanden sich vor 1989 hauptsächlich in der schulischen oder beruflichen Ausbildung.

Heute sind jeweils gut ein Fünftel der UB-Mitglieder:
– (vorwiegend ältere UB-Mitglieder) in ABMs beschäftigt, bzw. nach deren Auslaufen arbeitslos,
– in selbstverwalteten Alternativbetrieben beschäftigt,
– (vorwiegend jüngere UB-Mitglieder) StudentInnen.

Ein UB- (und Arche-)Mitglied ist (nach zwischenzeitlicher Beschäftigung bei GREENPEACE) zur Zeit arbeitslos, ein UB-Mitglied (mit Nähe zur Arche-Gruppe) Fernsehredakteur für ARD aktuell beim MDR in Dresden, ein UB- (und Arche-) Mitglied hat einen Sitz im Berliner Abgeordnetenhaus; drei jüngere Frauen bekamen Kinder und sind z. Z. hauptsächlich mit deren Erziehung beschäftigt. Über den beruflichen Werdegang der anderen UB-Mitglieder ließen sich keine eindeutigen Angaben erzielen.

d) Regionale Herkunft/heutige Wohnorte

Nur eine Minderheit der UB-Mitglieder stammte ursprünglich aus Berlin, einige kamen aus dem Brandenburgischen und ein Großteil der UB-Mitglieder zog aus Städten im Süden der DDR nach Berlin. Meist gaben neben persönlichen und beruflichen auch politische Gründe (größere politische Möglichkeiten und geringere Repressionsgefahr in Berlin) den Ausschlag, nach Berlin zu ziehen.

Die heutigen Wohnorte der UB-Mitglieder liegen im Gegensatz dazu eng beieinander: Von 25 UB-Mitgliedern, deren Wohnsitz mir sicher bekannt ist (bei drei Personen sind die Angaben meiner GesprächspartnerInnen widersprüchlich) sind 22 in

Ostberlin geblieben, 19 davon im Prenzlauer Berg, d. h. sie wohnen wenige Kilometer vom Sitz der UB entfernt. 14 dieser 19 „PrenzelbergerInnen" wohnen in insgesamt drei Häusern zusammen. (Hierbei handelt es sich um ein nach 1989 besetztes Haus sowie um zwei Häuser, in denen vor 1989 mehrere Wohnungen von befreundeten Männern und Frauen „schwarz" bezogen/besetzt wurden.[19]) Ein UB-Mitglied wohnt heute in Dresden, zwei UB-Mitglieder in einer Landkommune im Mecklenburgischen.

e) Zugang zur UB

Für die älteren Gruppenmitglieder war die UB in der Regel nicht die erste Oppositionsgruppe, der sie sich anschlossen. Vielmehr waren die meisten von ihnen schon als Jugendliche Teil einer Art Subkultur, die ihre Ausdrucksformen im Über-Land-Trampen, im Besuch von Jazzklubs und alternativen Wohnformen (gemeinsames „Schwarz-Wohnen", Landhaus-Kultur, Jordan 1991: 137f.) fand. Da diese nonkonforme Lebensweise bald staatliches Mißtrauen erweckte und Repressionen nach sich zog, gerieten die späteren UB-Mitglieder vielfach schon als SchülerInnen in Konflikt mit dem Staat. Auch das christliche Selbstbild einiger UB-Mitglieder erweckte das Mißtrauen des Staates (andere UB-Mitglieder sahen sich eindeutig nicht als ChristInnen). Bei den älteren Männern führten in der Regel auch negative Erlebnisse in der Armeezeit zur Herausbildung bzw. Verstärkung einer staatskritischen bzw. oppositionellen Haltung. Als Konsequenz hieraus schlossen sie sich Anfang der 80er Jahre entstehenden oppositionellen Polit- und Diskussionszirkeln an. Die meisten der älteren UB-Mitglieder lernten sich auch schon vor Gründung der UB als Mitglieder verschiedener Oppositionsgruppen kennen. Bei den Gründungsmitgliedern der UB handelte es sich dann auch um einen Kreis von Oppositionellen, die schon geraume Zeit gut miteinander bekannt oder gar eng befreundet waren. Eine „kleine, verschworene Gruppe von Leuten, die sich kannten" (Interview L: 1), bildete den ursprünglichen Kern der UB-Gruppe.[20] Für die jüngeren UB-Mitglieder war die UB die erste Oppositionsgruppe, der sie angehörten. Viele von ihnen hatten aber auch schon zur Schulzeit die Erfahrung gemacht, durch nonkonformes Verhalten oder Aussehen „auffällig" geworden zu sein. Viele der jüngeren

---

19 Bei einem dieser Häuser - der seit 1979 besetzten Fehrbelliner Straße 7 - handelt es sich um das wohl bekannteste der wenigen besetzten Häuser, die schon zu DDR-Zeiten geduldet wurden. (Zur Geschichte von Hausbesetzungen zu DDR-Zeiten, speziell zur Fehrbelliner Straße 7, vgl. Arndt u. a. 1992: 256ff.)

20 Dieser Sachverhalt wird gut durch die Geschichte von UB-Gründungsmitglied H. illustriert, der auf der Geburtstagsfeier von R. eher zufällig von der geplanten UB-Gründung erfuhr und so UB-Gründungsmitglied wurde.

UB-Mitglieder wurden durch FreundInnen/Geschwister, die Kontakte zur DDR-Opposition hatten, mit der UB in Verbindung gebracht.

Das Gruppenphänomen Umweltbibliothek

a) Die UB: Eine offene, basisdemokratische Gruppe?

Grundsätzlich ist zu sagen, daß sich die UB immer als nach außen offene, nicht-hierarchische, basisdemokratische Gruppe verstanden hat. Die Realität war allerdings widersprüchlicher: Einerseits wurde in meinen Interviews immer wieder betont, daß tatsächlich das Wort jedes einzelnen Gruppenmitglieds gehört und ernst genommen wurde. Andererseits dominierten doch bestimmte Einzelpersonen und informelle Netzwerke die Entwicklung der Gruppe (s. u.). Bestimmte Besprechungen und Planungen, die um jeden Preis vor staatlichen Organen geheimgehalten werden sollten, wurden z. B. nicht von der Gesamtgruppe, sondern in einem „Inneren Kreis" zu viert oder fünft, durchgeführt. Hierbei bildete sich im Laufe der Zeit eine Gruppe von sechs bis acht Personen heraus, die an fast allen Besprechungen des „Inneren Kreises" teilnahmen. Die anderen UB-Mtglieder blieben meist bei den Besprechungen des „Inneren Kreises" „außen vor". Das MfS verzeichnete sogar, „daß verschiedentlich Erklärungen im Namen der „Umweltbibliothek" abgegeben werden, die nicht allen „Redaktionsmitgliedern" bekannt waren" (OV „Bibliothek": 215).

Es war prinzipiell wohl auch zunächst tatsächlich möglich, als AußenstehendeR in die Arbeit der UB einzusteigen. Im Laufe der Zeit wurde dies jedoch zunehmend schwieriger, da sich die UB nach außen abschottete[21], d. h. an der Mitarbeit Interessierten wurde zumeist mit Mißtrauen und Ablehnung begegnet. In diesem Zusammenhang spielte die (begründete) Angst, von MfS-Spitzeln unterwandert und ausgekundschaftet zu werden, eine wichtige Rolle. Im Nachhinein wurde von einigen UB-Mitgliedern eine gewisse Selbstgenügsamkeit als weitere Ursache der Abschottung nach außen benannt.

Von einigen UB-Mitgliedern wurde zudem der Vorwurf erhoben, daß das (oben beschriebene) konspirative Verhalten von einigen Personen(-gruppen) in der UB dafür genutzt wurde, die eigene Machtposition zu stabilisieren und unliebsame Per-

---

21 Ein UB-Mitglied formulierte: „Das mit der 'offenen Gruppe' war natürlich Quatsch." (Interview H: 18)

sonen aus der Gruppe oder Entscheidungsprozessen rauszuhalten (Interview D: 2, Interview K: 2, Interview X: 2).[22]

b) Dominante Personen/markante Persönlichkeiten

Die Gruppenstrukturen der UB wurden und werden maßgeblich durch einige Einzelpersonen bestimmt. So war zum Beispiel R. nicht nur Gründungsmitglied der UB, sondern auch Hausmeister der Zionskirchgemeinde und dadurch in der Lage, ein Maximum an Zeit und Aufwand in die UB-Arbeit zu investieren. R., der von vielen GesprächspartnerInnen als sehr dominant, z. T. sogar als autoritär beschrieben wird (und dessen OV vom MfS den Namen „Tyrann" bekam), erhielt durch sein sehr intensives Engagement schon bald eine Art Monopolstellung im Informationsaustausch innerhalb der Gruppe und nach außen. (Ein jüngeres weibliches UB-Mitglied beschrieb, daß viele UB-Besucher, die Informationen haben oder weitergeben wollten, direkt nach R. fragten, ohne andere UB-Mitglieder diesbezüglich anzusprechen, Interview D: 2.) In den meisten Fällen war wohl auch R.s Stellungnahme dafür entscheidend, wer neu in die UB aufgenommen wurde. Ein gruppeninterner Gegenspieler geht sogar soweit zu behaupten, daß R. gezielt ihm genehme Personen angesprochen und zur Mitarbeit überredet bzw. nicht genehme Personen (durch Verdächtigungen, diese Leute kooperierten mit dem MfS) aus der Gruppe rausgehalten hat (Interview X: 2).

Gerade für jüngere UB-Mitglieder wurde R. dann eine Art (fördernder und fordernder) „Guru".[23] Die Stellung einzelner Personen in der Gruppe wurde auch wesentlich von ihrer Nähe zu R. bestimmt.

Eine Art gruppeninterner Gegenpol zu R. war zunächst noch J., der als „spiritus rector" (OV Bibliothek: 13) der UB galt. J.s Einfluß beruhte einerseits darauf, daß er ältestes Mitglied der Gruppe, schon lange in der Opposition aktiv und (durch ein Philosophie-Fernstudium) philosophisch-analytisch geschult war. Andererseits basierte J.s Einfluß darauf, daß er als Bauleiter der Zionskirche auch relativ viel Zeit

---

22 Dieser Sachverhalt wird recht gut durch die folgende Einschätzung des MfS illustriert: „Kennzeichnend für R. ist, daß er hinter jedem Angriff auf seine Person, seinen Leitungsstil und jede Unzulänglichkeit Aktivitäten des MfS vermutet und dabei sehr ausfallend werden kann." (OV „Bibliothek": 125)

23 Die Bezeichnung „Guru" wurde sowohl von GesprächspartnerInnen mit Sympathien als auch von Leuten mit Antipathien für R. wörtlich benutzt.

für die UB aufwenden konnte. J. verließ jedoch als Gründungsmitglied des Grün-Ökologischen Netzwerks Arche 1988 die UB.[24]

Sowohl zu J. und R. als auch zu einigen anderen UB-Mitgliedern (meist aus dem Kreise der älteren Männer) ist zu bemerken, daß es sich um besonders starke, oftmals von ihren Positionen sehr eingenommene und bisweilen starrköpfige Persönlichkeiten handelt.[25] Viele dieser Personen können wohl hinsichtlich ihres Habitus als auffällig und außergewöhnlich bezeichnet werden und stellten auch in den Augen der Umwelt ansonsten „Aussteiger"-Typen dar[26] (Interview E: 1, Interview J: 1). Ein prominentes Mitglied der IFM bestätigte, daß die UB auch Sammelpunkt für „besonders markante Persönlichkeiten, Individualisten und Außenseitermentalitäten" (Interview J: 1, Bezug nehmend auf Poppe 1990: 71) war.

c) (Geschlechtsspezifische) Arbeitsteilung

Wichtig für die Gruppenstruktur war die 1987 vorgenommene Einteilung in AGs (Bibliothek, Galerie, Umweltblätter-Redaktion und Druckerei). Die so festgeschriebene Arbeitsteilung förderte die ohnehin schon vorhandene Tendenz, daß einige Gruppenmitglieder (gerade in der Redaktion der Umweltblätter) eher inhaltlich arbeiteten, während andere vorwiegend organisatorische Arbeiten leisteten, indem sie z. B. die tägliche Bibliotheksarbeit aufrechterhielten. Hierbei ist die Tendenz festzustellen, daß fast ausschließlich ältere UB-Männer inhaltlich arbeiteten, während vorwiegend die UB-Frauen und einige jüngere Männer die organisatorischen Arbeiten leisteten.[27] Dazu erklärten die weiblichen Interviewten, daß gruppenintern die organisatorischen Arbeiten eher gering geschätzt wurden und somit die Arbeit der meisten UB-Frauen für weniger wichtig erachtet wurde.

d) Geschlechterverhältnis in der UB

Nicht nur hinsichtlich der Arbeitsteilung spielt das Geschlechterverhältnis eine wichtige Rolle bei der Analyse der UB. Von allen weiblichen Interviewten wurde die UB als männerdominierte Gruppe gekennzeichnet. Dies habe sich unter ande-

---

24 Auch bei der Abspaltung von Arche haben nach Aussagen verschiedener GesprächspartnerInnen politische und persönliche Differenzen (insbesondere zwischen J. und R.) eine entscheidende Rolle gespielt.

25 In dieser Beurteilung stimmten UB-Mitglieder wie Außenstehende überein.

26 Nur am Rande sei bemerkt, daß die älteren UB-Männer vom Aussehen her auch dem Klischee vom rauschebärtigen DDR-Oppositionellen entsprachen.

27 Zur Gruppenstruktur/Arbeitsteilung vgl. auch Rüddenklau 1992: 100ff.

rem darin gezeigt, daß UB-Frauen, die in Zweierbeziehungen mit UB-Männern lebten „als Frau oder Freundin von ..." (Interview C: 20) gesehen wurden. Das Gesprächsverhalten der UB-Männer habe es den UB-Frauen oft unmöglich gemacht, sich in der Gruppe zu artikulieren. Zusätzlich seien die (s. o.) entstandenen informellen Entscheidungsstrukturen in der Regel Männer-Netzwerke gewesen (vgl. Interview C: 20, Interview D: 2, Interview K: 2). Zudem sei es für Frauen mit Kindern schwer gewesen, in der UB mitzuarbeiten, da es nicht möglich gewesen sei, die Kinder mitzubringen oder eine gemeinsame Kinderbetreuung zu organisieren. Von den UB-Männern seien diese Probleme zwar zum Teil gesehen, jedoch nicht für Abhilfe gesorgt worden (vgl. Interview C: 14, Interview K: 2).

Die Versuche der UB-Frauen, die Geschlechterproblematik allgemein oder in Bezug auf die eigene Gruppe zu thematisieren, seien in der Regel am Unwillen oder Unverständnis der UB-Männer gescheitert (Interview D: 1f.).

e) Zwischenmenschliche Beziehungen in der Gruppe

Bemerkenswert ist sicherlich auch die Wichtigkeit persönlicher Beziehungen innerhalb der Gruppe. Sichtbarstes Zeichen ist, daß innerhalb der UB eine Vielzahl von Zweierbeziehungen vorhanden waren oder entstanden. Viele UB-Mitglieder wohnen und wohnten zusammen. Alle Befragten betonten, wie wichtig das Gruppengefühl bzw. die Zugehörigkeit zur Gruppe waren. (Kehrseite hiervon ist sicher auch, daß sich die Gruppe ab 1987/88 - wie bereits erwähnt wurde - zunehmend gegenüber möglichen neuen Mitgliedern abschottete.) Für einige UB-Mitglieder waren Freundschaften innerhalb der Gruppe der entscheidende Grund, in der UB und nicht in einer anderen Gruppe mitzuarbeiten. Für viele UB-Mitglieder war es wichtig, mit anderen Mitgliedern persönliche Probleme besprechen zu können. Gerade für jüngere Mitglieder war die UB „Sozialisationsgruppe" (Rüddenklau 1992: 100).[28] Die persönlichen Bindungen sind auch heute noch das wichtigste verbindende Element der ehemaligen UB-Mitglieder.

f) Politische Gemeinsamkeiten/Differenzen in der Gruppe

Die AnhängerInnen weitergehender analytischer und theoretischer Konzepte waren in der UB zahlenmäßig zwar in der Minderheit, in der Diskussion (gerade in den „Umweltblättern') jedoch vielfach bestimmend. Eine anarchistisch orientierte Gruppierung um Rüddenklau stand in der Diskussion einer eher neo-marxistischen

---

28 Auch Rüddenklaus Definition von „Sozialisation" bleibt leider unklar.

Gruppierung gegenüber. Bis 1988 beteiligte sich auch die spätere Arche-Gruppe um J. mit auf ökologische Reformen orientierenden Beiträgen an der Diskussion. Die Diskussion wurde vorwiegend von älteren Männern geführt. (Zum „Theoriedefizit der DDR-Opposition" vgl. Rüddenklau 1993a: 14ff.)

Die anderen UB-Mitglieder waren an theoretischen Diskussionen kaum aktiv beteiligt. Die meisten UB-Mitglieder fühlten sich allerdings einem „Gefühlsanar- chismus" (Interview L: 1[29]) verpflichtet. Gerade für die Frauen der UB war eher die Arbeit an praktischen Problemen, „mit denen ich was zu tun habe" (Interview C: 21), die sie direkt betrafen oder „betroffen gemacht" (Interview D: 11) haben, wich- tig. Ein jüngeres männliches UB-Mitglied formulierte recht deutlich, daß ihm (wie vielen anderen) die UB-interne Ideologie-Diskussion „am Arsch vorbeiging" (Interview H: 18). Von eher in theoretischen Diskussionen engagierten Personen wird auch im Nachhinein eingeschätzt, daß ein Großteil der Gruppe unpolitisch war (Interview F: 19) bzw. eher diffus „eine kritische Befindlichkeit artikulierte" (Interview X: 4).

Der Wandel der UB-Mitgliedschaft nach 1989

a) Ausstieg aus und Verbleib in der Gruppe in Zahlen

Insgesamt ist festzustellen, daß die UB heute zwar noch existiert, der TrägerInnen- kreis sich jedoch stark verändert hat. Nur noch wenige der ehemaligen UB-Mitglie- der arbeitet heute noch politisch in der UB. Bis 1993 waren noch einige der lang- jährigen UB-Mitglieder im Rahmen von ABM-Stellen in der UB tätig. Diese Mit- glieder haben ihr Engagement nach Auslaufen der Stellen reduziert, nehmen jedoch noch z. T. am Programm der UB teil, einige Mitglieder sind noch im inzwischen ausgegliederten Matthias-Domaschk-Archiv tätig. Inzwischen gelang es unter Aus- nutzung des Arbeitsförderungsgesetzes 3-Jahres-Stellen in der UB einzurichten. Diese werden von UB-Gründungsmitglied R. sowie Personen aus dem früheren Freundeskreis der UB besetzt (z. B. Personen die bei Veranstaltungen auftraten). Durch die Neubesetzungen der Stellen nach 1993 scheint das Projekt sich jedoch insgesamt konsolidiert zu haben.

---

29 Als „Gefühlsanarchismus" bezeichnete der Interviewpartner ein anarchistisches Grundge- fühl weiter Teile der DDR-Opposition. Dieses habe sich weniger auf die Lektüre theore- tischer Texte als auf anarchistische Traditionen der offenen Arbeit der Evangelischen Kir- che gestützt (Interview L: 1f.).

b) Gründe für Ausstieg aus und Verbleib in der Gruppe

Die Gründe für den Ausstieg ehemaliger UB-Mitglieder sind hauptsächlich die folgenden:

– Viele UB-Mitglieder, gerade jüngere Frauen, fühlten sich vor 1989 wenig in die inhaltliche UB-Arbeit eingebunden, leisteten aber den Großteil der organisatorischen Arbeit. Die Unzufriedenheit über diese Situation und Hierarchien in der Gruppe (siehe Abschnitt f dieses Kapitels) wurde 1989 zunehmend artikuliert. Befriedigende Lösungen (so erstaunlicherweise die Aussage aller GesprächspartnerInnen) wurden hierfür nicht gefunden, viele der Frauen sahen sich gerade bezüglich ihrer Kritik an geschlechtsspezifischen Gruppenstrukturen und Dominanzverhalten nicht ernstgenommen.

– Die Notwendigkeit, die eigene Rolle als UB nach 1989 neu zu überdenken, da die Aufgaben politischer Opposition und die Herstellung von Öffentlichkeit[30] auf einmal von zahlreichen Gruppen, Institutionen und Medien aus Ost und West wahrgenommen wurden („auf einmal war sogar das Neue Deutschland eine kritische Oppositionszeitung", Interview X: 4), wurde erkannt, eine Lösung jedoch nicht gefunden. Eine Konzeption, die UB zu einem Kiez-Infoladen zu machen, wurde verworfen, statt dessen dominiert Vergangenheitsbewältigung (insbesondere zum Thema Stasi, Staat und Kirche), die von Ausgestiegenen als pure Selbstbeschäftigung kritisiert wird (Interview D: 1). Eine Perspektivdiskussion fand nicht statt, was dazu führte, daß die Arbeit der UB von vielen ehemals Beteiligten zunehmend als nicht mehr sinnvoll angesehen wird. So beklagten einige der Ausgestiegenen, daß in den Räumen der UB kaum noch Veranstaltungen stattfänden. Andere ehemalige UB-Mitglieder kritisierten, daß die Arbeit der UB völlig von der Zuweisung von ABM-Stellen durch den Staat und Spenden durch FreundInnen der UB abhängig sei und somit auch die Zukunftsperspektive der UB düster sei.

– Hinzu kamen bei einigen UB-Mitgliedern Probleme mit der UB-internen Arbeitsmoral. Bei ihnen entstand zunehmend eine Unzufriedenheit angesichts der Wahrnehmung „sich selbst den Arsch aufzureißen, während andere nichts tun" (Interview H: 17), die dann zum Ausstieg aus der Gruppe führte bzw. beitrug.

– Gerade für jüngere UB-Mitglieder boten sich nach dem politischen Umbruch neue berufliche und persönliche Perspektiven. Die Möglichkeit, ohne eigene po-

---

30 Die Herstellung von Gegenöffentlichkeit wurde von meinen GesprächspartnerInnen als das zentrale Anliegen der UB genannt. Dies erinnert nicht nur an das NSB-issue „Öffentlichkeit", sondern ist auch durchaus typisch für die DDR-Opposition (Süß 1990).

litische Vorleistungen zu studieren oder in anderer gesamtgesellschaftlicher Atmosphäre Kinder zu bekommen und großzuziehen, hatte vielfach eine höhere Attraktivität als eine Weiterarbeit in der UB.

Die Gründe für den Verbleib in der Gruppe konnten von den Verbliebenen nicht klar benannt werden. Von einigen der ausgestiegenen UB-Mitglieder wurde den noch länger in der UB verbliebenen in dieser Hinsicht bescheinigt, nostalgischen Gefühlen nachzuhängen, oder vorgeworfen, sich an ABM-Stellen festzuhalten.

Die ehemaligen UB-Mitglieder heute

a) Politische Aktivitäten der UB-Mitglieder nach 1989

Wie oben erwähnt wurde, arbeiten nur noch wenige der UB-Mitglieder heute noch in der UB. Einige haben ihren politischen Schwerpunkt in andere (z. T. „etabliertere") Projekte verlagert, die meisten UB-Mitglieder sind nach ihrem Bruch mit der UB in der Mehrzahl nicht mehr in feste politische Organisationen eingebunden gewesen. Da viele von ihnen jedoch in alternativen Wohnprojekten leben oder selbstverwalteten Betrieben arbeiten, gehören sie durchaus einer Alternativszene an und nehmen zum großen Teil an Mobilisierungen der HausbesetzerInnen- (bis 1993), Nolympia- oder AntiFa-Bewegung teil. Einige von ihnen bereiten diese mit vor.[31] Ein UB- und Arche-Mitglied war, wie bereits erwähnt, bei GREENPEACE beschäftigt, ein weiteres UB- und Arche-Mitglied war Gründungsmitglied der DDR-GRÜNEN, saß für diese am Zentralen Runden Tisch der DDR, in der (Ost) Berliner Stadtverordnetenversammlung und kandidierte bei Bundestags- und Abgeordnetenhauswahlen für Bündnis 90/DIE GRÜNEN. Dieses ehemalige UB-Mitglied war zwischenzeitlich Mitglied der Fraktion Bündnis 90/GRÜNE (AL)/UFV im Berliner Abgeordnetenhaus.[32] Ein anderes UB-Mitglied ging 1989 zur Vereinigten Linken, ein weiteres UB-Mitglied gründete die Initiative unabhängige Gewerkschaften (IUG), arbeitete bei verschiedenen kommunistischen Gruppierungen (unter anderem SAG und VSP) mit, ist heute aber in keine Gruppe mehr eingebunden. Ein seinerzeit in der UB aktives Mitglied war zwischenzeitlich Sprecher des Neuen Forums in Berlin.

---

31 Angesichts der Kriminalisierung der genannten Bewegungen möchte und kann ich diesen Punkt nicht genauer aufschlüsseln.

32 Eine Rückkehr ins Abgeordnetenhaus scheiterte am parteiinternen Besetzungsverfahren.

b) Heutiges politisches Selbstverständnis der UB-Mitglieder

Wie an den oben beschriebenen Formen der politischen (Nicht-)Organisierung und Neuorientierung schon zu erkennen ist, sehen sich die meisten der ehemaligen UB-Mitglieder heute in klarer, vielfach recht radikaler, Opposition zum herrschenden System. Dies wird zum Beispiel an der verbreiteten Ablehnung des parlamentarischen Systems der BRD oder auch in der grundsätzlichen Ablehnung von Herrschaftsstrukturen deutlich.[33] Vielfach wird eingeschätzt, daß man im neuen System genauso im politischen Abseits bzw. am politischen Rand stehe wie zu DDR-Zeiten. Ein großer Unterschied zu früher wird von den meisten Befragten allerdings darin gesehen, daß die in der DDR erlebte offenkundige politische Repression weggefallen ist. In der Regel wurde von den Befragten allerdings auch geäußert, daß sie durchaus wahrnähmen, daß auch in der BRD „Kritik überhaupt nicht positiv gewertet" (Interview C: 21) wird. Dies werde gerade am Verhalten des BRD-Staates gegenüber seinen radikalen GegnerInnen (z. B. RAF, Bewegung 2. Juni) deutlich. (Erwähnt seien nur Isolationshaft oder Todesfälle wie Stammheim 1977 oder Bad Kleinen 1993.)

Bemerkenswert ist sicher auch, daß von den meisten Befragten nicht nur das aus dem Westen übernommene politische System abgelehnt wird, sondern auch erhebliche Vorbehalte gegenüber der politischen Theorie und Praxis der westdeutschen (radikalen) Linken bestehen. Einerseits wird den West-Linken dabei vorgeworfen, sie habe immer „heimlich die Hauptstadt in Moskau gehabt" (Interview L: 2) und daher eine unkritische Haltung gegenüber den Verhältnissen in der DDR und im restlichen Ostblock eingenommen. Andererseits wird den West-Linken (wie „Wessis" allgemein) ein arrogantes, schulmeisterliches und unsensibles Auftreten gegenüber Erfahrungen und Umgangsformen der Ostdeutschen bescheinigt.[34]

c) Allgemeine politische Einschätzungen der UB-Mitglieder

Von vielen der Befragten wird das neue System als sehr verkrustet und starr erlebt. Viele Aspekte des aus dem Westen übernommenen Systems (z. B. die westliche Arbeitsamtbürokratie oder die Praktiken des freien, kapitalistischen Wohnungs-

---

33 Die Radikalität (oder radikale Attitüde) der UB-Mitglieder wird von einem Ex-UB-Mitglied mit der Einschätzung: „Wenn hier irgendwas nicht nach Revolution riecht, interessiert's kein Schwein" (Interview H: 18) karikiert.

34 Zur Kritik von UBlern an der (linken) West-Opposition vgl. z. B. "Gibt es eine gemeinsame Zukunft für die Infoläden in Ost und West?", in: telegraph 2 (1993).

marktes) sind völlig neu, fremd und unverständlich und werden von vielen der ehemaligen UB-Mitglieder als Ausdruck eines ungewollten politischen Systems grundsätzlich abgelehnt. In dieser Hinsicht wirkt sich wohl stark das Erleben, persönlich von den neuen Bedingungen überfordert zu sein, aus. Zusätzlich setzt sich in puncto Kritik am politischen System bei fast allen Befragten die Enttäuschung darüber fort, daß sich nach der Wende in der DDR keine alternative Entwicklungsmöglichkeiten für eine eigenständige DDR ergaben. Diese äußert sich vor allem als Enttäuschung über das Verhalten der Mehrheit der Bevölkerung, die sich für die Übernahme des BRD-Modells entschieden haben. Dennoch folgt aus dieser Enttäuschung bei den meisten Befragten keine „Bevölkerungsschelte"[35], und auch Anflüge von „DDR-Nostalgie" werden von den meisten ehemaligen UB-Mitgliedern abgelehnt. Geblieben ist bei den meisten eher eine große Resignation. („Wenn wir's mit dieser Wende nicht gepackt haben ... wie lange wird's bis zur nächsten dauern", Interview Y: 1.) Zu den Anflügen von Resignation trägt auch die Wahrnehmung bei, daß TrägerInnen und NutznießerInnen des alten Systems in vielen Fällen in einflußreichen Positionen geblieben, ja oft aufgrund bedingungslosen Anpassungswillens und mit Hilfe von „Seilschaften" aufgestiegen sind.

Auch in puncto Zukunftsaussichten dominiert bei den ehemaligen UB-Mitgliedern eher eine pessimistische Stimmung. Die Umstrukturierung Berlins im Zuge der Hauptstadtentwicklung, sich ausbreitende Armut (nicht nur) in Ostdeutschland und die fortschreitende Akzeptanz rassistischer bzw. sogar faschistischer Grundeinstellungen und Handlungen lassen die UB-Mitglieder mit Unruhe und Angst in die Zukunft blicken.

d) Persönliche Kontakte/politische Zusammenarbeit heute

Die heute noch existierenden Kontakte zwischen den ehemaligen UB-Mitgliedern wurden von meinen GesprächspartnerInnen als eher sporadisch, aber sehr freundschaftlich beschrieben. Da man recht nahe beieinander wohnt, kommt es zu relativ vielen zufälligen Begegnungen, die aber wohl meist für längere Unterhaltungen genutzt werden. Die meisten der Befragten zählen jeweils drei bis vier ehemalige UB-Mitglieder zu ihrem engeren FreundInnenkreis. Hierbei gibt es neben den ehemaligen IMs nur wenige Personen, zu denen niemand mehr engeren Kontakt hat. Auffallend ist, daß (wie bei meinen Recherchen klar wurde) die ehemaligen UB-Mitglieder sehr gut darüber Bescheid wissen, was aus den ehemaligen MitstreiterInnen geworden ist.

---

35 Den Vorwurf der Bevölkerungsschelte machte ein Ex-UB-Mitglied seinen ehemaligen MitstreiterInnen (Interview B: 3).

Eine intensivere, gezielte und regelmäßige politische Zusammenarbeit scheint es weder zwischen den ehemaligen UB-Mitgliedern noch mit sonstigen ehemaligen Oppositionellen zu geben. Hin und wieder kommt es - gerade, wenn es um Aufarbeitung der DDR-Geschichte geht - zu punktueller Zusammenarbeit, und immer noch bieten Veranstaltungen oder Treffen in der UB Gelegenheit zur gegenseitigen Information und zur Diskussion. Hierbei werden auch einzelne MdAs aus den Reihen der DDR-Opposition miteinbezogen, gegenüber MdBs wie Vera Lengsfeld (Wollenberger) oder Rainer Eppelmann überwiegen Bedenken. Diese Bedenken liegen weniger im Abgeordnetenstatus der Betreffenden[36] als in deren persönlicher Entwicklung begründet. Unterschiedliche Positionen zur Mitarbeit in Parlamenten führen also nicht zu unüberbrückbaren Abgrenzungen.

Während also eine regelmäßige politische Zusammenarbeit nicht festzustellen ist, spielt die frühere politische Zusammenarbeit bei der Teilnahme an Aktionen eine Rolle. Von vielen Befragten wurde betont, daß sie bei Demonstrationen und Aktionen eher mitmachen, wenn Bekannte oder FreundInnen von früher die Demonstration/Aktion planen bzw. durchführen.

e) Einschätzungen zur heutigen Arbeit der UB

Sowohl von UB-Mitgliedern, die heute noch in der UB tätig sind als auch von „Ausgestiegenen" werden die heutige Arbeit der UB und die Zukunftsperspektive als „katastrophal" (Interview H: 18) beurteilt. Nach wie vor habe die Gruppe die Wende nicht richtig verkraftet und sei sich über die eigene Rolle unklar. Die Ungewißheit über die zukünftige Finanzierung und Möglichkeiten zum Erhalt der ABM-Stellen zeige, daß „man ... die Zeichen der Zeit nicht verstanden" (Interview G: 19) habe. Die Mehrzahl der ehemaligen UB-Mitglieder unterstützte den Vorschlag, die UB mit einem großen Fest zuzumachen und gegebenenfalls einzelne Projekte wie die Zeitung „telegraph" in anderer TrägerInnenschaft weiterzubetreiben (Interview D: 2). Mit einer gewissen Stabilisierung der UB seit 1993 sind allerdings auch die Beurteilungen ehemaliger Mitglieder freundlicher geworden.

---

36 Anderen Bundestagsabgeordneten aus der DDR-Opposition wird z. B. von einem langjährigen UB-Mitglied zugute gehalten, sich eine „Radikalität bewahrt zu haben" (Interview A: 3).

Fazit

Zusammenfassend können wir sagen, daß die UB-Mitglieder auch heute noch in einer Vielzahl von Projekten aktiv sind und in informellem Kontakt untereinander sind, die UB selbst die Wende jedoch schlecht verkraftet hat. Die Unentschlossenheit, neue Ideen zu entwickeln einerseits und eine nicht aufgearbeitete Gruppendynamik andererseits, verhinderten eine echte Weiterentwicklung der Gruppe unter den neuen Rahmenbedingungen. Gerade aufgrund der hohen emotionalen Erwartungen an die Gruppe und aufgrund des eigenen basisdemokratischen Selbstverständnisses mußten weiter existierende (Informations-)Hierarchien, geschlechtsspezifische Arbeitsteilung und die Zentrierung um einzelne Personen zu Faktoren werden, die zum Ausstieg vieler UB-Mitglieder führte.[37]

Die Entwicklung der UB - ein Spiegelbild der Entwicklung der Gruppen allgemein?

Als Ergebnis meiner Arbeit ist festzustellen, daß durch die detailliertere Untersuchung der Entwicklung der Umweltbibliothek einige Erkenntnisse der DDR-TheologInnen und (Religions-)SoziologInnen (insbesondere Pollack 1990c und Findeis/ Pollack/Schilling 1994) bekräftigt werden, an einigen Punkten aber auch Zweifel und/oder Widersprüche zu den bisherigen Erkenntnissen auftauchen.

Eine Vielzahl der allgemeineren Erkenntnisse gewinnt in der Untersuchung einer Gruppe eine neue Plastizität und Lebendigkeit. So wird in der Untersuchung der Umweltbibliothek deutlich, welch zentrale und zweischneidige Bedeutung persönliche Kontakte für Entstehung und Entwicklung der Gruppen hatten. Die UB war für ihre Mitglieder nicht nur eine politische Gruppe, sondern auch als Freundeskreis und emotional extrem wichtig. Dieser Freundeskreis war für die UB-Mitglieder persönlich stabilisierend, viele UB-Mitglieder machten in der UB wichtige zwischenmenschliche und politische Erfahrungen, die ihre Normen und Werte nachhaltig prägten. Gerade dieser Umstand führte einerseits zu einer bis 1989 recht hohen Stabilität der Gruppe, bedingte aber auch eine Abschottung nach außen und blokkierte später eine Weiterentwicklung der Gruppenarbeit und -strukturen. Zumindest was die Umweltbibliothek betrifft, möchte ich daher auch Wolfgang Elvers widersprechen, der die These formulierte, daß „das Interesse an der gruppeninternen

---

37 Zu fragen bleibt sicherlich, warum diese Hierarchien weiterexistieren konnten, wenn sie doch von einer Mehrheit abgelehnt wurden, d. h. inwieweit haben die an Gruppenentscheidungen weniger Beteiligten die existierenden Strukturen nicht selbst mitgetragen?

Kommunikation zurückgebunden war an die Verfolgung der außenorientierten politischen Ziele" (Findeis/Pollack/Schilling 1994: 232).[38] Inwieweit eine gruppeninterne Dynamik für andere Gruppen eine derart zentrale Rolle spielten, wäre durch weiterführende Studien zu klären. Zumindest die vor 1989 entstandenen Studien zum Phänomen der Gruppen deuten an, daß die Gruppenorientierung auch für andere Gruppen entscheidende Bedeutung haben dürfte.[39]

Wie in vielen der Beiträge zu den Gruppen erwähnt worden war, fanden sich auch in der UB einige schwierige bzw. markante Persönlichkeiten, und es kam zu Schwierigkeiten/Unzulänglichkeiten bei der Lösung interner Konflikte. Ob dieses Phänomen in anderen Gruppen derartig ausgeprägt war wie in der UB wäre ebenfalls näher zu untersuchen. Das Fehlen formeller Hierarchien und Aufgabenteilungen in den meisten der Gruppen dürfte jedoch einhergehen mit dem Entstehen um so festerer informeller Strukturen und zur Etablierung von Gruppen-„Gurus" beigetragen haben. (Zur selbstkritischen Auseinandersetzung einiger Oppositioneller mit den Strukturen ihrer Gruppen vgl. Rüddenklau 1993b: 17ff.)

Im gleichen Zusammenhang erscheint mir auch das Spannungsverhältnis zwischen Offenheit der Gruppe und Notwendigkeit zur Konspiration einige spannende Fragen aufzuwerfen. Das Anliegen, die Gruppe vor Spitzeln und staatlichem Zugriff schützen zu wollen, dürfte in allen Gruppen gleich präsent und mit praktischen Problemen verbunden gewesen sein. Welche Vorgehensweise haben andere Gruppen gefunden?

Ein bemerkenswerter Aspekt der Entwicklung der UB deutet möglicherweise auf einen blinden Fleck bisheriger Untersuchungen hin: der Aspekt des Geschlechterverhältnisses. Aus feministischer Sicht ist die DDR im Nachhinein als patriarchal geprägte Gesellschaft analysiert worden. Inwieweit hat diese Analyse auch die Gruppenrealität zutreffend beschrieben bzw. inwieweit hat eine Auseinandersetzung um die Geschlechterthematik eine Rolle in den Gruppen gespielt?

Bei allen beachtenswerten Aussagen zu Ablauf und Gründen für die Entwicklung der UB scheint es mir wichtig, auch noch auf eine scheinbar banale, tatsächlich jedoch recht erstaunliche, Tatsache hinzuweisen: die große Mehrheit der UB-Mitglieder ist auch nach 1989 in den verschiedensten politisch agierenden Gruppen tätig, d. h. der Rückzug ins Private bleibt die Ausnahme. Dies ist um so erstaunlicher, da die politische Entwicklung von den Beteiligten nicht gerade als ermutigend

---

38 Elvers These scheint mir auch in einem gewissen Widerspruch zu den in derselben Studie dokumentierten Interviews zu stehen.

39 Die von mir bereits mehrfach erwähnten Studien, die nach 1989 zum Phänomen der Gruppen verfaßt wurden, weisen den gravierenden Mangel auf, sich auf Aussagen „führender Vertreter" der Gruppen zu beziehen - eine Vorgehensweise, die den Aspekt der Gruppenstruktur und -dynamik nur sehr eindimensional erfaßt.

gend wahrgenommen wird. Es erschiene daher sinnvoll, auch in Studien zu anderen Gruppen zu fragen, inwieweit ihre ehemaligen Mitglieder heute noch politisch tätig sind. Die relativ weit verbreitete Annahme, daß die ehemaligen Gruppenmitglieder in der Mehrzahl enttäuscht aus politischen Gruppen ausgestiegen sind, deutet unter Umständen mehr auf einseitig entwickelte Wahrnehmungsstrukturen hin, als daß sie die Realität beschreibt. Vielmehr hat sich natürlich Struktur und genaueres Anliegen der Gruppen gewandelt. Konstant bleibt jedoch die Organisationsform der Basisgruppe, wobei nicht wenige der neuen Basisgruppen von den AktivistInnen der alten Gruppen weitergetragen werden.

Die oben beschriebene Art der Wahrnehmung mag mit einer zweifelhaften Konzentration auf sich auch parlamentarisch abbildende tagespolitische Ereignisse zusammenhängen. Gerade angesichts der vielfachen Reduzierung der DDR-Opposition auf das Phänomen „Bürgerbewegung" oder „Bündnis 90" drängt sich aber auch der Verdacht auf, daß ehemalige DDR-Oppositionelle, die sich auch heute noch als radikal staatskritisch und oppositionell begreifen und daher versuchen, sich außerhalb klassischer Organisationsstrukturen wie Parteien, Vereinen und ähnlicher Vereinigungen zu engagieren, nicht ins journalistische oder wissenschaftliche Bild passen.[40]

Einige Überlegungen zu zukünftigen Studien über DDR-Oppositionsgruppen[41]

Wie ich eben schon für einige Einzelaspekte angedeutet habe, scheint mir noch ein erhebliches Forschungsdefizit hinsichtlich der Frage zu bestehen, wie die Gruppen denn nun tatsächlich ausgesehen und sich entwickelt haben. Ich möchte in diesem Zusammenhang dafür plädieren, mit dem Formulieren allgemeiner Beobachtungen und Thesen vorsichtig zu sein, solange diese nicht durch detailliertes empirisches Material gestützt werden. Es erschiene mir für zukünftige Studien zu den Gruppen wichtig, das Phänomen „Gruppe" ernstzunehmen, d. h. davon auszugehen, daß die

---

40 So muß sich auch Detlef Pollack fragen lassen, aufgrund welcher Kriterien er der Vereinigten Linken, dem Neuen Forum oder dem Unabhängigen Frauenverband bescheinigt - im Gegensatz zum nun wirklich nicht erfolgsverwöhnten Bündnis 90 - „politisch den Anschluß verloren (zu) haben und politisch kaum ins Gewicht (zu) fallen"? (Findeis/Pollack/Schilling 1994: 281)

41 Diese Überlegungen sind für mich z. Z. Orientierungspunkte bei meinem Dissertationsprojekt „Gruppen der DDR-Opposition in Ost-Berlin - gestern und heute", in dem ich die Entwicklung dreier Ostberliner Oppositionsgruppen vergleichend untersuche.

einzelnen AkteurInnen durchaus unterschiedliche Interessen und Anliegen und Positionen in der Gruppe hatten. Daraus folgt, daß auch die Sicht der Gruppe und ihrer Arbeit durchaus subjektiv sein wird. Es erscheint mir daher nötig, eine möglichst große Anzahl von Gruppenmitgliedern zu befragen, bevor Aussagen über die Gruppe getroffen werden und so eine kritische Brechung der Sicht einzelner durch die Einschätzung anderer Gruppenmitglieder zu ermöglichen. Als zusätzliche Quelle kritischer Anfragen wäre auch die Gruppensicht Außenstehender zu erfragen sowie gegebenenfalls Aktenmaterial über die Gruppe zu sichten.

Literatur

Albrecht, Jannette u. a. (Hg.): *Stattbuch Ost*, Berlin 1991

Arndt, Susan u. a.: *Berlin Mainzer Straße. „Wohnen ist wichtiger als das Gesetz"*, Berlin 1992

Besier, Gerhard/Wolf, Stefan: *„Pfarrer, Christen und Katholiken." Das Ministerium für Staatssicherheit der ehemaligen DDR und die Kirchen*, 2. durchgesehene und um weitere Dokumente vermehrte Auflage, Neukirchen-Vluyn 1992

Dokumentationsgruppe/Umwelt- und Friedenskreis der Berliner Zionsgemeinde: *DokumentaZion*, Sonderausgabe der Mit-Welt-Blätter, o. O.(vermutlich Berlin 1988)

Elvers, Wolfgang/Findeis, Hagen: Die politisch alternativen Gruppen im gesellschaftlichen Wandel. Eine empirische Studie zu ihrem Selbstverständnis, in: Grabner, Wolf-Jürgen/Heinze, Christiane/Pollack, Detlef (Hg.): *Leipzig im Oktober* (1990), 97-111

Elvers, Wolfgang/Findeis, Hagen: *Was ist aus den politisch alternativen Gruppen geworden? Eine soziologische Auswertung von Interviews mit ehemals führenden Vertretern in Leipzig und Berlin*, Praktikumsarbeit Januar - Oktober 1990 an der Theologischen Fakultät der Universität Leipzig, maschinenschriftlich

Falcke, Heino: Kirche und christliche Gruppen. Ein nötiges oder unnötiges Spannungsfeld, in: Pollack, Detlef (Hg.): *Die Legitimität der Freiheit. Politisch alternative Gruppen in der DDR unter dem Dach der Kirche*, Frankfurt/M. 1990b, 103-113

Falcke, Heino: Unsere Kirche und ihre Gruppen. Lebendiges Bekennen heute?, in: Pollack, Detlef (Hg.): *Die Legitimität der Freiheit. Politisch alternative Gruppen in der DDR unter dem Dach der Kirche*, Frankfurt/M. 1990b, 41-55

Falkenau, Manfred: Kirche und Gruppen. Einsichten und Fragen zur sozialen Gestalt der Gemeinde, in: Pollack, Detlef (Hg.): *Die Legitimität der Freiheit. Politisch alternative Gruppen in der DDR unter dem Dach der Kirche*, Frankfurt/M. 1990b, 25-29

Grabner, Wolf-Jürgen/Heinze, Christiane/Pollack, Detlef (Hg.): *Leipzig im Oktober*, Berlin 1990

Halbrock, Christian: Beginn einer eigenständigen Umweltbewegung in der DDR, in: Rüddenklau, Wolfgang (Hg.): *Störenfried. ddr-opposition 1986-1989. Mit Texten aus den "Umweltblättern"*, Berlin 1992, 43-51

Heinze, Christiane/Pollack, Detlef: Zur Funktion der politisch alternativen Gruppen im Prozeß des gesellschaftlichen Umbruchs in der DDR in: Grabner, Wolf-Jürgen/Heinze, Christiane/Pollack, Detlef (Hg.): *Leipzig im Oktober*, Berlin 1990, 82-90

Hirsch,Ralf/Kopelew, Lew: *Grenzfall*. Vollständiger Nachdruck aller in der DDR erschienenen Ausgaben (1986/87), erstes unabhängiges Periodikum, Berlin 1989

Jordan, Carlo: Grüner Rückblick, in: Albrecht, Jannette u. a. (Hg.): *Stattbuch Ost*, Berlin 1991, 137-144

Kühnel, Wolfgang/Salmon-Metzner, Carola: Grüne Partei und Grüne Liga, in: Müller-Enbergs, Helmut /Schulz, Marianne/Wielgohs, Jan (Hg.): *Von der Illegalität ins Parlament. Werdegang und Konzept der neuen Bürgerbewegungen*, 2. erweiterte Auflage, Berlin 1992, 166-220

Moritz, Torsten: Vorbereitung und Reaktion oppositioneller Gruppen auf die DDR-Kommunalwahl am 7. Mai 1989, OSB-Arbeit am Fachbereich Politische Wissenschaft der FU, Berlin 1990

Müller-Enbergs, Helmut/Schulz, Marianne/Wielgohs, Jan (Hg.): *Von der Illegalität ins Parlament. Werdegang und Konzept der neuen Bürgerbewegungen*, 2. erweiterte Auflage, Berlin 1992

Neubert, Ehrhart: Gesellschaftliche Kommunikation im sozialen Wandel. Auf dem Weg zu einer politischen Ökologie, in: Pollack, Detlef (Hg.): *Die Legitimität der Freiheit. Politisch alternative Gruppen in der DDR unter dem Dach der Kirche*, Frankfurt/M. 1990b, 155-201

Neubert, Ehrhart: Religion in der DDR-Gesellschaft. Zum Problem der sozialisierenden Gruppen und ihrer Zuordnung zu den Kirchen, in: Pollack, Detlef (Hg.): *Die Legitimität der Freiheit. Politisch alternative Gruppen in der DDR unter dem Dach der Kirche*, Frankfurt/M. 1990b, 31-40

OV „Bibliothek": Operativer Vorgang „Bibliothek" der Kreisdienststelle Prenzlauer Berg des Ministeriums für Staatssicherheit (im Matthias-Domaschk-Archiv Berlin)

Pollack, Detlef: Protest als Spiegel der Gesellschaft: zur Rolle der politisch-alternativen Gruppen in der DDR, in: *Lutherische Monatshefte* 29 (1990a), 218-219

Pollack, Detlef (Hg.): *Die Legitimität der Freiheit. Politisch alternative Gruppen in der DDR unter dem Dach der Kirche*, Frankfurt/M. 1990b

Pollack, Detlef: Sozialethische Gruppen in der DDR. Eine religionssoziologische Untersuchung, in: Pollack, Detlef (Hg.): *Die Legitimität der Freiheit. Politisch alternative Gruppen in der DDR unter dem Dach der Kirche*, Frankfurt/M., 115-154

Pollack, Detlef: Außenseiter oder Repräsentanten? Zur Rolle der politisch-alternativen Gruppen im gesellschaftlichen Umbruchprozeß der DDR, in: *Deutschland-Archiv* 22 (1990), 1216-1223

Poppe, Ulrike: Das kritische Potential in Kirche und Gesellschaft, in: Pollack, Detlef (Hg.): *Die Legitimität der Freiheit. Politisch alternative Gruppen in der DDR unter dem Dach der Kirche*, Frankfurt/M. 1990b, 63-79

Rink, Dieter: Soziale Bewegungen in der DDR. Die Entwicklung bis Mai 1990, in: Roth, Roland/Rucht, Dieter (Hg.): (1991), 54-70

Rink, Dieter: Bürgerbewegung im Übergang. Entwicklungslinien der Leipziger Bürgerbewegung, in: *Forschungsjournal NSB* 5 (1992), Heft 1, 61-69

Roth, Roland/Rucht, Dieter (Hg.): *Neue soziale Bewegungen in der Bundesrepublik Deutschland*, 2. überarbeitete und erweiterte Auflage, Bonn 1991

Rüddenklau, Wolfgang (Hg.): *Störenfried. ddr-opposition 1986-1989. Mit Texten aus den „Umweltblättern"*, Berlin 1992

Rüddenklau, Wolfgang: Behörden- und Unternehmerunfreundlich, in: *telegraph* (1993), Heft 9, 10-18

Rüddenklau, Wolfgang: Aufarbeitung und Kritik, in: *telegraph* (1993), Heft 12, 16-22

Schorlemmer, Friedrich: Macht und Ohnmacht kleiner Gruppen vor den Herausforderungen unserer Zukunft, in: Pollack, Detlef (Hg.): (1990), 17-23

Sello, Tom: Von den Umweltblättern zum Telegraph. Medien im Untergrund, in: Albrecht, Jannette u. a. (Hg.): *Stattbuch Ost*, Berlin 1991, 85-88

Süß, Walter: Revolution und Öffentlichkeit in der DDR, in: *Deutschland-Archiv* 6 (1990)

Umweltblätter. Vollständige Reprintausgabe, Berlin 1993

Außerdem fanden 14 Interviews Verwendung (Interviews A-L, X und Y), die ich in der Zeit von Januar bis Oktober 1993 durchgeführt habe.[42] Die Interviewmitschriften und die daraus entstandenen Vermerke befinden sich in meinem Privatarchiv.

---

42 Zur Einordnung: Bei den Interviews A, B, E-H, X und Y handelt es sich um Gespräche mit männlichen UB-Mitgliedern, die Interviews C, D sowie I-K wurden mit weiblichen UB-Mitgliedern geführt.

„Neue soziale Bewegungen" auch in der DDR?
Zur Erklärungskraft eines Konzepts

Karl-Werner Brand

Meines Wissens war Hubertus Knabe der erste, der bereits erheblich vor der Wende den Begriff der „neuen sozialen Bewegungen" (NSB) auf die in den 80er Jahren in der DDR entstandene oppositionelle Szene „sozialethischer" Gruppen bezogen hat (Knabe 1988). Abgesehen davon, daß zu diesem Zeitpunkt kaum einer der westdeutschen Bewegungsforscher mit der oppositionellen Szene in der DDR vertraut war - nicht zuletzt, weil ihre geringe öffentliche Sichtbarkeit und ihre scheinbar marginale politische Bedeutung kein besonderes Forschungsinteresse geweckt hatten -, erschien es doch etwas gewagt, ein aus der Beobachtung neuer westlicher Konflikt- und Protestphänomene gewonnenes Konzept so ohne weiteres auf östliche Verhältnisse zu übertragen.[1] Nicht nur die Verwendung des „Bewegungs"-Begriffs auf ein doch insgesamt sehr dünnes sub- oder gegenkulturelles Netz oppositioneller Gruppierungen mochte irritieren. Fragwürdig erschien die Übertragung des NSB-Konzepts vor allem aufgrund des sehr unterschiedlichen gesellschaftlichen und politischen Kontextes in West und Ost. Es blieb freilich die Tatsache, daß die Themen, deren sich die „sozialethischen Gruppen" der DDR im Schutz der kirchlichen Räume annahmen und an denen sie ihre oppositionelle Identität gewannen - die atomare Bedrohung, das ökologische Thema, Emanzipations-, Menschenrechts- und Bürgerrechtsfragen -, im wesentlichen dieselben waren, an denen sich auch die Bewegungen der Bundesrepublik und anderer westlicher Länder entzündet hatten, auch wenn Menschen- und Bürgerrechtsfragen dabei in der DDR, wie in allen mittelosteuropäischen Oppositionskreisen, einen wesentlich höheren Stellenwert hatten. Auffällig ist zugleich, daß diese „sozialethischen" Fragen für die sich formierende Oppositionsszene in der DDR ein wesentlich höheres Gewicht besaßen als für die politische Opposition in anderen mittelosteuropäischen Ländern.

---

1 Eine Reihe ungarischer Sozial- und Politikwissenschaftler verwenden das Konzept der „neuen sozialen Bewegungen" allerdings ebenfalls seit Mitte der 80er Jahre, um den Aufschwung der Ökologie- und Friedensbewegung in ihrem Land zu erklären (vgl. u. a. Szabó 1988).

Die Frage ist somit, welchen Beitrag das Konzept der „neuen sozialen Bewegungen" für das Verständnis der Opposition in der DDR, insbesondere für die wachsende Protestszene der 80er Jahre im kirchlichen Umfeld, leisten kann.

Kern des NSB-Konzepts ist nun die These der Entstehung eines historisch neuen Protest- oder Bewegungstypus als Reaktion auf industriegesellschaftliche Folgeprobleme und Transformationsprozesse. Das ist, ohne Zweifel, eine eher makrosoziologische Fragestellung, und makrosoziologische Perspektiven tragen wenig zur Klärung der konkreten Entwicklungsdynamik kollektiven Handelns bei (Rucht 1991). Die folgenden Überlegungen beziehen sich allerdings auch nicht direkt auf die Frage, wie aus einer randständigen Oppositionsszene in den Schutzräumen der evangelischen Kirche gegen Ende der 80er Jahre eine mächtige Bürgerbewegung entstehen konnte, die entscheidenden Anteil am Zusammenbruch der DDR hatte. Es geht vielmehr erstens um die Frage, ob die in den 80er Jahren sich formierende Oppositionsszene der DDR in der Tat strukturelle Gemeinsamkeiten mit den „neuen sozialen Bewegungen" aufweist oder ob hier nur vordergründige Ähnlichkeiten vorliegen. Zum Zweck dieses Vergleichs sollen eingangs die Besonderheiten der „neuen sozialen Bewegungen" in der Bundesrepublik wie in anderen westlichen Ländern noch einmal in Erinnerung gerufen werden. Zweitens geht es um die Frage, warum gerade in der DDR Oppositionsgruppen eines - zumindest phänomenologisch - ähnlichen Typus eine so gewichtige, katalysatorische Rolle für die Entwicklung des politischen Protests spielten, während die Themen der „neuen sozialen Bewegungen" in anderen mittelosteuropäischen Ländern eine wesentlich geringere Bedeutung besaßen (Forschungsjournal Neue Soziale Bewegungen 2/90).

Die hier vertretene These ist, daß die besonderen Rahmenbedingungen der DDR eine spezifische Selektion der mobilisierungsfähigen Oppositionsmotive bewirkten. Obwohl die den „neuen sozialen Bewegungen" im Westen vergleichbare Variante humanistisch-emanzipativer Zivilisations- und Systemkritik in der DDR insgesamt eine nur marginale Bedeutung besaß, boten sich ihr, im Gegensatz zu anderen Oppositionsmotiven, im Rahmen der kirchlichen Schutzräume begrenzte Entfaltungsmöglichkeiten. Diese bestehende Szene „sozialethischer" Protestgruppen konnte so, mangels konkurrierender Angebote, während des Zerfalls der DDR zum Mobilisierungskern einer breiteren Bürgerbewegung werden.

1. Das Konzept der „neuen sozialen Bewegungen" (NSB) in der Bundesrepublik

Zu Beginn der 80er Jahre bürgert sich in der Bundesrepublik, zunächst im wissenschaftlichen, dann auch im Sprachgebrauch der Bewegungsakteure, der Begriff

„neue soziale Bewegungen" ein. Gemeint ist damit die rasche Entstehung einer breiten, heterogenen Bewegungsszene in den späten 70er und frühen 80er Jahren, die im Anti-AKW-Protest, in der Umwelt-, der neuen Frauen- und Friedensbewegung, in den Projekten und Netzwerken des städtischen Alternativmilieus, in der Hausbesetzerbewegung, in der Kampagne gegen die Volkszählung u. a. m. ihre Brennpunkte findet und zunächst in lokalen und regionalen Listen, dann aber auch bundesweit als Partei *Die Grünen* die parlamentarische Bühne betritt. Die Rede von neuen sozialen Bewegungen" (NSB) suggeriert dabei nicht nur wesentliche Gemeinsamkeiten dieser heterogenen Protestszene, sondern auch die Herausbildung einer qualitativ neuen Bewegungsformation, die sich deutlich von „alten" Bewegungen, insbesondere von der Arbeiterbewegung, abhebt.

Diese Annahme ist zumindest für die Bundesrepublik sinnfällig. Hier verschränken sich die verschiedenen Konfliktfelder und Protestmilieus Ende der 70er, Anfang der 80er Jahre zu einem umfassenden, neuen Bewegungssektor, der eine inhaltlich zwar diffuse, im Gegensatz zum etablierten „System" aber deutlich polarisierte, fundamentaloppositionelle Identität als „Bewegung" ausbildet. So fließen ab Mitte der 70er Jahre, im Sog der sich verschärfenden Konflikte um den Bau atomarer Anlagen, die verschiedenen Kritikstränge der neuen sozialen Bewegungen in eine generelle, „ökologisch" gefärbte Kritik der technokratischen Wachstumsgesellschaft und des industriellen Fortschrittsmodells zusammen, die sich aus einem vagen, utopischen Gegenentwurf „sanfter" Vergesellschaftung speist. Diese „sozial-ökologische" Utopie verbindet das Modell eines dezentralisierten, basisdemokratisch organisierten Gemeinwesens mit dem Konzept einer ökologisch verträglichen, bedürfnisorientierten Wirtschaft, die sich einer „sanften", den ökologischen und sozialen Zwecken „angepaßten" Technologie bedient. In diese Utopie fließen auch Elemente feministischer Patriarchatskritik, das Bild einer neuen, herrschaftsfreien Geschlechterbeziehung und die alternativen Visionen eines selbstbestimmten, egalitären Lebens ein. Wenn auch unklar ist, inwieweit diese gegenkulturellen Entwürfe über die städtischen Alternativmilieus hinaus handlungsmotivierend wirkten, so bildeten sie in der Bundesrepublik doch das ideelle Ferment, die integrierende Symbolik, die dem heterogenen Protestspektrum das Selbstverständnis eines „neuen" Typus sozialer Bewegung verlieh.

Sozialwissenschaftlich wurde dieses Selbstverständnis durch Deutungen untermauert, die die „neuen sozialen Bewegungen" im strukturellen Transformationsprozeß moderner Industriegesellschaften und den daraus erwachsenden neuen Problem-, Interessen- und Konfliktlagen verorten. So sieht Touraine (1977, 1981, 1982) in ihnen (zunächst) die Akteure, die im Kampf gegen die wachsende Macht der technokratischen Apparate den neuen, zentralen Konflikt der entstehenden „programmierten Gesellschaft" markieren. Melucci (1980, 1985) rückt den kulturellen Aspekt dieser neuen Konflikte in den Vordergrund. Da die informationelle

Steuerung und Kontrolle eine immer größere Eingriffstiefe in Alltagsstrukturen und elementare Reproduktionsprozesse erlangten, verschiebe sich das zentrale Konfliktfeld auf die symbolische Ebene. Die „neuen sozialen Bewegungen" stellen aus dieser Sichtweise, mehr noch in ihren Formen als in ihren konkreten Zielen, eine zentrale Herausforderung der herrschenden kulturellen Codes dar.[2] Auf diesen neuen kulturellen Konflikt verweist auch Inglehearts (1979, 1983) Deutung der neuen Protestbewegungen als Ausdruck eines Wertkonflikts zwischen alten „materialistischen" und neuen, „postmaterialistischen" Wertprioritäten.[3] Raschke (1985) und Kriesi (1988) geben diesen kulturellen Deutungen ein sozialstrukturelles Fundament, indem sie diese Bewegungen, unter Verweis auf die sozialen Merkmale ihrer Trägergruppen, in einer neuen „postindustriellen" Konfliktlinie zwischen den im soziokulturellen und den im technisch-ökonomischen Bereich tätigen Gruppen der neuen Mittelklassen verorten. Der Großteil der deutschen „NSB"-Debatte der frühen 80er Jahre bewegt sich dagegen stärker im Sog eines ökologisch gefärbten modernisierungskritischen Bewegungsdiskurses. So deuten die meisten der Anfang der 80er Jahre entwickelten Interpretationen (u. a. Habermas 1981; Brand 1982; Brand/Büsser/Rucht 1993; Offe 1985; Beck 1986) die NSB als Reaktion auf die neue Qualität industriegesellschaftlicher Folgeprobleme und Selbstzerstörungsrisiken, die im Rahmen der herrschenden Wachstums- und Modernisierungspolitik keine Abhilfe finden - und somit nach einer grundlegenden Änderung des gesellschaftlichen Entwicklungs- und Organisationsmodells verlangen.

2. „Neue soziale Bewegungen" im internationalen Vergleich

Das in diesen Deutungen z. T. noch überhöhte epochale Selbstverständnis der neuen sozialen Bewegungen wurde freilich nicht überall im Westen geteilt. Aktivisten wie

---

2 Für ihr Verständnis seien deshalb nicht nur die Phasen sichtbarer Massenmobilisierung und politischer Herausforderung, sondern auch die Phasen der Latenz subkultureller, in den Alltag eingetauchter Bewegungsnetzwerke von entscheidender Bedeutung, in denen sich neue kulturelle Codes und Lebensformen experimentell herausbilden. Das erleichtert die Übertragung des Konzepts der „neuen sozialen Bewegungen" auf subkulturelle, oppositionelle Milieus, die - wie in der DDR der 80er Jahre - nur ein sehr geringes Mobilisierungspotential aufweisen.

3 Trotz der Fragwürdigkeit der Wertwandeltheorie und ihrer empirischen Operationalisierung findet diese Deutung eine hohe Resonanz in der Öffentlichkeit - vermutlich aufgrund ihrer optimistischen Perspektive, die mit der reformpolitischen Integration der neuen Themen auch die Notwendigkeit für außerinstitutionelle Mobilisierungsprozesse schwinden sieht.

Bewegungsforscher aus angelsächsischen Ländern zum Beispiel konnten mit dem NSB-Konzept nie besonders viel anfangen. Der internationale Vergleich zeigte denn auch, daß Umwelt-, Frauen- und Friedensbewegung, Dritte-Welt-Gruppen, Selbsthilfe- und Alternativbewegungen zwar in allen westlichen Industrieländern in den 70er und 80er Jahren eine hohe Mobilisierungskraft aufwiesen; er machte aber auch deutlich, daß sich diese Bewegungen in den einzelnen Ländern in sehr unterschiedlicher Weise entwickelten und ein sehr unterschiedliches Gewicht erlangten (Brand 1985; Rucht 1994). Die Verschränkung der verschiedenen Bewegungsstränge zu einem von „alten" Bewegungen und Konfliktlinien klar abgegrenzten „neuen" Bewegungssektor war dabei keineswegs die Regel. Auch die Mobilisierungsformen der neuen Bewegungen markierten nicht immer einen deutlichen Bruch mit den herkömmlichen Formen des Konfliktaustrags und der politischen Mobilisierung - insbesondere dort nicht, wo, wie in den USA, die Arbeiterbewegung keine dominante Rolle in der Entwicklung des politischen Lebens spielte. Die empirische Abgrenzung der „neuen" Bewegungen erwies sich somit als schwierig - etwa gegenüber den in den 70er Jahren auflebenden ethnischen und regionalistischen Bewegungen oder in der Zuordnung jugendlicher Subkulturen (die z. B. die Hausbesetzerbewegung Anfang der 80er Jahre im wesentlichen trugen).

Dennoch förderte der internationale Vergleich einige typische Merkmale dieser neuen Bewegungen zutage. Zunächst scheint es in vergleichender Perspektive wenig sinnvoll, den Begriff der „neuen sozialen Bewegungen" auf die Bewegungen der 70er und frühen 80er Jahre zu beschränken. So sind es die Bewegungen der 60er Jahre, die den radikalsten Bruch mit den Wert- und Politikpräferenzen der Nachkriegsjahrzehnte vollziehen.[4] Sie entwickeln einen Großteil des Handlungsrepertoires der nachfolgenden Bewegungen und schaffen eine generell erhöhte Partizipationsbereitschaft in der Bevölkerung. Auch die Themen der 70er Jahre klingen in den 60er Jahren bereits an: Umwelt- und Verbraucherschutz, Wachstums-, Technokratie- und Zivilisationskritik, Aufbau kommunitärer Lebens- und Arbeitsformen, Kampf um Selbstbestimmung und die Anerkennung subkultureller Lebensstile. Die aufeinanderfolgenden Bewegungswellen lassen sich m. E. deshalb angemessener als *unterschiedliche Phasen eines umfassenden Mobilisierungszyklus „neuer sozialer Bewegungen"* begreifen, der in den antiautoritären, kapita-

---

4 Rucht (1994: 152f.) begreift die Studentenbewegung und die Neue Linke allerdings noch nicht als genuinen Teil der „neuen sozialen Bewegungen", sondern als historisches „Bindeglied" zwischen der Arbeiterbewegung und den „neuen" Bewegungen. Die „proletarische Wende" bietet den diversen Nachfolgeorganisationen der Studentenbewegung m. E. allerdings nur eine Identifikationshülse, die das revolutionäre Selbst(miß)verständnis dieser Gruppen ein Stück weit trägt, ihm den Schein einer „objektiven" Basis verleiht.

lismuskritischen Bewegungen der 60er Jahre, in den von sozialistisch-libertären Utopien gespeisten Kämpfen um individuelle und gesellschaftliche Emanzipation, einen ersten, in der Industrialismus- und Modernisierungskritik der späten 70er und frühen 80er Jahre einen zweiten Brennpunkt findet. Gegen Mitte der 80er Jahre verblaßt dann - zumindest im Westen - die Mobilisierungskraft dieser Bewegungen. Sie weisen stärkere Institutionalisierungs- und Professionalisierungstendenzen auf. Ökologische und feministische Themen werden parteipolitisch integriert; Selbsthilfe und Selbstorganisation werden Bestandteil neuer institutioneller Regulierungsformen; alternative Lebensstile diffundieren in die Gesellschaft, verlieren zugleich aber auch ihre Attraktion als Fluchtpunkte gesellschaftskritischer Veränderungshoffnungen und Utopien.

Wenngleich die Gestalt sowie die gesellschaftliche und politische Relevanz der „neuen sozialen Bewegungen" von Land zu Land variiert, folgt ihre Entwicklung doch in allen westlichen Demokratien im großen und ganzen demselben zyklischen Muster. Zieht man in Betracht, daß sich umfassende Protestzyklen (Tarrow 1983; 1989) von einem thematischen und sozialen Zentrum aus über die gesamte Gesellschaft verbreiten und in ihrem Sog auch periphere Konfliktpotentiale mobilisieren, so läßt sich damit auch die zum Teil irritierende Heterogenität der Protestakteure, die Verquickung unterschiedlicher, ja gegensätzlicher ideologischer Strömungen in den einzelnen Bewegungen und die thematische Neuaufladung alter - etwa regionalistischer - Konflikte im Kontext dieses Mobilisierungszyklus erklären.

Weitgehender Konsens besteht auch hinsichtlich folgender empirischer Merkmale dieser neuen „Bewegungsfamilie" (Raschke 1985; Brand 1989; Kriesi 1993; Rucht 1994):

Thematisch stehen nicht Verteilungs- oder Machtfragen, sondern Fragen der „Lebensweise", des „Zivilisationsmodells", der Folgeprobleme der industriellen Moderne - Entfremdung, Selbstbestimmung, Lebensqualität, Umweltzerstörung, großtechnische Risiken etc. - im Mittelpunkt. Das ist freilich ein sehr heterogenes Themenspektrum, das themenspezifische Mobilisierungsprozesse begünstigt. Nur in einigen Fällen stützen sich diese Bewegungen auf ein klar umrissenes Mobilisierungspotential (z. B. Frauenbewegung, regionalistische Bewegungen, ethnische Emanzipationsbewegungen)

Was die *politisch-kulturellen Orientierungen* betrifft, so wird zum einen auf ihre Heterogenität verwiesen. So kann sich der Umweltprotest mit unterschiedlichen Weltbildern und Ideologien, mit agrarisch-traditionalistischen, reformistisch-liberalen, öko-sozialistischen oder anarchistisch-libertären Positionen verbinden - und tut dies auch im Rahmen lokaler oder regionaler Mobilisierungsprozesse. Gleiches gilt für den Protest gegen das Risiko atomarer Selbstzerstörung. In der Friedensbewegung der frühen 80er Jahre mischten sich wertkonservative, christliche, radikal-pazifistische, sozialistische, anarchistische, ökologische und feministische Überzeugungen, die - trotz aller Konflikte um Strategien und Aktionsformen - ihre Besonderheiten wechselseitig respektierten. Zum anderen konstatierten empirische Umfragen immer wieder die Dominanz „postmaterialistischer" Wertorientierungen bei der großen Mehrheit von Aktivisten und Anhängern der „neuen sozialen Bewegungen": die Präferenz für Werte wie Selbstverwirklichung, Selbstbestimmung, Partizipation, soziale Gerechtigkeit, sinnerfüllte Arbeit, friedliche, kommunikative Konfliktlösungen, Mitmenschlichkeit, Harmonie mit der Natur usw. Diese *humanistisch-emanzipative Grundorientierung* scheint den verbindenden, kulturellen Resonanzboden der unterschiedlichen themenspezifischen Mobilisierungsprozesse abzugeben.

Was die *Organisationsformen* betrifft, so bringt die Dominanz humanistisch-emanzipativer Grundorientierungen einen Typus sozialer Organisation zur Geltung, der in deutlichem Gegensatz zu den hierarchisch strukturierten, mehr oder weniger bürokratischen Formen der etablierten Interessenvertretung steht: ein Typus dezentraler, basisdemokratischer Organisation, der vor allem in der massenhaften Verbreitung lokaler, lose miteinander vernetzter Bürgerinitiativen und Aktionsgruppen, aber auch in einem neuen Typus professioneller Bewegungsorganisationen Gestalt annimmt. Diese Organisationsprinzipien haben im Selbstverständnis der Bewegungsakteure hohe symbolische Bedeutung für die Werte und Lebensmuster, die sie anstreben.

Die *sozialen Träger* dieser Bewegungen sind, so der übereinstimmende Tenor aller empirischen Studien, überwiegend jung, hoch gebildet und, sofern bereits berufstätig, vor allem in kulturellen und sozialen Dienstleistungsberufen beschäftigt. Das verschafft der These hohe Plausibilität, daß diese Bewegungen Werte, Interessen und Lebensentwürfe eines bestimmten sozialen Milieus, nämlich der im sozialen und kulturellen Sektor verankerten Teile der neuen Mittelklassen, zum Ausdruck bringen.[5]

---

5 Dafür spricht, daß auch historisch frühere Mobilisierungswellen der Frauen-, Friedens- und Umweltbewegung im 19. und frühen 20. Jahrhundert wesentlich von Angehörigen der gebildeten Mittelschichten, von der „humanistischen Intelligenz", getragen wurden. Diese These hinterläßt aber auch einiges Unbehagen, läßt sich heute doch kaum mehr umstandslos von sozialen Lagen auf bestimmte Mentalitätsmuster und Lebensstile schließen. Es liegt auf der Hand, daß die sozialstrukturellen Veränderungen der Nachkriegsjahrzehnte, Individualisierungs- und Enttraditionalisierungsprozesse, nachhaltigen Einfluß auf die Entstehung neuer Vergemeinschaftungsformen, neuer Lebensstile und Mentalitäten ausübten. Die „neuen sozialen Bewegungen" haben an dieser Neuformierung selbst entscheidenden Anteil. Vester u. a (1993) machen allerdings in ihren Milieuanalysen - zumindest für die Bundesrepublik - deutlich, daß dies nicht die Auflösung, sondern nur die „Modernisierung" alter Milieus bedeutet. So macht es, wie mir scheint, auch weiterhin Sinn, die „neuen sozialen Bewegungen" in der historischen Kontinuität einer mit spezifischen La-

3. Der humanistisch-emanzipative Protest der „sozialethischen Gruppen" - Folge eines DDR-spezifischen Selektionsprozesses

Lassen sich so, unabhängig von ihrer spezifisch nationalen Gestalt und Bedeutung, doch typische Merkmale der „neuen sozialen Bewegungen" in westlichen Industrieländern identifizieren, so stellt sich die Frage, ob die in den 80er Jahren im Schutzraum der Kirchen entstehende Oppositionsszene der DDR derselben „Bewegungsfamilie" (Rucht) zugehört.

Theoretisch wäre dies ein eher unwahrscheinlicher Befund. Alle neueren Konzepte der Bewegungsforschung betonen kontextspezifische Aspekte der Entwicklung sozialer Bewegungen. In der Tradition der amerikanischen Bewegungsforschung rücken so vor allem Aspekte der Ressourcenmobilisierung durch Bewegungsorganisationen, Fragen der sozialen Rekrutierung von Aktivisten und Sympathisanten (Anreize, Rekrutierungsnetzwerke), die Effekte der bestehenden politischen Chancenstruktur auf Mobilisierungsprozesse (formelle politische Zugangschancen, Bündnismöglichkeiten, Repressionsgrad usw.) oder die Bedingungen der Durchsetzung neuer, mobilisierungsfähiger Problem- und Situationsdeutungen („Framing") in den Vordergrund. Alle diese Kontextbedingungen sind in sozialistischen Staaten wesentlich andere als in westlichen Staaten.

Die amerikanische Bewegungsforschung kümmert sich allerdings kaum um eine historisch-strukturelle Verortung von Bewegungstypen. Offen bleibt somit, ob die auf Menschen- und Bürgerrechtsfragen fokussierten Oppositionsbewegungen der 80er Jahre in Ost-Mitteleuropa nicht doch dem gleichen historischen Bewegungstypus zugeordnet werden können wie die „neuen sozialen Bewegungen". Eine solche Deutung vertritt, mit Blick auf die sozialethischen Gruppen der DDR ganz explizit z. B. Hubertus Knabe (1988). Auch Touraine und seine Mitarbeiter (1993) legen ein solches Interpretationsmodell ihrer Analyse der Solidarnosc-Bewegung zugrunde. Unterschiedlich wären dann nur die Anlässe sowie die gesellschaftlichen und politischen Entfaltungsbedingungen dieses „neuen" Bewegungstypus.

Diese Deutung erscheint aber selbst aus der strukturellen Perspektive der europäischen Bewegungsforschung sehr gewagt. Letztere konzentrierte sich herkömmlicherweise - so auch im Rahmen der NSB-Debatte - auf historische Strukturbrüche moderner Gesellschaften, auf die damit einhergehende Veränderung von Problem- und Interessenlagen, von Machtstrukturen und Konfliktlinien, die Erosion und die Neuformierung sozialer Klassen, Milieus und kultureller Deutungssysteme. Nun bedarf es aber keiner Detailkenntnis der verschiedenen Oppositionsbewegungen in den Ländern Ost-Mitteleuropas, um zu sehen, daß hier weniger die ökologischen

gen und Mentalitäten der „humanistischen Intelligenz" verbundenen Tradition des kultur- und gesellschaftskritischen Radikalismus zu verorten (Brand 1989).

und sozialen Nebenfolgen eines immer rascheren, eigendynamischen, technisch-industriellen Wachstums- und Modernisierungsprozesses im Vordergrund stehen als vielmehr die systemimmanenten Konflikte des „realen Sozialismus", Menschen- und Bürgerrechtsfragen, moralische Motive der „Wiedergewinnung der eigenen Würde" sowie die ökonomischen Krisenfolgen *blockierter* Modernisierungsprozesse, die den Legitimationsverfall der sozialistischen Regime in Osteuropa in den 80er Jahren stark beschleunigen. Die „neuen sozialen Bewegungen" im Westen und die Oppositionsbewegungen im Osten entwickeln sich so ganz offensichtlich nicht nur unter völlig unterschiedlichen Kontextbedingungen; sie scheinen primär auch auf einen anderen Typus struktureller Problemlagen bezogen zu sein.

Um so erstaunlicher ist die Ähnlichkeit zwischen den „neuen sozialen Bewegungen" in Westdeutschland und der seit Beginn der 80er Jahre in kirchlichen Schutzräumen der DDR sich formierenden gegenkulturellen Oppositionsszene von Friedens-, Ökologie-, Menschenrechts-, Dritte-Welt- und Frauengruppen.[6] Ins Auge springt zunächst die *Analogie der Themen und Protestmotive*, insbesondere in der Formierungsphase der „sozialethischen" Gruppen Ende der 70er, Anfang der 80er Jahre. „Was viele zu diesen Gruppen führt, ist ein hohes Maß an subjektiver Betroffenheit, ein Leiden an den derzeitigen Problemen gesellschaftlichen Wandels, seien es nun Probleme der Ökologie, des Wettrüstens, des Hungers in der Welt oder der Gerechtigkeit und Freiheit im eigenen Land." (Pollack 1990: 129) Das sind dieselben *globalen* Themen, die auch im Westen Betroffenheit auslösen und Protestbereitschaft schaffen. Und es ist derselbe Wunsch nach Selbstbestimmung, nach Befreiung von entmündigenden Herrschaftsstrukturen, der im Westen wie im Osten die neue Systemopposition nährt - auch wenn die Erfahrung von Bevormundung, Gängelung und Zwangshomogenisierung in der DDR eine andere, ungleich existentiellere Qualität besitzt als in westlichen Demokratien.

Es sind darüber hinaus *ähnliche Gruppen der Bevölkerung*, die eine hohe Sensibilität für diese Fragen entwickeln. Diese zunächst von Knabe (1988: 561) aufgestellte These wird nicht nur durch eine ganze Reihe persönlicher Erfahrungsberichte, sondern auch durch eine 1989 und 1993 in Ostberlin und Leipzig durchgeführte Befragung aktiver Mitglieder von „Oppositions-, Bürger- und Projektgruppen" bestätigt, die „keine relevanten sozialstrukturellen Unterschiede zwischen Ost- und Westgruppen" zeigt (Blattert u. a. 1994: 11). Ähnlich problematisch wie im Westen ist allerdings auch im Osten die Frage der Milieuzuordnung. Ist es im Westen vorrangig die junge „postmaterialistische" Generation der neuen Mittelschichten, vor

---

6 Einen Überblick über Struktur und Entwicklung der ostdeutschen Oppositionsszene bieten u. a. Blattert/Rink/Rucht 1994; Findeis u. a. 1994; Haufe/Bruckmeier 1993; Knabe 1992; Müller-Enbergs u. a. 1991; Pollack 1990; Probst 1993; Rink 1991; Rink 1995; Wielgohs/Schulz 1993.

schichten, vor allem aus dem Humandienstleistungsbereich, so ist es in der DDR vorrangig die junge Generation der „alternativen Protestanten" aus bildungsbürgerlichen Herkunftsmilieus (Rink 1995).[7] Zwar ist nicht ganz klar, ob dieser aus einer Leipziger Milieustudie gewonnene empirische Befund auf die Oppositionsszene der DDR insgesamt übertragen werden kann, inwieweit das protestantische Milieu ganz generell als politisch-kulturelle Ressource (Neubert 1991) und über typische Biographiemuster das Engagement in sozialethischen Gruppen präformierte oder inwieweit es den systemkritischen, von unterschiedlichen Erfahrungen und kulturellen Traditionssträngen geprägten Protest im Schutzraum der Kirchen nur sozialisatorisch „überformte" (Bruckmeier 1993). Konsens scheint aber darüber zu bestehen, daß ein christlich gefärbtes Verständnis humanistischer Grundwerte wie Gerechtigkeit, Solidarität, Frieden, Bewahrung der menschlichen Würde, Verantwortung für die Schöpfung usw. eine zentrale Bedeutung für die Arbeit der sozialethischen Gruppen besaß (u. a. Elvers 1994; Probst 1993).

Mit Hilfe welcher kulturellen Traditionsstränge, gegenkulturellen Bilder und Utopien diese humanistisch-emanzipative Grundorientierung im Westen wie im Osten nun auch immer ausbuchstabiert wurde, für unsere Fragestellung ist entscheidend, daß das Engagement in den „neuen sozialen Bewegungen" wie in den sozialethischen Gruppen der DDR überwiegend von „postmaterialistisch"[8] orientierten Angehörigen der jüngeren Generation getragen wird, deren Protest sich vorrangig aus der moralischen Betroffenheit über die Diskrepanz zwischen den offiziell propagierten Werten und der gesellschaftlichen Realität speist. Das ist die klassische Form des humanistischen „middle class radicalism" (Parkin 1968; Brand 1989), der in diesen Bewegungen nur in neuer, in Ost und West jeweils anders konturierter Gestalt die historische Bühne betritt. In beiden Fällen ist diese humanistisch-emanzipative Grundorientierung auch mit einer klaren *Präferenz für basisdemokratische Organisationsmodelle* verbunden (Findeis 1994: 247).

Ich möchte hier auf die Entwicklung der Oppositionsbewegung in der DDR nicht näher eingehen. Es ist klar, daß die Dynamik dieser Entwicklung, die jeweiligen Konfliktthemen, die spezifischen Diskurse innerhalb der oppositionellen Gruppen, die sukzessiv, über verschiedene symbolträchtige Protestereignisse sich vollziehende Vernetzung und Politisierung der Oppositionsszene bis hin zur „friedlichen

---

7 „Die tradierten Werte der Reste des protestantisch geprägten bildungsbürgerlichen Milieus wie (Konsum-)Askese, Bescheidenheit, Einfachheit, Streben nach Wahrhaftigkeit und Gerechtigkeit, ließen sich auch gut mit ökologischen Forderungen und Orientierungen in Einklang bringen" (Rink 1995: 205).

8 Die Verwendung des „Postmaterialismus"-Konstrukts impliziert nicht notwendig die Übernahme des Inglehartschen Konzepts. Das Prädikat „postmaterialistisch" steht hier rein deskriptiv für die Präferenz von humanistischen und Selbstbestimmungswerten gegenüber materiellen Wohlstands-, Sicherheits- und Ordnungswerten.

Revolution" von den besonderen Rahmenbedingungen, den internen Widersprüchen und externen Abhängigkeiten der DDR (z. B. der Erweiterung von Reformchancen durch die sowjetische Perestroika) geprägt wurde. Diese Entwicklung folgte einer Binnendynamik, zu deren Erklärung Art und Verlauf der „neuen sozialen Bewegungen" in der Bundesrepublik nichts beitragen kann. Letztere verlieren ohnehin ab Mitte der 80er Jahre ihre breite Mobilisierungskraft und unterliegen einem raschen Veralltäglichungs- und Institutionalisierungsprozeß.

Die Frage ist somit nicht, ob und inwieweit die verschiedenen Erklärungsmodelle der „neuen sozialen Bewegungen" auch etwas zur Erklärung der *Entwicklungsdynamik* der ostdeutschen Oppositionsbewegung beitragen können. Soweit hier die analytischen Konzepte der neueren Bewegungsforschung gemeint sind (Rucht 1992), so erheben sie natürlich den Anspruch, Mobilisierungsbedingungen und Entwicklungsdynamiken von Protestbewegungen ganz unterschiedlicher Art erklären zu können, auch wenn ihre Übertragung auf sozialistische Gesellschaften analytische Schwächen sichtbar machte, die aus der Modellierung dieser Konzepte am historischen Beispiel westlicher Bewegungen herrühren. Die eigentliche Kontroverse bezieht sich auf die Frage, ob die im Rahmen der NSB-Debatte entwickelten historisch-strukturellen Deutungen der seit dem Ende der 60er Jahre in westlichen Industriegesellschaften auftretenden neuen Bewegungen - angesichts ihrer Ähnlichkeit mit der im Schutzraum der evangelischen Kirche sich entwickelnden Szene sozial-ethischer Gruppen - auch die Verbreitung der ostdeutschen Oppositionsszene erklären kann. Noch pointierter gefragt: Sind die Oppositionsgruppen der DDR, aus deren Netzwerken und Gegenmilieus die Bürgerbewegung der Jahre 1989/90 erwächst, als „neue soziale Bewegungen" zu begreifen? Knabe (1988) vertritt explizit diese These. Erstens habe auch in der DDR der ökonomische Wandel zum Anwachsen der „neuen Mittelschichten" (als Träger der neuen Bewegungen) geführt. Zweitens habe sich auch in der jüngeren Generation der DDR, die „in Verhältnissen materieller und persönlicher Sicherheit mit vergleichsweise hohem Lebensstandard" (Knabe 1988: 562) groß geworden sei, ein ähnlicher Wertwandel von traditionellen Ordnungs-, Pflicht- und Leistungswerten zu hedonistischen und postmaterialistischen Orientierungen vollzogen, wenn auch aufgrund des Modernisierungsrückstandes in verspäteter und gebremster Form. Beides führe auch in Ostdeutschland zur Entstehung eines neuen, „postmaterialistischen" Konfliktpotentials, das sich an den Folgeproblemen des industriellen Wachstums- und Zivilisationsmodells reibe.

Nun kann man diese Argumente - aufgrund der neuen Datenlage entsprechend relativiert[9] - durchaus akzeptieren, ohne die pauschale Schlußfolgerung Knabes zu

---

9 Rink kritisiert zurecht die „überzogene" Akzentuierung postindustrieller Momente in der sozioökonomischen Entwicklung der DDR (Rink 1991: 69). Was die These des Wertewandels betrifft, so liegen keine mit westlichen Umfragen vergleichbaren empirischen Da-

übernehmen. Die nach der Wende sich entwickelnde Diskussion über Art, Besonderheit und Rolle der ostdeutschen Oppositionsbewegung hat, verständlicherweise, aufgrund der nun erheblich verbesserten Materialbasis die DDR-spezifischen Kontextbedingungen der Oppositionsgruppen stärker in den Vordergrund gerückt. Danach ergibt sich ein ganzer Kranz von Faktoren, die wohl nur insgesamt die Herausbildung der ostdeutschen Oppositionsszene in ihrer spezifischen Gestalt erklären können.[10] Ich kann diese Faktoren hier nur kurz auflisten, ohne sie im einzelnen zu diskutieren:

1. die demotivierenden Folgen des frühen, gescheiterten, von der alten Arbeiterklasse getragenen Aufstands von 1953;
2. der antifaschistische Konsens der Intelligenz, der eine „negative Identität" des „guten Deutschen" mit der sozialistischen Ideologie schuf und die kritische Aufarbeitung des Stalinismus blockierte. Diese Tradition wirkte noch in der starken Resonanz sozialistischer Utopien in den Oppositionsgruppen der 80er Jahre nach, zu einer Zeit, in der in anderen ost-mitteleuropäischen Ländern bereits eine totale Desillusionierung gegenüber marxistischen Ideen vorherrschte;
3. die Zweistaatlichkeit, die polare, am Gegenbild der BRD gewonnene antikapitalistische Legitimation des sozialistischen Deutschland, die den Reformspielraum ideologisch einengte;
4. die Existenz einer offenen Medienlandschaft gegenüber dem Westen, die - mittels psychologischer Übertragungsprozesse - die Möglichkeit einer distanzierten Haltung eröffnete, ohne eine eigene oppositionelle Identität ausbilden zu müssen;
5. die exit-Option nach Westen, die ein wirksames Ventil für entstehenden Binnendruck darstellte;
6. die Sonderrolle der evangelischen Kirche, die auf der Basis des Konzepts einer „kritischen Solidarität" tolerierte Schutzräume für marginalisierte, zunächst eher

---

ten vor. Die These läßt sich somit nur indirekt an kulturellen Ausdrucksformen und Trends belegen. So weist Rink (1995) z. B. in seiner Studie des Leipziger Alternativmilieus auf die im großen und ganzen parallele Verbreitung (gegen)kultureller Szenen und Musikströmungen in West- und Ostdeutschland hin; in der DDR wurden sie nur stärker unterdrückt. Rossade (1987) beobachtet auch in der DDR eine zu Beginn der 70er Jahre einsetzende Differenzierung und Pluralisierung von Lebensstilen. Auch Gransow (1984) identifiziert schon früh die Existenz einer „alternativen Kultur".

10 Ich beziehe mich auch jetzt nur auf strukturelle Faktoren oder Rahmenbedingungen, die die Herausbildung der spezifischen Art der ostdeutschen Opposition erklären können, nicht auf die Faktoren, die die Konfliktdynamik ab Mitte der 80er Jahre bis hin zum Zusammenbruch des Regimes vorantreiben. Diese strukturellen Faktoren werden u. a. diskutiert in Grunenberg 1990; Joas/Kohli 1993; Lemke 1991; Meuschel 1990, 1992, 1993; Knabe 1992; Neubert 1990, 1991; Wielgohs/Schulz 1990.

unpolitische Oppositionsgruppen zur Verfügung stellte, ideologische - christlich-humanistische - Anknüpfungsmöglichkeiten für die kritische Thematisierung von Umweltzerstörung, von Rüstung und gesellschaftlichen Militarisierungstendenzen bot und den Binnendiskurs der sozialethischen Gruppen durch kritische kirchliche Mitarbeiter selbst stark beeinflußte;

7. politisch-kulturelle Traditionen (Krise der nationalen Identität, anti-militaristische Reaktionsbildung, naturromantische Traditionen, idealistisches Staatsverständnis usw., die in der DDR ähnliche Resonanzen für zivilisationskritische Themen (Umwelt, Frieden) schufen wie im Westen;

8. der vergleichsweise hohe Kontroll- und Repressionsgrad der DDR-Gesellschaft durch den aufgeblähten Sicherheitsapparat, der wenig Entfaltungschancen für systemkritische Diskurse bot und den Rückzug in private Nischen förderte;

9. der im Vergleich mit anderen Ostblockländern relativ hohe Grad materieller Sicherheit und sozialer Versorgung, der soziale Protestmotive entschärfte;

10. nicht zuletzt der bereits angesprochene kulturelle Generationskonflikt, der in den von den Prosperitäts- und Sicherheitserfahrungen der 70er Jahre geprägten Altersgruppen Ende der 70er, Anfang der 80er Jahre aufbricht und sich an der Friedens- und Umweltthematik kristallisiert.

Daß die ostdeutsche Oppositionsbewegung in der Form sozialethischer, kirchlich geprägter, vorrangig auf Friedens- und Umweltthemen orientierter Gruppen Gestalt annimmt, hat so mit einer ganzen Reihe von Faktoren zu tun, die eine *politisch-strukturelle Selektion* der bestehenden Protestpotentiale bewirken. Daß sich die „neuen sozialen Bewegungen" in Westdeutschland und die sozialethischen Gruppen in Ostdeutschland in vielerlei Hinsicht ähneln, läßt sich so nicht einfach als analoge Reaktion auf die Folgeprobleme und Widersprüche moderner Industriegesellschaften begreifen. Zwar verkörperte auch die DDR eine Variante des industrialistischen Produktivismus und eine besonders ruinöse. Die daran sich entzündende Zivilisationskritik oppositioneller Gruppen fand in der industriellen Arbeitsgesellschaft der DDR und ihrer materialistischen Mehrheitskultur aber eine vergleichsweise geringe Resonanz (Probst 1993: 28). Kern der wachsenden Legitimationskrise der DDR waren vielmehr die Defizite des DDR-spezifischen Modernisierungsprozesses. Die beständige Diskrepanz zwischen offizieller Rhetorik und Alltagserfahrung, die immer größer werdende Kluft zwischen dem Lebensstandard der DDR und der Bundesrepublik, fehlende individuelle Gestaltungsräume, ständige Bevormundung, wachsende Produktivitätsprobleme und die zunehmende Enttäuschung über die Innovations- und Reformunfähigkeit des Regimes - all das nährte eine tiefgreifende politische Desillusionierung. Diese führte mehrheitlich aber nicht zu offenem Protest, sondern zur „Abwanderung in die Innerlichkeit, ins Rein-Private" (Mischke 1984), in die „Nischengesellschaft" (Gaus 1986), die ein abstumpfendes Sich-

Arrangieren, „eine Spaltung des politisch-sozialen Bewußtseins in ein öffentliches und ein privates" förderte (Sontheimer 1990: 73).

So blieb es den sozialethischen Gruppen trotz ihrer relativen Marginalität überlassen, „dem kollektiven Unbehagen am System eine politische Stimme zu geben. Durch die Thematisierung gesellschaftlicher Defizite, ihre Verweigerung gegenüber den vom System verlangten Anpassungsleistungen und ihre Suche nach einer 'sinngebenden Lebenspraxis' ... (brachen sie) nicht nur mit den ideologischen Leerformeln des 'realen Sozialismus', sondern auch mit den von der SED gepflegten obrigkeitsstaatlichen Mustern traditioneller deutscher Kultur" (Probst 1993: 40). Kulturelle Transfers, die Übernahme industrialismuskritischer Oppositionsdiskurse aus der Bundesrepublik, mögen darüber hinaus eine verstärkende Rolle gespielt haben. Entscheidend ist aus meiner Sicht aber, daß die Rahmenbedingungen der DDR aus den möglichen, resonanzfähigen Oppositionsmotiven und Protestformen *nur diese eine Variante humanistisch-emanzipativer Zivilisations- und Systemkritik selegierten und ihr im Rahmen der kirchlichen Schutzräume begrenzte Entfaltungschancen boten.*

Die bestehenden thematischen, ideologischen und sozialen Ähnlichkeiten der „neuen sozialen Bewegungen" mit der ostdeutschen Oppositionsszene belegen somit zum einen, daß sich in den 80er Jahren in beiden Teilen Deutschlands in der Tat oppositionelle Bewegungen ein und desselben Bewegungstypus herausgebildet haben. Sie verdecken aber, daß der gesellschaftliche Stellenwert dieses humanistisch-emanzipativen Protests in jedem der beiden Länder sehr unterschiedlich ist. In der Bundesrepublik ist es der dominante Bewegungstypus, der - bei hoher öffentlicher Resonanz und im Rahmen einer relativ offenen politischen Chancenstruktur - für eine bestimmte Zeit alle anderen Konfliktthemen in den Hintergrund drängt. Dagegen besitzt dieser Bewegungstypus in der DDR zunächst nur eine marginale Rolle. Allein dadurch, daß die sozialethischen Gruppen das verbreitete Unbehagen am System der DDR als einzige politisch artikulieren, wächst ihnen sukzessive eine breitere Orientierungs- und Vernetzungsfunktion für reformorientierte Kräfte in der Gesellschaft zu. Während sie so den Diskurs der in der Wendezeit rasch anschwellenden Bürgerbewegungen prägen können, verlieren sie nach der Öffnung der Mauer und der deutschen Vereinigung, mit der Schaffung alternativer, materialistischer Optionen für die Mehrheitskultur der ehemaligen DDR, rasch wieder an Bedeutung. Sie teilen dabei das Schicksal der „neuen sozialen Bewegungen" im Westen, deren Protestmotive und Gegenutopien seit Mitte der achtziger Jahre ebenfalls erheblich an Attraktion und Mobilisierungskraft verlieren. Anders als in Ostdeutschland haben diese Bewegungen aber im Westen nicht nur ein 'grün-alternativ' sozialisiertes Milieu und - vor allem auf lokaler Ebene - eine relativ dichte Infrastruktur von Bewegungsorganisationen hinterlassen, sondern auch zur Institutionalisierung neuer Formen zivilgesellschaftlichen Engagements geführt (vgl. Roth 1994).

Literatur

Beck, Ulrich: *Risikogesellschaft. Auf dem Weg in eine andere Moderne*, Frankfurt 1986

Blattert, Barbara/Rink, Dieter/Rucht, Dieter: Von den Oppositionsgruppen der DDR zu den neuen sozialen Bewegungen in Ostdeutschland?, in: *WZB FS III* (1994), 94-101

Brand, Karl-Werner: *Neue soziale Bewegungen. Entstehung, Funktion und Perspektive neuer Protestpotentiale. Eine Zwischenbilanz*, Opladen 1982

Brand, Karl-Werner/Büsser, Detlef/Rucht, Dieter: *Aufbruch in eine andere Gesellschaft. Neue soziale Bewegungen in der Bundesrepublik*, Frankfurt/M. 1983

Brand, Karl-Werner (Hg.): *Neue soziale Bewegungen in Westeuropa und den USA*, Frankfurt/M. 1985

Brand, Karl-Werner: *Zyklen des „Middle Class Radicalism"*, Habilitationsschrift, Technische Universität München 1989

Elvers, Wolfgang: Politische Einstellungen der Gruppenvertreter vor der Wende, in: Findeis, Hagen u. a.: *Die Entzauberung des Politischen*, Leipzig/Berlin 1994

Findeis, Hagen: Die Struktur der Gruppen vor der Wende. *Was ist aus den politisch alternativen Gruppen in der DDR geworden?*, in: Findeis, Hagen u. a.: *Die Entzauberung des Politischen. Was ist aus den politisch alternativen Gruppen in der DDR geworden?*, Leipzig/Berlin 1994, 241-268

Gaus, Günter: *Wo Deutschland liegt. Eine Ortsbestimmung*, München 1986

Gransow, Volker: Fünf Kulturen und ein Trilemma. Notizen zur DDR-Kulturpolitik, in: *DDR-Report* 8 (1984)

Grunenberg, Antonia: *Aufbruch der inneren Mauer. Politik und Kultur in der DDR 1971-1990*, Bremen 1990

Habermas, Jürgen: *Theorie des kommunikativen Handelns*, 2 Bd., Frankfurt/M. 1981

Haufe, Gerda/Bruckmeier, Karl (Hg.): *Die Bürgerbewegungen in der DDR und in den ostdeutschen Bundesländern*, Opladen 1993

Inglehart, Ronald: Wertwandel in westlichen Gesellschaften. Politische Konsequenzen von materialistischen und postmaterialistischen Prioritäten, in: Klages, Helmut/Kmieciak, Peter (Hg.): *Wertwandel und gesellschaftlicher Wandel*, Frankfurt/M. 1979

Inglehart, Ronald: Traditionelle politische Trennungslinien und die Entwicklung der neuen Politik in westlichen Gesellschaften, in: *Politische Vierteljahresschrift* 24 (1983), 139-165

Joas, Hans/Kohli, Martin (Hg.): *Der Zusammenbruch der DDR. Soziologische Analysen*, Frankfurt/M. 1993

Knabe, Hubertus: Neue Soziale Bewegungen im Sozialismus. Zur Genesis alternativer politischer Orientierungen in der DDR, in: *KZSS* 40 (1988), 551-569

Knabe, Hubertus: Politische Opposition in der DDR. Ursprünge, Programmatik, Perspektiven, in: *Aus Politik und Zeitgeschichte* B 1-2 (1990), 21-32

Knabe, Hubertus: Opposition in einem halben Land, in: *Forschungsjournal Neue soziale Bewegungen* 1 (1992), 9-15

Kriesi, Hanspeter: Neue soziale Bewegungen. Auf der Suche nach ihrem gemeinsamen Nenner, in: *Politische Vierteljahresschrift* 28 (1987), 315-334

Kriesi, Hanspeter: *Political Mobilization and Social Change. The Dutch Case in Comparative Perspective*, Aldershot 1993

Lemke, Christiane: *Die Ursachen des Umbruchs 1989. Politische Sozialisation in der ehemaligen DDR*, Opladen 1991

Melucci, Alberto: The New Social Movements. A Theoretical Approach, in: *Social Science Information* 19 (1980), 199-226

Melucci, Alberto: The Symbolic Challenge of Contemporary Movements, in: *Social Research* 52 (1985), 789-815

Meuschel, Sigrid: Wandel durch Auflehnung. Thesen zum Verfall bürokratischer Herrschaft in der DDR, in: *Berliner Journal für Soziologie* 1 (1991), 15-27

Meuschel, Sigrid: *Legitimation und Parteiherrschaft in der DDR*, Frankfurt/M. 1992

Meuschel, Sigrid: Revolution in der DDR. Versuch einer sozialwissenschaftlichen Interpretation, in: Joas, Hans/Kohli, Martin (Hg.): *Der Zusammenbruch der DDR*, Frankfurt/M. 1993, 93-114

Mischke, Roland: DDR-Friedensarbeit an der Basis. Erfahrungen eines Außenseiters, unv. Manuskript zitiert nach Lothar Probst, *Ostdeutsche Bürgerbewegungen und Perspektiven der Demokratie*, Köln 1993, 28

Müller-Enbergs, Helmut/Schulz, Marianne/Wielgohs, Jan (Hg.): *Von der Illegalität ins Parlament*, Berlin 1991

Neubert, Erhart: *Eine protestantische Revolution*, Osnabrück 1990

Neubert, Erhart: Protestantische Kultur und DDR-Revolution, in: *Aus Politik und Zeitgeschichte* 19 (1991), 21-35

Offe, Claus: New Social Movements: Challenging the Boundaries of Institutional Politics, in: *Social Research* 52 (1985), 817-868

Parkin, Frank: *Middle Class Radicalism. The Social Basis of the Campaign for Nuclear Disarmament*, Manchester 1968

Pollack, Detlef (Hg.): *Die Legitimität der Freiheit. Politisch alternative Gruppen unter dem Dach der Kirche*, Frankfurt/M. 1990

Pollack, Detlef (Hg.): Sozialethisch engagierte Gruppen in der DDR, in: ders.: *Die Legitimität der Freiheit. Politisch alternative Gruppen unter dem Dach der Kirche*, Frankfurt/M. 1990, 115-154

Probst, Lothar: *Ostdeutsche Bürgerbewegungen und Perspektiven der Demokratie*, Köln 1993

Raschke, Joachim: *Soziale Bewegungen. Ein historisch-systematischer Grundriß*, Frankfurt/M. 1985

Rink, Dieter: Soziale Bewegungen in der DDR: Die Entwicklung bis Mai 1990, in: Roth, Roland/Rucht, Dieter (Hg.): *Neue soziale Bewegungen in der Bundesrepublik Deutschland*, Bonn 1991, 54-70

Rink, Dieter: Das alternative Milieu in Leipzig. Zwischen alten und neuen Eliten, in: Vester, Michael/Hofmann, Michael/Zierke, Irene (Hg.): *Soziale Milieus in Ostdeutschland*, Köln 1995

Rossade, Werner: Kulturelle Muster in der DDR, in: Berg-Schlosser, Dirk/Schissler, Jakob (Hg.) *Politische Kultur in Deutschland*, Opladen 1987, 229-237

Roth, Roland: Demokratie von unten. Neue soziale Bewegungen auf dem Weg zur politischen Institution, Köln 1994

Rucht, Dieter: *Research on Social Movements. The State of the Art in Western Europe and the USA*, Frankfurt/Boulder 1991

Rucht, Dieter: *Modernisierung und neue soziale Bewegungen*, Frankfurt/M. 1994

Sontheimer, Kurt: *Deutschlands politische Kultur*, München 1990

Szabó, Máte: Neue soziale Bewegungen in Ungarn, in: Luthardt, Wolfgang/Waschkuhn, Arno (Hg.): *Politik und Repräsentation*, Marburg 1988, 302-317

Tarrow, Sidney: *Struggling to Reform. Social Movements and Policy Change during Cycles of Protest*, Occasional Paper No. 15, Center for International Studies, Cornell University 1983

Tarrow, Sidney: *Democracy and Disorder. Protest and Politics in Italy 1965-1975*, Oxford 1989

Touraine, Alain: *The Self-Production of Society*, Chicago 1977

Touraine, Alain: *The Voice and the Eye. An Analysis of Social Movements*, New York 1981

Touraine, Alain, u. a.: *Die antinukleare Prophetie. Zukunftsentwürfe einer sozialen Bewegung*, Frankfurt/New York 1982

Touraine, Alain u. a.: *Solidarity*, Cambridge 1993

Vester, Michael u. a.: *Soziale Milieus im gesellschaftlichen Strukturwandel. Zwischen Integration und Ausgrenzung*, Köln 1993

Wielgohs, Jan/Schulz, Marianne: Reformbewegung und Volksbewegung. Politische und soziale Aspekte im Umbruch der DDR-Gesellschaft, in: *Aus Politik und Zeitgeschichte* B 16-17 (1990), 15-24

Protest in einer Organisationsgesellschaft
Politisch alternative Gruppen in der DDR

Kai-Uwe Hellmann

Auch wenn es schon wieder ein paar Jahre zurückliegt, handelt es sich beim „Zusammenbruch des real existierenden Sozialismus" (Leggewie 1994: 3) doch um ein einzigartiges, geradezu unerhörtes Ereignis, das Einmaligkeit beanspruchen kann und gewissermaßen - wenn auch mit umgekehrtem Vorzeichen - an die erste Mondlandung erinnert, ein Ereignis also, das in dieser Qualität unwiederholbar scheint. Gleichwohl ist es schon wieder Geschichte, real existierendes Sediment im Ereignishorizont dieser schnellebigen Zeit. Viel zu viel passiert zugleich, als daß man noch fähig wäre, wirklich Schritt zu halten mit einer Entwicklung, die sich gleichermaßen im Lokalen wie im Globalen abspielt. Alles ist im Fluß. Und dennoch: Wann bricht schon ein ganzes Gesellschaftssystem zusammen, wann scheitert eine Utopie?

„Der Sozialismus ist tot, es lebe der Kapitalismus!" Geht man von den Fakten aus, dann macht es den Eindruck, als ob der Kapitalismus gesiegt hätte - ist das Ende der Geschichte gekommen? Beginnt jetzt das tausendjährige Reich des Kapitalismus? Niemand vermochte wirklich vorauszusagen, daß der real existierende Sozialismus aufhören wird, real zu existieren, und doch ist es passiert. Das Gleiche könnte dem real existierenden Kapitalismus widerfahren, auch wenn es jetzt noch nicht danach ausschauen mag. Woran aber liegt es, daß die sozialistische Option gescheitert ist, während die kapitalistische noch fortbesteht?

In den folgenden Ausführungen wird die These vertreten, daß der „Sieg des Kapitalismus" etwas damit zu tun hat, wie eine Gesellschaftsordnung mit Neuerungen, Abweichungen, Forderungen nach Veränderung und Wandel umgeht, ob mit Neugier, vor allem aber Offenheit oder nicht. Das betrifft zwar nicht nur das politische System; doch zeigt gerade die 'Politische Kybernetik' (Deutsch 1969), also die Art und Weise, wie ein politisches System sich selbst auf Verunsicherung, auf Lernen, also auf Komplexität einläßt, inwiefern nicht nur die „Kalkulation von Strukturänderungen zum normalen Geschäft der Politik" gehört, sondern „das lernfähige Denken in einem Horizont anderer Möglichkeiten" (Luhmann 1971: 42) insgesamt ein Licht wirft auf die Evolutionsfähigkeit einer gesellschaftlichen Ordnung. Dabei stellt gerade Protest diese Fähigkeit einer Gesellschaft permanent auf die Probe.

1. Evolution durch Protest

Jede Gesellschaft braucht Evolution, und Evolution braucht Protest. Zumindest kann Protest als Ressource fungieren, um mit einer sich verändernden Welt Schritt zu halten und nicht in Stillstand zu verharren; andernfalls besteht die Gefahr, den An-schluß zu verpassen und damit den Fortbestand der gesellschaftlichen Existenz zu gefährden.

Wenn sich der Status quo einer Gesellschaft im Lob der Routine erschöpft und zur Norm erhoben wird, dann stellt jede Abweichung von dieser Norm des „Weiter so" eine Innovation dar, die als Chance zur Evolution verstanden werden kann. Da-bei setzt die Abweichung von einer Norm schon mit jeder Form von *Negation* ein: Neinsagen unterbricht die Routine, blockiert das schlichte Fortführen des Gewohn-ten und läßt Innehalten, um die Situation neu zu überdenken. Nicht Affirmation, sondern Kritik des Bestehenden, Reflexion auf das Risiko der Routine birgt somit ein eminent wichtiges Potential für Evolution, und Negation ist quasi der Nukleus dieses Evolutionspotentials.

Gesellschaftlich äußert sich dieses Potential häufig in *Protest*, im Widerspruch gegen den Status quo und dem Anspruch auf Veränderung. Insofern konfrontiert Protest mit Kontingenz: Es geht auch anders; es gibt Alternativen, weshalb es gilt, wach zu bleiben und Veränderungen für Veränderungen zu nutzen. Von daher kann gerade Protest als Chance zur Evolution einer Gesellschaft verstanden werden, als kollektiv verdichtete Form der Negation des Status quo, die in Bewegung hält und damit dynamische Stabilität bewirkt, das Gleichbleiben im Anderswerden, Kontinui-tät durch Diskontinuität.[1]

Ausgehend von diesem Verständnis von Protest als Evolutionspotential ist jedoch bemerkenswert, daß nicht jede Gesellschaft gleichermaßen offen und aufnahmefähig ist für Normabweichungen. Betrachtet man etwa archaische Gesellschaften, so vermitteln diese häufig den Eindruck, äußerst rigide gegen Störungen der Routine vorzugehen und viele *Tabous*[2] vorzuhalten, um Wandel zu verhindern. Das Maß an Konformität und Kontrolle des Verhaltens ist hoch, jede Abweichung von der Norm wird streng geahndet, was besonders im Umgang mit Fremden zum Ausdruck kommt. So werden Fremde, sofern sie nicht durch *Rites de passage* versklavt wer-den, verehrt oder vertrieben (vgl. Stichweh 1992: 302f.; 1994a: 75). Anders in hochkulturellen Gesellschaften, in denen die Toleranz gegenüber Fremden weitaus

---

1 Insbesondere Alain Touraine (1976) hat sich mit der Verbindung von Protest und Evo-lution beschäftigt. Siehe auch Lauer 1976.
2 Vgl. Freud 1995: 66ff. Siehe auch Emile Durkheims (1981: 118ff.) Überlegungen zur Funktion und Struktur *repressiven* Rechts in niedrigen, *segmentär* differenzierten Gesell-schaften.

größer ist, was sich etwa darin zeigt, daß Fremde nicht nur geduldet, sondern häufig auch gebraucht werden, um Statuslücken in der Schichthierarchie einzunehmen, wodurch sie weniger eine Bedrohung darstellen als vielmehr einen Bedarf decken (vgl. Stichweh 1992: 305f.; 1994b: 210; Hahn 1994: 159ff.). Neues wird somit nicht grundsätzlich als Gefahr erfahren, sondern auch als Chance wahrgenommen, und Abweichung von der Norm ist zwar nicht gerade erwünscht, wird in begrenztem Maße aber zugelassen.

Schließlich ist für die moderne Gesellschaft festzustellen, daß sie auf Neues geradezu abonniert ist und die Abweichung von der Norm zum Prinzip erklärt. „Das Neue wird seither um seiner selbst willen geschätzt und mit System und Bedacht generiert." (Leggewie 1994: 4) Nicht mehr die Vergangenheit stellt den primären Erwartungshorizont dar, sondern Zukunft (vgl. Kosselleck 1984); nicht mehr Tradition, sondern Kontingenz ist der Eigenwert der Moderne (vgl. Luhmann 1992). Das äußert sich auch im Umgang mit Fremden, die keine Ausnahme mehr darstellen, sondern die Regel, da es mit der Durchsetzung funktionaler Differenzierung zur „Generalisierung der Fremdheit"[3] kommt: Routine ist, daß man sich via Rollen begegnet, nicht als Personen, die füreinander fremd bleiben. Man kennt sich, sofern man eine Rolle spielt, bleibt sich als Person aber weitgehend unvertraut. Jeder ist anders, weil anders als andere, jeder hat Individualität und zeichnet sich gerade dadurch aus, und eben das macht uns füreinander fremd. Von daher kommt es nicht auf die Norm an, sondern auf die Abweichung, auch wenn die Abweichung von der Norm wiederum als Norm erscheint. „Individuum-Sein wird zur Pflicht."[4]

Ein Grund dafür, daß insbesondere archaische, aber auch hochkulturelle Gesellschaften dazu neigen, die Norm als Orientierungswert zu präferieren, und ihnen die Abweichung allenfalls zur Reflexion von Alternativen dient, während es sich bei der modernen Gesellschaft eher umgekehrt verhält, hat damit zu tun, daß diese Gesellschaften über eine jeweils andere Evolutionsfähigkeit verfügen. Dabei ist mit Evolutionsfähigkeit die Fähigkeit gemeint, Evolution zuzulassen, sich darauf einzustellen und daraus Vorteile zu ziehen. Im Falle von Gesellschaften geht es darum, inwiefern sie genügend Pufferpotential bereitstellen, um sich auf Evolution einzulassen, ohne davon überfordert zu werden. Will man verstehen, wie dies zusammengeht, muß man nach dem spezifischen Verhältnis von Evolutionsmechanismen und Differenzierungsformen fragen.

---

3 Hahn 1994: 162. Siehe auch Stichwehs (1994: 212) Rede von der „Omnipräsenz des Fremden" in der Moderne.
4 Luhmann 1989: 251. Schärfer noch Beck (1993: 152): „Die Menschen sind zur Individualisierung verdammt."

2. Evolution und Differenzierung

Luhmann unterscheidet in Anlehnung an Charles Darwin zwischen drei Mechanismen, die in ihrem Zusammenwirken Evolution ermöglichen: *Variation, Selektion* und *Stabilisierung*. Auf der basalen Ebene haben wir es mit dem Mechanismus der Variation zu tun; im Kern handelt es sich um das Moment der Negation, um die Konfrontation mit Kontingenz: Es geht auch anders. Variation gibt es ständig, aber nicht jede Variation bedeutet Evolution. Damit eine Variation zum Anlaß für Evolution wird, muß sie herausgehoben werden aus der Entropie der Variationsvielfalt: Selektion muß einsetzen, bestimmte Variationen müssen anderen vorgezogen werden. Aber selbst die Selektion einer Variation bewirkt noch nicht automatisch Evolution, da die Selektion eine Variation zwar als Kandidat für Evolution reserviert, aber nicht realisiert. Damit schließlich auch dies passiert, muß es letztlich noch zur Stabilisierung der Selektion dieser Variation kommen; erst dann setzt Evolution ein. „Variation heißt, daß gegebene Zustände 'mutieren' können, daß sie geöffnet werden für umweltbedingte andere Möglichkeiten; daß ihre Abänderung, mit anderen Worten, eine reale Möglichkeit ist. Selektion heißt, daß unter einer Vielzahl solcher anderer Möglichkeiten einige brauchbare ausgewählt werden, etwa nach der Bewährung im 'Kampf ums Dasein' oder nach Maßgabe von Lust-/Unlust-Differenzen. Stabilisierung heißt, daß ausgewählte Änderungen als reproduzierbare Problemlösungen beibehalten werden können, etwa durch Isolierung einer Population, durch Gedächtnis, durch eine interaktionell getragene Kultur." (Luhmann 1985: 364) Dadurch, daß eine Variation erst Gegenstand einer Selektion und dann in Form von Stabilisierung ein Teil der Gesellschaft wird, also zwei Sicherheitsfilter durchlaufen muß, ist somit prinzipiell hinreichend Pufferpotential geschaffen, um das direkte Durchschlagen einer Variation auf der basalen Ebene bis auf die Systemebene zu verhindern. Im Einzelfall stellt sich das für jede Gesellschaft freilich anders dar, was mit ihrer jeweiligen Differenzierungsform zusammenhängt (vgl. Tenbruck 1989).

Geht man etwa von archaischen Gesellschaften aus, so zeigt sich, daß die Übergänge zwischen den drei Evolutionsmechanismen Variation, Selektion und Stabilisierung vernachlässigbar gering sind, so daß eine Variation auf der basalen Ebene sehr schnell Auswirkungen auf der Systemebene hat. Das hat damit zu tun, daß einfache, archaische Gesellschaften von ihrem primären Formprinzip her *segmentär* differenziert sind, d. h. sie bestehen vorrangig aus füreinander *gleichen* Teilsystemen wie Familien oder Verwandtschaftsnetzen, die intern hochgradig multifunktional organisiert sind, sich ausschließlich im Modus der Interaktion begegnen und sich mittels Mythen und ritueller Handlungen ihrer Identität vergewissern. Aufgrund ihrer spezifischen Differenzierungsform, nur einen Typ von Teilsystem zu kennen, verfügen diese Gesellschaften kaum über Verfahren, die Mechanismen der Variation, Selektion und Stabilisierung weitgehend unabhängig voneinander zu regeln[5]: Jede Variation droht unmittelbar relevant zu werden für die Systemidentität, weil es kaum Möglichkeiten gibt, eine Variation erst einmal nur als Variation zu sehen, um sie quasi in einer Testphase als innovativ, aber ungefährlich auszuprobieren. Deswegen reagieren archaische Gesellschaften auf Abweichungen relativ repressiv, weil sie befürchten müssen, daß ein Zulassen der Variation - da sie nicht wissen, welche Auswirkungen sie zeigt, und keine Zeit haben, sich experimentell darauf einzulassen -, direkt Einfluß gewinnt auf die gesellschaftliche Stabilität und dann sofort selbstgefährdend wirkt.

Im Vergleich dazu können sich Hochkulturen sehr viel konstruktiver auf Variationen einstellen. Die Chance, daß eine beliebige Variation unmittelbar auf die Systemebene einwirkt, ohne zu wissen, wie gefährlich sie ist, ist sehr viel unwahrscheinlicher, da die drei Mechanismen Variation, Selektion und Stabilisierung im Verhältnis zueinander schon relativ unabhängig voneinander agieren. Das hat damit zu tun, daß hochkulturelle Gesellschaften primär *stratifiziert* differenziert sind, d. h. sie weisen füreinander *ungleiche* Teilsysteme auf, wie Ober- und Unterschicht oder Zentrum und Peripherie (z. B. Stadt/Land), die intern wiederum weitgehend multifunktional organisiert und überwiegend interaktionsreguliert sind. Aufgrund dieser spezifischen Differenzierungsform verfügen hochkulturelle Gesellschaften über weitaus mehr Möglichkeiten, mit Variationen zu experimentieren, ohne immer gleich befürchten zu müssen, daß sich jede Variation, die nicht sofort repressiv geahndet wird, automatisch auf das System insgesamt auswirkt.

In der modernen Gesellschaft ist schließlich festzustellen, daß es kaum noch repressive Maßnahmen gegen Variationen gibt, da die drei Mechanismen Variation, Selektion und Stabilisierung am weitesten ausdifferenziert sind und deshalb die Sicherheitsfunktion der Ebenendifferenzierung am elaboriertesten ausgebildet ist: Was sich auf der Ebene der Variation abspielt, hat allenfalls dann Auswirkungen auf der Systemebene, wenn es vorher zur Selektion dieser Variation kommt, und selbst dann ist noch ungewiß, ob es tatsächlich zur Stabilisierung der Selektion dieser Variation kommt. Dieses Sicheinlassenkönnen auf evolutionäre Impulse ist wiederum zurückzuführen auf das primäre Formprinzip der modernen Gesellschaft, *funktionale Differenzierung*, das aus füreinander *gleichen* wie *ungleichen* Teilsystemen besteht: *gleich* insofern, als diese Teilsysteme allesamt eine gesamtgesellschaftlich relevante Funktion wahrnehmen, und *ungleich* insofern, als diese Funktionen jeweils andere sind, wie Konfliktregulierung, Erkenntnisgewinn oder Bedürfnisbefriedigung. Insofern ist die Multifunktionalität vormoderner Gesellschaften durch die Ausdifferenzierung der Einzelfunktionen in Subsysteme der Gesamtgesellschaft

---

5 Vgl. Luhmann (1975c: 198): „Diese 'Dreifaltigkeit' bleibt in segmentären Gesellschaften latent, weil für alle drei Referenzen ohnehin das Prinzip der Gleichheit gälte."

übergegangen, was auch zur Folge hat, daß jeder der drei Mechanismen Variation, Selektion und Stabilisierung nahezu unabhängig voneinander operiert: Während eine Variation sich vorrangig im Bereich der Sprache bewegt, erfolgt die Selektion einer Variation davon unabhängig durch spezifische, symbolisch generalisierte Kommunikationsmedien wie Macht, Geld oder Wahrheit. Schließlich vollzieht sich die Stabilisierung der Selektion einer Variation zwar auf der Ebene der Gesamtgesellschaft, aber nicht zugleich für die Gesamtgesellschaft, sondern funktionssystemspezifisch: So kann das Wissenschaftssystem eine Evolution erfahren, ohne daß zwangsläufig auch das Wirtschaftssystem davon tangiert wird (vgl. Schimank 1995). Dieses Auseinanderziehen der Evolutionsmechanismen eröffnet somit die Möglichkeit, sehr viel mehr auszuprobieren als in vormodernen Gesellschaften, weil es sehr viel unwahrscheinlicher ist, daß sich eine Variation unvermittelt bis auf die Systemebene auswirkt. „Das Tempo der Evolution nimmt zu in dem Maße, als Variationsmechanismen unabhängig von Selektionsmechanismen und Selektionsmechanismen unabhängig von Stabilisierungsmechanismen institutionalisiert sind." (Luhmann 1975a: 152)

3. Protest in der Risikogesellschaft

Was die moderne Gesellschaft an Evolutionsfähigkeit aufgrund ihrer primären Differenzierungsform gewinnt, verliert sie an Repräsentationsfähigkeit. Denn während vormoderne Gesellschaften aufgrund ihrer jeweiligen Differenzierungsform noch über die Möglichkeit verfügen, die Einheit der Gesellschaft in der Gesellschaft zu repräsentieren, sei es darüber, daß sich einfache Gesellschaften über Rituale und andere religiöse Prozeduren regelmäßig als *Communitas* erneuern (vgl. Turner 1989; Durkheim 1981), sei es darüber, daß Oberschichten eine weithin unangefochtene Selbstbeschreibung der stratifikatorischen Superstruktur ihrer Gesellschaft gewährleisten (vgl. Luhmann 1996c: 81), geht diese Möglichkeit in der modernen Gesellschaft aufgrund funktionaler Differenzierung verloren.

Wie schon ausgeführt, bedeutet funktionale Differenzierung, daß die moderne Gesellschaft nach Maßgabe gesamtgesellschaftlich relevanter Funktionen in spezifische Teilsysteme ausdifferenziert ist, denen je für sich universale Zuständigkeit zukommt. Nur Recht spricht Recht, nur Erziehung erzieht. Mit anderen Worten: Sämtliche Funktionssysteme sind autonom, d. h. sie bestimmen selber, was für sie relevant ist und was nicht. Diese Autonomie wird durch binäre Codes gewährleistet. Die Funktion binärer Codes ist es, die Welt jeweils unter einem besonderen Gesichtspunkt zu beobachten und zu behandeln, etwa Konfliktregulierung oder Knappheit. Der Code eines Systems sorgt dabei für die Einheit des Systems und ist deshalb unersetzlich: Nur anhand der Unterscheidung von Wahrheit/Falschheit beobachtet Wissenschaft; geht diese Unterscheidung verloren, verliert das System seine Selektivität, d. h. Anschlußfähigkeit. Demgegenüber ist das Programm eines Funktionssystems austauschbar, ohne damit auch die funktionale Autonomie des Systems, und das heißt: funktionale Differenzierung als solche zu gefährden. So gibt es in der Politik mehrere Parteien, die sich aber alle an der Unterscheidung von Regierung und Opposition orientieren. Immer jedoch muß ein Code mit einem bestimmten Programm gekoppelt sein: Wechselnde Programme sorgen für Offenheit und Innovationsfähigkeit der Kommunikation, während der Code konstant gehalten wird. Denn während der Code nur entscheidet, was für das System informativ ist und was nicht, ist das Programm für die weitere Bearbeitung dieser Information zuständig, und indem das Programm variieren kann, worauf es sich thematisch einläßt, ist das System trotz operationaler Geschlossenheit offen für Alternativen.

Diese Form von Autonomie hat zur Folge, daß kein Funktionssystem direkten Einfluß auf ein anderes auszuüben vermag. Wirtschaft hat sich ebensowenig in Wissenschaft einzumischen wie Religion in Politik. Geschieht dies trotzdem, gerät das gesamte Gefüge aus dem Gleichgewicht, und es droht Entdifferenzierung (vgl. Gerhards 1991). Funktionale Differenzierung steht und fällt also damit, daß die einzelnen ausdifferenzierten Funktionssysteme über funktional eigenständige Codes verfügen, die unabhängig voneinander bestehen und auch füreinander unabhängig bleiben. Das verweist auf ein besonderes Verhältnis von *Autonomie* und *Indifferenz*. Denn auf der einen Seite vermittelt die selbstreferentielle Struktur der funktionalen Teilsysteme ihnen eine denkbar hohe Eigenständigkeit. Sie sind zwar nicht autark, da sie auf Umwelt immer angewiesen bleiben, doch hochgradig autonom in dem, was sie tun und nicht tun. Wie Wirtschaft auf Erfindungen reagiert, entscheidet nicht wiederum Wissenschaft. Diese Form von Autonomie bringt auf der anderen Seite aber auch ein beträchtliches Maß an Indifferenz mit sich, weil die operative Geschlossenheit der Funktionssysteme sie lediglich für solche Ereignisse empfänglich macht, die auf ihrem Bildschirm als coderelevante Informationen auftauchen. Alles andere ist eben Rauschen. Insbesondere diese Indifferenz aufgrund der Autonomie der Funktionssysteme führt aber dazu, daß wegen der Selbstbezüglichkeit der Funktionssysteme die Funktionsfolgenabschätzung strukturell vernachlässigt wird, was wiederum schwerwiegende Funktionsprobleme zur Folge haben kann. „Jede Weiterführung dieser Entwicklung vermehrt Sensibilität und Indifferenz zugleich, und sie vermehrt *Indifferenz überproportional*, weil jeder Bestimmung von Aufmerksamkeit die Indifferenz für *alles übrige* entsprechen muß." (Luhmann 1981b: 21) Funktionssysteme sind also nicht nur hochspezialisiert bezüglich der Lösung spezifischer Probleme, sondern auch mit Blindheit geschlagen, was die Beobachtung bestimmter dysfunktionaler Folgen funktionaler Differenzierung betrifft.

Potenziert wird dieses Problempotential dadurch, daß es aufgrund des besonderen Verhältnisses von Independenz und Interdependenz der Funktionssysteme untereinander keinen *primus inter pares*, kein Kontroll- oder Steuerungszentrum gibt, sondern nur die Vielheit der Funktionssysteme, die allein in der Einheit ihrer Differenzierung die moderne Gesellschaft repräsentieren. Denn es fehlt an einer einheitlichen Selbstbeschreibung der modernen Gesellschaft. „'Die' Gesellschaft hat keine Adresse." (Luhmann 1992c: 152) Zwar existieren mehrere Selbstbeschreibungen der modernen Gesellschaft zugleich, nämlich von jedem Funktionssystem eine, aber jeweils eine andere, die sich überdies nicht aufeinander beziehen und nur ihre Perspektive in den Mittelpunkt der Betrachtung stellen: Universal in bezug auf die eigene Funktion, aber spezifisch in bezug auf andere. Deshalb werden, wenn jedes Funktionssystem die Gesellschaft nur unter einem bestimmten Gesichtspunkt betrachtet, funktionssystemspezifische Folgeprobleme, die in keinen Zuständigkeitsbereich eines dieser Funktionssysteme fallen, von ihnen nicht wahrgenommen. Sichtbar wird nur, was für sie sichtbar ist; alles andere bleibt unsichtbar, was aber gravierende Folgen hat, wenn nicht gesehen wird, daß etwas passiert, was alle betrifft, wie die Umweltproblematik (vgl. Luhmann 1986; Lueger/Froschauer 1991).

Obgleich es in der modernen Gesellschaft kein einheitliches Kontroll- und Steuerungszentrum mehr gibt, das in der Lage wäre, die strukturelle Blindheit der Funktionssysteme zu kompensieren, hält die moderne Gesellschaft dennoch Mechanismen bereit, die dafür Sorge tragen, daß es zu einer Selbstbeschreibung der modernen Gesellschaft kommt, die weitgehend freigestellt ist von den 'Sicht'-Beschränkungen der Funktionssysteme. Dabei handelt es sich neben Soziologie vor allem um die Massenmedien (vgl. Luhmann 1992b: 142f.). Denn Massenmedien sind darauf spezialisiert, weitgehend kontextfrei zu berichten, was in der Welt passiert, und von daher geeignet, aufmerksam zu machen darauf, was anderen Funktionssystemen aufgrund ihrer Kontextbefangenheit entgeht (vgl. Hellmann 1997). Neben der Soziologie und den Massenmedien sind es vor allem jedoch Protestbewegungen, denen das besondere Verdienst zukommt, auf Folgeprobleme funktionaler Differenzierung aufmerksam zu machen, die andernfalls vielleicht unthematisiert bleiben würden, wie die Umweltproblematik, die Diskriminierung von Minderheiten, die Ungleichbehandlung von Frauen oder die Friedensgefährdung.

Von daher kann man sagen, daß soziale Bewegungen mit ihrem „Protest gegen funktionale Differenzierung und ihre Effekte" (Luhmann 1986: 234) auf bestimmte Folgeprobleme funktionaler Differenzierung aufmerksam machen. Dadurch erstellen sie aber eine Selbstbeschreibung der modernen Gesellschaft, wie sie sonst nicht zur Verfügung steht, wenn auch mit gravierenden 'Theoriedefiziten'. „Mit diesen besonderen Merkmalen leistet die protestierende Reflexion etwas, was sonst nirgends geleistet wird. Sie greift Themen auf, die keines der Funktionssysteme, weder die Politik noch die Wirtschaft, weder die Religion noch das Erziehungswesen, weder die Wissenschaft noch das Recht als eigene erkennen würden. Sie stellt sich quer zu dem, was auf Grund eines Primates funktionaler Differenzierung innerhalb der Funktionssysteme an Selbstbeschreibungen anfällt." (Luhmann 1991: 153) Von besonderer Bedeutung ist dabei die Risikothematik, da immer mehr riskante Entscheidungen anfallen, die mit hoher Wahrscheinlichkeit die Möglichkeit von Schäden beinhalten und von anderen wiederum als Betroffenheit erfahren werden. „Da werden Kinderpyjamas angeboten mit einem hohen Maß an Feuerbeständigkeit, bei denen jedoch nicht mit letzter Sicherheit ausgeschlossen werden kann, daß sie krebserregend wirken." (Luhmann 1996a: 58) Insofern kann man auch von *Risikogesellschaft* sprechen, in der gerade die neuen sozialen Bewegungen „Betroffenheit gegen Entscheidung" (Luhmann 1991: 148) ausspielen.

Sozialen Bewegungen kann man somit eine für die moderne Gesellschaft geradezu einzigartige Funktion zuschreiben, die innerhalb dieser Gesellschaft kaum funktionale Äquivalente kennt, freilich ohne, daß sie deshalb schon die „Deutlichkeit eines Funktionssystemarrangements" (Luhmann 1996f: 179) im Sinne funktionaler Differenzierung erkennen lassen.[6] Dabei gewinnt selbst Luhmann sozialen Bewegungen eine durchaus positive Bewertung ab[7]: „Die Protestbewegungen können sich das historische Verdienst zuschreiben, Themen entdeckt und ins Gespräch gebracht zu haben."[8] Einerseits geht es um „deutliche Reflexionsdefizite der moder-

---

6 So wie man sagen kann, daß es die Funktion sozialer Systeme ist, Komplexität zu reduzieren, ohne daß deshalb schon jedes Sozialsystem auch ein Funktionssystem darstellt, werden soziale Bewegungen zwar als funktional für die moderne Gesellschaft beschrieben, fungieren selbst aber nicht als Funktionssysteme, vergleichbar mit Recht, Wissenschaft oder Wirtschaft. Dabei könnte man fragen, ob soziale Bewegungen sich nicht gerade deshalb auf jene Probleme einlassen, „die die Funktionssysteme strukturell nicht lösen können oder schlecht lösen" (Luhmann 1996f: 190f.), weil es sich dabei speziell um Aspekte handelt, „die mit den Codes der Funktionssysteme verdrängt oder sonstwie nicht zureichend berücksichtigt sind." (Luhmann 1996d: 135) In diesem Sinne könnte die Systembildung sozialer Bewegungen als eine Art Negativversion funktionaler Differenzierung beschrieben werden, die vor allem aus den „Dysfunktionen der Funktionssysteme" (Luhmann 1996f: 191) resultiert und damit quasi einem Formprinzip *dysfunktionaler* Differenzierung folgt. Von daher könnte man dann auch von einem funktionalen Äquivalent zu sozialer Hilfe sprechen, die gleichfalls funktional auf Folgeprobleme funktionaler Differenzierung bezogen ist. Vgl. Baecker 1994.

7 Das gestehen auch Rucht/Roth (1992: 26, 31) zu, wenngleich Luhmann (1992c: 149) noch 1988 das Erbe der Studentenbewegungen mit Njet-Set und Terror-Desperados abtut - „biographisch gestörte, verirrte, verwirrte Individuen hinterlassend".

8 Luhmann 1991: 153. Dazu gehört für Luhmann (1992c: 155) vor allem das „Ernstnehmen der ökologischen Problematik". Siehe auch Froschauer/Lueger 1993.

nen Gesellschaft"[9] und den Aufweis von Folgeproblemen funktionaler Differenzierung, die innerhalb des bestehenden Differenzierungsschemas keine Relevanz gewinnen, wenngleich sie mannigfache Resonanzeffekte erzeugen. Andererseits geht es um eine Selbstbeschreibung der modernen Gesellschaft, die über den 'Protest gegen funktionale Differenzierung und ihre Effekte' die Einheit der modernen Gesellschaft gerade unter diesem Problemaspekt thematisiert, wenn auch 'von außen', so als ob der Protest nicht dazu gehören würde - was gewissermaßen auch zutrifft, da er „sich innerhalb der Gesellschaft und doch außerhalb der Funktionssysteme" (Luhmann 1996a: 62) befindet. Anders wäre eine Selbstbeschreibung der modernen Gesellschaft aber auch gar nicht vorstellbar, als daß ein Teilsystem der Gesellschaft die Gesellschaft als Ganzes beschreibt und dabei für sich eine Sonderstellung beansprucht (vgl. Japp 1993). Die Alternative wäre allenfalls eine Theorie selbstreferentieller Systeme - über diese Alternative verfügen die 'Alternativen' aber nicht.[10]

Mit Luhmann lassen sich Protestbewegungen überdies als Immunsysteme beschreiben, da sie die Gesellschaft vor dem Abbruch ihrer Autopoiesis bewahren, und das mittels Negation. „Das System immunisiert sich *nicht gegen das Nein*, sondern *mit Hilfe des Nein*; es schützt sich *nicht gegen Änderungen*, sondern *mit Hilfe von Änderungen* gegen Erstarrung in eingefahrenen, aber nicht mehr umweltadäquaten Verhaltensmustern. Das Immunsystem schützt nicht die Struktur, es schützt die Autopoiesis, die geschlossene Selbstreproduktion des Systems."[11] Soziale Bewegungen reagieren auf kommunikative 'Antigene' in der modernen Gesellschaft, indem sie Strukturen in Frage stellen, die die Autopoiesis der Gesellschaft gefährden - wie die Indifferenz der Funktionssysteme -, um den Fortbestand der gesellschaftlichen Existenz zu sichern - sicherlich ein paradoxer Effekt aus Sicht der Bewegungen, die ihre Gesellschaft zumeist ja nicht erhalten, sondern radikal verändern, wenn nicht in der bestehenden Form abschaffen wollen. In bezug auf die moderne Gesellschaft erweist sich dieses Protestverhalten aber als durchaus funktional: „All das ermöglicht selbstreferentielle Systeme eines eigenartigen Typus, die mit hoher Widerspruchs- und Konfliktbereitschaft Funktionen im Immunsystem der Gesellschaft übernehmen können"[12] Insofern kommt dem Protest eine wichtige

---

9 Luhmann 1991: 153. Japp (1986a: 330; 1986b: 183; 1987: 543) führt diese Funktionsprobleme dagegen auf 'Rationalitätsdefizite' zurück.

10 Vgl. Luhmann 1996b. Siehe auch Luhmann 1991: 150.

11 Luhmann 1984: 507. Vgl. Luhmann (1996g: 214): „Wollte man auch für Protestbewegungen noch eine Funktion angeben, so könnte man sagen: Es geht darum, die Negation der Gesellschaft in der Gesellschaft in Operationen umzusetzen."

12 Luhmann 1984: 548. In diesem Zusamenhang ist interessant, wie Luhmann die Arbeitsteilung zwischen Recht und sozialer Bewegung beschreibt: Während Recht sich nur auf geltende Tatbestände beziehen kann, vermag eine soziale Bewegung auch Konfliktfälle, die noch nicht im Katalog geltender Konfliktfälle offiziell aufgenommen wurden, in die Öf-

Funktion für die moderne Gesellschaft zu, da er vielleicht nicht gerade kompensiert, was die funktionale Differenzierung an Strukturdefiziten aufweist, im Sinne eines Frühwarneffekts jedoch darauf aufmerksam macht und dadurch das System wachsam hält für die Riskanz der Routine.[13] Kurzum: Protest erhält die Evolutionsfähigkeit der Risikogesellschaft.

4. Protest in der Organisationsgesellschaft

Wenn man vor diesem Hintergrund auf die Verhältnisse der DDR blickt, stellt sich die Frage, wie es um die Evolutionsfähigkeit dieser Gesellschaft stand und ob dabei speziell dem Protest eine ähnliche Funktion zugefallen ist wie in der Risikogesellschaft. Die Beantwortung dieser Frage setzt die Kenntnis der spezifischen Differenzierungsform der DDR-Gesellschaft voraus.

Betrachtet man die Gesellschaft der DDR, zeigt sich einerseits, daß diese Gesellschaft sicherlich nicht schlicht stratifiziert differenziert war, da es Schichtung zwar gegeben hat, diese letztlich aber nur ein Epiphänomen des Formprinzips funktionale Differenzierung darstellte, das auch in der DDR-Gesellschaft in besonderem Maße vorgeherrscht hat. So ist unzweifelhaft, daß die DDR-Gesellschaft die Ausdifferenzierung einer Reihe von Funktionssystemarrangements aufwies, wie Politik, Wirtschaft, Wissenschaft, Recht, Erziehung, Medizin oder Sport. Andererseits wäre es jedoch verfehlt, die DDR-Gesellschaft deshalb schon als eine rein funktional differenzierte Risikogesellschaft zu beschreiben, die durch das *Zugleich von Autonomie und Indifferenz* gekennzeichnet ist. Denn auffällig ist auch, daß die gesellschaftlichen Verhältnisse in der DDR - trotz der Vielzahl der Funktionssysteme - offensichtlich von einem politischen Primat geprägt waren, der es nahelegt, von einem *Zugleich von Heteronomie und Indifferenz* zu sprechen.

So kam der Politik in vielen Fällen Richtlinienkompetenz mit Befehlsgewalt für die Gesamtgesellschaft zu, wie sie in einer rein funktional differenzierten Gesellschaft so nicht möglich wäre. Insbesondere die SED als Einheitspartei der DDR und

---

fentlichkeit zu bringen und damit für das Recht auf die Liste zu regelnder Konfliktfälle mit Dringlichkeitsstufe zu setzen. Siehe hierzu Bergmann 1987: 386ff.

13 Vgl. Luhmann 1996e: 159. Vor diesem Hintergrund überrascht es nicht, daß Luhmann auch der Studentenbewegung von 1968 soziologisch Sympathie entgegenbrachte, weil sie sich systemkonform verhielt - nicht im Sinne der Strukturen, sondern der Autopoiesis des Systems: „Das Fassungsvermögen unserer politischen Prozesse ist, gemessen an ihren eigenen Idealen, zu gering. Sie können zuwenig Alternativen zur Entscheidung bringen. Deshalb scheint 'außerparlamentarische Opposition' nötig zu sein." (Luhmann 1992: 28)

die Stasi als omnipotentes Kontrollorgan überwachten das soziale Leben bis in letzte Nischen hinein und setzten Rahmenbedingungen für die gesellschaftliche Entwicklung, die von der Eigendynamik der Funktionsbereiche zumeist absahen und sich nur der politischen Ideologie verpflichtet fühlten. Das hatte aber nicht nur zur Folge, daß fast jede funktionsspezifische Innovationsfähigkeit unterbunden blieb, sofern sie nicht im Einklang mit dem politischen Machtkalkül stand, sondern überhaupt jede Abweichung von der Norm als Gefahr verstanden und verfolgt wurde. Insofern handelte es sich um ein Moment der Heteronomie, weil die einzelnen Teilbereiche der Gesellschaft relativ unfrei waren in dem, was sie tun und lassen konnten, da ihnen das Diktat der Politik den eigenen Entscheidungsspielraum weitgehend vorschrieb. „Für die gesellschaftliche Entwicklung im ganzen bedeutete das, daß die in der gesellschaftlichen Differenzierung angelegten Möglichkeiten zur gesellschaftlichen Selbstorganisation und individuellen Selbstverwirklichung nicht voll zur Entfaltung kommen konnten, sondern immer wieder von oben her eingeschränkt und unterdrückt wurden." (Pollack 1990b: 295) Zugleich herrschte aber auch ein Moment der Indifferenz vor insofern, als das System relativ unempfindlich war gegenüber Irritationen, die nicht die Relevanzroutinen der Teilsysteme berührten oder mit der Ideologie kollidierten.

Dementsprechend wirkte sich das Zugleich von Heteronomie und Indifferenz auch auf die Individuen aus, die über ihre Staatsbürgerschaft in der DDR-Gesellschaft an bestimmte Verhaltensregeln gebunden waren, die ihnen nur die Möglichkeit einer „fremdgewährten Autonomie" (Pollack 1994a: 65) eröffneten, wie sie in Organisationen üblich ist. Von daher erscheint es plausibel, die DDR-Gesellschaft mit Detlef Pollack als *Organisationsgesellschaft* zu beschreiben (vgl. auch Neubert 1990b; Haupt 1990). Dabei soll unter Organisation ein Sozialsystem verstanden werden, das sich vor allem durch das Moment der Mitgliedschaft auszeichnet. Systemzugehörigkeit entscheidet sich danach über die Differenz Mitglied/Nicht-Mitglied, was sich in bestimmten Verhaltenserwartungen niederschlägt, die als Rollensets vorliegen. Dadurch kann unterstellt werden, daß die Motivation der Mitglieder durch ihre Bereitschaft zur Mitgliedschaft hinreichend konditioniert ist, was Folgebereitschaft und die Kenntnis von Sanktionsmaßnahmen bei Zuwiderhandlung einschließt, die letztlich sogar zum Ausschluß des Mitglieds führen können. Zudem erstreckt sich das Akzeptanzversprechen als Ergebnis der Kopplung von Mitgliedermotivation und Verhaltensselektion auch auf die interne Struktur einer Organisation, die sich aus drei Komponenten zusammensetzt: *Personal, Programm* und *Hierarchie* (vgl. Luhmann 1975b). Während das Personal bestimmte Stellen besetzt, repräsentiert das Programm den Zweck der Organisation. Die Hierarchie richtet schließlich bestimmte Kommunikationsroutinen ein, die zumeist einen vertikalen Charakter haben und auf eine Staffelung von Weisungsbefugnissen hinauslaufen. Denn der interne Operationsablauf wird über Entscheidungen hergestellt, die die operative Letzteinheit von Organisationen darstellen: Was in der Organisation gilt, wird entschieden, und was nicht entschieden ist, gilt nicht (vgl. Luhmann 1981c) - ausgenommen die beschränkte Duldung inoffizieller Strukturen (vgl. Pollack 1994b: 203).

Betrachtet man nun die DDR-Gesellschaft, so zeigt sich, daß diese Gesellschaft durchaus einer relativ straff geführten Organisation glich, die von einer Spitze her regelte und kontrollierte, was in der Gesellschaft insgesamt zu passieren hatte. „Es entstand eine Art Gesellschaftsvertrag zwischen Bevölkerung und Parteiführung, demzufolge die Bürger sich verpflichten, zu arbeiten und ansonsten politisches Wohlverhalten an den Tag zu legen, und dafür vom Staat erwarten durften, mit wirtschaftlichen Leistungen, Karriereangeboten und sozialer Sicherheit versorgt zu werden." (Pollack 1994a: 40) Die Bevölkerung der DDR wurde quasi via Mitgliedschaft inkludiert, die sich in besonderen, politisch konformen Verhaltensregeln äußerte und nicht nur das hierarchische Gefüge betrafen, sondern auch die ideologische Programmatik, für die uneingeschränkte Akzeptanz gefordert wurde, sowie das Personal, das organisationsintern nochmals einen Mitgliedschaftscharakter zweiter Ordnung aufwies: Parteimitglied sein, reisen können und Karriere machen oder nicht. Relativ restriktiv wurde ferner die Möglichkeit des Ausstiegs aus der Organisationsgesellschaft gehandhabt, weil dafür nur Diskriminierung, Inhaftierung und schließlich Exklusion, also Abschiebung, als Optionen bereitstanden.

Da die Gesellschaftsordnung der DDR in gewisser Weise ein Spannungsverhältnis zur funktionalen Differenzierung unterhielt, weil sie sich nicht auf das Verhältnis von Autonomie und Indifferenz einlassen konnte, resultierten daraus spezifische Folgeprobleme. Hinsichtlich der Bevölkerung war die DDR-Führung einerseits auf deren Engagement angewiesen, gerade weil sie nicht zu der gleichen Leistungsfähigkeit in der Lage war. Andererseits sah sie sich gezwungen, Abweichung von der Norm streng zu ahnden, was dem Engagement keineswegs Vorschub leistete. „Tendenzen der Demotivierung, der Demoralisierung, der Apathie griffen um sich, und die Dynamik der gesellschaftlichen Entwicklung ließ immer mehr nach." (Pollack 1994a: 73) Damit geriet das DDR-Regime aber in das Dilemma, mit jeder Maßnahme immer das Gegenteil dessen zu erreichen, was es beabsichtigte[14], ein

---

14 Vgl. Pollack (1994a: 67): „Je mehr das System zu Disziplinierungsmaßnahmen griff, desto mehr verlor es an Akzeptanz. Je mehr Freiheiten es jedoch im Interesse des Akzeptanzgewinns zuließ, desto mehr produzierte es abweichende Einstellungen und Verhaltensweisen, die dann wieder den Einsatz von disziplinierenden Mitteln notwendig machten. Das heißt, bei dem Austausch zwischen Anpassung und Versorgung handelte es sich nicht um ein freies, auf gegenseitiger Achtung und wechselseitigem Nutzen beruhendes Arrangement. Vielmehr waren in dieses Austauschverhältnis unlösbare Widersprüche installiert, die ihren Grund letztlich in dem Anspruch der SED auf Unwandelbarkeit der Machtverhältnisse hatten."

Dilemma, das in besonderem Maße die Diskrepanz zwischen Anspruch und Wirklichkeit ins Bewußtsein der Bevölkerung hob, nämlich zwischen dem Anspruch, eine gerechtere, humanere Gesellschaft zu sein als der Kapitalismus, und der Wirklichkeit des realexistierenden Sozialismus, die diesem Vorsatz permanent hohn sprach (vgl. Elvers 1994: 223f.; Findeis 1994: 267f.; Pollack 1994c: 289f., 300f.). Hinsichtlich der gesellschaftlichen Teilbereiche torpedierte sie wiederum jeden Versuch der Verselbständigung, hielt die Teilsysteme am ideologisch-politischen Gängelband und unterband jede Eigeninitiative und Kreativität, was zu einer weitgefächerten Stagnation und „Hemmung der gesellschaftlichen Evolution"[15] führte - bis auf den Sport, dem Doping künstlich nachhalf.[16] Es zeigt sich somit, daß das DDR-Regime relativ evolutionsfeindlich eingestellt war, sofern man darunter das Zulassenkönnen von Negationspotential und die Reflexion auf die Riskanz der Routine versteht, um Strukturen der Selbstgefährdung im Auge zu behalten.[17]

Angesichts dieser Situation drängte sich in besonderem Maße der Bedarf nach einem Korrektiv auf, das in der Lage war, auf Dysfunktionen und Folgeprobleme aufmerksam zu machen, die aus diesem DDR-charakteristischen „Gegensatz zwischen der zentralen Einrichtung einheitlicher Steuerungs- und Kontrollmechanismen auf der einen und der Ausdifferenzierung funktionsorientierter Gesellschaftsbereiche auf der anderen Seite" (Pollack 1994a: 61) entstanden, wobei die Zurechnung eindeutig war: „Wichtigste Quelle von Problemen dürfte die politische Übersteuerung ansatzweise differenzierter Systeme gewesen sein." (Haupt 1990: 43) Doch schaut man nach, inwiefern die DDR-Gesellschaft derartige Korrektive bereithielt, wie sie in der BRD am Werke waren, sieht man sich enttäuscht. So gab es innerhalb des Wissenschaftssystems kaum die Möglichkeit der Pluralität der Meinungen. „Ideologiefreie Feldforschung gab es nicht" (Pollack 1994a: 45), da auch hier der Marxismus-Leninismus nach dem Prinzip 'Überwachen und Strafen' verfuhr.

---

15 Pollack 1990b: 297. Folge war die „Blockierung oder Ausgrenzung des 'Antriebsspotentials für Innovation, Entwicklung, Effizienz'" (Pollack 1994a: 51).

16 Daß die sportlichen Erfolge der DDR-Athleten freilich nicht für alles entschädigen konnten, bringt auch Ulrike Poppe (1990: 72) zum Ausdruck: „Der Mangel an Identifikation mit dem eigenen Land kann durch das olympische Gold nicht aufgewogen werden."

17 Vgl. Neubert 1990b: 169. Siehe auch Pollack (1994a: 70): „Die Folgen waren katastrophal. Aufgrund dieser Scheinsouveränität mußte die Führung ihre Entscheidungen nie korrigieren. Sie mußte ihre Fehler nicht verarbeiten und brauchte nicht umzulernen, sondern konnte für ihre Politik sogar Begeisterung verlangen. Da Abwanderung und systeminterner Widerspruch als Möglichkeiten der Kritik ausfielen, ging die Führung der Rückkopplungsmechanismen verlustig, anhand derer sie ihre Entscheidungen hätte überprüfen und notfalls verändern können." Genau hier setzt Alvin W. Gouldners Argument ein, daß funktionale Autonomie nicht bloß ein Integrationsproblem darstellen muß, sondern auch Lösungspotential für die Systemerhaltung bereithalten kann. Vgl. Gouldner 1984: 69.

„Einen nichtorganisierten Raum ideologischer Neutralität durfte es nicht geben."
(Pollack 1994: 64) Aber auch die Massenmedien standen unter strenger Zensur, so
daß auch diese Ressource ausfiel.[18] Blieb nur Protest.

In der Geschichte der DDR reichen die Wurzeln des Protests bis in die 60er Jahre (vgl. Rüddenklau 1992; Franke 1994; Meckel 1994; Moritz 1995). Insbesondere
seit Anfang der 80er Jahre verstärkte sich der Widerstand in Form von politisch
alternativen Gruppen jedoch stetig, die zu einem kleineren Teil unabhängig, zum
größeren Teil unter dem Schutz der Kirche aktiv waren und dabei eine Vielzahl von
Problemen thematisierten. „Ihre Aktivitäten zielten auf die Veränderung der Gesellschaft, auf die Schaffung einer freien Öffentlichkeit, auf die Zulassung des innerge-
sellschaftlichen Dialogs und die Partizipation an gesellschaftlichen Entscheidungsprozessen, also auf eine Demokratisierung der Gesellschaft." (Pollack 1994a: 75)
Das große Problem dieser Protestgruppen bestand jedoch darin, daß gerade gegen
sie besonders repressiv vorgegangen wurde, weil es das DDR-Regime nicht dulden
konnte, daß die Abweichung von der Norm öffentlich wurde, um 'Ansteckung' zu
verhindern (vgl. Pollack 1990a: 133). Ohne strukturelle Verankerung hatte der Protest aber kaum eine Chance, als Korrektiv auf die Geschehnisse in der DDR-Gesellschaft wirklich einzuwirken, stattdessen konzentrierte sich die Aufmerksamkeit
häufig darauf, unentdeckt zu bleiben, auch unter dem Dach der Kirche. All das trug
aber nicht gerade dazu bei, die Einschätzung der eigenen Kräfte zu bestärken: Man
traute sich nicht allzu viel zu - vielleicht weniger, als letztlich möglich gewesen wäre. Selbst die Wende 1989 wurde mehr den 'Kindern des Ökonomismus', d. h. der
Ausreisewelle nach Öffnung der Grenzen Ungarns, als dem Protest angerechnet;
das wird zum Teil auch von den Protestgruppen so gesehen, schenkt man etwa
Kathrin Walthers[19] Worten Glauben: „ohne die Ausreisewelle wären wir nicht dort,
wo wir jetzt sind." Nicht viel anders sah es Bärbel Bohley: „Der Kollaps war die
Ausreisewelle." Denn das vorrangige Interesse dieser Protestgruppen bestand ja
gerade darin, wie es Uta Kühn von der 'Initiativgruppe Hoffnung Nicaragua' zum

---

18 Bezeichnend ist etwa die Antwort eines Mitarbeiters der Nationalen Front auf die Frage,
   wie man sich zu der Diskrepanz zwischen offizieller und alternativ vollzogener und selbst
   kontrollierter Stimmenauszählung bei der Wahl 1989 im Stadtbezirk Berlin-Weißensee zu
   verhalten gedenke: „Unsere Antwort stand in der Presse. Und das ist die Wahrheit. Es
   kann nicht zwei Wahrheiten geben." (in: Rüddenklau 1992: 330)

19 Die folgenden und weitere Zitate von AktivistInnen der politisch alternativen Gruppen
   innerhalb der DDR, wie dies von Kathrin Walther vom 'Arbeitskreis Gerechtigkeit', sind
   dem umfangreichen Interviewmaterial der Kommission für die Erforschung des sozialen
   politischen Wandels in den neuen Bundesländern (KSPW) entnommen und werden nicht
   gesondert im Literaturverzeichnis aufgeführt.

Ausdruck brachte, die DDR-Gesellschaft zu verändern, nicht sie zu verlassen[20]: „Von uns ist niemand ausgereist. Es wäre überhaupt keiner weggegangen und hätte die Dinge hier im Stich gelassen." Stattdessen ging es, so Bärbel Bohley, um die Reform des DDR-Systems: „Ja, wir wollten ja die DDR verändern, und deutsche Einheit war nicht unser Problem. Und ich glaube, daß schon alles Leute dabei waren, die in ihrem Kopf, sagen wir einmal, eine Demokratisierung des Sozialismus hatten und nicht eine Umstülpung der Systeme. Also es ging hier nicht darum, ein anderes System zu installieren, sondern wirklich dieses System zu ändern." Zusammenfassend könnte man daher sagen: „Sowohl die Kirche als auch die Gruppen waren sich darin einig, daß sie in diesem Land etwas verändern wollten, ohne dabei den Sozialismus aufzugeben."[21] Angesichts dieses Anspruchs sind sie aber kläglich gescheitert, da die DDR, statt einer Reform unterzogen zu werden, in eine Katastrophe geraten ist und mittlerweile ganz verschwunden ist (vgl. Rucht 1995).

Nimmt man vor diesem Hintergrund nochmals die Frage auf, wie es um die Evolutionsfähigkeit der DDR-Gesellschaft stand und ob dabei speziell dem Protest eine ähnliche Funktion zugefallen ist wie in der Risikogesellschaft, zeigt sich, daß es gerade auch deshalb um die Evolutionsfähigkeit dieser Gesellschaft nicht zum besten stand, weil dem Protest in der Organisationsgesellschaft keine Chance zu konstruktiver Kritik zugestanden wurde, oder wie Ulrike Poppe es 1988 formulierte: „Jeder Aufbruch zu eigenständiger Artikulation oder Handlung schlechthin wird zur Infragestellung monopolitisierter Entscheidungskompetenz."[22] Einerseits hätte es gerade die DDR-Gesellschaft nötig gehabt, auf dieses Evolutionspotential zurückzugreifen, andererseits konnte sie es nicht, wollte sie eine Organisationsgesellschaft

---

20 Vgl. Neubert (1990c: 212): „Die politischen Ziele, die in den ersten veröffentlichten Dokumenten formuliert waren, zeigen, daß die neue Opposition durchweg die Reform und nicht die Aufhebung der DDR will. Es ist ein einhelliges Bekenntnis zum demokratischen Sozialismus, ein Reparaturprogramm für den real-existierenden Sozialismus und der Versuch, die spezifische Krise in der DDR mit spezifischen Mitteln zu bewältigen. In der Konsequenz bedeutete dies aber die völlige Umgestaltung des politischen und wirtschaftlichen Systems."

21 Franke 1994: 28. Vgl. auch Neubert 1990b: 194; Rüddenklau 1992; Elvers 1994: 226, 232; Findeis 1994: 267.

22 Poppe 1990: 72. Dabei vertrat gerade Poppe eine Auffassung von Protest, die der Ansicht Luhmanns bezüglich der Immunfunktion des Protests sehr nahekam, sofern die „sozialethischen Gruppppen" als „Gefährdung bestehender Machtstrukturen" verstanden werden: „Aber sie sind es im positiven Sinne, da sie genau dort rütteln, aufbrechen, Bewegung provozieren, wo die Erstarrung institutionalisierter Macht für die Gesellschaft zerstörerisch ist. Insofern wirken sie strukturgefährdend und systemerhaltend. Systemerhaltend in dem Sinne, als davon ausgegangen wird, daß nur durch umfassende Reformen dieses System überleben kann." (Poppe 1990: 64f.)

bleiben.[23] „Die Partei arbeitete schließlich selbst daran, die Wandelbarkeit der Gesellschaft zu reduzieren, denn jede Veränderung konnte ja auch eine Infragestellung der zentralistischen Einheitsgesellschaft und damit auch der bestehenden Herrschaftsverhältnisse bringen." (Pollack 1994a: 70) Das Regime „instrumentalisierte die ihm zur Verfügung stehenden Arbeitskräfte, aber bot ihnen nur wenig Entfaltungsmöglichkeiten, so daß es sich des Innovations- und Kritikpotentials, dessen es zu seiner Regeneration und Erneuerung dringend bedurft hätte, selbst beraubte." (68) Einen Ausweg aus diesem Dilemma gab es im Sinne der Reform des Systems nicht: Wäre der Protest toleriert worden, hätte die Partei auf ihren Anspruch auf Dominanz verzichten müssen; da sie ihn aber nicht toleriert hat, verlor sie ihre Dominanz gerade durch ihren Anspruch auf Dominanz. „Gerade das unbegrenzte und rücksichtslose Streben nach Stabilisierung des Systems führte zu seiner Destabilisierung."[24]

5. 'Protest als Selbstzweck': Das politisch alternative Milieu in der DDR

Gemessen an ihrem Anspruch, sind die Protestgruppen damit gescheitert, die DDR-Gesellschaft zu reformieren. Das Evolutionspotential ihres Protests erwies sich als inkompatibel mit der Organisationsstruktur der DDR-Gesellschaft: Es konnte nicht genutzt werden, die Katastrophe stellt sich als unabwendbar dar. Wenn man somit nach der Funktion des Protests in der DDR-Gesellschaft unter dem Gesichtspunkt der Erhaltung ihrer Evolutionsfähigkeit fragt, hat diese Funktion nicht nur deshalb versagt, weil die DDR-Gesellschaft in eine Katastrophe geriet, sondern auch, weil die Erwartung der Gruppen sich nicht erfüllt hat. Angesichts dieser Situation liegt es nahe zu fragen, ob der Protest in der DDR überhaupt eine Funktion hatte, wenn er schon nicht die zu erfüllen vermochte, deretwegen er initiiert wurde, hält man sich an die Motive des Protests. Außerdem fragt sich, was es überhaupt für einen Sinn gehabt haben soll, das nicht unbeträchtliche Risiko des Protests einzugehen, wenn er doch erfolglos blieb. Eine Möglichkeit wäre, daß der Protest gerade deshalb, weil er sich für die Beteiligten als riskant erwies, funktional war, obgleich er gesamtgesellschaftlich erfolglos blieb.

---

23 Vgl. Pollack (1994a: 63): „Wichtiger als die Effektivierung der Funktionsbereiche war ihr die Durchsetzung ihrer politischen Machtinteressen."

24 Pollack 1994a: 68. Siehe auch Elvers 1994: 235; Rüddenklau 1992: 12f.; Pollack (1994b: 202): „Die SED stand in einem organisationspolitischen Dilemma: Sie wollte, daß sich die Gesellschaft dynamisch entwickelt, und trotzdem alles in der Hand behalten."

Systemtheoretisch gesprochen, handelt es sich bei Protest um eine besondere Form von Kommunikation, bei der es um den Anspruch geht, daß bestimmte Verhältnisse sich ändern sollen. „Proteste sind Kommunikationen, die an *andere* adressiert sind und *deren* Verantwortung anmahnen." (Luhmann 1991: 135) Dabei bezieht sich das Anmahnen von Verantwortung anderer genau darauf, bestimmte Verhältnisse zu ändern, unter denen jene, die dies einfordern, leiden (vgl. Hellmann 1994). Insofern kann man davon sprechen, daß in jedem Protest immer zweierlei thematisiert wird: Einerseits die Betroffenheit jener, die unter bestimmten Ereignissen leiden, andererseits die Verantwortung jener, die für diese Ereignisse verantwortlich gemacht werden und sie ändern sollen. Allgemeiner formuliert, handelt es sich immer um das Zugleich von Selbst- und Fremdreferenz, nämlich die Konstruktion von Betroffenheit als Selbstreferenz des Protests und die Konstruktion von Verantwortung als Fremdreferenz des Protests (vgl. Hellmann 1996).

Bisher wurde der Außenbezug des Protests im Sinne des Anmahnens von Verantwortung für die Betroffenheit des Protests thematisiert, mit dem Resultat, daß sich der Protest als weitgehend erfolglos erwies, gemessen am Anspruch, die Verhältnisse zu ändern, ohne die DDR-Gesellschaft abzuschaffen. Was bei dieser Betrachtungsweise jedoch außer Acht blieb, war der Innenbezug des Protests im Sinne der Mitteilung der Betroffenheit des Protests. Greift man nunmehr die Frage der Funktion des DDR-Protests erneut auf, zeigt sich, daß der Protest durchaus funktional war, nur nicht in dem Sinne, wie es von vielen Protestgruppen selbst definiert und erwartet wurde. Denn was der Protest durchaus erreicht hat, auch wenn die Reform der DDR-Gesellschaft gescheitert ist, betrifft die 'Re-Form' der eigenen Situation - im Sinne der Sozialisationsthese Ehrhart Neuberts (vgl. Neubert 1990a: 35ff.). „Manch einer fühlt(e) sich wie neugeboren" (Pollack 1990a: 135), wenn er protestierte. Was der Protest somit auch bewirkt hat, ist nicht nur die Zuweisung von Verantwortung für Betroffenheit, sondern ein Moment der Identitätsstiftung, Selbstbestimmung und Gemeinschaftsbildung.

Da die Abweichung von der Norm in der DDR-Gesellschaft relativ repressiv gehandhabt wurde, war es für die Individuen schwierig, sich kritisch zu äußern, ohne Gefahr zu laufen, dafür sogleich bestraft zu werden. Eine kritische Öffentlichkeit gab es nicht, so daß Widerstand gegen die Staatsgewalt häufig isoliert blieb und eine kollektive Verständigung über diesen Mißstand riskant war: Die Repressionschance erschien zu hoch. Genau hier vermochten es die Protestgruppen jedoch, zumindest vorübergehend Abhilfe zu schaffen. Denn indem sich Gleichgesinnte unter Gefahr trafen, konnte gemeinsam darüber gesprochen werden, daß man mit den bestehenden Verhältnissen in der DDR-Gesellschaft unzufrieden war und sich daran etwas ändern mußte, was nicht zuletzt ein Bewußtsein von Besonderheit bewirkte, gleichsam Speerspitze zu sein, Avantgarde. So meinte Michael Arnold von der 'Initiativgruppe Leben': „Dieses Eintreten in eine Gruppe, das Erleben der Unzufriedenheit von außen, dann die eigene Unzufriedenheit, der Wunsch, etwas verändern zu wollen, das ist ein Identifikationsprozeß". Und für Thomas Kitlas vom 'Freundeskreis Wehrdiensttotalverweigerer' ging es darum, „diese Hoffnung und diesen Drang nach Freiheit oder nach Veränderung zu artikulieren." Zugleich konnten diese Treffen dazu genutzt werden, „überhaupt etwas rauszuschreien", gleichsam „aus der Reihe zu tanzen. Und das heißt, auch etwas anderes noch wahrzunehmen und in sich zu spüren, was außerhalb der Gesellschaft liegt"; also das Gefühl zu haben: „Etwas erleben, Herausfordern von der Gesellschaft"; so Michael Arnold. Was dabei überwog, war zwar das Moment der Negation des Status quo, ohne konkrete Vorstellungen über Alternativen - genau dieses Manko hat sich dann ja negativ auf die Übergangszeit während der Wende ausgewirkt.[25] Aber allein schon dadurch, daß man sich wechselseitig darüber verständigen konnte, daß man mißbilligte, was der Fall war, gelang es, aus der individuellen Isolation auszubrechen, Solidarität zu schaffen und unter dem Dach der Kirche sogar Anfänge einer kritischen Öffentlichkeit zu setzen, begleitet von Vernetzungsversuchen der Protestszene in der DDR und anderen Aktionen (vgl. Franke 1994: 22f.). So sagte Gerd Poppe von der 'Initiative Frieden und Menschenrechte': „Es hat schon so ein Zusammenwachsen gegeben, wenn man eben sich gerade als eine Minderheit in der Gesellschaft selber bewegt und auch solchen Repressalien ausgesetzt ist, wie das damals nun sehr häufig geschah, braucht man einfach die Unterstützung durch eine Gruppe. Das ist im Alleingang nicht zu bewältigen. Der Einzelne geht da wirklich kaputt." Und genau in diesem Sinne war der Protest auch funktional, selbst wenn sich die Gruppen weitgehend zurückhaltend äußerten, sofern es um die Frage nach Gemeinschaftsbezügen ging. Deswegen könnte man dem Protest in seiner Fremdreferenz eine manifeste Funktion zusprechen, die von allen Beteiligten geäußert wurde, während der Protest in seiner Selbstreferenz eine eher latente Funktion besaß, die nur sehr zögerlich zum Ausdruck kam und als eher vernachlässigbar erschien - was sich völlig anders darstellt, wenn man sieht, wie erfolglos der Protest aus Sicht der Gruppen war.

Damit wäre die Frage, weshalb immer wieder Protestgruppen entstanden sind und teilweise eine beachtliche Dauer aufwiesen, obgleich sie ihrem eigenen Anspruch nach relativ wenig bewirkt haben, dahingehend zu beantworten, daß eine

---

25 Das sehen die Gruppen übrigens selber, da sie aufgrund ihrer Erfahrung mit dem DDR-Regime eine starke Distanz zur, ja Abneigung gegen die Macht besaßen, oder wie Ulrike Poppe von den 'Frauen für den Frieden' und der 'Initiative Frieden und Menschenrechte' es ausdrückte, daß die Erfahrung mit der Macht „damals etwas Negatives ist, negativ besetzt war in unseren Vorstellungen, weil die Partizipation an der alten Macht natürlich auch etwas Negatives gewesen wäre. Macht korrumpiert usw." Deshalb „entstand doch sehr wenig eigentlich das Positivbild einer Gesellschaft."

wesentliche Funktion dieser Gruppen darin bestand, eine bestimmte Protestmentalität auszubilden, die es den Unzufriedenen gestattete, ihrem Unmut zumindest in einem kleinen Kreis (vermeintlich) Vertrauter Ausdruck zu verleihen, sich wechselseitig in ihrem Unbehagen und ihrer Protestbereitschaft zu bestätigen und nicht isoliert zu bleiben. So meinte Hans-Jürgen Fischbeck von der 'Arbeitsgruppe Menschenrechte': „Man mußte sich seine Belastungen und Verwundungen und seinen Frust von der Seele reden", was auch Bärbel Bohley bestätigte: „Sie haben sich ihren Raum geschaffen, indem sie irgendwie sich ein bißchen selbstverwirklichen konnten, indem sie sich austauschen konnten, Frust abbauen konnten." Deshalb ist Ulrike Poppes damaliger Diagnose auch durchaus zuzustimmen: „Die Mitglieder lernen in der Gruppe, sich selbst und ihre eigenen Probleme ernst zu nehmen. Sie erfahren eine andere Art von Kommunikation, das heißt, sie lernen, authentisch zu reden und sich aufeinander zu beziehen. Sie werden zu Versuchen ermutigt, sich in gesellschaftliche Belange einzubringen und Widerstand zu leisten. Die Gruppen sind also ein Trainingsfeld sozialen Verhaltens. Friedfertigkeit, Toleranz und Solidarität können in der Gruppe geübt werden."[26]

Wenn man davon ausgeht, daß auch Protest eine Form von Kommunikation darstellt, die nur über das Zugleich von Selbst- und Fremdreferenz zustande kommt, stellt sich die Frage, ob es möglich ist, jeweils die Referenzpunkte näher zu bestimmen, die im Spiel waren. Schaut man etwa auf die neuen sozialen Bewegungen in der BRD, so zeigt sich, daß bei der Fremdreferenz im Protestverhalten dieser Bewegungen der Gesellschaftsbezug im Vordergrund stand, da es den Protestbewegungen vorrangig darum ging, ihre Betroffenheit auf Folgeprobleme funktionaler Differenzierung und damit auf das primäre Formprinzip der modernen Gesellschaft zuzurechnen. Demgegenüber lag der Selbstreferenz im Protestverhalten dieser Bewegungen letztlich ein Milieubezug zugrunde lag, da die Sozialstruktur des Mobilisierungskerns dieser Protestbewegungen auf einen Milieuzusammenhang verwies, der vor allem durch eine postmaterialistische Wertestruktur ausgezeichnet war (vgl. Raschke 1985; Brand/Büsser/Rucht 1986; Kriesi 1987).

Schaut man unter diesem Gesichtspunkt auf die politisch alternativn Protestgruppen in der DDR, dann zeichnet sich eine ganz ähnliche Struktur ab. Was die Fremdreferenz im Protestverhalten der alternativ-politischen Gruppen betrifft, so richtete sich ihr Protest gegen „die politische Dominanz des Politischen über alle anderen gesellschaftlichen Bereiche in der DDR" (Pollack 1994a: 45), vor allem aber gegen die Verletzung der Menschenrechte und Ideale des Sozialismus. Demgegenüber ist es nicht ganz einfach, die Selbstreferenz im Protestverhalten der alter-

---

26 Poppe 1990: 70. Siehe dort auch: „Für mich zumindest ist das soziale Lernen innerhalb dieser Gruppen und des ganzen Beziehungsgeflechts der Basisbewegung die wichtigste Erfahrung dieser Arbeit." (Poppe 1990: 70f.)

nativ-politischen Gruppen eindeutig zu ermitteln. Es sind jedoch eine Reihe von Indizien ersichtlich, die es nahelegen, gleichfalls von einem Milieubezug auszugehen, der dem der neuen sozialen Bewegungen ähnelt (vgl. Hellmann 1995). Denn auch in der DDR-Gesellschaft war eine Art von Wertewandel beobachtbar, der postmaterialistische Werthaltungen favorisierte und eine entsprechend sozialisierte Generation hervorbrachte, die den Mobilisierungskern der politisch alternativen Gruppen darstellte. So schrieb Hubertus Knabe schon 1988: „Es dominieren jüngere, überdurchschnittlich gebildete, informierte und moralisch sensible Menschen, für die die politische Tätigkeit eine Form der Selbstverwirklichung ist. Ihr Persönlichkeitsprofil ähnelt dem von Studenten und Angehörigen intellektueller oder sozialkultureller Berufe, wenngleich ihr tatsächlicher beruflicher Status aufgrund des hohen an diese sozialen Gruppen gerichteten Loyalitätsanspruches ein anderer sein kann; obwohl es darüber keine Untersuchungen gibt, dürften Wissenschaftler, Ärzte, Angehörige kirchlicher Berufe, Ausübende von Nischen-Beschäftigungen, in der Ausbildung Befindliche sowie solche, denen aus politischen Gründen ein beruflicher Aufstieg verwehrt ist, zu den dominierenden Trägergruppen gehören." (Knabe 1988: 561; vgl. Franke 1994; Elvers 1994; Rink 1994; Zierke 1994; Moritz 1994; Pollack 1994b) Diese Einschätzung hat sich in späteren Untersuchungen bewahrheitet (vgl. Franke 1994: 19f., 33; Elvers 1994; Moritz 1995: 67ff.; Pollack 1994b: 203). Von daher ist der Protest der politisch alternativen Gruppen in der DDR nicht nur insofern mit den neuen sozialen Bewegungen in der BRD vergleichbar, als sie beide einen Gesellschaftsbezug aufweisen, sondern auch einen Milieubezug, die sich überdies ähneln, trotz der unterschiedlichen Differenzierungsformen beider Gesellschaften.

Resümee

Fragt man im Rückblick nochmals nach der Evolutionsfähigkeit der DDR-Gesellschaft, sofern man diese danach bemißt, inwieweit sie sich auf Protest hat einlassen können, wird deutlicher, warum es zum 'Zusammenbruch des real existierenden Sozialismus' hat kommen müssen. Sicherlich haben eine Vielzahl anderer Faktoren endogener wie exogener Natur mitgespielt; das soll hier gar nicht bestritten werden. Insofern stellt Protest nur eine Einflußgröße neben anderen dar, die Aufschluß geben über die Evolutionsfähigkeit dieser Gesellschaft. Unzweifelhaft ist aber auch, daß die Art und Weise, wie diese Gesellschaft mit Protest umgegangen ist, insgesamt ein Schlaglicht wirft auf deren Unfähigkeit, sich selbst in Bewegung zu halten und einer permanenten Selbsttransformation zu unterziehen.

Angesichts der Katastrophe, die das Strukturprinzip der DDR-Gesellschaft erfuhr, ist es dem Protest offensichtlich nicht gelungen, das System rechtzeitig zu reformieren. Letztlich war der Protest sogar am Zusammenbruch der DDR relativ unbeteiligt, oder wie Marianne Birthler vom 'Arbeitskreis Solidarische Kirche' es ausdrückte: „Die DDR ist in sich selber zusammengebrochen und ist nicht durch eine Opposition gestürzt worden." Jedenfalls ist die DDR jetzt Geschichte, selbst wenn die 'Ostalgie' noch manche Reminiszenz daran bewahren mag.

Es wäre jedoch verfehlt, den Protest der politisch alternativen Gruppen schlichtweg als Fehlschlag zu bewerten. Denn obgleich der Versuch, „einen demokratischen Sozialismus", so Knut Konerding von der 'Initiativgruppe Hoffnung Nicaragua', oder wie Gabriele Heide von den 'Frauen für den Frieden' es ausdrückte, „eine gute fortschrittliche kommunistische Partei" durchzusetzen, da „für dieses Land nur eine sozialistische Perspektive", so Martin Schramm von der 'Umweltbibliothek', nur ein „sozialistischer Staat denkbar" war, der nach Meinung von Gisela Kallenbach von der 'Arbeitsgruppe Umweltschutz' „in Richtung solidarische und soziale Gesellschaftsordnung" wies, gescheitert ist, hat der Protest gerade für die Betroffenen eine ungemein positive Rolle gespielt, nämlich zur Orientierung und Identitätsstiftung. Man war mit seiner Unzufriedenheit nicht allein, bestätigte sich wechselseitig im Engagement und fühlte sich aufgehoben in einer Gruppe Gleichgesinnter. Dabei gaben christliche Werte und die Agitation unter dem Dach der Kirche - betrachtet man die spezifische *Political Opportunity Structure* der DDR - ein durchaus geeignetes *Framing* ab - „Ohne diese Legitimation hätten wir nicht arbeiten können", so Uta Kühn von der 'Initiativgruppe Hoffnung Nicaragua' - zumindest zeitweilig.[27] Daß dennoch die Reformabsicht bei der Selbstdarstellung der Betroffenen überwog, mag wiederum damit zusammenhängen, daß ein Protest, der nichts verändern will, nicht gut mobilisieren kann, nicht überzeugt, nicht anschlußfähig ist, auch wenn die Chancen schlecht standen, daß sich überhaupt etwas verändern ließ. Deshalb war die Überzeugung auch, so Christoph Singelnstein vom 'Kreis um das Friedensgebet der Golgathagemeinde': „Politik mache ich, um die Gesellschaft zu verändern, nicht zum Selbstzweck." In gewisser Weise erscheint es sogar notwendig, latent zu halten, daß der Protest auch einen Selbstzweck erfüllte, angesichts der Verhältnisse, zumal es wenig Aufhebens brauchte, um öffentliche Aufmerksamkeit zu erregen, folgt man etwa der Einschätzung Gerd Poppes von 'Initiative Frieden und Menschenrechte': „Das sind eigentlich kleine Dinge, die

---

27 Auffällig ist in diesem Zusammenhang nicht nur, wie kontrovers das Verhältnis zur Kirche aus Sicht der meisten Gruppen geschildert wird, sondern auch, daß noch während des 'Revolutionsjahrs' 1989 der kollektive Auszug aus der Kirche einsetzte und nur wenige zurückblieben, die von der starren Haltung der Kirchenoberen nicht ebenso frustriert waren wie von den Parteibonzen.

aber immer noch sofort eine gewisse Aufmerksamkeit erreicht haben." Von daher lag es nahe, sich als Avantgarde, als Vorreiter, Katalysator, Sprachrohr zu begreifen, selbst wenn die Bevölkerung nicht mitzog und letztlich ganz andere Interessen verfolgte, so Jochen Läßig von 'Arbeitskreis Gerechtigkeit': „Die Leute waren einfach nicht ansprechbar. Die wollten einfach nicht mitmachen; denen war ihr Arbeitsplatz wichtiger als die Wende." Ähnlich Gabriele Heide: „Aber eine Basis im Volk hatten wir ja nie." Dennoch war man durchaus Sprachrohr - nur eben für sich selbst, Katalysator der eigenen Dynamik sozusagen, und gerade dieser Effekt wirkte hochgradig funktional für die Protestgruppen.[28]

Inwiefern sich das kapitalistische System vor diesem Hintergrund tatsächlich als evolutionsfähiger erweist, bleibt abzuwarten. Offensichtlich ist, daß das immer wieder aufflackernde Protestpotential auf eine Fülle von Folgeproblemen funktionaler Differenzierung verweist, für die endgültige Lösungen äußerst unwahrscheinlich scheinen. Dennoch könnte es sein, daß die Chancen, immer noch rechtzeitig einzulenken und dem Protest, wenn nicht nachzugeben, so doch Gehör zu schenken, etwas größer sind. Und das wäre auch wünschenswert, da wir uns eine weitere Katastrophe nicht leisten könnten - denn wer sollte sich diesmal mit uns 'wiedervereinigen'?

Literatur

Baecker, Dirk: Soziale Hilfe als Funktionssystem der Gesellschaft, in: *ZfS* 23 (1994), 93-110
Beck, Ulrich: *Die Erfindung des Politischen. Zu einer Theorie reflexiver Modernisierung*, Frankfurt/M. 1993
Bergmann, Werner: Was bewegt die soziale Bewegung? Überlegungen zur Selbstkonstitution der „neuen" sozialen Bewegungen, in: Baecker, Dirk u. a. (Hg.): *Theorie als Passion. Niklas Luhmann zum 60. Geburtstag*, Frankfurt/M. 1987, 362-393
Brand, Karl-Werner/Büsser, Detlef/Rucht, Dieter: *Aufbruch in eine andere Gesellschaft. Neue soziale Bewegungen in der Bundesrepublik*, Frankfurt/M. 1986
Deutsch, Karl W.: *Politische Kybernetik. Modelle und Perspektiven*, Freiburg 1969
Durkheim, Emile: *Die elementaren Formen des religiösen Lebens*, Frankfurt/M. 1981
Durkheim, Emile: *Über soziale Arbeitsteilung. Studie über die Organisation höherer Gesellschaften*, Frankfurt/M. 1988

---

28 Inwieweit der Protest möglichweise nicht auch funktional war für die Bevölkerung, in dem Sinne, wie das Verbrechen nach Durkheim auf die Bevölkerung restituierend zurückwirkt, etwa weil es sich durch den Protest in seinem Unmut positiv vertreten oder aber aufgrund der Risiken positiv bestätigt fühlte in seiner Untätigkeit, kann hier nur als Frage aufgeworfen werden.

Elvers, Wolfgang: Politische Einstellungen der Gruppenvertreter vor der Wende, in: Findeis, Hagen/Pollack, Detlef/Schilling, Manuel (Hg.): *Die Entzauberung des Politischen. Was ist aus den politisch alternativen Gruppen der DDR geworden? Interviews mit ehemals führenden Vertretern*, Berlin 1994, 222-240

Findeis, Hagen: Die Struktur der Gruppen vor der Wende, in: Findeis, Hagen/Pollack, Detlef/Schilling, Manuel (Hg.): *Die Entzauberung des Politischen. Was ist aus den politisch alternativen Gruppen der DDR geworden? Interviews mit ehemals führenden Vertretern*, Berlin 1994, 241-268

Franke, Ulrike: Geschichte der politisch alternativen Gruppen in der DDR, in: Findeis, Hagen/Pollack, Detlef/Schilling, Manuel (Hg.): *Die Entzauberung des Politischen. Was ist aus den politisch alternativen Gruppen der DDR geworden? Interviews mit ehemals führenden Vertretern*, Berlin 1994, 14-34

Freud, Sigmund: *Totem und Tabu. Einige Übereinstimmungen im Seelenleben der Wilden und der Neurotiker*, Frankfurt/M. 1995

Froschauer, Ulrike/Lueger, Manfred: Ökologie als blinder Fleck. Funktionale Differenzierung und Ökologiebewegung, in: *Österreichische Zeitschrift für Soziologie* 18 (1993), 17-31

Gerhards, Jürgen: Funktionale Differenzierung der Gesellschaft und Prozesse der Entdifferenzierung, in: Fischer, Hans R. (Hg.): *Autopoiesis. Eine Theorie im Brennpunkt der Kritik*, Heidelberg 1991, 263-279

Gouldner, Alvin W.: *Reziprozität und Autonomie. Ausgewählte Aufsätze*, Frankfurt/M. 1984

Hahn, Alois: Die soziale Konstruktion des Fremden, in: Sprondel, Walter M. (Hg.): *Die Objektivität der Ordnungen und ihre kommunikative Konstruktion. Für Thomas Luckmann*, Frankfurt/M. 1994, 140-166

Haupt, Volker: Zwischen Stasimorphie und Entfesselung. Die Sowjetunion auf dem Weg in die ausdifferenzierte Gesellschaft, in: *Kommune* 4 (1990), 40-45

Hellmann, Kai-Uwe: Zur Eigendynamik sozialer Probleme, in: *Soziale Probleme* 5 (1994), 144-167

Hellmann, Kai-Uwe: Soziale Bewegungen und kollektive Identität. Zur Latenz, Krise und Reflexion sozialer Milieus, in: *Forschungsjournal Neue Soziale Bewegungen* 8 (1995), Heft 1, 68-81

Hellmann, Kai-Uwe: *Systemtheorie und neue soziale Bewegungen. Identitätsprobleme in der Risikogesellschaft*, Opladen 1996

Hellmann, Kai-Uwe: Integration durch Öffentlichkeit. Zur Selbstbeobachtung der modernen Gesellschaft, in: *Berliner Journal für Soziologie* Bd. 1 (1997), i. E.

Japp, Klaus P.: Neue soziale Bewegungen und die Kontinuität der Moderne, in: Berger, Johannes (Hg.): Die Moderne, Kontinuitäten und Zäsuren, *Soziale Welt* (1986a), Sonderband 4, 311-333

Japp, Klaus P.: Kollektive Akteure als soziale Systeme?, in: Unverferth, Hans-Jürgen (Hg.): *System und Selbstproduktion*, Frankfurt/M. 1986b, 166-191

Japp, Klaus P.: Neue soziale Bewegungen. Technisierung und Identität, in: Lutz, Burkart (Hg.): *Technik und sozialer Wandel. Verhandlungen des 23. Deutschen Soziologentages in Hamburg 1986*, Frankfurt/M. 1987, 534-544

Japp, Klaus P.: Die Form des Protests in den neuen sozialen Bewegungen, in: Baecker, Dirk (Hg.): *Probleme der Form*, Frankfurt/M. 1993, 230-252

Knabe, Hubertus: Neue soziale Bewegungen im Sozialismus. Genesis alternativer politischer Orientierungen in der DDR, in: *KZSS* 40 (1988), 551-569

Koselleck, Reinhart: *Vergangene Zukunft. Zur Semantik geschichtlicher Zeiten*, Frankfurt/M. 1984

Kriesi, Hanspeter: Neue soziale Bewegungen. Auf der Suche nach ihrem gemeinsamen Nenner, in: *Politische Vierteljahreszeitschrift* 28 (1987), 315-334

Lauer, Robert H.: *Social Movements and Social Change*, London/Amsterdam 1976

Leggewie, Claus: Politische Kreativität. Über das Neue in der Politik - und in der Politikwissenschaft, in: ders. (Hg.): *Wozu Politikwissenschaft. Über das Neue in der Politik*, Darmstadt 1994, 3-18

Luhmann, Niklas: Komplexität und Demokratie, in: ders.: *Politische Planung. Aufsätze zur Soziologie von Politik und Verwaltung*, Opladen 1971, 35-45

Luhmann, Niklas: Allgemeine Theorie organisierter Sozialsysteme, in: ders.: *Soziologische Aufklärung*, Bd. 2. Aufsätze zur Theorie der Gesellschaft, Opladen 1975a, 39-50

Luhmann, Niklas: Evolution und Geschichte, in: ders.: *Soziologische Aufklärung*, Bd. 2. Aufsätze zur Theorie der Gesellschaft, Opladen 1975b, 150-169

Luhmann, Niklas: Systemtheorie, Evolutionstheorie und Kommunikationstheorie, in: ders.: *Soziologische Aufklärung*, Bd. 2. Aufsätze zur Theorie der Gesellschaft, Opladen 1975c, 193-203

Luhmann, Niklas: Geschichte als Prozeß und die Theorie sozio-kultureller Evolution, in: ders.: *Soziologische Aufklärung*, Bd. 3. Soziales System, Gesellschaft, Organisation, Opladen 1981a, 178-197

Luhmann, Niklas: Selbstreferenz und Teleologie in gesellschaftstheoretischer Perspektive, in: ders. *Gesellschaftsstruktur und Semantik. Studien zur Wissenssoziologie der modernen Gesellschaft*, Bd. 2, Frankfurt/M. 1981b, 9-44

Luhmann, Niklas: Organisation und Entscheidung, in: ders.: *Soziologische Aufklärung*, Bd. 3. Soziales System, Gesellschaft, Organisation, Opladen 1981c, 335-389

Luhmann, Niklas: *Soziale Systeme. Grundriß einer allgemeinen Theorie*, Frankfurt/M. 1984

Luhmann, Niklas: Gesellschaftliche Evolution, in: Habermas, Jürgen/Luhmann, Niklas: *Theorie der Gesellschaft oder Sozialtechnologie - Was leistet die Systemforschung?* Frankfurt/M. 1985, 361-377

Luhmann, Niklas: *Ökologische Kommunikation. Kann die moderne Gesellschaft sich auf ökologische Gefährdungen einstellen?*, Opladen 1986

Luhmann, Niklas: Individuum, Individualität, Individualismus, in: ders.: *Gesellschaftsstruktur und Semantik. Studien zur Wissenssoziologie der modernen Gesellschaft*, Bd 3. Frankfurt/M. 1989, 149-259

Luhmann, Niklas: Protestbewegungen, in: ders.: *Soziologie des Risikos*, Berlin 1991, 135-154

Luhmann, Niklas: Status quo als Argument, in: ders.: *Universität als Milieu. Kleine Schriften*, Bielefeld 1992a, 16-29

Luhmann, Niklas: Die Selbstbeschreibung der Gesellschaft und die Soziologie, in: Ders.: *Universität als Milieu. Kleine Schriften*, Bielefeld 1992b, 137-146

Luhmann, Niklas: 1968 - und was nun?, in: ders.: *Universität als Milieu. Kleine Schriften*, Bielefeld 1992c, 147-157

Luhmann, Niklas: Kontingenz als Eigenwert der modernen Gesellschaft, in: ders.: *Beobachtungen der Moderne*, Opladen 1992d, 93-128

Luhmann, Niklas: Kann die moderne Gesellschaft sich auf ökologische Gefährdungen einstellen?, in: ders.: *Protest. Systemtheorie und soziale Bewegungen*, Frankfurt/M. 1996a, 46-63

Luhmann, Niklas: Alternative ohne Alternative. Die Paradoxie der „neuen sozialen Bewegungen", in: ders.: *Protest. Systemtheorie und soziale Bewegungen*, Frankfurt/M. 1996b, 75-78

Luhmann, Niklas: Tautologie und Paradoxie in den Selbstbeschreibungen der modernen Gesellschaft, in: ders.: *Protest. Systemtheorie und soziale Bewegungen*, Frankfurt/M. 1996c, 79-106

Luhmann, Niklas: Frauen, Männer und George Spencer Brown, in: ders.: *Protest. Systemtheorie und soziale Bewegungen*, Frankfurt/M. 1996d, 107-155

Luhmann, Niklas: Dabeisein und Dagegensein. Anregungen zu einem Nachruf auf die Bundesrepublik, in: ders.: *Protest. Systemtheorie und soziale Bewegungen*, Frankfurt/M. 1996e, 156-159

Luhmann, Niklas: Systemtheorie und Protestbewegungen. Ein Interview, in: ders.: *Protest. Systemtheorie und soziale Bewegungen*, Frankfurt/M. 1996f, 175-200

Luhmann, Niklas: Protestbewegungen, in: ders.: *Protest. Systemtheorie und soziale Bewegungen*, Frankfurt/M. 1996g, 201-215

Meckel, Markus/Gutzeit, Martin: *Opposition in der DDR. Zehn Jahre kirchliche Friedensarbeit. Kommentierte Quellentexte*, Köln 1994

Moritz, Torsten: DDR-Opposition in Ostberlin. *Die Umweltbibliothek*, Diplomarbeit am Fachbereich Politische Wissenschaft der FU Berlin (1995)

Neubert, Ehrhart: Religion in der DDR-Gesellschaft. Zum Problem der sozialisierenden Gruppen und ihrer Zuordnung zu den Kirchen, in: Pollack, Detlef (Hg.): *Die Legitimität der Freiheit. Politisch alternative Gruppen in der DDR unter dem Dach der Kirche*, Frankfurt/M. 1990a, 31-40

Neubert, Ehrhart: Gesellschaftliche Kommunikation im sozialen Wandel. Auf dem Weg zu einer politischen Ökologie, in: Pollack, Detlef (Hg.): *Die Legitimität der Freiheit. Politisch alternative Gruppen in der DDR unter dem Dach der Kirche*, Frankfurt/M. 1990b, 155-201

Neubert, Ehrhart: Die Opposition in der demokratischen Revolution der DDR. Beobachtungen und Thesen, in: Pollack, Detlef (Hg.): *Die Legitimität der Freiheit. Politisch alternative Gruppen in der DDR unter dem Dach der Kirche*, Frankfurt/M. 1990c, 209-219

Pollack, Detlef: Sozialethisch engagierte Gruppen in der DDR. Eine religionssoziologische Untersuchung, in: ders. (Hg.): *Die Legitimität der Freiheit. Politisch alternative Gruppen in der DDR unter dem Dach der Kirche*, Frankfurt/M. 1990a, 115-154

Pollack, Detlef: Das Ende einer Organisationsgesellschaft. Systemtheoretische Überlegungen zum gesellschaftlichen Umbruch in der DDR, in: *ZfS* 19 (1990b), 292-307

Pollack, Detlef: *Kirche in der Organisationsgesellschaft. Zum Wandel der gesellschaftlichen Lage der evangelischen Kirchen in der DDR*, Stuttgart 1994a

Pollack, Detlef: Kirche und alternative Gruppen. Evangelische Kirche in der DDR zwischen inszenierter Öffentlichkeit und informeller Subkultur, in: *Die Zeichen der Zeit* 48 (1994b), 202-209

Pollack, Detlef: Einstellungswandlungen der Gruppenvertreter nach der Wende, in: Findeis, Hagen/Pollack, Detlef/Schilling, Manuel (Hg.): *Die Entzauberung des Politischen. Was ist aus den politisch alternativen Gruppen der DDR geworden? Interviews mit ehemals führenden Vertretern*, Berlin 1994c, 286-394

Poppe, Ulrike: Das kritische Potential der Gruppen in Kirche und Gesellschaft, in: Pollack, Detlef (Hg.): *Die Legitimität der Freiheit. Politisch alternative Gruppen in der DDR unter dem Dach der Kirche*, Frankfurt/M. 1990, 63-79

Raschke, Joachim: Soziale Bewegungen. Ein historisch-systematischer Grundriß, Frankfurt/M. 1985

Rucht, Dieter/Roth, Roland: „Über den Wolken ...". Niklas Luhmanns Sicht auf soziale Bewegungen, in: *Forschungsjournal Neue Soziale Bewegungen* 5 (1992), Heft 2, 22-33

Rucht, Dieter: Deutsche Vereinigung und Demokratisierung. Zum Scheitern der Bürgerbewegungen, in: *Forschungsjournal Neue Soziale Bewegungen* 8 (1995), Heft 4, 12-19

Rüddenklau, Wolfgang: *Störenfried. ddr-opposition 1986-1989. Mit Texten aus den „Umweltblättern"*, Berlin 1992

Schimank, Uwe: Teilsystemevolutionen und Akteurstrategien. Die zwei Seiten struktureller Dynamiken moderner Gesellschaften, in: *Soziale Systeme* 1 (1995), 73-100

Stichweh, Rudolf: Der Fremde. Zur Evolution der Weltgesellschaft, in: *Rechtshistorisches Journal* 11 (1992), 295-316

Stichweh, Rudolf: Fremde, Barbaren und Menschen. Vorüberlegungen zu einer Soziologie der 'Menschheit', in: Fuchs, Peter/Göbel, Andreas (Hg.): *Der Mensch - das Medium der Gesellschaft?*, Frankfurt/M. 1994a, 72-91

Stichweh, Rudolf: Fremde im Europa der Frühen Neuzeit, in: *Mitteilungen des Zentrums zur Erforschung der Frühen Neuzeit* 1 (1994b), 205-221

Tenbruck, Friedrich H.: Gesellschaft und Gesellschaften: Gesellschaftstypen, in: ders.: *Die kulturellen Grundlagen der Gesellschaft. Der Fall der Moderne*, Opladen 1989, 59-79

Touraine, Alain: Krise oder Mutation?, in: Touraine, Alain/Dreitzel, Hans Peter/Moscovici, Serge/Sennett, Richard/Supek, Rudi/Birnbaum, Norman: *Jenseits der Krise. Wider das politische Defizit der Ökologie*, Frankfurt/M. 1976, 19-49

Turner, Victor: *Das Ritual. Struktur und Anti-Struktur*, Frankfurt/M. 1989

Vielfalt in der Vielzahl
Eine empirische Untersuchung der Beweggründe zur Teilnahme an
den Massendemonstrationen des Herbstes 1989

Laurence McFalls

Vielfach wird zwar angenommen, daß das politische, wirtschaftliche und gesellschaftliche System des Staatssozialismus in der DDR 1989 strukturell kurz vor seinem Zusammenbruch stand, dennoch waren es ohne Zweifel die Massendemonstrationen im Herbst jenes Jahres, die bestimmten, wann, wie, mit welcher Geschwindigkeit und mit welchen Folgen der erste sozialistische Staat auf deutschem Boden verschwand. Eine Erklärung des Umbruchs, die die Annahme des Zusammenbruchs zur Grundlage nimmt, die Beweggründe zur massenhaften Teilnahme an den Demonstrationen gegen die Staatsmacht im ganzen Land jedoch vernachlässigt, kann deshalb nicht befriedigend sein. Dies war meine Überzeugung, als ich 1990 in die damals noch existierende DDR kam, um eine intensive Befragung von 202 nach dem Zufallsprinzip ausgesuchten Ostdeutschen vorzunehmen. Ich wollte wissen, welche unterschiedlichen sozialen Gruppen es waren, die in den noch gefährlichen Wochen vor dem Mauerfall an Demonstrationen teilgenommen hatten, die die Demonstranten öffentlich oder stillschweigend unterstützt hatten, die sich zurückgehalten oder sogar freiwillig gegen die Demonstrationen gestellt hatten.

Mein Forschungsvorhaben war ein durchaus anspruchsvolles Projekt, aber ich erkannte auch seine Restriktionen. Da mein Fragebogen mit über 230 offenen wie geschlossenen Fragen sehr lang war und face-to-face-Interviews durchgeführt werden mußten, bestand nicht die Möglichkeit, eine Zahl von etwa 1.000 Befragten zu erreichen, um eine für die gesamte DDR-Bevölkerung repräsentative Stichprobe zu erzielen. Dafür habe ich aber eine Vielfalt an qualitativen Aussagen gewonnen, die es mir erlaubt, eine Vielzahl an biographischen und kulturellen Gemeinsamkeiten und Unterschieden zwischen meinen Befragten zu analysieren. Anhand der Übereinstimmungen in den Antworten auf Fragen zur Identität, zu Wertorientierungen und Lebenserfahrungen in der DDR, war es mir möglich, ein umfassendes Portrait der ostdeutschen politischen Kultur zu entwerfen. Andererseits waren die Antworten hinreichend signifikant, um den aussichtsreichen Versuch zu wagen, die unterschiedlichen Einstellungen und Verhaltensweisen der Ostdeutschen im Herbst 1989 aus ihren differierenden Wertorientierungen zu erklären.

An anderer Stelle habe ich ausgeführt, daß ein allgemeiner Hintergrund der Teilnahme an den Massendemonstrationen im Herbst 1989 in der sich vor allem in den späten 80er Jahren vollziehenden Aushöhlung der systemstabilisierenden Grundwerte der politischen Kultur in der DDR zu finden sei (McFalls 1995). Im vorliegenden Aufsatz geht es eher darum, eine differenzierte Analyse der möglichen Beweggründe zur Teilnahme bzw. Nichtteilnahme an den Herbstdemonstrationen anhand einer statistischen Analyse meiner Befragungsergebnisse zu entwickeln. Diese Analyse kann natürlich nicht als repräsentativ für die gesamte ostdeutsche Bevölkerung gelten; dafür ist die Stichprobe zu klein. Aber die Untergruppen der Stichprobe und ihre Unterschiede sind - statistisch gesehen - groß genug, um auf Beweggründe für die Teilnahme an den Massendemonstrationen hinzudeuten. Freilich kann man nicht mit Sicherheit sagen, welche Teile der Bevölkerung in ihrem Verhalten von den einzelnen Motiven beeinflußt waren.[1] Aus der folgenden Analyse geht aber deutlich hervor, daß die Demonstranten des Herbstes 1989 durch ganz unterschiedliche und mitunter entgegengesetzte Beweggründe zur Teilnahme an den Demonstrationen motiviert wurden. Die Demonstranten haben zwar skandiert „Wir sind das Volk", eine einheitliche Bewegung haben sie deswegen aber noch lange nicht gebildet. Das war im übrigen auch der Grund, warum die populäre Revolution in der DDR nicht zu einer Erneuerung des Landes führen konnte.

Ein Modell für alle Interviewpartner

Zunächst habe ich bei der statistischen Analyse meiner Befragungsergebnisse danach gesucht, ob es gemeinsame Beweggründe zur Demonstrationsteilnahme gegeben hat. Die abhängige Variable für diese Untersuchung habe ich nach einer geschlossenen Frage zur Haltung gegenüber den Massendemonstrationen vor dem 9. November 1989 konstruiert. Die Befragten mußten sich auf einer Sieben-Punkte-Skala situieren, die von völliger Ablehnung der Demonstrationen und ihrer Ziele bis zur aktiven Teilnahme an der Vorbereitung einer oder mehrerer Demonstrationen verlief. Nachdem ich die verschiedenen miteinander verbundenen Variablen identifiziert hatte, die mit der abhängigen Variable „Demonstrationsteilnahme" korrelieren, habe ich versucht, ihre unabhängige Wirkung durch eine Regressionsgleichung festzustellen.

---

1 Dieser Aufsatz ist eine deutsche Zusammenfassung von Forschungsergebnissen, die im Kapitel 5 meines Buches: McFalls, Laurence: Communism's Collapse, Democracy's Demise? The Cultural Context and Consequences of the East German Revolution, London/New York 1995, ausführlicher dargestellt werden.

Wie aus Tabelle A zu ersehen ist, beinhaltet die Regressionsgleichung, die am besten die Demonstrationsteilnahme aller 202 Befragten (R-Quadrat = 0.42) beschreibt, keine unerwarteten oder unplausiblen Variablen. Folgt man dieser Gleichung, gelangt man zu einer eher banalen Erklärung der Wende: Positiv standen diejenigen Ostdeutschen zu Demonstrationen, die es schon vor 1989 gewagt hatten, bei den Wahlen gegen die offizielle Kandidatenliste der Nationalen Front zu stimmen oder sich der Wahl ganz zu enthalten (V1 oder „Nichtwählen"), die mit dem Schock des Weggangs eines Freundes oder Bekannten während der Ausreisewelle konfrontiert wurden (V2) oder die zu diesem Zeitpunkt selbst versucht waren, das Land zu verlassen (V3), die mit ihrem Leben zu Beginn des Jahres 1989 unzufrieden waren (V4), die in einer aus verschiedenen Fragen zusammengestellten Variable („DDR gut") die Ablehnung der angeblichen Vorzüge der ostdeutschen Gesellschaft ausdrückten (V5), die den beliebten ersten Präsidenten der DDR, Wilhelm Pieck, nie gemocht hatten (V6) und die in einer ihrer Meinung nach eher benachteiligten Stadt lebten (V7). Zusammenfassend kann man sagen, daß diejenigen gegen die DDR-Staatsführung demonstrierten, die auch gegen das Regime opponierten und unzufrieden mit ihm waren.

So banal diese Variablen auch erscheinen mögen, jede einzelne verdient eine genauere Betrachtung. Die Tatsache, daß keine einzige von ihnen noch einmal in all den Regressionsgleichungen für die Untergruppen der Befragten auftaucht, deutet darauf hin, daß die Gleichung für alle Befragten komplexere oder subtilere Motive für eine Demonstrationsteilnahme beinhaltet.

Die eine Variable, die in allen außer zwei der Regressionsgleichungen der Untergruppen erscheint (siehe Tabellen B-F), nämlich „Nichtwählen", scheint eine Erklärung für oppositionelles Verhalten im Herbst 1989 zu sein, die noch hinterfragt werden muß. Es erscheint plausibel, daß die Befragten, die im Mai 1989 (bei den letzten von der SED kontrollierten Wahlen in der DDR) oder schon früher den öffentlichen und manchmal risikoreichen Schritt der Verweigerung der Massenabsegnung offizieller Kandidaten unternommen hatten, auch mit größerer Wahrscheinlichkeit den öffentlichen und risikoreichen Schritt des Protestes gegen das Regime machen würden. Den offiziellen Kandidaten die Unterstützung zu verweigern und gegen das Regime zu demonstrieren, muß Ausdruck desselben Phänomens sein: der Opposition gegen das Regime, obwohl in einer einfachen Regression die Variable „Nichtwähler" nur 17 % der Varianz bei Demonstrationsbeteiligung erklärt. Die mehrfache Regressionsanalyse deutet, wenn auch schwach (R-Quadrat = 0.21), auf die signifikanten Wechselbeziehungen von „Nichtwählen" hin und damit auf zusätzliche, mögliche Determinanten von Protest und Opposition gegen das Regime.

Tabelle A:
Zusammenfassung der am besten passenden Regressionsgleichung der Demonstrationsteilnahme aller Befragten

Unabhängige Variablen	*Koeffizient für Alle* (n = 202)
V1: "Nichtwählen"	+ **
V2: Bekannter bei Ausreisewelle	+ **
V3: wäre auch ausgereist	+ *
V4: zufrieden Anfang 1989	-
V5: "DDR gut"	- **
V6: Sympathie für Wilhelm Pieck	- **
V7: Heimatort benachteiligt	(+ *)
("Süden", wohnte südlich von Berlin)	+ **
Angepaßtes R² der Regressionsgleichung	0.42
(Angepaßtes R² wenn "Süden" hinzugefügt wird)	(0.44)

Schlüssel:
+   =   positiv korrelierter Koeffizient
-    =   negativ korrelierter Koeffizient
**   =   signifikant bei einem Niveau von p<0.01
*   =   signifikant bei einem Niveau von p<0.05
kein * =   signifikant bei einem Niveau von p<0.10
( )   =   Variable verliert an berichteter Signifikanz und/oder ist von der mehrfachen Regres-
            sionsgleichung ausgeschlossen, wenn die Variable "Süden" aufgenommen wird.

Die passendste Regressionsgleichung zeigt nicht nur Antipathie für Wilhelm Pieck
(V6) - für sich genommen schon ein Korrelat von Demonstrationsteilnahme -, sondern auch Kirchenzugehörigkeit, fehlende Mitgliedschaft im FDGB, Wohnsitz in
einer größeren Stadt und unangenehme Zusammentreffen mit der Stasi, was auch
durch „Nichtwählen" ausgedrückt wird. Von diesen Variablen ist der Wohnsitz in
einer größeren Stadt das am einfachsten erklärbare Korrelat von Nichtwählerschaft:
Die Anonymität des städtischen Lebens machte das Auffinden von Nichtwählern
schwieriger bzw. erleichterte die Streichung offizieller Kandidaten. In Berlin war es
z. B. möglich, schon vor dem offiziellen Wahltag in einem großen zentralen Wahl-
lokal zu wählen, in dem oppositionelle Wähler unerkannt, weil von der Masse ge-
deckt, in die Wahlkabinen schlüpfen konnten, um Kandidatennamen durchzustrei-
chen. Solch unbedeutender Protest wurde wahrscheinlich trotzdem entdeckt und zog
unangenehme Begegnungen mit den Sicherheitsorganen nach sich. Als Ergebnis
bleibt festzuhalten, daß die Korrelation zwischen den Variablen 'persönliche
Schwierigkeiten mit der Stasi" und „Nichtwählen" vermutlich zeigt, daß Zusam-

menstöße mit der Stasi weniger Grund als vielmehr Konsequenz der Entscheidung waren, die Kandidaten der Nationale Front an den Wahlurnen nicht zu unterstützen.

Die zwei anderen mit „Nichtwählen" korrelierenden Variablen, die nicht in Korrelation zur Demonstrationsbeteiligung stehen, nämlich Kirchenmitgliedschaft und Nichtmitgliedschaft im FDGB, erlauben zwei unterschiedliche Interpretationen. Aus soziologischer Sicht stellte die Mitgliedschaft in einer offiziellen Gewerkschaft einen Mechanismus zu verstärkter Wahlteilnahme zur Verfügung. Die Zugehörigkeit zur einzigen von staatlicher Kontrolle freien Vereinigung, der Kirche, bedeutete die Unterstützung derjenigen, die die staatliche Autorität ablehnten. Aus psychologischer Sicht können die Distanz zu staatlichen Organisationen, die Mitarbeit in nichtoffiziellen Organisationen und die Ablehnung, offizielle Kandidaten zu wählen, als Charakteristika einer risikofreudigen Persönlichkeit gelten. Solch eine psychologische Interpretation bestätigt de facto die qualitativen Ergebnisse meiner Interviews: Interviewpartner, die gehorsam für Kandidaten, die nicht ihrer Präferenz entsprachen, gestimmt hatten, die die Kirche verlassen hatten, um Ärger am Arbeitsplatz oder in der Schule zu vermeiden, oder die in einer Gewerkschaft verblieben waren, die ihnen nicht einmal einen Ferienplatz in einem ihrer standardisierten Ferienorte zur Verfügung stellen konnte, machten sehr oft in einer Art und Weise, die mehr Selbstzensur als äußeren Zwang sichtbar machte, geltend, daß sie keine andere Wahl gehabt hätten. Interviewpartner, die das Risiko eingingen, sich von der Gewerkschaft fernzuhalten, oder sich weigerten, wählen zu gehen, berichteten von geringen Konsequenzen, die im Einzelfall nur in einer Bemerkung des Vorgesetzten bestand. Nur aktive Kirchenmitglieder berichteten von materiellen Nachteilen, die sie auf ihr von der Norm abweichendes Verhalten zurückführten. Allerdings glich die Zughörigkeit zu einer alternativen Gemeinschaft dieses materielle Risiko wieder aus. Gleichermaßen bestätigten die Nichtwähler, die unangenehme Zusammentreffen mit der Stasi hatten, daß selbst solche Ereignisse ihr Verhalten nicht beeinflußten, während der bloße Gedanke an einen Zusammenstoß mit den Autoritäten für risikoscheue Personen Anlaß genug war, den Weg zu den Wahlurnen zu gehen.

Neben „Nichtwählen" (V1) erscheint eine andere Variable (V2) in den Regressionsmodellen für fast jede Gruppe von Befragten. Ganze 67 % der Befragten, die an Demonstrationen teilnahmen, hatten einen engen *Freund* oder *Bekannten*, der die DDR während der Ausreisewelle von August bis Oktober 1989 verlassen hatte. Paradoxerweise besteht keine substantielle oder statistisch relevante Beziehung zwischen Demonstrationsteilnahme und der Ausreise eines *Familienmitgliedes* zu dieser Zeit. Albert O. Hirschmans Analyse der Umwandlung von massenhaftem privaten „exit" in öffentliches „voice" in Form von Massendemonstrationen (1992), kann die unterschiedlichen Auswirkungen von Freundes- versus Verwandtschaftsverlust für die Teilnahme an Protesten erklären: Die Ausreise eines Familienmitgliedes blieb eher eine private Angelegenheit, während das Ausreisen von Leuten aus dem Bekanntenkreis die Tendenz hatte, eine öffentliche Sache zu werden, die auch Protest außerhalb der Privatsphäre hervorrufen konnte. Gleichermaßen kann Hirschmans Analyse das Vorhandensein der inhaltlich zu den anderen Variablen in Beziehung stehenden, aber statistisch unabhängigen Variable 3 „Wäre auch gegangen", im Regressionsmodell bei allen Befragten erklären: Demonstrationsteilnehmer kannten mit größerer Wahrscheinlichkeit nicht nur jemanden, der die Ausreiseoption gewählt hatte (V2), sondern sie hatten sie wahrscheinlich auch selbst erwogen (V3). Wie wir bei Hirschman sehen, stehen „exit" und „voice" nicht immer in einem Gegensatzverhältnis, wie er ursprünglich angenommen hatte (Hirschman 1970: 44ff.). Im Gegenteil: Das Vorhandensein der Ausreiseoption kann „voice" stimulieren. Die Durchlässigkeit der Mauer infolge der Öffnung der ungarischen Grenze zu Österreich sowie die einzigartige Möglichkeit für Ostdeutsche, die westdeutsche Staatsbürgerschaft und soziale Leistungen bei der Aufnahme in Westdeutschland zu erlangen, ließen den Protest für jene, die bereit waren, die Ausreiseoption im Falle des Versagens von „voice" oder der Repression zu erwägen, zu einem relativ risikolosen Unterfangen werden.

Während das „exit-voice"-Modell aufzeigt, wie öffentlicher Protest 1989 ausbrechen konnte und das Vorhandensein der Variablen V2 und V3 in der Regressionsgleichung für alle Interviewpartner erklärt, identifiziert Hirschmans Modell keineswegs die Gründe für die Unzufriedenheit, die in der DDR „exit" und „voice" motivierten. Die übrigen Variablen im Regressionsmodell zeigen jedoch die Richtung, in welcher die Gründe für die Unzufriedenheit zu suchen sind. In der Stichprobe tendierten Demonstrationsteilnehmer dazu, sich an ihre eigene allgemeine Unzufriedenheit zu Beginn des Jahres 1989 zu erinnern, bevor sie überhaupt das nahe Ende der DDR wahrnahmen (V4). Obwohl man annimmt, daß eine solche generelle Unzufriedenheit ein natürlicher Vorbote des Protests ist, ist die V4 nicht gerade ein bedeutendes Indiz für die Protestentwicklung. In einem einfachen Regressionsmodell für alle Befragten kann die Zufriedenheitsvariable (V4) nur 6 % der Varianz in der Demonstrationsteilnahme erklären, und die Variable für allgemeine Unzufriedenheit scheint von statistischer Signifikanz ($p<0.01$) in nur zwei der Regressionsgleichungen für die Stichprobenuntergruppen zu sein (siehe Tabellen B-F).

Ein eher unerwarteter Indikator für Demonstrationsbeteiligung ist die Antipathie gegenüber Wilhelm Pieck, dem ersten Präsidenten der DDR (V6). Die Regressionsmodelle für alle Befragten und einige Untergruppen zeigen sogar, daß die Antipathie gegenüber Pieck eine stärkere Erklärungskraft hat als eine zusammengesetzte Variable, die die Sympathiewerte gegenüber einigen führenden Persönlichkeiten der kommunistischen Bewegung („prokomm") mißt. Jedoch mißt die Pieck-Antipathie-Variable die allgemeine Ablehnung kommunistischer Führer aus zwei Gründen wahrscheinlich besser als „prokomm". Erstens beinhaltete „prokomm" Sympathiewerte für die Märtyrer der Revolution von 1918/19, Rosa Luxemburg und Karl Liebknecht, die beide auch in oppositionellen Milieus beliebt waren. Zweitens waren diejenigen, die Pieck gegenüber Antipathie zeigten, wahrscheinlich hoffnungslose Fälle für das kommunistische Lager, weil er („unser kleiner Arbeiterpräsident") der beliebteste Politiker in der Geschichte der DDR gewesen war.

Eine andere Variable, die in der am besten geeigneten Regressionsgleichung für alle Befragten (V5 oder „DDR gut") auftaucht, scheint die generelle Bewertung der DDR und der von ihr selbst propagierten Errungenschaften und Vorzüge (wie z. B. die Gleichberechtigung der Frauen, die Förderung des Sports, das Recht auf Arbeit und die generelle Versorgung mit Kindertagesstätten) sehr gut zu dokumentieren. Interviewpartner, die wenig Erhaltenswertes an der DDR sahen, nahmen eher an Demonstrationen teil, die ja letztendlich das Regime beseitigten. Es ist interessant, festzustellen, daß die Variable „DDR gut" nicht in den Regressionsgleichungen für alle Untergruppen erscheint. Wie wir sehen werden, scheint oft die Unzufriedenheit mit einzelnen Grundzügen der DDR genügt zu haben, um eine Demonstrationsteilnahme bestimmter Gruppen von Befragten zu bewirken.

Abschließend bleibt zu sagen, daß das Vorhandensein von Variable V7 in dem umfassenden Regressionsmodell zeigt, daß Demonstrationsteilnehmer dazu neigten, an eine Benachteiligung ihrer Heimatorte im Vergleich zu anderen Städten gleicher Größe und Bedeutung in der DDR zu glauben. Dieser einsehbare „vernünftige" Grund für eine Demonstrationsteilnahme verliert jedoch seine substantielle und statistische Bedeutung, wenn wir eine geographische Kontextvariable in die Regressionsgleichung einführen. Auf der vorletzten Zeile der Tabelle A sehen wir, daß die Variable „Süden" (Interviewpartner leben südlich von Berlin) die Vorhersagekraft der Regressionsgleichung um 2 Prozentpunkte steigert und die Variable V7 unbedeutend macht. Die Einführung von „Süden" hat einen ähnlichen Effekt auf die meisten Regressionsgleichungen der Untergruppen: Sie verbessert die Erklärungskraft der Gleichung und verringert die Anzahl unabhängiger Variablen, die für die Erklärung notwendig sind. Obwohl sie eindeutig ein guter Indikator für Demonstrationsteilnahme ist, hatte ich die Variable „Süden" ursprünglich nicht in die anwendbaren Regressionsmodelle aufgenommen, da sie uns nicht wirklich etwas über individuelle Motive für eine Demonstrationsteilnahme sagt. Sie zeigt nur auf, daß bei Befragten, die im Süden lebten, die Wahrscheinlichkeit (überdies mit eindeutiger Signifikanz) einer Demonstrationsteilnahme (55 % der Untergruppe) wesentlich höher war als bei Interviewpartnern aus Berlin (41 %) oder aus dem Norden (32 %). Es kann sein, daß sich hinter der Variablen „Süden" Einstellungen und Zustände, die im Süden häufiger als anderswo vorkamen, verbergen. Aber meine Umfrageergebnisse enthüllen keine regionalen Besonderheiten, weder bei den Einstellungen noch bei den Lebensumständen, und zeigen lediglich, daß die „Ausreise"-Variablen V2 und V3 mit „Süden" verbunden sind. Somit weisen die Umfrageergebnisse nur auf eine größere Demonstrationstendenz bei Befragten aus dem Süden hin, die von der größeren Bedeutung der Ausreiseoption herrühren mag. Es kann auch sein, daß die „Südländer" lediglich mehr Demonstrationsmöglichkeiten gehabt haben, denn dank der Montagsgebete in der Leipziger Nikolaikirche und der Durchfahrt von Ausreisezügen durch Dresden begannen die Demonstrationen im dicht besiedelten Süden der DDR früher und waren einfach weiter verbreitet.

Kurzum, das Regressionsmodell, das am besten die Demonstrationsbeteiligung für die gesamte Stichprobe erklärt, beinhaltet drei Arten von Variablen. Erstens zeigt die Variable „Nichtwählen" (V1), daß Protestteilnehmer wahrscheinlich schon einen Hang zu oppositionellem Verhalten hatten. Zweitens führen die Ausreise-Variablen V2 und V3 zu der Annahme, daß die Demonstrationsteilnehmer meiner Stichprobe die Protestteilnahme riskierten, da sie sich der Ausreiseoption bewußt und auch willens waren, diese Möglichkeit zu nutzen. Drittens identifizieren die Variablen V4 bis V7, wenn auch sehr allgemein, die Gründe der Unzufriedenheit, die den Protest motivierten. Ein Blick in die in den nächsten Abschnitten dargestellten Regressionsgleichungen, die die Motive für die Demonstrationsteilnahme verschiedener Gruppen von Befragten wiedergeben, sollte uns jedoch erlauben, präzisere Protestmotive zu identifizieren.

Die Unterscheidung von Demonstrationsteilnehmern

Bevor wir versuchen, die Motive unterschiedlicher Gruppen für eine Demonstrationsteilnahme aufzudecken, müssen wir ein fundamentales, qualitatives Problem unserer abhängigen Variable in Betracht ziehen, und zwar den Grad der Unterstützung der Teilnahme am öffentlichen Protest. Die Messung läßt eine Differenzierung zwischen verschiedenen Graden von Opposition und Unterstützung für die Demonstrationen, die ja letztendlich den Fall der Mauer verursachten, erkennen. Die Variable gestattet aber keine Unterscheidung zwischen Befragten, die an den ersten entscheidenden und gefährlichsten Demonstrationen in Leipzig, Berlin, Dresden und einigen kleineren Zentren des Protests (wie z. B. Plauen) vor dem 9. Oktober teilnahmen, und solchen, die erst in den letzten Tagen auf den fahrenden Wagen aufsprangen, oder selbst solchen, die an der großen Alexanderplatzdemonstration vom 4. November teilnahmen, weil sie es als eine Möglichkeit ansahen, für eine demokratischere, aber immer noch sozialistische DDR einzutreten. Durch eine vom Interviewer (meine Frau oder mich) gestellte Frage mit der Bitte um eine subjektive Einschätzung der Protestteilnahme des Interviewpartners war es jedoch möglich, „Revolutionäre der ersten Stunde" auszumachen. Dies waren solche Interviewpartner, die durch eine frühe und engagierte Teilnahme an der Protestbewegung möglicherweise in einer historisch entscheidenden Art und Weise zu ihrem Erfolg und ihrer anfänglichen Sogwirkung beigetragen haben. Diese Gruppe beinhaltete nur 16 Teilnehmer meiner Stichprobe.

Diese 16 „Revolutionäre der ersten Stunde" waren zu wenige, um eine statistisch relevante quantitative Analyse ihres Verhaltens, ihrer Einstellungen und biographischen Charakteristika zuzulassen. Nichtsdestotrotz haben diese 16 Personen einige Grundzüge gemeinsam, die sie vom Rest der Stichprobe unterscheiden und die auf ein ganz bestimmtes „revolutionäres" Profil hinzuweisen scheinen. Es ist nicht überraschend, daß sich alle 16 schon vor dem Herbst 1989 in zumindest einem oppositionellen Akt engagiert hatten; sie hatten sich alle geweigert, in einer Wahl für offizielle Kandidaten zu stimmen („Nichtwählen"). 9 der 16 (oder 56 % verglichen mit 18 % der gesamten Stichprobe) hatten persönliche Konfrontationen mit der Stasi erlebt, wie es bei Oppositionellen quasi zu erwarten gewesen war, während 11 Personen dieser Gruppe (oder 69 % verglichen mit 30 % der gesamten Stichprobe) Mitglieder der evangelischen Kirche waren. In deren Umkreis sammelten sich ja bekanntlich Dissidenten, die hier relativ geschützt Oppositionsgruppen bilden konnten. Andererseits unterschieden sich die „Revolutionäre der ersten Stunde" nicht auffällig vom Rest der Stichprobe, mit einer bemerkenswerten Ausnahme. Während nur 11 % aller Befragten angaben, ihr persönlicher Lebensstandard hätte sich in den fünf Jahren vor der Wende verschlechtert, behaupteten dies 7 der 16 aktivsten „Revolutionäre" (oder 44 %) von sich. Die Mehrheit hingegen bezeichnete ihre Lebensverhältnisse als stabil.

Die 16 „Revolutionäre der ersten Stunde" der Stichprobe gleichen also jenen oppositionellen Kirchenmitgliedern, die in der Tat die ersten formellen Proteste gegen das Regime organisiert und Gruppen wie das Neue Forum (dem 7 der 16 angehörten) gegründet hatten. Ihre geringe Anzahl in meiner Stichprobe verhindert weitere Einblicke in die Motive dieser entscheidenden Gruppe. Natürlich existieren andere (auto-)biographische oder systematischere Studien der ostdeutschen „Revolutionäre der ersten Stunde" (siehe Liebsch 1991; Grabner/Heinze/Pollack 1990; Marcuse 1990; Philipsen 1993). Meine Absicht war und ist jedoch nicht in erster Linie, die Initiierung der ersten revolutionären Protestaktionen im Herbst 1989 zu erklären, sondern zu zeigen, wie die kontinuierliche Massenmobilisierung von Kritik am Regime zustandekam. Zu diesem Zweck ist die abhängige Variable, die den Grad der Unterstützung der Demonstrationen (oder Opposition) mißt, adäquat. Wir werden sehen, wie sich die Korrelate dieser Variablen bei unterschiedlichen, in meiner Umfrage repräsentierten Gruppen von Ostdeutschen unterscheiden.

Parteigenossen gegen den Parteistaat

Die vielleicht interessanteste Gruppe von Demonstrationsteilnehmern in der Umfrage waren Mitglieder der SED. Überraschenderweise existiert zwischen der Mitgliedschaft in der herrschenden Partei und einer Teilnahme an Demonstrationen, die letztlich die Entmachtung der Partei herbeiführten, nur eine sehr schwache, statistisch kaum wahrnehmbare negative Beziehung: volle 35 % der Genossen (n=60), im Vergleich zu 48 % der Parteilosen (n=142), nahmen an den Demonstrationen gegen den Parteistaat teil. Während das allgemeine Regressionsmodell für alle Befragten außerdem am besten die Protestteilnahme der Parteilosen in der Stichprobe beschreibt, paßt für SED-Mitglieder eher eine andersgeartete Gleichung, für die es verlockend ist, eine wenig schmeichelhafte Erklärung anzubieten. Wie wir aus Tabelle B ersehen können, beinhaltet die Gleichung für Parteimitglieder, genau wie das allgemeine Modell, die Variablen „Wäre auch ausgereist" (V3), „Zufriedenheit" (V4) und „Pieck-Sympathie" (V6), aber sie enthält nicht „Nichtwählen" (V1), „Freund floh" (V2) oder „DDR gut" (V5). Zusätzlich verbesserte weder die Variable „Heimatstadt benachteiligt" (V7) noch „Süden" die Erklärungskraft der Gleichung für die Parteimitglieder. Obwohl diese letzten beiden Variablen nicht als statistisch relevante Komponenten des Regressionsmodells für SED-Mitglieder erscheinen, korrelieren sie trotzdem positiv mit einer Demonstrationsteilnahme. Was die SED-Demonstranten von den anderen Demonstranten unterscheidet, ist ihre eindeutige Tendenz, das umfassende Kinderbetreuungssystem abzulehnen (V10) - eine Komponente des Index' „DDR gut" -, von einem Vater abzustammen, der der NSDAP angehört hatte (V9 „Vater Nazi"), ein Telefon im Haus zu haben (V11) und sich zustimmend zu berühmten Deutschen zu äußern, die in der DDR nicht salonfähig waren (V8 oder „Pro West" - eine Mischung von Sympathiewerten für Otto von Bismarck, Konrad Adenauer, Willy Brandt und den Fußballstar Franz Beckenbauer).

Dieses eher seltsame Misch-Masch von Variablen erklärt 51 % der Varianz in der Demonstrationsteilnahme der SED-Mitglieder, wenn es in eine Regressionsgleichung eingegeben wird. In gewisser Hinsicht macht es jedoch Sinn: Es läßt jene SED-Mitglieder, die an Demonstrationen gegen die Staatsmacht teilnahmen, als Opportunisten erscheinen. Die meinungsmessenden Variablen, die mit Protest in Verbindung stehen, lassen darauf schließen, daß in dieser Stichprobe erscheinende SED-Demonstranten niemals überzeugte Kommunisten gewesen waren: Sie lehnten nicht nur Wilhelm Pieck ab (V6) und bekundeten Sympathie für „Militaristen und Revanchisten" wie Bismarck und Adenauer („Pro West"), sondern stimmten mit denjenigen Konservativen überein, die das DDR-Kinderbetreuungssystem, das Müttern eine gleichberechtigte Teilnahme am Erwerbsleben ermöglichte, als unge-

Tabelle B:
Zusammenfassung der am besten passenden Regressionsmodelle der Demonstrationsteilnahme von SED-Mitgliedern und Parteilosen

| Unabhängige Variablen | Koeffizienten für | |
	SED-Mitglieder (n = 60)	Nicht- Mitglieder (n = 142)
V1: "Nichtwählen"		+ **
V2: Bekannter floh während der Ausreisewelle		+ **
V3: wäre auch ausgereist	+ *	(+)
V4: zufrieden Anfang 1989	-	-
V5: "DDR gut"		- **
V6: Sympathie für Wilhelm Pieck	- **	- **
V7: Heimatort benachteiligt		+(**)
V8: Sympathie für West-Persönlichkeiten	+ *	
V9: Vater war NSDAP- Mitglied	+ **	
V10: DDR- Kindertagesstättensystem positiv bewertet	- *	
V11:hatte privaten Telefonanschluß	+ *	
("Süden": wohnte südlich von Berlin)		+ **
Angepaßtes R² der Regressionsgleichung	0.51	0.42
(Angepaßtes R², wenn "Süden" hinzugefügt wird)		(0.46)
Angepaßtes R² bei Anwendung der am besten passenden Gleichung für alle Befragten	0.36	0.42

Schlüssel:
+   =   positiv korrelierter Koeffizient
-      =   negativ korrelierter Koeffizient
**   =   signifikant bei einem Niveau von p<0.01
*   =   signifikant bei einem Niveau von p<0.05
kein * = signifikant bei einem Niveau von p<0.10
( )   =   Variable verliert an berichteter Signifikanz und/oder ist von der mehrfachen Regres-
           sionsgleichung ausgeschlossen, wenn die Variable "Süden" aufgenommen wird.

sund für Kinder und destruktiv für Familien ablehnten (V10). Es scheint, daß diese
der SED zugehörigen Demonstranten der Partei eher aus Interesse an Privilegien
beigetreten waren denn aus Überzeugung. Die positive *Beziehung* der Variable V11
zu Protestteilnahme weist darauf hin, daß die SED-Demonstranten tendenziell der
glücklichen Minderheit angehörten, die einen privaten Telefonanschluß besaß - ein

Privileg von Personen in verantwortlichen Positionen. Des weiteren hatten die SED-Demonstranten häufiger das Privileg, einen großen Wagen, z. B. Wartburg oder Lada, zu fahren, wenngleich der Telefonanschluß sich in der mehrfachen Regression als aussagekräftiger erweist. Die SED-Demonstranten sind dreimal häufiger Kinder von Nazis als parteilose Demonstranten und scheinen aus einer Familientradition zu stammen, in der man sich mit der jeweiligen Macht arrangierte. Diese SED-Mitglieder haben eventuell im Herbst 1989 den Fahnenwechsel vorausgeahnt. Sie nahmen an den Demonstrationen teil (oder gaben an, teilgenommen zu haben), um sich ihren Platz in der neuen politischen Ordnung zu sichern. Die heutzutage weit verbreitete öffentliche Verdammung der sogenannten „Wendehälse" - ehemals kleine SED-Funktionäre, die wieder prestigeträchtige Machtpositionen einnehmen - scheint darauf hinzuweisen, daß die kleine Gruppe von SED-Demonstranten in meiner Stichprobe keine ungewöhnliche Gruppe darstellt und daß die Deutung ihres Verhaltens als opportunistisch nicht abwegig ist. Ein anderes Indiz aus meiner Befragung sollte uns jedoch von solchen mit Ressentiments behafteten Interpretationen abhalten: Die Genossen, die zugaben, gegen die Partei demonstriert zu haben, waren in der Regel nicht diejenigen, die zugaben, der Partei beigetreten zu sein, um ihre Karriere zu befördern.

Junge und alte Demonstranten

Die jüngeren Befragten meiner Stichprobe (diejenigen, die 1989 40 Jahre alt oder jünger waren) mögen vielleicht weniger zynisch in den Motiven ihrer Demonstrationsteilnahme gewesen sein als die SED-Mitglieder. Wenngleich in der Ausreisewelle von 1989 junge Leute dominierten und bei den ersten Demonstrationen im Herbst 1989 besonders auffielen, ergab meine Befragung keine Korrelation zwischen Alter und Demonstrationsteilnahme. Jüngere und ältere Demonstranten scheinen jedoch unterschiedliche Protestmotive gehabt zu haben. Tabelle C zeigt, daß sowohl vor als auch nach der Gründung der DDR geborene Demonstranten sich gleichermaßen häufig geweigert hatten, einen offiziellen Kandidaten zu wählen (V1) und jemanden persönlich kannten, der während der Ausreisewelle das Land verlassen hatte (V2). Obwohl die älteren Demonstranten der Stichprobe darauf vorbereitet waren, selbst die DDR zu verlassen, existiert keine Verbindung zwischen der Variable „wäre auch ausgereist" (V3) und der Demonstrationsbeteiligung jüngerer Demonstranten. Auch wenn ein Umzug in den Westen für sie einfacher gewesen wäre, scheinen die jüngeren Demonstranten doch vorgehabt zu haben, das Beste aus der DDR zu machen.

Tabelle C:
Zusammenfassung der am besten passenden Regressionsmodelle der Demonstrationsbeteiligung von jungen und alten Befragten (jung=nach 1949 geb.; alt=vor 1949 geb.)

Unabhängige Variablen	*Koeffizienten für*	
	Jung (n = 92)	*Alt* (n = 110)
V1: "Nichtwählen"	+ **	+ *
V2: Bekannter floh während der Ausreisewelle	+ **	+ *
V3: wäre auch ausgereist		+ *
V10:DDR- Kindertagesstättensystem positiv bewertet	- **	
V12:Förderung des Spitzensportes positiv bewertet	- **	
V13:sah Abnahme der Lebensqualität im Heimatort 1985-89	(+ *)	
V14:Ablehnung der führenden Rolle von DDR-Gründern	+ **	
V15:kirchlich konfirmiert	+[*]	
V16:sah unterschiedlichen Ost-/West- Nationalcharakter		- *
V17:LPGs positiv bewertet		- *
V18:Beruf des Vaters (hohe soziale Herkunft)		+[*]
("Süden": wohnte südlich von Berlin)	+ **	+ *
Angepaßtes R² der Regressionsgleichung	0.54	0.47
(Angepaßtes R², wenn "Süden" hinzugefügt wird)	(0.56)	(0.50)
Angepaßtes R² bei Anwendung der am besten passenden Gleichung für alle Befragten	0.41	0.43

Schlüssel:
+   = positiv korrelierter Koeffizient
-      = negativ korrelierter Koeffizient
**   = signifikant bei einem Niveau von p<0.01
*   = signifikant bei einem Niveau von p<0.05
kein * = signifikant bei einem Niveau von p<0.10
( )   = Variable verliert an berichteter Signifikanz und/oder ist von der mehrfachen Regres-
         sionsgleichung ausgeschlossen, wenn die Variable "Süden" aufgenommen wird.
[ ]   = Variable gewinnt an berichteter Signifikanz, und/oder ist in die mehrfache Regres-
         sionsgleichung eingeschlossen, wenn die Variable "Süden" aufgenommen wird.

Jugendlicher Idealismus (oder vielleicht Naivität) mag diese Bereitschaft, zu bleiben und für die Verbesserung der Verhältnisse in der DDR zu einzutreten, erklären, aber sie könnte ebenso auch auf einige andere Variablen in der Regressionsgleichung zurückzuführen sein. Die jüngeren Demonstranten, die während der durch ideologische Konfrontationen geprägten späten 50er, 60er oder 70er Jahre konfirmiert worden waren (V15), hatten mit diesem Akt nicht nur einen gewissen Idealismus bewiesen, sondern hatten auch gelernt, den Preis für ihren Idealismus zu zahlen. Kinder aus Familien mit „bürgerlich-idealistischen" (d. h. christlichen) Weltanschauungen fanden sich oft auf der schwarzen Liste ihrer Klassenlehrer und wurden entsprechend behandelt. Diejenigen, die den politischen Druck gegen die Konfirmation aushalten konnten, kamen meist aus soliden, traditionellen Familien. Starke Familienverbundenheit mag ferner erklären, warum junge Demonstranten die DDR nicht verlassen wollten und wahrscheinlich auch, warum sie das DDR-Kinderbetreuungssystem ablehnten (V10), welches dazu beitrug, die traditionelle Familie aufzulösen. Interessanterweise verhielten sich besonders die jüngeren Demonstranten der Förderung des DDR-Leistungssportes gegenüber ablehnend (V12). Das Regime konnte offensichtlich ihre Loyalität nicht mit Zirkusveranstaltungen und Spielen erkaufen, besonders dann nicht, wenn die Jugendlichen erkannten, daß das Brot ausblieb. Jüngere Demonstranten scheinen einen Verfall des Lebensstandards in ihren Heimatgemeinden während der letzten Jahre vor der Wende (V13) erlebt zu haben, obwohl dieser Zusammenhang seine statistische Bedeutung verliert, wenn die Regressionsgleichung auch die Variable „Süden" einschließt. In jedem Fall tendierten die jüngeren Demonstranten dazu, dem SED-Regime von Beginn an jegliche Berechtigung abzusprechen, gerade weil sie in den antifaschistischen Heldentaten ihrer Führer keine Legitimation ihrer führenden Rolle mehr sahen (V14).

Während die jüngeren Demonstranten in unserer Stichprobe somit Idealisten mit einem stark ausgeprägten traditionellen Familienhintergrund zu sein scheinen, wirken die älteren Demonstranten - wie die zusätzlichen Korrelationen ihrer Protestteilnahme (V16, V17 und V18) vermuten lassen - eher wie deutsche Nationalisten mit bürgerlichem Hintergrund. In Antworten auf verschiedene Fragen scheinen die älteren Demonstranten eher der Meinung gewesen zu sein, daß sie in Westdeutschland bessere Chancen gehabt hätten, daß sie vielleicht hätten auswandern sollen und daß sich keine unterschiedlichen Nationalcharaktere in Ost- und Westdeutschland entwickelt hätten. Von diesen inhaltlich und statistisch zusammenhängenden Variablen ist die letzte (V16) im Bereich der mehrfachen Regressionsanalyse entscheidend. Dies besagt, daß der Glauben an die Unteilbarkeit der nationalen deutschen Identität die älteren Demonstranten vielleicht sowohl in ihrer Demonstrationsbereitschaft als auch in ihren Gedanken an eine Ausreise in den vielversprechenden Westen bestärkt hat. Das Vertrauen älterer Demonstranten in die Überlegenheit der kapitalistischen BRD widerspricht überdies nicht ihrer sozialen Abstammung (V18). Die älteren „Widerständler" gegen den Arbeiter- und Bauernstaat stammten eher von Beamten, Selbständigen und kleinen Geschäftsleuten ab als von

Arbeitern und Bauern. Bei ihnen mag die Zwangsprivatisierung und hierbei besonders die Zwangskollektivierung der Landwirtschaft oppositionelles Verhalten motiviert haben, wie ihre deutliche Ablehnung der genossenschaftlich organisierten Landwirtschaft (V17) zu zeigen scheint.

Warum sowohl die Gläubigen als auch die Heiden getobt haben

Für ältere Befragte, die in einer Zeit aufgewachsen waren, in der jeder konfirmiert wurde, steht die Variable (V15) nicht (wie bei den jüngeren Interviewpartnern) in Übereinstimmung mit ihrer Demonstrationsteilnahme. Ein anderer Punkt des Fragebogens (Kirchenzugehörigkeit 1989) gestattet eine bessere Messung der Bedeutung religiöser Bindung für die gesamte Stichprobe. Tatsache ist, daß Kirchenmitgliedschaft allein genommen (aber nicht in mehrfacher Regression) eine der besseren Erklärungen für die Demonstrationsteilnahme ist: 59 % der Interviewpartner, die angaben, einer Kirche anzugehören, nahmen an den Demonstrationen teil, im Gegensatz zu nur 36 % derjenigen ohne Religionszugehörigkeit (in einer Kreuztabellierung: gamma=0.44, p=0.002). Wie Tabelle D andeutet, hatten diese beiden Gruppen von Demonstranten unterschiedliche Motive für ihre Demonstrationsteilnahme. Allerdings sind neben den häufig vorkommenden und in Korrelation miteinander stehenden Variablen „Nichtwählen" (V1) und „Freund floh" (V2) die Variablen der Regressionsgleichungen der beiden Gruppen für die Demonstrationsteilnahme nicht besonders aussagekräftig. Beide Demonstrantengruppen entstammten tendenziell höheren gesellschaftlichen Schichten (V18), und für diejenigen Demonstranten, die keiner Kirche angehörten, mag diese bürgerliche Abstammung, ebenso wie für ältere Protestteilnehmer, mit einem deutschen Nationalgefühl verbunden gewesen sein. Die atheistischen Demonstranten schienen eher nicht an die Entwicklung zweier unterschiedlicher - östlicher und westlicher - Nationalcharaktere zu glauben (V16); und sie verstanden sich auch nicht als DDR-Bürger (V20). Die besondere Ablehnung des internationalen Erfolges des DDR-Sportes (V12) durch atheistische Demonstranten mag ein Ausdruck ihres gesamtdeutschen Nationalismus gewesen sein, denn das Regime förderte ja gerade den Spitzensport, um einen eigenständigen Nationalstolz in der DDR zu entwickeln.

Während die mit der Demonstrationsteilnahme in Übereinstimmung stehenden Variablen bei kirchlich ungebundenen Personen ihrerseits zu einer einigermaßen kohärenten Interpretation führen, lassen sich jene Variablen bei den Kirchenmitgliedern - neben den üblichen, die schon behandelt wurden - nicht so leicht interpretieren. Die passendste Regressionsgleichung für die Kirchenmitglieder zeigt, daß die Demonstranten unter ihnen zu Beginn des Jahres 1989 mit ihrem Leben unzufrieden gewesen waren (V4) und daß sie Ernst Thälmann abgelehnt hatten (V19). Auch wenn man die Möglichkeit des statistischen Zufalls nicht ganz verneinen kann, so ist es doch vorstellbar, daß Ernst Thälmann, Führer der KPD in den 30er Jahren und KZ-Opfer, von Kirchenmitgliedern abgelehnt wurde, weil die offizielle Kinderorganisation - die Jungen Pioniere - seinen Namen trug. Junge Christen wurden anläßlich schulischer Pionieraktivitäten oft verhöhnt und ausgegrenzt.

Tabelle D:
Zusammenfassung der am besten passenden Regressionsmodelle der Demonstrationsteilnahme von Kirchenmitgliedern und Konfessionslosen

	Koeffizienten für	
Unabhängige Variablen	*Kirchenmitglieder* (n = 70)	*Konfessionslose* (n = 132)
V1: "Nichtwählen"	+ **	+ **
V2: Bekannter floh während der Ausreisewelle	+ **	+ *
V3: wäre auch ausgereist		+ *
V4: zufrieden Anfang 1989	- **	
V12:Förderung des Spitzensportes positiv bewertet		- **
V16:sah unterschiedlichen Ost-/West-Nationalcharakter		- *
V18:Beruf des Vaters (hohe soziale Herkunft)	+ *	+
V19:Sympathie für Ernst Thälmann	- **	
V20:identifizierte sich als DDR-Bürger		- *
Angepaßtes R^2 der Regressionsgleichung	0.58	0.37
Angepaßtes R^2 bei Anwendung der am besten passenden Gleichung für alle Befragten	0.47	0.33

Schlüssel:
+   =   positiv korrelierter Koeffizient
-     =   negativ korrelierter Koeffizient
**   =   signifikant bei einem Niveau von $p < 0.01$
*   =   signifikant bei einem Niveau von $p < 0.05$
kein * =   signifikant bei einem Niveau von $p < 0.10$

Regionale Varianzen der Protestmotive

Wie wir schon gesehen haben, kann das Hinzufügen der Variable „Süden" zu den verschiedenen Regressionsgleichungen der unterschiedlichen Untergruppen ihre Erklärungskraft erhöhen. In der Tat zeigen die Regressionsmodelle für alle drei großen Regionen, in denen unsere Befragten lebten, - den Süden, den Norden und Berlin - bemerkenswerte Unterschiede bei den jeweils zugeschriebenen Motiven für die Demonstrationsteilnahme. Diese Unterschiede überraschen natürlich nicht, da zwischen diesen Regionen offensichtlich schon seit langem historische und kulturelle Differenzen bestehen. Aus der Tabelle E können wir entnehmen, daß das Regressionsmodell für die Befragten, die südlich von Berlin lebten, nicht sonderlich vom Modell für alle Befragten abweicht. Das allgemeine Modell erklärt 55 % der Unterschiede in der Protestbeteiligung im Süden. Ersetzt man die Variable, die die Sympathiewerte für Wilhelm Pieck mißt (V6), durch einen Index von Sympathiewerten für kommunistische Führer (V21) und fügt man die den Glauben an einen einheitlichen deutschen Nationalcharakter messende Variable (V16) hinzu, so verbessert man die Erklärungskraft der Gleichung für den Süden um zusätzliche 4 Prozentpunkte (dies führt dazu, daß die „Ausreise"-Variable „Wäre auch gegangen" (V3) statistisch unbedeutend wird).

Im Gegensatz dazu hat das allgemeine Modell bezüglich der Demonstrationsteilnahme der nördlich von Berlin lebenden Befragten absolut keine Erklärungskraft (angepaßt R-Quadrat=0.00)! Obwohl die passendste Regressionsgleichung für die „Nordlichter" die Variable „Nichtwählen" (V1) beinhaltet - die fast immer in Zusammenhang mit Regimeopposition steht -, sind ihre anderen drei unabhängigen Variablen nicht einfach zu interpretieren. Die Demonstranten aus dem Norden tendierten zur Befürwortung der subventionierten DDR-Kulturpolitik in den Provinzen (V22), zeigten Sympathie für Willy Brandt (V23) und glaubten, ihre Lebenschancen wären im Westen besser gewesen (V24). Der Zusammenhang dieser Variablen mit Protest mag (zusammen mit meinem persönlichen Eindruck der „nördlichen Demonstranten" in der Strichprobe) darauf hinweisen, daß die vorpommerschen Demonstranten möglicherweise intellektueller oder idealistischer als ihre südlichen Mitbürger gewesen waren. Weder der Schock, den die Ausreisewelle auslöste (V2, V3), noch die Unzufriedenheit mit der DDR („DDR gut" oder V5) oder dem Leben im allgemeinen (V4) motivierte die „nördlichen Demonstranten". Statt dessen begrüßten sie die subventionierte DDR-Kultur, das Genie des Erfinders der Ostpolitik und die Chancen persönlicher Entwicklung, die der Westen bot. Insofern waren die relativ späten und unregelmäßigen Demonstrationen im Norden der DDR im Herbst 1989 in der Tat eher eine idealistische Affäre als die im Süden. Die zu beobachtende überlegene Qualität des Lebens im ländlich touristischen Norden bedeutete wahrscheinlich, daß materielle Interessen weniger wichtig waren als politischer Protest, zumindest weniger wichtig als im industrialisierten Süden.

Tabelle E:
Zusammenfassung der am besten passenden Regressionsmodelle der Demonstrationsteilnahme in unterschiedlichen Regionen

Unabhängige Variablen	Koeffizienten für		
	Süden (n = 110)	*Norden* (n = 46)	*Berlin* (n = 46)
V1: "Nichtwählen"	+ **	+ *	+ **
V2: Bekannter floh während der Ausreisewelle	+ **		+ **
V4: zufrieden Anfang 1989	- *		
V5: "DDR gut"	- *		
V10: DDR-Kindertagesstättensystem positiv bewertet			- **
V14: Ablehnung der führenden Rolle von DDR-Gründern			+ *
V16: sah unterschiedlichen Ost-/West-Nationalcharakter	-		
V21: "prokomm": Sympathie für bekannte Kommunisten	- **		
V22: DDR-Kultursubventionierung positiv bewertet		+ *	
V23: Sympathie für Willi Brandt		+ *	
V24: dachte Lebenschancen wären in der BRD besser gewesen		+ *	
V25: Sympathie für Erich Honecker			-
V26: fühlte sich sicher in Nische			- *
V27: persönliche wirtschaftliche Lage absinkend 1985-89			-
Angepaßtes R^2 der Regressionsgleichung	0.59	0.33	0.63
Angepaßtes R^2 bei Anwendung der bestpassendsten Gleichung für alle Befragten	0.55	0.00	0.43

Schlüssel:
+ = positiv korrelierter Koeffizient
- = negativ korrelierter Koeffizient
** = signifikant bei einem Niveau von $p < 0.01$
* = signifikant bei einem Niveau von $p < 0.05$
kein * = signifikant bei einem Niveau von $p < 0.10$

Gleichermaßen scheint eher politisches Prinzip als materielle Nöte die Demonstrationen in Berlin motiviert zu haben. Während eine Abnahme des persönlichen Lebensstandards (V27) mit der Demonstrationsteilnahme bei Befragten, die außerhalb Berlins lebten, nicht miteinander in Beziehung stehen, tendierten die Berliner aus der Stichprobe dazu, wenn auch mit schwacher statistischer Stärke (p=0.09), von einer Verbesserung ihres Lebensstandards in den Jahren direkt vor der Wende zu berichten! Ostdeutsche aus den Provinzen verstanden, warum Ostberliner keine materiellen Motive für den Protest hatten. Wie ein Befragter aus Halle bemerkte: „In Ost-Berlin lebten sie genau wie im Westen".

Was bewegte die Berliner, die es ja angeblich so gut hatten, dann aber zum Protest? Das Regressionsmodell für Berlin, das die üblichen Variablen „Nichtwählen" und „Freund floh" enthält, weist darauf hin, daß prinzipielle und persönliche Opposition zum SED-Regime die Berliner Befragten zum Protest motivierte. Wie die jüngeren Demonstranten in der Befragung lehnten die Berliner Demonstranten den DDR-Gründungsmythos ab, nämlich daß der Antifaschismus den Führungsanspruch der Gründer der SED und der DDR legitimiere (V14): In einer Art und Weise, die offensichtlich das englische Sprichwort „Nahe Bekanntschaft erzeugt Haß" bestätigt, verachteten die Demonstranten aus der „Hauptstadt der DDR" nicht nur die Gründer des Parteistaates, sondern hatten auch deutliche Abneigung für seinen letzten Führer, Erich Honecker (V25). Der politische Haß, dem der Protest in Berlin Ausdruck verlieh, mag seine Ursachen in einem generell stärker politisierten Leben in der Hauptstadt gehabt haben. Die Berliner Demonstranten hatten ein Gefühl der Unfreiheit und berichteten von staatlichen Eingriffe in ihr Privatleben oder sogenannte Nischen (V26). Dieses Gefühl, daß der Staat in das Familienleben eingreift, mag auch die Ablehnung des umfassenden Kinderbetreuungssystems durch die Berliner Demonstranten begründen (V10).

Protest und Geschlecht

Obwohl einige Gruppen von Demonstranten dazu tendierten, das DDR-Kinderbetreuungssystem abzulehnen, zeigten sich die Befragten insgesamt zufrieden mit einer Politik, die Frauen die Teilnahme am Erwerbsleben erleichterte. Trotz der Vorteile und der formellen Gleichberechtigung der Frauen blieb die reale Gleichberechtigung in der DDR - wie auch anderswo - ein nicht erreichtes Ziel. In der Stichprobe haben Männer und Frauen gleichermaßen an Demonstrationen teilgenommen, aber der unterschiedliche Status der Geschlechter in der DDR bedeutete, daß sie aus durchaus unterschiedlichen Motiven demonstrierten.

Tabelle F:
Zusammenfassung der am besten passenden Regressionsmodelle der Demonstrationsteilnahme von männlichen und weiblichen Befragten

| Unabhängige Variablen | *Koeffizienten für* | |
	Männer (n = 109)	*Frauen* (n = 93)
V1: "Nichtwählen"	+ **	+ *
V2: Bekannter floh während der Ausreisewelle	+ *	+ *
V3: wäre auch ausgereist		+ *
V4: zufrieden Anfang 1989	- **	[-]
V6: Sympathie für Wilhelm Pieck		- **
V7: Heimatort benachteiligt	(+ *)	(+)
V28: Sympathie für Walter Ulbricht	- **	
V29: FDGB-Mitglied	- **	
V30: DDR-Basisdemokratie positiv bewertet		- *
V31: Reiseerleichterungen hätten die Wende nicht verhindert		(+ *)
V32: "Wahlbetrug war keine wichtige Ursache der Wende"		(-)
("Süden": wohnte südlich von Berlin)	+ *	+ **
Angepaßtes R² der Regressionsgleichung	0.43	0.44
(Angepaßtes R², wenn "Süden" hinzugefügt wird)	(0.44)	(0.46)
Angepaßtes R² bei Anwendung der am besten passenden Gleichung für alle Befragten	0.41	0.40

Schlüssel:
+ = positiv korrelierter Koeffizient
- = negativ korrelierter Koeffizient
** = signifikant bei einem Niveau von p<0.01
* = signifikant bei einem Niveau von p<0.05
kein * = signifikant bei einem Niveau von p<0.10
( ) = Variable verliert an berichteter Signifikanz, und/oder ist von der mehrfachen Regressionsgleichung ausgeschlossen, wenn die Variable "Süden" aufgenommen wird.
[ ] = Variable gewinnt an berichteter Signifikanz, und/oder ist in die mehrfache Regressionsgleichung eingeschlossen, wenn die Variable "Süden" aufgenommen wird.

Wie Tabelle F zeigt, sind die Regressionsgleichungen für männliche und weibliche Demonstranten ziemlich ähnlich in bezug auf das allgemeine Regressionsmodell für die gesamte Stichprobe. Allerdings erwecken die Männer den Eindruck, Walter

Ulbricht besonders abgelehnt zu haben (V28) - mehr als Wilhelm Pieck (V6) -, während weiblichen Demonstranten die Ausreiseoption (V3) eine zusätzliche Motivation gegeben zu haben scheint.

Einige andere geschlechtsspezifische Unterschiede in den zu Tage tretenden Protestmotiven verdienen ebenfalls genannt zu werden. Das Hinzufügen der Variable „Süden" beeinflußt die weibliche Regressionsgleichung mehr als die männliche. Wie die Tabelle F zeigt, ist folglich ein Wohnsitz im Süden, wo die Demonstrationsmöglichkeiten größer waren, eine bessere Erklärung für weibliche Protestteilnahme als die Einschätzung der politischen Bedeutung des Wahlbetrugs vom Mai 1989 (V32) oder der Reisebeschränkungen (V31). Die Einführung der Variable „Süden" beeinflußt jedoch nicht die andere unabhängige Variable, die im weiblichen Regressionsmodell singulär auftritt: die Ablehnung der Form der Demokratie, wie sie in der DDR praktiziert wurde (V30). Frauen in der DDR, besonders diejenigen ohne Vollzeitbeschäftigung, waren im allgemeinen von Macht- und Prestigepositionen ausgeschlossen (Margot Honecker war eine erwähnenswerte Ausnahme). Sie fanden sich selbst nicht selten in der Position wieder, demokratische Institutionen wie etwa die Wohnbezirksausschüsse und die Volkssolidarität am Laufen zu halten. Einige Frauen empfanden ihre Mitwirkung dort als effektiv und befriedigend. Aber gerade weil der demokratische Zentralismus sich bis in die Wohngebiete hinein erstreckte, wuchs die Desillusionierung anderer Frauen durch ihre lokalen Erfahrungen mit dem gesamten politischen System. Wie die statistische Bedeutung von Variable V30 aufzeigt, erhöhte sich dadurch die Bereitschaft zum Protest. Im Gegensatz dazu fanden es männliche Befragte, die im FDGB organisiert waren (V29), schwierig, an Demonstrationen gegen die Staatsmacht teilzunehmen. Bei der Interpretation der Variable „Nichtwählen" sahen wir bereits, daß die Gewerkschaftsmitgliedschaft eher eine Maßnahme zur Risikovermeidung darstellt als ein Mittel der politischen Integration.

Einschätzung der Interpretationen

Wie die hier vorgeschlagenen Interpretationen der Korrelationen der Demonstrationsteilnahme vermuten lassen, hatten Männer und Frauen sowie „Nordlichter", „Südländer" und Berliner, Kirchenmitglieder und Atheisten, Junge und Alte, Parteimitglieder und Parteilose jeweils unterschiedliche Motive für die Teilnahme am politischen Protest. Notwendigerweise basieren meine Interpretationen der statistischen Übereinstimmungen bei der Protestteilnahme der verschiedenen Untergruppen auf dem qualitativen Eindruck, den meine Interviews hinterließen. Nach der Diskussion der Tabellen A bis F ist es evident, daß in allen Gruppen der Befragten (mit Ausnahme der SED-Mitglieder und der „Nordlichter") die Ausreisewelle die Protestteilnahme unter denen auslöste, die durch ihre Weigerung, offizielle Kandidaten zu wählen, eine Tendenz zum oppositionellen Verhalten gezeigt hatten. Die Quellen der die Demonstrationen begleitenden Unzufriedenheit variierten jedoch von Gruppe zu Gruppe.

Obwohl die unabhängigen Variablen, die in den unterschiedlichen Regressionsgleichungen für die Untergruppen der Befragten präsentiert wurden, mögliche Gründe für Protestteilnahme aufzeigen, hatte ich mit meiner statistischen Analyse nicht die Absicht, ein allgemeingültiges Erklärungsmodell für die Demonstrationen gegen die Staatsmacht zu entwickeln. Die Befragungsdaten erlauben jedoch die Aussage, daß einige Interviewpartner die Unzufriedenheit mit bestimmten Grundzügen des Lebens in der DDR veranlaßte, an den Demonstrationen teilzunehmen, während - stark vereinfacht gesagt - andere durch Opportunismus, Idealismus oder Nationalismus motiviert waren. Die statistischen Ergebnisse sind trotzdem einfach nicht ausreichend, um eine feinere Interpretation der Protestmotive vorzunehmen. Viele dieser Motive lagen selbstverständlich innerhalb nicht quantifizierbarer persönlicher Erfahrungen. Trotzdem weisen die unterschiedlichen Korrelationen der Demonstrationsteilnahme in den Regressionsgleichungen darauf hin, daß die ostdeutschen Demonstranten wahrscheinlich eine große Bandbreite spezifischer Motive hatten; möglicherweise handelt es sich hierbei um die von mir in meinen Interpretationen vorgeschlagenen. Obwohl man diese Befunde als 'intuitiv' bezeichnen kann, legen sie dennoch die Vermutung nahe, daß es konkurrierende Motive waren, die die ostdeutschen „Revolutionäre" von der Aufstellung eines zusammenhängenden politischen Programmes abhielten. Andererseits aber belegen sie nicht die von mir aufgestellte Behauptung, daß der Zusammenbruch eines übergreifenden Wertesystems diese Konkurrenz der Motive entfesselte. Im Gegenteil: Die statistische Bedeutung von Variablen wie Antipathie gegenüber den ersten Führern der DDR (V6, V21, V28), Ablehnung des DDR-Gründungsmythos (V14) und Glaube an einen einzigen deutschen Nationalcharakter (V16) in den verschiedenen Regressionsmodellen scheinen darauf hinzuweisen, daß die Motive der Massenmobilisierung schon lange vor der Erosion gemeinsam geteilter Werte in den späten 80er Jahren bestanden.

Die statistischen Ergebnisse weisen eindeutig auf eine Vielzahl von Protestmotiven hin, allerdings nicht auf die Mobilisierung infolge des Kollapses gemeinsam geteilter Werte. Sie stellen mein Argument in Frage, wonach der Zusammenbruch des DDR-Wertesystems die Demonstranten vom Herbst 1989 anfänglich provozierte und zusammenführte. Vielmehr verweisen die Ergebnisse auf eine alternative Erklärung, die eher im Einklang mit klassischen Totalitarismustheorien steht. Friedrich und Brzezinski (1956: 281) schrieben, „Die totalitäre Diktatur sucht auf extremste Art und Weise zu spalten und zu regieren". Folglich forciert der Staat die

Spaltung der Gesellschaft und dämpft die daraus resultierenden Spannungen durch Repression. Der Totalitarismus ist daher ein in sich instabiles System, denn die Erosion staatlicher Autorität kann stets zur Explosion unterdrückter sozialer Spannungen führen. Albert O. Hirschman (1992) meint, daß der ostdeutsche Staat seine repressive Autorität auf der drakonischen Kontrolle von „exit" gründete. In dem Moment, als die Grenzöffnung in Ungarn der SED das Mittel der Unterdrückung entzog, verlor der Parteistaat all seine Glaubwürdigkeit; er entfesselte die Wut der „voice" sogar inmitten loyaler Untertanen, wie die Korrelation mit den Variablen „Freund floh" (V2) und „wäre auch geflohen" (V3) vermuten lassen. Hinter der Einstimmigkeit des sich über die staatliche Autorität lustig machenden Sprechchores „Wir sind das Volk" versteckt sich jedoch jene Vielfalt von Interessen und Motiven, die meine Umfrage aufdeckte. Für solch eine Interpretation der Ereignisse lag die entscheidende Ursache der Massenmobilisierung weniger in der Erosion einer gemeinsam geteilten, gut funktionierenden Kultur als in dem einfachen Zusammenbruch der staatlichen Autorität. Soziale Spaltungen und Unzufriedenheit waren somit nicht die Ergebnisse einer kulturellen Krise, sondern mehr oder weniger die Konstanten, die nur einer Gelegenheit bedurften, sich zu artikulieren.

Obwohl sie in Einklang mit meinen quantitativen Befunden und mit dem fundamental repressiven Charakter von totalitären Regimen steht, bewertet eine solche Erklärung die systemstabilisierende Rolle von Repression über und vernachlässigt das informelle Arrangement, das die Bürger mit dem Parteistaat eingingen und das eine besondere politische Kultur hervorbrachte. Um es deutlich zu sagen: Die Mauer - das ultimative Symbol und die in Beton gegossene Metapher repressiver staatlicher Autorität - konstituierte die ostdeutsche Schicksalsgemeinschaft. Aber innerhalb ihrer Grenzen entwickelten die Ostdeutschen eigene Werte, die dazu beitrugen, das System zu stabilisieren, die ihnen das Leben innerhalb des Systems aber gleichzeitig auch erleichterten. Die bemerkenswerte soziale Stabilität der DDR zwischen 1961 und 1989, wovon sowohl Ereignisse als auch mehr oder weniger zuverlässige Umfragedaten Zeugnis ablegen, weist darauf hin, daß positive Werte - jenseits von Fatalismus, Angst und Heuchelei - die Basis einer spezifisch ostdeutschen Kultur bildeten.

Als sie nach 1989 mit dem fehlenden politischen und kulturellen Feingefühl der Westdeutschen konfrontiert wurden, sind sich die ehemaligen „DDR-Bürger" immer mehr ihrer gemeinsam geteilten Erfahrungen und Werte, die weiterhin ihr Verhalten leiten, bewußt geworden. In ihrem Bestreben, den Herausforderungen von Demokratisierung und industrieller Restrukturierung zu begegnen, blicken Ostdeutsche - wie andere Menschen überall in Ost- und Zentraleuropa - zurück und werden sich ihres kommunistischen, kulturellen Erbes bewußt. In der Tat wird wahrscheinlich erst dieser fortlaufende Anpassungsprozeß die Werte und Deutungen, die sich in 40 Jahren herausgebildet haben und die ostdeutsche Kultur ausmachten, ganz und gar enthüllen. Auf diesen sich gegenwärtig vollziehenden Prozeß können wir hier allerdings nicht eingehen.[2]

Literatur

Friedrich, Carl J./Brzezinski, Zbigniew: *Totalitarian Dictatorship and Autocracy*, Cambridge, MA 1956

Grabner, Wolf-Jürgen/Heinze, Christiane/Pollack, Detlef (Hg.): *Leipzig im Oktober. Kirche und alternative Gruppen im Umbruch der DDR*, Berlin 1990

Hirschman, Albert O.: *Exit, Voice, and Loyalty*, Cambridge, MA 1970

Hirschman, Albert O.: Abwanderung und Widerspruch und das Schicksal der Deutschen Demokratischen Republik. Ein Essay zur konzeptuellen Geschichte, in: *Leviathan 20* (1992), 330-358

Liebsch, Heike: *Dresdner Stundenbuch. Protokoll einer Beteiligten im Herbst 1989*, Wuppertal 1991

Marcuse, Peter: *A German Way of Revolution*, Berlin 1990

McFalls, Laurence: Alltag und Revolution. Vom Wertewandel zum Systemwandel, in: Lindner, Bernd (Hg.): *Für ein offenes Land mit freien Menschen*, Leipzig 1995, 149-155

Philipsen, Dirk: *We Were the People. Voices from East Germany's Revolutionary Autumn of 1989*, Durham, NC 1993

---

2 Siehe dazu McFalls, Laurence: Political Culture, Partisan Strategies, and the PDS: Prospects for an East German Party, in: German Politics and Society 29 (Frühjahr 1995).

Bedingungen der Möglichkeit politischen Protestes in der DDR

Der Volksaufstand von 1953 und die Massendemonstrationen 1989 im Vergleich

Detlef Pollack

Gesellschaften, die Widerspruch, Kritik und Protest zulassen und für die Äußerung von Widerspruch vielleicht sogar institutionalisierte Formen bereitstellen, sind weitaus stabiler als Gesellschaften, die dies nicht tun. Sie richten Ansprechstellen für die Bekundung von Kritik ein und können insofern ein höheres Maß an Kritik nicht nur zulassen, sondern auch verarbeiten. Sie sind in der Lage, Stabilität und Wandel zu kombinieren, ja ihre Stabilität besteht gerade in ihrer Wandlungs- und Lernfähigkeit. Sie haben in ihre Grundprinzipien ihre eigene Änderbarkeit mit eingebaut.[1]

Zugleich weisen kritikintegrierende und -verarbeitende Gesellschaften eine erstaunliche Resistenz und Unempfindlichkeit gegenüber Protesten auf. Ein einfacher Vergleich des Umgangs mit Protest zwischen der Bundesrepublik Deutschland und der früheren DDR macht dies schlaglichtartig deutlich. Um in der Bundesrepublik, früher und heute, öffentliche Aufmerksamkeit zu erlangen, muß in der Regel eine Menge von mehreren Tausend Demonstranten mobilisiert werden, und selbst wenn es Tausende sind, die demonstrieren, greift dies den Bestand des politischen Systems nicht an. In der DDR reichte es in der Regel, daß sich 5 oder 15 mit einer Kerze in der Hand vor eine Kirche stellten, um die Polizei und den Staatssicherheitsdienst auf den Plan zu rufen und die westlichen Medien zu einer landesweit verbreiteten Meldung, die dann natürlich auch jeden DDR-Bürger erreichte, zu veranlassen. In der DDR waren Protest und Kritik nicht vorgesehen. Sie wurden unterdrückt und, wenn möglich, mit allen zu Gebote stehenden staatssicherheitsdienstlichen Mitteln schon im voraus unterbunden. Es ist zu vermuten, daß die auf diese Weise betriebene Verhinderung von Protest irgendwie damit zusammenhängt, daß das System durch Protest so leicht zu verletzen war.

Was aber waren die Bedingungen seiner Möglichkeit, wo doch das System alles tat, um ihn zu verhindern? Die naheliegende Antwort, daß es gerade die Repression und die daraus resultierende Unzufriedenheit waren, die den Protest generiert hätten, greift zu kurz, denn Repression und Unzufriedenheit hat es von den Anfängen

---

1 Franz-Xaver Kaufmann (1989: 46) sieht in der Änderbarkeit und Vergänglichkeit von sozialen Verhältnissen das entscheidende Formprinzip der Moderne.

der DDR-Geschichte und bis zu ihrem Ende immer gegeben, größere Proteste jedoch nicht. Die soziologische Forschung hat gezeigt, daß aus Repression und Unzufriedenheit nicht automatisch Widerspruch folgt. Die Behauptung von Karl Marx (1848), daß Ausbeutung und Unterdrückung und die damit zusammenhängende Verelendung der Arbeiterklasse unausweichlich zu deren Erhebung führen, ist falsch. Die Folgen von Armut, Unterdrückung und Ausweglosigkeit können, wie schon Zawadszki und Lazarsfeld (1935) festgestellt haben, auch in Apathie, Resignation, Entsolidarisierung und Selbstverachtung bestehen.[2] Freilich gab es Repression und Unzufriedenheit im Laufe der Geschichte der DDR in unterschiedlichem Maße - darin liegt vielleicht schon eine erste Teilantwort auf unsere Frage nach den Voraussetzungen der Entstehung von Protest. Doch in welche Richtung wirkt Repressionsverminderung und in welche Repressionsverstärkung? Wenn die Repression zunimmt, so könnte dies den Protest verstärkt provozieren, aber auch erschweren. Wenn die Repression nachläßt, so steigen damit die Protestmöglichkeiten, aber es sinkt zugleich auch der Protestbedarf. Wie verhalten sich Repressionsgrad und Protest zueinander?

---

2 Daß die Erfahrung von Unterdrückung, Armut und Anomie nicht selbst schon zum Protest führt, ist oft nachgewiesen worden. In extremen Belastungssituationen sind die Menschen oft mehr mit ihrer bloßen Selbsterhaltung beschäftigt als mit der Organisierung von Protest. Das haben die Minnesota-Studien über die Auswirkungen des Hungers während des Zweiten Weltkrieges (Keys 1950) ebenso gezeigt wie Berichte über das Verhalten in Konzentrationslagern im Dritten Reich (Cohen 1953). Um Proteste durchzuführen, müssen die Deprivierten ein Bewußtsein über ihre eigene Lage entwickeln, sich zusammenschließen und darüber hinaus ein Vertrauen in die Sinnhaftigkeit protestativen Verhaltens entwickeln. Es ist daher kein Zufall, daß die Wahrscheinlichkeit von Protesten mit der Verbesserung der Lage wächst. Auf dieses paradoxe Phänomen hat schon Tocqueville (1856) in seiner Studie über die Französische Revolution aufmerksam gemacht. Er schreibt: „...Die Franzosen haben ihre Lage um so unerträglicher gefunden, je besser sie wurde. (...) Man gelangt nicht immer nur dann zur Revolution, wenn eine schlimme Lage zur schlimmsten wird. Sehr oft geschieht es, daß ein Volk, das die drückendsten Gesetze ohne Klage und gleichsam als fühlte es sie nicht, ertragen hatte, diese gewaltsam beseitigt, sobald ihre Last sich vermindert. Die Regierung, die durch eine Revolution vernichtet wird, ist fast stets besser als die unmittelbar voraufgegangene, und die Erfahrung lehrt, daß der gefährlichste Augenblick für eine schlechte Regierung der ist, wo sie sich zu reformieren beginnt. (...) Das Übel, das man als unvermeidlich in Geduld ertrug, erscheint unerträglich, sobald man auf den Gedanken kommt, sich ihm zu entziehen." (Tocqueville 1856: 176) Im übrigen hat aber auch schon Marx (1952), wie seine Analysen zum Verhalten der französischen Bauern im 18. Brumaire zeigen, gewußt, daß Unzufriedenheit wirkungslos bleibt, wenn die Unzufriedenen sozial isoliert sind und die Gemeinsamkeit ihrer Lage nicht unmittelbar wahrnehmen.

Schon hier wird deutlich, daß die Entstehung politischen Protestes in der DDR nicht isoliert zu untersuchen ist, sondern im Zusammenhang mit einer Analyse der Veränderung der Machtverhältnisse zu erfolgen hat. Wenn man über die Bedingungen der Möglichkeit politischen Protestes sprechen will, dann muß man auch über die Bedingungen sprechen, die ihn über weite Strecken unmöglich gemacht haben. Anders gesagt: Es ist notwendig, eine Analyse der Gesellschaftsstruktur des DDR-Systems vorzunehmen, aus der sich die bleierne Ruhe und Erstarrtheit der gesellschaftlichen Verhältnisse in der DDR ebenso erklären läßt wie das Aufkommen von Unruhe, Protest und Dissidenz. Man wird die Entstehung von Massenprotesten und den schließlichen Zusammenbruch der DDR nicht verstehen können, wenn man nicht gleichzeitig begreift, warum die DDR jahrzehntelang so stabil war.

Im folgenden will ich zunächst einige Bemerkungen zur Gesellschaftsstruktur der DDR machen (1.). Dann möchte ich die beiden einzigen Massenproteste, die es in der DDR gab - den Volksaufstand vom 17. Juni 1953 und die Herbstereignisse des Jahres 1989 - unter der Frage nach den Bedingungen ihrer Möglichkeit miteinander vergleichen (2.). Schließlich will ich den Blick von der makrosoziologischen auf die mikrosoziologische Perspektive lenken und die individuelle Motivation für die Beteiligung an den Massendemonstrationen im Herbst 1989 untersuchen (3.), um so wieder den Anschluß an die Ausgangsfrage nach den Bedingungen der Möglichkeit politischen Protestes in der DDR herzustellen (4.).

1. Grundlinien der Gesellschaftskonstruktion der DDR

An verschiedenen Stellen habe ich den Vorschlag unterbreitet, die DDR als Organisationsgesellschaft zu begreifen.[3] Die Verwendung dieses Begriffes ist nur sinnvoll, wenn man neben den Bemühungen der SED um die Durchorganisation der Gesellschaft auch die Grenzen dieser Anstrengung sieht. Natürlich kam es der SED-Spitze darauf an, die gesamte Gesellschaft zu kontrollieren und zu steuern und ihrem Gleichschaltungsanspruch unterzuordnen. Zugleich ist aber offenkundig, daß sich eine komplexe, industrialisierte und partiell moderne Gesellschaft nicht von einer Zentralstelle aus durchorganisieren läßt. Die Struktur der DDR-Gesellschaft war also durch eine konstitutive Widersprüchlichkeit, die ebenso entwicklungshemmend wie unauflösbar war, gekennzeichnet. Diese konstitutive Widersprüchlichkeit sei anhand von vier Spannungsfeldern erläutert.

---

3 Vgl. Pollack 1990. Eine ausführlichere Darlegung der folgenden Argumentation findet sich in Pollack 1994: 56-77.

1.1 Politische Homogenisierung und funktionale Differenzierung

Das erste Spannungsfeld läßt sich mit den Stichworten politische Homogenisierung und funktionale Differenzierung umreißen. Auf der einen Seite versuchte die SED, alle Teilbereiche der Gesellschaft, die Wirtschaft, das Recht, die Erziehung, die Wissenschaft, die Kunst usw., zentral zu steuern. Auf der anderen Seite machten sich gegen ihre Kontroll- und Herrschaftsansprüche immer wieder Autonomisierungspotentiale geltend, die auf die Durchsetzung bereichsspezifischer Rationalitätskriterien, also etwa wirtschaftlicher, wissenschaftlicher, künstlerischer oder sogar rechtlicher Funktionsprinzipien drängten.[4] Darüber hinaus war die SED selbst daran interessiert, die Leistungsfähigkeit der einzelnen gesellschaftlichen Bereiche zu steigern und die Gesellschaft zu modernisieren und zu rationalisieren. Dazu hätte sie aber die Selbstorganisations-, Innovations- und Kritikpotentiale der Gesellschaft freigeben müssen. Die SED stand gewissermaßen in einem organisationspolitischen Dilemma: Sie wollte, daß sich die Gesellschaft dynamisch entwickelt, und trotzdem alles in der Hand behalten. Da ihr die Bewahrung ihrer Macht wichtiger als alles andere war, mußte sie der Entfaltung der Kräfte, die sie zur Effektivitätssteigerung der einzelnen gesellschaftlichen Bereiche gut hätte gebrauchen können, Fesseln anlegen und damit die wichtigste Legitimationsgrundlage ihrer Herrschaft selbst antasten: den sozialen, den politischen und insbesondere den wirtschaftlichen Erfolg. Politische Überorganisation und sozio-ökonomische Ineffizienz gingen Hand in Hand (Ganßmann 1993: 174ff.). Für eine Leistungssteigerung wäre die Zulassung funktionaler Teilsystemautonomie erforderlich gewesen. Teilsystemspezifische Autonomie war aber in der Regel nur gegen die Steuerungs- und Kontrollansprüche der politischen Führung, die über alle gesellschaftlichen Ressourcen verfügte, oder an ihnen vorbei und damit nur in stark eingeschränktem Maße durchsetzbar. Die Folgen, wie sie dann insbesondere in den 80er Jahren sichtbar wurden, bestanden in einer Überlastung der Politik und einer Blockade von Rationalisierungs- und Modernisierungsprozessen in allen gesellschaftlichen Bereichen.

---

4 Während in der sozialwissenschaftlichen Literatur zur Analyse der DDR-Gesellschaft vor allem auf Entdifferenzierungstendenzen abgehoben wird (Adler 1991; Meuschel 1992; Lepsius 1994), soll hier der Ton auf die Gegenläufigkeit von Entdifferenzierungs- und Differenzierungsprozessen gelegt werden. Die Erstellung des Spielplans an einem Theater, die Ausbildung an einer Musikschule, die Produktion von wirtschaftlichen Gütern und die Ausarbeitung einer wissenschaftlichen Studie erfolgte immer auch und häufig sogar vorrangig nach fachlichen Gesichtspunkten, was freilich nicht ausschließt, daß die Partei die Macht besaß, im Konfliktfalle ihre Linie gegen fachspezifische Überlegungen durchzusetzen.

1.2 Arrangement und Verweigerung

Die Grundlage der Macht der SED bestand nicht nur in der zentralen Verfügung über alle gesellschaftlichen Ressourcen, sondern auch in der Einrichtung eines über weite Strecken funktionierenden fein abgestuften Sanktions- und Gratifikationssystems. Dieses legte fest: Nur wer den ideologisch-politischen Erwartungen des Systems entsprach, hatte eine Chance, mit systemverwalteten Leistungen (höhere Schulbildung, Studienplatz, beruflicher Aufstieg, Lohn- und Gehaltserhöhungen, gesellschaftliche Anerkennung) versorgt zu werden (Fritze 1993: 109). Wer dies nicht tat, mußte mit Nachteilen rechnen. Hinter der Anpassungsbereitschaft und dem Konfliktvermeidungsverhalten der Mehrheit der Bevölkerung stand also nicht eine - wie oft behauptet wird (Meuschel 1991: 563f.) - typisch deutsche politische Untertanenkultur, sondern eine nüchterne Kosten-Nutzen-Rechnung. Unauffälliges Mitmachen war angesichts der klaren Machtverteilungsverhältnisse eine zweckrationale Option.

Politisches Wohlverhalten bewahrte den einzelnen aber nicht nur vor unbequemen Situationen, sondern verschaffte ihm auch noch ein Anrecht auf Teilhabe an den vom Staat paternalistisch verteilten Wohlstandsgeschenken, Aufstiegsmöglichkeiten und sonstigen Vergünstigungen (von der Wohnung bis zur Westreise). Als Mitte der 70er Jahre gerade aufgrund der politischen Übersteuerung der Wirtschaft die wirtschaftliche Leistungsfähigkeit der DDR zurückging, sank auch die Loyalitätsbereitschaft der Bevölkerung. Das Austauschverhältnis zwischen politischer Anpassung des einzelnen an das System und wirtschaftlicher Versorgung des einzelnen durch das System löste sich auf. Was die DDR jahrelang stabil gehalten hatte: das Versprechen von allgemeiner Wohlstandsanhebung und individuellen Aufstiegsmöglichkeiten, das sollte, als die Versprechungen offenkundig nicht mehr eingehalten werden konnten, zur Erosion der DDR-Gesellschaft beitragen. Es waren Erwartungen geweckt worden, die nun ebensowenig erfüllbar wie zurückschraubbar waren.

1.3 Westabgrenzung und Westfixierung

Ein weiterer wichtiger Stabilisierungsfaktor der DDR-Gesellschaft war die mit dem Bau der Berliner Mauer erfolgte Abschottung vom Westen Deutschlands. Vor 1961 sorgten der breite Strom der West-Flüchtlinge, aber auch die unterschiedlichen Formen von Protest, Verweigerung und Resistenz für eine ständige Unruhe in der Gesellschaft. Abwanderung und Protest hingen eng miteinander zusammen, denn im Falle unliebsamer Folgen von widerständigem Verhalten konnte man auch weggehen und sich so seine Lebensoptionen offenhalten. Die Zeit vor 1961 war gekennzeichnet durch dramatische soziale und politische Konflikte, die, ausgelöst durch die überzogenen Gleichschaltungs- und Kollektivierungsversuche der SED in Schulen und Universitäten, in Betrieben, auf dem Lande, ja innerhalb der SED selbst sowie zwischen SED und Blockparteien und nicht zuletzt zwischen Staat und Kirche, teilweise offen ausgetragen wurden. Nach 1961, als man im Falle von Benachteiligungen, die aus Protest und Verweigerung folgten, nicht mehr abwandern konnte, begann die Bevölkerung, sich in den bestehenden Herrschaftsverhältnissen einzurichten. Die Verhältnisse wurden nicht mehr als wandelbar, schon gar nicht als abschaffbar angesehen. Mit der eintretenden Resignation war dann aber auch ein bescheidener wirtschaftlicher Aufschwung und eine gewisse Normalisierung der politischen Verhältnisse verbunden. Es blieb einem nichts anderes mehr übrig, als sich zu arrangieren und seinen Teil zum Funktionieren des Systems beizutragen.

Doch die eingetretene Konsolidierung des Systems trog. Da kaum noch einer wagte, Kritik zu üben und gegen die Zustände zu protestieren, war die vor allem seit Mitte der 70er Jahre zunehmende politische und ökonomische Unzufriedenheit der Bevölkerung kaum wahrnehmbar, weder für die Spitze des Systems noch für die westlichen Beobachter außerhalb des Systems. Die westliche Gesellschaft wurde in der Bevölkerung der DDR zum heimlichen Maßstab für die Beurteilung des Ostens. Unter dem Mantel der äußeren Anpassung an die Erwartungen des Systems vollzog sich die innere Auswanderung der Herzen aus der DDR. Insbesondere die alltagsweltlichen Orientierungen, etwa was die Präferenzen in Mode, Unterhaltungsmusik und Lebensstil anging, erhielten eine westliche Prägung. Die Westabschottung hatte insofern eine paradoxe Folge: sie trug zur äußeren Anpassung an das System bei und verstärkte die ohnehin bestehende innere Fixierung auf den Westen.

1.4 Formalität und Informalität

Aufgrund der Überorganisation der Gesellschaft und der durch sie produzierten unsteuerbaren und chaotischen Zustände entstanden informelle Netzwerke und Strukturen, denen die Aufgabe zukam, die in Wirtschaft, Politik, Kunst und Kultur aufbrechenden Defizite aufzufangen und ausgleichend nachzubehandeln. Schattenwirtschaft, Schwarzmarkt, zweite Öffentlichkeit und Subkultur versorgten den einzelnen oder einzelne Interessengruppen mit knappen Gütern wie Dienstleistungen, Ersatzteilen, Konsumgütern oder schwer zugänglichen Informationen. Obwohl vom offiziellen System teilweise bekämpft, aber teilweise auch geduldet, erfüllten sie kompensatorische und damit letztendlich gesellschaftsstabilisierende Funktionen.[5]

Gleichzeitig dienten die sich an das offizielle System anlagernden Netzwerke aber auch als Orte des Rückzugs aus der Gesellschaft, als Orte der Distanzierung, der Verweigerung und der Kritik. Die in Szene gesetzte Überorganisation der Gesellschaft brachte zwangsläufig Formen des Widerspruchs, der Resistenz, des Unterlaufens, des absichtlichen Mißverstehens, der listigen Affirmation und der sich harmlos gebenden Abweichung hervor. Die auf diese Weise entstandenen informellen Netzwerke waren vor allem Zweckgemeinschaften. Bei der Verfolgung des individuellen und gruppenspezifischen Eigensinns gelang es ihnen nicht selten, die Leistungen des Systems für die Erfüllung ihrer je eigenen privaten Zwecke zu instrumentalisieren (Srubar 1991: 419).

Solche sich an die offiziellen Strukturen anlagernden, von ihnen profitierenden und gegen sie absetzenden informellen Kommunikationszusammenhänge gab es in allen gesellschaftlichen Bereichen: in den Betrieben und Kombinaten, in den Universitäten und Hochschulen, in der SED, in der Kirche, in den Künstler- und Literatenkreisen. Obschon diese unterschiedlichen Kreise ein latentes Bedrohungspotential für die Stabilität des politischen Herrschaftssystems darstellten, traten sie als solches nie in Erscheinung, denn es fehlte ihnen die gesellschaftliche Öffentlichkeit, in der sie sich hätten artikulieren können. So blieben die einzelnen informellen Kommunikationsnetze voneinander getrennt und konnten sich weder wechselseitig bestärken noch aneinander reiben. Sie blieben formschwach, diffus, ohne Außenstützung und ohne Außenwirkung und - nicht zuletzt aufgrund der Differenzierungstaktik der Stasi - voneinander isoliert. Die DDR-Gesellschaft war insofern ebenso uniformiert wie fragmentiert.[6]

---

5 Die von ihnen hervorgebrachten Netzwerke besaßen vorrangig einen instrumentellen Charakter. Die nachträgliche Verklärung der DDR als solidarische Gesellschaft übersieht, daß die solidarischen Gemeinschaften vor allem der Erfüllung individueller und gruppenspezifischer Einzelinteressen dienten, wechselseitige Abhängigkeiten produzierten und durch ein hohes Maß an kleinbürgerliche Enge und einen Zwang zur Unterordnung, Unauffälligkeit und Normalität gekennzeichnet waren (Woderich 1992). Natürlich konnten in ihrem Schutzraum auch persönliche Nähe, Freundschaft und Vertrautheit (Srubar 1991: 422; Fritze 1993: 97f.) entstehen; diese waren aber sekundäre, abgeleitete Phänomene. Die Ambivalenz der informellen Netzwerke als instrumentelle und solidarische Gemeinschaften arbeitet Diewald (1995) heraus.

6 Zu den Kommunikationsproblemen zwischen den einzelnen Protestpotentialen - den Parteireformern, den Repräsentanten der evangelischen Kirchen, den Mitgliedern der alternativen Kirchengruppen und den Künstlern der künstlerischen Subkultur - vgl. Dieter Rink in diesem Band.

In einer Gesellschaft, in der die Machtverteilung so eindeutig geregelt war wie in der DDR, in der jede abweichende politische Haltung verfolgt und unterdrückt wurde, aus der es kaum eine Möglichkeit des Entrinnens gab, in der sich darüber hinaus Anpassung lohnte und in der man auf Kosten der Gesellschaft relativ problemlos seinen Privatinteressen nachgehen konnte, war das Aufkommen politischen Protestes nach zwei Seiten hin in hohem Maße unwahrscheinlich: zum einen weil er durch das System nicht zugelassen wurde und durch ihn allem Anschein nach nichts anderes zu erreichen war, als daß man sich selbst schädigte, zum andern aber auch, weil für ihn vielfach überhaupt kein Bedarf gesehen wurde und sich viele in ihrer privaten Nische recht bequem eingerichtet hatten.

Warum kam er dennoch zustande? Ich gehe dieser Frage zunächst mit Hilfe eines Vergleichs zwischen den Ereignissen des 17. Juni 1953 und den Herbstereignissen des Jahres 1989 auf einer makrosoziologischen, sodann durch Bezugnahme auf die Motive zur Beteiligung an den Massendemonstrationen im Herbst 1989 auf einer mikrosoziologischen Ebene nach.

2. Merkmale des Volksaufstandes von 1953 und der Massen- demonstrationen von 1989 im Vergleich

1. Vergleicht man die beiden einzigen größeren Massenproteste in der DDR miteinander, so muß man feststellen, daß beide spontan zustandekamen.[7] Weder der Volksaufstand am 17. Juni 1953 noch die Massendemonstrationen in den entscheidenden Wochen im September und Oktober 1989 hatten einen Führer, einen Organisator oder einen organisatorischen Kern. Niemand hatte zu ihnen aufgerufen.[8] Aufrufe gab es erst, als sie bereits im Gange waren. Die Massen kamen unaufgefordert. Die gleichwohl vorhandene politische Opposition im Lande war von der plötzlich entstandenen Massenbewegung ebenso überrascht wie die Machthaber im Osten und die Beobachter im Westen. 1953 begann sie ihre Arbeit mit einer gewis-

---

7 Die These, daß der Arbeiteraufstand 1953 spontan erfolgte, vertritt Diedrich (1991, 1995). In bezug auf die Herbstereignisse 1989 spricht Opp (1991) von einer „spontanen Revolution".

8 Dies gilt für die meisten Städte, für die bislang Untersuchungen vorliegen, nicht nur für Leipzig, sondern auch für Rostock, Dresden, Magdeburg u. a. Die starke Eigendynamik der Protestbewegung zeigt sich übrigens auch daran, daß selbst dort, wo in Einzelaktionen mit Flugblättern zu Demonstrationen aufgerufen wurde, wie etwa in Arnstadt, diese Flugblätter von Unbekannten vervielfältigt wurden und an Orten auftauchten, an denen sie gar nicht verteilt worden waren (Leyh 1994: 98).

sen Verspätung erst am 18. Juni (Diedrich 1995: 774). Im Herbst 1989 hat das Neue Forum die Verantwortung für die Massendemonstrationen stets abgelehnt (Unterberg 1991: 89). Unmittelbar nach seiner Gründung am 9. September 1989 waren seine Vertreter vorrangig an seiner staatlichen Anerkennung und Legalisierung interessiert und verzichteten schon deshalb auf den Aufruf zu Demonstrationen. Am 24. September 1989 kamen in Leipzig die führenden Vertreter des Neuen Forums und anderer Bürgerinitiativen zusammen und beschlossen, sich das nächste Mal am 22. Oktober 1989 zu treffen[9] - zu einem Zeitpunkt, als wesentliche Etappen des Umbruchs - etwa die Ablösung Honeckers durch Krenz - bereits gelaufen waren und die Demonstrationen inzwischen eine Teilnehmerzahl von über 250.000 erreicht hatten. Das heißt, die Bürgerbewegungen haben den Protest der Massen nicht nur nicht organisiert, sie haben großteils noch nicht einmal die Dramatik der Situation erkannt. Die Bewegung des Protests ging eben nicht - wie heute vielfach angenommen - von den Oppositionsgruppen aus. Umgekehrt: Die Oppositionsgruppen wurden von den demonstrierenden Massen an die Spitze des Protestes geschoben und damit zum Symbol des sich auf der Straße formierenden Widerstandes gemacht. Anders als bei den Unruhen 1956 in Ungarn oder 1968 zum Prager Frühling in der Tschechoslowakei besaß der Protest der Massen in der DDR keinen intellektuellen und organisatorischen Vorlauf, sondern entwickelte sich spontan.

Das verweist darauf, wie groß die Unzufriedenheit in der Bevölkerung gewesen sein muß. 1953 hatten vor allem die Auswirkungen des auf der 2. Parteikonferenz im Juli 1952 beschlossenen Kurses des beschleunigten Aufbaus des Sozialismus zur dramatischen Erhöhung der allgemeinen Unzufriedenheit beigetragen. Aufgrund dieses Kurses wurde unter Anwendung von harten Repressionen die Kollektivierung der Landwirtschaft betrieben, die Vergenossenschaftlichung der selbständigen Handwerks- und Handelsbetriebe, die Erhöhung der Steuern und der Abgaben für die, die sich dem Kollektivierungsdruck nicht beugen wollten, der Ausbau der Schwerindustrie auf Kosten der Konsumgüterindustrie, sowie der Aufbau eigener nationaler Streitkräfte, der Geldmittel und Arbeitskräfte verschlang (Fricke 1993: 37f.). Die Folgen dieser Politik waren eine Verhärtung des politischen Klimas in der

---

9 Niederschrift über die Zusammenkunft verschiedener Bürgerinitiativgruppen und -bewegungen am 24.9.89 in Leipzig, maschinenschriftlich hektographiert, im Archiv des Verfassers. Unterberg (1991: 89) erwähnt das Treffen, gibt aber sowohl hinsichtlich des Tages, an dem das Treffen stattfand, als auch hinsichtlich des Termins der geplanten Zusammenkunft falsche Daten an. In der Dokumentation „Freunde und Feinde" fehlt die hier zitierte Niederschrift, obschon die beigefügte Chronik das Treffen erwähnt (Dietrich/ Schwabe 1994: 538).

DDR, Engpässe in der Versorgung der Bevölkerung, ein Ansteigen der Flüchtlingswelle und erhöhte Streikbereitschaft (Mitter/Wolle 1993: 34ff.).

Die hohe Unzufriedenheit im Jahre 1989 hatte sich seit Jahren angebahnt. Im Laufe der 80er Jahre wurden die Probleme der DDR-Gesellschaft - wirtschaftliche Ineffizienz, steigender Abstand zum Lebensstandard des Westens, politische Bevormundung, Umweltverschmutzung - als immer bedrückender wahrgenommen, und gleichzeitig sank bei der Mehrheit der Bevölkerung das Vertrauen in die Fähigkeit der Staats- und Parteiführung, die sich aufstauenden Probleme zu bewältigen (Gensicke 1991: 98ff.). Als dann im Sommer 1989 ein breiter Flüchtlingsstrom vor allem von jungen gutausgebildeten DDR-Bürgern sich über Ungarn nach Westdeutschland ergoß, war auch für den letzten klar, daß es so nicht weitergehen konnte.

2. Obwohl die steigende Unzufriedenheit eine wichtige Bedingung für das Zustandekommen der Massenproteste von 1953 ud 1989 war, reicht der Hinweis auf sie doch nicht aus, um die Demonstrationen zu erklären. Ein weiterer wichtiger Faktor bestand darin, daß sowohl 1953 als auch 1989 eine klare Zuschreibung der Ursachen für die die Unzufriedenheit auslösende kritische Lage vorgenommen werden konnte. 1953 hatte die Parteiführung mit der Verkündung des Neuen Kurses von ihr gemachte Fehler selbst eingeräumt. Es war nur konsequent, daß die Bevölkerung daraufhin erwartete, daß diejenigen, die die Fehler gemacht hätten, zur Verantwortung gezogen würden (Mitter 1995: 763). Zwar entzündete sich der Protest der Bauarbeiter am 16. Juni 1953 an der verfügten Normerhöhung, also an einem ökonomischen Problem. Aus den anfänglich ökonomischen Forderungen nach Normabsenkung und Verbesserung des Lebensniveaus wurden aber innerhalb weniger Stunden politische Forderungen, Forderungen nach Absetzung der Regierung und freien Wahlen, die dann teilweise unmittelbar einmündeten in die Forderung nach der Wiedervereinigung Deutschlands (Mitter/Wolle 1993: 98ff.). 1989 war der Massenprotest von vornherein politisch konstituiert.[10] Aufgrund der jahrelangen Reformverweigerung der politischen Spitze der DDR und ihrer auch angesichts der sich zuspitzenden Lage beibehaltenen starrsinnigen Haltung im Sommer und Frühherbst 1989 war klar, wer die Krise in der DDR zu verantworten hatte. Der Re-

---

10 Dies haben Opp und Voß in ihrer 1990 durchgeführten repräsentativen Befragung herausgearbeitet (Opp/Voß 1993: 109). Zwischen politischer Unzufriedenheit und Protestbereitschaft besteht ihren Untersuchungen zufolge eine enge Korrelation, nicht aber zwischen ökonomischer Unzufriedenheit und Protestbereitschaft. Die immer wieder aufgestellten Behauptungen, die Proteste in der DDR wären ökonomisch bedingt gewesen oder es hätte sich gar um eine „Konsumentenrevolution" gehandelt (Kädtler/Kottwitz 1994: 21), sind also falsch. Die Proteste waren politisch konstituiert, ihre ökonomische Ausrichtung erhielten sie erst nach der Öffnung der Berliner Mauer. Vgl. auch unten in Kapitel 3 "Motive der Beteiligung an politischen Protesten".

formkurs Gorbatschows hatte die Verantwortlichkeiten in der DDR so sichtbar wie noch nie gemacht. Wenn sich etwas ändern sollte, dann mußte die Reform innerhalb des politischen Systems erfolgen. Die ersten Losungen der Demonstranten in Leipzig lauteten daher nicht zufällig: „Wir bleiben hier"[11] und „Wir sind das Volk"[12]. Mit der ersten Losung wandten sich die Demonstranten gegen die Unwandelbarkeit der Verhältnisse und drohten den Machthabern an, die Gestaltung der Verhältnisse selbst in die Hand zu nehmen. Mit der zweiten Losung enteigneten sie die Herrschenden ihres Anspruchs, mehr als sich selbst zu vertreten.

Die Politisierung des Massenprotestes 1953 wie 1989 lag also vor allem darin begründet, daß man für die offensichtlich als unhaltbar angesehene Situation nur einen verantwortlich machen konnte: die Spitze der Partei. Daß die allgemeine Unzufriedenheit relativ unvermittelt in Protest umzuschlagen vermochte, hatte mit dieser klaren Ursachenzuschreibung zu tun. Die Massen brauchten keinen Führer. Man befand sich in einer als unerträglich empfundenen Lage. Die allgemeine Unzufriedenheit hatte eine klare Adresse. Letztendlich war es also nicht nur die Unerträglichkeit der Zustände, sondern auch die Eindeutigkeit der Ursachenzuschreibung für die Entstehung dieser Zustände, die die Spontaneität der Proteste bedingte.

3. Trotz ihres spontanen Charakters lagerten sich die Massendemonstrationen in der DDR an gegebene soziale Strukturen an. 1953 wurden die Unruhen von den Bauarbeitern in Berlin ausgelöst, 1989 gingen die Massendemonstrationen von den Volksversammlungen in den Kirchen aus. Weder die Kirchen noch die Bauarbeiter brachten die Protestbewegung hervor, sie boten der Unzufriedenheit aber einen Kristallisationspunkt.

In Leipzig wurde seit 1981 an jedem Montag um 17 Uhr das Friedensgebet durchgeführt, an dem in in den Jahren vor 1989 in der Regel kaum mehr als jeweils 800 Personen teilgenommen hatten (Dietrich/Schwabe 1994: 487, passim). Über die westlichen Medien und über Freunde, Bekannte und Berufskollegen hatten die Leipziger, obwohl für die Friedensgebete nie öffentlich geworben worden war, von

---

11 Diese Losung wurde auf der ersten Massendemonstration in Leipzig nach den montäglichen Friedensgebeten, an der sich etwa 5.000 bis 8.000 Demonstranten beteiligten (Opp 1991: 303; Dietrich/Schwabe 1994: 487) erstmals am 25. September 1989 skandiert (Döhnert/Rummel 1990: 150). Die Angabe bei Zwahr (1993: 38) ist ungenau. Außerdem rief die Menge „Freiheit, Gleichheit, Brüderlichkeit", „Gorbi, Gorbi", „Neues Forum zulassen!" und sang die Schlußzeilen der Internationalen und „We shall overcome". In allen Fällen handelte es sich um Losungen mit einem politischen, auf Demokratie und Reform drängenden Inhalt.

12 Wann diese Losung das erste Mal gerufen wurde, ist umstritten. Im allgemeinen wird der 9. Oktober 1989 als Datum angegeben (Döhnert/Rummel 1990: 154; Zwahr 1993: 80). Meiner Erinnerung nach ertönte der Ruf „Wir sind das Volk" bereits am 2. Oktober (so auch Lindner 1990: 169).

ihnen erfahren. Als der Bedarf dafür entstand, konnte die Institution der Friedensgebete als Ausgangspunkt für den Massenprotest genutzt werden. Die Demonstrationen im September und Oktober 1989 begannen stets im unmittelbaren Anschluß an die Friedensgebete. Auch dann, als die Massen nicht mehr in die Kirche paßten, warteten sie vor der Kirche auf den Abschluß des Gebetes und zogen erst dann durch die Stadt, wenn die Gebete beendet waren. In Magdeburg (Schwabe 1994: 118), Rostock (Probst 1993: 86ff.)[13], Halle, Forst (Lindner 1994a: 109) und anderen Städten waren die Gebete in den Kirchen ebenfalls der Ausgangspunkt der Demonstrationen. Aber auch wenn die Kirchen Räume und Zeiten für den Protest bereitgestellt haben, waren sie doch nicht seine Organisatoren. Vielmehr lehnte sich die unterstrukturierte Protestbewegung an die Struktur der institutionell weitgehenden autonomen Kirche an, um Festigkeit, Form und Dauer zu gewinnen. Aber nachdem sie eine gewisse Stabilität gewonnen hatte, löste sie sich sofort auch wieder von ihr, und an einigen Orten lag der Ausgangspunkt des öffentlichen Protestes sogar außerhalb der Kirchen.[14]

Noch lockerer war die Kopplung zwischen der Protestbewegung und den Protestkernen in den Betrieben und auf den Baustellen im Juni 1953. Im Juni 1953 vollzog sich die Formierung des Protestes ja auch in einer ungleich kürzeren Zeit. Dennoch übernahmen die Arbeiter, insbesondere ältere, von ihren Kollegen geschätzte Arbeiter und einige Gewerkschaftsgruppen, Koordinierungs- und Führungsaufgaben[15], wenn sie auch die Protestbewegung im ganzen nicht hervorgebracht haben und die Bewegung ohnehin durch ein hohes Maß an „Führungs- und Ziellosigkeit" geprägt war (Diedrich 1995: 773). Man kann sagen, sowohl 1989 als auch 1953 kam es zu einer parasitären Strukturanleihe an bestehende Strukturen, wobei die Betriebe und die Kirchen gewissermaßen als 'Relaisstationen'

---

13 Am Ende der 4. Fürbittandacht, die am 26. Oktober 1989 in der Marienkirche in Rostock stattfand, sagte Pastor Henry Lohse: „Heute abend sprechen wir ganz bewußt von einer Demonstration. Wir haben keine Demonstration vorbereitet, aber vergangenen Donnerstag (als die letzte Fürbittandacht stattfand - D. P.) erlebt, wie sie sich spontan bildete." (zitiert nach Probst 1993: 88)

14 So etwa in Arnstadt (Leyh 1994: 98). In Plauen (Lindner 1994b: 124) und Dresden liefen die öffentlichen Proteste und die Kirchenveranstaltungen parallel und bestärkten sich wechselseitig.

15 Vgl. den Bericht von Hans Lützendorf, der die Ereignisse im mitteldeutschen Industrierevier verfolgte. „Undenkbar wäre es gewesen, daß in diesen Stunden Unbekannte die Leitung der Demonstrationen hätten übernehmen können. Die Streikleiter und Redner waren alle ohne Ausnahme besonnene, ältere Kollegen, die durch Zuruf ausgewählt wurden, ohnehin das Vertrauen ihrer Mitarbeiter besaßen und sich plötzlich in den einzelnen Streikleitungen wiederfanden." (Zitiert nach Fricke 1984: 25)

(Ohlemacher 1993) zur Vermittlung des Protestes in breitere Teile der Bevölkerung dienten.

Im übrigen ist es durchaus kein Zufall, daß ausgerechnet die Arbeiterschaft und die Kirche solche katalysatorischen Kristallisationsfunktionen ausüben konnten, waren sie doch aufgrund des partiellen Weiterwirkens ihrer Traditionen und der Resistenz ihrer Milieus am ehesten in der Lage, gegenüber den Gleichschaltungsversuchen der SED eine gewisse Selbständigkeit zu bewahren.

4. Die beiden großen Proteste in der DDR fielen jedesmal in eine Zeit der Zurückhaltung des Repressionsapparates und der politischen Liberalisierung. Nachdem die SED seit Sommer 1952 den Aufbau des Sozialismus mit Zwangsmaßnahmen, hartem Druck und gegen den Willen der Bevölkerung durchzusetzen versucht hatte, erwartete sie als Reaktion auf die Verkündung des sogenannten Neuen Kurses am 9. bzw. 11. Juni 1953, mit dem sie auf Geheiß der Moskauer Führung die überzogenen Maßnahmen zur Durchsetzung des Sozialismus zurücknahm, eine Welle der Begeisterung und der Dankbarkeit. Sie gestand Fehler ein, stoppte die Zwangskollektivierung auf dem Lande, räumte den Handwerkern größere Betätigungsmöglichkeiten ein, gab den wegen ihrer weltanschaulichen Haltung entlassenen Lehrern ihren Job und den relegierten Schülern und Studenten ihren Schul- bzw. Studienplatz wieder zurück.[16] Die Bevölkerung verstand das Eingeständnis von Fehlern und den Kurswechsel jedoch als Bankrotterklärung der Regierungsspitze und verlangte die Bestrafung der Schuldigen (Mitter/Wolle 1993: 69ff.). Nach der monatelangen Bedrückung nahm die Bevölkerung den Kurswechsel nicht als gnädig gewährtes Entgegenkommen, sondern als erzwungenen Triumph: Die da oben können nicht mehr, sie sind am Ende, sie müssen nachgeben. In Dörfern und Kleinstädten wurden Freudenfeste über den bevorstehenden Sturz der verhaßten Ulbricht-Clique gefeiert, und manch einer trank bereits auf das Wohl Adenauers (Mitter/Wolle 1993: 72ff.). Die Zeichen der Zeit waren auf Veränderung gestellt, übrigens nicht erst seit der Verkündung des Neuen Kurses, sondern schon seit dem 5. März 1953, an dem der weiseste Lehrmeister aller Völker, der große Stalin, gestorben war (Fischer 1995: 768). Seitdem erwarteten viele im Ostblock einschneidende Veränderungen. Daß die Führungsmannschaft um Ulbricht unnachgiebig an ihrem harten Kurs festhielt, verstärkte die Unzufriedenheit. Als dann am 9. bzw. 11. Juni für alle Berufsschichten Erleichterungen versprochen wurden und nur an der geplanten Normerhöhung für die Arbeiterschaft festgehalten wurde[17], schlug die Unzufriedenheit der Arbeiter in Empörung um. Während unter den Bedingungen harter Re-

---

16 Das Dokument wurde erstmals von R. Stöckigt veröffentlicht, in: Beiträge zur Geschichte der Arbeiterbewegung 33 (1990), 48ff.

17 Die Gewerkschaftszeitung „Tribüne" bekräftigte die Normerhöhungen in ihrem Leitartikel vom 16. Juni 1953 sogar als „in vollem Umfang richtig".

pression - solche herrschten unmittelbar vor der Verkündung des Neuen Kurses 1952 und Anfang 1953 - das Hin und Her zwischen Liberalisierung und Terror eher einen disziplinierenden Effekt ausübt und zur Unterwerfung auch noch die Liebe zum Übervater produziert, hat die Gleichzeitigkeit von Druckerhöhung und Druckabnahme unter Bedingungen einsetzender Entspannung eher einen Entfesselungseffekt. Auch die Rücknahme der geplanten Normerhöhung am Nachmittag des 16. Juni wirkte in diese Richtung. Sie beruhigte die Massen nicht, sondern bestärkte sie in ihrem Veränderungsdrang, ermunterte sie zu neuen Forderungen und kräftigte ihren Widerstandswillen.

Ebenso wirkte sich das schrittweise Einlenken der SED-Führung im Herbst 1989 aus. Auch 1989 war aufgrund der Reformpolitik Gorbatschows die Erwartung von Veränderungen in weiten Teilen der Bevölkerung hoch gesteckt. Die reformunwillige starre Haltung der greisen Führungsriege in Berlin konnte diese Erwartung nicht zum Erliegen bringen, im Gegenteil, sie verstärkte den Eindruck, daß sich etwas tun mußte. Als dann die Tausenden von DDR-Bürgern, die die deutschen Botschaften in Prag und Budapest besetzt hielten, offiziell ausreisen durften, als die Polizei auf die immer größer werdenden Menschenmengen in Leipzig, Dresden und anderswo nicht schoß, als die Medien die Dialogbereitschaft der Parteiführung verkündeten und Honecker durch Krenz abgelöst wurde, da sah man dies nicht als eine Form des Entgegenkommens, sondern des Nachgebens an. Die Massen begriffen die über Jahrzehnte hinweg so stabil und lethargisch wirkenden Verhältnisse als spannungsgeladen und sahen die Gelegenheit gekommen, die Machtungleichgewichte der Gesellschaft zu ihren Gunsten zu verschieben.[18] Man durfte nur nicht nachlassen. Was sich im September und Oktober 1989 verändert hatte, waren noch kaum die Machtverhältnisse selbst - die Entscheidungsbefugnisse über Polizei und Militär lagen fest in den Händen der Partei -, wohl aber die Zukunftsperspektive. Die neu entstandenen Hoffnungen wirkten mobilisierend. In dieser Situation, als sich die Chance zur Veränderung zu bieten schien, zeigten sich viele bereit, das Risiko des Auf-die-Straße-Gehens auf sich zu nehmen. Hätte man nicht die Hoffnung auf die Veränderbarkeit der Gesellschaft gehabt, wären wohl viele nicht bereit gewesen, sich an den Demonstrationen zu beteiligen (Opp/Voß 1993: 114).

5. Was an den Unruhen 1953 und 1989 auffällt, ist der relativ friedliche und disziplinierte Charakter der Massendemonstrationen.[19] Dabei waren aufgestaute Wut,

---

18 Von dem Bewußtsein, eine einmalige Chance zur Veränderung zu besitzen, zeugt auch die Losung der Demonstranten „Demokratie - jetzt oder nie" (Lindner 1990: 169).

19 Für die Herbstereignisse von 1989 ist der gewaltlose Charakter bekannt, aber auch bezüglich des Aufstandes von 1953 weisen zeitgenössische Schilderungen auf diesen Aspekt hin. So schreibt etwa Fritz Schenk (1981: 67) über die Demonstration auf dem Potsdamer Platz am 17. Juni, daß sich die Massen „ziemlich diszipliniert verhielten". Ähnlich äußert

Haß und Aggression durchaus mit im Spiel. Bei dem Aufstand von 1953 ohnehin. Aber auch bei den Demonstrationen von 1989 handelte es sich nicht - wie Henryk M. Broder (1992) vermutet - um einen (von der Stasi inszenierten) deutschen Schildbürgerstreich, bei dem aufgrund der harmlosen Gemütsverfassung der deutschen Kleinbürger noch nicht einmal die Scheiben einer Nachtlaterne zu Bruch gehen konnten. Es kam auf seiten der Demonstranten - nur diese Seite soll hier interessieren - nur selten zu Ausschreitungen - ganz ohne Ausschreitungen ging es freilich weder in den 50er[20] noch in den 80er Jahren[21] ab -, da sich die Demonstranten selbst zur Gewaltlosigkeit ermahnten. Im Juni 1953 hielten die älteren Arbeiter junge Heißsporne davon ab, zu randalieren und zu plündern, die gewählten Streikkomitees wiesen einige ihrer Kollegen sogar an, in den Betrieben zu bleiben und für den Fortgang der Produktion zu sorgen. Sie wollten vermeiden, daß die Russen eingreifen, und ihnen signalisieren, daß dies eine rein innerdeutsche Angelegenheit sei (vgl. Anm. 19).

Im Herbst 1989 ertönte der Ruf „Keine Gewalt", weil sich die Demonstrierenden nicht als Rowdies kriminalisieren lassen wollten und den bereitstehenden Polizeikräften keinen Anlaß zum Eingreifen bieten wollten. Wie richtig dies war, wissen wir jetzt, da wir die Akten kennen. Tatsächlich hatten die Polizeikräfte im Oktober 1989 den Befehl, sich selbst zu verteidigen und polizeiliche Mittel einzusetzen, wenn sie angegriffen würden (Kuhn 1992: 153). Es war nicht eine kleinbürgerlich-deutsche Mentalität und auch nicht - wie man manchmal liest - der christliche Geist der Friedfertigkeit, der die Demonstranten von der Gewaltanwendung abhielt, son-

---

sich über die Streiks in Leuna und Buna auch Hans Lützendorf: „Da war zunächst die erstaunliche Disziplin, die überall gewahrt wurde. Ältere Arbeiter bremsten junge Heißsporne mit dem mahnenden Hinweis, dies sei eine rein deutsche Angelegenheit, man solle die Russen draußen lassen. Und tatsächlich fiel gegenüber der Besatzungsmacht bis zum späten Nachmittag kein böses Wort. Alle wünschten, diese würde einsehen, daß die SED abgewirtschaftet hatte und andere Männer die Regierung in Ostberlin bilden müßten. (...) Sieht man einmal von den Parteilokalen ab, so wurde nirgendwo, weder in den Betrieben noch in den HO- oder Konsumgeschäften, eine Scheibe eingeschlagen, geschweige denn geplündert. Im Gegenteil, die spontan gewählten Streikkomitees wiesen Kollegen an, in den Betrieben zu bleiben und den Fortgang der Produktion zu sichern. Weder in den Leuna-Werken noch in den Buna-Werken gab es später Schäden an den Maschinen und Einrichtungen wegen mangelnder Aufsicht oder Bedienung." (Zitiert nach Fricke 1984: 25)

20 In zwei Fällen - in Jena und in Rathenow - wurde an Stasi-Mitarbeitern Lynchjustiz geübt (Fricke 1993: 41).

21 Vgl. etwa die Berichte über randalierende Demonstranten am 3./4. Oktober am Hauptbahnhof in Dresden und den Bewurf der Feuerwehr, die gegen Demonstranten mit Wasserwerfern vorgegangen war, mit Pflastersteinen am 7. Oktober in Plauen (Lindner 1994b: 127).

dern ein instrumentelles Denken. Die Selbstdisziplinierung war notwendig für das Gelingen des Protestes.

Allein die Tatsache, daß man auf die Straße gehen konnte und seinen bislang privat gehaltenen Unmut öffentlich machen konnte, war für viele bereits ein Akt der Selbstbefreiung - ein Akt der sie davon abhielt, über weitere strategisch sinnvolle Handlungen - etwa die Sabotage von Wirtschaftseinrichtungen oder die Unterbrechung der Telefonleitungen, die Besetzung der Radio- und Fernsehstationen usw. - nachzudenken. Man war glücklich über die plötzlich gewonnene Freiheit, diskutierte rückhaltlos mit den Vertretern von Staat und Partei, fühlte sich mit den vielen auf der Straße wie in einer Gemeinschaft Gleichgesinnter verbunden und gab sich auf den Demonstrationen ganz dem großen Erlebnis des Zusammenfindens hin.[22] In den einzelnen Polizisten oder Funktionären wurden oftmals gar nicht die Feinde gesehen, gegen die man vorgehen müßte[23] - allerdings gab es hier auch Ausnahmen, insbesondere 1953, als der Haß auf einzelne Funktionäre zuweilen zu Ausschreitungen führte -, vielmehr rief man ihnen zu „kommt, reiht euch ein, wir wollen keine Sklaven sein".[24] Vielfach gab es keinen Grund zur Gewaltanwendung, aber eine Reihe von rationalen Gründen, Gewalt zu vermeiden.

6. Es scheint, daß große Massenproteste in der DDR nur zustandekamen, wenn die Möglichkeit zur Abwanderung gegeben war. Für 1989 ist der Zusammenhang zwischen exit und voice klar. Die Massendemonstrationen entwickelten sich erst, nachdem die Grenze zwischen Österreich und Ungarn aufgegangen war und Hunderte und Tausende von DDR-Bürgern in den Westen flüchten konnten. Die Massenabwanderung von DDR-Bürgern bewirkte im Innern des Landes einen Erkenntnisschub. Die Ausreiser zeigten den Dableibern, daß es so wie bisher nicht weitergehen kann und daß sich in der DDR etwas grundsätzlich ändern muß.[25] Die Ausreiser waren es, die die Dableiber drängten, auf die Straße zu gehen. Indem sie zu verstehen gaben, daß sie nicht länger bereit sind, unter den beengten Verhältnissen in der DDR zu leben, forderten sie die, die dablieben, dazu auf, die Verhältnisse zu verändern, um ihre individuelle Lebensperspektive auf diese Weise zu verbessern.

---

22 Vgl. die Erlebnisberichte in Swoboda 1990; Neues Forum Leipzig 1990; Zwahr 1993.

23 „In Leipzig war am 7. Oktober seit Mittag die Nikolaikirche, wahrscheinlich um Ansammlungen auf dem Kirchplatz zu verhindern, von Polizisten weiträumig abgesperrt. An einer Stelle standen lauter ganz junge Wehrpflichtige. Passanten hatten ihnen Kerzen in die Hände oder Blumen in die Schilde gesteckt. Einem der jungen Männer liefen die ganze Zeit aus Scham über seine Situation die Tränen über das Gesicht." (Sievers 1990: 67)

24 „Reiht euch ein" war auch der Ruf 1989, der sich in Leipzig, Rostock und anderswo an die Bereitschaftspolizisten richtete (Döhnert/Rummel 1990: 153; Lindner 1990: 170; Probst 1993: 89). Der Ruf „Schämt euch" erscholl ebenfalls 1953 wie 1989.

25 Aussage eines Ausgereisten am 4. Oktober 1989 vor den Kameras von ZDF und ARD: „Dieses Land geht unter; die sind am Ende."

1953, als die Grenze zum Westen noch offen war, hatte der Strom der Westflüchtlinge ebenfalls einen Einfluß auf die Protesthandlungen. Das Jahr 1953 war das Jahr der größten Massenflucht aus der DDR vor 1961 (Wendt 1991: 390). Offenbar verhält es sich nicht so wie Albert O. Hirschman (1974: 65) annimmt, daß, wenn die Abwanderungsbarrieren niedriger sind, die Wahrscheinlichkeit systeminternen Widerspruchs sinkt. Vielmehr stellt die Möglichkeit zur Abwanderung anscheinend eine wichtige Bedingung des systeminternen Widerspruchs dar. Freilich kann auch der umgekehrte, von Hirschman unterstellte Zusammenhang zutreffen, nämlich daß mit der Erhöhung der Abwanderungsbarrieren die Bereitschaft zum systeminternen Widerspruch steigt: Wenn man schon aus dem System nicht austreten kann oder der Austritt mit hohen Kosten verbunden ist, dann will man - so lautet die Überlegung - das System, an das man gefesselt ist, wenigstens verändern und wird sich engagieren. Entsprechend bedeutet dies dann, daß mit der Erleichterung der Abwanderungsmöglichkeiten die Wahrscheinlichkeit systeminternen Widerspruchs zurückgeht. Hirschman bezieht sich mit seinen Überlegungen auf die Verhältnisse liberal-demokratischer Gesellschaften (Hirschman 1974), führt als Beispiel für sein Modell aber auch den Casus der DDR an, in der über Jahrzehnte hinweg die Abschiebung von politisch unliebsamen Personen zu einer Schwächung der Opposition führte (Hirschman 1992). Wenn aber ein System kaum Abwanderungsmöglichkeiten zuläßt und außerdem ein hohes Maß an interner Repression ausübt, dann ist nicht Widerspruch und Kritik, sondern Anpassung und Schweigen die wahrscheinlichere Reaktion.[26] Dementsprechend gehe ich davon aus, daß im

---

26 Ob die Erhöhung der Abwanderungsbarrieren zu verstärktem internen Widerspruch oder zu verstärkter Anpassung führt, kann also nur entschieden werden durch Einführung einer Zusatzvariablen: hier der Variablen höherer oder geringerer Repressionsgrad. Es verwundert daher nicht, daß Hirschman nach der von mir vorgebrachten Kritik (Pollack 1990) sein Modell durch eine Umkehrung seiner Grundannahmen erweitern kann: Die Frage, welche Wirkung auf die Wahrscheinlichkeit der Äußerung von Kritik von einer Schließung der Systemgrenzen ausgeht, kann rein theoretisch nicht entschieden werden Wenn dies richtig ist, dann müssen Zusatzbedingungen angegeben werden, die erklären, ob Abwanderungsbeschränkung systeminterne Kritik eher befördert oder hemmt. Der Repressionsgrad ist eine solche Zusatzbedingung. Andere Faktoren, wie etwa die Weite des Zukunftshorizontes oder der Grad der ökonomischen Integration, könnten ebenfalls als solche Zusatzbedingungen fungieren. Vgl. Pollack 1994: 176f., Anm. 145. In der Frauenforschung wird der Ansatz von Hirschman auch für die Analyse innerehelicher Machtverhältnisse genutzt (Hobson 1990; Moller Okin 1989: 137f.). Dabei kommen die Forscherinnen zu der Erkenntnis: Je höher die Ausstiegskosten aus einer Ehe sind (z. B. aufgrund von Krankheit, mangelhafter Ausbildung, fehlender Wettbewerbsfähigkeit im Erwerbsleben), desto höher ist der Zwang zur Anpassung an innereheliche Zustände. In einem solchen Fall handelt es sich um eine „asymmetrische Verwundbarkeit", weil der Betroffene

Falle der DDR exit und voice eher in einem Ergänzungsverhältnis als in einem Alternativverhältnis zueinander standen. Diese Annahme wird durch einen Blick auf die Geschichte der DDR unmittelbar bestätigt: Die DDR war von Krisen und inneren Auseinandersetzungen gekennzeichnet, solange die Grenze zum Westen offen war; die innere Lage entspannte und normalisierte sich nach dem Bau der Berliner Mauer; die DDR brach zusammen, als sich der Eiserne Vorhang nach fast drei Jahrzehnten erstmals wieder erst stückweise und dann ganz öffnete.

7. Schließlich: Ein weiteres wichtiges Kennzeichen der Massenproteste in der DDR bestand offensichtlich darin, daß mit ihnen trennende Schicht- und Milieugrenzen überwunden und bislang isoliert voneinander agierende Akteursgruppen miteinander in Kontakt gebracht wurden. Obwohl der Juni-Aufstand von 1953 von den Arbeitern angestoßen wurde, waren innerhalb kürzester Zeit alle Schichten an ihm beteiligt (Haupts 1995: 780). Die Schwäche der staatskritischen Gruppierungen in der DDR in den 70er und 80er Jahren resultierte unter anderem daraus, daß die einzelnen oppositionellen und systemkritischen Kreise untereinander ohne Verbindung waren. Im Gegensatz zur Opposition in Polen, wo der Zusammenschluß zwischen Teilen der Intelligenz, der Arbeiterschaft und der Katholischen Kirche gelang, blieben die Intelligenz und die Arbeiterschaft in der DDR bis zuletzt getrennt. In der Regel kam noch nicht einmal der Zusammenschluß innerhalb der Intelligenz, etwa zwischen den kirchlichen Alternativgruppen und der subkulturellen Szene oder der kritischen technischen Intelligenz oder gar den Reformern in der Partei zustande.[27] Daß die Kirche als Kristallisationspunkt für das Aufkommen der Massenproteste im Jahr 1989 eine so bedeutende Rolle gespielt hat, hängt nicht nur mit ihrer gesellschaftlichen Ausnahmestellung zusammen, sondern auch damit, daß in ihr der Austausch zwischen den unterschiedlichen gesellschaftlichen Gruppen und Kreisen schon weitaus früher gelang als an anderen Orten der Gesellschaft. Auch die führende Rolle Leipzigs hat möglicherweise etwas mit einer andersartigen Vernetzung der ansonsten getrennt agierenden Gruppen zu tun. In Leipzig wurden die Antragsteller auf ständige Ausreise von den kirchlichen Gruppen stärker in ihre eigenen Aktivitäten integriert, als das etwa in Berlin der Fall war, so daß in Leipzig die beiden wirksamsten Protestpotentiale in der DDR-Gesellschaft - die Ausreiser und die Oppositionsgruppen - nicht voneinander getrennt agierten, sondern relativ eng mit-

---

aufgrund der überdurchschnittlichen Einschränkung seiner Handlungsmöglichkeiten ein ausbeutbar Abhängiger ist. Je geringer die Ausstiegsoption, desto eher verstummt der Protest; die Eröffnung von Ausstiegschancen läßt hingegen Widerspruch zu und fördert dadurch „Bindung und Engagement für die gemeinsame Sache" (Ostner 1995: 5).

27 Vgl. nochmals den Beitrag von Dieter Rink.

einander verbunden waren.[28] Für das Zustandekommen des Protestes war die Überwindung von Milieu- und Gruppengrenzen jedenfalls entscheidend. Sie vollzog sich im September 1989 schrittweise, denn der Protest ging nun nicht mehr allein von den kirchlichen Basisgruppen aus, auch die Unterhaltungskünstler und Theaterschaffenden verfaßten Protestresolutionen (Schüddekopf 1990: 39f., 43f.), die Schriftsteller verlangten Reformen (Rein 1989: 151f.), aus den Blockparteien kamen kritische Äußerungen (Der Morgen vom 20.9.1989), die an die Staatsführung gerichteten Mahnungen und Bitten der evangelischen Kirche erhielten einen dringlichen Ton (Rein 1990: 217ff.), und der Aufruf des Neuen Forums wurde von Arbeitern und Angestellten in Betrieben ebenso unterstützt wie von Künstlern oder kritischen Linksintellektuellen (Wolfram 1994, 7. Folge). Letztendlich kam die Überwindung der Gruppen- und Milieugrenzen aber erst im Prozeß der Formierung des Protestes auf den Straßen zustande. Auf der Straße konstituierten sich die sonst getrennten Gruppen zum Volk. Dabei half die Staats- und Parteiführung der DDR kräftig mit. Die unterschiedlichen gesellschaftlichen Gruppen wurden zum Volk, da sie sich in ihrer gemeinsamen Gegnerschaft zur Führungsspitze der SED zusammenfanden. In gewisser Weise hat die Staats- und Parteiführung der DDR das Volk, an dem sie schließlich scheitern sollte, selbst hervorgebracht (Baecker 1991). Nicht die Ausweitung des oppositionellen Diskurses, nicht die Mobilisierung brach liegender oppositioneller Ressourcen, nicht die Verbreiterung der systemkritischen Kommunikation, die Vermittlung protestativer Deutungsmuster in immer weitere Teile der Gesellschaft hinein und der schrittweise Aufbau immer größer werdender Netzwerke überwand die Fragmentierung der Gesellschaft. Sie wurde mit einem Schlage überwunden aufgrund der Eindeutigkeit der Machtverteilungsverhältnisse. In ihnen lag auch der spontane Charakter der Erhebung begründet. Die jahrzehntelange Machtanmaßung der DDR-Führungsriege hatte insofern ihre kontraproduktive Folge: Wer immer über alles bestimmen will, wird letztendlich dann auch für alles verantwortlich gemacht. Es war die Zentralisierung aller Entscheidungsgewalt, die das System so verletzbar machte. Es mußte jede Abweichung von den offiziellen

---

28 Während die alternativen Gruppierungen in Berlin, insbesondere nach den Erfahrungen im Zusammenhang mit der Ausreise führender Oppositioneller nach der Luxemburg-/Liebknecht-Demonstration 1988, die Ausreisewilligen eher ausgrenzten, bemühte man sich in Leipzig mehr um eine Integration der Antragsteller auf Ausreise. So gab es im „Arbeitskreis Gerechtigkeit" eine eigene Arbeitsgruppe, die sich um Ausreisewillige kümmerte. Auch die Initiativgruppe Leben bezog Antragsteller in ihre Arbeit mit ein. Das Anliegen, die Ausreisewilligen zu integrieren, wurde auch von einigen Pfarrern in Leipzig unterstützt, insbesondere von Klaus Kaden, der einen „Bibelkreis" für Ausreisewillige beim Stadtjugendamt eingerichtet hatte, von Matthias Berger, der die Ausreisewilligen rechtlich beriet, und von Christian Führer, der zum Beispiel am 19. Februar 1988 einen stark besuchten Gemeindeabend für Ausreisewillige veranstaltete.

Erwartungen, jeden Widerspruch, jede Kritik und jeden Protest, waren sie auch noch so geringfügig, hart bestrafen und verfolgen, da nur auf diese Weise die Aufrechterhaltung der einseitigen Machtverteilungsverhältnisse sichergestellt werden konnte.

Die Analyse der Bedingungen der Möglichkeit von Protest macht noch einmal deutlich, worin die wichtigsten Stabilisierungsfaktoren der DDR-Gesellschaft bestanden. Sie sind zu sehen:

– in der politischen Durchorganisation und in der zentralen Kontrolle und Steuerung der gesamten Gesellschaft. Dort, wo der Repressionsdruck nachließ und Freiräume entstanden, entwickelte sich auch der Protest.

– Weiterhin stellte die Befriedigung der materiellen Lebensbedürfnisse der Bevölkerung einen wichtigen Stabilisierungsfaktor der Gesellschaft dar. Wo diese Befriedigung nicht gewährleistet war, weitete sich die Unzufriedenheit mit den Lebensverhältnissen leicht auf das gesamte System aus und erhielt schnell einen politischen Charakter.

– Drittens beruhte die Stabilität des Systems auf seiner langjährigen Geschlossenheit. Als die Grenze zum Westen nach Jahren der Abschottung aufbrach, trat auch sofort die bislang privat gehaltene Kritik am System an die Öffentlichkeit.

– Viertens schließlich bestand ein wichtiger Stabilisierungsfaktor der DDR in der Fragmentierung der Gesellschaft. Wo sich die unterschiedlichen Schichten und Gruppierungen zusammenschlossen und Öffentlichkeit enstand, kam es zu einer Synchronisation der unterschiedlichen Wahrnehmungen und Erfahrungen und damit zu einer wechselseitigen Bestärkung der bislang getrennt operierenden Protestpotentiale.[29]

Damit bin ich wieder beim Ausgangspunkt meiner Überlegungen angelangt: bei der Frage nach den Grundlinien der Gesellschaftsstruktur der DDR. Hinausgehend über die bisherigen Überlegungen soll nun noch in drei Punkten - man könnte mehr nennen - angedeutet werden, worin sich die Juni-Ereignisse des Jahres 1953 von den Herbstereignissen des Jahres 1989 grundlegend unterschieden. Zum ersten war der Zukunftshorizont 1953 und 1989 ein anderer. 1953 rechneten viele in Ostdeutschland noch damit, daß das Ost-Berliner Regime bald untergehen und die Einheit Deutschlands in kürzester Zeit wiederhergestellt würde. 1989 hatte sich die Mehrheit der DDR-Bürger an die Existenz des zweiten deutschen Staates gewöhnt. Das Ende der DDR war ebenso unvorstellbar geworden wie die Wiedervereinigung Deutschlands. Deshalb benötigten Prozesse, die im Juni 1953 zuweilen innerhalb

---

29 Ich beziehe mich hier auf ein Modell, das Bourdieu zur Erklärung der allgemeinen Krise, in die Frankreich im Mai 1968 geriet, benutzt. Bourdieu (1984: 275f.) erklärt diese Krise aus der „Konjunktion unabhängiger Kausalreihen", die sich parallel entwickelten und in einem bestimmten, kritischen Moment miteinander in Interaktion traten.

weniger Tage, manchmal innerhalb von Stunden abliefen (Entstehung der Massendemonstrationen, Politisierung des Protests, die Forderung nach Rücktritt der Regierung, nach der Wiederherstellung der Einheit Deutschlands), im Herbst 1989 Wochen und Monate.

Zweitens lag das politische, soziale und wirtschaftliche Anspruchsniveau von
1953 weit unter dem von 1989. Die DDR hat im Laufe ihrer Geschichte, vor allem
während der 60er und 70er Jahre, eine gewisse Anhebung ihres materiellen und
kulturellen Lebensniveaus erreicht, hinter das die Bürger der DDR 1989 nicht zu-
rückwollten. 1953 war die wirtschaftliche und politische Lage noch unmittelbar von
Mangelerscheinungen der Nachkriegsphase geprägt. Gleichzeitig war in diesem
frühen Stadium der DDR-Geschichte das Experiment Sozialismus noch offen. Viele
erwarteten wirtschaftliche und gesellschaftliche Fortschritte und begriffen die Defizite als vorübergehende Entwicklungsstörungen. Über die wirtschaftliche Leistungsfähigkeit des Sozialismus konnte sich am Ende der DDR-Zeit niemand mehr
irgendwelchen Illusionen hingeben. Obwohl die Ansprüche inzwischen gewachsen
waren, waren die Hoffnungen auf eine Verbesserung der Lebenslage, insbesondere
in der jüngeren Generation, geringer (Gensicke 1991: 98ff.).

Der entscheidende Unterschied zwischen den Ereignissen von 1953 und denen
von 1989 lag allerdings darin, daß die Sowjetarmee im Juni 1953 eingriff, im Oktober 1989 jedoch nicht. Bereits im Dezember 1987 räumte Gorbatschow auf seiner
vielzitierten Rede vor der UN-Vollversammlung ein, daß die Sowjetunion nicht
beabsichtige, irgendjemand die eigenen Vorstellungen über die gesellschaftliche
Entwicklung aufzuzwingen (Korte 1994: 18). Spätestens Anfang 1989 hatte die
Sowjetunion die Breshnew-Doktrin fallengelassen. Auch den Bürgern in der DDR
war mehr oder weniger klar, daß die sowjetischen Truppen für eine innenpolitische
Repression nicht zur Verfügung standen. Daß freilich die Führung in der DDR bereit war, jeden Aufruhr notfalls auch mit gewaltsamen Mitteln zu unterdrücken, das
hatte sie durch ihre Rechtfertigung des Massakers auf dem Platz des Himmlischen
Friedens in Peking im Juni 1989 unmißverständlich deutlich gemacht. Warum die
Niederschlagung der Protestbewegung im Herbst 1989 im Gegensatz zum Juni-
Aufstand von 1953 unterblieb, ist eine über diesen Beitrag hinausgehende Fragestellung und soll daher hier nicht weiter untersucht werden. Soviel aber ist bereits
deutlich geworden, daß sich der Erfolg der 89er Bewegung vor allem außenpolitischen Konstellationen verdankt.

3. Motive der Beteiligung an politischen Protesten

Wenn ich jetzt von der makrosoziologischen zur mikrosoziologischen Betrachtung übergehe, so tue ich das in der Hoffnung, weitere Faktoren, die das Entstehen politischen Protestes mitbedingen, herauszufinden. Ich beziehe mich dabei auf eine repräsentative Untersuchung, die Karl-Dieter Opp und Peter Voß unmittelbar nach der Wende in Leipzig vornahmen (Opp/Voß 1993), auf eine qualitative Studie von Laurence McFalls aus den Jahren 1990 und 1991 (McFalls 1994) sowie auf eine Befragung von einigen der hochengagierten Vertreter der Oppositionsgruppierungen, die ich gemeinsam mit vier Studenten 1990 und 1992 durchführte (Findeis/Pollack/ Schilling 1994).

Karl-Dieter Opp und Peter Voß stellten in ihrer Untersuchung fest, daß das Hauptmotiv für die Beteiligung an den Montagsdemonstrationen in Leipzig in der politischen Unzufriedenheit der Bevölkerung lag (Opp/Voß 1993: 109). Die wirtschaftliche Unzufriedenheit[30], obwohl ebenso hoch wie die politische, korrelierte nicht mit der Bereitschaft zur Beteiligung am öffentlichen Protest, hatte also auf die Teilnahme an den Demonstrationen keinen Einfluß. Dieses Ergebnis führt über den bereits erreichten Erkenntnisstand nicht hinaus, aber es bestätigt ihn noch einmal. Es verweist noch einmal darauf, wie wichtig für die Bereitschaft zum Protest die eindeutige Ursachenzuschreibung war. Letztendlich wurden eben auch alle ökonomischen Defizite politischen Ursachen zugerechnet. Der Protest konnte nur zustandekommen, weil die Verantwortlichkeiten so klar verteilt waren.

Außerdem stellten Opp und Voß fest, daß die Leipziger sich nicht an den Demonstrationen beteiligt hätten, wenn sie nicht den Eindruck gehabt hätten, daß sie durch ihre Beteiligung etwas bewirken könnten (Opp/Voß 1993: 114f.). Nicht die politische Unzufriedenheit allein führte zum politischen Engagement gegen das SED-Regime. Die Wirkung der Unzufriedenheit hing vielmehr davon ab, inwieweit die Bürger glaubten, durch ihr persönliches politisches Engagement etwas politisch erreichen zu können. Auch dieses Untersuchungsergebnis läßt sich ohne Schwierigkeiten im Rahmen unserer bisherigen Überlegungen interpretieren. Es besagt vor allem, daß die Zurückhaltung des Repressionsapparates und das schrittweise Einlenken des Systems einen Einfluß auf die Protestbereitschaft ausübte, denn nur weil Polizei und Militär nicht eingriffen und sich das System langsam öffnete, konnte der Eindruck entstehen, es sei durch Protest etwas zu erreichen.

Opp und Voß fanden weiterhin heraus - und dieses Ergebnis führt über unseren bisherigen Erkenntnisstand hinaus -, daß die Bereitschaft zur Teilnahme an den Demonstrationen auch von Kontakten der Befragten mit kritisch denkenden Freun-

---

30 Vgl. Anm. 10.

den und Bekannten abhängt (Opp/Voß 1993: 158f.). Je stärker diese Kontakte ausgeprägt waren, desto höher war auch die Protestbereitschaft. Das heißt, die soziale Anerkennung, die die Teilnahme an Protesten innerhalb eines Freundes- und Bekanntenkreises einbringt, übt ebenfalls eine mobilisierende Wirkung aus und stellt einen Anreiz für die Beteiligung an Protesten dar. Die Einbindung in informelle Netzwerke besitzt eine protestunterstützende Funktion.

McFalls erklärt in seiner Studie, die auf der Grundlage von über 200 qualitativen Interviews entstanden ist, das Bedürfnis zum Aufstand aus dem Zusammenbruch des DDR-typischen Wertesystems (McFalls 1994: bes. 153). Die typischen Werte, die die DDR-Bürger anerkannt hätten, seien Bescheidenheit, Solidarität, Gleichheit und Gerechtigkeit gewesen. In den 80er Jahren seien diese Grundwerte, in deren Akzeptanz die Bürger mit ihrem System übereingestimmt hätten, jedoch zunehmend untergraben worden. Nicht nur die Einrichtung von Exquisit- und Delikatläden, in denen West- und Luxuswaren zu hohen Preisen erworben werden konnten, habe zu einer Verschärfung sozialer Unterschiede geführt, denn dadurch wurden die Einkommensunterschiede, die bislang kaum eine Rolle gespielt hatten, gesellschaftlich erheblich. Vor allem wurde durch die Gewährung von Reiseerleichterungen die Gesellschaft gespalten in diejenigen, die in den Westen reisen durften, und diejenigen, die nicht fahren durften. Der solidaritätszerstörende Neid gegenüber den Westreisenden habe sich noch gesteigert, dadurch, daß diese mit Westwaren und Westgeld zurückkamen und damit im „Intershop" Einkäufe tätigen konnten. Was die DDR-Bürger gestört hätte, sei nicht so sehr der wirtschaftliche Mangel gewesen, an dem man sich gewöhnt hatte und aus dem man das Beste zu machen verstand, sondern die entstehende soziale Ungleichheit, die sich mit Bescheidenheit und Solidarität nicht vertrug. Das heißt, die Bürger rieben sich vor allem daran, daß das System die von ihm selbst vertretenen Werte preisgab. Mit der Entstehung von Ungleichheit war ihnen die Möglichkeit genommen, sich über den zynischen Charakter des SED-Regimes noch irgendwelchen Illusionen hinzugeben. Umgekehrt bedeutet das, daß die Stabilität des DDR-Systems über Jahre hinweg unter anderem darauf beruhte, daß es doch so etwas wie einen Wertekonsens gab.

Was die Motivation für das politische Engagement der Vertreter der Bürgerrechtsgruppen angeht, so wiesen die von uns Befragten immer wieder auf das starke Betroffenheitsgefühl hin, das sie bewegt habe, politisch aktiv zu werden (Elvers 1994: 223). Ausgangspunkt ihres politischen Engagements sei die Erfahrung von staatlicher Bevormundung und Restriktion, von Verlogenheit und Ungerechtigkeit gewesen. Das treibende Motiv ihres politischen Engagements lag also vor allem im Unrechts- und Unterdrückungscharakter des Systems begründet.

Unrecht und Unterdrückung erfuhren jedoch, wenn auch in unterschiedlichem Ausmaß, alle DDR-Bürger. Für die Bereitschaft zu politischem Protesthandeln mußte in der Regel, wie unsere Befragungen gezeigt haben, ein ausgeprägtes Gerechtigkeits-, Wahrheits- und Freiheitsempfinden hinzukommen. Wenn eine idealistische Einstellung, möglicherweise sogar die Bejahung gesellschaftlicher Utopien, und Restriktionserfahrungen aufeinanderstießen, dann löste dieser innere Konflikt genau jenes Betroffenheitsgefühl aus, das dann für die Bereitschaft zum politischen Engagement ausschlaggebend wurde. Die Vermittlung kollektiver Werte wie Gerechtigkeit, Wahrheit oder Freiheit erfolgte im Wesentlichen über das Elternhaus, teilweise aber auch über den Bekanntenkreis, über die oppositionellen Gruppierungen selbst, über Vorbilder oder über Lektüre. Dabei waren die Werthaltungen mehrheitlich christlich geprägt, teilweise bürgerlich. Auffällig waren aber auch sozialistische Einstellungen. Nicht selten hingen die Befragten als Kinder sozialistischen Idealen an und wandten sich nach Enttäuschungserfahrungen in der Schule und der FDJ dem Christentum zu. Eine der Befragten sagte, daß sie das, was sie bei der FDJ gesucht habe, in der Kirche gefunden habe (Elvers 1994: 227).

Mit den christlichen, bürgerlichen und sozialistischen Werthaltungen haben wir eine weitere wichtige Bedingung der Möglichkeit politischen Protestes ausfindig gemacht: die Bewahrung kultureller Traditionen. Auf ihrem Boden wuchs widerständiges Verhalten, aufrechte Gesinnung und eine Moral des Anstands, die die Würde des einzelnen gegen die Bevormundungsversuche des Systems hochhielt und lieber auf persönliche Vorteile verzichtete als den eigenen Stolz zu verleugnen. Umgekehrt wird an der Bedeutung kultureller Traditionen für die Widerstandsbereitschaft auch wiederum deutlich, worin eine weitere Stabilitätsgrundlage des Systems bestand: in dem bewußt betriebenen Abbruch von Traditionen und der Zerstörung gewachsener Milieus, in der vor allem in den 50er Jahren forcierten Enttraditionalisierung und Umschichtung der Gesellschaft.

4. Bedingungen der Möglichkeit politischen Protestes in der DDR

Wie sich gezeigt hat, läßt sich die Entstehung von politischem Protest in der DDR nur aus dem Zusammenspiel mehrerer Faktoren erklären. Als notwendige Bedingung erwies sich die Herausbildung einer weit verbreiteten Unzufriedenheit. Dabei erhöhte sich, wie wir sahen, diese Unzufriedenheit, wenn sich eine Gruppe wie 1953 zum Beispiel die Arbeiter im Verhältnis zu anderen Gruppen benachteiligt sah oder wenn andere Gruppen wie etwa die Westreisenden Ende der 80er Jahre bevorzugt wurden. Sie erhöhte sich ebenfalls aufgrund der von der DDR-Führung nicht mitvollzogenen Politik Gorbatschows. Auf diese Weise kamen offenbar Maßstäbe von Gleichheit, Gerechtigkeit, Demokratie und Freiheit ins Spiel. Möglicherweise kann sich Protest nur herausbilden, wenn es Vergleichsmaßstäbe gibt, die einem die eigene Lage zu Bewußtsein bringen. Wenn das richtig sein sollte, dann würde der

Fall der DDR den in den Sozialwissenschaften häufig gebrauchten und in den 70er Jahren in die Kritik geratenen Ansatz der relativen Deprivation bestätigen, der davon ausgeht, daß Revolten nicht dann ausbrechen, wenn die Unterdrückung und Ausbeutung am schärfsten ist, sondern dann, wenn es Gruppen gibt, die ihre eigene Lage durch Vergleich mit anderen erkennen (Davies 1962; Runciman 1966).

Eine weitere wichtige Bedingung für die Entstehung von Protest 1953 wie 1989 war die Möglichkeit zur Abwanderung. Zum einen bedeutete diese Möglichkeit eine latente Drohung für die Machthaber. Zum andern schufen die DDR-Flüchtlinge mit kräftiger Unterstützung der westlichen Medien erst jene Öffentlichkeit, die die Bedingung dafür war, daß sich die unterschiedlichen gesellschaftlichen Gruppen und Kreise zusammenfinden und ihre Fragmentierung überwinden konnten. Die Fluchtwelle legte offen, in welchem Zustand sich die DDR befand, und erschloß damit den DDR-Bürgern den Zugang zu der ihnen selbst weithin unbekannten Gesellschaft.

Die Massenproteste in der DDR waren nicht das Ergebnis organisierter Anstrengungen und mobilisierender Aktivitäten. Offenbar bedarf der Protest keiner Führung, wenn eine klare Ursachenzurechnung für die entstandene Misere vorgenommen werden kann. Gleichwohl haben sich die Massenproteste in der DDR an Netzwerke, etwa betriebliche oder kirchliche Strukturen, angelehnt. Ein Mindestmaß an Strukturierung, etwa die Information über Zeiten und Orte, scheint für die Genese von Protest erforderlich zu sein, nicht aber ihre Organisation. Der Ressourcen-Mobilisierungs-Ansatz (McCarthy/Zald 1977), der die Notwendigkeit politischer Unternehmer zur Mobilisierung von Protestbewegungen behauptet, findet durch die Ereignisse in der DDR keine Bestätigung. Er ist das typische Produkt von sozialwissenschaftlichen Untersuchungen, die in westlichen Gesellschaften angestellt wurden, in denen die Anreize zum Protest offenbar relativ gering ausgeprägt sind und daher der Organisationsaufwand für die Inszenierung von Protest entsprechend hoch ist.

Bestätigt wird durch die Ereignisse in der DDR aber der Opportunity-Structure-Ansatz, der Mobilisierungswellen als kollektive Reaktion auf sich erweiternde Strukturen politischer Möglichkeiten versteht (Kitschelt 1986). Tatsächlich bildeten sich die Massenproteste in der DDR in Phasen einsetzender Liberalisierung heraus, in denen an den Machtgrundlagen der Repression zwar festgehalten wurde, der Machtapparat aber nicht zum Einsatz kam. Dadurch weiteten sich die Handlungsmöglichkeiten aus, und es entstand die Erwartung auf weitergehende Liberalisierung. Diese Hoffnung sollte die Protestaktionen ungemein beflügeln.

Die Frage, warum die SED und die KPdSU den ihr zur Verfügung stehenden Machtapparat nicht einsetzten, kann in dem hier gegebenen Rahmen nicht beantwortet werden. Nur soviel sei gesagt. Indem die SED-Führung auf den Einsatz von Gewaltmitteln verzichtete, wollte sie die DDR natürlich keineswegs aufgeben, sondern die Möglichkeit für eine kontrollierte Öffnung schaffen und das System aus der

Krise führen. Auch Gorbatschow hatte mit Glasnost und Perstroika die Rettung der Sowjetunion im Sinn. Angesichts der wirtschaftlichen Überlegenheit des Westens gegenüber dem Ostblock wollte er durch Glasnost und Perestroika die subjektiven Triebkräfte der Wirtschaft stimulieren. Letztendlich hat also die überlegene Wirtschaftskraft des Westens die Sowjetunion zur Preisgabe ihrer harten Doktrinen gezwungen. Aber auch die westlichen Nationen hatten nicht den Zusammenbruch des Sowjetimperiums im Auge. Bedenkt man darüber hinaus, daß anfänglich in Dresden, Leipzig oder Berlin wohl kaum einer der Demonstranten auf die Straße gegangen ist, um die DDR zum Einsturz zu bringen, dann kommt man zu dem paradoxen Ergebnis, daß die wenigsten von denjenigen, die in den entscheidenden Tagen des September und Oktober auf der politischen Bühne agierten, die Abschaffung der DDR anstrebten. Dennoch war genau dies das Resultat ihrer Aktionen. Sozialwissenschaftler lieben solche paradoxen Zusammenhänge, denn sie erlauben ihnen, darauf hinzuweisen, daß der gesellschaftliche Wandel nicht selten das Ergebnis von Handlungen ist, deren Folgen keiner ernsthaft gewollt hat.

Literatur

Adler, Frank: Das „Bermuda-Dreieck" des Realsozialismus. Machtmonopolisierung - Entsubjektivierung - Nivellierung. Rückblicke auf die Gesellschafts- und Sozialstruktur der DDR und ihre Erosion, in: *BISS public* 2 (1991), 2-46

Bourdieu, Pierre: *Homo Academicus*, Frankfurt/M. 1988

Broder, Henryk M.: Eine schöne Revolution, in: *Die Zeit* vom 10. Januar 1992

Cohen, E. A.: *Human Behavior in the Concentration Camp*, New York 1953

Davies, James C.: Eine Theorie der Revolution (1962), in: Beyme, Klaus von (Hg.): *Empirische Revolutionsforschung*, Opladen 1973, 185-204

Dietrich, Christian/Schwabe, Uwe (Hg.): *Freunde und Feinde. Dokumente zu den Friedensgebeten in Leipzig zwischen 1981 und dem 9. Oktober 1989*, Leipzig 1994

Diedrich, Torsten: *Der 17. Juni 1953 in der DDR*, Berlin 1991

Diedrich, Torsten: Gesprächsbeitrag auf der 42. Sitzung der Enquete-Kommission des Deutschen Bundestages zur Aufarbeitung von Geschichte und Folgen der SED-Diktatur in Deutschland, in: *Materialien der Enquete-Kommission des Deutschen Bundestages zur Aufarbeitung von Geschichte und Folgen der SED-Diktatur in Deutschland*/hg. vom Deutschen Bundestag, Bd. II, 1, Baden-Baden 1995, 772-775

Diewald, Martin: „Kollektiv", „Vitamin B" oder „Nische"? Persönliche Netzwerke in der DDR, in: Huinink, Johannes/Mayer, Karl Ulrich (Hg.): *Kollektiv und Eigensinn. Lebensverläufe in der DDR und danach*, Berlin 1995, 223-260

Döhnert, Albrecht/Rummel, Paulus: Die Leipziger Montagsdemonstrationen, in: Grabner, Wolf-Jürgen/Heinze, Christiane/Pollack, Detlef (Hg.): *Leipzig im Oktober. Kirchen und alternative Gruppen im Umbruch der DDR*, Berlin 1990, 147-158

Elvers, Wolfgang: Politische Einstellungen der Gruppenvertreter vor der Wende, in: Findeis, Hagen/Pollack, Detlef/Schilling, Manuel (Hg.): *Die Entzauberung des Politischen. Was ist aus den politisch alternativen Gruppen der DDR geworden?*, Berlin 1994, 222-240

Findeis, Hagen/Pollack, Detlef/Schilling, Manuel (Hg.): *Die Entzauberung des Politischen. Was ist aus den politisch alternativen Gruppen der DDR geworden?*, Berlin 1994

Fischer, Alexander: Gesprächsbeitrag auf der 42. Sitzung der Enquete-Kommission des Deutschen Bundestages zur Aufarbeitung von Geschichte und Folgen der SED-Diktatur in Deutschland, in: *Materialien der Enquete-Kommission des Deutschen Bundestages zur Aufarbeitung von Geschichte und Folgen der SED-Diktatur in Deutschland*/hg. vom Deutschen Bundestag, Bd. II, 1, Baden-Baden 1995, 767-772

Fricke, Karl Wilhelm: *Der Arbeiteraufstand. Zeitzeugen und Zeitdokumente zum 17. Juni 1953*/hg. vom Deutschlandfunk, Köln 1984

Fricke, Karl Wilhelm: Der 17. Juni 1953 - der erste Arbeiteraufstand gegen die kommunistische Diktatur im sowjetischen Imperium, in: *Der 17. Juni 1953 - der Anfang vom Ende des sowjetischen Imperiums*, Friedrich-Ebert-Stiftung 1993 (Reihe Bautzen Forum, 4), 35-44

Fritze, Lothar: *Panoptikum DDR-Wirtschaft: Machtverhältnisse, Organisationsstrukturen, Funktionsmechanismen*, München 1993

Ganßmann, Heiner: Die nichtbeabsichtigten Folgen einer Wirtschaftsplanung. DDR-Zusammenbruch, Planungsparadox und Demokratie, in: Joas, Hans/Kohli, Martin (Hg.): *Der Zusammenbruch der DDR. Soziologische Analysen*, Frankfurt/M. 1993, 172-193

Haupts, Leo: Gesprächsbeitrag auf der 42. Sitzung der Enquete-Kommission des Deutschen Bundestages zur Aufarbeitung von Geschichte und Folgen der SED-Diktatur in Deutschland, in: *Materialien der Enquete-Kommission des Deutschen Bundestages zur Aufarbeitung von Geschichte und Folgen der SED-Diktatur in Deutschland*/hg. vom Deutschen Bundestag, Bd. II, 1, Baden-Baden 1995, 778-782

Hirschman, Albert O.: *Abwanderung und Widerspruch. Reaktionen auf Leistungsabfall bei Unternehmungen, Organisationen und Staaten*, Tübingen 1974

Hirschman, Albert O.: Abwanderung und Widerspruch und das Schicksal der Deutschen Demokratischen Republik. Ein Essay zur konzeptuellen Geschichte, in: *Leviathan* 20 (1992), 330-358

Hobson, Barbara: No Exit, No Voice. Women's Economic Dependency and the Welfare State, in: *Acta Sociologica* 33 (1990), 235-250

Kädtler, Jürgen/Kottwitz, Gisela: Industrielle Beziehungen in Ostdeutschland. Durch Kooperation zum Gegensatz von Kapital und Arbeit, in: *Industrielle Beziehungen* 1 (1994), 13-38

Kaufmann, Franz-Xaver: *Religion und Modernität. Sozialwissenschaftliche Perspektiven*, Tübingen 1989

Keys, Ancel, u. a.: *The Biology of Human Starvation*, Minneapolis 1950

Kitschelt, Herbert P.: Political Opportunity Structures and Political Protest. Anti-Nuclear Movements in Four Democracies, in: *British Journal of Political Science* 16 (1986), 57-85

Korte, Karl-Rudolf: *Die Chance genutzt? Die Politik zur Einheit Deutschlands*, Frankfurt/New York 1994

Kuhn, Ekkehard: *Der Tag der Entscheidung: Leipzig, 9. Oktober 1989*, Berlin 1992

Lepsius, M. Rainer: Die Institutionenordnung als Rahmenbedingung der Sozialgeschichte der DDR, in: Kaelble, Hartmut/Kocka, Jürgen/Zwahr, Hartmut (Hg.): *Sozialgeschichte der DDR*, Stuttgart 1994, 17-30

Leyh, Manfred: Arnstadt im Herbst 1989, in: Lindner, Bernd (Hg.): *Zum Herbst '89. Demokratische Bewegung in der DDR*, Leipzig 1994, 94-103

Lindner, Bernd: Soziologie der Losungen, in: Schneider, Wolfgang (Hg.): *Leipziger Demontagebuch*, Leipzig 1990, 169-173

Lindner, Bernd (Hg.): *Zum Herbst '89. Demokratische Bewegung in der DDR*, Leipzig 1994a

Lindner, Bernd: Plauen. Widerborstige Stadt mit Bürgersinn und Freiheitssinn, in: ders. (Hg.): *Zum Herbst '89. Demokratische Bewegung in der DDR*, Leipzig 1994b, 123-138

Marx, Karl/Engels, Friedrich: Manifest der kommunistischen Partei (1848), in: Marx, Karl/Engels, Friedrich: *Werke*/hg. vom Institut für Marxismus-Leninismus beim ZK der SED, Bd. 4, Berlin 1983, 459-493

Marx, Karl: Der achtzehnte Brumaire des Louis Bonaparte (1852), in: Marx, Karl/Engels, Friedrich: *Werke*/hg. vom Institut für Marxismus-Leninismus beim ZK der SED, Bd. 8, Berlin 1988, 111-207

McCarthy, John D./Zald, Mayer N.: Resource Mobilization and Social Movements. A Partial Theory, in: *American Journal of Sociology* 82 (1977), 1212-1241

McFalls, Laurence: Alltag und Revolution. Vom Wertewandel zum Systemwandel, in: Lindner, Bernd (Hg.): *Zum Herbst '89. Demokratische Bewegung in der DDR*, Leipzig 1994, 149-155

Meuschel, Sigrid: Revolution in der DDR. Versuch einer sozialwissenschaftlichen Interpretation, in: Zapf, Wolfgang (Hg.): *Die Modernisierung moderner Gesellschaften. Verhandlungen des 25. Soziologentages 1990 in Frankfurt am Main*, Frankfurt/M. 1991, 558-571

Meuschel, Sigrid: *Legitimation und Parteiherrschaft in der DDR. Zum Paradox von Stabilität und Revolution in der DDR 1945-1989*, Frankfurt/M. 1992

Mitter, Armin/Wolle, Stefan: *Untergang auf Raten. Unbekannte Kapitel der DDR-Geschichte*, München 1993

Mitter, Armin: Gesprächsbeitrag auf der 42. Sitzung der Enquete-Kommission des Deutschen Bundestages zur Aufarbeitung von Geschichte und Folgen der SED-Diktatur in Deutschland, in: *Materialien der Enquete-Kommission des Deutschen Bundestages zur Aufarbeitung von Geschichte und Folgen der SED-Diktatur in Deutschland*/hg. vom Deutschen Bundestag, Bd. II, 1, Baden-Baden 1995, 759-767

Moller Okin, Susan: *Justice, Gender and the Family*, New York 1989

Neues Forum Leipzig (Hg.): *Jetzt oder nie - Demokratie! Leipziger Herbst '89*, Leipzig 1990

Ohlemacher, Thomas: *Brücken der Mobilisierung. Soziale Relais und persönliche Netzwerke in Bürgerinitiativen gegen militärischen Tiefflug*, Wiesbaden 1993

Opp, Karl-Dieter: DDR '89. Zu den Ursachen einer spontanen Revolution, in: *KZSS* 44 (1991), 436-460

Ostner, Ilona: Arm ohne Ehemann? Sozialpolitische Regulierung von Lebenschancen für Frauen im internationalen Vergleich, in: *Aus Politik und Zeitgeschichte* B 36-37 (1995), 3-12

Pollack, Detlef: Das Ende einer Organisationsgesellschaft. Systemtheoretische Überlegungen zum gesellschaftlichen Umbruch in der DDR, in: *ZfS* 19 (1990), 292-307

Pollack, Detlef: *Kirche in der Organisationsgesellschaft. Zum Wandel der gesellschaftlichen Lage der evangelischen Kirchen in der DDR*, Stuttgart 1994

Probst, Lothar: *Ostdeutsche Bürgerbewegungen und Perspektiven der Demokratie. Entstehung, Bedeutung, Zukunft*, Köln 1993

Rein, Gerhard (Hg.): *Die Opposition in der DDR. Entwürfe für einen anderen Sozialismus*, Berlin 1989

Rein, Gerhard (Hg.): *Die protestantische Revolution 1987-1990. Ein deutsches Lesebuch*, Berlin 1990

Runciman, Walter G.: *Relative Deprivation and Social Justice. A Study of Attitudes to Social Inequality in Twentieth-Century England*, London 1966

Schenk, Fritz: *Mein doppeltes Vaterland*, Würzburg 1981

Schüddekopf, Charles (Hg.): *„Wir sind das Volk!". Flugschriften, Aufrufe und Texte einer deutschen Revolution*, Reinbek 1990

Schwabe, Uwe: Die Entwicklung in Magdeburg, in: Lindner, Bernd (Hg.): *Zum Herbst '89. Demokratische Bewegung in der DDR*, Leipzig 1994, 111-122

Sievers, Hans-Jürgen: *Stundenbuch einer deutschen Revolution. Die Leipziger Kirchen im Oktober 1989*, Zollikon 1990

Srubar, Ilja: War der reale Sozialismus modern? Versuch einer strukturellen Bestimmung, in: *KZSS* 43 (1991), 415-432

Swoboda, Jörg (Hg.): *Die Revolution der Kerzen. Christen in den Umwälzungen der DDR*, Wuppertal/Kassel 1990

Tocqueville, Alexis de: *Der alte Staat und die Revolution* (1856), München 1989

Unterberg, Peter: *„Wir sind erwachsen, Vater Staat!". Vorgeschichte, Entstehung und Wirkung des Neuen Forum in Leipzig*, Diplomarbeit an der Fakultät für Sozialwissenschaft der Ruhr-Universität Bochum 1991, maschinenschriftlich.

Weber, Hermann: *Geschichte der DDR*, München 1986

Wendt, Hartmut: Die deutsch-deutschen Wanderungen. Bilanz einer 40jährigen Geschichte von Flucht und Ausreise, in: *Deutschland Archiv* 24 (1991), 386-395

Woderich, Rudolf: Mentalitäten zwischen Anpassung und Eigensinn, in: *Deutschland Archiv* 25 (1992), 21-32

Wolfram, Klaus: Zur Geschichte des guten Willens. Skizzen aus der Opposition, in: *Sklaven* (Folge 1-11), Berlin 1994

Zawadszki, B./Lazarsfeld Paul F.: The Psychological Consequences of Unemployment, in: *Journal of Social Psychology* 6 (1935), 224-251

Zwahr, Hartmut: *Ende einer Selbstzerstörung. Leipzig und die Revolution in der DDR*, Göttingen 1993

Entstehungsgründe, Handlungsbedingungen, Situationsdeutungen
Analytische Perspektiven auf die DDR-Opposition der 80er Jahre

Jan Wielgohs/Carsten Johnson

1. Einleitung

Flüchtlingsströme, eine organisierte politische Opposition und Massendemonstrationen bildeten die auffälligsten Formen sozialer Bewegung, die (in dieser Reihenfolge) im Jahre 1989 zur Überraschung sowohl externer Beobachter, ihrer inländischen Adressaten als auch ihrer Teilnehmer selbst in das politische Leben der DDR eintraten und den gleichermaßen unerwarteten Zusammenbruch des SED-Regimes wenn nicht ursächlich herbeigeführt, so doch erheblich forciert haben. Jede einzelne dieser „Bewegungen" ist in den letzten Jahren ausführlich untersucht und interpretiert worden; insbesondere Analysen des Zusammenhangs zwischen Fluchtbewegung und Massenprotest (Hirschman 1992) sowie der Evolution der Massenproteste am Beispiel der Leipziger Montagsdemonstrationen (Opp 1993; Opp/Voß 1993) haben zu beachtenswerten Angeboten für eine Erklärung der Dynamik der Protestmobilisierung und des Regimezusammenbruchs geführt. Dagegen bestehen nach wie vor auffallende sozialwissenschaftliche Forschungslücken in bezug auf die Formierung der organisierten politischen Opposition und die Mobilisierung der Bürgerbewegung im engeren Sinne.[1] In der Literatur zu diesem Themenkreis überwiegen bislang eher zeitgeschichtlich orientierte Arbeiten, in denen die Vorgeschichte, die Herausbildung und die Strategien der Oppositions- bzw. Bürgerbewegung auf der Ebene der Reflexionen und Aktionen ihrer Akteure beschrieben werden.[2] In den bislang vorliegenden sozialwissenschaftlichen Studien, die über deskriptive Darstellungen hinausgehen, werden im wesentlichen strukturelle Ursachen für die Herausbildung des sozialethischen bzw. politisch alternativen Milieus in der

---

1 Zu unserem Verständnis des Begriffs „Bürgerbewegung" vgl. Wielgohs (1993: 426).

2 Vgl. u. a. Findeis (1990), Gutzeit (1993), Müller-Enbergs u. a. (1991), Rüddenklau 1992 sowie die Expertisen von Stephan Bickhardt, Christian Dietrich, Rainer Eckert, Martin Jander/Thomas Voß, Eckhard Jesse und Irena Kukutz für die Enquete-Kommission des Deutschen Bundestages „Aufarbeitung von Geschichte und Folgen der SED-Diktatur in Deutschland" (Deutscher Bundestag 1995).

DDR sowohl auf makro- und mikrosozialer Ebene thematisiert[3], Aktionsformen der diesem Milieu zuzurechnenden Gruppen typisiert, politische Einstellungen, Wertorientierungen und Beteiligungsmotive ihrer Mitglieder untersucht (Pollack 1990a) sowie Veränderungen der (Binnen-)Strukturen in den verschiedenen Entwicklungsphasen der oppositionellen Bewegung analysiert (Wielgohs/Schulz 1993). Darüber hinaus liegt eine Reihe von Arbeiten vor, die sich mit dem Verhältnis zwischen der politischen Opposition und der Bevölkerungsmehrheit auf der Ebene von Wertorientierungen und politischen Präferenzen - vornehmlich zur Erklärung des jähen Niedergangs der Bürgerbewegung - beschäftigen (Wielgohs/Schulz 1990; Dennis 1993; Hilger 1995; Joppke 1995). Noch weitgehend unterbelichtet ist jedoch die Funktion, die die politische Opposition in bezug auf die Massenproteste und damit den Regimezusammenbruch hatte. Von wenigen Ausnahmen abgesehen (u. a. Pollack 1990b) ist diese Problematik bisher vornehmlich mit „Randbemerkungen" in Texten, die anderen Themen gewidmet sind, bedacht worden. Entsprechende Stellungnahmen bewegen sich zwischen der Zuschreibung einer „Katalysatoren"-Funktion für die Herausbildung einer breiten und differenzierten Protestöffentlichkeit (Kühnel/Sallmon-Metzner 1991: 379, 369) bzw. eines entscheidenden Beitrags zur Kontrolle der durch äußeren Druck ausgelösten „Implosion" des SED-Regimes (Thaysen 1990: 187) auf der einen Seite und der - zumindest indirekten - Bescheinigung weitgehender Irrelevanz für den Zusammenbruch (Oberschall 1996: 115) auf der anderen.

Im Zentrum des folgenden Beitrags stehen die Formierung der organisierten politischen Opposition und ihre Entwicklung bis zum Zusammenbruch des SED-Regimes, Prozesse, die in der bisherigen „Bürgerbewegungsliteratur" zwar vielfach beschrieben, aus der Perspektive der politischen Soziologie aber noch kaum systematisch bearbeitet wurden. Rekapitulieren wir kurz die Abfolge der für uns wesentlichen Ereignisse: Im Mai 1989 traten - vermittelt durch westdeutsche elektronische Medien - politische Gruppen ins Bewußtsein der ostdeutschen „Öffentlichkeit", die bis dato im Schatten der Mauern evangelischer Kirchengebäude den Augen der Mehrheit der DDR-Bevölkerung verborgen geblieben waren. Den Anlaß dazu bildete die spektakuläre Aktion, mit der die Gruppen landesweite Manipulationen der Kommunalwahlergebnisse nachgewiesen hatten. Zwischen Ende Juni und Ende August 1989, d. h. *nach* Einsetzen der Fluchtbewegung, aber noch *vor* den ersten Leipziger Montagsdemonstrationen mit „massenhafter" Beteiligung[4], entschlossen

---

3 Vgl. u. a. Knabe (1988), Neubert (1990a u. b), Pollack (1993a), Rink (1991); Thaa u. a. (1992).

4 Die erste Leipziger Montagsdemonstration, an der ca. 1.000 Menschen teilnahmen, fand am 4.9. statt; am 25.9. beteiligten sich etwa 6.500 und am 2.10. ca. 20.000. Alle Demon-

sich Aktivisten dieses politisch alternativen Milieus zu verschiedenen Initiativen, unabhängige, d. h. außerhalb des Schutzraums der evangelischen Kirche agierende oppositionelle Vereinigungen bzw. Bewegungen ins Leben zu rufen.[5] Zwischen Anfang September und Anfang Oktober gaben sie die Bildung entsprechender Initiativgruppen bekannt und verabschiedeten Aufrufe an die Bürger/innen, sich durch Unterschriften, Stellungnahmen zu den Gründungsplattformen, die Bildung von Basisgruppen und andere Aktivitäten an der neuen politischen „Bewegung" zu beteiligen. Am 4. Oktober, nachdem Einsatztruppen der Bereitschaftspolizei und des MfS wiederholt und brutal gegen Demonstranten in Leipzig und Dresden vorgegangen waren, veröffentlichten Vertreter der verschiedenen Gründungsinitiativen ihre „Gemeinsame Erklärung", in der sie für das kommende Jahr freie Wahlen zur Volkskammer unter der Kontrolle der Vereinten Nationen forderten, die Gründung eines eigenen Wahlbündnisses in Aussicht stellten und so das verfassungsrechtlich verankerte und systemkonstitutive Machtmonopol der SED offenkundig in Frage stellten.[6] Innerhalb der folgenden sechs Wochen wurden mehr als 200.000 Bürger/innen zur Beteiligung an der Oppositionsbewegung mobilisiert.[7]

Wie ist diese Mobilisierungsdynamik, wie ist vor allem die Entscheidung der Gründungsinitiatoren, trotz der Erfahrung jahrelanger politischer wie sozialer Marginalität in der DDR-Gesellschaft und im Angesicht eines Regimes, das seine Bereitschaft zu massivsten Repressionsmaßnahmen unmißverständlich signalisiert hatte, den kirchlichen Schutzraum zu verlassen und das Regime offen herauszufordern, sozialwissenschaftlich zu erklären?

Im nächsten Abschnitt wenden wir uns kurz den wichtigsten in der westlichen Bewegungsforschung der letzten drei Jahrzehnte entwickelten Forschungsansätzen zu, die uns für eine systematische Berarbeitung der oben genannten Fragen relevant erscheinen. In den folgenden Abschnitten werden wir skizzenhaft die verschiedenen

---

strationen vor dem 9.10. wurden von den Sicherheitskräften mit z. T. brutalen Mitteln aufgelöst (vgl. Opp 1993: 195).

5 Der erste quasi-öffentliche Aufruf zur Bildung einer oppositionellen Sammlungsbewegung erfolgte am 13.8. durch spätere Mitbegründer der Bürgerbewegung Demokratie Jetzt vor etwa drei- bis vierhundert Veranstaltungsteilnehmern in der Berliner Bekenntnis-Gemeinde (Fischbeck 1990: 2). Am 26.8. gab Markus Meckel bei einem Menschenrechtsseminar in der Berliner Golgatha-Gemeinde die Bildung einer Initiativgruppe zur Gründung einer Sozialdemokratischen Partei in der DDR (SDP) bekannt, deren Aufruf am 3.9. zur Veröffentlichung freigegeben wurde (Rein 1989: 87).

6 Zum Wortlaut der verschiedenen Gründungsaufrufe sowie der „Gemeinsamen Erklärung" vgl. Rein (1989).

7 Bis zum 31. Oktober hatten mehr als 100.000, bis zum 20. November 1989 ca. 200.000 Personen allein den Aufruf des Neuen Forum unterzeichnet (vgl. Bahrmann/Links 1994: 67, 122).

Phasen der Entstehung und Entwicklung der politischen Opposition des Jahres 1989 jeweils unter Bezugnahme auf einzelne „Elemente" dieser Forschungsansätze behandeln. Dabei geht es uns nicht darum, eine konsistente „Theorie der DDR-Opposition" zu entwerfen; unser Anliegen ist es, anhand des empirischen Materials die Eignung verschiedener, bislang zum Teil vernachlässigter oder unterbewerteter Forschungsansätze für die Erklärung der oben angesprochenen Probleme zu prüfen und damit Anregungen für die weitere Diskussion zu bieten. Da die betreffenden empirischen Abläufe in der Literatur bereits mehrfach beschrieben wurden, werden wir auf eine ausführliche Präsentation des Materials verzichten und uns auf die Darstellung der wichtigsten Prozesse bzw. Resultate der einzelnen Entwicklungsphasen beschränken.

2. Exklusiv oder universell? Analyseansätze der westlichen Bewegungsforschung

Die sozialwissenschaftliche Forschung zu den westeuropäischen und nordamerikanischen sozialen Bewegungen der 60er und 70er Jahre wurde bis in die 80er Jahre im wesentlichen durch zwei Paradigmen dominiert: Erstens, durch das vornehmlich in Westeuropa entwickelte makrosoziologische Konzept der *Neuen Sozialen Bewegungen* (NSB), das vor allem auf gesellschaftsstrukturelle Ursachen sozialer Bewegungen sowie ihre Ideologien, Wertorientierungen, Handlungsformen und *constituencies* fokussiert ist. Zweitens, durch in der US-amerikanischen Literatur vorherrschende Konzepte der Ressourcenmobilisierung, die sich auf mikrosoziale Faktoren der Entstehung und Organisation von kollektivem Protesthandeln - individuelle Teilnahmemotive, Handlungszusammenhänge auf der Gruppenebene - sowie vor allem auf die Funktion von (Bewegungs-)Organisationen als maßgeblicher Ressource für die Mobilisierung von Teilnehmern und die Erhöhung von Erfolgschancen sozialer Bewegungen konzentrieren. Systematische Lücken, die von beiden Ansätzen offengelassen wurden, betrafen zum einen die Frage, wie aus einem makrostrukturell bedingten Mobilisierungspotential kollektives Handeln entsteht (Klandermans/Tarrow 1988: 10-14), zum anderen den Einfluß politisch-institutioneller Kontextbedingungen auf die Erfolgschancen für soziale Bewegungen.

Seit 1989 ist sowohl die Eignung des NSB- als auch des Ressourcenmobilisierungskonzeptes für die Erklärung der Entstehung und der Dynamik osteuropäischer Oppositions- und Protestbewegungen wiederholt und grundsätzlich in Zweifel gezogen worden (vgl. u. a. Tarrow 1991b). Gleichwohl wäre es u. E. nicht gerechtfertigt, im Hinblick auf das osteuropäische Bewegungsgeschehen beide Konzepte gänzlich zu verwerfen. Statt dessen scheint es uns lohnenswert, sie zunächst daraufhin zu prüfen, inwieweit sie neben konkreten Interpretationen und analytischen Perspektiven, deren Geltungsbereich sich tatsächlich auf westliche Gesellschaften beschränkt, auch universelle Ansätze bieten, die sich im Hinblick auf die spezifischen Bedingungen staatssozialistischer Gesellschaften sinnvoll konkretisieren lassen und somit für eine differenzierende Analyse der heterogenen Konfliktlagen und Protestpotentiale in diesen Ländern genutzt werden können. So läßt sich beispielsweise aus makrosoziologischer Perspektive fragen, inwieweit unterschiedliche Strömungen innerhalb der osteuropäischen Protestbewegungen aufgrund ihrer Themen, Problemdeutungen und sozialen Basis eher auf traditionelle oder auf sog. *neue* gesellschaftliche Konfliktlinien zurückzuführen sind. Dabei stellt sich heraus, daß die Interpretation der *neuen sozialen Bewegungen* als Resultat eines postmaterialistischen Wertewandels (Inglehart 1971; 1977) bzw. als Reaktion auf destruktive Folgen industriegesellschaftlicher Modernisierung in der Tat wenig zum Verständnis der Protestbewegungen in Osteuropa sowie der ostdeutschen *Massen*proteste in der Endphase des Staatssozialismus beizutragen hat. Für die Entstehung des politisch alternativen Milieus in der DDR in den späten 70er Jahren, aus dem die Bürgerbewegung des Herbstes '89 hervorgegangen ist, bietet sie gleichwohl einen plausiblen Erklärungsansatz.

Sidney Tarrow (1991b: 14) ist zweifellos zuzustimmen, daß Analysen, die der amerikanischen Tradition folgend vornehmlich auf Ressourcen von Bewegungsorganisationen gerichtet sind, weitgehend an den Bedingungen vorbei zielen, denen der Erfolg der osteuropäischen Protestbewegungen von 1989/90 hauptsächlich zuzuschreiben ist. Gerade auf die der im Vergleich zur polnischen Solidarnosc deutlich unterorganisierten DDR-Opposition dürfte diese Feststellung in besonderem Maße zutreffen. Aber auch unter staatssozialistischen Bedingungen war ein „Mindestmaß an Infrastruktur und kommunikativer Vernetzung (...) notwendig", also eine unverzichtbare Ressource für Protestinitiatoren, „um kollektive Unzufriedenheit und den Wunsch nach Veränderung in zielgerichtetes kollektives Handeln umsetzen zu können" (Brand 1990: 14). D. h., der auf organisatorische Ressourcen gerichtete Ansatz wäre nicht grundsätzlich zu verwerfen, sondern den spezifischen Bedingungen in osteuropäischen Ländern entsprechend auf die Bedeutung informeller Netzwerke zu fokussieren.

Des weiteren scheinen uns die gleichfalls im Paradigma der Ressourcenmobilisierung entwickelten Vorschläge zur Lösung der von Mancur Olson (1968) formulierten „Kollektivgutproblematik" geeignete Erklärungsansätze für die auf individueller und Gruppenebene vollzogenen Wahlhandlungen zu bieten, die den Gründungsinitiativen des Sommers 1989 zugrunde lagen. Da aus dem Genuß an einem Kollektivgut kein Mitglied des betreffenden Kollektivs ausgeschlossen werden kann, so Olsons Kernthese, erscheint der Verzicht auf die Beteiligung an kollektiven Aktionen zur Erlangung des betreffenden Ziels als die individuell vorteilhaftere (kostenärmere) Alternative. Rational, d. h. im Sinne individueller Nutzenerwartung handelnde Individuen würden sich solange nicht an kollektiven Unternehmungen beteiligen, wie sie nicht durch hinreichende selektive Anreize dazu motiviert werden. Im Sommer bzw. Herbst 1989, als sich die Aktivisten des politisch alternativen Milieus im Interesse der Durchsetzung ihrer gemeinsamen politischen Reformziele zur Gründung oppositioneller Vereinigungen entschlossen, waren derartige selektive Anreize kaum vorhanden. Ihr Engagement erfordert daher andere Erklärungen. Auf der Grundlage von Studien, die der Tradition des Ressourcenmobilisierungsansatzes zuzuordnen sind, wurden im wesentlichen folgende empirische Argumente vorgebracht, die die universelle Geltung der utilitaristischen Grundannahme Olsons in Frage stellen und begründen, warum sich Individuen mitunter selbst dann an kollektiven Unternehmungen beteiligen, wenn keine oder nur schwache selektive Anreize vorhanden sind: (1) für manche Menschen hat das kollektive Ziel einen derart hohen Wert, daß selbst geringe Erfolgschancen ausreichen, sie zur Beteiligung zu motivieren; (2) Individuen beteiligen sich an kollektiven Unternehmungen, weil sie begreifen, daß das damit verfolgte Kollektivgut nie erreicht wird, wenn sich alle wie Olsons rationales Individuum verhalten; (3) Loyalität gegenüber der (handelnden) Gemeinschaft und das Gefühl moralischer Verpflichtung zur Teilnahme sind mitunter entscheidungsrelevanter als auf das betreffende Kollektivgut gerichtete individuelle Nutzenerwartungen (vgl. Klandermans/Tarrow 1988: 4-5).

Als die angemessenste Perspektive auf die Mobilisierung politischen und sozialen Protestpotentials in der Spätphase des Staatssozialismus gilt der aus dem Ressourcenmobilisierungs-Paradigma heraus entwickelte *political process approach*, der - erstmals von Charles Tilly (1978) explizit konzeptualisiert - der westlichen Bewegungsforschung neue Impulse verlieh, indem er die Aufmerksamkeit auf Interaktionen und Wirkungszusammenhänge zwischen Protestakteuren, dem politischen System und ggf. konkurrierenden Bewegungen lenkte. Die zentrale Idee dieses Ansatzes, so Tarrow, ist das Konzept der *political opportunity structure*, worunter „konsistente - jedoch nicht notwendig formale oder dauerhafte - Parameter für soziale oder politische Akteure" zu verstehen sind, „die ihre Aktionen entweder ermutigen oder entmutigen" (Tarrow 1991a: 651).[8] Zu den (für westliche Wettbewerbsdemokratien) aufgeführten Parametern gehören (a) der Grad der Offenheit

8 Der Begriff der *political opportunity structure* wurde erstmals von Peter K. Eisinger (1973) in einer vergleichenden Studie über die Offenheit resp. Geschlossenheit kommunalpolitischer Systeme amerikanischer Städte für den Einfluß von Protestgruppen operationalisiert. In einer vergleichenden Untersuchung des Zusammenhangs zwischen der Konstitution der politischen Systeme verschiedener westlicher Staaten und der politischen Resultate der jeweiligen Anti-Atomkraftbewegungen hat Herbert Kitschelt (1986) die Bedeutung politischer Gelegenheitsstrukturen für die Erfolgschancen kollektiver Protestakteure erstmals mit Bezug auf die neuen sozialen Bewegungen nachgewiesen.

resp. Geschlossenheit des politisch-administrativen Systems für die Partizipationsansprüche von Protestakteuren, (b) die Stabilität resp. Instabilität politischer Bindungen (*alignments*), insbesondere des Wählerverhaltens, (c) das Vorhandensein bzw. Nichtvorhandensein potentieller einflußreicher Verbündeter, (d) der Grad der Geschlossenheit bzw. Fragmentierung der herrschenden Eliten (Tarrow 1991a: 652). In der Perspektive dieses Ansatzes erscheinen neu aufkommende soziale Bewegungen bzw. „Ausbrüche massenhaften kollektiven Handelns" als „kollektive Antwort von Bürgern, Gruppen und Eliten auf eine sich erweiternde Struktur politischer Gelegenheiten" (Tarrow 1991b: 13). Für die Erklärung osteuropäischer Protestbewegungen bedarf allerdings auch dieses Konzept einer Spezifizierung der für staatssozialistische Gesellschaften relevanten Dimensionen, worauf Karl-Werner Brand (1990: 13) bereits frühzeitig hingewiesen hat. So ist die Unterscheidung von offenen und geschlossenen politisch-administrativen Systemen offenkundig kein relevantes Kriterium für die Analyse von Opportunitätsstrukturen im Staatssozialismus. Dagegen bildete der Grad der nicht zuletzt durch wirtschaftliche Krisensymptome ausgelösten Erosion des Legitimitätsglaubens der Dienstklassen sowie der Loyalitätsbereitschaft der Bevölkerung eine der wichtigsten innenpolitischen Variablen, die die Handlungs- und Repressionsfähigkeit der Regime in den 80er Jahren spürbar eingeschränkt (vgl. Brie 1996: 44, 49) und damit die Gelegenheitsstruktur für oppositionelle Akteure erweitert haben. Darüber hinaus waren Erfolgsbedingungen und strategische Entscheidungen oppositioneller Akteure in osteuropäischen Staaten offensichtlich erheblich stärker von außenpolitischen Faktoren (der Einbindung in internationale Verträge, der Interventionsbereitschaft der sowjetischen Führung, dem Grad der politisch-ideologischen Geschlossenheit der Staatsparteien der übrigen Warschauer Paktstaaten, - im Falle der DDR - der Außen- bzw. Deutschlandpolitik der Bundesregierung) beeinflußt (vgl. Oberschall 1996: 96), als dies für Protestbewegungen in westlichen Gesellschaften der Fall ist.

Ein angemessener Zugang zu den osteuropäischen Protestbewegungen und entsprechend zur DDR-Opposition scheint uns - um diesen knappen Abriß hier abzuschließen - weniger in der Favorisierung eines bestimmten Forschungsansatzes und dem Ausschluß der übrigen zu liegen, sondern eher darin, die unterschiedlichen Konzepte, die innerhalb der einzelnen Paradigmen der westlichen Bewegungsforschung entwickelt wurden, auf ihre Adaptionsfähigkeit hin zu überprüfen und ihre komplementären analytischen Perspektiven für die Erklärung sozialer Bewegungen in der Endphase des Staatssozialismus fruchtbar zu machen.

3. Das politisch alternative Milieu in der DDR - Entstehungsgründe und Konstitutionsbedingungen

Die Frage, inwieweit die Entstehung des politisch alternativen Milieus der DDR in den späten 70er und frühen 80er Jahren im Interpretationsrahmen des NSB-Forschungsansatzes erklärt werden kann, ist in der Literatur umstritten, wobei entsprechende Zweifel mit Hinweisen auf Modernisierungsrückstände (Probst 1993: 33) bzw. auf die Spezifik des staatssozialistischen Herrschaftssystems (Pollack 1993: 527) begründet werden. Gleichwohl herrscht unter den an der Diskussion beteiligten Autoren[9] weitgehendes Einvernehmen dahingehend, daß die Ursachen für die Herausbildung und die DDR-spezifische Entwicklung dieses Milieus in einer gesellschaftlichen Konfliktstruktur zu verorten sind, die einerseits durch das systemübergreifende Konfliktpotential fortschreitender industriegesellschaftlicher Modernisierung und das Risikopotential der sicherheits- bzw. militärpolitischen Systemkonkurrenz, anderseits durch die spezifischen Funktionsimperative des staatssozialistischen Herrschaftssystems bedingt waren. Nach diesem Erklärungsansatz lassen sich im wesentlichen folgende - im Hinblick auf die Entwicklung des politisch alternativen Milieus in der DDR relevante - Konfliktlinien ausmachen, in denen sich zum einen der in minoritären, aber wachsenden Bevölkerungsgruppen einsetzende Wertewandel (Friedrich 1990; Pollack 1993c), zum anderen zunehmende Funktionsprobleme staatssozialistischer Steuerung von Modernisierungsprozessen (vgl. Brie 1996: 74ff.) sowie die sukzessive Erosion der sozialen und ideologischen Legitimationsgrundlagen parteibürokratischer Herrschaft (vgl. Meuschel 1991; 1992) manifestierten:

- traditionelles Fortschrittskonzept[10] *versus* Orientierungen auf die Minimierung davon ausgehender globaler Gefährdungspotentiale;
- konfrontative Militärdoktrin (Wettrüsten) *versus* pazifistische Werthaltungen und Vorstellungen kooperativer Sicherheitspolitik;
- monopolisierte Entscheidungs-, Deutungs- und Definitionsmacht der SED-Führung *versus* wachsende Partizipationsansprüche verschiedener Bevölkerungsgruppen hinsichtlich der Neubestimmung gesellschaftlicher Ziele;
- normierte Lebenslaufmuster[11] *versus* zunehmende Ansprüche auf individuelle Selbstbestimmung.

---

9 Vgl. u. a. Brand (1990: 11); Kühnel/Sallmon-Metzner (1991: 371); Pollack (1993a: 527); Probst (1993: 33ff.); Rink (1991: 67ff.); Wielgohs/Schulz (1993: 222f.) und (1995: 1963ff.).

10 Zur Bedeutung des traditionellen Wachstums- und technizistisch orientierten Fortschrittskonsenses und einer darauf beruhenden einheitlichen Zielkultur unterhalb der ideologischen Doktrin für die Legitimation der Parteiherrschaft vgl. Thaa et al. (1992: 12).

Im Ergebnis verschiedener Untersuchungen wird die spezifische Identität des politisch alternativen Milieus der DDR anhand ähnlicher sozialer Charaktermerkmale beschrieben, wie sie auch für die *neuen sozialen Bewegungen* in westlichen Gesellschaften als typisch gelten. Kennzeichnend waren:

- ein alternatives Wertgefüge, das sich an den kollektiven Gütern Frieden, Umwelterhaltung, Gerechtigkeit sowie individuellen Freiheits- und Menschenrechten festmacht (Neubert 1985; Knabe 1988; Pollack 1990a, 1993a),
- das Bestreben nach einem eigenständigen, ganzheitlich orientierten und stark moralisch geprägten Lebensstil,
- eine Mischung von unkonventionellen kulturellen und politischen Protestformen (Thaa et al. 1992: 228).

Auf einen kausalen Zusammenhang zu den westlichen *neuen sozialen Bewegungen* verweisen zudem Ähnlichkeiten im Katalog der thematisierten Probleme, in den Handlungsformen sowie in der Organisationskultur. Am weitesten verbreitet waren thematische Gruppen, die sich vornehmlich als Aufklärer und Mahner verstanden und danach strebten, gesellschaftliche Veränderungen über einen öffentlichen Bewußtseinswandel in Gang zu setzen. Zahlenmäßig dominierten zunächst Friedensgruppen, später Umweltgruppen. Des weiteren gab es Frauen- und Dritte-Welt-Gruppen. Mitte der 80er Jahre entstanden dann die ersten Gruppen, die sich vornehmlich der Menschenrechtslage in der DDR widmeten (vgl. Poppe 1990). Im Unterschied zu diesen thematisch orientierten Gruppen konzentrierten sich aktionistische Gruppen auf provokative symbolische Aktionen, mit denen sie die Öffentlichkeit auf Mißstände und die Notwendigkeit gesellschaftlicher Veränderungen aufmerksam zu machen suchten. Weiterhin gab es selbstbezogene Gruppen, denen es weniger um die Herstellung von Öffentlichkeit als um Selbstverständigung, Bildung, gemeinschaftliche Lebensformen außerhalb der offiziellen Institutionen etc. ging.[12] Die Beziehungen zwischen den einzelnen Gruppen, die zumeist im Rahmen der bei den evangelischen Gemeinden angesiedelten offenen Friedenskreise agierten, waren durch starke Autonomiebestrebungen geprägt, denen eine weitgehende Ablehnung zentralisierter Strukturen und formalisierter Regeln entsprach. Kennzeichnend für diese fluide Gruppenszene war eine „amorphe, dezentrale und polyphone Struktur" (Pollack 1993a: 476); Kontakte zwischen den Gruppen waren bis in die erste Hälfte der 80er Jahre überwiegend sporadischen und unverbindlichen Charakters und eher der Zufälligkeit persönlicher Beziehungen als organisiertem Gruppenhandeln geschuldet.

---

11 Neubert (1990c: 38ff.) behandelt diese Problematik unter dem Stichwort „Biographie aus dem Baukasten".

12 Die Typologie der Gruppen stammt von Pollack (1990a: 130ff.).

Die sozialwissenschaftliche Charakterisierung des politisch alternativen Milieus der frühen 80er Jahre als eine eher zivilisationskritische, gegenkulturelle denn politische Oppositionsbewegung (Knabe 1988, 1990a; Wielgohs/Schulz 1995) und die Interpretation seiner Entstehung unter Bezugnahme auf dieselben Konfliktlinien, die auch für die *neuen sozialen Bewegungen* des Westens konstitutiv waren, wird letztlich auch durch das zu dieser Zeit vorherrschende kollektive Selbstverständnis der Beteiligten bekräftigt. Ulrike Poppe, die seit den 70er Jahren an einer Vielzahl von Initiativen beteiligt war, hat es im Nachhinein wie folgt zusammengefaßt: „Die oppositionellen Gruppen der 80er Jahre (...) waren im Kontext weltweit erstarkender Friedens- und Ökologiebewegung entstanden und verstanden sich als deren Bestandteil. Die globalen Bedrohungen (...) waren systemübergreifende Herausforderungen"; für die sich innerhalb „der offiziellen Denkmuster, die vom (...) Widerspruch zwischen Kapitalismus und Sozialismus ausgingen, (...) kein Lösungsansatz" bot. „Die Zeit der großen Entwürfe (...) war offensichtlich vorbei. (...) Nur die Wertkategorien aus den großen Gesellschaftsutopien, wie Frieden, Freiheit, Gerechtigkeit und Leben in Einklang mit der Natur, (...) blieben Orientierung. Im Vordergrund standen öffentliches Reagieren, öffentliche Meinungsäußerung, symbolische Handlungen, Aufklärung und Protestaktionen". Dabei war „bezeichnend", daß die Beteiligten Anfang der 80er Jahre mehrheitlich „nicht in dem Bewußtsein handelten, die Macht anzufechten" (Poppe 1995: 246f.). Dies deckt sich weitgehend mit den allgemeinen Deutungsmustern, die Karl-Werner Brand als charakteristisch für die *neuen sozialen Bewegungen* der Bundesrepublik hervorhebt: „Die Ursache der in den Vordergrund getretenen Probleme wurde (...) nicht mehr primär in der Klassengesellschaft, in der Eigendynamik der kapitalistischen Wirtschaftsordnung, sondern in den kontraproduktiven Folgen des industriellen Wachstums, oder, noch genereller, in den Prinzipien eines auch in den 'realsozialistischen' Ländern vorherrschenden 'produktivistischen' Entwicklungsmodells gesehen" (Brand 1987: 32f.).

Die empirischen Befunde über den sozialen Charakter der Gruppen, ihre Themen und Problemdeutungen, ihre Organisationskultur, ihr Selbstverständnis usw. verweisen auf deutliche Analogien zu entsprechenden Merkmalen westlicher *neuer sozialer Bewegungen*. Daher scheint es uns naheliegend, hinsichtlich der makrostrukturellen Entstehungsgründe des politisch alternativen Milieus der DDR auf den zentralen Erklärungsansatz der NSB-Forschung zurückzugreifen, der *neue sozialen Bewegungen* als ein „Typus von Bewegungen" definiert, deren Entstehung sowohl auf die Wahrnehmung systemübergreifender Folgeprobleme industriegesellschaftlicher Modernisierung als auch auf die „Entfremdung zwischen dem politischen Institutionengefüge und (Teilen) der Gesellschaft" zurückzuführen ist (Knabe 1988: 559). In dieser Perspektive läßt sich die Herausbildung der sozialethischen bzw. politisch alternativen Gruppen in der DDR, die derartige „Probleme vorrangig DDR-bezogen reflektiert" haben (Pollack 1993a: 527), als ein Resultat der spezifischen Funktionsdefizite staatssozialistischer Steuerung von Modernisierungsprozessen interpretieren. Eine solche Interpretation unterstellt allerdings ein theoretisches Verständnis staatssozialistischer Gesellschaften, das zwischen den Effekten des „gegenmodernen" Systems politischer Steuerung und Koordinierung auf der einen Seite und den tatsächlichen Modernisierungstendenzen in den verschiedenen gesellschaftlichen Teilbereichen sowie ihren sozialen Folgen auf der anderen zu differenzieren vermag.[13] Versteht man als makrostrukturellen Entstehungsgrund der *neuen sozialen Bewegungen* nicht „die Modernisierung" an sich, sondern die zunehmende Diskrepanz zwischen dem (systemübergreifenden) Problem- und Konfliktpotential fortschreitender industriegesellschaftlicher Modernisierung auf der einen und der betreffenden Problemlösungskapazität der jeweiligen (systemspezifischen) politischen Steuerungssysteme auf der anderen Seite, dann lassen sich bestimmte (nicht alle) Besonderheiten des politisch alternativen Milieus der DDR, die der Spezifik des staatssozialistischen Herrschaftssystems zuzuschreiben sind, auch konsistent innerhalb des hier diskutierten Interpretationsrahmens erklären. Das betrifft insbesondere den „objektiven" systemoppositionellen Status der alternativen Gruppen, der von den Akteuren zwar zunächst kaum intendiert, zum Teil sogar abgelehnt wurde, ihnen aber aufgrund der dem System eigenen „Konfliktvermeidungsfalle" gleichsam systemisch zugewiesen war: Infolge der Monopolisierung politischer Gestaltungskompetenz in der Staatspartei stellte sich, so Michael Brie, „jeder Partialkonflikt als Systemkonflikt dar, jede Opposition als Systemopposition (...). Dies verdrängte alle Konflikte in die Nichtöffentlichkeit, in die 'zweite Gesellschaft', und lud gleichzeitig jeden dieser latent gehaltenen einzelnen Konflikte *im System* mit der Bedeutung auf, antagonistische Widersprüche *zum* System auszudrücken" (Brie 1996: 46). Wenn aber system-indifferent motivierter Kritik von vornherein ein systemoppositioneller Status zugeschrieben wurde, dann war es „nur" eine Frage kollektiven Lernens sowie veränderter Gelegenheiten, bis diese Kritik absichtsvoll gegen das Herrschaftssystem gekehrt wurde. In diesem Sinne erscheint - hinsichtlich der politisch alternativen Gruppen in der DDR - politische Opposition zum staatssozialistischen Herrschaftssystem letztlich auch als eine Konsequenz der (im NSB-Forschungsansatz erklärten) zivilisationskritischen Werthaltungen bzw. als Resultat der sog. *neuen* Konfliktlinien.[14] Für die Interpretation

---

13 Zum Zusammenhang von Modernisierungsprozessen und „gegenmoderner" politischer Steuerung im Staatssozialismus vgl. Land (1996).

14 Davon zu unterscheiden wären Motive politischer Dissidenz bzw. Opposition, die nicht primär aus den o. g. „neuen" Problemlagen resultierten, sondern vornehmlich andere Konflikte zum Ausdruck brachten - das Bestreben nach nationaler Emanzipation, traditionelle anti-sozialistische, liberale oder konservative politische Überzeugungen. Derartige Motive haben in oppositionellen Kreisen anderer osteuropäischer Länder zweifellos eine

der Entwicklung der DDR-Opposition im Jahr 1989 ist dieser Zusammenhang u. E. von doppelter Relevanz, insofern die spezifische Zielorientierung der Mehrheit der beteiligten Gruppen im Werthorizont der *neuen sozialen Bewegungen* nicht nur, wie in der Literatur wiederholt dargelegt, zu ihrer schnellen (Re-)Marginalisierung nach dem Regimezusammenbruch beigetragen hat, sondern, wie wir im nächsten Abschnitt darlegen werden, auch als eine wesentliche Erklärungsvariable für den Zeitpunkt und den Modus der Konstituierung der Opposition außerhalb des kirchlichen Raums betrachtet werden kann.

Bietet der NSB-Forschungsansatz - in der hier applizierten Weise - ein geeignetes Instrumentarium, um die makrostrukturellen Ursachen für die Herausbildung des politisch alternativen Potentials in der DDR aufzuklären, so bleiben in dieser Perspektive zugleich maßgebliche Faktoren unberücksichtigt, die es Ende der 70er Jahre erst ermöglicht haben, daß sich dieses Potential zu einem sozialen Milieu ausbilden konnte. Schon für dieses frühe Stadium des sozialen Prozesses, der 1989 in der Gründung der politischen Opposition und dem Aufschwung der Bürgerbewegung kulminierte, erweist es sich daher u. E. als notwendig, neben makrostrukturellen Entstehungsgründen Veränderungen von politisch-institutionellen Arrangements in die Erklärung einzubeziehen, d. h Faktoren der Mesoebene, wie die neuere westliche Bewegungsforschung sie im Konzept der *political opportunity structure* thematisiert.

Bestrebungen insbesondere von Jugendlichen, sich den staatlich vorgegebenen Normen der „sozialistischen Lebensweise" zu entziehen und dem Bedürfnis nach Selbstbestimmung und Individualität Ausdruck zu verleihen, hat es bereits seit den 60er Jahren gegeben, verschiedene Formen von politischer Dissidenz und widerständigem Verhalten schon früher.[15] Jedoch blieb ihre Artikulation bis in die 70er Jahre weitgehend auf diffuse Subkulturen bzw. voneinander isolierter privater Zirkel und Kleingruppen beschränkt.[16] Erst infolge der Neuordnung der Beziehungen

---

erhebliche Rolle gespielt; für das politisch alternative Milieu der DDR waren sie, den vorliegenden empirischen Daten nach zu urteilen, jedoch ohne konstitutive Bedeutung.

15 Vgl. u. a. Poppe et al. (1995) und die betreffenden Materialien der o. g. Enquete-Kommission des Bundestages (Deutscher Bundestag 1995).

16 In den 70er Jahren existierten mehrere oppositionelle bzw. alternative Zusammenhänge, zu denen das alternative Milieu der 80er Jahre eine deutliche personelle Kontinuität aufwies: (1) eine äußerst marginale und vorwiegend konspirativ agierende Neue Linke (Poppe 1990: 63), (2) die sog. „Kulturopposition" (Jordan 1991), der es vorübergehend sogar gelungen war, Eingang in den offiziellen Kulturbetrieb zu finden, (3) Gruppen, in der alternative Lebensformen ausprobiert wurden (Jordan 1991), (4) antiautoritäre Jugendproteste, die durch die „offene Arbeit" in der evangelischen Kirche teilweise politisiert wurden (Lenski et al. 1993: 27), (5) Bausoldaten und Wehrdienstverweigerer sowie Dritte-Welt-

zwischen dem Staat und den evangelischen Kirchen und deren „Aufnahme in die Organisationsgesellschaft DDR" (Pollack 1993b: 250) öffnete sich Ende der 70er Jahre unter dem Dach der Kirchen ein zwar begrenzter, aber geschützter öffentlicher Raum, in dem Angehörige verschiedener Generationen und weltanschaulicher Strömungen mit kultur- und regimekritischen Orientierungen zusammentreffen konnten.[17] Diese Veränderung in den institutionellen Rahmenbedingungen war eine entscheidende Voraussetzung dafür, daß sich Teile des am Rande der DDR-Gesellschaft angehäuften kritischen Potentials zu dem sozialen Zusammenhang formieren konnten, den wir als das *politisch alternative Milieu* bezeichnen: zu einem lose strukturierten aber gleichwohl beständigen Kommunikationszusammenhang, in dem sich die Beteiligten der Gemeinsamkeit ihrer gesellschaftlichen Randständigkeit bewußt wurden und über die Produktion gemeinsamer Problemdeutungen eine kollektive Identität als Angehörige eines besonderen „einheitlichen sozialen Zusammenhang(s)" (Pollack 1993a: 472) auszubilden begannen.[18]

4. Die Formierung der Opposition - Politischer Kontext, Handlungsressourcen und Situationsdeutungen

Für die Analyse der Formierung der politischen Opposition aus dem Milieu der alternativen Gruppen heraus bietet der *political process approach* eine Perspektive, in welcher sich dieser Prozeß als ein Resultat von Interaktionen zwischen den beteiligten Gruppen, dem Regime sowie der Kirchenleitung darstellen läßt. Die ihm zugrunde liegenden Wahlhandlungen der oppositionellen Aktivisten erscheinen dabei als eine Konsequenz ihrer (von ihren eigenen politischen Zielen mitgeprägten)

Gruppen unter dem Dach der Kirche, die z. T. aus den 60er Jahren stammten, (6) private Gesprächskreise in „salonartigen" Formen (Reich 1991: 171f.).

17 Von konstitutiver Bedeutung für das politisch alternative Milieu waren u. a. drei Personengruppen: (1) Jugendliche, bei denen eine verstärkte Artikulation von Bedürfnissen nach Selbstbestimmung und Individualität mit einer deutlichen Erosion sozialistischer Überzeugungen und der Loyalitätsbereitschaft gegenüber staatlich verordneten Normen einherging (Friedrich 1990), (2) 10 bis 15 Jahre ältere Erwachsene, die bereits in verschiedenen oppositionellen Zusammenhängen der 70er Jahre engagiert waren, (3) kirchliche Mitarbeiter und Gemeindemitglieder, die sich zuvor schon in kirchlichen Arbeitszusammenhängen mit den „neuen Themen" befaßt hatten und für die sich aus dem Zulauf der beiden o. g. Gruppen neue Möglichkeiten kritischen Engagements ergaben.

18 Wir folgen hier dem Verständnis Peter Steinbachs (1993: 6), nach welchem „Milieus ... gedeutete Lebenszusammenhänge" sind, die „sich nicht allein ... (deuten)", sondern dazu des Zusammenschlusses von Individuen in Gruppen bzw. Organisationen bedürfen.

Deutung der jeweiligen politischen Situation bzw. Gelegenheitsstruktur. Im Hinblick auf ihre im Spätsommer 1989 getroffene „Schlüsselentscheidung", den kirchlichen Schutzraum zu verlassen und die Bildung unabhängiger oppositioneller Vereinigungen zu initiieren, läßt sich zugleich auf die im Abschnitt 2 angesprochenen Argumente zurückgreifen, die im Rahmen des Ressourcenmobilisierungsansatzes gegen Olsons Darstellung der Kollektivgutproblematik entwickelt wurden.

Mit der Einleitung der Reformära in der UdSSR, verstärkt seit Anfang 1987, begannen sich die Rahmenbedingungen für politische Akteure in der DDR signifikant zu verschieben. Kritiker der SED-Politik konnten Forderungen nach einer Demokratisierung der DDR-Gesellschaft nun zunehmend mit dem Verweis auf die Reformanstrengungen der KPdSU-Führung legitimieren, während ihre Stigmatisierung als „konterrevolutionär" und „staatsfeindlich" sukzessive an Glaubwürdigkeit verlor. Die SED-Führung dagegen sah sich angesichts der sowjetischen Bestrebungen, die Blockkonfrontation zu beenden und die internationalen Beziehungen zu entideologisieren, dem drohenden Verfall der außenpolitischen Existenzgrundlagen ihrer Herrschaft und daher dem Dilemma ausgesetzt, ihre herrschaftsbegründende ideologische Abgrenzung gegenüber der Bundesrepublik nun auch durch eine ideologische Abgrenzung von ihrer Schutzmacht ergänzen zu müssen (vgl. Brie 1996: 72f.). Infolgedessen geriet sie nicht nur gegenüber der Bevölkerung in neue Argumentationsnöte, sondern begann, auch gegenüber ihrer eigenen Parteibasis und den „Dienstklassen" verstärkt an Legitimationsfähigkeit einzubüßen.

Vor dem Hintergrund dieser Entwicklung vollzogen sich seit Mitte der 80er Jahre Entwicklungen innerhalb des politisch alternativen Milieus, die wir - in Anlehnung an McCarthy/Zald (1977) sowie Tarrow (1989: 73ff.) - als Herausbildung „interner" Ressourcen interpretieren, auf die die Initiatoren der außerkirchlichen Oppositionsbewegung 1989 bei der Orientierung auf einen erweiterten Adressatenkreis zurückgreifen konnten (Johnson 1992):

(1) Seit etwa 1985 war eine Verdichtung und gewisse „Institutionalisierung" lokaler, regionaler und überregionaler Vernetzungsprozesse zu beobachten. Sie manifestierte sich u. a. in der Intensivierung und Funktionserweiterung schon bestehender überregionaler Foren („Konkret für den Frieden" - vgl. Gutzeit 1993: 86) bzw. der Bildung neuer thematisch orientierter Netzwerke zur Koordination von Aktivitäten der einzelnen Gruppen (z. B. des Grünen Netzwerks „Arche" und der „Kirche von Unten'), in der Herausbildung eines Netzes von Friedens- und Umweltbibliotheken, der Intensivierung von Veranstaltungsreihen sowie der Ausweitung der publizistischen „Gegenöffentlichkeit" (vgl. Hilger 1995: 70; Wielgohs/Schulz 1995: 1973ff.).

(2) Die oben angesprochenen Entwicklungen auf der organisatorischen Ebene standen im Zusammenhang mit einer spürbaren „Politisierung" der im kirchlichen Raum agierenden alternativen Gruppen. Wenngleich in kleinen konspirativen Zir-

keln gelegentlich schon früher über „die Planung und Durchführung einer Revolution in der DDR" (Gutzeit 1993: 88) nachgedacht worden sein mag, so begann sich ein politisch oppositionelles Selbstverständnis in der Mehrzahl der Gruppen erst ab 1987 durchzusetzen (vgl. Knabe 1990b: 73; Poppe 1996: 249), als die SED-Führung die im Vorfeld des Honecker-Besuchs in Bonn begonnene Scheinliberalisierung abrupt beendete und ihre Reformunwilligkeit noch offenkundiger als schon zuvor zu demonstrieren begann. Hatten die Gruppen die Probleme von Friedens- und Umwelterhaltung sowie Gerechtigkeit in den Beziehungen zur „Dritten Welt" früher vornehmlich in ihren ethischen Dimensionen und ihren Bezügen zur eigenen Lebensweise thematisiert, so richtete sich ihr Engagement nun verstärkt auf eine Demokratisierung der DDR-Gesellschaft.[19] Ab 1987 häuften sich öffentliche Aktionen der Gruppen; in Reaktion auf die Verhaftung von Mitgliedern der Berliner Umweltbibliothek im November 1987 konnten sie erstmals zu Solidaritätsaktionen in überregionalem Rahmen mobilisieren, in deren Zuge sie zudem ihr Repertoire an Handlungs- und symbolischen Protestformen erweiterten (vgl. Fehr 1995: 317). Den Höhepunkt (und einen „Qualitätssprung"in) dieser Entwicklung bildete die von Gruppen des alternativen Milieus in einer Vielzahl von Städten organisierte Kontrolle der öffentlichen Auszählung der Stimmen zu den Kommunalwahlen am 7. Mai 1989, die bekanntlich den Nachweis erheblicher Manipulationen des Wahlergebnisses erbrachte. Diese Aktion bildete insofern eine Zäsur, als die Gruppen dabei erstmals die Fähigkeit zu landesweit koordinierten Aktionen unter Beweis und mit den anschließenden Protesten gegen das offizielle Wahlergebnis die Legitimation des SED-Regimes zum ersten Mal öffentlich und direkt in Frage gestellt haben.

Die Bedeutung der hier skizzierten Prozesse für die Konstituierung der politischen Opposition läßt sich wie folgt zusammenfassen:

– In organisatorischer Hinsicht hatten sich landesweite Kommunikationsnetzwerke herausgebildet, die zwar noch weitgehend auf den Zugang zur kirchlichen Infrastruktur angewiesen waren, aber dennoch eigenständige Informations- und Koordinierungsprozesse zwischen den Gruppen ermöglichten, welche sich der Kontrolle der Kirchenleitungen zunehmend entzogen. Von den Initiatoren der von der Kirche unabhängigen Oppositionsbewegung konnten solche Netzwerke später als Rekrutierungsnetzwerke aktiviert werden.

– Die Protestaktionen in Reaktion auf wiederholte Repressalien gegen Aktivisten des politisch alternativen Milieus sowie die Kontrolle der Stimmenauszählung nach den Kommunalwahlen haben die Erfahrung eines Mindestmaßes an gruppenübergreifender Solidarität und Handlungsfähigkeit erbracht, das erforderlich

---

19 Erhebliche Impulse für diese Entwicklung gingen von Menschenrechtsgruppen aus, die ab Anfang 1986 hauptsächlich in Berlin und Leipzig entstanden waren und die sich z. T. dezidiert als politische Opposition begriffen.

war, um sowohl die Initiatoren als auch deren engere Anhängerschaft dazu zu motivieren, die Risiken in Kauf zu nehmen, die bei der Bildung bzw. Unterstützung oppositioneller Vereinigungen einzukalkulieren waren.

- Im Zuge der „Politisierung" des politisch alternativen Milieus nahmen auch die Spannungen zwischen den Gruppen und der Kirchenleitung spürbar zu. Während letztere durch die provokanter werdenden Aktionen der unter ihrem Dach agierenden Gruppen ihre dem Staat 1978 abgehandelte (Teil-)Autonomie gefährdet sah, hatten sich aus der Sicht der Gruppen, wie Hans-Jürgen Fischbeck es später formulierte, mit der Einleitung der Reformpolitik in der Sowjetunion die „Geschäftsgrundlagen" für das 1978 vereinbarte Verhältnis zwischen Kirche und Staat signifikant verändert, worauf die Kirchenleitung jedoch nicht angemessen reagiert hätte (vgl. Deutscher Bundestag 1995: 311). Dieses Spannungsverhältnis nahm in zunehmendem Maße Züge eines innerkirchlichen Konflikts an, insofern eine zwar minoritäre, aber wachsende Zahl kritischer Gemeindepfarrer und -mitglieder die Kritik der Gruppen teilte, wodurch sich deren Spielraum spürbar erweiterte.

- Im Zuge der forcierten organisatorischen Vernetzung und „Politisierung" erweiterten sich für besonders engagierte Aktivisten die Gelegenheiten zur Ausbildung organisatorischer und politischer Kompetenzen sowie zur persönlichen Profilierung. Es bildete sich ein Kreis „dominanter Persönlichkeiten" heraus, die sich durch ein besonderes „Maß an Aktivität und Ernsthaftigkeit" (d. h. u. a. Risikobereitschaft und Bindung an das erstrebte Kollektivgut), eine gewisse „Popularität" (Elvers/Findeis 1990: 8) unter den Gruppen sowie durch die Fähigkeit zu Situationsdeutungen auszeichneten, die zwar nicht in jedem Fall konsensfähig, aber doch in hohem Maße von orientierender Wirkung waren. Von diesem Kreis, der aufgrund seines hervorgehobenen Status innerhalb des alternativen Milieus als eine Art „milieuinterne Elite" charakterisiert werden kann und der nicht zufällig auch die besondere Aufmerksamkeit des Staatssicherheitsdienstes auf sich zog (vgl. Mitter/Wolle 1990: 47f.), gingen 1989 die maßgeblichen Impulse für die Bildung unabhängiger oppositioneller Vereinigungen aus.

In der ersten Hälfte des Jahres 1989 entwickelte sich der Handlungskontext für die politisch alternativen Gruppen zunehmend ambivalent; „die Situation spitzte sich zu". In der UdSSR fanden die ersten geheimen Wahlen mit konkurrierenden Kandidaten und Wahlprogrammen statt, in deren Ergebnis u. a. prominente Dissidenten (Andrej Sacharov) und Reformer (Boris Jelzin) ins Parlament gelangten und ihre Reformvorstellungen mittels der direkten TV-Übertragung des 1. Volksdeputiertenkongresses landesweit propagieren konnten. In Polen verständigten sich Regierung und Opposition am Runden Tisch auf freie Wahlen zum Senat, die im Sommer 1989 zu einem überwältigenden Wahlsieg der *Solidarnosc* und zur Ablösung der kommunistischen Regierung führten. Auch in Ungarn, wo sich die wichtigsten Oppositionsparteien bereits 1987/88 konstituiert und auch innerhalb der Staatspartei inzwischen Reformkräfte die Oberhand gewonnen hatten, zeichnete sich eine Reform des politischen Systems bereits deutlich ab. Dabei schien es immer unwahrscheinlicher, daß die sowjetische Führung in altbekannter Manier gegen die Demokratisierungsprozesse in ihren bisherigen Satellitenstaaten einschreiten würde. In der DDR nahm angesichts der starren Abgrenzungshaltung der SED-Führung gegenüber ihren bisherigen Verbündeten der Unmut in weiten Kreisen der Bevölkerung spürbar zu; die steigenden Zahlen von Ausreisenden und Ausreisewilligen (Hirschman 1992: 346) sowie die realen Ergebnisse der Kommunalwahlen vom 7. Mai 1989 waren ein deutlicher Indikator dafür, daß das Protest*potential* inzwischen weit über das Milieu der politisch alternativen Gruppen hinausreichte. Auf der einen Seite nährten diese Entwicklungen eine diffuse Wahrnehmung wachsender Aussichten auf Reformen, wie sie etwa in der verbreiteten Redeweise zum Ausdruck kam, daß „es nun auch in der DDR nicht mehr lange so weiter gehen könne". Auf der anderen Seite sah sich die SED-Führung neben dem drohenden Verlust der Außenabsicherung ihres Machtmonopols durch eine interventionsbereite sowjetische Führung nun durch den Abbau der ungarischen Sperranlagen an der Grenze zu Österreich auch der Erosion des zweiten äußeren Stützpfeilers ihrer Herrschaft konfrontiert. Trugen die seit 1987 verschärften Maßnahmen gegen Oppositionelle noch weitgehend den Charakter „komische(r) Repression(en)" (Rüddenklau 1992: 362)[20], mit denen die „Politisierung" des alternativen Milieus - abgesehen von einer vorübergehenden Krise infolge der Ereignisse vom Januar 1988 - letztlich eher stimuliert denn eingedämmt wurde, so war angesichts ihres inzwischen erheblich eingeschränkten Handlungsspielraums die anläßlich des Massakers von Peking nochmals betonte Bereitschaft der SED-Führung zu massivsten Repressionen gegen Protestgruppen in der DDR mehr als ernst zu nehmen.[21]

„Zuspitzung der Situation" bedeutete also zunächst, daß in der Situationswahrnehmung potentieller Protestakteure sowohl die Erfolgschancen für eine Demokratisierung als auch die Risiken, die einzukalkulierenden individuellen Kosten aktiven Protestverhaltens, signifikant gestiegen waren. Für diese Situation, in der das Regime ohnehin unter erheblichem Druck von außen stand und zusehends an Handlungsfähigkeit einzubüßen begann, gleichzeitig aber erhöhte Repressionsbereitschaft

---

20 Mit dem Begriff der „komischen Repression" umschreibt Rüddenklau den Umstand, daß die in dieser Zeit gegen oppositionelle Aktivisten ergriffenen Strafmaßnahmen zumeist deutlich unter dem der Gesetzeslage nach zu erwartenden drakonischen Strafmaß lagen und angesichts des dafür betriebenen Aufwands die Autorität der staatlichen Repressionsmacht eher unterminiert statt gestärkt wurde.

21 Die brutalen Polizeieinsätze zwischen dem 11.9. und 7.10.1989 gegen Demonstranten in Leipzig, Dresden, Berlin und anderen Städten sind der Beleg, daß diese Drohung weit mehr als ein Bluff war.

erkennen ließ, wäre - im Sinne der klassischen Theorie kollektiven Handelns - anzunehmen, daß mehr Gründe gegen als für eine Forcierung kollektiver Protestaktivitäten bestanden.

Warum entschlossen sich die Aktivisten des politisch alternativen Milieus ausgerechnet in dieser „zugespitzten" Situation, den kirchlichen Schutzraum zu verlassen und die riskante Initiative zur Gründung unabhängiger oppositionellen Vereinigungen zu ergreifen? Unter der Voraussetzung der eben beschriebenen Annahme erschiene ihre Entscheidung entweder als Ergebnis einer Unterschätzung der Risiken oder als ein „besinnungsloser Verzweiflungsakt". Gegen die erste Möglichkeit spricht die Tatsache, daß die betreffenden Akteure sich der hohen Risiken, die sie eingingen, sehr wohl bewußt waren.[22] Die zweite Möglichkeit scheint insofern unwahrscheinlich, als sich in der beschriebenen Situation mehrere Gruppen der „Milieu-Elite" annähernd gleichzeitig zur Bildung entsprechender Initiativkreise entschlossen. Das Bewußtsein hoher Risiken vorausgesetzt, waren für ihren Entschluß, entsprechende Initiativen zu ergreifen, offenbar folgende Aspekte ihrer Situationsdeutung ausschlaggebend, die die Entscheidung zu diesem Zeitpunkt als rational erscheinen lassen:

(1) Interviewäußerungen mehrerer Initiatoren der Oppositionsbewegung lassen darauf schließen, daß das maßgebliche Motiv für ihre Entscheidung in der durch die rasant anwachsende Fluchtwelle ausgelösten Befürchtung lag, die SED-Führung werde durch ihre Handlungsunfähigkeit und Reformfeindlichkeit die Existenz des Staates aufs Spiel setzen, weiterer Zeitverzug würde daher die Chancen für die Realisierung der eigenen (in reformsozialistischer Terminologie artikulierten) Vorstellungen von einer demokratischen, sozial-ökologischen, nicht-kapitalistischen Perspektive für die DDR minimieren.[23] Trifft dies zu, dann erklärt sich der Zeitpunkt der Entscheidung nicht allein aus der - zweifellos relevanten, weil ermutigenden - Wahrnehmung gestiegener Aussichten auf eine Destabilisierung des Regimes (dessen weiteren Verfall man angesichts des äußeren Drucks auch hätte abwarten können), sondern vor allem aus der starken Bindung an die im Werthorizont der

---

22 „Alles das, was wir jetzt tun, ist eigentlich strafrechtlich relevant und müßte mit hohen Freiheitsstrafen bestraft werden" - Sebastian Pflugbeil (Neues Forum) am 26.10.1989 im Interview mit Gerhard Rein (1989: 21).

23 „Die Fluchtwelle (...) war sicherlich für viele Leute in der DDR ein (...) Alarmzeichen, daß wir nun selbständig handeln müssen, (...) daß die Politik des Staates (...) nicht länger der herrschenden Partei überlassen bleiben darf, weil sonst dieser Staat Gefahr läuft, seine historische Existenzberechtigung zu verlieren" - Ludwig Mehlhorn (Demokratie Jetzt) Mitte Oktober 1989 im Interview mit Gerhard Rein (1989: 74); „Ein zweiter, auch nur kapitalistisch funktionierender deutscher Staat (...) ist wirklich sinnlos ... (Wir) denken (...), daß die Zweistaatlichkeit, das heißt die Existenz der DDR auch eine Chance ist, die im Augenblick verspielt wird." - Markus Meckel (SDP) am 7.10.1989 (Rein 1989: 95).

neuen sozialen Bewegungen angesiedelte - und nun als hochgradig bedroht wahrgenommene - spezifische gesellschaftliche Vision.

(2) Spätestens nach dem aufgedeckten Wahlbetrug vom Mai 1989 hatte das Verhältnis zwischen den Aktivisten des politisch alternativen Milieus und der Kirchenleitung einen „kritischen Punkt" erreicht. Wurde die auf Wahrung ihrer institutionellen Eigeninteressen, Vermittlung und Schadensbegrenzung orientierte Politik der Kirchenleitung bis in die erste Jahreshälfte 1989 zwar mit wachsendem Unmut, aber aus rationalen Erwägungen dennoch hin- und in Anspruch genommen, so erschien die Fortsetzung dieser Politik in der veränderten Situation des Sommers 1989 aus der Sicht der oppositionellen Aktivisten - die oben skizzierte Situationsdeutung als zutreffend unterstellt - nun eher als ein Bestandteil des Problems denn als ein Beitrag zu seiner Lösung. Anfang Juli hatten sich Mitglieder der Berliner Bartholomäus-Gemeinde und der Initiative „Absage an Praxis und Prinzip der Abgrenzung" mit der Aufforderung an die Kirchenleitung gewandt, der Staatsführung „autorisierte Gesprächsrunden" über „eine demokratische Umgestaltung unseres Staates und unserer Gesellschaft" (Rein 1989: 66) vorzuschlagen. Nachdem diese Aufforderung ohne befriedigende Reaktion seitens der Kirchenleitung geblieben war und sich statt dessen der Leipziger Kirchentag von den Aktivitäten kritischer Gruppen in seinem Umfeld distanziert hatte (Rein 1989: 127), war - aus der Sicht der Gruppen - klar, daß sie sich von der Kirchenleitung keine situationsadäquaten politischen Initiativen mehr erhoffen konnten. Um der Wahrung der Chancen für die eigenen Reformvorstellungen willen erschien die Emanzipation von der „Mutterinstitution" nunmehr unaufschiebbar.[24] Die absehbaren Kosten eines solchen Schrittes hielten sich insofern in Grenzen, als der Zugang zur kirchlichen Infrastruktur durch die oben erwähnten kritischen Pfarrer und Gemeindemitarbeiter, die die Formierung außerkirchlicher oppositioneller Strukturen z. T. selbst aktiv betrieben, weiterhin gesichert schien.

(3) Schon die Planung von Initiativen zur Gründung oppositioneller Vereinigungen war angesichts der Rechtslage sowie der Unberechenbarkeit staatlicher Reaktionen mit erhöhten Risiken befrachtet und erforderte daher ein gewisses Maß an Konspiration. Zudem war allein zwischen den unterschiedlichen „Fraktionen" der „Milieu-Elite" mit einer schnellen Einigung über konkrete Projekte nicht mehr zu rechnen. Versuche, eine kirchenunabhängige Oppositionsbewegung auf Konsensbasis zu begründen, waren seit dem Frühjahr 1989 wiederholt an der im politisch

---

24 „Unter den jetzigen Bedingungen haben wir (...) das deutliche Gefühl, daß andere Maßnahmen erforderlich sind, daß die Kirche nicht in der Lage ist, politische Veränderungen in diesem Land zu starten.... Wir haben beschlossen, aus der Kirche rauszugehen um das, was wir in der Kirche geübt hatten, im ‚Freiland' auszuprobieren." - Sebastian Pflugbeil im Interview mit Gerhard Rein (1989: 20).

alternativen Milieu verbreiteten Abneigung gegen „zentralistische" Organisationsbestrebungen, divergierenden Organisationskonzepten, der Konkurrenz zwischen den Gruppen sowie an Erfolgszweifeln gescheitert (vgl. Gutzeit 1993: 91ff.). Angesichts dieser Umstände blieb den verschiedenen „Eliten-Fraktionen", wollten sie ihr Vorhaben nicht aufgeben, kaum eine andere Option, als sich über die in der Gruppenszene üblichen basisdemokratischen Regeln hinwegzusetzen und in der Hoffnung, durch ihre quasi-autoritativen Initiativen bestehende Mobilisierungsblockaden sowohl innerhalb als auch außerhalb des alternativen Milieus zu lösen[25], den Schritt ins Ungewisse zu wagen.

Die Konstituierung der politischen Opposition in der DDR im Spätsommer 1989 läßt sich als eine Reaktion auf eine sich wandelnde politische Gelegenheitsstruktur interpretieren, die angesichts der Tatsache, daß das Regime auf die Destabilisierung seiner außen- und innenpolitischen Herrschaftsbedingungen ausschließlich mit der Signalisierung erhöhter Repressionsbereitschaft reagierte, für alle Akteure durch extreme Ungewißheit, d. h. Unkalkulierbarkeit der Handlungsfolgen gekennzeichnet war. Vor diesem Hintergrund stellt sich die Entscheidung der oppositionellen Aktivisten als ein hochriskanter Versuch dar, durch Überwindung dieser Ungewißheit die Erfolgschancen für ihre spezifischen politischen Ziele zu „klären", zu wahren bzw. zu verbessern, wobei sie auf die Mobilisierbarkeit eines erweiterten Protestpotentials innerhalb und außerhalb des politisch alternativen Milieus hoffen konnten. Insofern erscheinen der Auszug der Aktivisten aus dem Schutzraum der Kirche und ihre Initiativen zur Gründung oppositioneller Vereinigungen bzw. Bewegungen nicht als „Verzweiflungsakte", sondern eher als „Wagnisse", als rationale Entscheidungen „politischer Unternehmer" (Frohlich et al. 1971) bzw. „exemplarischer Individuen" (Tarrow 1991b), für die ihre Vision, ihr kollektives Ziel, von so hohem Wert war, daß sie schon bei der Wahrnehmung sehr geringer Erfolgsaussichten bereit waren, hohe Risiken einzugehen und einen überdurchschnittlichen Teil der Kosten kollektiven Handelns zu übernehmen. Da sich die politischen Ziele der Gründungsinitiatoren der DDR-Opposition bekanntermaßen nur partiell mit den Präferenzen der anderen protestbereiten Bevölkerungsgruppen deckten, waren ihre späteren Mobilisierungserfolge in erheblichem Maße auf das mit diesem „unternehmerischen Wagnis" vorübergehend erworbene moralische Kapital zurückzuführen.

---

25 Martin Gutzeit (1993: 95) zitiert Marianne Birthler, die die in den Gruppen Ende August vorherrschende Situationswahrnehmung metaphorisch in den Worten umschreibt: „Die Äpfel auf dem Baum sind reif und alle warten darauf, daß einer herunterfällt."

5. Der Aufschwung der Bürgerbewegung - Mobilisierung unter dynamischen Kontextbedingungen

Die Gründungsaufrufe der verschiedenen Initiativkreise lösten bekanntlich eine - angesichts der geringen internen Ressourcen und des bisherigen politischen und soziokulturellen Außenseiterstatus der alternativen Gruppen - überraschend starke Unterstützungswelle aus. Innerhalb weniger Wochen unterzeichneten mehr als zweihundertausend Bürger/innen den Gründungsaufruf des *Neuen Forum*. In fast allen größeren (kreisfreien) und vielen Kreisstädten gründeten sich lokale Gruppen des *Neuen Forum* und/oder anderer der neuen oppositionellen Vereinigungen sowie unabhängige Bürgerkomitees.[26] Ab Anfang November fand die Forderung nach Anerkennung neuer politischer Vereinigungen (auch außerhalb von Leipzig) wiederholt Unterstützung bei Protestdemonstrationen der Bevölkerung. Am 20. November ermittelte das Meinungsforschungsinstitut *FORSA* für die Opposition ein Wählerpotential von mehr als 30 Prozent der Stimmen, wobei das *Neue Forum* mit 22 Prozent als die zu diesem Zeitpunkt populärste politische Organisation der DDR aus der Befragung hervorging (vgl. Bahrmann/Links 1994: 120).

Wir unterscheiden zunächst zwischen einer internen und einer externen Mobilisierung. Als interne Mobilisierung bezeichnen wir die Mobilisierung von Angehörigen der bisherigen politisch alternativen Gruppen, welche hier als potentielle Rekrutierungsnetzwerke für die verschiedenen Initiativkreise betrachtet werden können. „Während einer Mobilisierungskampagne muß eine Bewegungsorganisation zuerst diejenigen innerhalb des Rekrutierungsnetzwerkes mobilisieren, bevor sie breitere Sektoren ihres Mobilisierungspotentials erreichen kann" (Klandermans/Tarrow 1988: 12). Die interne Mobilisierung erforderte insofern vergleichsweise geringen Aufwand, als ein Ziel- und Deutungskonsens zwischen den jeweiligen Initiativkreisen auf der einen Seite und ihren „Zielgruppen" innerhalb des politisch alternativen Milieus auf der anderen nicht erst hergestellt werden mußte, sondern - für beide Seiten bekanntermaßen - von vornherein bestand und auch die Risikobereitschaft in den Gruppen überdurchschnittlich hoch war. Die Verbreitung der Gründungsaufrufe unter den Gruppen und in ihrem Umfeld war über die bisherigen Netzwerke (z. B. während der Bundessynode am 15.9.1989 in Eisenach) relativ einfach zu bewerkstelligen. Die Frage, welcher der verschiedenen Gründungsinitiativen man sich anschließen sollte, wurde, wenn nicht durch Zufall, so häufig durch die Identifikation mit den sie repräsentierenden, im Milieu bekannten, Personen entschieden. Dabei wirkte die (von externen Sympathisanten damals oft als „Zersplitterung" beklagte) Tatsache, daß die neue Opposition statt als einheitliche Bewegung von vorn-

---

26 Bis Ende November registrierte das Neue Forum allein in Berlin 80 thematische Arbeitskreise und 26 Stadtteilgruppen (vgl. Schulz 1991: 20).

herein in Form mehrerer Gründungsinitiativen an die Öffentlichkeit trat, intern eher als ein Mobilisierungsanreiz. Sie war nicht nur ein Resultat der zentrifugalen Wirkung der „Gruppen- und Personenegoismen" (Knabe 1990b: 74); vor allem trug sie der im politisch alternativen Milieu latenten (wenngleich begrenzten) Pluralität ideologischer und organisationskultureller Orientierungen, die bislang durch die Dominanz thematischer Differenzierungskriterien und diffuser Organisationsstrukturen überlagert war, nun durch differenzierte programmatische und/ oder personelle Identifikationsmöglichkeiten auch auf der organisatorischen Ebene Rechnung. Mit der internen Mobilisierung der DDR-Opposition vollzog sich zugleich eine organisatorische Restrukturierung des politisch alternativen Milieus, in deren Ergebnis die früheren Differenzierungen nach vornehmlich thematischen Kriterien durch politische bzw. ideologische Differenzierungslinien abgelöst wurden.

Im Unterschied zur internen Mobilisierung bezeichnet der Begriff der externen Mobilisierung die Gewinnung von Anhängern aus Bevölkerungskreisen, die vorher nicht dem politisch alternativen Milieu angehörten. Diese zu erreichen, erforderte aufgrund der für staatssozialistische Gesellschaften typischen wechselseitigen Isolation der verschiedenen Teilöffentlichkeiten die Überwindung erheblicher Kommunikationsbarrieren und einen deutlich höheren Ressourcenaufwand, als ihn die Initiatoren der Opposition, deren Namen, Ideen, Aktivitäten, Treffpunkte etc. außerhalb des kirchlichen Raums bislang weitgehend unbekannt waren, von sich aus hätten aufbringen können. Wir konzentrieren uns im folgenden auf zwei Aspekte dieses Mobilisierungprozesses: erstens auf Faktoren, die zur Kompensation des internen Ressourcenmangels der Opposition beigetragen haben, zweitens auf den Zusammenhang zwischen der Mobilisierung externen Unterstützungspotentials und der dynamischen Entwicklung der politischen Gelegenheitsstruktur.[27] Dabei greifen wir auf die von Klandermans (1984) eingeführte Differenzierung zwischen Konsensmobilisierung und Aktionsmobilisierung zurück: Der Erfolg einer Mobilisierungskampagne hat zur Voraussetzung, daß (1) potentielle Anhänger die von den Protestinitiatoren verbreiteten Deutungen des Status quo, deren Interpretationen der Ursachen für die aktuelle politische Unzufriedenheit sowie deren Vorstellungen über mögliche Problemlösungen annehmen, daß (2) die potentiellen Teilnehmer die Erfolgsaussichten für das kollektive Ziel hoch genug bewerten, um die Risiken der Beteiligung in Kauf zu nehmen. Zum Abbau von Teilnahmebarrieren können Protestinitiatoren auf verschiedene Weise beitragen - durch das Aufzeigen potentieller Verbündeter, überzeugende Begründungen der Legitimität ihrer Forderungen und

---

27 Die Entstehung der ersten Massendemonstrationen, für deren Zustandekommen die Gruppen der organisierten politischen Opposition in der Regel keine maßgebliche Rolle gespielt haben, bildet einen anderen Aspekt dieser Thematik, den wir hier ausdrücklich nicht behandeln.

der Sinnhaftigkeit ihrer Aktionsformen u. a. m. Klandermans/Tarrow (1988: 14) betonen für soziale Bewegungen in westlichen Gesellschaften vor allem den Einfluß, den mobilisierende Bewegungsorganisationen selbst auf die Wahrnehmungen potentieller Bewegungsteilnehmer auszuüben vermögen, vorausgesetzt, sie verfügen über genügend Ressourcen, um ihre Interpretationen und Handlungsorientierungen entsprechend zu verbreiten. Den Initiativkreisen der DDR-Opposition standen jedoch, wie erwähnt, nur minimale interne Ressourcen zur Verfügung, mit denen die von ihnen ausgelöste Mobilisierung von Teilnehmern kaum hinreichend zu erklären wäre. Der starke Zulauf aktiver Anhänger läßt sich dagegen in hohem Maße auf verschiedene externe und situationsspezifische Faktoren zurückführen, die in der „Startphase" teils zur Kompensation des internen Ressourcenmangels, teils zur Reduktion des Mobilisierungsaufwandes beigetragen haben:

(1) Aufgrund des allgemeinen und diffusen Charakters der politischen Unzufriedenheit erforderte die Konsensmobilisierung zunächst einen vergleichsweise geringen „propagandistischen" Aufwand. Relativ schlichte Problemdeutungen, mitunter schon die öffentliche Bestätigung staatsoffiziell tabuisierter Alltagserfahrungen reichten aus, um die „stumme Öffentlichkeit" (Schulz 1991: 11) ihrer gemeinsamen Unzufriedenheit mit dem Regime zu vergewissern und die Identifikation potentieller Sympathisanten mit den Forderungen der Opposition nach demokratischen Reformen herzustellen.

(2) Die scharfe Polarisierung zwischen dem Regime und der Bevölkerungsmehrheit hatte u. a. den Effekt, daß die Opposition aufgrund ihrer gemeinsamen Forderungen und ungeachtet ihrer organisatorischen Heterogenität zunächst (von beiden Seiten) als weitgehend einheitlich wahrgenommen wurde. Die einzelnen Initiativgruppen hatten sich daher anfänglich kaum konkurrierender Situationsdeutungen seitens rivalisierender oppositioneller Akteure zu erwehren. Solange das Regime als widerstands- und repressionsfähig galt, profitierte jede diese Initiativen auch von den Mobilisierungserfolgen der anderen. Für potentielle Konkurrenzbewegungen mit politischen Orientierungen, die den Zielhorizont der aus dem politisch alternativen Milieu hervorgegangenen Opposition durchbrochen hätten, prokapitalistische oder nationalistische Bewegungen beispielsweise, bestanden zu diesem Zeitpunkt noch keine hinreichenden Konstitutionsbedingungen.

(3) Die Offenkundigkeit schlichter Problemdeutungen und die Selbstbeschränkung in den politischen Zielvorgaben, wie sie insbesondere den Gründungsaufruf des *Neuen Forum* auszeichneten, ermöglichten eine „aufwandsarme" Initialwirkung auf andere (mit eigenen Ressourcen ausgestattete) Kollektivakteure. Diese fungierten in der Folgezeit zum einen als Multiplikatoren dieser Problemdeutungen, zum anderen stellten sie sich dadurch gegenüber den zu mobilisierenden Sympathisanten

quasi von selbst als „Verbündete" der Opposition dar, womit sie vermutlich nicht unerheblich zum Abbau von Beteiligungsbarrieren beigetragen haben.[28]

(4) Schließlich wurde der Ressourcenmangel der oppositionellen Initiativkreise in erheblichem Maße durch die elektronischen Medien der Bundesrepublik kompensiert, die durch eine selektive und sympathisierende Berichterstattung über Ziele und Aktionen der Opposition, durch die flächendeckende Verbreitung von Informationen sowie eigene Interpretationen hinsichtlich des politischen Geschehens in der DDR die Situationswahrnehmung breiter Bevölkerungskreise erheblich zugunsten der Opposition beeinflußt haben dürften. Damit erfüllten sie gewissermaßen eine Funktion, wie sie in Ressourcenmobilisierungstheorien sog. *social movement industries* zugeschrieben wird (Lindgens/Mahle 1992).

Angesichts der herausragenden Bedeutung exogener Mobilisierungsfaktoren sowie der Tatsache, daß die Initiatoren der Opposition von der Resonanz auf ihre Gründungsaufrufe in der Regel selbst überrascht (und organisatorisch überfordert) waren, scheint es naheliegend, die erfolgreiche Mobilisierung des externen Sympathisantenpotentials eher den günstigen Kontextbedingungen denn den Mobilisierungsstrategien der Opposition zuzuschreiben. Eine solche Interpretation bliebe allerdings einseitig, würde sie durch eine Überbetonung der exogenen Faktoren die „Eigenleistungen" ausblenden, die die Initiatoren der Opposition selbst für die externe Mobilisierung zu erbringen hatten und erbracht haben. Die Wirksamkeit der exogenen „Mobilisierungshilfen" hatte die Produktion konsensfähiger Situationsdeutungen und Handlungsorientierungen zur Voraussetzung; um einmal gewonnene aktive Teilnehmer der organisierten Opposition, die Bürgerbewegung im engeren Sinne, sowie passive Anhänger zu binden und neue hinzuzugewinnen, mußte der Deutungs- und Zielkonsens im Zuge der sich rapide verändernden politischen Umstände immer wieder aufs neue hergestellt werden. Dies verlangte den Führungsgruppen der Opposition einen erheblichen Lernprozeß ab, die Umstellung auf einen für sie grundsätzlich neuen Modus politischen Denkens und Handelns. Bedingt durch die Restriktionen für autonomes politisches Handeln sowie z. T. durch ihre protestantischen Prägungen (vgl. Neubert 1995) dominierten im öffentlichkeitsorientierten Handeln oppositioneller Gruppen vor 1989 symbolische Protestformen, die - von *single issue*-Forderungen wie der Freilassung inhaftierter Oppositioneller abgesehen - vornehmlich der Artikulation der eigenen ethisch begründeten Distanz zum *Status quo* dienten. Aktionen dieses Typs zielten eher auf einen langfristigen

---

28 In diesem Zusammenhang sei insbesondere an die Resolution der Rockmusiker, Liedermacher und Unterhaltungskünstler vom 18.9.1989 (vgl. Rein 1989: 150) erinnert, in der jene (wichtigste Ressource: Popularität und breiter Publikumszugang) dem Aufruf des Neuen Forum ihre Unterstützung bekundeten, und der in den folgenden Wochen bei zahlreichen Konzerten und Kulturveranstaltungen vorgetragen wurde.

Bewußtseinswandel denn auf (ohnehin für unwahrscheinlich gehaltene) kurzfristige politische Resultate. Dies entband die Akteure bis dato weitgehend von der Notwendigkeit, ihre Wertorientierungen und politischen Zielvorstellungen unter „pragmatischen" Gesichtspunkten zu konkretisieren. Nachdem sie mit der Gründung der Initiativkreise den Anspruch erhoben hatten, eine über das bisherige politisch alternative Milieu hinausgehende Oppositionsbewegung zu mobilisieren, um dem Regime substanzielle politische Reformen abzuringen, sahen sich die Führungsgruppen der Opposition nun erstmals vor die Herausforderung gestellt, politische Forderungen unter Berücksichtigung der realen, komplexen Bedingungen für strategisches, d. h. auf politischen Einflußgewinn orientiertes Handeln zu formulieren. Diese Forderungen mußten den Präferenzen des externen Mobilisierungspotentials gerecht werden und gleichzeitig im Rahmen des spezifischen Werthorizonts der aus dem politisch alternativen Milieu stammenden Gruppen legitimierbar sein. Sie mußten „radikal" genug sein, um potentielle Sympathisanten zur Teilnahme zu motivieren, aber nicht so „radikal", daß sie von diesen als aussichtslos und zu risikoträchtig eingestuft worden wären, wobei sich im Zuge der Ereignisse die allgemeine Wahrnehmung der Relation zwischen Risiken und Erfolgsaussichten dynamisch zugunsten letzterer verschob, d. h. zu einer sukzessiven „Radikalisierung" drängte. Bis Anfang Dezember 1989, als mit der Auflösung des Politbüros und des ZK der SED der Zusammenbruch des alten Regimes endgültig als irreversibel gelten konnte, vermochten es die aus dem alternativen Milieu hervorgegangenen oppositionellen Führungsgruppen, wachsende Anhängerzahlen zu mobilisieren und zu binden, indem es ihnen gelang, (1) gemeinsame und von breiten Bevölkerungskreisen geteilte Forderungen nach einer Demokratisierung des Systems in den Vordergrund ihrer Verlautbarungen zu stellen, die mit ihren eigenen langfristigen Reformorientierungen vereinbar waren, (2) in Reaktion auf die dynamischen Veränderungen der politischen Kontextbedingungen die Relation zwischen Selbstbeschränkung und „Radikalität" dieser Forderungen ständig neu auszubalancieren. Anhand weniger Beispiele soll dieses Vorgehen - um den ambitionierten Begriff der „Strategie" zu vermeiden - hier abschließend illustriert werden:

Da einerseits von der SED-Führung unter Erich Honecker seriöse Reforminitiativen nicht mehr zu erwarten waren, andererseits die Möglichkeit, in absehbarer Zeit selbst die politische Führung in einem Reformprozeß zu übernehmen, von großen Teilen der oppositionellen Initiativgruppen aus verschiedenen Gründen ausgeschlossen wurde[29], bestand die Kalkulation offenbar darin, durch zunehmenden Druck

---

29 Neben der vielfach zitierten ideologischen „Machtabstinenz" des überwiegenden Teils der Opposition und der Bürgerbewegung (Hilger 1995: 96; Poppe 1995: 261f.; Schulz 1991: 24) spielte dabei anfänglich auch die Erwartung eine Rolle, daß sich das Regime noch auf absehbare Zeit halten würde (Fischbeck 1990: 2). Später standen die Wahrneh-

„von unten" Konflikte innerhalb der staatlichen Führungseliten zu fördern und damit potentiellen Reformern zu größerer innerparteilicher Durchsetzungsfähigkeit zu verhelfen. Solange die Repressionsbereitschaft des Regimes ungebrochen schien, entsprach dem die Forderung an die SED-Führung, sich einem öffentlichen „Dialog" über die Ursachen der Krise zu stellen, wie sie bis Anfang/Mitte Oktober in den Verlautbarungen der Opposition dominierte. Galt allein die Gründung des *Neuen Forum* den *hardlinern* um Erich Honecker als ein „staatsfeindlicher" Akt und potentiellen Sympathisanten folglich schon als hinreichend „radikal", so war dessen Gründungsaufruf gerade aufgrund seiner Beschränkung auf die „Dialog"-Forderung bis weit in die SED-Basis hinein konsensfähig. Die Tatsache, daß die Initiatoren des *Neuen Forum* die Zulassung als legale Vereinigung beantragt hatten, senkte zudem für viele Sympathisanten die Teilnahmebarrieren erheblich. Bis zum 6. Oktober unterzeichneten etwa 10.000 Menschen den Aufruf des *Neuen Forum* (vgl. Rein 1989: 15).

Nachdem am 9. Oktober in Leipzig die befürchtete „chinesische Lösung" ausgeblieben war, das Regime in den folgenden Tagen tatsächlich eine begrenzte „Dialogbereitschaft", d. h. Schwäche signalisierte und sich infolgedessen in der Wahrnehmung zahlreicher Bürger die Risiken aktiven Protestengagements spürbar verringert hatten, verschärfte die Opposition ihre Forderungen. Statt den angebotenen „asymmetrischen Dialog" zwischen Vertretern der Staatsmacht und „normalen Bürgern" (Gutzeit 1993: 106f.) zu akzeptieren, verlangte sie mit Nachdruck und zunehmender Unterstützung durch die protestierende Öffentlichkeit die offizielle Anerkennung ihrer politischen Organisationen. Zudem rückte sie nun ihren erstmals in der *Gemeinsamen Erklärung* vom 4. Oktober explizit erhobenen Anspruch auf eine eigenständige Kandidatur bei den für das kommende Jahr geplanten Volkskammerwahlen (vgl. Rein 1989: 122) verstärkt in den Vordergrund ihrer Forderungen.[30] Bis Mitte Oktober stieg die Zahl der Unterzeichner des Gründungsaufrufs des *Neuen Forum* auf 25.000 an (Bahrmann/Links 1994: 28).

---

mung unzureichender eigener Kompetenzen (vgl. Schulz 1991: 24) sowie die Kalkulation politischer Kosten einer verfrühten Verantwortungsübernahme (vgl. Gutzeit 1993: 111) im Vordergrund.

30 Nach Anthony Oberschall (1996: 99) haben „die Teilnehmer der Demonstrationen" die Losungen „freie Wahlen" und „Demokratie", d. h. den für die Protestbewegung des Herbstes 1989 identitätsbildenden interpretative frame kreiert und gestiftet und sich damit sowohl gegen das Regime als auch gegen die dissidentische Opposition durchgesetzt. Gegen diese Darstellung sind u. E. zumindest erhebliche Zweifel anzumelden. Denn beide Forderungen wurden von der Opposition schon erhoben, bevor sie zu zentralen Losungen der Massendemonstrationen avancierten. Ihre Formierung zum interpretative frame der Protestbewegung vollzog sich u. E. vielmehr dadurch, daß entsprechende Verlautbarungen von Vertretern der Opposition, etwa die o. g. Gemeinsame Erklärung, durch bundesdeut-

Die Absetzung Erich Honeckers als SED-Generalsekretär am 18. Oktober signalisierte eine weitere spürbare Schwächung des Regimes, wobei die SED-Führung mit der Inthronisierung Egon Krenz', eines ihrer unpopulärsten Vertreter, noch selbst die Anreize zu öffentlichem Protest erhöhte. Die Opposition reagierte mit der Forderung an die Volkskammer, einen Untersuchungsausschuß zur Aufklärung der Wahlfälschung vom 7. Mai 1989 zu bilden und eine unabhängige Kommission zur Aufklärung und Ahndung der gewaltsamen staatlichen Übergriffe auf Demonstranten in den Tagen um den 7. Oktober einzusetzen (vgl. Schulz 1991: 16) - Initiativen, die auf die Demontage des neuen Generalsekretärs zielten, der aufgrund seiner früheren Funktionen für beide „Vorkommnisse" die unmittelbare politische Verantwortung trug.

Mit der Absetzung Honeckers wurden zwar erstmals ernsthafte Konflikte innerhalb der staatlichen Führungselite offenkundig, die als eine Verbesserung der Aussichten auf Reformen interpretiert werden konnten. Zugleich aber verdeutlichten die Amtsübernahme durch Krenz und die folgenden Verlautbarungen der SED-Spitze die anhaltende politische Schwäche ernsthaft reformorientierter innerparteilicher Strömungen, woraufhin die allgemeinen Proteste weiter an Intensität gewannen und die Opposition sich zu einer weiteren „Radikalisierung" ihrer Agenda gedrängt sah. Hatte sie es bis Mitte Oktober noch weitgehend vermieden, den Machtanspruch der Staatspartei „frontal in Frage zu stellen", so reagierte sie auf die Hinhaltetaktik der „neuen alten" SED-Führung und die gestiegene Protestbereitschaft der Bevölkerung, indem sie nun die Beseitigung des Machtmonopols des SED ins Zentrum ihrer öffentlichen Forderungen zu rücken begann. Am 26. Oktober rief die *Bürgerbewegung Demokratie Jetzt* zu einem Volksentscheid über die verfassungsrechtlich festgeschriebene „Führungsrolle" der SED auf. Der Zulauf zu den verschiedenen oppositionellen Vereinigungen wuchs in dieser Zeit weiter an, die Zahl der erklärten Anhänger des *Neuen Forum* stieg bis Ende Oktober auf 100.000 (Bahrmann/Links 1994: 67). Diese Skizze der Mobilisierungsdynamik wäre natürlich zu präzisieren und ließe sich bis in die zweite Novemberhälfte fortzeichnen, worauf wir hier mit Rücksicht auf die gebotene Kürze verzichten.

Die externe Mobilisierung, so läßt sich zusammenfassen, war ein Effekt der sich dynamisch erweiternden politischen Gelegenheitsstruktur für kollektives Protesthandeln, exogener Faktoren, aufgrund derer die internen Ressourcendefizite der Opposition kompensiert werden konnten, sowie situationsadäquater Interpretationsleistungen der Führungsgruppen der Opposition. Die Charakterisierung der Opposition als ein „Vehikel" der Artikulation allgemeinen Unmuts (Hilger 1995: 62) bzw. als ein „Kristallisationspunkt, an den sich der anschwellende Protest der Mas-

---

deutsche elektronische Medien massiv verbreitet und infolge dessen von den Demonstranten aufgenommen wurden.

sen anzulagern vermochte" (Pollack 1990b: 1220) ist daher nur bedingt und allenfalls in Bezug auf ihre vorübergehende Repräsentationsfunktion für die unabhängig von ihr entstandenen diffusen Massenproteste zutreffend. Eine solche Charakterisierung läuft zumindest Gefahr, die Bedeutung der Interpretationsleistungen der oppositionellen Führungsgruppen für die Entstehung der organisierten politischen Bürgerbewegung zu übersehen, dank derer die Opposition diese Repräsentationsfunktion erst ausüben konnte. Die aus dem politisch alternativen Milieu der 80er Jahre hervorgegangenen oppositionellen Führungsgruppen waren solange in der Lage, eine wachsende externe Anhänger- und Teilnehmerschaft zu mobilisieren und zu binden, wie sie in Reaktion auf die sich erweiternden politischen Gelegenheiten, d. h. auf steigende Erfolgschancen und sinkende Teilnahmerisiken für kollektives Protesthandeln, neue konsensfähige Situationsdeutungen und Handlungsorientierungen zu erzeugen vermochten. Ihre Mobilisierungsfähigkeit schwand in dem Maße, wie die Irreversibilität des Regimezusammenbruchs offenkundig wurde, sich mit dem Eintritt der Bundesregierung in die DDR-Innenpolitik die Opportunitätsstruktur um die Option der deutschen Vereinigung und die politische Akteurstruktur um erheblich besser ausgestattete Konkurrenten erweiterte und in dem nun einsetzenden Wettbewerb um die demokratische Legitimation konstruktiver Reformkonzepte die fundamentale Differenz zwischen den spezifischen Wertorientierungen der „alten" Opposition und den politischen Präferenzen der Bevölkerungsmehrheit offen zutage trat. Der Ausgang ist bekannt: Re-Marginalisierung der im Werthorizont der *neuen sozialen Bewegungen* sozialisierten Strömungen, Auflösung der Bürgerbewegung durch organisatorische und programmatische Ausdifferenzierung.

Literatur

Bahrmann, Hannes/Links, Christoph: Chronik der Wende. Die DDR zwischen 7. Oktober und 18. Dezember 1989, Berlin 1994

Brand, Karl-Werner: Kontinuität und Diskontinuität in den neuen sozialen Bewegungen, in: Roth, Roland/Rucht, Dieter (Hg.): *Neue soziale Bewegungen in der Bundesrepublik Deutschland*, Bonn 1987, 30-44

Brand, Karl-Werner: Massendemokratischer Aufbruch im Osten. Eine Herausforderung für die NSB-Forschung, in: *Forschungsjournal Neue Soziale Bewegungen* 3 (1990), 9-16

Brie, Michael: Staatssozialistische Länder Europas im Vergleich. Alternative Herrschaftsstrategien und divergente Typen, in: Wiesenthal, Helmut (Hg.): *Einheit als Privileg. Vergleichende Perspektiven auf die Transformation Ostdeutschlands*, Frankfurt/M. 1995, 39-104

Dennis, Mike: The Vanishing Opposition; the Decline of the East German Citizen Movements, in: Padgett, Stephen (Hg.): *Parties and Party Systems in the New Germany*, Aldershot 1993

Deutscher Bundestag (Hg.): Materialien der Enquete-Kommission. Aufarbeitung von Geschichte und Folgen der SED-Diktatur in Deutschland, Bd. VII, 1 und 2, Widerstand. Opposition. Revolution, Baden-Baden/Frankfurt/M. 1995

Eisinger, Peter K.: The Conditions of Protest Behavior in American Cities, in: *American Political Science Revue* 67 (1973), 11-28

Elvers, Wolfgang/Findeis, Hagen: Was ist aus den politisch alternativen Gruppen geworden? Studentische Praktikumsarbeit am Religionssoziologischen Institut der Theologischen Fakultät der KMU, Leipzig 1990

Fehr, Helmut: Von der Dissidenz zur Gegen-Elite. Ein Vergleich der politischen Opposition in Polen, der Tschechoslowakei, Ungarn und der DDR (1976-1989), in: Poppe, Ulrike/Eckert, Rainer/Kowalczuk, Ilko-Sascha (Hg.): *Zwischen Selbstbehauptung und Anpassung. Formen des Widerstandes und der Opposition in der DDR*, Berlin 1995, 301-334

Findeis, Hagen: Überblick über die sozialethisch engagierten Gruppen in Leipzig Anfang 1989, in: Grabner, Wolf-Jürgen/Heinze, Christiane/Pollack, Detlef (Hg.): *Leipzig im Oktober. Kirche und alternative Gruppen im Umbruch der DDR. Analysen zur Wende*, Berlin 1990

Fischbeck, Hans-Jürgen: Kulturrevolutionäre Gedanken nach vorn - mit Rückspiegel, in: *Demokratie Jetzt* 2 (1990), 2-4

Friedrich, Walter: Mentalitätswandlungen der Jugend in der DDR, in: *Aus Politik und Zeitgeschichte* 16/17, Bonn (1990), 25-37

Frohlich, Norman/Oppenheimer, Joe A./Young, Oran A.: Political Leadership and Collective Goods, Princeton 1971

Gutzeit, Martin: Der Weg in die Opposition. Über das Selbstverständnis und die Rolle der 'Opposition' im Herbst 1989 in der ehemaligen DDR, in: Euchner, Walter (Hg.): *Politische Opposition in Deutschland und im internationalen Vergleich*, Göttingen 1993

Hilger, Peter: Aufbruch in die Bedeutungslosigkeit? Zur Marginalisierung der Oppositionsgruppen in der DDR im Jahr der „Wende", Hannover 1995

Hirschman, Albert O.: Abwanderung, Widerspruch und das Schicksal der Deutschen Demokratischen Republik, in: *Leviathan* 20 (1992), 330-358

Inglehart, Ronald: The Silent Revolution. Changing Values and Political Styles among Western Publics, Princeton 1977

Inglehart, Ronald: Kultureller Umbruch. Wertewandel in der westlichen Welt, Frankfurt/M. 1989

Johnson, Carsten: Massenmobilisierung in der DDR im Jahre 1989. Der Wandel der politischen Opportunitätsstruktur und die Dynamik des Massenprotestes, Ms., Freie Universität Berlin 1992

Joppke, Christian: East German Dissidents and the Revolution of 1989. Social Movement in a Leninst Regime, New York 1995

Jordan, Carlo: Rückblick - Vom Anti-Stalinistischen Aufbruch zur grün-bürgerbewegten Wende, Ms., Berlin 1991

Kitschelt, Herbert: Political Opportunity Structures and Political Protest. Anti-Nuclear Movements in Four Democracies, in: *British Journal of Political Science* 16 (1986), 57-85

Klandermans, Bert: Mobilization and Participation. Social-Psychological Expansions of Resource Mobilization Theorie, in: *American Sociological Revue* 49 (1984), 583-600

Klandermans, Bert/Tarrow, Sidney: Mobilization into Social Movements. Synthesizing European and American Approaches, in: Klandermans, Bert/Kriesi, Hanspeter/Tarrow, Sidney (Hg.): *From Structure to Action. Comparing Social Movement Research Across Cultures, International Social Movement Research* Vol. 1. Greenwich, London 1988, 1-38

360

Knabe, Hubertus: Neue soziale Bewegungen im Sozialismus. Zur Genesis politischer Orientierungen in der DDR, in: *Kölner Zeitschrift für Soziologie und Sozialpsychologie* 40 (1988), 551-569

Knabe, Hubertus: Opposition in der DDR. Ursprünge, Programmatik, Perspektiven, in: *Aus Politik und Zeitgeschichte* 1-2, Bonn 1990, 21-32 (a)

Knabe, Hubertus: Politischer Umbruch und soziale Bewegungen in der DDR, in: *Forschungsjournal Neue Soziale Bewegungen* 3 (1990), 71-78

Kühnel, Wolfgang/Sallmon-Metzner, Carola: Protestkulturen und Protestdiskurse im Wandel der DDR-Gesellschaft, in: *Berliner Journal für Soziologie* 1(1991), 369-382

Land, Rainer: Staatssozialismus und Stalinismus, in: Biesky, Lothar/Czerny, Jochen/Mayer, Herbert/Schumann, Michael (Hg.): *Die PDS - Herkunft und Selbstverständnis*, Berlin 1996

Lenski, Katharina/Schön, Angelika/Grund, Thomas K./Kulisch, Uwe K./Petzold, Uwe/Zöller, Harry K. (Hg.): *So besteht nun in der Freiheit zu der uns Christus befreit hat ... Die „andere" Geschichte*, Erfurt 1993

Lindgens, Monika/Mahle, Susanne: Vom Medienboom zur Medienbarriere. Massenmedien und Bürgerbewegungen im gesellschaftlichen Umbruch der DDR und im vereinten Deutschland, in: Bohn, Rainer/Hickethier, Knut/Müller, Eggo (Hg.): *Mauer-Show. Das Ende der DDR, die deutsche Einheit und die Medien*, Berlin 1992, 95-112

McCarthy, John D./Zald, Mayer N.: Resource Mobilization and Social Movements: A Partial Theory, in: *American Journal of Sociology* 82 (1977), 1212-1241

Meuschel, Sigrid: Wandel durch Auflehnung. Thesen zum Verfall bürokratischer Herrschaft in der DDR, in: *Berliner Journal für Soziologie* 1 (1991) Sonderheft, 15-27

Meuschel, Sigrid: Legitimation und Parteiherrschaft in der DDR. Zum Paradox von Stabilität und Revolution in der DDR 1945-1989, Frankfurt/M. 1992

Mitter, Armin/Wolle, Stefan (Hg.): *„Ich liebe euch doch alle..." Befehle und Lageberichte des MfS Januar-November 1989*, Berlin 1990

Müller-Enbergs, Helmut/Schulz, Marianne/Wielgohs, Jan (Hg.): *Von der Illegalität ins Parlament. Werdegang und Konzepte der neuen Bürgerbewegungen*, Berlin 1991

Neubert, Ehrhart: Eine protestantische Revolution, Berlin 1990

Neubert, Ehrhart: Religion in der DDR-Gesellschaft, in: Pollack, Detlef (Hg.): *Die Legitimität der Freiheit. Politisch alternative Gruppen in der DDR unter dem Dach der Kirche*, Frankfurt/M. 1990 (a), 31-40

Neubert, Ehrhart: Gesellschaftliche Kommunikation im sozialen Wandel, in: Pollack, Detlef (Hg.): *Die Legitimität der Freiheit. Politisch alternative Gruppen in der DDR unter dem Dach der Kirche*, Frankfurt/M. 1990b, 155-202

Neubert, Ehrhart: Von der Freiheit eines Christenmenschen. Protestantische Wurzeln widerständigen Verhaltens, in: Poppe, Ulrike/Eckert, Rainer/Kowalczuk, Ilko-Sascha (Hg.): *Zwischen Selbstbehauptung und Anpassung*, Berlin 1995, 224-243

Oberschall, Anthony: Opportunities and framing in the Eastern European revolts of 1989, in: McAdam, Doug/McCarthy, John D./Zald, Mayer N. (Hg.): *Comparative perspectives on social movements. Political opportunities, mobilizing structures, and cultural framings*, Cambridge 1996, 93-121

Olson, Mancur: The Logic of Collective Action. Public Goods and the Theory of Groups, Cambridge 1968

Opp, Karl-Dieter: DDR '89. Zu den Ursachen einer spontanen Revolution, in: Joas, Hans/Kohli, Martin (Hg.): *Der Zusammenbruch der DDR*, Frankfurt/M. 1993, 194-221

Opp, Karl-Dieter/Voß, Peter: Die volkseigene Revolution, Stuttgart 1993

Pollack, Detlef: Sozialethisch engagierte Gruppen in der DDR. Eine religionssoziologische Untersuchung, in: ders. (Hg.): *Die Legitimität der Freiheit*, Frankfurt/M. 1990, 115-154

Pollack, Detlef: Außenseiter oder Repräsentanten? Zur Rolle der politisch alternativen Gruppen im gesellschaftlichen Umbruchprozeß der DDR, in: *Deutschland Archiv* 23 (1990), 1216-1223

Pollack, Detlef: Politisch alternative Gruppen in der DDR, Ms., Leipzig 1993

Pollack, Detlef: Religion und gesellschaftlicher Wandel. Zur Rolle der evangelischen Kirche im Prozeß des gesellschaftlichen Umbruchs in der DDR, in: Joas, Hans/Kohli, Martin (Hg.): *Der Zusammenbruch der DDR*, Frankfurt/M. 1993, 246-266

Pollack, Detlef: Wertewandel und religiöser Wandel in Ostdeutschland, in: *Berliner Debatte INITIAL* 4 (1993), 89-96

Poppe, Ulrike: Das kritische Potential der Gruppen in Kirche und Gesellschaft, in: Pollack, Detlef (Hg.): *Die Legitimität der Freiheit*, Frankfurt/M. 1990, 63-80

Poppe, Ulrike: 'Der Weg ist das Ziel'. Zum Selbstverständnis und der politischen Rolle oppositioneller Gruppen der 80er Jahre, in: Poppe, Ulrike/Eckert, Rainer/Kowalczuk, Ilko-Sascha (Hg.): *Zwischen Selbstbehauptung und Anpassung*, Berlin 1995, 244-272

Probst, Lothar: Ostdeutsche Bürgerbewegungen und Perspektiven der Demokratie. Entstehung, Bedeutung und Zukunft, Köln 1993

Reich, Jens: Rückkehr nach Europa. Zur neuen Lage der deutschen Nation, München-Wien 1991

Rein, Gerhard (Hg.): Die Opposition in der DDR. Entwürfe für einen anderen Sozialismus, Berlin 1989

Rink, Dieter: Soziale Bewegungen in der DDR: Die Entwicklung bis Mai 1990, in: Roth, Roland/Rucht, Dieter (Hg.): *Neue soziale Bewegungen in der Bundesrepublik Deutschland*, 2. Aufl., Bonn 1991, 54-70

Rüddenklau, Wolfgang: *Störenfried. ddr-opposition 1986-1989. Mit Texten aus den „Umweltblättern"*, Berlin 1992

Schulz, Marianne: Neues Forum. Von der illegalen Opposition zur legalen Marginalität, in: Müller-Enbergs, Helmut/Schulz, Marianne/Wielgohs, Jan (Hg.): *Von der Illegalität ins Parlament*, Berlin 1991, 11-104

Steinbach, Peter: Vom Vorurteil zum Urteil? - Ralf Possekel sprach mit Peter Steinbach über Widerstand und Nationalsozialismus, in: *Berliner Debatte INITIAL* 5 (1993), 3-10

Tarrow, Sidney: Struggle, Politics, and Reform: Collective Action, Social Movements, and Cycles of Protest, Cornell University 1989, Western Societies Program, Occasional Paper No. 21

Tarrow, Sidney: 'Aiming at a Moving Target': Social Science and the Recent Rebellions in Eastern Europe, in: *Political Science and Politics* 24 (1991), 12-20

Tarrow, Sidney: Kollektives Handeln und politische Gelegenheitsstruktur in Mobilisierungswellen. Theoretische Perspektiven, in: *Kölner Zeitschrift für Soziologie und Sozialpsychologie* 43 (1991), 647-670

Thaa, Winfried/Häuser, Iris/Schenkel, Michael/ Meyer, Gerd: Gesellschaftliche Differenzierung und Legitimitätsverfall des DDR-Sozialismus. Das Ende des anderen Wegs in der Moderne, Tübingen 1992

Thaysen, Uwe: Der runde Tisch. Oder: Wo blieb das Volk?, Opladen 1990

Tilly, Charles: From Mobilization to Revolution, Englewood Cliffs 1978

Wielgohs, Jan/Schulz, Marianne: Reformbewegung und Volksbewegung. Politische und soziale Aspekte im Umbruch der DDR-Gesellschaft, in: Aus Politik und Zeitgeschichte 16-17 (1990), 15-24

Wielgohs, Jan: Auflösung und Transformation der ostdeutschen Bürgerbewegung, in: *Deutschland Archiv* 26 (1993), 426-434

Wielgohs, Jan/Schulz, Marianne: Von der 'friedlichen Revolution' in die politische Normalität. Entwicklungsetappen der ostdeutschen Bürgerbewegung, in: Joas, Hans/Kohli, Martin (Hg.): *Der Zusammenbruch der DDR*, Frankfurt/M. 1993, 222-245

Wielgohs, Jan/Schulz, Marianne: Die revolutionäre Krise am Ende der 80er Jahre und die Formierung der Opposition, in: Deutscher Bundestag (Hg.): Materialien der Enquete-Kommission „Aufarbeitung von Geschichte und Folgen der SED-Diktatur in Deutschland (12. Wahlperiode des Deutschen Bundestages), Bd VII, 2, Baden-Baden/Frankfurt/M. 1995, 1950-1994

Zu den Autoren

Brand, Karl-Werner: Jahrgang 1944. Studium der Soziologie und Politikwissenschaft in München und Hamburg. Privatdozent für Soziologie an der TU München, Leiter des Schwerpunkts „Gesellschaft und Umwelt" an der Münchner Projektgruppe für Sozialforschung e.V. Zahlreiche Veröffentlichungen zu den Themen „Neue soziale Bewegungen", politische Kultur der Bundesrepublik, ökologische Kommunikation, nachhaltige Entwicklung und Umweltverhalten.

Flam, Helena: Jahrgang 1951. Studium der Soziologie in Schweden und an der Columbia University. Seit 1993 Professorin am Institut für Soziologie der Universität Leipzig. Wichtigste Veröffentlichung: States and Anti-Nuclear Movements, Edinburgh 1994.

Haspel, Michael: Jahrgang 1964. Studium der Evangelischen Theologie, der Allgemeinen Rhetorik und des Öffentlichen Rechts in Tübingen, Bonn und Cambridge. Promotion in Theologie. Wissenschaftlicher Assistent im Fachbereich Evangelische Theologie in Marburg. Wichtigste Veröffentlichung: Einführung in die Friedensethik, in: Imbusch, P./Zoll, R. (Hg.): Friedens- und Konfliktforschung. Eine Einführung mit Quellen, Opladen 1996.

Hellmann, Kai-Uwe: Jahrgang 1962. Studium der Philosophie und Politologie. Promotion in Soziologie. Arbeitet z. Z. als Lehrbeauftragter an der FU Berlin und der Humboldt-Universität Berlin, außerdem Mitarbeiter beim Forschungsjournal 'Neue soziale Bewegungen" und bei 'Soziale Systeme". Wichtigste Veröffentlichungen: Systemtheorie und neue soziale Bewegungen. Identitätsprobleme in der Risikogesellschaft, Opladen 1996; (Hg.) Niklas Luhmann. Protest, Systemtheorie und soziale Bewegungen, Frankfurt/M. 1996.

Johnson, Carsten: Jahrgang 1966. Politikwissenschaftler. Mitarbeiter am Centre for Research and Innovation in Society, Berlin/Santa Barbara. Wichtigste Veröffentlichungen: Die Rolle intermediärer Organisationen beim Wandel des Berufsbildungssystems, in: Wiesenthal, H. (Hg.): Einheit als Interessenpolitik, Frankfurt/M./New York 1995; Berufliche Bildung zwischen Markt und Staat, in: Wiesenthal, H. (Hg.): Einheit als Privileg, Frankfurt/M./New York 1996.

Land, Rainer: Jahrgang 1952. Studium der Philosophie und Ökonomie in Berlin. Promotion zum Dr. sc. oec. Bis 1995 Redakteur der Zeitschrift "Berliner Debatte INITIAL". Wichtigste Veröffentlichungen: Namenlose Stimmen waren uns voraus. Politische Diskurse von Intellektuellen aus der DDR, Bochum 1994 (gemeinsam mit R. Possekel); Das Rot-Grüne Projekt des 'sozial-ökologischen Umbaus der Industriegesellschaft' und die PDS, in: Engler, W./Guggenberger, B. (Hg.): Einsprüche. Kritik der politischen Tagesordnung, Berlin 1996.

McFalls, Laurence: Jahrgang 1961. Studium für Politikwissenschaften in Los Angeles und Harvard. Forscht und veröffentlicht über die politische Kultur Deutschlands, Frankreichs und Quebecs, unterrichtet seit 1991 an der Université de Montreal Politikwissenschaft. Wichtigste Veröffentlichung: Communism's Collapse, Democracy's Demise? London/New York 1995.

Michael, Klaus: Jahrgang 1959. Studium der Germanistik in Jena. Promotion in Literaturwissenschaft. Seit 1994 als Literaturwissenschaftler an der TU Berlin. Wichtigste Veröffentlichung: (Hg.) MachtSpiele. Literatur und Staatssicherheit im Fokus Prenzlauer Berg, Leipzig 1993 (gemeinsam mit P. Böthig).

Moritz, Torsten: Jahrgang 1969. Studium der Politologie in Bonn und Berlin. Seit 1994 Arbeit an der Promotion "Gruppen der DDR-Opposition in Ost-Berlin - gestern und heute", seit 1995 Promotionsstipendiat des Evangelischen Studienwerks e.V.

Pollack, Detlef: Jahrgang 1955. Studium der Theologie, Religionswissenschaft und Soziologie in Leipzig. Seit 1995 Professor für vergleichende Kultursoziologie an der Europa-Universität Frankfurt (Oder), z. Z. Fellow am Wissenschaftskolleg zu Berlin. Wichtigste Veröffentlichungen: Religiöse Chiffrierung und soziologische Aufklärung. Die Religionstheorie Niklas Luhmanns im Rahmen ihrer systemtheoretischen Voraussetzungen, Frankfurt/M. 1988; Kirche in der Organisationsgesellschaft. Zum Wandel der gesellschaftlichen Lage der evangelischen Kirchen in der DDR, Stuttgart 1994.

Probst, Lothar: Jahrgang 1952. Studium der Germanistik, Geschichte und Politik in Bielefeld. Promotion in Politik und Kulturwissenschaft in Bremen. Seit 1993 Geschäftsführer des Instituts für kulturwissenschaftliche Deutschlandstudien an der Universität Bremen. Wichtigste Veröffentlichungen: Der Norden wacht auf. Zur Geschichte des politischen Umbruchs in Rostock, Bremen 1993; Ostdeutsche Bürgerbewegungen und die Perspektiven der Demokratie, Köln 1993; Bündnis 90/Die Grünen. Eckpunkte künftiger Politik, Köln 1994.

Rink, Dieter: Jahrgang 1959. Studium der Kulturwissenschaft in Leipzig. Promotion in Philosophie. Seit 1994 Wissenschaftlicher Mitarbeiter am Umweltforschungszentrum Leipzig-Halle. Wichtigste Veröffentlichung: Soziale Bewegungen auf dem Weg zur Institutionalisierung? Zum Strukturwandel 'alternativer' Gruppen in beiden Teilen Deutschlands (mit Barbara Blattert und Dieter Rucht), Frankfurt/M./New York 1997 (i. E.).

Schmid, Josef: Jahrgang 1962. Studium der Politischen Wissenschaften, Geschichte und Soziologie in Berlin, Freiburg und Hamburg. Promotion in Geschichte. Arbeitet z. Z. als Historiker. Wichtigste Veröffentlichungen: Parlament und Bewegung. Baden-Württembergs Grüne und die Anti-AKW-Bewegung seit Tschernobyl, Hannover 1990; Die politische Rolle der Evangelischen Kirchen in der DDR in den achtziger Jahren, in: Müller-Enbergs, H./Schulz, M./Wielgohs, J. (Hg.): Von der Illegalität ins Parlament, Berlin 1990.

Stöver, Bernd: Jahrgang 1961. Studium der Geschichte und Germanistik in Göttingen und Bielefeld. Promotion 1991. Seit 1993 Wissenschaftlicher Assistent an der Universität Potsdam. Wichtigste Veröffentlichungen: Volksgemeinschaft im Dritten Reich. Die Konsensbereitschaft der Deutschen im Spiegel sozialistischer Berichte, Düsseldorf 1993; Berichte über die Lage in Deutschland. Die Meldungen der Gruppe Neu Beginnen aus dem Dritten Reich 1993-36, Archiv für Sozialgeschichte, Beiheft 17, Bonn 1996; Loyalität statt Widerstand. Die sozialistischen Exilberichte und ihr Bild vom Dritten Reich, in Vierteljahreshefte für Zeitgeschichte 43 (1995).

Wielgohs, Jan: Jahrgang 1957. Sozialwissenschaftler am Institut für Sozialwissenschaften der Humboldt-Universität Berlin. Wichtigste Veröffentlichungen: Bündnis 90. Entstehung, Entwicklung, Perspektiven (mit H. Müller-Enbergs, M. Schulz), Berlin 1992; Privatisierung versus marktwirtschaftliche Reformpolitik. Optionen der Entstaatlichung des öffentlichen Mietwohnungssektors in Transformationsgesellschaften, in: Wiesenthal, H. (Hg.): Einheit als Privileg, Frankfurt/M./New York 1996.

Campus Soziolgie

Helmut Wiesenthal (Hg.)
Einheit als Privileg
Vergleichende Perspektiven auf die Transformation Ostdeutschlands
1996. 409 Seiten
ISBN 3-593-35615-5

Dieter Rucht, Barbara Blattert, Dieter Rink
Soziale Bewegungen auf dem Weg zur Institutionalisierung
Zum Strukturwandel »alternativer« Gruppen in beiden Teilen Deutschlands
1997. 254 Seiten
ISBN 3-593-35715-1

Claus Offe
Der Tunnel am Ende des Lichts
Erkundungen der politischen Transformation im Neuen Osten
1994. 301 Seiten
ISBN 3-593-34858-6

Marc Kemmler
Die Entstehung der Treuhandanstalt
Von der Wahrung zur Privatisierung des DDR-Volkseigentums
1994. 460 Seiten
ISBN 3-593-35205-52

Renate Mayntz
Deutsche Forschung im Einigungsprozeß
Die Transformation der Akademie der Wissenschaften der DDR 1989-1992
1994. 301 Seiten
ISBN 3-593-35180-3

Gert Kaiser, Ewald Frie (Hg.)
Christen, Staat und Gesellschaft in der DDR
1996. 242 Seiten
ISBN 3-593-35496-9

Campus Verlag · Frankfurt/New York